A RAPOSA E O PORCO-ESPINHO

Ronald Dworkin

A RAPOSA E O PORCO-ESPINHO

JUSTIÇA E VALOR

tradução de MARCELO BRANDÃO CIPOLLA

Esta obra foi publicada originalmente em inglês com o título
JUSTICE FOR HEDGEHOGS
por Harvard University Press
Copyright © 2011 by Ronald Dworkin
Publicado por acordo com Harvard University Press
Copyright © 2014, Editora WMF Martins Fontes Ltda.,
São Paulo, para a presente edição.

1ª edição 2014
4ª tiragem 2021

Tradução *Marcelo Brandão Cipolla*

Acompanhamento editorial *Márcia Leme*
Revisões *Sandra Garcia Cortés e Ana Maria Barbosa*
Projeto gráfico *A+ Comunicação*
Edição de arte *Katia Harumi Terasaka*
Produção gráfica *Geraldo Alves*
Paginação *Studio 3 Desenvolvimento Editorial*
Imagem da capa *iStochPhoto*

Dados Internacionais de Catalogação na Publicação (CIP)
(Câmara Brasileira do Livro, SP, Brasil)

Dworkin, Ronald
  A raposa e o porco-espinho : justiça e valor / Ronald Dworkin ; tradução Marcelo Brandão Cipolla. – São Paulo : Editora WMF Martins Fontes, 2014.

  Título original: Justice for hedgehogs.
  ISBN 978-85-7827-837-3

  1. Ética 2. Valores I. Título.

14-02578   CDD-170.44

Índices para catálogo sistemático:
1. Ética normativa : Filosofia   170.44

Todos os direitos desta edição reservados à
Editora WMF Martins Fontes Ltda.
Rua Prof. Laerte Ramos de Carvalho, 133 01325.030 São Paulo SP Brasil
Tel. (11) 3293.8150 e-mail: info@wmfmartinsfontes.com.br
http://www.wmfmartinsfontes.com.br

Para Reni

SUMÁRIO

Prefácio, IX
  1. Guia de viagem, 3

PARTE UM · INDEPENDÊNCIA
  2. A verdade na moral, 35
  3. O ceticismo externo, 60
  4. A moral e as causas, 104
  5. O ceticismo interno, 133

PARTE DOIS · INTERPRETAÇÃO
  6. Responsabilidade moral, 149
  7. Interpretação em geral, 187
  8. Interpretação conceitual, 239

PARTE TRÊS · ÉTICA
  9. Dignidade, 291
  10. Livre-arbítrio e responsabilidade, 334

PARTE QUATRO · MORAL
  11. Da dignidade à moral, 389
  12. Ajuda, 414
  13. Dano, 435
  14. Obrigações, 458

PARTE CINCO · POLÍTICA
15. Direitos e conceitos políticos, 499
16. Igualdade, 537
17. Liberdade, 557
18. Democracia, 579
19. Direito, 612

EPÍLOGO: Dignidade indivisível, 637

Notas, 647
Índice remissivo, 713

PREFÁCIO

Este livro não trata do pensamento de outras pessoas; pretende apresentar um argumento que se sustente por si mesmo. Seria mais comprido e menos legível se estivesse cheio de réplicas, distinções e objeções previstas. Porém, como observou um leitor anônimo da Harvard University Press, o argumento se enfraqueceria caso não se assinalasse a grande variedade de teorias eminentes nos diversos campos que o livro tangencia. Cheguei a uma solução de meio-termo, discutindo os trabalhos dos filósofos contemporâneos em extensas notas espalhadas por todo o livro. Espero que essa estratégia facilite para meus leitores a tarefa de decidir quais partes do meu argumento eles querem localizar na literatura profissional contemporânea. Não obstante, foi necessário prever as objeções de modo mais completo em certas partes do texto – especialmente no Capítulo 3, que examina com maiores detalhes as posições rivais. Os leitores já convencidos de que o ceticismo moral é em si mesmo uma posição moral substantiva não vão precisar se deter nesses argumentos. O Capítulo 1 delineia um mapa do argumento como um todo, e, correndo o risco de me repetir, incluí no texto, a intervalos, diversos outros resumos.

Tive, no passado, a felicidade de chamar a atenção dos críticos, e espero que este livro seja criticado de modo tão poderoso quanto meus livros anteriores. Proponho-me a aproveitar a tecnologia, criando uma página da web para minhas réplicas e correções: www.justiceforhedgehogs.net. Não posso prometer que vou postar todos os comentários ou responder a todos, mas vou fazer de tudo para incluir aqueles acréscimos e correções que parecerem necessários.

Reconhecer toda a ajuda que tive para escrever este livro é quase a parte mais difícil do processo de escrevê-lo. Três leitores anônimos da Harvard University Press fizeram um sem-número de sugestões valiosas. A Faculdade de Direito da Universidade de Boston patrocinou uma conferência com cerca de trinta comunicações, organizada por James Fleming, para discutir uma versão anterior do manuscrito. Sou extremamente grato por essa conferência; na minha opinião, aquilo que aprendi com as comunicações muito contribuiu para melhorar o livro. (Indico, nas notas, diversas passagens que modifiquei em razão das críticas ali apresentadas.) Os artigos lidos na conferência, ao lado de minhas réplicas a muitos deles, foram publicados em *Symposium: Justice for Hedgehogs: A Conference on Ronald Dworkin's Forthcoming Book* (edição especial), *Boston University Law Review* 90, nº 2 (abril de 2010). Sarah Kitchell, editora desse periódico, organizou a coletânea com destreza e colocou-a à minha disposição o mais rápido possível. Entretanto, não pude incluir neste livro o grosso de minhas réplicas, de modo que os leitores talvez achem útil consultar esse número da revista.

Meus colegas foram extraordinariamente generosos. Kit Fine leu a discussão da verdade no Capítulo 8; Terence Irwin, a discussão sobre Platão e Aristóteles no Capítulo 9; Barbara Hermann, o material sobre Kant no Capítulo 11; Thomas Scanlon, a seção sobre as promessas no Capítulo 14; Samuel Freeman, a discussão de seu trabalho e do trabalho de John Rawls em várias partes do livro;

e Thomas Nagel, as muitas discussões de suas ideias ao longo de todo o texto. Simon Blackburn e David Wiggins teceram úteis comentários sobre os rascunhos de minhas notas a respeito de suas opiniões. Sharon Street discutiu generosamente seus argumentos contra a objetividade moral abordados na notas ao Capítulo 4. Stephen Guest leu o manuscrito inteiro e ofereceu muitas sugestões e correções de grande valia. Charles Fried organizou, na Faculdade de Direito de Harvard, um seminário baseado no manuscrito e partilhou comigo suas úteis reações, bem como as de seus alunos. Michael Smith correspondeu-se comigo para discutir a fundo as questões levantadas no artigo que escreveu para a *Boston University Law Review*. Kevin Davis e Liam Murphy dialogaram comigo sobre as promessas. Tirei grandes benefícios das discussões sobre vários capítulos no Colóquio sobre Filosofia Jurídica, Política e Social da Universidade de Nova York e num colóquio semelhante organizado por Mark Greenberg e Seana Shiffrin na Faculdade de Direito da UCLA. Drucilla Cornell e Nick Friedman fizeram extensa resenha do manuscrito no artigo "The Significance of Dworkin's Non-Positivist Jurisprudence for Law in the Post-Colony", ainda não publicado.

Agradeço à Fundação Filomen D'Agostino, da Universidade de Nova York, pelos subsídios que me permitiram trabalhar no livro durante os verões. Agradeço também à Faculdade de Direito da Universidade de Nova York pelo programa de apoio à pesquisa que me possibilitou contratar uma série de excelentes assistentes. Os que trabalharam em partes substanciais do livro foram Mihailis Diamantis, Melis Erdur, Alex Guerrero, Hyunseop Kim, Karl Schafer, Jeff Sebo e Jonathan Simon. Jeff Sebo estudou o manuscrito inteiro e ofereceu comentários críticos utilíssimos. Esses assistentes, em seu conjunto, levantaram praticamente todas as citações das notas, contribuição pela qual sou particularmente grato. Irene Brendel deu várias contribuições argutas à discussão sobre a interpretação. Lavinia Barbu, a melhor assistente que já conheci, me foi útil de mil e uma maneiras. E mais um agradecimento, este um pouco diferente. Tive a rara felicidade de ter como melhores amigos três dos maiores filósofos da nossa época: Thomas Nagel, Thomas Scanlon e o saudoso Bernard Williams. A influência deles sobre este livro é demonstrada imediatamente pelo índice remissivo, mas espero que também esteja evidente em cada uma de suas páginas.

A RAPOSA E O PORCO-ESPINHO
JUSTIÇA E VALOR

1

GUIA DE VIAGEM

Raposas e porcos-espinhos

Este livro defende uma tese filosófica ampla e antiga: a unidade do valor. Não é um apelo em favor dos direitos dos animais nem pela punição de administradores financeiros gananciosos. Seu título se refere a um verso de Arquíloco, antigo poeta grego, que Isaiah Berlin tornou famoso entre nós. A raposa sabe muitas coisas; o porco-espinho sabe uma só, mas muito importante. O valor é uma coisa muito importante[1]. As verdades do bem viver, do ser bom e de tudo o que há de maravilhoso não apenas são coerentes entre si como também se reforçam mutuamente: o que pensamos sobre cada uma dessas coisas tem de resistir, no fim, a qualquer argumento referente às demais que nos pareça convincente. Vou tentar ilustrar pelo menos a unidade dos valores éticos e morais: apresento uma teoria do bem viver e do que precisamos fazer para as outras pessoas e do que não podemos fazer com elas se quisermos viver bem.

Essa ideia – a de que os valores éticos e morais dependem uns dos outros – é um credo; sugere uma maneira de viver. Mas também é uma teoria filosófica ampla e complexa. A responsabilidade intelectual diante dos valores é em si um valor importante, e precisamos portanto examinar uma larga variedade de questões filosóficas que normalmente não são tratadas todas num mesmo livro. Discutimos, em diferentes capítulos, a metafísica dos valores, o caráter da verdade, a natureza da interpretação, as condições do acordo e do desacordo verdadeiros, o fenômeno da responsabilidade moral e o chamado problema do livre-arbítrio, além de questões mais tradicionais da teoria ética, moral e política.

Minha tese geral não é popular hoje – há muitas décadas que a raposa manda na filosofia literária e acadêmica, especialmente na tradição anglo-americana[2]. Os porcos-espinhos são vistos como ingênuos ou farsantes, às vezes até perigosos. Vou procurar identificar as raízes dessa atitude disseminada, os pressupostos que explicam essas suspeitas. Neste capítulo introdutório, delineio um mapa do argumento a ser apresentado, mostrando quais considero ser essas raízes.

Meu resumo prévio poderia começar a partir de qualquer capítulo e daí abrir-se em leque, destacando as consequências desse capítulo para os demais. Mas acho melhor começar do fim do livro, com a moral política e a justiça, para que os leitores particularmente afeitos à política tenham um entendimento prévio de por que penso que as discussões filosóficas mais abstratas são passos necessários para chegarmos àquilo que mais lhes interessa. Espero que, começando o resumo por aí, outros leitores cujo maior interesse são questões filosóficas mais convencionais – metaética, metafísica e significado – sejam também encorajados a vislumbrar a importância prática daquilo que eles talvez creiam ser temas filosóficos recônditos e abstrusos.

Justiça

Igualdade. Nenhum governo é legítimo a menos que endosse dois princípios soberanos. Em primeiro lugar, ele deve demonstrar igual consideração pelo destino de toda pessoa sobre a qual pretende ter domínio. Em segundo lugar, deve respeitar plenamente a responsabilidade e o direito de toda pessoa de decidir por si mesma como fazer de sua vida algo valioso. Esses princípios orientadores definem quais são as teorias aceitáveis de justiça distributiva – teorias que estipulam os recursos e as oportunidades que o Estado deve disponibilizar ao povo que ele governa. Coloco a questão nesses termos, em termos de o que o Estado deve fazer, porque toda distribuição é consequência das leis e dos programas políticos oficiais: não há distribuição politicamente neutra. Dada qualquer combinação de qualidades pessoais de talento, personalidade e sorte, o que a pessoa obterá em matéria de recursos e oportunidades dependerá das leis vigentes no lugar onde ela é governada. Por isso, toda distribuição deve ser justificada demonstrando-se de que modo a ação do governo respeita esses dois princípios fundamentais: a igual consideração pelo destino e o pleno respeito pela responsabilidade.

Uma economia política *laissez-faire* deixa intocadas as consequências de um mercado livre onde as pessoas compram e vendem, como podem ou querem, seus produtos e seu trabalho. Isso não demonstra igual consideração por todos. Qualquer um que se veja empobrecido em razão desse sistema tem o direito de perguntar: "Existem outros conjuntos de leis, mais reguladoras e redistributivas, que me deixariam em situação melhor. Como o governo pode afirmar que este sistema demonstra igual consideração por mim?" Dizer que as pessoas devem assumir a responsabilidade pelo próprio destino não é resposta. As pessoas não são responsáveis por boa parte dos fatores que determinam sua posição numa economia. Não são responsáveis por sua bagagem genética nem por seus talentos inatos; tampouco são responsáveis pela sorte ou pelo azar que têm ao longo da vida. Não há nada no segundo princípio, o da responsabilidade pessoal, que autorize o Estado a adotar tal postura.

Suponha, entretanto, que o Estado opte pelo extremo oposto: igualar as riquezas independentemente das escolhas que as pessoas fizeram para si mesmas. A cada poucos anos – coisa que seria possível num jogo de Banco Imobiliário – o Estado confisca a riqueza de todos e a redistribui em partes iguais. Isso não respeitaria a responsabilidade das pessoas de fazer algo da sua própria vida, pois aquilo que as pessoas decidissem fazer – suas escolhas de trabalho ou recreação, ou de poupança ou investimento – não teria nenhuma consequência pessoal para elas. As pessoas só são responsáveis quando fazem escolhas levando em conta quanto essas escolhas, feitas por elas, custam para os outros. Se passo a vida sem fazer nada, ou trabalho num emprego onde não produzo tanto quanto poderia produzir das coisas que os outros querem ou precisam, devo assumir a responsabilidade pelos custos que essas escolhas impõem: em consequência delas, devo ter menos.

A questão da justiça distributiva exige, portanto, uma solução para duas equações ao mesmo tempo. Temos de tentar encontrar uma solução que respeite ambos os princípios soberanos, o da igual consideração e o da responsabilidade pessoal; e temos de tentar fazê-lo de modo a não comprometer nenhum dos dois princípios, mas sim encontrando concepções atraentes de cada um deles, que satisfaçam plenamente a ambos. Esse é o objetivo da parte final deste livro. Eis uma ilustração fantasiosa de uma solução. Imagine um leilão inicial de todos os recursos disponíveis, em que todas as pessoas comecem com o mesmo número de fichas. O leilão dura muito tempo e continuará enquanto alguém ainda o quiser. Tem de culminar numa situação em que ninguém inveje o pacote de recursos de nenhuma outra pessoa; por essa razão, a distribuição de recursos resultante trata a todos com igual consideração. Imagine, em seguida, um outro leilão em que essas pessoas projetam e escolhem apólices de seguros de cobertura ampla, pagando o prêmio que o mercado estabelece para a cobertura que cada uma escolheu. Esse leilão não elimina as consequências nem da sorte nem do azar, mas torna cada pessoa responsável pela administração do próprio risco.

Podemos usar esse modelo fantasioso para defender certas estruturas distributivas na vida real. Podemos conceber sistemas de tributação que imitem esses mercados imaginários: as alíquotas tributárias poderiam, por exemplo, imitar os prêmios que, segundo se poderia razoavelmente supor, as pessoas pagariam no hipotético mercado de seguros. As alíquotas tributárias assim estabelecidas teriam uma curva de progressão bem acentuada, muito mais que a das nossas alíquotas atuais. Podemos conceber também um sistema de assistência médica que imite a cobertura que, segundo se poderia razoavelmente supor, as pessoas quereriam ter: para tanto, seria necessária a assistência universal à saúde. Mas não se justificaria gastar, como o Medicare faz agora, quantias enormes para manter as pessoas vivas nos últimos meses de vida: as pessoas não teriam motivo para destinar recursos que seriam úteis em outros aspectos de sua vida somente para pagar o alto prêmio exigido por esse tipo de cobertura.

Liberdade. A justiça não exige apenas uma teoria da igualdade de recursos, mas também uma teoria da liberdade. Ao construir essa teoria, temos de ter consciência do perigo de um conflito entre a liberdade e a igualdade. Isaiah Berlin afirmou que esse conflito é inevitável. No Capítulo 17, defendo uma teoria da liberdade que elimina esse perigo. Distingo a autonomia (*freedom*), que é simplesmente a faculdade que cada pessoa tem de fazer o que bem quiser sem ser constrangida pelo Estado, da liberdade (*liberty*), que é aquela parte da autonomia que seria errado o Estado constranger*. Não endosso um direito geral à autonomia. Defendo, antes, diversos direitos à liberdade que repousam sobre diferentes fundamentos. As pessoas têm o direito à independência ética, direito esse que decorre do princípio da responsabilidade pessoal. Têm outros direitos, entre eles o direito à liberdade de expressão, que são exigidos pelo seu direito mais geral ao autogoverno, direito esse que também deflui da responsabilidade pessoal. Têm também direitos – entre eles os direitos ao devido processo legal e à propriedade – que derivam de seu direito à igual consideração.

Esse esquema da liberdade exclui um verdadeiro conflito com a concepção de igualdade acima esboçada porque as duas concepções são cabalmente integradas: ambas dependem de uma mesma solução ao problema das equações simultâneas. Não se podem determinar as exigências da liberdade sem também decidir qual é a distribuição dos bens e das oportunidades que demonstra igual consideração por todos. A ideia comum de que a tributação invade a liberdade é falsa por esse motivo, desde que os bens que o Estado toma do cidadão possam ser justificados por razões morais, de tal modo que ele não tome nada que o cidadão tenha o direito de reter. A teoria da liberdade, portanto, está embutida numa moral política muito mais geral e é subsidiada pelas outras partes dessa teoria. O suposto conflito entre a liberdade e a igualdade desaparece.

Democracia. Existe, porém, outro suposto conflito entre nossos valores políticos. Trata-se do conflito entre a igualdade e a liber-

---

* Adotamos as traduções "autonomia" para *freedom* e "liberdade" para *liberty* somente quando os dois termos originais são contrapostos segundo a conceituação aqui apresentada (especificamente, no Capítulo 17). Excetuam-se dessa regra, portanto, os casos de expressões consagradas como *freedom of speech* e *religious freedom*, por exemplo, traduzidas respectivamente como "liberdade de expressão" e "liberdade religiosa"; e o uso próprio do termo "autonomia" (*autonomy* em inglês) quando o autor se refere especificamente a Kant. (N. do T.)

dade, de um lado, e o direito de cada pessoa participar como igual no governo de sua vida, de outro. Os teóricos da política às vezes dizem que este último é um direito à liberdade positiva e supõem que ele possa conflitar com a liberdade negativa – o direito à autonomia em relação ao Estado, acima descrito –, bem como com o direito à justa distribuição dos recursos. Segundo essa concepção, o conflito se realiza quando a maioria vota em favor de um esquema tributário injusto ou da negação de importantes liberdades. Para responder a essa alegação de conflito, distingo várias concepções de democracia. Distingo uma concepção majoritarista ou estatística daquilo que chamo de concepção coparticipativa. Esta última concepção afirma que, numa comunidade verdadeiramente democrática, cada cidadão é um parceiro em igualdade de condições, o que vai muito além do simples fato de seu voto valer o mesmo que o dos outros. Significa que ele tem a mesma voz e igual interesse nos resultados. De acordo com essa concepção, que defendo, a democracia exige a proteção daqueles mesmos direitos individuais à justiça e à liberdade que, segundo às vezes se diz, a própria democracia ameaça.

Direito. Os filósofos da política insistem num outro conflito entre valores políticos: o conflito entre a justiça e o direito. Nada garante que nossas leis serão justas; se forem injustas, os representantes do Estado e os cidadãos poderão ter de comprometer as exigências da justiça para obedecer ao Estado de Direito. No Capítulo 19, refiro-me a esse conflito: descrevo uma concepção de direito que não o entende como um sistema rival de regras que podem conflitar com a moral, mas sendo ele mesmo um ramo da moral. Para que essa sugestão seja plausível, é necessário pôr em evidência algo que podemos chamar de justiça procedimental, a moralidade não só dos resultados justos, mas também de uma governança imparcial. Também é necessário conceber a estrutura da moral em geral como semelhante à de uma árvore: o direito é um ramo da moral política, que é um ramo de uma moral pessoal mais geral, que é por sua vez um ramo de uma teoria ainda mais geral do bem viver.

A esta altura, você já formou uma suspeita. Poseidon tinha um filho chamado Procusto, que tinha uma cama; para adaptar seus hóspedes à cama, ele os esticava ou cortava seus membros até que ficassem do tamanho exato. É bem possível que você me veja semelhante a Procusto, esticando ou cortando as concepções das grandes virtudes políticas de modo que se encaixem elegantemente umas nas outras. Nesse caso, eu estaria comprando a unidade a baixo preço: uma vitória sem sentido. Mas pretendo submeter cada uma das concepções políticas por mim descritas ao teste da convicção. Não me baseio no pressuposto de que uma teoria é sólida simplesmente porque se harmoniza com outras teorias que também achamos convincentes. Tenho a esperança de desenvolver concepções integradas que pareçam todas corretas em si mesmas, pelo menos depois de alguma reflexão. Proponho, entretanto, uma tese independente e muito forte. Ao longo de todo o livro, defendo a ideia de que, na moral política, a integração é uma condição necessária da verdade. Não é possível sustentar concepções definitivamente persuasivas dos diversos valores políticos a menos que essas concepções *de fato* se encaixem entre si. Quem ganha fácil demais é a raposa: é a sua vitória aparente, hoje tão celebrada, que é oca.

Interpretação

Para darmos o primeiro passo rumo a essa importante conclusão sobre a integração e a verdade, temos de enfrentar um desafio imediato. Esbocei uma série de proposições acerca do verdadeiro significado de diversos conceitos políticos. Como posso demonstrar que determinada concepção da igualdade, da liberdade ou da democracia é correta e as concepções rivais são erradas? Temos de parar para refletir sobre o que são os conceitos políticos e sobre o que significa dizer que concordamos ou discordamos acerca de sua aplicação. Se o termo "democracia" significa duas coisas completamente diferentes para mim e para você, nossa discussão para saber se a democracia exige que os cidadãos tenham igual interesse nos resultados não tem sentido: nenhum dos dois ouve o que o outro está dizendo. Se assim fosse, minhas proposições sobre o melhor entendimento das virtudes políticas não passariam de declarações sobre como proponho usar certas palavras. Eu não poderia afirmar que estou certo e os outros estão errados.

Temos de perguntar: quando acontece de as pessoas partilharem um mesmo conceito, de tal modo que seus acordos e desacordos sejam verdadeiros? Partilhamos os mesmos conceitos quando concordamos – exceto naqueles casos que todos consideramos limítrofes – acerca dos critérios usados para identificar os exemplos. No ato de saber quantos livros há em cima de uma mesa, por exemplo, em geral concordamos porque usamos os mesmos critérios, ou testes, para responder a essa pergunta. Não concordamos sempre, pois às vezes nossos critérios são ligeiramente diferentes: podemos discordar porque você entende um folheto grande como um livro, e eu, não. Nesse caso limítrofe especial, nosso desacordo é ilusório: na realidade não discordamos. O caso da justiça e dos outros conceitos políticos, porém, é diferente. Pensamos que nossos desacordos sobre a justiça da tributação progressiva são verdadeiros embora discordemos, às vezes veementemente, acerca de quais são os critérios corretos para decidir se uma instituição é justa ou não.

Temos de reconhecer, portanto, que partilhamos alguns conceitos, entre eles os conceitos políticos, de maneira diferente: eles funcionam para nós como conceitos *interpretativos*. Partilhamo-los porque partilhamos certas práticas e experiências sociais em que esses conceitos figuram. Consideramos que esses conceitos descrevem valores, mas discordamos, às vezes em alto grau, acerca de quais são esses valores e de como devem ser expressos. Discordamos porque interpretamos de maneira mais ou menos diferente as práticas por nós partilhadas: temos teorias mais ou menos diferentes sobre quais são os valores que melhor justificam aquelas características da prática que nos parecem nodais ou paradigmáticas. Essa estrutura torna verdadeiros nossos desacordos conceituais sobre a liberdade, a igualdade e todo o mais. Também faz com que eles sejam desacordos sobre *valores*, não sobre fatos nem sobre definições de dicionário ou significados comuns. Isso quer dizer que toda defesa de uma concepção particular de um valor político, como a igualdade ou a liberdade, tem de fazer apelo a valores que a transcendem: apelar à liberdade para defender uma concepção de liberdade seria uma tautologia sem tamanho. Por isso os conceitos políticos *precisam* ser integrados uns com os outros. Não podemos defender uma concepção de nenhum deles sem demonstrar que nossa concepção se harmoniza e se encaixa com concepções atraentes dos demais. Esse fato é uma parte importante da defesa da unidade do valor.

    Descrevo os conceitos interpretativos de modo mais completo no Capítulo 8. O Capítulo 7 enfrenta um conjunto mais básico de questões sobre a interpretação. Há muitos gêneros de interpretação além da interpretação política: interpretamos nossas conversas, o direito, a poesia, a religião, a história, a sociologia e a psicodinâmica. Será possível fornecer uma teoria geral da interpretação que valha para todos esses gêneros? Se isso for possível, compreenderemos melhor os padrões que devem reger nossa interpretação dos conceitos especificamente políticos. Descrevo uma teoria geral da interpretação muito popularizada: a de que ela sempre visa resgatar a intenção ou algum outro estado psicológico de certo autor ou criador. Essa teoria é adequada em algumas circunstâncias, para alguns gêneros, e inadequada em outras; precisamos de uma teoria mais geral que explique quando e por que o objetivo de resgatar a intenção é plausível. Sugiro uma teoria geral baseada nos valores. Os intérpretes têm responsabilidades críticas, e a melhor interpretação de uma lei ou de um poema ou de uma época é aquela que melhor concretiza essas responsabilidades em determinada ocasião. A melhor interpretação do poema *Velejando para Bizâncio*, de Yeats, é aquela que emprega ou pressupõe a melhor teoria dos valores da interpretação de poesia e que lê o poema de modo a demonstrar seu valor sob essa luz. Mas pelo fato de os intérpretes discordarem sobre suas responsabilidades, pelo fato de discordarem acerca do valor da interpretação de poesia, eles discordam a respeito de como interpretar esse poema ou qualquer outro objeto de interpretação.

Verdade e valor

Afirmo, portanto, que a moral política depende da interpretação e que esta depende do valor. Suponho que a esta altura já esteja claro que acredito existirem verdades objetivas a respeito dos valores. Acredito que certas instituições realmente são injustas e que alguns atos realmente são errados, por maior que seja o número de pessoas que acredita no contrário. Hoje, porém, é comum a ideia oposta. Parece absurdo para muitos filósofos – e para um sem-número de outras pessoas – supor que haja valores "concretamente existentes" no universo à espera de serem descobertos por seres humanos dotados de uma misteriosa faculdade de apreensão axiológica. Segundo essa gente, temos de entender os juízos de valor de maneira completamente diferente. Temos de aceitar que os valores não têm uma verdade objetiva independente das crenças ou atitudes das pessoas que os julgam: as proposições destas pessoas sobre o justo e o injusto, o certo e o errado, o piedoso e o ímpio, devem ser entendidas como meras expressões de suas atitudes ou emoções, como recomendações a serem seguidas pelos outros, como compromissos pessoais por elas assumidos ou, ainda, como propostas de elaboração de diretrizes para a vida delas.

A maioria dos filósofos que abraçam essa opinião não se considera pessimista nem niilista. Pelo contrário. Eles supõem que podemos levar uma vida perfeitamente boa – e intelectualmente mais responsável – se desistirmos do mito dos valores objetivamente independentes e admitirmos que nossos juízos de valores não expressam senão nossas atitudes e compromissos. Seus argumentos e exemplos demonstram, contudo, que o que eles têm em mente não é a política, mas a vida privada. Penso que eles estão errados até no que diz respeito à vida privada: defendo, no Capítulo 9, a ideia de que nossa dignidade nos impõe reconhecer que o bem viver não depende somente de pensarmos que estamos vivendo bem. Mas, no que se refere à política, eles estão mais errados ainda: é a política, acima de qualquer outro aspecto da nossa vida, que nos nega o luxo de sermos céticos a respeito dos valores.

A política é coercitiva: não podemos atender às nossas responsabilidades de governantes ou de cidadãos se não supusermos que os princípios morais ou de outra ordem segundo os quais agimos ou votamos são objetivamente verdadeiros. Não basta, para um representante do Estado ou um cidadão comum, declarar que a teoria da justiça segundo a qual ele age lhe agrada, ou que ela exprime com exatidão suas emoções ou atitudes, ou que manifesta adequadamente como ele pretende viver. Tampouco lhe basta declarar que seus princípios políticos são derivados das tradições de seu país e, nesse sentido, não precisam ter nenhuma pretensão a uma verdade maior[3]. Tanto a história quanto a política atual de qualquer país são caleidoscópios de princípios conflitantes e preconceitos mutáveis: qualquer formulação da "tradição" de um país deve, portanto, ser uma interpretação que, como defende o Capítulo 7, seja baseada em pressupostos independentes acerca do que é realmente verdadeiro. É claro que as pessoas vão discordar a respeito de qual concepção de justiça é realmente verdadeira. Mas os que estão no poder têm de acreditar que a que eles declaram o seja. Por isso, a antiga pergunta dos filósofos – Acaso os juízes morais podem ser realmente verdadeiros? – é uma questão fundamental e inescapável da moral política. Não podemos defender uma teoria da justiça sem também defender, como parte da mesma tarefa, uma teoria da objetividade moral. É irresponsabilidade tentar prescindir de tal teoria.

Tenho de resumir agora aquela que, do ponto de vista filosófico, talvez pareça a mais radical das opiniões que defendo: a independência metafísica do valor[4]. É familiar e perfeitamente comum a ideia de que certos atos – torturar bebês por diversão, por exemplo – são errados em si mesmos e não somente porque as pessoas os consideram errados. Continuariam sendo errados mesmo que, por incrível que pareça, ninguém os considerasse tais. Você talvez não acredite nisso; alguma forma de subjetivismo moral talvez lhe pareça mais plausível. Mas saber se essa ideia é verdadeira ou não é tarefa que depende de juízos e argumentos morais. A maioria dos filósofos morais pensa, ao contrário, que a ideia do que eles chamam de uma verdade moral "independente da mente" nos afasta da moral e nos insere na metafísica; que ela nos obriga a considerar se existem "no mundo" propriedades ou entidades quiméricas que seriam metade morais – de que outro modo poderiam tornar verdadeiras as proposições morais independentes da mente? – e metade não morais – de que outro modo poderiam "fundamentar" as proposições morais ou torná-las objetivamente verdadeiras? Ela nos obriga a adotar uma filosofia colonial, estabelecendo embaixadas e bases militares da ciência dentro do discurso sobre os valores para governá-lo decentemente.

As pessoas comuns, para exprimir a ideia de que alguns atos são errados em si mesmos, às vezes se referem a "fatos" morais: "É um fato moral que a tortura é sempre errada." O problema surge, contudo, quando os filósofos picam essas inocentes referências em mil pedacinhos, supondo que elas englobam uma segunda proposição que acrescenta algo à proposição moral inicial: uma proposição metafísica referente a partículas ou propriedades morais – podemos chamá-las de "mórons"*. Anunciam, a partir disso, projetos filosóficos que me parecem completamente falsos. Dizem que a filosofia moral tem de ter o objetivo de "reconciliar" o mundo moral e o mundo natural, ou de harmonizar a perspectiva "prática" que adotamos no viver comum com a perspectiva "teórica" a partir da qual nos estudamos como partes da natureza, ou ainda de demonstrar que podemos entrar "em contato" com as quimeras ou, caso não possamos, evidenciar que razões teríamos para pensar que nossas opiniões morais são sólidas e não meros acidentes. Essas falsas questões e projetos correm o risco de causar perplexidade a todos. Os que se denominam "realistas" tentam dar validade aos projetos, às vezes postulando uma interação misteriosa entre nós e os mórons. Discuto essas tentativas no Capítulo 4. Os que se chamam "antirrealistas", descobrindo que não existe nenhum móron "no mundo", ou que de qualquer modo não dispomos de um meio pelo qual possamos entrar "em contato"

---

* Neste nome há um trocadilho entre o som, que lembra o da palavra "moral", e o sentido usual da palavra *moron* em inglês: idiota, imbecil. (N. do T.)

com essas partículas, declaram que temos de construir nós mesmos nossos próprios valores, uma tarefa completamente bizarra. Como poderiam ser considerados valores se simplesmente os inventássemos? Descrevo esses esforços no Capítulo 3.

Todos os diferentes projetos "realistas" e "antirrealistas" desaparecem no ar quando levamos a sério a independência do valor. Aí já não existe a necessidade de "reconciliar" pontos de vista práticos e teóricos, nem tampouco a de reconciliar os fatos físicos referentes a um livro ou os fatos psicológicos referentes a seu autor com uma interpretação de sua poesia que ignore todos esses dados. A única defesa inteligível da tese de que algum juízo moral é "independente da mente" é um argumento moral que demonstre que esse juízo ainda seria verdadeiro mesmo que ninguém o considerasse tal; a única refutação inteligível é um argumento moral que afirme o oposto. No Capítulo 6, descrevo uma teoria do conhecimento, da responsabilidade e dos conflitos morais, e no Capítulo 8 uma teoria da verdade moral. Essas teorias são extraídas da própria moral – são em si mesmas juízos morais. Esse é o significado da independência na filosofia moral. Trata-se de uma ideia natural e perfeitamente conhecida: é assim que nós pensamos. Não há nenhum argumento contra ela que não seja circular, nenhum argumento que não pressuponha, em vez de provar, a necessidade do colonialismo filosófico.

Os filósofos que negam a independência insistem numa distinção entre dois ramos da filosofia moral. Distinguem as *questões morais* – Acaso a justiça exige que a assistência médica seja universal? – das questões *sobre a moral* – A proposição de que a justiça exige a assistência médica pode ser verdadeira ou é mera expressão de uma atitude? Chamam as questões do primeiro tipo de "substantivas" ou "de primeira ordem" e as do segundo tipo de "metaéticas" ou "de segunda ordem". Pressupõem que as respostas às questões metaéticas dependem de argumentos filosóficos e não de juízos morais. Dividem-se então entre os dois grupos que mencionei. Os realistas declaram que os melhores argumentos filosóficos não morais demonstram que os juízos morais podem ser objetivamente verdadeiros, ou são factuais, ou descrevem a realidade, ou qualquer coisa do tipo. Os "antirrealistas" afirmam que os melhores argumentos demonstram exatamente o contrário, qualquer que seja este. (Há pouco tempo, outros filósofos se perguntaram se as duas concepções realmente são diferentes e, nesse caso, como distingui-las umas das outras[5].)

A independência do valor desempenha papel importante na tese mais geral deste livro: a de que os vários conceitos e departamentos do valor são interligados e apoiam uns aos outros. As assustadoras questões filosóficas que mencionei encorajam uma resposta à moda da raposa. De onde vêm os valores? Acaso "existem concretamente" no universo e fazem parte daquilo que, no fim das contas, simplesmente é? Se compreendermos essas perguntas como questões metafísicas sobre a natureza fundamental da realidade e não como questões a serem respondidas por meio de juízos morais ou juízos de valor, estamos a meio caminho de adotar, em grau significativo, o pluralismo em matéria de valores. Suponha que nós pensemos que os valores realmente têm "existência concreta" e estão à espera de ser percebidos; que são, a seu modo, tão brutos quanto os gases e as pedras. Não teríamos motivo algum para pensar que esses valores brutos, como imaginam os ouriços, estão sempre interligados de maneira muito hábil e acomodam-se uns aos outros. Muito pelo contrário, seria mais plausível que os valores conflitassem – como de fato parecem fazer, por exemplo, quando contar uma mentira a alguém é um ato de gentileza ou quando a polícia tem de torturar certas pessoas para salvar outras pessoas de uma morte horrível.

A opinião metafísica contrária dá um resultado praticamente idêntico. Dizemos: "É loucura pensar que os valores 'existem concretamente' à espera de serem descobertos. Por isso, não existe absolutamente nada que possa dar veracidade a um juízo moral. Nós não descobrimos nossos valores; nós os inventamos. Os valores não passam de gostos e aversões em trajes de gala." Nesse caso, parece tolice ainda maior insistir numa grandiosa unidade dos valores. Nós podemos querer, e de fato queremos, uma grande variedade de coisas, mas não podemos tê-las todas ao mesmo tempo e nem mesmo em diferentes momentos do tempo. Se nossos valores são simplesmente desejos glorificados, por que não deveriam refletir nossa cobiça, que é indisciplinada e contraditória?

Por outro lado, se tenho razão em afirmar que não existem verdades não avaliativas, metaéticas ou de segunda ordem a respeito dos valores, não podemos crer nem que os juízos de valor são verdadeiros quando refletem certas entidades morais especiais nem que não podem ser verdadeiros porque simplesmente não existem entidades especiais que possam refletir. Os juízos de valor são verdadeiros, quando o são, não em virtude de refletirem algo, mas em razão da defesa substantiva que possa ser apresentada em favor deles. A esfera moral é a esfera dos argumentos, não dos fatos brutos. Nesse caso, não é implausível – muito pelo contrário – supor que nessa esfera não haja conflitos, mas somente apoio mútuo. Ou, o que dá no mesmo, que quaisquer conflitos que nos parecerem irredutíveis evidenciam não uma falta de unidade, mas sim uma unidade de valor ainda mais fundamental que produz esses conflitos como resultados substantivos. São essas as conclusões que defendo nos Capítulos 5 e 6.

Como classificar a tese da independência? Em qual gaveta filosófica ela deve ser enfiada? Tratar-se-ia de uma espécie de realismo moral? De construtivismo? Ou mesmo de antirrealismo?

Será ela uma teoria metafísica e não moral? Ou, senão, uma teoria quietista ou minimalista que não escapa realmente dos problemas da metafísica, mas somente os ignora? Nenhum desses rótulos se encaixa com exatidão – nem deixa de se encaixar – porque todos são maculados pelo pressuposto errôneo de que existem importantes questões filosóficas a respeito do valor que não podem ser respondidas por meio de juízos de valor. Por favor, esqueça todas as gavetas enquanto estiver lendo este livro.

Responsabilidade

Se, como afirmo, uma teoria bem-sucedida da justiça deve ser moral do começo ao fim, é provável que qualquer discordância importante acerca da justiça se imponha também do começo ao fim. Não há um plano neutro, científico ou metafísico, que possamos finalmente galgar para decidir qual das diferentes ideias acerca da igual consideração, da liberdade, da democracia ou de qualquer outra opinião referente ao certo e ao errado ou ao bem e ao mal é a verdadeira ou a melhor. Isso significa que temos de prestar considerável atenção a outra importante virtude moral: a responsabilidade moral. Embora não possamos contar com a concordância de nossos concidadãos, podemos ao menos exigir deles a responsabilidade. Temos, portanto, de desenvolver uma teoria da responsabilidade que tenha força suficiente para nos permitir dizer às pessoas: "Discordo de você, mas reconheço a integridade do seu argumento. Reconheço sua responsabilidade moral." Ou dizer-lhes: "Concordo com você, mas você não formou sua opinião de modo responsável. Você tirou cara ou coroa ou acreditou no que ouviu num noticiário parcial de televisão. É só por acidente que chegou à verdade."

Podemos dar um nome mais grandioso à teoria da responsabilidade moral: podemos chamá-la de epistemologia moral. É impossível para nós, de modo causal, entrar "em contato" com a verdade moral. Mas podemos, mesmo assim, pensar bem ou mal acerca de questões morais. É claro que a questão de saber o que é pensar bem e pensar mal é em si mesma uma questão moral: a epistemologia moral faz parte da teoria moral substantiva. Usamos parte da nossa teoria geral dos valores para verificar nosso raciocínio nas outras partes. Por isso, temos de cuidar para manter essa parte da teoria suficientemente separada das demais a fim de permitir que ela funcione como verificação do resto. Já adiantei minha proposição principal sobre o raciocínio moral neste resumo prévio: defendo, no Capítulo 6, a ideia de que o raciocínio moral deve ser interpretativo.

Nossos juízos morais são interpretações de conceitos morais básicos. Para testar essas interpretações, situamo-las dentro de uma estrutura maior de valores para ver se elas se harmonizam com aquelas que nos parecem ser as melhores concepções de outros conceitos e se são apoiadas por elas. Ou seja, nós generalizamos a abordagem interpretativa que descrevi. Temos de abordar dessa maneira todos os nossos conceitos morais e políticos. A moral como um todo, não somente a moral política, é uma tarefa interpretativa. No final do Capítulo 8, apresento, como ilustração clássica e paradigmática da abordagem interpretativa, as filosofias moral, política e ética de Platão e Aristóteles.

No Capítulo 10, abordo um antigo perigo que ameaça fazer com que todos os elementos da minha teoria da responsabilidade percam o sentido: a ideia aparentemente catastrófica de que não podemos ter responsabilidade alguma, pois não temos livre-arbítrio. Defendo uma concepção que os filósofos chamam de "compatibilista": a de que a responsabilidade é compatível com qualquer pressuposto razoável que possamos estabelecer acerca das causas de nossas várias decisões e das consequências neurais dessas decisões. Afirmo que a natureza e a extensão da nossa responsabilidade por nossos atos depende, antes, de uma questão *ética*: Qual é a natureza de uma vida bem vivida? Aí e ao longo de todo o livro, chamo a atenção para a distinção entre a ética, que é o estudo de como viver bem, e a moral, que é o estudo de como devemos tratar as outras pessoas.

Ética

Como, então, devemos viver? Na Parte Três, defendo a ideia de que cada um de nós tem a responsabilidade ética soberana de transformar sua vida em algo de valor, assim como o pintor transforma sua tela em algo de valor. Invoco a autoridade da Parte Um, sobre a verdade nos valores, para afirmar que a responsabilidade ética é objetiva. Queremos viver bem porque reconhecemos que devemos viver bem, e não o contrário. Na Parte Quatro, afirmo que nossas diversas responsabilidades e obrigações para com os outros defluem dessa responsabilidade pessoal pela nossa própria vida. Mas é apenas em determinados papéis e circunstâncias – principalmente na política – que essas responsabilidades para com os outros incluem uma exigência de imparcialidade entre nós e eles.

Temos de tratar a construção da nossa vida como um desafio que podemos enfrentar bem ou mal. Temos de reconhecer a ambição de tornar boa a nossa vida – torná-la autêntica e valiosa, não mesquinha ou degradante – como o primeiro de nossos interesses particulares. Em específico, temos de prezar nossa dignidade. O conceito de dignidade foi rebaixado por seu uso frouxo e excessivo na retórica política: todo político defende essa ideia da boca para fora e quase todos os pactos de direitos humanos lhe atribuem lugar de honra. Mas precisamos dessa ideia, bem como de sua irmã, a ideia de respeito por si mesmo, para entender nossa situação e nossas ambições. Cada um de nós ama veementemente a vida e teme a morte: apenas nós, entre os animais, temos consciência dessa situação aparentemente absurda. O único valor que podemos encontrar em viver às portas da morte, como de fato vivemos, é um valor adverbial. Temos de encontrar o valor do viver – o sentido da vida – em viver bem, assim como encontramos valor em amar bem, em pintar bem, em escrever bem ou em mergulhar bem. Nossa vida não tem nenhum outro valor ou sentido permanente, mas esse valor e esse sentido são mais que suficientes. Na verdade, são maravilhosos.

A dignidade e o respeito por si mesmo – o que quer que esses termos signifiquem – são condições indispensáveis do bem viver. Encontramos as provas dessa alegação no modo como a maioria das pessoas gostaria de viver: caminhando de cabeça erguida enquanto luta por todas as outras coisas que deseja. Outras provas são encontradas na fenomenologia da vergonha e do insulto, que de outro modo seria incompreensível. Temos de explorar as dimensões da dignidade. No comecinho deste resumo, defini dois princípios fundamentais da política: a exigência de que o Estado trate com igual consideração as pessoas por ele governadas e a exigência de que ele respeite – pois agora podemos usar estes termos – as responsabilidades éticas de seus cidadãos. No Capítulo 9, estruturo as analogias éticas desses dois princípios políticos. As pessoas devem levar a vida a sério: devem aceitar que o modo como vivem é objetivamente importante. Devem também levar a sério sua responsabilidade ética: devem insistir no direito – e exercê-lo – de tomar decisões éticas definitivas a respeito da própria vida. Cada um desses princípios precisa ser longamente explanado. Parte dessa explanação é oferecida no Capítulo 9, mas a aplicação dos dois princípios em capítulos posteriores, bem como a discussão sobre o determinismo e o livre-arbítrio, acima mencionada, fornecem muitos outros detalhes.

Moral

Os filósofos perguntam: por que viver moralmente? Alguns entendem essa pergunta como uma questão estratégica. Como convencer pessoas completamente amorais a se comportar melhor? O mais proveitoso, porém, é entender essa pergunta de maneira muito diferente: como um pedido de explicação do apelo da moral, que todos nós já sentimos. Trata-se de uma questão proveitosa, porque a resposta dela não só aperfeiçoa nossa compreensão de nós mesmos como também ajuda a refinar o conteúdo da moral. Ajuda-nos a ver com mais clareza o que precisamos fazer para viver moralmente.

Se conseguirmos vincular, como proponho, a moral à ética da dignidade, teremos uma resposta eficaz à questão filosófica compreendida dessa maneira. Poderemos então responder que somos atraídos pela moral do mesmo modo que somos atraídos por outras dimensões do respeito por nós mesmos. Uso muitas ideias já mencionadas neste resumo para defender essa resposta: em particular, a natureza da interpretação e da verdade interpretativa e a independência tanto da verdade ética quanto da verdade moral em relação à ciência e à metafísica. Mas me apoio principalmente na tese de Immanuel Kant de que não podemos respeitar nossa humanidade sem respeitar a humanidade nos outros. O Capítulo 11 estabelece as bases abstratas dessa integração interpretativa da ética e da moral e examina as objeções à viabilidade desse projeto. Os Capítulos 12, 13 e 14 enfrentam uma série de questões morais cruciais. Quando uma pessoa que valoriza corretamente a própria dignidade deve ajudar os outros? Por que não deve lhes causar dano? Como e por que incorre em responsabilidades especiais em relação a certas pessoas por meio de atos deliberados, como o de prometer, e por intermédio de relacionamentos que não raro são involuntários? Perseguindo esses temas, deparamos com antigas questões filosóficas. De que maneira a quantidade afeta nossas decisões a respeito de quem ajudar? Qual é a nossa responsabilidade pelos danos involuntários? Em que ocasiões podemos causar dano a certas pessoas a fim de ajudar outras? Por que as promessas criam obrigações? Acaso temos obrigações que decorrem simplesmente do fato de fazermos parte de certas comunidades políticas, étnicas, linguísticas e outras?

Política

A Parte Quatro termina nessa transição para a Parte Cinco e o livro termina onde comecei este resumo: numa teoria da justiça. Meu argumento deriva essa teoria de tudo o que veio antes. Apresentando meu argumento de trás para a frente neste capítulo introdutório, pretendo pôr em relevo a interdependência dos vários temas do livro. O Capítulo 15 afirma que boa parte da filosofia política sofre por ser incapaz de tratar como interpretativos os principais conceitos políticos, e os capítulos restantes tentam corrigir esse engano. Defendo as concepções desses conceitos que já terei então apresentado e reivindico para elas aquela espécie de veracidade que somente uma integração bem-sucedida pode reivindicar. O último capítulo é um epílogo: repete, dessa vez sob a ótica da dignidade, as teses de que os valores podem ser verdadeiros e de que o valor é indivisível.

Uma história mais ou menos

Não peço que você entenda as conjecturas apresentadas a seguir como uma tentativa séria de apresentar uma história da intelectualidade; não são nem sutis nem detalhadas, nem tampouco – sei muito bem – corretas o suficiente. Mas, quaisquer que sejam os defeitos do meu relato do ponto de vista histórico, pode ser que ele o ajude a compreender melhor o argumento que acabei de resumir, mostrando como concebo que ele se encaixa numa grande narrativa histórica. No fim, no Epílogo, vou contar a mesma história de modo mais sucinto e de um jeito diferente – e vou acrescentar-lhe um desafio.

Os filósofos morais da Antiguidade eram filósofos da autoafirmação*. Platão e Aristóteles viam a situação humana nos termos que identifiquei: temos uma vida a ser vivida e devemos querer vivê-la bem. A ética, segundo eles, nos manda buscar a "felicidade"; não se referiam aos lampejos fugazes do prazer, mas à satisfação de uma vida bem-sucedida concebida como um todo. A moral também tem seus mandamentos; estes se expressam num conjunto de virtudes que inclui a justiça. Tanto a natureza da felicidade quanto o conteúdo dessas virtudes são, a princípio, indistintos: quando temos a intenção de obedecer aos mandamentos tanto da ética quanto da moral, temos de descobrir o que a felicidade realmente é e o que as virtudes realmente exigem de nós. Para tanto, é preciso um projeto interpretativo. Temos de identificar concepções da felicidade e das virtudes que combinem entre si, de tal modo que o melhor entendimento da moral deflua do melhor entendimento da ética e por sua vez ajude a defini-lo.

Os filósofos do primeiro período cristão e da Idade Média, embriagados de Deus, tinham o mesmo objetivo, mas haviam recebido – ou assim pensavam – uma fórmula óbvia para alcançá-lo. Viver bem significa viver na graça de Deus, o que por sua vez significa viver segundo a lei moral que Deus estabeleceu como lei da natureza. Essa fórmula tem a feliz consequência de fundir duas questões conceitualmente distintas: como as pessoas chegam a ter suas crenças éticas e morais e por que essas crenças éticas e morais são corretas. O poder de Deus explica a gênese da convic-

---

* V. adiante, à p. 31, a definição desse termo. (N. do T.)

ção: acreditamos no que fazemos porque Deus no-lo revelou diretamente ou por meio da faculdade da razão que ele criou em nós. A bondade de Deus também justifica o conteúdo da convicção: se Deus é o autor do nosso sentido moral, é claro que nosso sentido moral é exato. O fato da nossa crença é em si a prova dessa crença: o que a Bíblia e os sacerdotes de Deus afirmam deve, portanto, ser verdadeiro. Essa fórmula não garantiu uma navegação completamente livre de percalços. Os filósofos cristãos eram perturbados acima de tudo pelo que chamaram de problema do mal. Se Deus é todo-poderoso e é a própria medida da bondade, por que há tanto sofrimento e injustiça no mundo? Mas não viram motivo para duvidar que esses enigmas devessem ser resolvidos dentro do quadro fornecido por sua teologia. A moral da autoafirmação tinha firme predomínio.

As explosões filosóficas dos últimos anos do Iluminismo puseram fim ao longo reinado desse tipo de moral. Os filósofos mais influentes insistiam num código epistemológico firme. Só podemos aceitar que nossas crenças são verdadeiras, insistiam eles, quando a melhor explicação de por que temos essas crenças der testemunho da veracidade delas; e tal explicação só poderá fazer isso se demonstrar que essas crenças são ou produzidas por uma razão irresistível, como a matemática, ou causadas pelo impacto do mundo natural sobre nosso cérebro, como as descobertas empíricas das ciências naturais que então surgiam e já eram consideradas prodigiosas. Esse novo regime epistemológico criou um problema imediato para as convicções sobre os valores, problema esse que mudou toda a filosofia de lá para cá. Não temos o direito de pensar que nossas convicções morais são verdadeiras a menos que constatemos que elas são ou exigidas pela razão pura ou produzidas por algo "concretamente existente" no mundo. Assim nasceu o Rochedo de Gibraltar de todos os bloqueios mentais:

outra coisa que não o valor tem de endossar o valor para podermos levar o valor a sério.

Os filósofos cristãos e outros filósofos religiosos podiam respeitar em parte o novo código epistemológico porque de fato admitiam que havia algo "concretamente existente" que endossava as convicções. Mas para tanto tinham de violar a condição naturalista. O código era mais desafiador para os filósofos que aceitavam essa segunda condição. Se a melhor explicação de por que consideramos que o furto e o assassinato são errados não reside na vontade benévola de Deus, mas sim numa disposição natural dos seres humanos a sentir compaixão pelo sofrimento alheio, por exemplo, ou na conveniência dos arranjos convencionais de propriedade e segurança por nós inventados, então a melhor explicação dessas crenças em nada contribui para sua justificação. Pelo contrário: a própria ausência de vínculo entre a causa de nossas crenças éticas e morais e a justificação dessas crenças nos dá motivo para suspeitarmos que essas crenças não sejam verdadeiras, ou pelo menos que não temos nenhuma razão para pensar que sejam verdadeiras.

Segundo o entendimento mais comum, o grande filósofo escocês David Hume declarou que nenhuma descoberta empírica sobre a realidade do mundo, ou seja, sobre como o mundo *é* – nenhuma revelação sobre o curso da história, a natureza última da matéria ou a verdade da natureza humana –, pode fundamentar qualquer conclusão sobre como ele *deve* ser, a menos que se acrescente uma nova premissa ou pressuposto sobre como ele deve ser[6]. O princípio de Hume (nome que dou a essa proposição geral) é frequentemente tomado como fonte de uma consequência cética radical, pois dá a entender que não podemos descobrir, por meio dos únicos modos de conhecimento a que temos acesso, se qualquer uma das nossas convicções éticas ou morais é verdadeira.

Afirmo na Parte Um que, na realidade, esse princípio tem a consequência oposta. Ele solapa o ceticismo filosófico, pois a proposição de que não é verdade que o genocídio é errado é em si mesma uma proposição moral; e, sendo sólido o princípio de Hume, essa proposição não pode ser provada por nenhuma descoberta da lógica ou de fatos acerca da estrutura básica do universo. O princípio de Hume, quando bem entendido, não apoia o ceticismo perante a verdade moral, mas sim a independência da moral como departamento autônomo do conhecimento, dotada de seus próprios critérios de investigação e justificação. Ele nos obriga a rejeitar o código epistemológico do Iluminismo no que se refere ao domínio moral.

A concepção antiga e medieval do interesse próprio, que entendia o interesse próprio como um ideal ético, foi outra baixa imposta pelo suposto progresso. Primeiro o desencantamento, e depois a psicologia, produziram uma imagem cada vez mais árida do interesse próprio: do materialismo de Hobbes ao prazer de Bentham, daí à desrazão de Freud e daí, por fim, ao *Homo economicus* dos economistas, um ser cujos interesses se resumem a suas curvas de preferência. Desse ponto de vista, o interesse próprio só pode significar a satisfação de uma massa de desejos contingentes que as pessoas por acaso têm. Essa nova imagem do bem viver, supostamente mais realista, produziu duas tradições filosóficas ocidentais. A primeira, que veio a dominar a filosofia moral substantiva no Reino Unido e nos Estados Unidos durante o século XIX, aceitou a concepção nova e mais mesquinha do interesse próprio e declarou, portanto, que a moral e o interesse próprio se opõem. A moral – insistia essa tradição – postula uma subordinação do interesse próprio; exige que o agente assuma uma perspectiva objetiva em que seus próprios interesses não são de nenhum modo mais importantes que os de qualquer outra pessoa.

Essa é a moral da abnegação, que gerou a filosofia moral do consequencialismo impessoal, do qual as teorias de Jeremy Bentham, John Stuart Mill e Henry Sidgwick são exemplos famosos. A segunda tradição, muito mais aceita na Europa continental, rebelou-se contra a árida imagem moderna do interesse próprio, que lhe parecia vil. Sublinhou a liberdade do ser humano para lutar contra o costume e a biologia em busca de uma imagem mais nobre daquilo que a vida humana pode ser, liberdade essa que apreendemos no momento em que entendemos, nas palavras de Jean-Paul Sartre, a distinção entre os objetos no mundo da natureza, entre os quais nos incluímos quando nos concebemos como tais, e as criaturas autoconscientes que também somos. Nossa existência precede nossa essência porque somos responsáveis por esta última: somos responsáveis por construir nossa natureza e, depois, por viver autenticamente à altura daquilo que construímos. Friedrich Nietzsche, que se tornou o vulto mais influente dessa tradição, admitia que a moral reconhecida pelas convenções da comunidade ocidental exigia a subordinação do eu. Asseverava, porém, que essa moral se revela assim como uma farsa que não pode nos impor nenhuma exigência. O único real imperativo da vida é *viver* – a gênese e a asserção de uma vida humana como um ato de criação singular e maravilhoso. A moral é uma ideia subversiva inventada por pessoas que não dispõem nem da imaginação nem da vontade necessárias para viver criativamente.

A primeira dessas duas tradições modernas, a moral da abnegação (*self-abnegation*), não dá atenção ao interesse próprio, tratando-o como a satisfação dos desejos que as pessoas, por acaso, têm. A segunda, a ética da autoasserção (*self-assertion*), às vezes perde o interesse pela moral, que é tratada como mera convenção sem valor objetivo nem importância. A ideia grega de uma unidade interpretativa entre os dois departamentos do valor – uma moral da autoafirmação (*self-affirmation*)* – sobreviveu somente numa forma muito degradada. No século XVII, Thomas Hobbes defendeu a ideia de que a moral convencional promove o interesse próprio de todos – entendido do jeito novo e não normativo, como satisfação dos desejos –, e seus seguidores atuais usaram as técnicas da teoria dos jogos para refinar e defender a mesma tese. A proposta dele une a moral à ética, mas o faz para descrédito de ambas. Toma como fundamental a visão da ética como desejo e entende que a única função da moral é servir aos desejos. O ideal grego era muito diferente: pressupunha que viver bem é muito mais que ter todos os desejos satisfeitos, e que viver moralmente significa ter uma consideração genuína, e não somente instrumental, pela vida dos outros. A moderna filosofia moral parece ter abandonado esse ideal de integridade ética e moral.

Até agora deixei Kant de fora da minha História Mais ou Menos, mas seu papel é complexo e crucial. Sua filosofia moral parece o paradigma da abnegação. A seu ver, a pessoa verdadeiramente moral é movida tão somente pela lei moral, tão somente por leis ou máximas que possa racionalmente querer aplicar a todas as pessoas em pé de igualdade. Nenhum ato moralmente bom é motivado somente pelos interesses ou inclinações do agente, nem mesmo por suas inclinações altruístas de compaixão ou desejo de ajudar os outros. Nessa teoria, parece não haver espaço para a ideia de que o impulso moral do agente possa fluir de sua ambição de

---

* Em comunicação pessoal do tradutor com o autor, este esclareceu da seguinte maneira a distinção entre os conceitos a que se referem os termos *self-affirmation* e *self-assertion*: "Com o termo autoafirmação (*self-affirmation*), eu quis me referir a uma afirmação (*affirmation*) da importância objetiva do bem viver e da responsabilidade de viver bem de acordo com os padrões corretos. Com o termo autoasserção (*self-assertion*), quis me referir à suposição de que são as pessoas que criam tanto a importância de suas vidas quanto os padrões segundo os quais devem viver, pelo simples ato de asseverá-los (*asserting these*) no modo como vivem." (N. do T.)

fazer da sua própria vida algo grandioso, de bem cumprir a tarefa de viver. Mas podemos entender que Kant afirma exatamente isso: segundo nossa melhor compreensão, essa tese é o fundamento de toda a sua teoria moral. Em certo estágio da evolução de sua teoria, ele afirmou que a autonomia é uma condição essencial da dignidade – que a autonomia, com efeito, *é* a dignidade – e que somente legislando uma lei moral e agindo em obediência a essa lei é que o agente pode encontrar a verdadeira autonomia. Nesse sentido, aquilo que parece uma moral da abnegação se torna, num nível mais profundo, uma moral da autoafirmação. A unificação da ética e da moral em Kant é obscura porque ocorre no escuro, naquilo que ele chamou de mundo numenal, cujo conteúdo é inacessível a nós, mas que é a única esfera onde a liberdade ontológica pode ser alcançada. Podemos resgatar essa intuição crucial de Kant a partir de sua metafísica: podemos formulá-la na forma daquilo que vou chamar de princípio de Kant. A pessoa só pode alcançar a dignidade e o respeito por si mesma, que são indispensáveis para uma vida bem-sucedida, se demonstrar respeito pela humanidade enquanto tal em todas as suas formas. Trata-se de um modelo para uma unificação da ética e da moral. Assim como o princípio de Hume é o hino da Parte Um deste livro, que descreve a independência da moral em relação à ciência e à metafísica, o princípio de Kant é o hino das Partes Três e Quatro, que mapeiam a interdependência da moral e da ética. No meio encontra-se a Parte Dois, sobre a interpretação, e no fim a Parte Cinco, sobre a política e a justiça.

PARTE UM

INDEPENDÊNCIA

A VERDADE NA MORAL

O desafio

"Se quisermos falar sobre valores – sobre como viver e como tratar as outras pessoas – temos de partir de questões filosóficas maiores. Antes de poder pensar sensatamente para saber se a franqueza e a igualdade são valores genuínos, temos de ponderar, como matéria prévia, se os valores existem ou não. Não seria sensato debater quantos anjos cabem na cabeça de um alfinete sem primeiro perguntar se os anjos existem; do mesmo modo, seria tolice esforçar-se para saber se o autossacrifício é bom sem antes perguntar se a bondade realmente existe e, caso exista, que tipo de coisa ela é.

"Acaso as crenças sobre valores – a de que é errado roubar, por exemplo – podem de fato ser *verdadeiras*? Ou, de resto, falsas? Caso possam, o que seria capaz de torná-las verdadeiras ou falsas? De *onde* vêm esses valores? De Deus? Mas e se não houver um deus? Será possível que os valores existam *concretamente* como parte daquilo que realmente é? Nesse caso, de que modo nós, seres humanos, podemos *entrar em contato* com eles? Se alguns juízos de valor são verdadeiros, e outros, falsos, como nós, seres humanos, podemos descobrir quais são quais? Até os amigos discordam sobre o que é certo ou errado; e é claro que as discordâncias podem ser ainda maiores entre pessoas de diferentes culturas ou idades. O que nos autoriza a pensar, sem cair na mais aterradora arrogância, que nós estamos certos e os outros, errados? A partir de qual perspectiva neutra a verdade pode ser definitivamente provada e estabelecida?

"É óbvio que, para resolver esses enigmas, não basta reiterarmos nossos juízos de valor. Seria inútil dizer que o erro tem de existir no universo porque torturar bebês por diversão é errado, ou que estou em contato com a verdade moral porque sei que torturar bebês é errado. Seria uma petição de princípio: se não existe no universo algo que se possa chamar de erro, torturar bebês não é errado; e eu não posso saber que torturar bebês é errado a menos que esteja em contato com aquilo que o erro, em verdade, é. Não; essas profundas questões filosóficas sobre a natureza do universo ou o *status* dos juízos de valor não são em si mesmas questões sobre o que é bom ou mau, certo ou errado, belo ou feio. Não fazem parte das meditações comuns da ética, da moral ou da estética, mas de outros departamentos da filosofia, de caráter mais técnico: a metafísica, a epistemologia ou a filosofia da linguagem. Por isso é tão importante distinguir duas partes muito diferentes da filosofia moral: as questões ordinárias, substantivas e de primeira ordem, sobre o bom e o mau, o certo e o errado, que exigem que formemos juízos de valor; e as questões filosóficas, de segunda ordem, 'metaéticas', *sobre* os próprios juízos de valor, questões essas que não exigem que formemos outros juízos de valor, mas pedem teorias filosóficas de um tipo muito diferente."

Peço perdão. Esses parágrafos foram uma provocação; não acredito numa única palavra do que acabo de escrever entre aspas. Quis expor uma opinião filosófica que as raposas adoram e que, a meu ver, impediu a correta compreensão de todos os assuntos explorados neste livro. Afirmei a opinião contrária no Capítulo 1:

a moral e os outros departamentos do valor são filosoficamente independentes. As respostas às grandes questões sobre a verdade e o conhecimento morais devem ser buscadas dentro desses departamentos, não fora deles. Uma teoria substantiva dos valores tem de incluir – e não receber de fora – uma teoria da verdade nos valores.

Que *existem* verdades sobre o valor é um fato óbvio e inescapável. Quando as pessoas têm decisões a tomar, a questão de qual decisão tomar é inescapável e só pode ser respondida formulando-se razões para agir de um jeito ou de outro. Só pode ser respondida desse modo porque é isso que a questão, por significar o que significa, exige necessariamente. Não há dúvida de que, em algumas ocasiões, a melhor resposta é que *nenhum* curso de ação é melhor que qualquer outro. Alguns infelizes sentem que uma outra resposta, mais dramática, é inevitável: pensam que *nunca* há uma melhor coisa a fazer ou uma coisa correta a fazer. Mas essa resposta, tanto quanto as respostas mais positivas, também é um juízo de valor substantivo, de primeira ordem, acerca do que fazer. Todas elas se baseiam nos mesmos tipos de argumentos e reivindicam para si o mesmo tipo de veracidade.

Depois de ler o Capítulo 1, você já deve ter compreendido como eu uso as importantes palavras "ética" e "moral". Um juízo ético é uma proposição sobre o que as pessoas devem fazer para viver bem: o que elas devem almejar ser e realizar em suas vidas. Um juízo moral é uma proposição sobre como as pessoas devem tratar as outras pessoas[1]. As questões morais e éticas são dimensões inescapáveis da inescapável questão "o que fazer". São inescapavelmente pertinentes, embora – como é óbvio – nem sempre sejam notadas. Boa parte dos meus atos torna minha vida melhor ou pior. Em muitas circunstâncias, boa parte dos meus atos afeta as outras pessoas. O que, portanto, devo fazer? As respostas que você dá podem ser negativas. Você pode chegar à conclusão de que o modo como vive não faz diferença e que seria um erro ter uma consideração qualquer pela vida das outras pessoas. Mas, se você tem razões a apresentar em favor de tão perturbadoras opiniões, essas razões serão necessariamente éticas ou morais.

As grandiosas teorias metafísicas sobre os tipos de entidades que existem no universo não têm, nem podem ter, absolutamente nada a ver com o assunto. Você pode ser cético quanto à moral o quanto quiser, mas só pode sê-lo se não for cético quanto à natureza dos valores num estágio anterior. Pode pensar que a moral é vazia porque Deus não existe, mas só pode pensar isso se esposar uma teoria moral que atribua autoridade moral exclusiva a um ser sobrenatural. São essas as principais conclusões da primeira parte do livro. Aqui, não rejeito o ceticismo moral ou ético: isso será tratado em partes posteriores. Mas rejeito, sim, o ceticismo arquimediano: aquele que nega ter qualquer base na moral ou na ética. Rejeito a ideia de uma inspeção externa, metaética, da verdade moral. Insisto que o ceticismo moral, para ser sensato, tenha de se colocar dentro do campo da moral.

Essa tese não é popular entre os filósofos. Eles acham aquilo que eu já disse: que as questões mais fundamentais acerca da moral não são questões morais, mas sim metafísicas. Pensam que nossas convicções éticas e morais comuns cairiam por terra se descobríssemos que elas não têm outro fundamento senão outras convicções éticas ou morais: dão o nome de "quietismo" à ideia de que não faz sentido exigir alguma outra coisa, nome esse que sugere um segredo escabroso e cuidadosamente ocultado. Acredito – e vou defender com argumentos essa ideia – que tal opinião concebe os valores de modo radicalmente errôneo. Mas a popularidade que ela tem hoje faz com que seja preciso lutar um pouco para nos livrar da sua influência e aceitar o que deveria ser óbvio: que alguma resposta à questão de "o que fazer" tem de ser correta, mesmo que essa resposta seja a de que nenhum curso de ação é melhor que qualquer outro. A questão viva, premente, não é a de saber se os juízos morais ou éticos podem ser verdadeiros ou não, mas sim a de saber quais deles são verdadeiros.

Os filósofos morais costumam responder que devemos (numa expressão que eles especialmente apreciam) *merecer* o direito de supor que os juízos éticos ou morais podem ser verdadeiros. Isso significa que temos de construir algum argumento plausível do tipo imaginado em meus parágrafos de provocação: algum argumento metafísico, não moral, que demonstre haver alguma entidade ou propriedade no mundo – talvez partículas dotadas de cargas morais, ou "mórons" – cuja existência e configuração possam tornar verdadeiro um juízo moral. Mas, na realidade, só há um meio pelo qual podemos "merecer" o direito de pensar que algum juízo moral é verdadeiro, e esse meio não tem nada a ver com a física nem com a metafísica. Se eu quiser merecer o direito de afirmar que a proposição de que o aborto é errado sempre é verdadeira, tenho de fornecer argumentos morais em favor dessa forte opinião. Simplesmente não existe outro jeito.

Infelizmente, parece-me que é exatamente a esse tipo de declaração que os críticos se referem quando dizem que nós "usurpamos" a possibilidade da verdade. A Parte Um defende essa suposta usurpação. A teoria moral tornou-se muito complexa nas últimas décadas – deu origem a um bestiário de "ismos" que, suspeito, é maior que o de qualquer outro segmento da filosofia[2]. Isso significa que a Parte Um tem de navegar em várias correntes. Este capítulo descreve a noção que me parece ser a das pessoas comuns – ou, pelo menos, a opinião que vou descrever como tal. Segundo ela, os juízos morais podem ser verdadeiros ou falsos, e os argumentos morais são necessários para provar quais são o quê. Mais à frente, elaboro a distinção já traçada entre dois tipos muito diferentes de ceticismo em relação à noção comum – o ceticismo externo, que pretende argumentar a partir de pressupostos totalmente não morais, e o ceticismo que, por não ter essa pretensão, é interno à moral. O Capítulo 3 confronta o ceticismo externo; o Capítulo 4 enfrenta questões cruciais acerca da relação entre a veracidade das convicções morais e a melhor explicação de por que mantemos as concepções que mantemos; e o Capítulo 5 introduz aquela que, em sua forma global, é de longe a forma mais ameaçadora de ceticismo: o ceticismo interno.

A noção comum

A pessoa que espeta alfinetes em bebês só pela diversão de ouvi-los gritar é moralmente depravada. Você não concorda? É provável que você tenha também outras opiniões, mais controversas, sobre o que é certo ou errado. Talvez pense que torturar suspeitos de terrorismo é moralmente errado, por exemplo. Ou, pelo contrário, que esse tipo de tortura é justificado ou até necessário. Pensa que suas opiniões sobre esses assuntos são manifestações da verdade e que os que discordam de você estão cometendo um erro, embora talvez lhe pareça mais natural dizer que suas convicções são certas ou corretas, não "verdadeiras". Você também pensa, segundo imagino, que enfiar alfinetes em bebês ou torturar terroristas seria errado mesmo que ninguém efetivamente fizesse objeção a esses comportamentos nem os considerasse repulsivos – ninguém, nem mesmo você. Ou seja, você provavelmente pensa que a veracidade das suas convicções morais não depende do que qualquer pessoa pensa ou sente. Para deixar bem claro aquilo que pensa, você poderia dizer, por exemplo, que torturar bebês por diversão é um ato "realmente" ou "objetivamente" mau. Essa atitude em relação à verdade moral – a de que pelo menos algumas opiniões morais são objetivamente verdadeiras nesse sentido – é muito comum. Vou chamá-la de noção "comum". A noção comum tem outros atributos, alguns dos quais são negativos. Você não acha que o caráter errado da tortura de bebês ou de terroristas seja uma simples questão a ser determinada pela ciência. Não supõe que seja possível provar a solidez de sua opinião, ou até mesmo apresentar provas em favor dela, simplesmente por meio de algum tipo de experimento ou observação. É claro que você poderia evidenciar, por meio de um experimento ou observação, as consequências da tortura de bebês – os danos físicos e psicológicos assim infligidos, por exemplo. Mas não poderia evidenciar por esse meio que é errado produzir essas consequências. Para fazer isso, você precisa de algum tipo de argumento moral, e os argumentos morais não dependem de demonstrações científicas ou empíricas. É claro que você não trava argumentos morais consigo mesmo – ou com outra pessoa – antes de formar suas opiniões morais. Simplesmente "vê" ou sabe que certos atos são errados: são essas as suas reações imediatas quando você imagina ou testemunha esses atos. Mas você não pensa que esse tipo de "visão" serve de prova do mesmo jeito que a visão comum. Se você vê um ladrão entrando por uma janela, pode invocar sua observação como razão para chamar a polícia. Mas jamais invocaria o fato de você "ver" que a invasão do Iraque é errada como razão para que outras pessoas, que não concordam com você imediatamente, acabem pensando o mesmo. A diferença é clara o suficiente. O fato de o ladrão arrombar a janela foi a causa de você vê-lo arrombando a janela; por isso, sua observação é prova efetiva de que ele a arrombou. Mas seria absurdo pensar que o fato de a invasão do Iraque ser errada foi a causa de você concluir que ela é errada. Para formar esse juízo sobre a invasão, você recorreu às convicções, à educação e às experiências que acumulou. Se por algum motivo você quisesse defender seu juízo ou pensar nele com mais cuidado, não poderia simplesmente citar o que viu. Teria de elaborar algum tipo de argumento moral.

Você ficaria perplexo se alguém lhe afirmasse que, quando você declara uma opinião moral, não está realmente dizendo nada – está apenas dando vazão à sua raiva, ou projetando uma atitude, ou afirmando de que maneira se propõe a viver, a tal ponto que seria um erro pensar que sua declaração possa ter a mínima pretensão de ser verdadeira. Diante de tal tese, você concordaria que, quando declara sua opinião de que a tortura é errada, está de fato fazendo também uma ou mais dessas outras coisas. A menos que seja insincero, está manifestando o fato de que desaprova a tortura e pelo menos indicando quais são suas atitudes morais mais gerais. Porém, a indicação ou expressão dessas emoções ou compromissos é algo que acompanha, e não substitui, o ato de declarar que a tortura é errada. Mesmo que você seja insincero e esteja apenas fingindo ter certas convicções e emoções, ainda está declarando que a tortura é errada, e o que você diz é verdadeiro mesmo que você mesmo não acredite nisso.

Essa noção comum aceita os juízos morais tais e quais eles se apresentam. Se a guerra do Iraque é errada, é um fato – é verdade – que ela é errada. Ou seja, segundo a noção comum a guerra *realmente* é errada. Se você tem um estilo mais dramático e pensa que toda guerra em favor de uma mudança de regime é imoral, pode dizer que o caráter errado desse tipo de guerra é uma característica eterna e imutável do universo. Além disso, segundo a noção comum, as pessoas que pensam que trapacear é errado reconhecem, nessa opinião, uma forte razão para não trapacear e para desaprovar as pessoas que trapaceiam. Mas pensar que um ato é errado não é a mesma coisa que não querer cometê-lo: um pensamento é um juízo, não uma motivação. Segundo a noção comum, as questões gerais sobre os fundamentos da moral – sobre aquilo que faz com que determinado juízo moral seja verdadeiro – são em si mesmas questões morais. Será Deus o autor de toda a moral? Algo pode ser errado mesmo que todos pensem que é certo? A moral é relativa ao tempo e ao lugar? Pode acontecer de algo ser certo num país ou circunstância mas errado em outro país ou circunstância? Todas essas questões são abstratas e teóricas, mas nem por isso deixam de ser questões morais. Devem, assim como as questões mais comuns acerca do certo e do errado, ser respondidas a partir da consciência e das convicções morais.

Preocupações

Esse é o conjunto de opiniões e pressupostos que chamo de noção comum. Suponho que a maioria das pessoas, de modo mais ou menos irrefletido, abrace essa noção. Se, contudo, você tiver disposição filosófica, pode abraçar essa noção comum com certa hesitação e preocupação, pois talvez tenha alguma dificuldade para responder aos desafios filosóficos lançados nos parágrafos que pus entre aspas, acima. A primeira preocupação diz respeito aos tipos de entidades ou propriedades que podemos supor, com sensatez, que o universo contenha. As proposições sobre o estado do mundo físico são tornadas verdadeiras pelo estado real desse mundo – seus continentes, quarks e disposições. Podemos acumular dados ou indícios – muitas vezes por meio da observação de instrumentos científicos – acerca de qual é o estado real do mundo físico. Diríamos que esses dados ou indícios proporcionam argumentos em favor de nossas opiniões sobre o mundo físico. Mas não são os dados ou indícios que podemos reunir, e sim o próprio mundo físico, o modo como os quarks realmente giram, que determina se nossas opiniões são verdadeiras ou falsas. Pode acontecer de nossos dados ou indícios serem poderosíssimos e mesmo assim nossas conclusões estarem erradas porque, no que diz respeito aos fatos brutos, o mundo não é do jeito que provamos que era.

Se tentarmos, porém, aplicar essas conhecidas distinções às nossas convicções morais, nos deparamos com problemas. Em que consistem os fatos morais? Segundo a noção comum, os juízos morais não são tornados verdadeiros por eventos históricos, opiniões de pessoas, emoções ou qualquer outro elemento dos mundos físico e mental. Nesse caso, *o que* pode fazer com que uma convicção moral seja verdadeira? Se você acha que a guerra do Iraque é imoral, pode citar vários fatos históricos – que a guerra necessariamente ia causar um sofrimento imenso e foi declarada com base em dados evidentemente falsos, por exemplo – que, segundo acredita, justificam sua opinião. Mas é difícil imaginar um estado específico do mundo – um configuração qualquer dos mórons, por exemplo – que possa tornar sua opinião verdadeira do mesmo jeito que as partículas físicas podem fazer com que uma opinião física seja verdadeira. É difícil imaginar um estado específico do mundo para o qual seu argumento possa servir de *prova*.

Em segundo lugar, há um enigma aparentemente distinto desse último: de que modo se pode afirmar que os seres humanos conhecem verdades morais ou mesmo formam crenças justificadas acerca delas? Segundo a noção comum, as pessoas não tomam consciência dos fatos morais do mesmo jeito que tomam consciência dos fatos físicos. Os fatos físicos se impõem à mente humana: nós os percebemos diretamente ou percebemos indícios deles. Os cosmólogos supõem que as observações de seus gigantescos radiotelescópios foram causadas por antigas emissões vindas dos limites do universo; os cardiologistas supõem que as curvas do eletrocardiograma foram causadas por um coração que bate. Mas a noção comum insiste em que os fatos morais não são capazes de se imprimir de jeito nenhum sobre a mente humana: um juízo moral, ao contrário de um juízo sobre as cores, não é uma questão de percepção. Como, nesse caso, podemos "entrar em contato" com a verdade moral? O que poderia justificar nossa suposição de que os vários acontecimentos que invocamos para defender nossa posição acerca da guerra do Iraque realmente provam de modo suficiente a moralidade ou a imoralidade dessa guerra?

Há séculos que esses dois enigmas – e outros que descobriremos adiante – vêm estimulando grandes eruditos e filósofos a rejeitar diversos aspectos da noção comum. Vou chamar os que fazem isso de "céticos", mas uso essa palavra num sentido especial, incluindo qualquer um que negue que os juízos morais possam ser objetivamente verdadeiros – que negue, não que eles possam ser verdadeiros em virtude das atitudes ou crenças de uma pessoa, mas que possam ser verdadeiros independentemente de quaisquer atitudes ou crenças. Uma forma tosca desse ceticismo, frequentemente chamada de "pós-modernismo", tem estado muito em voga nos inseguros departamentos das universidades ocidentais: entre os professores de história da arte, literatura comparada e antropologia, por exemplo, e também, por certo tempo, de direito[3]. Os devotos declaram que até as nossas mais sólidas convicções acerca do que é certo ou do que é mau são meros emblemas de ideologias, distintivos de poder, meras regras locais dos jogos de linguagem que por acaso jogamos. Mas, como veremos, muitos filósofos foram mais sutis e mais inventivos em seu ceticismo. No restante deste capítulo, vou distinguir as diferentes versões do ceticismo moral filosófico; no restante da Parte Um, vou me concentrar nos argumentos que defendem cada uma dessas versões.

Duas importantes distinções
Ceticismo interno e ceticismo externo

Duas distinções são essenciais para a continuidade do meu argumento; vou expô-las agora de modo mais detalhado. A primeira distingue o ceticismo moral interno do ceticismo moral externo. Parto do pressuposto de que as convicções morais das pessoas formam pelo menos um conjunto ou sistema mais ou menos sólido de proposições interligadas com um tema específico: as pessoas têm, em diversos níveis de abstração, convicções acerca do que é certo e errado, bom e mau, digno e indigno. Quando meditamos sobre uma questão moral, podemos aplicar a ela várias dessas convicções: podemos apelar a convicções mais abstratas ou mais gerais para pôr à prova juízos mais concretos acerca de o que fazer ou pensar. Uma mulher que se pergunta se seria errado pôr fim a um casamento infeliz poderia, por exemplo, refletir sobre questões mais gerais acerca de o que uma pessoa deve a outra a quem pediu que confiasse nela, ou acerca das responsabilidades morais que vêm com os filhos. Poderia, então, contrastar sua noção acerca dessas responsabilidades com uma outra responsabilidade, que lhe parece contrária àquelas, de fazer algo de bom da sua vida, ou com outras responsabilidades, que também lhe parecem contrárias àquelas, que ela crê ter assumido para com outra pessoa. Podemos dizer que essa reflexão é travada dentro do campo da moral, pois ela pretende chegar a conclusões morais a partir de pressupostos mais gerais que são eles próprios morais quanto à natureza e ao tema. É claro que esse tipo de reflexão moral também leva em conta fatos comuns de natureza não moral: fatos acerca dos efeitos do divórcio sobre o bem-estar dos filhos, por exemplo. Entretanto, só faz apelo a esses fatos não morais na medida em que lhes aplica implicações concretas derivadas de proposições morais mais gerais.

Porém, alguém pode se retirar completamente da esfera de suas ideias morais e refletir sobre essas ideias como um todo. Pode fazer perguntas externas *sobre* seus valores morais ou os de outra pessoa, e não perguntas internas *diretamente referentes* aos valores morais. Essas perguntas podem estar ligadas às ciências sociais: será, por exemplo, que nossas circunstâncias econômicas ou de outra ordem explicam por que somos atraídos por convicções morais que outras culturas, em circunstâncias diferentes, rejeitam? Essa distinção entre perguntas internas e externas pode ser aplicada a qualquer conjunto de ideias. Distinguimos as proposições matemáticas, que ocorrem dentro do domínio da matemática, das questões sobre a própria prática da matemática. Saber se o teorema de Fermat foi ou não provado é uma questão interna da matemática; saber se a porcentagem de estudantes que aprendem cálculo aumentou é uma questão externa sobre a matemática. Os filósofos usam um vocabulário diferente para fazer a mesma distinção: distinguem as questões de "primeira ordem" ou "substantivas", dentro de um sistema de ideias, das de "segunda ordem" ou "metaquestões", sobre esse sistema de ideias. A proposição de que é imoral torturar bebês é uma proposição substantiva, de primeira ordem; a hipótese de que essa opinião é abraçada por quase todos é uma proposição de segunda ordem, ou metaproposição.

O ceticismo moral interno é um juízo moral substantivo, de primeira ordem. Faz apelo a juízos morais mais abstratos para negar que certos juízos mais concretos ou aplicados sejam verdadeiros. O ceticismo externo, pelo contrário, pretende basear-se unicamente em proposições externas, de segunda ordem, sobre a moral. Alguns céticos externos se baseiam em fatos sociais do tipo que descrevi acima: asseveram, por exemplo, que a diversidade histórica e geográfica das opiniões morais mostra que nenhuma opinião dessas pode ser objetivamente verdadeira. Mas, como eu já disse, os céticos externos mais sagazes se baseiam em teses metafísicas sobre os tipos de entidades que o Universo contém. Pressupõem que essas teses metafísicas são proposições externas sobre a moral, e não juízos morais internos. Por isso, como a metáfora sugere, o ceticismo interno reside dentro da moral substantiva, de primeira ordem, enquanto o ceticismo externo é supostamente arquimediano: está acima da moral e a julga de fora. Os céticos internos não podem ser céticos acerca da moral como um todo, porque precisam pressupor a veracidade de alguma proposição moral muito geral para poderem provar seu ceticismo diante de outras proposições morais. Baseiam-se na moral para denegrir a própria moral. Os céticos externos realmente se afirmam céticos acerca da moral como um todo. Dizem-se capazes de denegrir a verdade moral sem se basear nela.

Ceticismo do erro e ceticismo de *status*

Precisamos fazer outra distinção dentro do ceticismo externo: entre o ceticismo do erro e o ceticismo de *status*. Os céticos do erro sustentam que todos os juízos morais são falsos. Um cético do erro poderia dizer que a noção comum pressupõe a existência de entidades morais: que o universo contém não só quarks, mésons e outras partículas físicas muito pequenas, mas também aquilo que chamei de mórons, partículas especiais cuja configuração poderia tornar verdadeiras as alegações de que não se deve torturar bebês ou de que as invasões militares desnecessárias que visam somente à mudança de regime são imorais. Poderia então declarar que, uma vez que não existem partículas morais, é um erro dizer que torturar bebês é errado ou que invadir o Iraque foi imoral. Não se trata de ceticismo interno, pois ele não pretende basear sua autoridade nem mesmo em juízos morais contrafactuais. Trata-se, sim, de ceticismo externo, pois pretende se basear numa metafísica axiologicamente neutra: baseia-se tão somente na alegação metafísica de que não existem partículas morais.

Os céticos de *status* discordam: seu ceticismo em relação à noção comum é diferente. A noção comum trata os juízos morais como descrições de como as coisas realmente são: eles seriam afirmações de fatos morais. Os céticos de *status* negam esse *status* aos juízos morais: creem que é um erro tratá-los como descrições de qualquer coisa. Fazem distinção entre as descrições e outras atividades, como as de tossir, expressar emoções, dar uma ordem ou assumir um compromisso; e sustentam que expressar uma opinião moral não é fazer uma descrição, mas sim algo que pertence ao grupo posterior de atividades. Os céticos de *status*, portanto, ao contrário dos céticos do erro, não dizem que a moral é uma atividade sem base real; dizem que é uma atividade mal compreendida.

O ceticismo de *status* evoluiu rapidamente durante o século XX. Suas formas iniciais eram grosseiras: A. J. Ayer, por exemplo, em seu famoso livrinho *Language, Truth, and Logic*, insistia em que os juízos morais não diferem em nada de outros veículos de expressão das emoções. Quem declara que sonegar impostos é errado estaria somente, na realidade, gritando "Abaixo a sonegação!"[4]. As versões posteriores do ceticismo de *status* se sofisticaram um pouco. Richard Hare, por exemplo, cuja obra foi muito influente, tratava os juízos morais como ordens ou comandos disfarçados e generalizados[5]. "Sonegar é errado" deve ser entendido como "não sonegue". Para Hare, entretanto, a preferência expressa por um juízo moral é muito especial: é universal em seu conteúdo, de tal modo que se aplica a todos quantos estão situados em seu âmbito, inclusive a pessoa que a profere. Não obstante, a análise de Hare ainda é um exemplo de ceticismo de *status*, pois suas expressões de preferência, como os arroubos de emoção de Ayer, não são passíveis nem de veracidade nem de falsidade. Essas primeiras versões não se preocupavam em esconder seu ceticismo. Hare disse que um nazista que aplicasse suas sanções sobre si mesmo caso ele próprio fosse judeu não estaria cometendo um erro moral. Em décadas posteriores, o ceticismo externo se tornou mais ambíguo. Allan Gibbard e Simon Blackburn, por exemplo, classificaram-se em diferentes ocasiões como "não cognitivistas", "expressivistas", "projetivistas" e "quase realistas", o que sugere uma profunda discordância com a noção comum. Gibbard diz que os juízos morais devem ser entendidos como expressões da aceitação de um plano para o viver: não "como crenças dotadas de tais e tais conteúdos", mas como "sentimentos ou atitudes, talvez, ou preferências universais, estados de aceitação da norma – ou estados de planejamento"[6]. Mas tanto Blackburn quanto Gibbard se esforçam para demonstrar de que modo, a seu ver, um expressivista que adota essa concepção dos juízos morais pode, mesmo assim, falar que um juízo moral é falso ou verdadeiro; e que ele pode também imitar de outros jeitos, mais complexos, o modo com que as pessoas que adotam a noção falam das questões morais. Por outro lado, tratam todas essas alegações de veracidade como partes de uma atividade que, insistem eles, é diferente da atividade de descrever como as coisas são.

Ceticismo interno

Pelo fato de se basearem na veracidade de certas proposições morais substantivas, os céticos internos só podem ser céticos do erro num sentido parcial. Não existe ceticismo interno de *status*. Algumas versões do ceticismo interno são bastante circunscritas e pontuais. Muita gente pensa, por exemplo, que as opções que os parceiros adultos fazem a respeito da mecânica do sexo não suscitam nenhuma questão moral: pensam que todos os juízos que condenam certas opções sexuais são falsos. Baseiam esse ceticismo limitado em opiniões positivas acerca do que pode fazer com que um ato seja certo ou errado; não creem que os detalhes do sexo consensual entre adultos, quer heterossexual, quer homossexual, tenham quaisquer características que possam torná-lo certo ou errado. Outras pessoas são céticos internos do erro no que se refere ao papel da moral na política externa. Dizem que não faz sentido supor que a política comercial de um país possa ser moralmente correta ou incorreta. Rejeitam juízos morais positivos que muita gente sustenta – que a política norte-americana na América Latina muitas vezes foi injusta, por exemplo –, fazendo apelo ao juízo moral mais geral de que os dirigentes de um país devem sempre agir levando em conta unicamente os interesses dos cidadãos desse país.

Outras versões do ceticismo interno do erro são muito mais amplas e algumas são quase globais, pois rejeitam todos os juízos morais com exceção dos contrafactuais. A opinião difundida que mencionei – a de que nada pode ser certo ou errado porque não existe nenhum deus – é um exemplo de ceticismo interno global; baseia-se na convicção moral de que uma vontade sobrenatural seria a única base possível para a moral positiva. A opinião mais moderna de que a moral é vazia porque todo o comportamento humano é predeterminado por acontecimentos anteriores que ninguém pode controlar também é um exemplo de ceticismo interno; baseia-se na convicção moral de que é injusto culpar as pessoas ou considerá-las responsáveis por condutas que não poderiam ter evitado. (Tratamos dessa convicção moral bastante comum no Capítulo 10.) Outra opinião, também bastante disseminada agora, sustenta que nenhuma proposição moral universal é bem fundada porque a moral é relativa à cultura; também essa concepção é um caso de ceticismo interno, pois depende da convicção de que a moral nasce somente das práticas das culturas particulares. Outra forma de ceticismo interno global assinala que os seres humanos são partes incrivelmente pequenas e fugazes de um universo inconcebivelmente grande e durável, e conclui que nada que possamos fazer tem importância, quer moral, quer de outra ordem[7]. É certo que as convicções morais em que esses exemplos de ceticismo interno global se baseiam são contrafactuais: partem do pressuposto de que as proposições morais positivas por elas rejeitadas seriam válidas se determinadas condições fossem satisfeitas – se existisse um deus, ou se as convenções morais fossem uniformes em todas as culturas, ou se o universo fosse menor. Mas até essas convicções contrafactuais são juízos morais substantivos.

Nesta parte do livro, não quero brigar com nenhuma forma de ceticismo interno. O ceticismo interno não nega o que quero provar: que os desafios filosóficos à veracidade dos juízos morais são, eles próprios, teorias morais substantivas. Ele não nega – pelo contrário, pressupõe – que os juízos morais sejam passíveis de veracidade. Vamos tratar a fundo do ceticismo interno em outra parte do livro, pois minhas proposições positivas de moral pessoal e política partem do princípio de que nenhuma forma global de ceticismo interno é correta. Entretanto, precisamos pelo menos assinalar uma distinção importante que muitas vezes é passada por alto. Temos de distinguir entre ceticismo interno e incerteza. Pode acontecer de eu não ter certeza acerca de o aborto ser errado ou não: pode acontecer de eu pensar que os argumentos de ambos os lados são razoáveis e não saber se um deles é mais forte, ou qual deles o é. Mas incerteza não é ceticismo. A incerteza é uma posição-padrão: se eu não tenho convicção profunda nem disso nem daquilo, estou na incerteza. O ceticismo, por sua vez, não é uma posição-padrão: para adotar a tese cética de que a moral não tem nada a ver com o aborto, preciso de um argumento tão forte quanto para qualquer outro ponto de vista positivo sobre o assunto. No Capítulo 5 voltaremos à importante distinção entre o ceticismo e a incerteza.

O apelo do ceticismo de *status*

Ambas as formas de ceticismo externo – o ceticismo do erro e o ceticismo de *status* – são diferentes das teorias da biologia e das ciências sociais que mencionei há pouco. As teorias neodarwinianas sobre o desenvolvimento das crenças e instituições morais, por exemplo, são externas mas não são, de modo algum, céticas. Não há incoerência em sustentar o seguinte conjunto de opiniões: (1) uma condenação do assassinato inscrita no cérebro tinha valor de sobrevivência nas savanas onde viviam nossos antepassados; (2) esse fato faz parte da melhor explicação de por que a condenação moral do assassinato é tão disseminada ao longo da história e nas diferentes culturas; e (3) a proposição de que o assassinato é errado é objetivamente verdadeira. As duas primeiras proposições são antropológicas, e a terceira, moral; não pode haver conflito entre o moral e o antropológico combinados dessa maneira[8]. Por isso os céticos externos não podem fazer apelo à antropologia nem a nenhuma outra ciência biológica ou social. Baseiam-se num tipo muito diferente de teoria putativamente externa: baseiam-se em teses filosóficas sobre o que existe no universo ou sobre as condições em que se pode afirmar que as pessoas adquirem crenças responsáveis.

Em certo sentido, o ceticismo interno e o ceticismo externo se opõem. O ceticismo interno negaria a si mesmo se negasse que os juízos morais são passíveis de veracidade; não pode se basear em nenhuma metafísica cáustica que tenha essa consequência. O ceticismo externo, por outro lado, não pode admitir que nenhum juízo moral seja passível de veracidade: tem de demonstrar que todos são errôneos ou que todos têm alguma condição que exclui a possibilidade de serem verdadeiros. O ceticismo externo negaria imediatamente a si mesmo se isentasse qualquer juízo moral substantivo de seu âmbito cético.

Em outro sentido, porém, o ceticismo interno e o ceticismo externo do erro são semelhantes. O ceticismo interno trabalha a sério. Tem consequências diretas sobre a ação: se uma pessoa é internamente cética acerca da moral sexual, não pode em sã consciência censurar os outros por suas opções sexuais nem trabalhar para que a homossexualidade seja declarada ilegal por motivos morais. Se acredita que a moral está morta porque nenhum deus existe, não pode recriminar os outros por se comportarem mal. O ceticismo externo do erro também trabalha a sério: pode até ser que um cético externo do erro não goste da guerra do Iraque, mas nem assim poderá afirmar que a invasão americana foi imoral. Os céticos externos de *status*, por outro lado, insistem em que sua forma de ceticismo é neutra diante das proposições e controvérsias morais e lhes permite emitir condenações morais com o mesmo fervor de qualquer outra pessoa. Suponhamos que cheguemos à mesma conclusão dos céticos de *status*, a de que as proposições morais são meras projeções de emoção num mundo onde a moral não existe. Teremos mudado de opinião acerca do *status* das nossas convicções morais, mas não a respeito do conteúdo delas. Podemos continuar insistindo em que o terrorismo é sempre errado, ou em que às vezes é justificado, ou continuar afirmando ou negando qualquer outra opinião moral. Os mais recentes céticos de *status* (supondo-se que de fato sejam céticos) chegam até a nos permitir continuar insistindo em que nossas convicções são objetivamente verdadeiras. Basta-nos murmurar com nossos botões (bem baixinho, para não diminuir o impacto do que dizemos em voz alta) que, ao insistir nisso, estamos apenas projetando uma atitude mais complexa.

Essa aparente neutralidade dá ao ceticismo de *status* um apelo sedutor. Eu disse há pouco que certas pessoas são perturbadas pelos desafios filosóficos que descrevi. Não podemos acreditar nos mórons e temos outras boas razões para recuar diante da afirmação audaz de que nossas crenças morais são verdadeiras: diante de tão imensa diversidade cultural, parece arrogância afirmar que todos os que discordam de nós estão errados. Mas, por outro lado, parece que o ceticismo do erro está fora de questão em qualquer de suas formas. Não somos realmente capazes de acreditar que não há nada de moralmente condenável nos homens-bomba, no genocídio, na discriminação racial e na imposição da mutilação genital feminina. O ceticismo externo de *status* oferece, às pessoas que sentem esse conflito, exatamente o que elas querem. É agradavelmente ecumênico. Permite que seus adeptos sejam, em matéria de metafísica e de cultura, tão modestos quanto queiram parecer, abandonando toda afirmação da veracidade última de sua moral ou mesmo da superioridade desta em relação a outros sistemas morais. Mas permite que eles façam isso e ao mesmo tempo continuem sustentando suas convicções com todo o entusiasmo, condenando o genocídio, o aborto, a escravidão, a discriminação por sexo ou a sonegação das contribuições à Previdência Social com o mesmo vigor de sempre. Basta-lhes dizer que reviram seus conceitos não acerca da substância, mas acerca do *status* das suas convicções. Já não afirmam que suas convicções espelham uma realidade externa, mas ainda as sustentam com a mesma veemência. Podem continuar igualmente dispostos a lutar ou a morrer por suas crenças, mas agora há uma diferença. Eles mantêm suas convicções morais e ao mesmo tempo as perdem. Richard Rorty chamou esse estado mental de "ironia"[9].

O ceticismo externo de *status*, portanto, é hoje muito mais popular entre os filósofos acadêmicos que o ceticismo interno global ou o ceticismo externo do erro jamais foram; e foi o ceticismo de *status* que infestou a vida intelectual contemporânea. Por isso, é nessa forma de ceticismo que vou me concentrar, mas quero que os argumentos que vou apresentar nos próximos capítulos se apliquem a todas as formas de ceticismo externo e mesmo a todas as formas de uma concepção que poderia parecer oposta a essa: a de que podemos ter motivos externos, não morais, para crer que nossas opiniões morais podem ser verdadeiras. (Visto que essa última concepção é muitas vezes chamada de "realismo" filosófico, às vezes vou chamar de "realistas" os que a sustentam.) A filosofia não pode nem vetar nem validar nenhum juízo de valor permanecendo totalmente fora do domínio desse juízo. O ceticismo interno é o único ceticismo possível. Talvez não seja nem verdadeiro nem falso que o aborto é mau ou que Beethoven, como artista criativo, foi maior que Picasso. Mas, se assim for, não é porque essas questões não possam ter uma resposta correta por razões anteriores ou exteriores aos valores, mas porque essa *é*, internamente, a resposta correta motivada por um juízo moral, jurídico ou estético sólido. (Exploro essa possibilidade no Capítulo 5.) Não podemos ser céticos acerca de um domínio qualquer dos valores de cabo a rabo.

Decepção?

Tentei responder às duas perguntas que, segundo afirmei, deixam as pessoas em dúvida a respeito da noção comum: o que faz com que um juízo moral seja verdadeiro? Quando temos justificativa para pensar que um juízo moral é verdadeiro? Minha resposta à primeira é que os juízos morais são tornados verdadeiros, quando efetivamente o são, por um argumento moral adequado em favor de sua veracidade. É claro que isso suscita mais uma pergunta: o que faz com que um argumento moral seja adequado? A resposta tem de ser: um novo argumento moral em favor de sua adequação. E assim por diante. Isso não significa que um juízo moral seja tornado verdadeiro pelos argumentos que efetivamente são apresentados em favor dele: esses argumentos podem não ser adequados. Tampouco significa que seja tornado verdadeiro pela sua coerência com outros juízos morais. Afirmo, no Capítulo 6, que a coerência é uma condição necessária, mas não suficiente, da veracidade. Não podemos dizer nada de mais útil que o que acabei de afirmar: um juízo moral é tornado verdadeiro por um argumento adequado em favor de sua veracidade.

Quando temos justificativa para pensar que um juízo moral é verdadeiro? Minha resposta: quando temos justificativa para pensar que nossos argumentos para considerá-lo verdadeiro são adequados. Ou seja, as razões que temos para pensar que estamos certos em ter nossas convicções são exatamente as mesmas que temos para pensar que nossas convicções são certas. Isso talvez pareça inútil, pois não fornece nenhum meio independente de verificação. Você talvez se lembre do leitor de jornal citado por Wittgenstein, que duvidou do que leu no jornal e comprou outro exemplar para ver se era verdade. Esse leitor, no entanto, não agiu com responsabilidade, e nós podemos fazê-lo. Podemos nos perguntar se pensamos sobre as questões morais da maneira correta. E que maneira é essa? Proponho uma resposta no Capítulo 6. Mas aí vou chamar a atenção mais uma vez para o fato de que uma teoria da responsabilidade moral é em si mesma uma teoria moral: faz parte da mesma teoria moral geral que engloba as opiniões cuja responsabilidade ela deve verificar. Será que esse modo de responder à questão das razões é um raciocínio circular? Sem dúvida, mas não é mais circular que a confiança que depositamos naquela parte da nossa ciência que compõe uma teoria do método científico capaz de verificar todo o restante da atividade científica. Muitos leitores ficarão decepcionados com essas respostas às duas antigas perguntas. Creio que há duas razões para essa atitude; uma delas é um engano, e a outra, um estímulo. Primeiro o engano: minhas respostas decepcionam porque as antigas perguntas parecem pedir um tipo diferente de resposta. Pedem respostas que saiam fora da moral para encontrar uma explicação não moral da verdade e da responsabilidade morais. Porém, essa expectativa é confusa: repousa sobre o não reconhecimento da independência da moral e das outras dimensões do valor. Qualquer teoria sobre o que torna verdadeira uma convicção moral ou quais são as boas razões para sustentá-la deve ser em si mesma uma teoria moral e, portanto, deve incluir uma premissa ou um pressuposto moral. Há muito tempo que os filósofos exigem uma teoria moral que não seja moral. Porém, se quisermos uma ontologia moral ou uma epistemologia moral legítimas, teremos de construí-las desde dentro da moral. Você quer algo mais? Espero demonstrar que você nem sabe o que mais poderia querer. Espero, também, que você conclua que essas respostas iniciais não são decepcionantes, mas esclarecedoras.

A segunda explicação – mais estimulante – da sua insatisfação é que minhas respostas são demasiado abstratas e resumidas: apontam para a teoria moral ulterior de que precisamos, mas não a elucidam. A tese de que uma proposição científica é verdadeira quando corresponde à realidade é tão circular e tão opaca quanto minhas duas respostas. Ela parece mais útil porque é enunciada diante do pano de fundo de uma ciência gigantesca e impressionante, que dá conteúdo substancial à ideia de correspondência com a realidade: pensamos que sabemos decidir se uma proposição química faz isso ou não. A ontologia moral e a epistemologia moral precisam do mesmo tipo de estrutura e de complexidade: não basta simplesmente afirmar que a moral é tornada verdadeira pelos argumentos adequados. Precisamos de uma outra teoria, sobre a estrutura dos argumentos adequados. Precisamos não somente da ideia de responsabilidade moral, mas também de alguma explicação de o que é essa responsabilidade.

Esses projetos ficam para a Parte Dois. Lá vou defender a ideia de que devemos tratar o raciocínio moral como uma forma de raciocínio interpretativo e que só podemos alcançar a responsabilidade moral visando à explicação mais abrangente possível de um sistema maior de valores dentro do qual figuram nossas opiniões morais. Essa meta interpretativa proporciona a estrutura para os argumentos adequados e define a responsabilidade moral. Não garante que os argumentos assim construídos sejam adequados; não garante a verdade moral. Mas quando, após uma reflexão tão abrangente, constatamos que nossos argumentos são adequados, nós adquirimos o direito de viver segundo esses argumentos. O que nos impede, nesse sentido, de afirmar que temos certeza de que eles são verdadeiros? Somente nossa noção, confirmada por ampla experiência, de que argumentos interpretativos melhores poderão ser encontrados. Temos de cuidar para respeitar a distância entre a responsabilidade e a verdade. Mas não podemos explicar essa distância senão fazendo mais um apelo à ideia de argumentos bons e argumentos melhores. Por mais que esperneemos, não podemos escapar à independência da moral. Todo esforço que fazemos para encontrar um alçapão que nos conduza para fora da moral só confirma que ainda não compreendemos o que é a moral.

3

O CETICISMO EXTERNO

Uma proposição importante

No Capítulo 1, eu disse que o ceticismo moral é ele mesmo uma posição moral. Trata-se de uma proposição importante que foi e ainda será duramente questionada. Se for verdadeira, o ceticismo externo nega a si mesmo. Os adeptos do ceticismo externo do erro sustentam que todos os juízos morais são objetivamente falsos, e os adeptos do ceticismo externo de *status* pregam que os juízos morais não podem ter sequer a pretensão de ser verdadeiros. Se o juízo cético for ele mesmo um juízo moral, todos caem automaticamente em autocontradição, pois não há dúvida de que têm de alegar a veracidade de suas próprias posições filosóficas. Por isso, minha proposição tem uma importância filosófica muito grande, tanto em geral quanto para os argumentos ulteriores desta parte do livro. Até a maioria dos filósofos que insistem em que os juízos morais são passíveis de veracidade ou falsidade discorda dessa minha proposição[1]. Tenho, portanto, que explicá-la e defendê-la com muito cuidado.

Você talvez considere pickwickiana a insistência na tese de que uma declaração filosófica que nega a existência de propriedades morais é ela própria uma proposição moral. Talvez ofereça as seguintes analogias: a observação de que a astrologia é bobagem não é uma proposição astrológica, e o ateísmo não é uma posição religiosa. Isso depende, entretanto, de como decidimos definir essas categorias. Se definirmos o juízo astrológico como aquele que afirma ou pressupõe alguma espécie de influência planetária sobre a vida humana, a proposição de que a astrologia é bobagem, proposição essa que nega toda influência desse tipo, não é um juízo astrológico. Se, por outro lado, definirmos o juízo astrológico como aquele que descreve o caráter e a extensão das influências planetárias, a declaração de que tais influências não existem é, sim, um juízo astrológico. Se definirmos a posição religiosa como aquela que pressupõe a existência de um ou mais seres divinos, o ateísmo não é uma posição religiosa. Se, porém, a definirmos como aquela que oferece uma opinião sobre a existência ou as propriedades dos seres divinos, então o ateísmo é, sem dúvida, uma posição religiosa.

A cosmologia é um domínio do pensamento: é uma parte da ciência entendida de modo mais amplo. Podemos perguntar: o que é verdadeiro e o que é falso nesse domínio? Ou seja, o que é verdadeiro e o que é falso no que se refere à cosmologia? Os ceticismos diante da astrologia e de Deus são tentativas de responder a essa pergunta: referem-se à questão de saber quais são as forças existentes no nosso universo. Não podemos afirmar: "Visto que somos ateus, insistimos em que, no que se refere à cosmologia, nada é verdadeiro." Dentro do nosso ateísmo, apresentamos uma opinião sobre o que é verdadeiro nesse domínio. A moral também é um domínio. Podemos dizer que seus tópicos incluem as seguintes questões: as pessoas têm alguma responsabilidade categórica diante das outras pessoas – ou seja, responsabilidades que não dependem do que elas querem ou pensam? Se tiverem, quais são essas responsabilidades categóricas? Uma pessoa toma posição sobre essas questões quando declara que os ricos têm o dever de ajudar os pobres. Outra toma posição contrária quando nega que os ricos tenham essa obrigação porque foram os pobres que atraíram sobre si sua pobreza. Uma terceira pessoa assume uma forma mais ampla da segunda posição, declarando que ninguém jamais teve nem pode ter uma obrigação moral porque as obrigações morais só poderiam ser criadas por um deus e nenhum deus existe. Uma quarta pessoa afirma que ninguém jamais teve nem pode ter uma obrigação moral porque não existem "entidades esquisitas" (*queer entities*) capazes de constituir uma obrigação moral. Os últimos dois céticos oferecem diferentes tipos de razões, mas o estado de coisas que cada um afirma existir é o mesmo. O *conteúdo* das duas proposições – o que os diferentes céticos afirmam ser verdadeiro no que se refere à moral – é o mesmo. Ambos, e não somente o terceiro, estão declarando proposições morais, e por isso não podem em sã consciência afirmar que nenhuma proposição moral é verdadeira. Compare: podemos dizer que nenhuma proposição que alguém declare sobre a forma ou a cor dos unicórnios é verdadeira porque os unicórnios não existem. Mas não podemos, em seguida, declarar que nenhuma proposição da unicorniologia pode ser verdadeira.

Como eu disse no Capítulo 1, os filósofos morais têm, em regra, insistido numa distinção fundamental entre juízos morais e juízos filosóficos sobre os juízos morais. Russ Shafer-Landau afirma que a distinção é evidente em outros campos. "Quando nos perguntamos sobre a ontologia dos números, não estamos fazendo matemática. Podemos investigar os pressupostos básicos da doutrina religiosa sem nos envolver em disputas teológicas."[2] Mas muitos filósofos da matemática pensam que estamos, sim, fazendo matemática quando declaramos que os números existem[3]. E certamente nos envolvemos numa disputa religiosa quando insistimos em que deus não existe – aliás, colocamo-nos no próprio centro de tal disputa. A distinção que filósofos como Shafer-Landau têm em mente é, na melhor das hipóteses, semântica. Pense: "As vítimas de acidentes de automóveis não fazem jus a indenização a menos que alguém tenha atuado com negligência" e "a doutrina da responsabilidade civil defende que, sem culpa, não há responsabilidade". A segunda declaração trata, em certo sentido, de declarações como a primeira, mas não deixa de ser um juízo jurídico. Podemos tratar as teorias morais céticas do mesmo modo: como teorias que tratam de juízos morais mais detalhados, mas não deixam de ser, elas próprias, juízos morais. Shafer-Landau acrescenta: "Podemos deixar de lado os livros de gramática e, não obstante, continuar perguntando se nossa faculdade gramatical é inata." Verdade, pois essa última questão é biológica e não gramatical. Nenhuma concepção biológica pode refutar qualquer opinião sobre a gramática correta. Já o ceticismo moral não pode ser outra coisa senão moral.

Alguns filósofos encontraram o que julgam ser um erro em meu argumento: creem eles que sofro de um bloqueio mental que me impede de ver as possibilidades da negação[4]. Segundo o ponto de vista deles, os céticos externos declaram que os atos não são nem moralmente obrigatórios, nem moralmente proibidos, *nem moralmente permitidos*. Sem dúvida essa não é uma posição moral, mas sim a recusa a assumir uma posição moral qualquer. Por isso, segundo eles, estou errado em supor que o ceticismo externo é em si uma posição moral.

Considere a seguinte conversa:

> A: O aborto é moralmente mau; sempre, e em todas as circunstâncias, temos uma razão categórica – uma razão que não depende do que qualquer pessoa possa querer ou pensar – para impedi-lo e condená-lo.

B: De jeito nenhum. Em certas circunstâncias, o aborto é moralmente obrigatório. As mães solteiras adolescentes pobres têm uma razão categórica para abortar.
C: Vocês dois estão errados. O aborto não é jamais moralmente obrigatório nem moralmente proibido. Não há razões categóricas nem para uma coisa nem para a outra. Ele é como o ato de cortar as unhas: sempre permitido e jamais obrigatório.
D: Vocês três estão errados. O aborto não é jamais moralmente proibido, nem moralmente obrigatório, *nem* moralmente permitido.

A, *B* e *C* estão declarando proposições morais. E *D*? Como não sabemos exatamente o que significa a sua misteriosa proposição, pedimos que ele a esclareça.

Ele diria, primeiro: "Qualquer proposição que suponha a existência de algo que não existe é falsa ou (às vezes essa ideia também me ocorre) nem verdadeira nem falsa. *A*, *B* e *C* estão supondo que existem deveres morais. Mas esses deveres não existem, e portanto nenhum deles está declarando uma proposição verdadeira." *D* foi vitimado pelos mórons – ou, antes, pela ausência deles. Se os mórons existem e fazem com que as proposições morais sejam falsas ou verdadeiras, podemos imaginar que essas partículas, como os quarks, são coloridas. Um ato é proibido somente na presença de mórons vermelhos, obrigatório somente na presença de mórons verdes e permitido somente na presença de mórons amarelos. *D* está declarando que, como os mórons não existem em absoluto, o aborto não é nem proibido, nem obrigatório, nem permitido. Sua suposição de que os mórons não existem não é, segundo ele, uma proposição moral. É uma proposição da física ou da metafísica. Mas ele entendeu muito mal a situação da conversa. *A*, *B* e *C* fizeram proposições sobre quais razões de determinado tipo – razões categóricas – as pessoas têm ou não têm.

A proposição de que nenhum dever existe, feita por *D*, significa que ninguém jamais pode ter uma razão desse tipo. Por isso ele forçosamente está exprimindo uma posição; concorda com *C* e não pode, sob pena de cair em contradição, dizer que o que *C* diz é falso (ou nem verdadeiro nem falso).

D poderia dizer: "*A*, *B* e *C* estão se baseando na existência dos mórons para sustentar suas proposições." Mas eles não estão fazendo nada disso. Mesmo que *A* pense que os mórons existem, ele não citaria a existência e a cor deles como argumentos em seu favor. Os argumentos dele são de tipo muito diferente: que o aborto é um insulto à dignidade da vida humana, por exemplo. Mas sejamos generosos com *D*; vamos supor que *A*, *B* e *C* sejam meio esquisitos e citem os mórons como argumento. Isso não reforça a posição de *D*. O importante não são os argumentos que o trio apresenta, mas as conclusões a que eles chegam a partir desses argumentos. Repetindo: cada um deles declarou uma proposição sobre as razões categóricas que as pessoas têm ou não têm em relação ao aborto. A conclusão dos vários argumentos de *D*, sejam eles quais forem, é uma proposição do mesmo tipo. Ele pensa que essas razões não existem e, logo, discorda de *A* e *B* e concorda com *C*. Faz uma proposição muito mais geral que a de *C*, mas essa proposição inclui a de *C*. *D* tomou posição sobre uma questão moral: assumiu uma postura moral substantiva, de primeira ordem.

Mas *D* se corrige. "Eu não deveria ter dito que as proposições de *A*, *B* e *C* são falsas ou que não são nem verdadeiras nem falsas. Deveria ter dito que elas não têm sentido: não compreendo o que eles quiseram dizer ao afirmar ou negar razões categóricas. Para mim tudo isso não passa de um palavreado incoerente." Muitas vezes, as pessoas dizem que uma proposição não tem sentido quando querem dizer somente que ela é tola e evidentemente errada. Se é isso o que *D* quer dizer, ele não mudou de abordagem; simplesmente afirmou a abordagem anterior com mais veemência. E o que mais poderia ele querer dizer? Poderia querer dizer que acredita que os outros caíram em contradição afirmando algo impossível, como se afirmassem ter visto um círculo quadrado num banco de jardim. Isso muda o argumento, mas não a conclusão. Se ele acha que as razões categóricas são impossíveis, está pensando de novo que ninguém tem uma razão categórica para fazer seja o que for. Ainda está tomando uma posição moral. Façamos mais uma tentativa. Talvez ele queira literalmente dizer que as proposições dos outros são incompreensíveis para ele. Admite, nesse caso, que eles possuem conceitos que lhe faltam; não é capaz de traduzir o que eles dizem numa linguagem que ele próprio seja capaz de compreender. É claro que isso é um absurdo: ele sabe muito bem o que *A*, *B* e *C* estão querendo dizer sobre as responsabilidades morais das pessoas. Mas, se continua dizendo que não entende, deixa automaticamente de ser cético. Nenhuma pessoa pode ser cética acerca de uma língua que não compreende.

A mensagem de tudo isto é clara. Quando você faz uma declaração sobre as responsabilidades morais das pessoas, essa declaração versa sobre como as coisas são – moralmente. Não há como escapar da independência do valor. Mas suponhamos, porém, que *D* ofereça uma resposta muito diferente. "Eu quis dizer que os argumentos em favor de cada um dos lados na questão do aborto estão a tal ponto equilibrados que não existe resposta correta à questão de saber se o aborto é proibido, obrigatório ou permitido. Toda proposição desse tipo parte do pressuposto de que os argumentos em seu favor são mais fortes que os em favor das posições diversas, e isso é falso." No Capítulo 5 chamo a atenção para a diferença entre não ter certeza de qual é a resposta correta a uma questão e acreditar que a resposta correta não existe – que a questão é indeterminada. O que *D* tem em mente nessa nova explicação é a indeterminação: é por isso que ele diz que todas as outras posições são falsas, e não apenas pouco persuasivas. Mas nesse caso é óbvio que sua posição é uma proposição moral substantiva. Ele realmente discorda não só de *A* e *B* como também de *C*; porém, só discorda de todos eles porque agora tem uma quarta opinião moral. Pesa a força das três opiniões morais anteriores e constata que nenhuma delas é mais forte que as outras. Trata-se de uma forma de ceticismo, mas é um ceticismo interno.

O princípio de Hume

Se, como afirmo, qualquer ceticismo moral é em si uma proposição moral substantiva, o ceticismo externo, como eu já disse, é autocontraditório. Além disso, viola o princípio de epistemologia moral que chamei de princípio de Hume. Este sustenta que nenhuma série de proposições sobre a realidade do mundo – sobre como o mundo *é* – em matéria de fatos físicos ou metafísicos pode por si só – ou seja, sem nenhum juízo de valor oculto em seus interstícios – provar eficazmente qualquer conclusão sobre como as coisas *devem ser*. A mim, o princípio de Hume parece obviamente verdadeiro. Considere esta tentativa de violá-lo: "Jack está com muita dor e você pode ajudá-lo facilmente. Portanto, somente por essa razão, você tem o dever moral de ajudá-lo." Se esse argumento é bom por si só, é necessário que algum princípio sobre o que torna um argumento bom esteja em operação. Que princípio é esse? Não pode ser alguma forma de indução ou generalização, pois estas pressuporiam que você já teve algum dever moral no passado, e esse é um pressuposto moral. Não pode tampouco ser um princípio de dedução ou de conclusão semântica. É preciso algo mais, e esse algo – uma premissa oculta ou um pressuposto acerca da natureza do bom raciocínio moral – precisa estar imbuído de força moral.

O fato de uma pessoa diante de você estar evidentemente sofrendo grande dor parece ser, por si mesmo, uma razão pela qual você deve ajudá-la se puder. Não é preciso dizer mais nada. Mas suponho que você pensa assim porque aceita tacitamente a responsabilidade geral de ajudar as pessoas em grave necessidade sempre que isso lhe for fácil. Suponhamos que você deixe claro que não está se baseando num tal pressuposto moral de fundo. Declara que não tem nenhuma opinião sobre a responsabilidade geral de ajudar as pessoas em circunstâncias como essas. Simplesmente insiste que, nesse caso particular, a dor diante de seus olhos, sem nenhum outro pressuposto daquele tipo, lhe impõe uma responsabilidade moral. Nesse caso, aquilo que você quer dizer deixa de ser óbvio e se torna opaco.

Alguns filósofos apresentaram uma objeção diferente[5]. Concordam em que o princípio de Hume demonstra que um conjunto de fatos não morais não pode, por si, provar uma proposição moral. Mas não se segue daí que fatos não morais não possam, por si, refutar uma proposição moral. Se assim for, o ceticismo externo, que busca somente refutar, pode vingar apesar do princípio de Hume. Mas esse resgate fracassará se, como afirmo, o ceticismo for ele próprio uma posição moral. Refutar a proposição moral de que as pessoas têm o dever de não trapacear é o mesmo que provar a proposição moral de que não é verdade que eles tenham esse dever. O princípio de Hume foi questionado de diversos modos; na minha opinião, nenhum deles foi bem-sucedido[6].

É claro que o princípio de Hume não tira a legitimidade das muitas disciplinas – sociologia, psicologia, primatologia, genética, ciência política e senso comum – que estudam a moral como um fenômeno social e psicológico. Nem tampouco tira a legitimidade de algo que me parece pelo menos fazer parte do projeto do próprio Hume: a história natural do sentimento moral e da convicção moral. Podemos aprender muito sobre a moral e sobre nós mesmos prestando atenção em fatos sobre como as coisas foram e são. Podemos especular acerca de por que certas convicções morais são disseminadas em algumas culturas e comunidades e não em outras, acerca das várias formas de influência e pressão que se mostraram eficazes para perpetuar essas convicções na forma de normas sociais, acerca de quando e como as crianças se tornam sensíveis às exigências da moral e à censura moral, acerca de por que certas opiniões morais são quase universais entre os seres humanos e acerca de como as circunstâncias econômicas de uma comunidade, entre outros fatores, se correlacionam com os conteúdos das convicções morais ali presentes.

Todas essas questões são importantes e fascinantes e já foram, obviamente, declaradas de forma muito mais precisa que a que se vê acima. Distingo-as todas, porém, da questão que ora nos ocupa, aquela que em geral interessa muito mais a todos nós: quais opiniões morais são verdadeiras? O princípio de Hume só se aplica a esta última questão. Essa distinção crucial entre os juízos morais e os estudos descritivos sobre a moral é às vezes obscurecida por uma ambiguidade na ideia de explicação. As pessoas se perguntam como explicar a moral. Pode-se entender que essa pergunta pede como resposta o tipo de explicação factual que acabei de descrever. Ela pediria, por exemplo, uma explicação neodarwiniana sobre o surgimento de certas práticas entre os primatas superiores e os primeiros seres humanos. Por outro lado, ela poderia pedir como resposta uma justificativa das práticas e instituições morais. Justificativa é aquilo que uma pessoa tem em mente quando exige, em tom raivoso: "Explique-se!"

O ceticismo do erro

Se o ceticismo externo é em si uma posição moral, ele é autocontraditório. O ceticismo externo do erro é o que parece mais imediatamente vulnerável, pois sustenta que todas as proposições morais são falsas. Os céticos do erro podem rever seus conceitos, porém, e passar a sustentar somente que todos os juízos morais positivos são falsos. Diriam talvez que os juízos morais positivos são aqueles que fornecem orientação para as ações ou para a aprovação ou desaprovação: incluem-se entre eles juízos segundo os quais tal ou qual ação é moralmente obrigatória ou proibida, tal situação ou pessoa é moralmente boa ou má, fulano ou sicrano tem uma virtude ou vício moral e assim por diante. Os mesmos céticos diriam que as proposições alternativas – de que uma situação não é nem boa nem má, mas moralmente neutra, ou de que tal pessoa não deve ser nem elogiada nem criticada por determinado traço de seu caráter – são juízos morais negativos. Mas, como eu já disse, eles ainda são juízos morais. São juízos morais no mesmo sentido em que a proposição de que o direito não impõe nem proíbe o consumo de vinho é um juízo jurídico. O ceticismo do erro, assim revisto, seria portanto um exemplo de ceticismo interno global. Teria o mesmo conteúdo que, por exemplo, a teoria de que Deus é o único autor possível dos deveres morais e de que ele não existe. Os céticos do erro poderiam ter a esperança de se basear num argumento análogo a esse: de que somente "entidades esquisitas" podem impor deveres morais e de que essas entidades não existem. Vou examinar essa estranha tese no próximo capítulo. Por outro lado, os céticos do erro poderiam basear-se em dois outros argumentos que vou examinar agora. Temos de examiná-los porém, como argumentos em favor de um ceticismo interno, não externo.

Diversidade

John Mackie, o mais destacado entre todos os céticos do erro recentes, defendeu a ideia de que as proposições morais positivas necessariamente são falsas porque as pessoas discordam acerca de quais delas são verdadeiras[7]. Seus pressupostos sociológicos estão, em sua maioria, corretos. Às vezes se exagera a diversidade moral: o grau de convergência em torno de matérias morais básicas ao longo da história é ao mesmo tempo surpreendente e previsível. Mas é fato que as pessoas discordam sobre questões importantes, como a ação afirmativa, o aborto e a justiça social, mesmo dentro de determinada cultura. Será que isso prova que, na verdade, não temos deveres nem responsabilidades morais de nenhuma espécie?

É claro que o fato de outros discordarem de algo que nos parece óbvio deveria nos fazer parar para pensar. Como posso ter certeza de que estou certo se outras pessoas que parecem tão inteligentes e sensíveis quanto eu o negam? Mas não podemos tomar o próprio fato do desacordo como prova de que nossas convicções morais são errôneas. Não computaríamos a popularidade de nenhuma outra convicção nossa como prova de sua veracidade. O fato de quase todos pensarem que a mentira às vezes é admissível não nos dá razão alguma para pensar que isso seja assim. Por que, então, o desacordo acerca de uma opinião qualquer é prova contrária à sua veracidade? Mackie e outros céticos só têm uma resposta a dar a essa sensata objeção. Segundo eles, a diversidade prova que a convicção moral não é causada pela verdade moral. Suponhamos que milhões de pessoas tenham visto unicórnios, mas discordem veementemente acerca da cor, do tamanho e da forma desses animais. Não confiaríamos no testemunho delas. Se os unicórnios existissem e as pessoas realmente os tivessem visto, as propriedades concretas do animal teriam causado uma uniformidade maior dos relatos.

No capítulo seguinte, defendo a ideia de que os céticos do erro têm razão ao negar que a verdade moral seja a causa da convicção. O que causa as convicções das pessoas não são seus encontros com a verdade moral, mas suas histórias pessoais. Nesse caso, certa combinação de convergência e diversidade é exatamente o que se deve esperar. As histórias pessoais das pessoas têm muito em comum, começando com o genoma humano. Sempre e em toda parte, a situação delas é tal que elas tendem a pensar que o homicídio em vista de um interesse particular é errado, por exemplo. Mas essas histórias também têm muitos elementos diferentes: os ambientes, as economias e as religiões das pessoas diferem, o que nos permite prever que elas também vão ter discordâncias a respeito da moral. Em todo caso, sendo a diversidade um mero fato antropológico, ela não pode por si demonstrar que todos os juízos morais positivos são falsos. As pessoas, em sua diversidade, ainda têm de decidir o que é verdade, e isso é uma questão de justificativa das convicções, não da melhor explicação quer da convergência, quer da divergência.

A moral e as motivações

Mackie também diz que os juízos morais positivos pressupõem, como parte de seu significado, uma tese extraordinária: a de que quando as pessoas passam a sustentar uma opinião moral positiva verdadeira elas são, por essa razão somente, motivadas para agir segundo essa opinião manda. Ou seja, se é verdade que você não deve sonegar o imposto de renda, o fato de você aceitar essa verdade tem como consequência atraí-lo infalivelmente, como um ímã, para declarar com precisão sua renda e suas deduções. Mas essa consequência, no dizer de Mackie, é "esquisita" (*queer*). Em outros domínios, a simples aceitação de um fato não traz em si automaticamente nenhuma força motivadora: mesmo aceitando que um copo diante de mim está cheio de veneno, em certas circunstâncias pode acontecer de eu não relutar em tomá-lo. Se as proposições morais são diferentes sob esse surpreendente aspecto – se a crença num fato moral traz em si uma carga motivacional automática –, as entidades morais devem ter um tipo especial, e exclusivo, de força magnética. Segundo Mackie, a ideia de "bem objetivo" é esquisita porque pressupõe que "o bem objetivo seria buscado por quem quer que o conheça, não em razão do fato contingente de essa pessoa, ou toda pessoa, ser constituída de modo a desejar esse fim, mas simplesmente porque ele traz, embutida em si, a qualidade de 'dever-ser-buscado'. Da mesma forma, se existissem princípios objetivos de certo e errado, todo curso de ação errado (possível) teria a qualidade de 'não-dever-ser-seguido' de algum modo embutida em si"[8].

Não está claro de que modo devemos entender essas metáforas pretensamente letais. Temos de aceitar, com certeza, que não existem mórons automaticamente dotados de força moral coercitiva. Mas por que deveríamos concluir, a partir disso, que a tortura não é moralmente errada? Poderíamos ser levados a adotar essa conclusão se sustentássemos a teoria da responsabilidade moral que acabei de esboçar: a de que nenhuma opinião moral positiva é justificada a menos que tenha sido produzida pelo contato direto com alguma verdade moral (necessariamente motivadora). Como eu disse, examinaremos essa teoria no próximo capítulo. Em todo caso, parece que Mackie não entendeu a ligação que certas pessoas sustentam existir entre a moral e a motivação. Pensou que as pessoas supõem que somente os juízos morais positivos *verdadeiros* as motivam a agir segundo mandam esses juízos. Se elas pensassem assim, com efeito estariam pressupondo uma estranha espécie de força moral. Na realidade, porém, as pessoas que identificam algum tipo de ligação entre a convicção moral e a motivação acham que essa ligação existe não só em relação às convicções verdadeiras, mas também às falsas. Acham que alguém que realmente crê que é moralmente proibido passar debaixo da escada vai se sentir obrigado a não passar debaixo dela. O que leva em si a força motivadora não é a verdade, mas a convicção. Por isso, as "entidades esquisitas" estão completamente fora da jogada.

A moral e as razões

Há outro argumento, mais em voga, em favor do ceticismo externo do erro. Começa ele por assinalar um pressuposto crucial da noção comum: o de que a qualidade errada de um ato dá às pessoas uma razão categórica – razão que não depende de seus desejos e preferências – para evitá-lo. Baseei-me nessa ligação entre a moral e as razões agora há pouco ao explicar por que *D*, na última discussão inventada, realmente discorda de *A*. *A* acredita que as pessoas têm uma razão categórica para não compactuar com o aborto nem promover a sua prática. *D* acredita que tais razões categóricas não existem e que, portanto, o que *A* diz é falso.

Alguns filósofos creem que a posição de *D* decorre simplesmente de o que é "ter uma razão"[9]. Há, insistem eles, uma ligação interna essencial entre ter uma razão e ter um desejo. Ninguém pode ter uma razão para fazer algo a menos que tenha um desejo genuíno (um desejo que a pessoa ainda teria ou conservaria mesmo depois de informar-se bem e pensar com coerência sobre a questão) que pode ser satisfeito caso a pessoa faça aquilo. Sendo assim, a ideia de uma razão categórica – razão que se pode ter mesmo que não corresponda a nenhum desejo genuíno – não faz sentido nenhum. Pelo fato de os juízos morais afirmarem ou pressuporem razões categóricas, eles são todos falsos.

Segundo essa tese de o que é "ter uma razão", Stálin não tinha razão para não assassinar seus companheiros. Mas devemos aceitar essa tese? Bernard Williams argumentou em favor dela propondo o seguinte critério: se alguém tem uma razão para fazer algo, essa razão deve ser pelo menos potencialmente capaz de explicar como essa pessoa se comporta[10]. Se eu sei que você quer ajudar os pobres famintos, posso citar esse desejo seu para explicar por que você contribui para o UNICEF. Mas se você não quer ajudar os pobres e por isso não contribui, não posso dizer que você tinha uma razão para ajudá-los, pois a atribuição dessa razão a você não ajuda a explicar o modo como você agiu. Como Stálin não tinha o desejo de poupar seus ex-companheiros, não podemos explicar nenhum de seus atos atribuindo-lhe alguma razão para poupá-los. Por isso, de acordo com a tese de Williams, temos de admitir que ele não tinha nenhuma razão para não assassiná-los.

Mas nada nos obriga a aceitar o critério de Williams, e portanto nada nos obriga a aceitar que as pessoas só podem ter razões que atendem a seus desejos. Poderíamos adotar uma tese alternativa: poderíamos dizer que uma pessoa tem uma razão para assassinar seus companheiros se, e somente se, esse ato for bom para ela. Disso não decorreria automaticamente que a pessoa teria uma razão para assassinar sempre que o assassinato promovesse seus objetivos, pois é possível que a carreira de assassina não fosse, na realidade, boa para ela. Essa tese alternativa não apoiaria automaticamente o critério de Williams, mas tampouco o contradiria. Tudo dependeria de uma outra questão, uma questão ética. O que, em geral, é bom para uma pessoa? Mesmo aceitando essa tese alternativa, poderíamos ainda assim insistir que a única coisa boa para uma pessoa é ter todos os seus desejos genuínos satisfeitos. Teríamos então de aceitar algo semelhante à tese de Williams sobre o que é "ter uma razão". Mas também poderíamos, pelo contrário, pensar que o bem da pessoa está em viver com decência e respeito por si mesma, e que o que quer que Stálin pensasse, sua brutalidade foi má para ele. Isso significa, no fim das contas, que a tese alternativa vincula as questões de racionalidade a questões de teoria ética.

Como decidir qual das teses sobre o que é "ter uma razão" é correta – a tese de Williams, que vincula automaticamente as razões aos desejos, ou a tese alternativa que não faz isso? Devemos tratar isso tudo somente como uma questão de uso linguístico, ou seja, uma questão a ser decidida pela identificação do uso-padrão ou correto dessa expressão? Mas não existe uso-padrão nem uso correto. Às vezes usamos a expressão "ter uma razão" num sentido instrumental que parece apoiar a explicação de Williams. Dizemos que, pelo fato de Stálin querer consolidar seu poder, ele tinha uma razão para assassinar seus rivais em potencial. Mas também o usamos num sentido contrário: não é, de modo algum, um erro linguístico dizer que as pessoas sempre têm uma razão para fazer o que é correto. Devemos afirmar, nesse caso, que a discordância filosófica é puramente ilusória? Que, por podermos usar a expressão "ter uma razão" em diferentes sentidos, os filósofos na realidade não discordam entre si? Que a escolha, no fim, não pode portanto ter nada a ver com uma questão filosófica importante, como o ceticismo do erro? Mas, nesse caso, por que os filósofos não identificaram esse seu erro há muito tempo? Por que o debate ainda lhes parece real e significativo?

Se o debate não é ilusório e se não trata do uso-padrão, do que trata ele? No Capítulo 8 descrevo uma classe de conceitos – chamados por mim de "conceitos interpretativos" – que compartilhamos apesar de discordar acerca de qual é a melhor maneira de entendê-los. Para provar a superioridade de uma concepção sobre as demais, construímos uma teoria para demonstrar de que modo a concepção que favorecemos é a que melhor captura o valor embutido no conceito. É claro que as teorias conceituais são controversas: isso explica por que diferentes concepções competem entre si tanto no uso comum como no uso filosófico. O conceito de "ter uma razão" é um conceito interpretativo[11]. Para responder a perguntas que dependem da identificação da melhor concepção – como a de saber se Stálin tinha ou não uma razão para "expurgar" seus companheiros –, não podemos simplesmente declarar uma definição num ou noutro sentido e depois desenvolver nossa resposta a partir dessa definição. Temos de construir uma estrutura maior de diferentes tipos de valores, dentro da qual se encaixe uma concepção da racionalidade – uma estrutura que justifique uma concepção ou entendimento particulares de o que é "ter uma razão".

Essa estrutura maior tem de responder à seguinte pergunta, entre outras: por que a pessoa deve se importar com ter ou não ter uma razão para fazer algo? Por outro lado, essa questão não é psicológica nem motivacional, mas normativa; não pergunta se a pessoa se importa ou não, mas se deve se importar. Uma concepção de racionalidade seria muito limitada – não atenderia a nenhuma finalidade de justificativa – se declarasse que uma pessoa tem uma razão para obter o que quer mesmo que essa obtenção seja má para ela. Por isso, uma teoria ética – uma teoria sobre o que é bom ou mau para as pessoas – tem de fazer parte de toda teoria bem-sucedida sobre as razões e a racionalidade: a concepção alternativa que descrevi, que vincula a racionalidade à ética, é portanto uma concepção melhor. Adiante, nas Partes Três e Quatro, vou defender determinada ética e, depois, um vínculo interpretativo entre a ética e a moral. Se eu estiver correto, alguém que viva como Stálin viveu leva uma vida má: sua vida é má mesmo que a própria pessoa não a reconheça como tal. Williams tinha uma teoria ética diferente. Pensava que o bem e o mal para as pessoas dependem unicamente do que elas genuinamente querem. Era cético no que se refere a qualquer verdade moral ou ética mais objetiva e, portanto, negava que as razões categóricas fossem possíveis. Acredito – e defenderei essa ideia – que existem verdades éticas objetivas e que, portanto, as razões categóricas com efeito existem. De qualquer modo, nenhum filósofo pode apresentar argumentos adequados em favor do ceticismo externo do erro pressupondo que não existem razões categóricas. Tem de argumentar no sentido contrário: só poderá negar as razões categóricas se já tiver, de modo independente, adotado o ceticismo do erro no que se refere à ética.

O ceticismo de *status*

Duas versões

Eu disse que o ceticismo de *status* é popular porque não nos convida a fingir estar abandonando convicções que não podemos, na prática, abandonar. Encoraja-nos a manter nossas convicções e renunciar somente à má metafísica. Longos argumentos entre os céticos de *status* e seus adversários, ou dos céticos de *status* entre si acerca de qual forma de sua concepção é a mais convincente, hoje dominam a chamada "metaética" na filosofia acadêmica. Não vou tentar descrever nem avaliar essa literatura aqui. Quero enfocar uma outra questão: será que o ceticismo de *status* realmente é uma posição distinta e possível?

Só será possível, mesmo como posição a ser contestada, se conseguirmos estabelecer uma distinção entre o que os dois juízos seguintes significam ou acarretam: primeiro, que a tortura é sempre errada; segundo, que o erro da tortura é uma verdade objetiva que não depende das atitudes de ninguém. Se o segundo juízo, supostamente filosófico, não passa de uma reformulação verborrágica do primeiro, que é confessamente moral, ninguém poderá abraçar o primeiro sem abraçar o segundo, e o ceticismo de *status* estará morto no berço. A necessária diferença entre as duas proposições não é óbvia de modo algum. Seria estranhíssimo que alguém insistisse em que a tortura é errada e depois declarasse que o que acabou de dizer não é verdade. Não adianta insistir, como fazem muitos céticos de *status*, que o juízo de primeira ordem de que a tortura é errada não é um juízo em absoluto, mas somente a projeção de uma atitude. Se assim fosse, por que o ceticismo de *status* não seria somente a projeção da atitude oposta, e não uma posição filosófica?

Esse é o desafio enfrentado pelos céticos de *status*, que acredito ser fatal para todas as formas dessa concepção. Mas os céticos de *status* tentaram enfrentá-lo pelos menos de duas maneiras – contrárias entre si. (1) Alguns entendem o desafio segundo seu significado manifesto. Insistem em que há, de fato, uma diferença suficiente, estabelecida pela prática linguística, entre os dois atos de fala – abraçar uma convicção moral e descrever essa convicção como verdadeira –, de modo que não existe contradição, nem lógica nem emocional, em realizar o primeiro desses atos de fala e condenar o segundo. O primeiro ato seria uma projeção de emoção engajada, de primeira ordem. O segundo seria um juízo filosófico errôneo de segunda ordem. (2) Outros céticos de *status* admitem que não existe diferença entre os dois atos de fala tais como ocorrem no discurso comum; concordam que, na fala comum, uma pessoa cairia em contradição se declarasse que a tortura é sempre errada e em seguida acrescentasse que o que acabou de dizer não é verdade. Mas insistem numa diferença entre os dois empreendimentos ou jogos de linguagem: a fala comum e a fala filosófica. De acordo com essa segunda defesa, o cético de *status* se ocupa do jogo de linguagem da fala filosófica, e dentro desse jogo tem o privilégio de dizer que os juízos morais que as pessoas com razão consideram verdadeiros na fala comum não são verdadeiros na fala filosófica. Ou seja, em sua vida comum o cético de *status* pode declarar com todo o entusiasmo que a tortura é errada *e* que esse erro é uma verdade moral objetiva. Ao mesmo tempo, na fala filosófica pode, sem perder a coerência, declarar que ambas as opiniões não passam de projeções de emoção num universo moralmente inerte. O ceticismo externo baseado nos atos de fala foi popular por muito tempo e dominou a filosofia moral por décadas. Mas foi se tornando cada vez mais difícil de defender, e o que está na moda hoje é a versão dos dois jogos de linguagem. Vamos considerar as duas estratégias, primeiro uma e depois a outra.

Os céticos dos atos de fala: o desafio

Estou fazendo um discurso sobre o aborto. Começo: "O aborto é moralmente errado." Respiro fundo e acrescento várias outras proposições, expostas no restante deste parágrafo. "O que acabei de dizer sobre o aborto não foi mera manifestação de emoção nem uma descrição, expressão ou projeção de minhas atitudes ou das atitudes de qualquer outra pessoa, nem tampouco dos compromissos meus ou de qualquer outra pessoa com alguma causa ou plano. Minhas teses sobre a imoralidade do aborto são verdadeiras objetivamente, num sentido real. Descrevem o que a moral realmente exige, sem levar em conta os impulsos e emoções de qualquer pessoa. Ou seja, ainda seriam verdadeiras mesmo que ninguém exceto eu as considerasse como tais – ou mesmo que nem eu as considerasse assim. São universais e absolutas. Fazem parte da própria estrutura do universo e repousam sobre verdades universais e imutáveis acerca do que é certo ou errado num sentido fundamental e intrínseco. Isto é, são relatos sobre como as coisas realmente são numa realidade moral independente e concretamente existente. Descrevem, em suma, fatos morais reais."

Vamos chamar de "proposições ulteriores" as declarações que fiz depois de respirar fundo. Essas proposições ulteriores declaram de maneira progressivamente mais enfática uma verdade moral independente da mente. Por isso deve haver no meio delas uma bandeira vermelha escondida que vai chamar a atenção de um cético dos atos de fala; deve haver nelas alguma coisa que ele queira negar. Porém, minhas proposições ulteriores também parecem ser proposições morais. Se elas o forem e ele as negar, estará fazendo uma proposição moral também. Se disser que minhas proposições são meras projeções de emoção, ele estará condenando a si mesmo: suas próprias proposições filosóficas se tornarão também meras explosões de emoção.

Ele tem, por isso, de descobrir um jeito de compreender minhas proposições ulteriores como se declarassem ou pressupusessem alguma tese factual ou metafísica, de modo que possa negar essa tese sem destruir a si mesmo. Mas isso parece difícil, pois o jeito mais natural de entender minhas proposições ulteriores é entendê-las exatamente como proposições morais – especialmente controversas, admito. A pessoa que pensa que o aborto é sempre e profundamente errado poderia dizer, num momento de entusiasmo: "É uma verdade moral fundamental que o aborto é sempre errado." Essa declaração seria somente uma reafirmação enfática da sua posição substantiva. Algumas das outras proposições ulteriores parecem de fato acrescentar algo à proposição original, mas somente na medida em que a substituem por juízos morais de primeira ordem mais precisos. As pessoas que usam os advérbios "realmente" e "objetivamente" num contexto moral em geral pretendem qualificar suas posições de uma forma específica – distinguindo as opiniões assim qualificadas de outras opiniões consideradas "subjetivas" ou derivadas de um gosto particular – como não gostar de futebol ou de mostarda. No discurso comum, a proposição de que o aborto é objetivamente errado parece equivalente a outra de minhas proposições ulteriores: a de que o aborto ainda seria errado mesmo que ninguém pensasse assim. Essa proposição ulterior, interpretada da maneira mais natural, é simplesmente um outro jeito de pôr em relevo mais uma vez que estou querendo dizer que o aborto é errado em si, não somente se as pessoas pensam que é ou porque pensam que é.

Outra proposição ulterior, a de que o aborto é universalmente errado, também pode ser entendida como uma elucidação da minha proposição moral original. Elucida seu âmbito, deixando claro que, na minha opinião, o aborto é errado para todos, em qualquer circunstância ou cultura, qualquer que seja a disposição ou a origem ética ou religiosa da pessoa. Isso é diferente de dizer simplesmente que o aborto é errado ou mesmo objetivamente errado. É concebível que eu considere o aborto objetivamente errado pelo fato de esse erro depender das características do aborto, e não das reações das pessoas, mas ao mesmo tempo considere que o aborto não é universalmente errado porque não é errado em certos tipos de comunidade: naquelas cuja vida religiosa promove uma concepção completamente diferente da sacralidade da vida humana, por exemplo. Quando alguém diz que o aborto é errado não só objetivamente, mas também universalmente, é natural entender que está querendo excluir qualificações desse tipo.

E o que dizer da proposição ulterior de que o aborto é absolutamente errado? Segundo sua tradução mais natural, ela significa não só que o aborto sempre é errado em princípio, mas também que seu caráter errôneo não é jamais atenuado por considerações concorrentes – que jamais será verdade, por exemplo, que o aborto é um mal menor quando a vida da mãe está em risco. E as proposições barrocas que acrescentei no final, segundo as quais as verdades morais "existem concretamente" numa "realidade" independente e fazem parte da "estrutura" do universo? Ninguém diz essas coisas; elas foram inventadas pelos céticos para terem algo que ridicularizar. Mas podemos entendê-las suficientemente bem como algo que as pessoas *poderiam* dizer, compreendendo-as como maneiras exageradas e metafóricas de repetir o que algumas das proposições ulteriores dizem de modo mais direto: que o erro do aborto não depende do fato de alguém considerá-lo errado. E minha última frase? Falei de fatos morais, mas o entendimento mais natural não é o de que estou insistindo na existência de partículas morais, e sim que estou enfatizando de novo que não apresento meus comentários somente para expressar um gosto subjetivo[12].

Nenhuma dessas paráfrases ajuda o candidato a cético externo, pois ele contradirá seu ceticismo se negar qualquer uma delas. Só poderá permanecer "cético" e "externo" se conseguir encontrar em minhas proposições ulteriores alguma outra coisa que não seja em si uma proposição moral e cuja negação tenha consequências favoráveis ao ceticismo. Vou chamar essas duas condições de "independência semântica" e "pertinência cética". O candidato não atenderia à segunda condição se dissesse, por exemplo, que nas minhas proposições ulteriores eu parto do pressuposto de que todas as pessoas concordam em que o aborto é imoral. É claro que não parto desse pressuposto; mas, mesmo que partisse, o ato de assinalar meu erro não teria nenhuma consequência favorável ao ceticismo. O fato de as pessoas discordarem quanto ao aborto não é, por si, um argumento contra minha tese de que o aborto é sempre errado em si mesmo. Você talvez já esteja suspeitando que as duas condições que especifiquei, a de independência e a de pertinência, não podem ser ambas satisfeitas ao mesmo tempo. Nenhuma tese cética pertinente pode ser externa.

Devo, entretanto, considerar várias possibilidades. A literatura filosófica atribui particular importância a uma delas. Um cético poderia ter a pretensão de encontrar, nas proposições ulteriores, um pressuposto psicológico – o de que formei minha opinião sobre o aborto mediante a apreensão da veracidade dessa opinião;

de que a melhor explicação de por que cheguei a pensar que o aborto é errado é que entrei "em contato" com a verdade desse assunto. O cético pode, em seguida, negar que isso é possível – pode insistir em que a chamada verdade moral não pode ter impacto sobre o cérebro humano – e sua negação evidentemente não será uma proposição moral. Ela atende, portanto, à condição de independência. Mas não atende à de pertinência: não tem consequências favoráveis ao ceticismo. As questões por ela levantadas são complexas, no entanto, e vou dedicar um capítulo inteiro – o próximo – à sua consideração.

O que mais um cético dos atos de fala poderia encontrar de oculto ou manifesto nas minhas proposições ulteriores que possa ser negado de forma a atender a ambas as condições? Vou considerar somente três outras possibilidades, pois acredito que sejam suficientes para robustecer minha tese de que ele não encontrará nada. Vou tentar ignorar os detalhes particulares de escolas e os argumentos e elaborações de autores específicos, embora inclua notas sobre alguns deles.

Expressivismo semântico

Primeiro precisamos nos livrar das teses semânticas. Alguns céticos de *status* dizem que, quando as pessoas comuns declaram que a tortura é moralmente errada, o que elas querem é somente expressar suas próprias atitudes: o sentido de sua declaração é somente o de afirmar que desaprovam a prática. É óbvio que essa historinha semântica não corresponde à realidade. O que as pessoas comuns querem dizer quando dizem que a tortura é errada é que a tortura é errada. Nenhum outro jeito de dizer a mesma coisa seria tão preciso. Mas, na realidade, esses filósofos céticos não duvidam disso: a semântica que inventam é somente o segundo ato de sua peça de teatro. Primeiro eles tentam demonstrar que os juízos morais não têm sentido quando os entendemos segundo seu significado manifesto – que não existe nada que eles possam descrever. É só depois que apresentam sua nova teoria semântica para devolver um ar de sensatez aos juízos morais. Se rejeitarmos o primeiro ato da peça de teatro, esse segundo passo, de reforma, não será mais necessário. Mas de qualquer modo, como eu já disse, os argumentos deste capítulo não podem girar em torno dessas questões semânticas. Se o suposto juízo filosófico de segunda ordem feito por um filósofo é na verdade um juízo moral de primeira ordem, e se encararmos os juízos de primeira ordem como meras ocasiões para dar vazão à bile, teremos de ver as atividades do próprio filósofo dessa mesma maneira. Teremos de nos concentrar somente no primeiro ato da peça.

De novo a moral e as motivações

Alguns céticos dos atos de fala insistem em que a íntima relação entre os juízos morais e as motivações, já mencionada por mim, demonstra que os juízos morais não podem ser crenças e, portanto, não podem ser verdadeiros nem falsos, visto que as crenças não são capazes, em si e por si, de proporcionar motivação. Mesmo que eu creia que a aspirina vai aliviar minha dor, disso não decorre que eu me ache, sob qualquer aspecto, inclinado a tomar uma aspirina. Somente sentirei esse impulso se tiver o desejo independente de aliviar a dor. Ou seja, se os juízos morais proporcionam motivações por si mesmos, eles não podem ser crenças. Precisamos de um segundo ato em que eles sejam identificados como meras explosões emocionais ou declarações de algum desejo ou plano; é a emoção, o desejo ou o plano que fornece a motivação quase automática que constatamos.

Esse argumento de aparência simples oculta inúmeras complexidades, refinamentos e definições[13]. Seu primeiro passo declara que as crenças morais são necessariamente motivadoras. Não está nada claro, pelo menos para mim, se essa proposição pretende ser empírica, semântica ou conceitual. Boa parte do debate, por exemplo, gira em torno da questão de saber se existem pessoas "amoralistas" – pessoas mentalmente sãs que afirmem sustentar uma convicção moral mas não têm inclinação nenhuma de agir como essa convicção manda. Tratar-se-ia de saber se existem pessoas dotadas de certo tipo de personalidade e, em caso afirmativo, qual a proporção delas em relação à população geral? Ou de saber se seria um erro afirmar, acerca dessas pessoas, que elas realmente acreditam na convicção que abraçam mas que não as motiva? Neste último caso, seria esse erro de natureza conceitual, pelo fato de a motivação ser um elemento necessário da crença moral? Ou de natureza semântica, pelo fato de nossas melhores regras linguísticas referentes à atribuição de crenças morais às pessoas excluírem essa hipótese? Se você estiver tentado a refletir sobre essas questões, lembre-se de Ricardo de Gloucester, que, discorrendo sobre sua deformidade, declarou: "Estou determinado a provar que sou um vilão" e considerava seus próprios planos "sutis, falsos e traiçoeiros"[14]. Ele não estava apenas jurando fazer coisas que os outros considerariam más, mas coisas que ele próprio considerava más.

O crucial segundo passo do argumento pressupõe outro postulado que também leva o nome de Hume, pai epônimo de tantas doutrinas. Se as convicções morais levam automaticamente em si uma carga motivacional, por fraca que seja, essas convicções não podem ser expressões de crenças, mas somente testemunhos de desejos. Essa tese parece não ser mais que um dogma sob o manto de uma psicologia antiquada. Frequentemente levamos o comportamento em conta para tentar determinar quais crenças as pessoas têm. Uma pessoa professa a crença fervorosa num deus onipotente e bom mas não reflete essa convicção, nem mesmo subsidiariamente, no modo como vive. Ou declara que toda superstição é absurda mas toma cuidado para não passar debaixo de uma escada nem diante de um gato preto. Tenderíamos, tanto num caso como no outro, a dizer que a pessoa não acredita no que afirma acreditar. Mas não diríamos que a suposta crença num deus ou em magia não é uma crença – que ninguém, na verdade, crê num deus ou rejeita a superstição.

Eis outro argumento conhecido que supostamente demonstraria que os juízos morais não podem ser expressões de crenças[15]. Diz-se que as crenças e os desejos diferem quanto à direção de sua adequação em relação ao mundo: as crenças pretendem adequar-se ao mundo, e os desejos pretendem que o mundo se torne adequado a eles. Os juízos morais objetivam essa última direção de adequação, e portanto não podem ser expressões de crenças. Parece tratar-se aí de uma simples petição de princípio: se os juízos morais expressam crenças e não visam adequar-se ao mundo, conclui-se que nem todas as crenças visam adequar-se ao mundo. Em todo caso, os juízos morais visam adequar-se aos fatos – os fatos referentes à moral. Se o cético adaptar a distinção e disser que as crenças visam adequar-se a como as coisas são física ou mentalmente, a circularidade de seu argumento se tornará ainda mais evidente. Isso significa que o debate sobre a moral e a motivação tomou mais uma vez a direção errada. Para argumentar que os juízos morais não são expressões de crenças, o cético precisa antes de tudo demonstrar que não há nada a que tais supostas crenças possam se referir.

Qualquer que seja o vínculo natural encontrado entre as convicções das pessoas acerca de seus deveres morais, de um lado, e o comportamento delas, de outro, esse vínculo será muito mais bem explicado se explorarmos uma questão psicológica: por que as pessoas se interessam por questões morais? Se, como creio, as pessoas querem viver bem e pressentem que o bem viver inclui o respeito por suas responsabilidades morais, é perfeitamente natural que elas sintam pelo menos algum impulso no sentido de fazer o que pensam que devem fazer. Isso não vale para todos. Algumas pessoas perversas – Ricardo III e o Satanás de Milton, por exemplo – querem conhecer o errado porque sentem um prazer especial ou adicional em fazer o que é errado – em fazer, como disse Satanás, o que ele deveria "abominar"[16]. Mas seria difícil entender por que qualquer pessoa se interessaria por questões morais se não pensasse que suas opiniões devem, de certo modo e em certo grau, afetar suas ações. O verdadeiro amoralista, se é que existe, não teria convicção moral nenhuma.

Repare, além disso, que o argumento em duas etapas que descrevi a princípio, e que visa demonstrar que os juízos morais não são crenças, não é capaz, de qualquer modo, de tirar o cético de *status* das suas dificuldades. Se minha proposição inicial sobre o aborto não é expressão de uma crença, porque normalmente proporciona uma motivação, nenhuma das minhas proposições ulteriores será tampouco expressão de uma crença, porque todas elas normalmente fornecem motivações do mesmo modo. Seria estranhíssimo que alguém proclamasse que o aborto é um mal absoluto e objetivo, inscrito na estrutura do universo, e depois o recomendasse alegremente a suas amigas. Mais: se nenhuma das proposições ulteriores expressa uma crença, como alguma delas poderia ser falsa? E se nenhuma delas pode ser falsa, qual é o erro que o cético dos atos de fala se propõe a corrigir? Ele é cético diante do quê?

Qualidades primárias e secundárias

Ele pode então alegar ter encontrado um pressuposto filosófico diferente em minhas proposições ulteriores. Os filósofos distinguem entre as qualidades primárias, que as coisas possuem em si mesmas e continuariam possuindo ainda que não houvesse seres sencientes ou inteligentes – é o caso das propriedades químicas dos metais, por exemplo –, e as propriedades secundárias, que as coisas possuem em virtude de sua capacidade de provocar determinadas sensações ou reações nos seres sencientes ou inteligentes. O caráter repugnante do ovo podre, por exemplo, é uma propriedade secundária: consiste somente na capacidade dos ovos de provocar uma sensação de repugnância na maioria das pessoas ou nas pessoas normais. O cético de *status* poderia alegar que minhas proposições ulteriores entendem as propriedades morais como propriedades primárias. Essa leitura de fato lhe proporcionaria uma tese a ser rejeitada que é independente da minha proposição inicial. Assim como uma pessoa pode negar que o caráter repugnante seja uma propriedade primária do ovo podre e mesmo assim acreditar que o ovo podre é repugnante, também o cético poderia negar que o caráter de erro moral seja uma propriedade primária do aborto e mesmo assim acreditar que o aborto é mau. Mas, para alcançar a independência em relação à minha proposição inicial, essa estratégia não endossa uma tese externa, não moral, e sim declara uma *outra* proposição moral de primeira ordem. E é desse outro jeito que não atende à condição de independência.

A tese de que o caráter de erro moral é uma propriedade secundária é um juízo moral substantivo, de primeira ordem. Suponha que os cientistas sociais descubram que, ao contrário do que eu e você pensamos, a contemplação da tortura não escandaliza nem a maioria das pessoas normais. Acho que você continuaria pensando que a tortura é má, mas uma pessoa que acreditasse que as propriedades morais são propriedades secundárias, de tal modo que o caráter mau da tortura consistisse somente em sua tendência a escandalizar a maioria das pessoas normais, discordaria de você a respeito dessa questão moral substantiva. Mesmo que todas as pessoas normais efetivamente pensem que a tortura é má, a explicação disposicional de seu caráter mau não é moralmente neutra, pois afirma não só que a maioria das pessoas, ou as pessoas normais, reage à tortura de determinada maneira, mas também que o caráter mau da tortura consiste unicamente nessa reação e que quaisquer proposições ulteriores serão declarações condicionais ou contrafactuais ao mesmo tempo substantivas e controversas. Quais proposições condicionais ou contrafactuais decorrem da tese disposicional? Isso vai depender da forma exata que a tese assume; vai depender, em específico, de em que medida e de que modo ela supõe que as propriedades morais sejam determinadas por nossa história natural[17]. Isso não significa que as propriedades morais sejam primárias, mas significa que a discussão para saber se elas o são ou não é uma disputa moral substantiva.

Diferentes jogos de linguagem?

Richard Rorty

A situação da partida é a seguinte: eu disse que o cético de *status* tem de encontrar um modo de rejeitar a tese a que se opõe, qual seja, a de que os juízos morais são passíveis de veracidade objetiva, sem porém rejeitar as declarações morais substantivas, de primeira ordem, que pretende deixar em pé. Descrevi duas estratégias que ele pode usar. Pode alegar, primeiro, que as proposições que rejeita – uma das proposições ulteriores, ou todas – são teses filosóficas de segunda ordem que, por serem tipos diferentes de atos de fala, têm um sentido diferente dos juízos substantivos de primeira ordem que ele não visa rejeitar. Essa é a estratégia que estivemos estudando até agora.

Voltamo-nos para a segunda estratégia. O cético de *status*, em vez de rejeitar minhas proposições ulteriores, pode abraçá-las. Pode considerá-las meras repetições ou variações da minha proposição inicial sobre o aborto; assim, não oporá objeção a nenhuma delas. Seu ceticismo, dirá ele, está ligado a um outro universo de discurso; está, para usar a expressão que Wittgenstein tornou famosa, ligado a um jogo de linguagem completamente diferente. Para explicar a estrutura de seu argumento, ele poderá fazer uma analogia com o modo pelo qual às vezes falamos dos personagens de ficção. Jogando o jogo do mundo da ficção, declaro que Lady Macbeth foi casada pelo menos uma vez antes de se casar com Macbeth[18]. Não me contradigo quando passo a jogar outro jogo, o do mundo real, e afirmo que Lady Macbeth nunca existiu, que Shakespeare simplesmente a inventou. Não há contradição entre minhas duas proposições porque as apresento em dois modos ou universos diferentes de discurso. Nesse sentido, o cético de *status* pode afirmar que jogamos um jogo da moral em que é adequado declarar, por exemplo, que a tortura é sempre objetivamente má; e jogamos também um jogo diferente, o jogo da realidade, em que podemos dizer que o erro moral não é coisa que exista.

Richard Rorty foi o pioneiro desse tipo de resposta em defesa do ceticismo de *status*, não somente no que se refere à moral e a outros juízos de valor, mas também às proposições de maneira mais geral. Eis uma declaração característica de seu ponto de vista:

> Dado que vale a pena falar sobre montanhas, e vale mesmo, uma das verdades óbvias sobre as montanhas é que elas já estavam aqui antes de falarmos sobre elas. Se você não acredita nisso, provavelmente não sabe jogar os jogos de linguagem usuais que empregam a palavra "montanha". Mas a utilidade desses jogos de linguagem não tem nada a ver com a questão de saber se a Rea-

lidade como É em Si Mesma, desvinculada de como pode ser convenientemente descrita pelos seres humanos, contém ou não contém montanhas.[19]

Rorty imaginou dois jogos de linguagem, cada qual com suas regras. O primeiro é o jogo da geologia, que eu e você jogamos a maior parte do tempo. Nesse jogo, as montanhas existem, existiram antes que houvesse seres humanos, existirão depois que os seres humanos tiverem desaparecido e teriam existido mesmo que os seres humanos jamais tivessem surgido. Se você não concorda, é porque não sabe jogar o jogo da geologia. Mas, além desse, existe também um jogo filosófico arquimediano em que uma questão diferente pode ser levantada: não se as montanhas existem, mas se a Realidade como É em Si Mesma contém ou não contém montanhas. Nesse segundo jogo, de acordo com Rorty, deflagrou-se uma disputa entre os metafísicos desencaminhados, que respondem que Sim, e os pragmatistas que, como ele, respondem que Não, que as montanhas só existem no jogo da geologia que as pessoas jogam a maior parte do tempo.

A estratégia de Rorty fracassará a menos que haja uma diferença real no que as pessoas querem dizer quando afirmam, do jeito comum, que as montanhas realmente existem e depois asseveram, com ar filosófico, que não existem. Quando falamos sobre personagens de ficção, não temos dificuldade para compreender que estamos jogando um jogo especial, pois podemos fundir os dois discursos num só, reformulando tudo o que afirmarmos sobre Lady Macbeth para deixar claro o que realmente queremos dizer. Posso afirmar, por exemplo: "Se pensássemos (ou fingíssemos) que Shakespeare estava descrevendo acontecimentos históricos reais, deveríamos pensar (ou fingir) que Lady Macbeth teve filhos com outro homem antes de se casar com Macbeth." Poderia então acrescentar, sem incorrer em contradição nem mesmo superficialmente, que é claro que Shakespeare inventou esses acontecimentos e essas falas.

A metáfora rortyana dos dois jogos só poderá ser salva se conseguirmos dissolver do mesmo modo a contradição aparente a respeito das montanhas: apresentando uma maneira de entender uma ou outra das duas proposições contraditórias de modo a dissolver o conflito. Mas isso é impossível. A distinção de Rorty entre a proposição sobre montanhas que pertence ao jogo da geologia e aquela que pertence ao jogo da Realidade não identifica nenhuma diferença de sentido entre as duas proposições. Ele pretendia expressar uma diferença usando letras maiúsculas: a segunda proposição ostenta iniciais maiúsculas que faltam na primeira. Mas esse expediente não ajuda. Se dermos à frase "As montanhas fazem parte da Realidade como É em Si Mesma" o sentido que ela teria se qualquer pessoa efetivamente a formulasse, esse sentido seria idêntico ao da frase "As montanhas existem e continuariam existindo se não houvesse seres humanos" – e desaparece o contraste de que Rorty precisa. Se, por outro lado, atribuirmos um sentido inusitado ou especial àquela frase – se dissermos, por exemplo, que ela significa que as montanhas são uma característica logicamente necessária do universo –, o argumento dele perde toda a sua força crítica e mordacidade filosófica, pois ninguém pensa, nem poderia pensar, que as montanhas são logicamente necessárias. Trata-se, na verdade, do mesmo dilema que exploramos ao discutir o ceticismo dos atos de fala. Se o cético dos jogos de linguagem atende à condição de independência que ali descrevi, demonstrando que minhas proposições ulteriores não são somente repetições da proposição inicial, ele deixa de atender à condição de pertinência, pois seu argumento perde toda força cogente que poderia ter contra a noção comum.

Expressivistas e quase realistas

Para tentar distinguir os juízos comuns das proposições filosóficas que rejeitou, Rorty situou os juízos e as proposições em dois jogos de linguagem diferentes. Podemos, entretanto, construir outra versão da estratégia dos dois jogos de linguagem para defender o ceticismo de *status*. Essa versão situa tanto os juízos morais comuns quanto minhas proposições ulteriores no mesmo jogo de linguagem, identificando-os *todos* como opiniões morais substantivas de primeira ordem e depois inventando outro tipo de mundo – um mundo filosófico separado – onde o cético de *status* possa atuar com toda a liberdade.

Essa versão da estratégia dos dois jogos tem uma vantagem evidente: permite que até um cético de *status* professo abrace pelo menos as mais naturais entre minhas proposições ulteriores, ou mesmo todas elas. Ele pode concordar em que a crueldade é realmente errada, que seria errada mesmo que ninguém a concebesse como tal e que essas proposições são evidentemente verdadeiras. Pode dizer tudo isso porque situa todas essas declarações, e talvez até minhas proposições ulteriores mais extravagantes, como outras tantas jogadas na atividade comum e cotidiana de apresentar opiniões morais. Num segundo exame, porém, e por essa razão mesma, a estratégia anula a si mesma, pois não deixa espaço para que o ceticismo dos céticos do *status* se difunda.

Suponhamos que alguém que se classifica como "projetivista" declare, jogando um jogo de filosofia, que na realidade as convicções morais devem ser entendidas como projeções de emoção num mundo moralmente inerte. Mais tarde, jogando o jogo da moral, ele declara que o caráter errado da tortura não tem nada a ver com a projeção de atitudes de repúdio; a tortura, diz ele, seria errada independentemente de quaisquer atitudes ou emoções que as pessoas possam tomar ou ter a respeito dela. Mais tarde ainda, voltando ao jogo filosófico, ele declara que essa última afirmação sua foi somente a projeção de uma atitude. Quando está no jogo da moral, ele diz que as verdades morais são permanentes e inscritas na estrutura da realidade; voltando ao jogo filosófico, qualifica essa última afirmação como uma projeção particularmente rebuscada. Nesse caso, o projetivista se encontra na mesma dificuldade que identifiquei em Rorty. Tem de demonstrar que as afirmações que faz no jogo da moral são compatíveis com as que faz no jogo da filosofia. Para tanto, tem de fazer o que fazemos no jogo do mundo da ficção: substituir a proposição que faz num daqueles dois jogos por uma tradução que resolva a aparente contradição. Mas isso é impossível. Não pode substituir o que diz no jogo da moral por nenhuma proposição, ainda dentro desse jogo, que implique ou admita que o caráter errado de um ato é somente uma projeção. Tampouco pode substituir sua proposição no jogo da filosofia declarando ou deixando implícito que o caráter errado não depende de uma projeção. Sua estratégia engole a si mesma como o gato de *Alice no País das Maravilhas*, deixando atrás de si somente um sorriso. (Michael Smith sustenta uma opinião contrária[20].)

Por acaso algum filósofo de carne e osso empregou essa versão autoanuladora da estratégia dos dois jogos? No Capítulo 2, eu disse que o ceticismo dos eminentes filósofos Allan Gibbard e Simon Blackburn, que se denominam "expressivistas" e "quase realistas", é passível de dúvidas. De fato os vejo como céticos em relação à noção comum. Mas ambos negaram isso e afirmaram que suas opiniões são muito mais semelhantes à minha do que eu admito[21]. Por isso proponho minha tese de forma mais cautelosa: se é que é possível considerá-los céticos, a estratégia que eles adotam para defender seu ceticismo é esta segunda estratégia dos dois jogos[22]. A questão exegética, porém, não tem importância direta; meus objetivos neste livro não incluem o de defender determinadas interpretações da obra de outros filósofos contemporâneos.

Construtivismo

Ainda não consideramos uma teoria muito popular, supostamente metaética, que foi muitas vezes tomada como uma forma de ceticismo. Trata-se do "construtivismo". Foi popularizado em décadas recentes por John Rawls, que descreveu seu famoso livro *Uma teoria da justiça* como um exercício de construtivismo "kantiano". De acordo com essa teoria, os juízos morais não são descobertos, mas construídos: são gerados por um aparato intelectual que adotamos para confrontar problemas práticos, não teóricos. Rawls deu o exemplo do Imperativo Categórico de Kant: Kant disse que devemos construir nossos juízos morais nos perguntando quais princípios morais poderíamos desejar que fossem máximas a ser seguidas não somente por nós, mas por todos.

Entretanto, atualmente o exemplo mais famoso entre os filósofos da moral e da política é o próprio esquema rawlsiano da "posição original". Rawls sugeriu que, para fixar os princípios de justiça para a estrutura básica de nossa comunidade política, nós imaginássemos pessoas reunidas para estabelecer tal comunidade e cientes dos fatos gerais da economia, da tecnologia, da psicologia e da sociologia, mas ignorantes de sua idade, sexo, talentos, posições sociais e econômicas, interesses, desejos e crenças éticas sobre o bem viver. Rawls argumentou que as pessoas, nessa estranha situação, concordariam com dois princípios de justiça: um que atribui prioridade a certas liberdades e outro que postula uma estrutura econômica em que a situação do grupo mais desprivilegiado economicamente seja a melhor que possa ser garantida pela estrutura básica. Disse que eu e você, aqui e agora, dispomos portanto de razões para tratar esses dois princípios como a definição da justiça para nossa comunidade política.

Mas por quê? Duas respostas surpreendentemente diferentes são possíveis. Podemos dizer, primeiro, que a posição original é um esquema expositivo para testar as implicações de certos princípios morais e políticos básicos que presumimos ser verdadeiros. A posição original, diríamos, modela em sua estrutura essas verdades básicas. Certa vez propus esse entendimento e disse que os princípios básicos modelados pelo esquema são igualitários. Acreditamos que uma comunidade política coercitiva tem de tratar a todos os sujeitos a seu domínio com igual consideração e respeito; para conhecer de modo mais concreto o que esse princípio impõe, podemos imaginar uma assembleia constituinte cujos membros não tenham motivo nenhum para tratar uns aos outros de qualquer outro modo senão desse[23]. Rawls rejeitou firmemente minha tese. "Concebo a justiça como equidade", disse ele, "como algo que elabora na forma de concepções idealizadas certas ideias intuitivas fundamentais, tais como as de que as pessoas são livres e iguais, de uma sociedade bem-ordenada e do papel público de uma concepção de justiça política; e como algo que liga essas ideias intuitivas fundamentais com a ideia intuitiva ainda mais fundamental e abrangente: a da sociedade como um sistema equitativo de cooperação ao longo de tempo, de uma geração à outra."[24] A tríplice ênfase que Rawls confere à intuição nessa frase dá a entender que, embora ele discordasse dos princípios básicos de justiça que sugeri, concordava com a tese de que a posição original repousava sobre verdades morais pressupostas, embora a seu ver o conjunto dessas verdades morais fosse diferente do meu e mais complexo. Em outra parte, ele isolou e frisou uma ideia do conjunto. "Para dizê-lo de outro modo, os primeiros princípios de justiça devem advir de uma concepção da pessoa por meio de uma representação adequada dessa concepção, tal como é ilustrada pelos procedimentos de construção na justiça como equidade."[25] Podemos supor que, se determinada concepção da pessoa se presta a esse papel, é porque ela é correta.

Mas essas declarações também são compatíveis com (ou talvez conduzam a) um entendimento muito diferente, que Rawls deu a impressão de expressar em outras ocasiões. Vou apresentá-lo às pressas de modo a pôr em relevo o contraste que tenho em mente e ignorando as nuances. As pessoas de boa vontade que fazem parte da mesma comunidade política e discordam quanto a suas convicções éticas e morais se veem diante de um problema prático imenso. Como podem viver juntas com respeito por si mesmas sob um Estado coercitivo? Não podem insistir, cada uma delas, que o Estado imponha suas convicções particulares: nesse caso o Estado se desintegraria e se tornaria, como disse Kant, uma Torre de Babel política. A solução adotada por essas pessoas seria a de coligir o que há de suficientemente comum entre elas e construir uma comunidade política que faça apelo unicamente a esses princípios. Todos na comunidade – ou pelo menos todos os dotados de razão – podem aceitar que essa constituição se insere num "consenso sobreposto"; todos são capazes de ver que esses princípios são apoiados – ou pelo menos não são condenados – por aquilo que lhes parece ser a verdade referente às convicções éticas, religiosas e morais mais amplas que os separam. Todos conseguem, enfim, aceitar a estrutura básica de uma sociedade ordenada por esses princípios comuns, e assim são capazes de formar uma comunidade política "bem-ordenada", na medida em que cada membro aceita e acata os mesmos princípios de justiça. A oposição original transforma as convicções comuns num esquema adequado de representação que nos permite construir princípios de justiça semelhantes aos dois princípios que descrevi. Se eu e você, aqui e agora, aceitamos a ambição de viver juntos com paz e dignidade, nós temos de aceitar esses princípios.

É essa segunda maneira de compreender o esquema da posição original que é apresentada como exemplo da abordagem construtivista. O construtivismo, entendido segundo esse exemplo, não é necessariamente cético. Pelo contrário, é compatível até com as formas mais extremadas de "realismo" moral, pois não nega a possibilidade de uma noção abrangente ser verdadeira, e todas as outras, falsas. Por outro lado, não depende desse pressuposto. Os princípios modelados na posição original, segundo essa explicação, não são escolhidos por ser verdadeiros, mas por serem comuns a todos. Isso significa que o método, segundo esse entendimento, também é compatível com toda e qualquer forma de ceticismo acerca da verdade moral. O próprio Rawls, pelo menos em certas ocasiões, deu a impressão de aceitar um ponto de vista completamente cético. "Mas além disso, a ideia de se aproximar da verdade moral não tem lugar numa doutrina construtivista: na posição original, as partes não reconhecem nenhum princípio de justiça como verdadeiro ou correto e, portanto, como dado de antemão; o objetivo delas é simplesmente o de selecionar a concepção mais racional para elas, dadas as circunstâncias. Essa concepção não é encarada como algo que se aproxima instrumentalmente dos fatos morais: não existem fatos morais dos quais os princípios adotados poderiam aproximar-se."[26] Nesse sentido, podemos concluir que o construtivismo, pelo menos tal como Rawls o entendia, não proporciona em si um argumento cético, mas antes mostra que a verdade moral não precisa desempenhar um papel na defesa de uma teoria atraente e detalhada da justiça política. O construtivismo não contesta a noção comum diretamente, mas tenta jogá-la para escanteio.

Será que essa marginalização funciona? Temos de perguntar: de que modo devem ser identificados esses princípios comuns, como, por exemplo, determinada concepção do eu? À medida que suas ideias se desenvolviam, Rawls foi dando cada vez mais ênfase à história e às tradições políticas dos Estados específicos.

Visava antes encontrar os princípios comuns a uma comunidade histórica particular – a tradição liberal e pós-iluminista da América do Norte e da Europa, por exemplo – que a justificar uma constituição mais cosmopolita[27]. Mas não poderia ter a esperança de fazer nem mesmo isso por meio do que poderíamos chamar de um método sociológico. Não poderia ter a esperança de encontrar um consenso operante nem mesmo naquilo em que todos os norte-americanos agora acreditam ou naquilo que aceitariam depois de refletir. A religião por si só seria suficiente para anular esse projeto: um grande número de norte-americanos acredita que é mais importante estabelecer um Estado que reflita e alimente suas convicções religiosas pessoais que criar um Estado que pudesse ser abraçado de boa vontade por pessoas de diferentes religiões ou mesmo sem religião. A dificuldade se torna ainda mais evidente quando tentamos trabalhar na direção oposta. Qual conjunto de concepções sobre o caráter de pessoas livres e iguais poderia gerar qualquer um daqueles dois princípios de justiça e ainda assim ser adotado numa convenção da ala conservadora do Partido Republicano?

Por outro lado, está claro que Rawls não postulava que o consenso sobreposto fosse obtido por uma busca sociológica, mas sim por uma busca interpretativa. Tinha a esperança de identificar concepções e ideais que proporcionassem a melhor teoria e a melhor justificação das tradições liberais de direito e prática política. Trata-se de um projeto importante e, a meu ver, factível[28]. Mas não pode ser um projeto moralmente neutro, pois qualquer interpretação de uma tradição política tem de escolher entre diversas concepções daquilo que essa tradição incorpora – quais qualidades e propriedades ela atribui aos "cidadãos livres e iguais", por exemplo –, concepções essas que se encaixem, todas elas, nos dados crus da história e da prática. Para escolher entre elas, tem de considerar algumas como superiores e, assim, entender que elas proporcionam uma justificação mais satisfatória que as outras[29]. Se você pedir aos atuais juízes da Suprema Corte dos Estados Unidos que eles descrevam os princípios embutidos na história constitucional norte-americana, ouvirá nove respostas diferentes. O ponto importante não é que qualquer teoria interpretativa tem de ser idealizada. É claro que deve ser idealizada. O ponto importante é que, sem uma teoria moral de fundo que consideremos verdadeira, não podemos saber qual idealização escolher. A estratégia construtivista pode, com efeito, ser usada como argumento em favor de um tipo de ceticismo – a tese de qualquer teoria aceitável da justiça tem de ser derivada de uma interpretação plausível das tradições da comunidade para a qual é feita, por exemplo. Isso anularia todas as pretensões de uma teoria transcendente, como o utilitarismo, por exemplo, que hipoteticamente seria válido em todos os tempos e lugares. Mas essa tese repousaria ela própria sobre teorias morais controversas, de modo que seria somente mais um exemplo de ceticismo interno, não externo. O projeto construtivista de Rawls, como ele mesmo às vezes o concebeu, é impossível.

É fato: a metaética repousa sobre um erro

No Capítulo 2, descrevi a distinção que a maioria dos filósofos morais traçam entre as questões éticas ou morais comuns, chamadas de questões substantivas de primeira ordem, e as questões de segunda ordem chamadas por eles de "metaéticas". Desse ponto de vista, tanto o realismo moral quanto o ceticismo externo são posições metaéticas. Se, contudo, eu estiver com a razão, a distinção é um erro, pelo menos do modo como a metaética é tradicionalmente concebida. É claro que existem interessantes questões de antropologia ou de psicologia pessoal e social que podem ser consideradas de segunda ordem na medida em que tratam dos juízos morais mas, por si mesmas, não pedem que se formulem juízos morais. No entanto, não existem questões especificamente filosóficas desse tipo; em particular, a questão de saber se os juízos morais podem ser verdadeiros ou falsos é um tema moral substantivo, e não um tema distintamente metaético. A metaética não existe, a menos que (de acordo com a analogia que fiz com a astrologia) entendamos como metaética a própria questão de saber se a metaética existe ou não.

Alguns filósofos identificaram o que chamam de "quietismo" como uma posição metaética que sustenta que "não há, em certo sentido, nenhuma maneira de sair do pensamento normativo para explicar esse mesmo tipo de pensamento, e, portanto, nenhuma resposta a essas questões [p. ex., a de saber se os juízos morais podem ser verdadeiros ou falsos] é possível"[30]. Essa seria a conclusão errada a tirar desta parte deste livro e a maneira errada de explicar a ideia que ele defende. É verdade que não podemos justificar um juízo moral (na medida em que a justificativa se distingue da explicação de por que alguém crê em tal juízo) sem nos basear em outras convicções ou pressupostos morais. Mas esse fato decorre simplesmente do conteúdo de qualquer juízo moral – daquilo que ele afirma –, e a ideia de que estaríamos de certo modo presos dentro das esferas do valor, como se escapar delas fosse algo maravilhoso mas impossível, é tão tola quanto dizer que não podemos escapar da esfera da descrição quando descrevemos a química da combustão. É possível que esta última proposição também parecesse altamente restritiva – uma triste limitação – em épocas anteriores, que se deleitavam na Grande Cadeia do Ser e encontravam particular satisfação nas explicações teleológicas dos fenômenos naturais. Mas não parece altamente restritiva para nós. Além disso, não é verdade que não existe resposta à questão de saber se é possível que os juízos morais sejam verdadeiros ou falsos. Pelo contrário, nosso argumento demonstra exatamente o oposto: existem respostas imediatamente disponíveis à questão de saber se determinado juízo moral é verdadeiro ou falso. O uso do termo "quietismo" não passa de mais uma prova de que os filósofos não reconhecem a plena independência do valor. O ceticismo externo deveria sumir do panorama filosófico, e seu desaparecimento não deve ser lamentado. Já temos bastante com que nos preocupar sem ele. Queremos viver bem e nos comportar decentemente; queremos que nossas comunidades sejam boas e equitativas e que nossas leis sejam sábias e justas. São objetivos muito difíceis, em parte porque as questões em jogo são complexas e enigmáticas e em parte porque o egoísmo é um obstáculo por demais frequente. Quando nos dizem que as convicções que batalhamos para formar não podem de jeito nenhum ser verdadeiras ou falsas, nem objetivas, nem fazer parte do nosso conhecimento; ou que elas são meras jogadas num jogo de linguagem, ou simples vapor que escapa das turbinas de nossas emoções, ou nada mais que projetos experimentais que devemos testar para ver se funcionam, ou meros convites a pensamentos que consideramos divertidos, ou engraçados, ou menos tediosos que nossas maneiras anteriores de pensar – quando nos dizem isso, devemos responder que todas essas observações nos distraem inutilmente dos verdadeiros desafios que temos diante de nós. Isso não significa que possamos ignorar o ceticismo moral. Pelo contrário. O verdadeiro ceticismo – o ceticismo interno – é muito mais preocupante que essas confusões filosóficas. Vamos nos preocupar com ele mais tarde.

4
A MORAL E AS CAUSAS

Duas questões cruciais

O que faz com que você tenha suas opiniões sobre o certo e o errado? De onde vêm essas opiniões? O que produziu no seu cérebro o pensamento de que a guerra do Iraque era imoral? Ou de que não era? Por acaso as melhores respostas a estas perguntas validam suas opiniões? Ou as anulam? Suponha que eu faça perguntas parecidas sobre as suas opiniões científicas. Você poderia, sem fugir à sensatez, responder: a realidade do mundo, o modo como o mundo é, causa e faz com que eu sustente minhas opiniões sobre como ele é. Nossos cientistas formam suas opiniões sobre a química dos metais por meio de um processo causal onde a própria química dos metais desempenha um papel importante. É pelo fato de o ouro ter as propriedades que tem que os experimentos envolvendo o ouro dão os resultados que dão. Pelo fato de esses experimentos darem esses resultados, todos os cientistas autorizados creem que o ouro tem essas propriedades. Você acredita que ele tem essas propriedades porque os cientistas autorizados acreditam nelas e porque eles, de diferentes maneiras, lhe disseram que acreditam nelas. O resultado último dessa cadeia causal é surpreendente: a melhor explicação de por que você sustenta a maioria das suas opiniões também é uma justificação suficiente dessas mesmas opiniões. A história explicativa e as histórias justificadoras estão unidas: as melhores explicações da crença validam a crença. Acaso a mesma união de explicação e justificação existe também na moral? Será que a verdade sobre a moralidade do casamento *gay* de algum modo causou suas opiniões sobre o casamento *gay*? Indiquei há pouco minha resposta quando ridicularizei a ideia de uma força moral dotada de poder causal, dizendo ser ela constituída de "mórons". Mas talvez eu esteja errado; muitos filósofos renomados de fato pensam que os fatos morais podem causar opiniões morais verdadeiras nas pessoas, embora discordem sobre o como e o porquê. Temos de examinar as concepções deles com mais cuidado. Suponhamos, porém, que eu esteja certo: não existe interação causal entre a verdade moral e a opinião moral. Será que nesse caso suas opiniões sobre o casamento *gay* não passariam a ser meros acidentes? Você não teria de admitir que, mesmo que haja verdades morais "concretamente existentes" no universo, você não dispõe de nenhum meio para entrar "em contato" com essas verdades?

Acabei de levantar duas hipóteses. A primeira é a hipótese do impacto causal (IC). Segundo ela, os fatos morais podem causar nas pessoas a formação de convicções morais correspondentes a eles. Os realistas morais aceitam o IC, e os céticos externos o rejeitam. A segunda é a hipótese da dependência causal (DC). Ela parte do pressuposto de que, a menos que a hipótese do impacto causal seja verdadeira, ninguém pode ter uma razão sólida para pensar que qualquer um de seus juízos morais seja uma representação precisa da verdade moral. Os céticos externos adotam essa segunda hipótese. O mesmo, ao que parece, fazem muitos realistas, caso contrário não viveriam tão ansiosos para defender a hipótese do impacto causal. Afirmo que, nesse quesito, tanto os realistas quanto os céticos externos estão errados. Há uma diferença óbvia e importante entre as duas hipóteses. O IC inclui uma proposição factual científica: coisa que diz respeito à física de partículas, à biologia e à psicologia. A DC é uma tese moral sobre o que pode ser uma razão adequada para se sustentar uma convicção moral.

A hipótese do impacto causal

O que está em jogo

Os programas de ação afirmativa dão preferência, na admissão a instituições de ensino e a empregos, aos candidatos negros ou pertencentes a outras minorias. Suponhamos que você pense que esses programas são injustos[1]. Por que você pensa assim? Essa pergunta é ambígua. Pode significar: que razões você pode oferecer em defesa de sua posição? Entendida dessa maneira, a pergunta pede como resposta um argumento moral. Mas também pode significar: qual é a melhor explicação causal de por que você chegou a sustentar essa opinião, dado que tantas outras pessoas na cultura política de que você faz parte chegaram à conclusão oposta? Vamos nos concentrar agora nesta segunda pergunta. Um psicólogo, um cientista social ou um biólogo poderia responder a essa pergunta de forma profissional. Poderia apontar certos traços da sua subcultura, da sua criação ou do seu interesse próprio, ou, se for loucamente ambicioso, poderia tentar identificar um gene que o predispõe a ter essa opinião. Pressupõe que alguma explicação desse tipo é uma resposta completa à pergunta de por que você sustenta tal opinião.

Você talvez se sinta tentado a oferecer uma resposta diferente à mesma pergunta, capaz de competir com a primeira. Poderia dizer: "Passei a pensar que a ação afirmativa é injusta porque, ao contrário dessas outras pessoas, vi, ou percebi, ou intuí, que ela é injusta." Alguns filósofos realistas creem que sua resposta de fato é capaz de competir com qualquer outra que os cientistas possam oferecer, que tem sentido e, inclusive, que muitas vezes é correta. Pensam que pelo menos algumas pessoas são dotadas de uma sensibilidade à verdade moral que lhes permite perceber o que é certo e o que é errado, o que é digno e o que não é. Insistem em que, quando as pessoas percebem a verdade moral, nenhuma explicação da gênese de suas convicções estará completa a menos que inclua esse fato[2].

Se essa tese do impacto causal tem sentido e é convincente, qualquer ceticismo moral global será necessariamente falso. Como acabei de dizer, as crenças das pessoas sobre o mundo físico são muitas vezes causadas direta ou indiretamente pela verdade daquilo em que creem; e, quando o são, esse fato confirma a veracidade da crença nelas. A melhor explicação de por que creio que choveu hoje inclui o fato de ter chovido. Se os realistas forem capazes de construir nessa mesma linha uma explicação bem-sucedida de por que você crê que a ação afirmativa é injusta – se conseguirem demonstrar que você crê nisso porque a ação afirmativa de fato *é* errada –, estarão nesse mesmo ato justificando sua convicção e explicando a existência dela. Também demonstrariam assim que, no fim das contas, o princípio de Hume é falso. O fato de algo ter causado determinado estado em seu cérebro é um fato biológico. Se de um fato biológico desse tipo se pode concluir que a ação afirmativa é errada, o princípio de Hume deve ser jogado na lata do lixo[3].

Entretanto, a hipótese do impacto causal (IC) é uma estratégia de alto risco para defender a noção comum contra o ceticismo. Isso porque corre o risco de estimular uma tese suplementar: se, pelo contrário, os fatos morais não podem causar as convicções morais, não temos motivo algum para pensar que existam quaisquer fatos morais e, portanto, fundamento nenhum para rejeitar o ceticismo. Suponhamos que, embora você creia que hoje choveu na França, nenhuma chuva que tenha caído na França possa figurar em qualquer explicação de por que você acredita nisso. Talvez você tenha adotado essa crença por sugestão de um hipnotizador que não sabia nada sobre a chuva na França. Nesse caso, você não teria motivo nenhum para pensar que choveu ali. Os céticos externos dizem que o IC é falso e que os fatos morais, mesmo que existissem, não poderiam jamais desempenhar um papel qualquer na explicação das convicções morais das pessoas. Concluem que, assim como nessa última historinha você não teria razão nenhuma para acreditar na chuva, assim também nós não temos razão nenhuma para acreditar na veracidade das nossas convicções morais. Essa conclusão depende da rejeição da hipótese do impacto causal; mas também depende da aceitação da hipótese da dependência causal.

O mito

Muitas vezes acontece de percebermos que um ato é errado no instante em que o vemos. Quando vejo alguém espancando uma criança, "vejo" imediatamente que seu ato é errado. Não se trata, porém, de um caso em que fatos morais causem uma convicção moral: eu não veria o "caráter errado" do espancamento se já não tivesse formado a convicção de que é errado provocar dor gratuitamente. Esta última convicção é aquela cuja existência o IC tem a esperança de explicar[4]. Temos de distinguir o IC da inspiração divina. Muitas pessoas acreditam que um deus partilhou com elas seu conhecimento moral infalível, mas o IC não supõe a intervenção divina. Afirma um impacto causal mais direto da verdade moral sobre nossa mente. Na forma simples e austera em que o apresento, o CI foi outrora muito mais popular entre os filósofos profissionais do que é agora[5]. Permanece, entretanto, influente entre muitos não filósofos, alguns dos quais levam mais a sério do que deveriam a batida retórica da "intuição" moral. Além disso, muitos entre os melhores filósofos não estão dispostos a abandonar por completo essa hipótese; têm a esperança de conservar pelo menos algum resquício ou vago eco da ideia de que as verdades morais podem causar as crenças morais, a fim de fugir à assustadora conclusão de que as crenças morais são meros acidentes[6].

Entretanto, não dispomos sequer da sombra de uma pista de como uma tal interação causal poderia funcionar. Os cientistas começaram, pelo menos, a entender a ótica, a química neural e a geografia cerebral que figuram numa explicação competente de como a chuva na França produz pensamentos sobre ela mesma. Mas nada nessa história pode ser ampliado de forma a explicar como a injustiça da ação afirmativa, se existe, poderia produzir pensamentos sobre si própria. Ignoramos, parece-me, a maior parte do que há para saber sobre o que o universo contém e como nosso cérebro trabalha. Mas é difícil para nós até mesmo imaginar de que modo o IC poderia ser verdadeiro. Faça uma comparação com a telepatia. Acho que só um número relativamente pequeno de pessoas acredita que uma pessoa, concentrando-se, possa causar determinados pensamentos em outra pessoa a milhares de quilômetros de distância. Mas conseguimos imaginar pelo menos o formato geral das descobertas que poderiam nos fazer mudar de opinião sobre essa possibilidade. Poderíamos elaborar experimentos controlados que tornassem o fenômeno difícil de negar: massas de eventos reiterados que não pudessem ser explicados de nenhuma outra maneira. Poderíamos então descobrir ou pelo menos especular sobre campos elétricos externos criados pelas transferências elétricas cerebrais que os neurologistas atualmente relatam e medem. É verdade que a telepatia está muito além daquilo que a ciência, hoje, é capaz de testar ou explicar. Mas o IC vai muito mais além. Afinal de contas, nós já acreditamos no poder causal dos eventos mentais: cremos que as emoções provocam mudanças fisiológicas e que um pensamento pode conduzir a outro. O IC não pode sequer alegar uma extrapolação a partir desses fenômenos. Sua hipótese pressupõe que uma verdade moral, que não tem dimensão nem mental nem física, seja mesmo assim dotada de poder causal.

Não conseguimos imaginar de que modo um resultado experimental qualquer poderia validar a verdade do IC, mesmo na ausência de uma explicação de como ele funciona; ao contrário da telepatia, cuja verdade poderia ser validada por resultados experimentais mesmo que não dispuséssemos de nenhuma teoria sobre sua mecânica. Isso porque não podemos verificar o IC como naturalmente verificamos as proposições causais: fazendo uma pergunta contrafactual. Se você afirma que alguém na Austrália espirrou porque você assim desejou, podemos verificar essa proposição perguntando se essa pessoa teria espirrado mesmo que você não o tivesse desejado. Mas não podemos verificar o IC dessa maneira – se pensamos que a ação afirmativa é injusta, não podemos produzir e nem mesmo imaginar um mundo alternativo onde tudo seja igual ao nosso, com exceção do fato de que, nele, a ação afirmativa é justa. É isso que os filósofos querem dizer quando declaram que os atributos morais são "supervenientes" em relação aos fatos comuns: não podemos fazer variar os atributos morais exceto fazendo variar os fatos comuns que justificam nossa afirmação de tais atributos. Podemos, é claro, perguntar se você ainda consideraria a ação afirmativa injusta mesmo se descobrisse que ela não deixa ninguém infeliz. Por outro lado, uma resposta negativa só faria confirmar que você esposa uma opinião moral que vincula a injustiça ao sofrimento. Não podemos, sem fugir à sensatez, perguntar se você ainda pensaria que a ação afirmativa é injusta se ela não fosse injusta; e é essa questão que teríamos de formular para verificar a tese do IC, de que é a injustiça da ação afirmativa que faz você considerá-la injusta. Visto que essa pergunta contrafactual crucial não tem sentido, não podemos verificar se a explicação oferecida para sua crença – a de que ela foi causada por uma percepção da verdade moral – é exata. As explicações concorrentes que um cientista poderia apresentar podem ser verificadas perguntando-se se, caso sua história pessoal tivesse sido suficientemente diferente, suas crenças seriam diferentes. É possível que haja boas razões para pensar que sim. Não se pode apresentar uma hipótese contrafactual análoga para apoiar a explicação da "percepção": é impossível demonstrar, ou mesmo imaginar, que sua crença seria diferente se a verdade moral fosse diferente. A afirmação de que você percebeu a verdade é somente uma reafirmação enfática da sua crença, não uma explicação de como esta surgiu.

O IC é um mito. É, além disso, um mito que não serve para nada. Se supuséssemos que a verdade moral é, sim, dotada de uma misteriosa potência causal, essa suposição de nada adiantaria para justificar nossas crenças morais. Teríamos de saber, independentemente, se essas crenças são verdadeiras ou não para só então podermos, de modo inteligível, apontar a verdade como mãe delas. Essa exigência fica particularmente clara quando você se oferece para explicar as opiniões morais de outra pessoa. Você acha que a ação afirmativa é injusta, mas seu amigo a considera perfeitamente justa. Você não pode pensar que a crença dele é causada pela verdade; se quiser explicar a crença dele, vai ter de compor uma explicação baseada na história pessoal. Encontra, assim, uma explicação que lhe parece completa e convincente: cita o fato de ele ter sido criado numa família que aceita irrefletidamente todos os princípios do liberalismo. Mas suponhamos que você mude de opinião: os argumentos dele de repente o convencem de que a ação afirmativa é justa. Agora você pensa que a crença do seu amigo é verdadeira, mas não descobriu nada que pudesse anular sua explicação anterior de por que ele tem essa crença. Se a explicação pela história pessoal era adequada antes, continua sendo adequada agora. Agora você talvez seja tentado a dizer que, no fim das contas, a verdade desempenhou, sim, um papel na história causal de como ele chegou a pensar como pensa. Mas isso só demonstra que o IC nunca passa de um acréscimo totalmente desnecessário dentro de qualquer explicação.

É este fato – a inocuidade do IC – que proporciona o argumento final contra ele. Talvez haja receptores ainda desconhecidos no cérebro humano e forças ignotas no universo que, em contato, causem a formação de crenças morais nas pessoas. Talvez a melhor explicação desse processo seja teleológica: pode ser que um dia venhamos a descobrir que o universo está evoluindo rumo a uma meta predestinada e que a existência e as convicções das criaturas autoconscientes fazem parte desse plano. Imagine que os cientistas já descobriram e já aprenderam a medir essas influências, sendo portanto capazes de discernir a trajetória da grande estratégia do universo. Eles constatam que, quando o instrumento cabível indica certa intensidade de uma força peculiar dentro de um campo, todas as pessoas nas proximidades declaram que um ato moralmente errado está ocorrendo. Nenhuma dessas pessoas é capaz de explicar por que o ato é errado; conseguem dizer somente que "veem" ou "intuem" que ele é errado. Formulamos a hipótese de que a força peculiar causa a convicção moral e verificamos essa hipótese desenvolvendo uma vestimenta protetora que isola as pessoas dessa força. Constatamos que muitas pessoas assim protegidas formulam e expressam crenças morais diferentes daquelas das pessoas não protegidas; mas, quando tiram a vestimenta, mudam de ideia e adotam a opinião geral. Concluímos que a força peculiar causa, sim, a formação de crenças morais nas pessoas. Entretanto, não há nada nessa história que indique, mesmo de modo incipiente, que a força causa nas pessoas a formação de crenças morais *verdadeiras*. Nada indica que a força é, de algum modo, equivalente à verdade moral ou um sinal dela. Por isso, nada até aqui corrobora o IC. Como demonstrar que as crenças causadas pela força são verdadeiras? Somente envergando a vestimenta protetora e pensando nós mesmos sobre as questões morais. Somente se, imunes à força, chegarmos à conclusão de que essas crenças realmente são verdadeiras[7]. Mas voltamos assim à nossa situação original. Por isso, essa tentativa de provar o IC por meios científicos acabaria por refutá-lo. Não poderíamos pensar que a força causou em nós a crença de que as crenças que ela causa nos outros são verdadeiras; incorreríamos em petição de princípio. Teríamos de supor algum tipo de "contato" entre nós e a verdade moral, contato esse que não envolvesse o IC, a fim de saber quais das crenças causadas por qualquer força peculiar são verdadeiras. O IC é inútil. Espero ter deixado claro que não precisamos negar as forças desconhecidas ou os processos teleológicos para rejeitar a hipótese do impacto causal. O IC não é um engano acerca do que existe no universo. É uma confusão sobre quais são os argumentos válidos para demonstrar a veracidade de uma convicção moral. Somente os argumentos morais podem fazer essa demonstração. O IC é um erro porque viola o princípio de Hume.

Alguns filósofos morais cederam à moda de falar de suas "intuições" em matéria de moral. Há duas maneiras de compreender esse uso. Podemos entender que eles querem dizer que, de algum modo ou em algum grau, perceberam a veracidade daquilo que afirmam ser uma intuição. Nesse caso, pretendem apresentar sua intuição como argumento em favor da veracidade daquilo que dizem ter intuído, como uma testemunha ocular quando diz que viu o acusado no local do crime. Reivindicam alguma espécie de IC. Ou senão eles podem estar simplesmente relatando o que creem, e isto evidentemente não fornece argumento algum. Várias vezes neste livro relato minhas crenças sobre questões éticas e morais e busco estimular sua concordância e lembrá-lo daquilo que, espero, você também já crê. No Capítulo 6, falo sobre a importância dessas crenças: elas definem, em parte, nossa responsabilidade ética e moral. Mas não são argumentos independentes em favor daquilo em que eu e você acreditamos.

A hipótese da dependência causal

Rápido demais?

O IC é motivado pelo medo do ceticismo externo, e esse medo, por sua vez, é motivado pela DC, a hipótese da dependência causal. Segundo essa hipótese, se as opiniões morais não são causadas pela verdade moral, as pessoas não têm motivos confiáveis nem responsáveis para sustentar tais opiniões[8]. Há uma prova rápida da falsidade da DC: ela refuta a si própria. Parto do pressuposto de que a DC não pode ser circunscrita ao domínio moral. Só pode ter sentido – se é que pode – se for uma proposição geral sobre o conhecimento. Tem de insistir que não podemos formar uma crença confiável sobre coisa alguma (exceto, talvez, sobre verdades puramente lógicas) a menos que essa crença tenha sido causada por aquilo a que se refere. Nesse caso, a hipótese incorre num paradoxo: se for verdadeira, não temos motivo nenhum para considerá-la verdadeira. A DC não é verdadeira por definição: não decorre do sentido dos conceitos que emprega. E quer sejamos capazes de entender a causalidade moral, quer não, certamente seremos incapazes de entender a causalidade filosófica. Como eu disse, um grande número de filósofos acredita que a DC é verdadeira. Mas, segundo me parece, quase nenhum deles pensa que foi a própria verdade da DC que causou neles a crença de que ela é verdadeira – de que o universo contém partículas chamadas fílons dotadas de poder causal sobre a mente humana. Se pensassem assim, não poderiam negar a existência dos mórons. Teriam de aceitar o IC.

Muitos filósofos desconfiam desse tipo de argumento, que parece refutar de modo demasiado sumário as crenças professadas por diversos pensadores de renome. Eu, ao contrário, acho que o paradoxo é não só um argumento decisivo contra a DC como também um argumento útil, pois indica que, para descobrirmos por que a DC atrai tantos filósofos morais em ambos os lados do debate sobre o ceticismo, temos de voltar o olhar para um traço característico da moral – um medo que parece impor-se quando raciocinamos sobre questões morais substantivas, mas não quando pensamos em questões filosóficas.

Outra versão do mesmo argumento, um pouco mais comprida, é igualmente esclarecedora. A DC, conquanto figure com destaque em vários argumentos céticos conhecidos, não é uma afirmação direta sobre a veracidade dos juízos morais. É uma afirmação direta sobre as razões que as pessoas têm, ou não têm, para crer que esse ou aquele juízo seja verdadeiro. Invocamos razões de todo tipo como boas razões para os juízos que fazemos, mas o fato de uma razão ser considerada boa depende do conteúdo do juízo em questão. Qualquer teoria sobre a suficiência de provas físicas para um juízo – sobre a chuva na França hoje de manhã, por exemplo – será ela própria uma teoria científica. Do mesmo modo, qualquer teoria sobre a suficiência de razões para que se aceite um juízo moral será ela própria uma teoria moral. Quando a DC é aplicada ao domínio moral, ela é uma proposição moral. É preciso uma razão qualquer para aceitá-la; e, dado o princípio de

Hume, essa razão tem de ser, ou tem de incluir, uma razão moral. Podemos imaginar uma razão desse tipo. Talvez você ache errado agir com base em juízos morais motivados não por um encontro direto com a verdade, mas por sua história pessoal. Mas você logo há de perceber que esse novo juízo também refuta a si próprio. Você não chegou a esse novo juízo por meio de um encontro direto com a verdade. Mais uma vez, por um caminho diferente, a DC exclui toda razão possível para que ela própria seja aceita.

Histórias constrangedoras?

Por outro lado, se é a história pessoal que melhor explica por que sustentamos nossas opiniões, e se a veracidade de tais opiniões não desempenha nenhum papel na explicação, como podemos confiar nessas opiniões? A história pessoal pode ter certas características que dificultam a confiança. Suponhamos que eu descubra que, ontem, você teve de escolher entre assistir à aula de um carismático adversário da ação afirmativa ou assistir a um jogo de futebol americano na televisão. Você tirou cara ou coroa e deu coroa; foi à aula, se converteu e agora pensa que a ação afirmativa é injusta. O ato de tirar cara ou coroa é um elemento indispensável de qualquer explicação completa de por que você agora pensa assim. Isso é constrangedor, mas mesmo assim você está munido de razões que podem ser apresentadas a quem quer que discorde da sua opinião: as razões, suponhamos, que o palestrante indicou. O fato de você ter, ou não, bons motivos para sustentar sua nova opinião depende inteiramente de essas razões serem boas ou não enquanto razões morais. Pouco importa que você tenha chegado a essas razões tirando cara ou coroa.

Nesse exemplo, foram argumentos que o persuadiram a adotar a nova opinião. Acaso isso importa? Imagine uma historinha mais bizarra ainda. Até um ano atrás, você achava que a ação afirmativa era patentemente injusta. Depois, pensou novamente sobre o assunto e se convenceu, por meio de argumentos que de repente lhe pareceram cogentes, de que ela não é injusta de modo algum. Numa bela terça-feira pela manhã, você lê no caderno de ciências do jornal que todas as pessoas que já fizeram uma tomografia cerebral escalotópica (nem queira saber o que é) pensam que a ação afirmativa é justa, sejam quais forem as opiniões que tinham antes de fazer o exame. Os dados são minuciosos e conclusivos: não há possibilidade de coincidência. Você fez uma tomografia cerebral escalotópica pouco antes de ter repensado e modificado seu ponto de vista, e agora não tem a menor dúvida de que jamais teria mudado de ideia se não tivesse feito esse exame.

É claro que examina novamente os argumentos que o convenceram a mudar de ideia; sujeita-os, inclusive, a um exame muito mais atento do que havia feito antes. Analisa-os como um juiz consciencioso analisaria um princípio que estivesse a ponto de declarar numa causa importante: se pergunta se o seu novo ponto de vista combina com suas opiniões mais gerais sobre a justiça ou injustiça de várias formas de discriminação negativa ou positiva. Lança ainda mais longe as redes da sua investigação: pergunta-se o que pensar acerca do favorecimento de atletas, pessoas que se dedicam a passatempos interessantes e filhos de ex-alunos na admissão a universidades, e indaga quais são suas opiniões sobre a discriminação positiva em outras áreas – na escolha de um neurocirurgião para operar seu cérebro, por exemplo. Além de elencar suas opiniões sobre essas questões colaterais, você sonda seus pensamentos sobre temas mais gerais: pergunta-se o que há de errado na discriminação racial e indaga se as melhores respostas a essa pergunta condenam ou sancionam a ação afirmativa. Dedica-se a essas complexas especulações na esperança de encontrar aí algum conflito: afinal de contas, é possível que a tomografia só tenha tido efeito sobre sua opinião direta e concreta sobre as cotas de ação afirmativa na admissão à universidade, e tenha portanto deixado você num estado de dissonância moral. Mas, ao contrário do que esperava, você constata que sua nova opinião sobrevive a todo esse exame; é a opinião antiga que se poria em conflito com suas outras convicções ou suas convicções mais gerais. Você conclui, então, que o efeito da tomografia foi mais geral e mais penetrante do que antes lhe parecera; efetuou modificações em toda a gama das suas convicções morais, de modo que todas elas, agora, encontram-se plenamente integradas com suas novas opiniões sobre a ação afirmativa. Por mais que você as sujeite a exame, todas elas lhe parecem corretas.

E agora? Como você deve reagir depois que a perplexidade passar? É claro que sua descoberta deve ter *algum* efeito sobre suas opiniões ou, no mínimo, sua confiança nessas opiniões. Se a DC for válida, deve ter um efeito devastador. Mas a verdade é que a descoberta não pode ter efeito nenhum. Para começar, você não pode se arrepender de ter feito a tomografia – não, pelo menos, por esse motivo, pois não tem razão alguma para pensar que antes estava certo. Mesmo que seja adepto do IC e pense que a verdade moral causa a convicção moral, não tem razão para pensar que suas opiniões anteriores gozassem desse benefício. Como eu disse, a única razão que você pode ter para pensar que a verdade causou sua opinião moral é uma crença independente na veracidade da sua convicção; e agora pensa que as opiniões verdadeiras são as que tem hoje, não as que tinha antes. Antes da tomografia, você teria tido forte razão para não fazê-la se os resultados dela pudessem ter sido previstos. Mas, agora, você tem a mesma razão para não lamentar tê-la feito, e inclusive para se considerar feliz por ter sido submetido àquele exame tomográfico.

Acaso você tem menos razões para supor que suas novas opiniões são corretas do que tinha para considerar, antes da tomografia, que as antigas eram corretas? Muito pelo contrário; você agora acha que tem mais razão do que antes, pois agora pensa que suas razões anteriores eram infundadas. Deve, nesse caso, duvidar da sua atual capacidade de formular um juízo responsável qualquer sobre a questão da ação afirmativa? De jeito nenhum, pois não pode rejeitar a hipótese de que a tomografia tenha aperfeiçoado sua capacidade de raciocinar sobre a moral. Ao contrário, existem indícios de que essa capacidade melhorou: você pensava erroneamente sobre muitas questões morais antes do exame, mas agora está raciocinando melhor – ou, pelo menos, é isso que você pensa ou não pode se impedir de pensar.

Acaso você tem alguma razão para se considerar irresponsável caso venha a agir baseado em suas novas convicções? Na verdade, o estado onde você mora logo vai realizar um referendo propondo a proibição da ação afirmativa. Acaso você deve se abster de votar? A abstenção significa um voto a menos contra um curso de ação política que lhe parece gravemente injusto ou, pelo menos, imprudente; e esse voto pode ser decisivo. Nenhuma crença sua justifica a abstenção; abster-se não seria um ato responsável, mas irresponsável. Você talvez pense que agora deve considerar suas convicções sobre a ação afirmativa como indignas de confiança, por mais que elas lhe pareçam corretas, e que por isso não deve votar. Mas, nesse caso, você precisa de uma teoria sobre a maneira correta de formar convicções, e nenhuma teoria plausível o leva a concluir que suas convicções são indignas de confiança. Você ouviu os argumentos de ambos os lados, montou uma teoria lógica sobre quando o uso de critérios raciais é e não é admissível e pôs seus princípios à prova, comparando-os com suas outras convicções e aplicando-os a casos hipotéticos que se deu ao trabalho de imaginar. Poucos concidadãos seus refletiram com tanto cuidado. Que motivo você teria para pensar que suas opiniões são menos confiáveis que as deles? As opiniões deles, como as suas, refletem as histórias pessoais deles; como as suas, nenhuma delas depende de um processo causal de validação. A diferença é que sua história pessoal parece mais estranha, mas essa diferença não vem ao caso.

Mesmo nessa narrativa absurda, ou seja, num caso em que suas opiniões sejam ridiculamente acidentais, não é possível encontrar nenhum aspecto sob o qual isso tenha alguma importância. Por isso, não devemos ter medo de admitir que as opiniões morais de todas as pessoas são acidentais no seguinte sentido: se a vida dessas pessoas tivesse sido suficientemente diferente, as crenças delas também seriam diferentes. Qualquer aspecto problemático dessa admissão será anulado se levarmos a sério a lição principal desta parte do livro – a independência da moral. A moral se sustenta, ou não, com base em suas próprias credenciais. Os princípios morais só podem ser confirmados ou refutados por meio deles mesmos. Tenho detalhado a distinção crucial entre a explicação e a justificação das convicções morais. A primeira depende dos fatos; a segunda, da própria moral. A responsabilidade moral, por sua vez, também é uma questão moral: precisamos formar uma teoria sobre quais perguntas temos de nos fazer para termos o direito de sustentar uma opinião moral e agir com base nela. Esse é o tema do Capítulo 6. Mas nenhuma teoria da responsabilidade moral pode, sem fugir à plausibilidade, condenar uma pessoa como irresponsável porque algum detalhe constrangedor da história pessoal dela é o que melhor explica o fato de ela ter passado a considerar bons seus próprios argumentos morais – desde que esses argumentos sejam adequados e suficientemente profundos.

Temos de julgar a DC – que é uma teoria da responsabilidade moral – como uma tese moral: em específico, uma tese de epistemologia moral. Só poderemos aceitá-la se conseguirmos elaborar um argumento moral cogente em seu favor. Mas isso é impossível. Daqui a pouco veremos que os fatos referentes a como cada pessoa verifica suas opiniões são, com efeito, pertinentes para podermos julgar se essa pessoa agiu com responsabilidade ao sustentar e expressar essas opiniões e agir com base nelas. Mas nada depende da melhor explicação causal de como ela chegou às opiniões verificadas nem, tampouco, de como decidiu quais verificações usar.

Convicção e acidente

Mas não é preocupante que nossas convicções morais mais profundas sejam meros acidentes e, portanto, apenas acidentalmente possam ser verdadeiras? Se a ação afirmativa é justa e você pensa que assim é, não será porque teve a mesma sorte do homem que acredita corretamente que agora são 3h15 porque o relógio dele parou ontem nessa mesma hora? Você teve sorte, porque nenhum elemento da melhor explicação de por que você formou sua convicção – talvez você tenha tirado cara ou coroa para decidir se ia ou não à aula – tem qualquer relação com a veracidade dessa convicção. Isso parece aterrador: se nossas convicções realmente só são verdadeiras por acidente, conclui-se – dado o imenso número de convicções morais possíveis – ser pouquíssimo provável que qualquer convicção nossa seja verdadeira[9].

Mas temos de separar duas questões que acabei de confundir. É só por acidente que você sustenta suas convicções? É só por acidente que aquilo que você sustenta é verdadeiro? A primeira é uma questão de explicação, e a segunda, de justificação. Cada uma delas pede, portanto, uma definição diferente de "acidente". A primeira quer saber se a sua história pessoal poderia ter sido diferente de um jeito tal que as suas opiniões agora fossem diferentes. Pondo entre parênteses a tese determinista, segundo a qual sua história não poderia ter sido diferente, a resposta, sem dúvida, é sim. Se você não tivesse ido à aula sobre ação afirmativa, não teria ouvido os argumentos que o convenceram. De modo mais geral: se tivesse sido educado numa cultura moral muito diferente, é provável que grande número de suas convicções fosse diferente. Você poderia pensar que as leis de controle de armas são tirânicas; poderia até pensar que tem o dever moral de matar os infiéis.

Mas nossas crenças teóricas, até aquelas que são apenas ligeiramente teóricas, são acidentais do mesmo modo que nossas convicções morais. Acredito que a Terra tem cerca de 4,5 bilhões de anos. Se, porém, meus pais tivessem morrido jovens e eu tivesse sido adotado por uma família fundamentalista, pode ser que eu acreditasse que um deus criou o universo há muito menos tempo. Nenhuma das minhas crenças sobre o mundo físico está imune a esse tipo de contingência. A grande popularidade de que essas crenças gozam em nosso país não torna menos contingente o fato de eu esposá-las. Isso também vale para minhas crenças filosóficas. Muitos filósofos que aceitam a hipótese da dependência causal poderiam tê-la rejeitado caso seu histórico educacional os tivesse levado a estudar num departamento de filosofia diferente daquele que escolheram. (Não devemos, contudo, exagerar nem a contingência das crenças nem a importância dessa contingência[10].)

A segunda questão evoca um sentido diferente da palavra "acidente". Uma pessoa só acredita na verdade por acidente se suas razões para crer nela forem insustentáveis. É por isso que a crença verdadeira do homem cujo relógio parou é meramente acidental. Se você jogasse uma moeda para o alto e declarasse que a ação afirmativa é justa só porque deu coroa, sua crença, conquanto verdadeira, seria acidental do mesmo modo. A partir dessa noção de acidente, a questão de saber se nossas convicções morais podem ser verdadeiras de forma não acidental é ela própria uma importante questão moral. Existem jeitos de pensar sobre as questões morais que sejam razoavelmente propícios para identificar a verdade moral? Em caso afirmativo, que jeitos são esses? Toda resposta, como é óbvio, será ela própria um elemento de uma teoria moral global. Se esses jeitos de pensar existem, como afirmo no Capítulo 6, e se você os seguiu, não será por acidente que as suas convicções, assim verificadas, serão verdadeiras.

Contrapor-se-á, agora, que estou trapaceando: que, para estimar a probabilidade de que nossas convicções morais sejam verdadeiras, não podemos pressupor a veracidade de algumas delas – tais como nossas convicções sobre o bom raciocínio moral –, mas imaginar que não temos opinião nenhuma e que as extraímos aleatoriamente, uma por uma, de um jarro que contém algumas opiniões verdadeiras e um sem-número de opiniões falsas. Deveríamos perguntar: qual é a probabilidade de que todas as convicções tiradas do jarro, ou alguma delas, sejam verdadeiras? Afirmo, porém, que essa sugestão pode nos induzir catastroficamente a erro: não podemos imaginar o raciocínio como uma loteria. Mesmo que conseguíssemos separar todas as nossas convicções distintas como se fossem bolinhas tiradas de um jarro, não poderíamos estimar a probabilidade de tirar uma verdadeira se nossas opiniões matemáticas também tivessem sido lançadas no jarro.

Para formular qualquer juízo, mesmo um juízo probabilístico, sobre qualquer de nossas convicções, temos de pressupor a veracidade de alguma outra convicção; e, uma vez feito isso, a veracidade das demais convicções não será questão de acaso, mas de juízo ou inferência. A ideia de loteria desaparece. A questão metodológica fundamental é sempre uma questão de grau: o que, e quanto, devemos pressupor ser verdadeiro para podermos julgar o resto no todo ou em parte? Seria inútil indagar a probabilidade de uma convicção moral ser verdadeira sem nenhum pressuposto sobre o que torna verdadeira uma convicção moral. A suposição de que todas as opiniões morais têm a mesma probabilidade de ser verdadeiras é ela própria uma opinião moral – bem maluca, por sinal. Mas quando você se permite ter opiniões, até indispensáveis, sobre o bom raciocínio moral, a ideia de que suas demais convicções morais possam ser verdadeiras por mero acidente simplesmente se evapora. Embora o medo do acidente seja epidêmico, ele não passa de mais um sintoma de incompreensão da independência do valor – mais um sintoma da ideia de que de algum modo, em algum lugar, a moral precisa se amarrar à ordem causal para não flutuar à deriva rumo ao nada.

Uma epistemologia integrada

A hipótese da dependência causal é um elemento da epistemologia arquimediana, e a epistemologia arquimediana é errônea. O conhecimento não depende de nenhuma condição totalmente abstrata[11]. Todo pensamento é pensamento sobre alguma coisa; seu sentido e sua plausibilidade dependem daquilo a que ele se refere. Na ciência, a responsabilidade reside principalmente em fazer jus aos dados, e algo só é verdadeiramente um dado sobre determinado fato quando existe somente porque esse fato existe. Isso explica por que a DC é plausível na ciência. Também explica por que ela não tem sentido naqueles domínios que, como a moral, dependem de argumentos, e não de dados. A epistemologia arquimediana fracassa porque precisa ser substituída por uma teoria do conhecimento que integre e acompanhe o restante das nossas opiniões. A epistemologia abstrata e a crença concreta têm de encaixar-se uma na outra e apoiar-se mutuamente, e a nenhuma deve ser atribuído poder de veto sobre a outra.

Precisamos de uma epistemologia integrada: temos de pressupor certas coisas sobre o que é verdadeiro a fim de pôr à prova nossas teorias sobre como decidir o que é verdadeiro. Nosso método científico, por exemplo, pressupõe a veracidade das nossas crenças sobre a ótica e a biologia, embora usemos esse mesmo método para confirmar as teorias da ótica e da biologia. Toda a estrutura intelectual se amarra e se ergue junta. Por isso, é um erro dar a determinado axioma epistemológico prioridade sobre nossas demais convicções. É claro que é um erro igualmente grave dar a qualquer convicção concreta prioridade sobre a epistemologia geral que desenvolvemos dessa maneira interdependente. Não podemos pedir à nossa epistemologia que abra caminho para aquilo em que gostaríamos de acreditar. A astrologia faz proposições causais – sobre a influência das órbitas planetárias sobre o horário de chegada de belos desconhecidos – que não podem ser encaixadas nos requisitos de explicação causal que desenvolvemos ao construir as ciências nas quais depositamos tamanha fé. Não podemos desenvolver um conjunto integrado de teorias e opiniões que inclua tanto a ciência quanto a astrologia, e por mil razões é esta última que devemos deixar de lado.

A popularidade da convicção religiosa representa um desafio mais difícil para a epistemologia integrada. Pessoas sensatas, em nome de sua religião, lavram estranhas exceções a suas opiniões gerais sobre as condições das crenças respeitáveis. Essas exceções baseiam-se em "milagres", entre estes o milagre inicial de uma mente eterna que existe sem cérebro e é dotada do poder absolutamente ilimitado de trazer qualquer coisa à existência por sua simples vontade. Os filósofos religiosos, com grande engenhosidade, tentaram engastar esses milagres numa epistemologia geral. Alguns tentam demonstrar que o método científico, tal como o desenvolvemos e concebemos, explica de fato os milagres alegados pela religião. Outros argumentam noutro sentido: dizem que a epistemologia geral tem de ser revista e ampliada a fim de incluir em si a experiência religiosa e a aceitação dos milagres. Ambos os esforços respeitam a necessidade de uma epistemologia integrada.

Um argumento a favor da existência de Deus que alcançou popularidade nos últimos tempos – o argumento do *design* inteligente – ilustra a primeira dessas estratégias[12]. Segundo ele, certas formas de vida primitivas são irredutivelmente complexas: se algum elemento da estrutura delas fosse diferente, elas não poderiam sobreviver; logo, não podem ter evoluído paulatinamente a partir de formas mais simples. Segundo esse argumento, temos de concluir que elas foram criadas por um ser sobrenatural dotado dos atributos tradicionalmente imputados ao Deus abraâmico. Na minha opinião, esse argumento é cientificamente fraco[13]. Mas é, não obstante, um argumento que espera explicar o milagre da criação de uma maneira que se pode reconhecer como científica: demonstrando que a melhor explicação causal de certos fenômenos nos obriga a aceitar hipóteses que, para todos os efeitos, são religiosas. Entre os defensores do *design* inteligente incluem-se muitas pessoas que antes sustentavam a opinião descrita mais acima: a de que um deus fez a Terra e os seres vivos que a habitam numa época recente e em sete dias. Não há dúvida de que a conversão dessas pessoas ao *design* inteligente foi precipitada pelas decisões judiciais que proibiram o ensino do "criacionismo" – o nome que deram à sua teoria da Terra jovem – nas escolas públicas por ser baseado na autoridade bíblica, e não em dados científicos[14]. Mas também é possível que tal conversão tenha sido determinada pelo forte impulso dessas pessoas de harmonizar sua religião com suas opiniões mais gerais sobre o que é um raciocínio adequado.

A segunda estratégia de reconciliação da religião com uma epistemologia integrada é empregada pelos filósofos para quem nossas teorias sobre o que conhecemos e como conhecemos devem levar em conta toda a gama de coisas em que não conseguimos deixar de crer. Certas pessoas – centenas de milhões – acreditam que suas vidas incorporam uma imensa variedade de experiências religiosas. Acreditam ter percepções transcendentes de um deus no mundo: na opinião delas, suas sensações de temor reverencial fundamentam adequadamente suas convicções religiosas, a menos que estas sejam derrubadas por argumentos conhecidos. Não conseguem apresentar um argumento independente – independente da autoridade nua dessas percepções – para mostrar que as percepções são corretas, e não meras ilusões. Mas, na opinião desses filósofos, é melhor aceitar essas percepções tais como se apresentam do que rejeitá-las, pois só poderíamos rejeitá-las por meio de um raciocínio circular – insistindo numa epistemologia arquimediana que as exclui de antemão[15].

Também esse argumento me parece faltoso, e desta vez por um motivo que tem a ver com este capítulo. Quando se diz que a validade das convicções religiosas depende da existência de uma faculdade cognitiva análoga à percepção, levanta-se um sem-número de questões reconhecidamente difíceis. Conseguimos encaixar as formas mais comuns de percepção – as fornecidas pelos cinco sentidos – numa epistemologia integrada porque a biologia, a física e a química explicam como esses sentidos funcionam, e essa explicação demonstra por que podemos confiar neles. É verdade que, como eu disse, essa tese peca por certa circularidade: nós nos baseamos na percepção sensorial para confirmar os princípios da biologia, da física e da química que usamos para validar a própria percepção sensorial. Mas é esse tipo de circularidade que integra a convicção e a epistemologia num domínio único de pensamento; é esse o sentido de uma epistemologia integrada. Se, contudo, declararmos nossa fé numa forma especial de percepção religiosa, não conseguiremos integrar nossa crença na faculdade que fornece essa percepção com uma explicação mais geral de como tal faculdade funciona. Temos simplesmente de declarar a existência de uma faculdade de percepção *ad hoc*, e depois somos obrigados a admitir que outras pessoas podem, sem fugir à sensatez, reivindicar igualmente para si a faculdade especial de detectar fantasmas ou comunicar-se com os mortos.

Além disso, se a convicção religiosa depende de uma percepção, como explicar a diversidade de opiniões religiosas entre as pessoas? O que explica por que tanta gente – tanto os incrédulos quanto os que creem numa fé diferente – está enganada? Certas pessoas sustentam uma explicação interna da diversidade e do erro: dizem que seu deus só concede sua graça àqueles que escolheu para recebê-la[16]. Mas esse argumento descreve um círculo fechado demais para poder ser considerado uma resposta ao questionamento da afirmação da percepção; além disso, não colabora em nada para integrar a convicção religiosa à epistemologia geral. Precisamos de uma explicação que peque menos por petição de princípio, e parece não haver nenhuma, exceto a tese inútil de que a certas pessoas falta uma faculdade de que outras dispõem. Haverá algum sinal evidente dessa deficiência, naqueles que a têm, afora sua incapacidade de "ver" o que os verdadeiros crentes afirmam ter "visto"?

São exatamente essas as questões tradicionalmente usadas para contestar a hipótese do impacto causal. Numa epistemologia integrada não se encontra lugar para uma faculdade moral especial que habilita as pessoas a "intuir" a justiça ou injustiça da ação afirmativa, ou a sensatez ou a maldade do aborto. Mas podemos defender a responsabilidade de nossas convicções morais sem nos apoiar na hipótese do impacto causal, pois a teoria da dependência causal também é falsa. Desse modo, talvez sejamos capazes de defender a razoabilidade da convicção religiosa sem pressupor alguma faculdade especial de percepção religiosa. Mas as convicções religiosas, ao contrário das convicções morais, enfrentam um ônus terrível para encontrar seu lugar dentro de uma epistemologia integrada. As convicções morais, em si e por si, não têm pretensões causais. É claro que hipóteses causais sobre o mundo físico, social e mental figuram na justificação de determinadas proposições morais. Nenhuma defesa ou condenação da ação afirmativa ignora suas consequências, e é claro que os dados citados para apoiar qualquer opinião sobre essas consequências têm de respeitar os requisitos das ciências pertinentes.

Mas a justificação de um juízo moral nunca exige que se faça apelo a modos extraordinários de causalidade. A moral não precisa de milagres. Os juízos religiosos convencionais, ao contrário, são repletos de proposições causais extraordinárias sobre a criação da matéria e da vida e sobre as operações da natureza. Essas proposições causais são indispensáveis para o apelo que as religiões, em sua maioria, exerceram, e ainda exercem, ao longo da história. Quer o crente procure justificar essas proposições fazendo apelo à percepção, quer por meio de outra explicação de sua origem, ele precisa, de um jeito ou de outro, justificar as proposições causais que fazem parte do conteúdo delas; e é difícil vislumbrar de que modo se poderiam evitar os milagres – exceções à mecânica causal que deve figurar em qualquer epistemologia integrada. Mesmo que o movimento do *design* inteligente conseguisse demonstrar que a teoria neodarwiniana é incapaz de explicar a origem das espécies, ele ainda teria pela frente um desafio independente e dificílimo: o de provar que a hipótese de um criador sobrenatural é capaz de explicá-la.

Ou seja, a epistemologia integrada deve se pôr em guarda contra duas tiranias: a tirania de uma ambição arquimediana que não leva em conta o conteúdo de certos domínios intelectuais e a tirania oposta da adesão dogmática a uma convicção isolada – sobre deuses ou fantasmas ou o que é certo ou o que é errado – que exige uma exceção *ad hoc*, sob medida, à melhor explicação de como constituímos crenças confiáveis dentro do domínio amplo ao qual aquela convicção pertence. Por outro lado, admito que, no fim das contas, as convicções em estado bruto, quando não são derrubadas, devem desempenhar papel decisivo em qualquer busca sincera por uma epistemologia integrada; há proposições em que, mesmo depois de muito refletir, não conseguimos deixar de acreditar. Nesse caso, não temos de fingir não acreditar nelas, mas, ao contrário, fazer esforço para explicar por que, apesar das dificuldades, temos justificativa para acreditar no que acreditamos. Podemos não conseguir, mas o esforço é melhor que o fingimento.

Parece-me ser essa a situação de muitas pessoas dotadas de profunda convicção religiosa que não conseguem deixar de crer: sua fé permanece mesmo quando elas aceitam que não dispõem de uma boa teoria sobre como essa fé pode ser alinhavada numa teoria causal geral que sustente suas pretensões causais. Se você não consegue deixar de acreditar em algo com todo o seu coração, o melhor é acreditar – não, é claro, porque o fato de a crença existir seja sinal de que ela é verdadeira, mas porque você não pode considerar nenhum argumento como uma refutação decisiva de uma crença que tal argumento é incapaz de erradicar. A convicção é o princípio e o fim. O esforço pela integridade está no meio.

Progresso moral?

Se abandonarmos as hipóteses do impacto causal e da dependência causal, acaso perderemos outras convicções dotadas de importância independente? Crispin Wright identifica um motivo de preocupação[17]. Se abandonarmos todas as alegações de impacto causal, já não poderemos explicar o progresso moral como a paulatina queda dos obstáculos ao impacto da verdade moral sobre a sensibilidade humana. É claro que não seríamos obrigados, nesse caso, a negar a realidade do progresso moral. Toda pessoa que está convicta de que a escravidão é errada e sabe que essa sua opinião hoje é partilhada por um grande número de pessoas vai pensar que a opinião moral geral melhorou pelo menos sob esse aspecto, uma vez que no passado a escravidão era amplamente praticada e defendida. Talvez um número suficiente de outros exemplos possa ser encontrado para nos autorizar a afirmar, com muito mais audácia, que a opinião moral melhorou amplamente em todas as frentes. A quantidade de progresso que podemos alegar, nesse sentido comparativo simples, depende somente das nossas convicções morais e das nossas crenças sociológicas e históricas sobre a distribuição de convicções análogas agora e no passado.

É verdade que talvez sejamos capazes de explicar por que isso que nos parece um progresso ocorreu. Podemos, por exemplo, encontrar explicações ligadas à história pessoal dos indivíduos que demonstrem por que as crenças errôneas são obsoletas: que as pessoas que defendiam a escravidão tinham crenças empíricas falsas, por exemplo, ou que a economia que sustentava a escravidão se transformou. Alguns apresentam outros tipos de explicação. Os que veem num deus a fonte do conhecimento moral podem acreditar que esse deus aos poucos foi explicitando seu projeto moral a um número cada vez maior de seus filhos. Os utilitaristas podem supor que o erro moral aos poucos desaparece porque as pessoas que sofrem têm mais incentivo para lutar por princípios igualitários do que as outras pessoas têm para resistir a esses princípios[18].

É importante notar, porém, que nenhuma dessas explicações causais históricas ajuda a confirmar nossa alegação inicial de progresso moral. Esse juízo inicial repousa unicamente sobre nossa convicção de que a escravidão é errada; e, quando dizemos que as influências passadas eram distorcidas ou supomos que a escravidão ofende a deus ou postulamos que o estado da economia melhorou, nós estamos pressupondo, e não provando, aquela convicção. Por isso, quando apresentamos tais explicações, não temos mais direito de ter confiança em nosso juízo do que quando dizemos somente que as gerações anteriores não "viam" alguma verdade moral que nós vemos. Tanto num caso como no outro, os fatores determinantes são a nossa convicção e o argumento moral que, a nosso ver, a corrobora. Não estaríamos em melhor situação se a hipótese do impacto causal fosse verdadeira. Para afirmar que a verdade moral faz parte da explicação do progresso que alegamos ter ocorrido, precisaríamos de um juízo independente, segundo o qual as opiniões contemporâneas são melhores que as anteriores; e esse juízo independente de melhora, em si e por si, é tudo o que nos autoriza a dizer que houve um progresso.

5

O CETICISMO INTERNO

Tipologia

Há muito que o ceticismo interno global é uma influência poderosa na literatura; já os antigos filósofos pensavam ser ele uma posição que era importante atacar ou defender. Trata-se, porém, de uma convicção desesperadora, especialmente quando aplicada à ética. Nesse caso, ela sustenta que a própria vida não tem finalidade nem sentido; e, como vou procurar provar daqui a pouco, nenhum valor de qualquer outro tipo pode sobreviver a essa deprimente conclusão. Quando alguém é invadido por um ceticismo interno global corrosivo e declara, como Macbeth, que a vida nada significa, pode até ser que o ceticismo acabe largando a pessoa, mas esta não poderá refutá-lo. Tentarei confrontar essa forma desesperadora de ceticismo do único jeito que me é possível: tentando demonstrar, no Capítulo 9, o tipo de valor que faz sentido supor para a vida humana. Chamo-o de valor adverbial: o valor de um bom desempenho diante de um desafio importante.

Este breve capítulo não tentará refutar o ceticismo interno, mas elucidá-lo. Apresentei exemplos de ceticismo interno no Capítulo 2. Muitos deles são juízos morais negativos: não oferecem orientações nem apresentam exigências. O juízo de que a moral não exige nem proíbe determinada mecânica sexual entre adultos livres, por exemplo, é um juízo moral negativo. Entretanto, alguns juízos do ceticismo interno assumem uma forma diferente. Não declaram que este ou aquele ato não é nem proibido nem obrigatório, mas que a questão de saber se ele é proibido ou obrigatório não tem nenhuma resposta correta – que a malignidade do aborto, por exemplo, é indeterminada nesse sentido.

Temos de tomar cuidado para distinguir esses juízos, que são casos particulares de ceticismo interno, de certas formas de um suposto ceticismo externo. A opinião de que tratei extensamente no Capítulo 3 – a de que os juízos morais substantivos de primeira ordem não são expressões de fatos morais independentes da mente humana, mas meras projeções de emoções ou atitudes – alega que os juízos morais não podem ser, em nenhuma hipótese, nem verdadeiros nem falsos. Os juízos de indeterminação que agora tenho em mente são proposições morais manifestamente substantivas: a pessoa que pensa que a questão do aborto não tem nenhuma resposta correta, uma vez que os argumentos de nenhum dos lados são melhores que os do outro, pode aceitar integralmente a noção comum da moral e sustentar que muitos outros juízos morais são francamente verdadeiros ou falsos[1].

Os juízos de indeterminação são mais conhecidos – e, a meu ver, muito mais convincentes de modo geral – em outros domínios do valor que não a moral. Certas pessoas, dotadas de um paladar excepcionalmente sensível ou de uma tremenda cara de pau, estão sempre prontas a hierarquizar a qualidade de quaisquer duas garrafas de vinho: uma, insistem elas, será sempre melhor que a outra, e elas nunca deixam de nos dizer qual. No entanto, não se pode negar a possibilidade de que, em se tratando de certos vinhos, nenhum dos dois é melhor, mesmo que eles não tenham exatamente as mesmas qualidades. Poderíamos dizer que eles "se equivalem" (*are "on a par" with one another*)[2]. Ou poderíamos ter uma visão ainda mais radicalmente cética do assunto: que a qualidade do vinho é assunto totalmente subjetivo e que, apesar da seita dos enófilos, não existe nenhuma possibilidade de avaliação objetiva. Isso nos levará a dizer que a questão de saber qual de dois vinhos é melhor jamais terá uma resposta correta; tudo o que é possível saber é qual de dois vinhos determinada pessoa acha melhor.

Considere outros dois exemplos não morais desse juízo de "ausência de resposta correta". Quando os ingleses passam o fim de semana no campo, eles têm o hábito (ou tinham, antes de os aparelhos de DVD chegarem ao interior) de montar e debater listas de "maiores e melhores". Quem foi o maior atleta, Donald Budge ou David Beckham? O maior estadista, Marco Aurélio ou Winston Churchill? O maior artista, Picasso ou Beethoven? Ao tentar responder a essas perguntas, é tentador negar que elas tenham sentido. Preferiríamos dizer: é inútil querer comparar talentos ou realizações em papéis, contextos e desafios tão diferentes. Parece-nos que o único juízo sensato consiste em dizer que esses talentos e realizações são incomensuráveis entre si. Picasso não era nem maior nem menor artista que Beethoven, nem, é claro, os dois tinham a mesma grandeza. Eram equivalentes.

Antes da recente decisão da Suprema Corte sobre o assunto (por 5 votos contra 4), os juristas debatiam se a Segunda Emenda à Constituição dos Estados Unidos garante ou não aos cidadãos particulares o direito de manter armas de fogo em casa[3]. Havia e ainda há argumentos populares a favor de ambas as respostas. Muitos juristas e estudantes tendiam, portanto, a dizer que é um erro pensar que essa questão tem uma única resposta correta. Existem somente respostas diferentes que atraem diferentes correntes políticas e diferentes escolas de direito constitucional.

O ceticismo moral interno inclui, portanto, não somente juízos morais negativos, como o juízo de que no sexo entre adultos livres tudo é permitido, mas também alegações de indeterminação em matéria de juízo moral e de incomensurabilidade em matéria de comparação moral. Temos de distinguir ambas as coisas de uma terceira forma de ceticismo interno, a do conflito moral. Muitos acham que Antígona tinha tanto o dever moral de enterrar seu irmão quanto o de não enterrá-lo, de modo que o que quer que fizesse seria errado. Não pensam que não é nem verdadeiro nem falso que ela tinha esse ou aquele dever, mas que é verdadeiro que ela tinha ambos[4]. Não se trata de uma alegação de indeterminação, mas sim, poderíamos dizer, de determinação excessiva. Falo dos juízos de conflito somente para não deixá-los de fora: eles são internamente céticos porque negam que a moral possa fornecer uma orientação dentro dessas premissas. Mas também suscitam problemas especiais para o meu argumento, e mais tarde retomarei a questão do conflito.

Indeterminação e juízo-padrão

Neste capítulo, vou discutir principalmente as alegações de "ausência de resposta correta" por indeterminação e incomensurabilidade. Quando esses juízos são adequados? Uma resposta, surpreendentemente popular, é a seguinte: nos domínios do valor – a moral, a ética, a arte e o direito – a indeterminação é o juízo-padrão. Quando, após um exame minucioso, não se pode encontrar nenhum argumento convincente em prol de qualquer dos lados de uma questão moral, estética, ética ou jurídica, é sensato supor que essa questão não tem resposta correta. Suponhamos que eu esteja perplexo diante da questão de saber se o aborto é mau. Às vezes, quando me encontro em certos estados de espírito, certos argumentos ou analogias fazem com que ele assim me pareça. Mas em outras ocasiões outros argumentos ou analogias me dão a impressão oposta. Confesso que me falta uma noção segura e estável de qual desses conjuntos de argumentos e analogias é o melhor. Segundo a tese do padrão, devo então concluir que a questão não tem resposta correta. Essa abordagem pressupõe que, embora argumentos positivos sejam necessários para provar alegações positivas num sentido ou no outro sobre questões morais, o fato de não se encontrarem tais argumentos basta para corroborar a alegação de indeterminação. As alegações positivas precisam de argumentos; o juízo de indeterminação precisa somente do fracasso dos argumentos em prol de qualquer outra posição.

Essa tese é uma forma comum de instrução nas faculdades de direito. Os professores constroem elaborados argumentos pró e contra determinada alegação jurídica; depois, para o fascínio dos alunos embasbacados, declaram que a questão em disputa não tem resposta correta. Mas a tese do padrão é descaradamente errônea, pois confunde duas posições diferentes – a incerteza e a indeterminação – que é essencial distinguir. Na realidade, as confissões de incerteza são teoricamente menos ambiciosas que as proposições positivas; a incerteza, esta sim, é uma posição-padrão. Se examino os argumentos em todos os lados de uma questão e, mesmo depois de refletir, constato que nenhum conjunto de argumentos é mais forte que o outro, tenho, sem mais, o direito de declarar que não tenho certeza, que não tenho opinião sobre o assunto. Não preciso de nenhuma razão mais substantiva que o fato de não ter sido persuadido por nenhuma das opiniões. Mas, sob todos esses aspectos, a incerteza é diferente da indeterminação. A afirmação "não sei se a proposição em questão é verdadeira ou falsa" é totalmente compatível com "ela pode ser uma coisa ou outra", mas "a proposição em questão não é nem verdadeira nem falsa" não é. Quando a incerteza é levada em conta, a tese da indeterminação como juízo-padrão cai por terra, pois se uma das alternativas – a incerteza – é o padrão, a indeterminação, que é coisa muito diferente, não pode sê-lo.

Na prática como na teoria, a distinção entre incerteza e indeterminação é indispensável. Embora a reticência seja geralmente adequada quando a pessoa não tem certeza, ela não tem cabimento para quem está genuinamente convencido de que a questão não é incerta, mas indeterminada. A Igreja Católica, por exemplo, declarou que até aqueles que não sabem com certeza se o feto é uma pessoa dotada do direito de viver devem se opor ao aborto, pois o aborto se revelaria terrível caso acabasse por se confirmar que o feto é uma pessoa. Nenhum argumento desse tipo poderia comover alguém que se convenceu da indeterminação da questão de saber se o feto é uma pessoa: de que nenhuma proposição num sentido ou no outro está correta. É claro que esse indivíduo poderia ter outras razões para assumir uma posição. Poderia dizer, por exemplo, que, uma vez que o aborto causa tanta apreensão àqueles que erroneamente veem no feto uma pessoa, ele deve ser proibido por lei; ou que deve ser permitido, pois é injusto que o Estado limite a liberdade individual sem uma razão positiva. Mas esse indivíduo, ao contrário daqueles para quem a questão é incerta, não tem motivo nenhum para calar-se ou para sentir-se em conflito.

Uma vez distinguida a incerteza da indeterminação, vemos que as alegações de indeterminação têm de se basear numa defesa positiva tão forte quanto a de quaisquer alegações mais positivas. Como apoiar meu juízo de que, entre dois vinhos famosos, nenhum dos dois é melhor que o outro nem os dois são iguais? Ou de que é um erro afirmar que ou Picasso ou Beethoven eram um maior que o outro, ou que ou Budge ou Beckham eram melhores atletas um que o outro? Preciso de uma teoria positiva sobre a grandeza nos vinhos, na arte ou no esporte. Suponho que você, como eu, tenha capacidade e disposição para fazer pelo menos algumas comparações de mérito artístico: sabemos que Picasso era melhor pintor que Balthus e também, embora a vitória aí seja mais apertada, que era melhor que Braque. Também sabemos que Beethoven é melhor compositor que Lloyd-Webber. Ou seja, acreditamos que as comparações de mérito artístico são, em princípio, sensatas.

Acredito, como acabei de dizer, que, embora Braque tenha sido um artista muito importante, no conjunto Picasso era maior. Se você me contestar, vou tentar sustentar minha opinião de várias maneiras: evidenciando a maior originalidade e a maior inventividade de Picasso, bem com sua maior gama de qualidades, que iam do lúdico ao solene, tudo isso sem negar certas vantagens da obra de Braque – uma abordagem mais lírica do cubismo, por exemplo. Pelo fato de o mérito artístico ser um tema complexo e de minha avaliação dizer respeito ao conjunto das obras, a questão comporta uma discussão complexa. A conversa não descambaria rapidamente para a idiotice, como creio que aconteceria se eu estivesse tentando provar que um Petrus é mais nobre que um Lafite. Depois de muito discutirmos, pode ser que eu o convença, ou não, de que tenho razão a respeito de Picasso e Braque; pode ser que você me convença, ou não, de que estou errado. Porém, se nenhum de nós convencer o outro, vou continuar sustentando minha opinião, como você, sem dúvida, continuará sustentando a sua. Talvez eu fique decepcionado por não conseguir convencê-lo, mas é claro que não vou tomar esse fato como prova de que minha ideia está errada.

Se me perguntassem, por outro lado, se Picasso era mais genial que Beethoven, minha resposta seria muito diferente. Eu negaria tanto que um foi maior que o outro quanto que ambos tiveram exatamente o mesmo mérito. Diria que Picasso e Beethoven foram ambos grandes artistas e que não se pode traçar uma comparação exata entre eles. É claro que tenho que defender a distinção que acabo de fazer. Por que posso hierarquizar Picasso e Braque, mas não Picasso e Beethoven? A diferença não é que as pessoas concordam a respeito dos padrões de comparação de artistas pertencentes ao mesmo período ou atuando no mesmo gênero. Não concordam, e mesmo que concordassem não se poderia concluir, a partir daí, que os padrões aceitos estão corretos. A diferença não pode ser baseada em nenhum fato cultural ou social desse tipo, mas sim, se é que tem algum sentido, em pressupostos mais gerais, talvez até teóricos, sobre a natureza da realização artística ou da avaliação da arte. É dessa maneira que eu tentaria defender meu juízo sobre Picasso e Beethoven. Creio que a realização artística depende de uma resposta às tradições e aos desafios artísticos, e que, portanto, é mais fácil traçar comparações sutis dentro do mesmo gênero de arte que entre um gênero e outro; e é mais fácil traçá-las entre artistas dentro de determinado período de desenvolvimento de um gênero que entre aqueles que trabalharam no mesmo gênero mas em épocas muito diferentes. Por isso, embora eu pense que Shakespeare, com artista criativo, foi maior que Jasper Johns e que Picasso foi maior que Vivaldi, creio que não faz sentido elaborar uma hierarquia precisa entre os gênios evidentes nos mais altos cimos dos diferentes gêneros. Não se trata de uma opinião patentemente estável, e é possível que eu mude de ideia. Mas é a opinião que tenho agora. Tenho certeza de que, se você formulasse distintamente sua opinião, ela seria um pouco diferente da minha, ou até muito diferente[5].

Considere agora as alegações de indeterminação no domínio da ética, que têm mais consequência prática. As pessoas às vezes se defrontam com decisões importantes, que vão moldar sua vida, e se perguntam então sobre o valor das diferentes vidas que poderiam levar. Uma jovem tem de escolher entre seguir a promissora carreira de advogada de grupos marginalizados em Los Angeles ou emigrar para um kibutz em Israel. (É claro que ela tem muitas outras opções além dessas, mas vamos imaginar que somente essas duas estejam em questão.) Ela está terrivelmente perplexa. Qual das vidas será mais divertida no dia a dia? Qual será mais satisfatória de se recordar no futuro? Em qual papel ela seria mais bem-sucedida? Em qual poderia ajudar mais as outras pessoas? Pode ser que ela não tenha certeza das respostas corretas para tais perguntas isoladas, e quase seguramente não terá certeza da resposta correta à pergunta ulterior de como comparar as respostas a essas diferentes perguntas. Segundo uma opinião muito divulgada, ela não está diante da incerteza, mas da indeterminação, pois, uma vez que ambas as vidas seriam satisfatórias, as perguntas de qual vida seria melhor ou qual escolha ela deve fazer não têm resposta correta[6]; mesmo assim, ela tem de escolher. Pode ser que essa opinião esteja correta, mas não por ser o juízo-padrão. Precisa de tantos argumentos positivos quanto a alegação contrária de que, no conjunto, a melhor vida decorrerá, na realidade, da emigração. Nenhum argumento desse tipo é fornecido citando-se o fato óbvio de que existem muitos valores e nem todos eles podem ser realizados numa única vida. Pois resta ainda a pergunta – uma desafiadora questão abstrata para os filósofos e uma excruciante questão prática para os seres humanos – de qual das duas escolhas, no fim, será a melhor?

Aí, como nas exóticas comparações de vinhos, atletas ou artistas, não se coloca a questão do padrão. Tenho alguma ideia de como a tese da indeterminação pode ser defendida nesses casos menos importantes. A discussão que farei, adiante, sobre o desafio ético que todos nós enfrentamos ao levar a vida poderá sugerir alguns argumentos possíveis em prol da indeterminação no caso ético. O valor adverbial de um jeito específico de viver depende, entre outras coisas, de como esse jeito de viver se interliga com outros tipos de valor; e é possível que uma pessoa tenha razões positivas para crer que o tipo de valor criado pela vida num kibutz é incomensurável com o valor criado por meio da defesa dos pobres norte-americanos. Nesses caso, as razões são indistintas.

De qualquer modo, na melhor das hipóteses seria prematuro supor que sempre existem argumentos positivos em favor da indeterminação quando as pessoas se encontram em profunda incerteza quanto à melhor vida a levar. Por isso, é estranho que os filósofos que postulam uma ampla indeterminação ética ofereçam tão poucos argumentos para fazer a transição da incerteza à indeterminação. Poucas pessoas, diante de importantes decisões sobre a carreira ou sobre a vida, deram elas mesmas esse passo tranquilizador. Encaramos as decisões mais importantes da vida com várias emoções – incerteza, é claro, mas também medo do futuro, cansaço e a aterrorizante sensação de que, mesmo não sabendo como decidir, o modo como decidirmos será muitíssimo importante. Para muitos, esse conjunto de pensamentos é um fardo terrível. Se essas pessoas estão enganadas – se, no fim das contas, a pergunta que estão fazendo não tem resposta correta –, seria utilíssimo que os filósofos da indeterminação lhes explicassem o porquê.

Considere agora a tese muito difundida – pelo menos entre os juristas acadêmicos – de que muitas questões jurídicas difíceis não têm resposta correta[7]. No direito como na ética, é impossível que seja esse o juízo-padrão. A tese de ausência de resposta correta é uma tese jurídica – diz que não há argumento que torne mais forte a alegação de qualquer um dos dois lados – e deve, portanto, basear-se em alguma teoria ou concepção do direito. Algumas teorias do direito realmente professam apoiar essa conclusão: as versões mais grosseiras do positivismo jurídico o fazem porque, segundo essas teorias, somente as decisões passadas das autoridades judiciais contam como razões jurídicas, e pode ser que não haja decisões passadas favoráveis a nenhum dos dois lados da questão em foco. Pode-se considerar também que outras teorias jurídicas, mais plausíveis e mais complexas, geram a indeterminação em certos casos. Por isso, o direito é excelente ilustração da tese de que as afirmações de indeterminação, ao contrário das confissões de incerteza, exigem uma teoria positiva. A meu ver, ele também ilustra a dificuldade de se produzir tal teoria: o juspositivismo grosseiro que sustenta os veredictos de ausência de resposta correta é abraçado por pouquíssimos profissionais do direito sensatos. De qualquer modo, muitos juristas acadêmicos contemporâneos que afirmam ser evidente por si que as questões jurídicas controversas não têm resposta correta não se aliam nem ao positivismo jurídico nem a nenhuma outra teoria que ofereça argumentos jurídicos positivos em prol da indeterminação[8]. Simplesmente caem na falácia de supor que a indeterminação é o juízo-padrão.

Chegamos por fim ao caso da moral. Lembre-se que não estamos discutindo, agora, supostos casos de conflito moral. Estamos considerando a proposição de que os argumentos em prol da proibição do aborto não são nem mais fortes nem mais fracos que aqueles em prol de sua permissão, muito embora os dois conjuntos de argumentos não tenham a mesma força. Como defender essa proposição veemente? Os comentadores costumam dizer que a opinião de uma pessoa qualquer sobre o aborto depende de essa pessoa considerar uma analogia – a de que o aborto é assassinato, por exemplo – mais forte que a analogia rival que compara o aborto à apendicectomia. Trata-se de uma observação inócua. Mas muitos acrescentam, como se fosse algo evidente por si, que nenhuma das duas analogias é mais forte que a outra. Como defender essa proposição ulterior? O que seria necessário para demonstrar *a priori* que, por mais que as dezenas de complexas questões em jogo sejam examinadas de modo cabal e imaginativo, é impossível construir uma defesa capaz de provar, mesmo que apenas de modo marginal e controverso, que esse ou aquele lado tem, no conjunto, o melhor argumento? Nos casos mais fáceis que consideramos, sobre a comparação de vinhos, artistas e atletas, parecia plausível que a correta teoria da excelência estética ou atlética pudesse nos fornecer uma base para limitar a gama de juízos sensatos, demonstrando, por exemplo, que é tolice tentar hierarquizar Picasso e Beethoven. Mas não é óbvio de modo algum que uma teoria correta da moral possa fazer isso. Pelo contrário, parece improvável de antemão que uma visão plausível da finalidade da moral possa nos ensinar que os debates sobre a permissibilidade do aborto são tolos.

Os cabeças-duras gostam de ridicularizar – chamando de vagas ou dogmáticas – as proposições de outras pessoas que creem que um dos lados de uma controvérsia profunda e aparentemente irresolúvel realmente tem o melhor argumento. Segundo os críticos, essas pessoas deixam passar em branco a verdade óbvia de que não há nenhum "fato concreto" a que tal controvérsia se refira, nenhuma "resposta correta exclusiva" à questão em jogo. Esses críticos não se dão ao trabalho de considerar se eles mesmos têm, ou não, argumentos substantivos em favor de sua posição igualmente substantiva, e se, caso os tenham, esses mesmos argumentos também não poderiam ser ridicularizados por ser vagos ou pouco persuasivos, por serem baseados em instintos ou mesmo em meras asserções desprovidas de fundamento. A confiança ou a clareza absolutas são apanágios dos loucos e dos fanáticos. Já nós temos de fazer o melhor que podemos: temos de escolher entre todas as opiniões substantivas oferecidas, perguntando-nos qual delas, após a devida reflexão, nos parece mais plausível que as demais. Se nenhuma delas nos parecer assim, temos de nos contentar com o verdadeiro juízo-padrão, que não é a indeterminação, mas a incerteza. Repito minha advertência anterior: eu quis contestar, aqui, somente uma forma de ceticismo interno ético e moral. Ainda não disse nada sobre o ceticismo interno que nos pega sozinhos à noite naquela hora em que somos quase capazes de tocar nossa própria morte, a aterrorizante sensação de que nada importa. Nessa hora, os argumentos não podem nos ajudar; tudo o que nos resta é esperar pelo amanhecer.

PARTE DOIS

INTERPRETAÇÃO

6
RESPONSABILIDADE MORAL

Responsabilidade e interpretação

Programa

Recapitulando: a moral é um domínio independente dentro do pensamento. O princípio de Hume – ele próprio um princípio moral – é sólido: todo argumento que apoie ou refute uma proposição moral tem de incluir ou pressupor outras proposições ou premissas morais. A única forma sensata de ceticismo moral é, portanto, um ceticismo interno que não contesta a busca da verdade que caracteriza as convicções morais, mas depende dela. O único argumento sensato em favor da visão "realista" de que algumas proposições morais são objetivamente verdadeiras é, no mesmo sentido, um argumento moral substantivo segundo o qual determinada proposição moral – a de que é errado sonegar impostos, por exemplo – é verdadeira e continuaria sendo verdadeira mesmo que ninguém jamais fosse contra a sonegação de impostos. Se pensamos que temos boas razões para aceitar qualquer proposição moral desse tipo, temos também de pensar que estamos "em contato" com a verdade da questão e que essa verdade não é mero acidente.

Alguns leitores encontrarão nessa declaração de independência apenas uma forma mais profunda de ceticismo, um ceticismo tão profundo que chega a lançar um olhar cético sobre o ceticismo em si. Mas aqui não há ceticismo algum, nem mesmo sobre o próprio ceticismo. A tese da independência dá a cada um a liberdade de concluir (se é isso que lhe parece correto) que ninguém jamais teve, tem ou terá quaisquer deveres ou responsabilidades morais. Existe ceticismo mais profundo que esse? Intelectualmente ou sob algum outro aspecto, você estaria em melhor situação se chegasse a essa dramática conclusão cética por meio de um argumento metafísico ou sociológico arquimediano e não através de um argumento moral? Estaria em melhor situação se conseguisse chegar, por meio de um platonismo arquimediano baseado nos mórons, à conclusão oposta, a de que as pessoas de fato têm deveres morais? Talvez você pense: "Sim, pois eu teria mais confiança nas minhas convicções do que tenho agora." Mas não teria, pois ainda seria obrigado a decidir – unicamente por meio de argumentos morais ordinários – quais de suas convicções são verdadeiras a fim de saber quais delas foram comunicadas pelos mórons.

Essas conclusões são importantes; parece-me que provamos que a noção comum é razoável e que os críticos externos dessa noção, não. Essa limitada conclusão não será surpresa para os não filósofos. O que os preocupa não é saber se as proposições morais podem ser verdadeiras ou não, mas quais delas o são; não se nos é possível ter boas razões para pensar como pensamos, mas se as temos ou não. Muitos seres humanos e alguns filósofos que levam essa questão às últimas consequências têm a esperança de encontrar um critério: um teste dos bons argumentos morais que não incorra em petição de princípio por pressupor alguma teoria moral controversa. Se a tese apresentada até agora neste livro for sólida, essa esperança não é razoável. Nossa epistemologia moral – nossa teoria sobre o bom raciocínio em assuntos morais – não deve ser uma epistemologia arquimediana, mas uma epistemologia integrada. Deve, portanto, ser ela própria uma teoria moral substantiva, de primeira ordem.

Somos sempre culpados de uma espécie de circularidade. Não tenho como verificar a precisão de minhas convicções morais exceto usando outras convicções morais. Minhas razões para pensar que sonegar impostos é errado serão boas se os argumentos em que eu me basear forem bons. Essa imagem da dificuldade é simplista demais: temos a esperança de que o círculo das nossas opiniões tenha um raio um pouco maior que isso. Mas, se estou diante de um indivíduo cujas opiniões morais diferem radicalmente das minhas, não posso ter a esperança de encontrar em meu conjunto de razões e argumentos algo que ele possa aceitar sem ser, a seus próprios olhos, irracional. Não posso lhe *demonstrar* que minhas opiniões são verdadeiras, e as dele, falsas.

Mas posso ter a esperança de convencê-lo – e a mim mesmo – de algo que, muitas vezes, é mais importante: de que, ao desenvolver minhas opiniões e agir com base nelas, eu agi com responsabilidade. A distinção entre a precisão e a responsabilidade nas convicções morais é uma outra dimensão daquilo que chamei de noção comum. Posso ter razão sobre a ação afirmativa quando tiro cara ou coroa e estar errado sobre o mesmo assunto depois de refletir cuidadosamente sobre ele, mas no primeiro caso terei sido irresponsável, e no segundo, não. A diferença entre precisão e responsabilidade é evidente na terceira pessoa. Posso julgar que suas conclusões são gravemente equivocadas, mas, não obstante, aceitar que você atuou com plena responsabilidade ao desenvolvê-las. Na primeira pessoa, a mesma diferença quase desaparece: não posso me considerar responsável ao crer que o aborto é errado a menos que eu de fato creia que o aborto é errado. Mas mesmo desse ponto de vista as duas virtudes são diferentes: minha confiança na ideia de que o aborto é errado pode ser maior que minha confiança no fato de eu ter chegado a essa conclusão depois de refletir suficientemente. Ou o contrário: posso ter a convicção de ter pensado adequadamente sobre o assunto e mesmo assim permanecer hesitante quanto à conclusão a que cheguei. Pode até acontecer de eu ter a convicção de ter pensado sobre o assunto tão bem quanto podia, mas mesmo assim permanecer na mais completa incerteza acerca da conclusão a tirar.

Para abordar a questão crucial de como pensar sobre as questões morais – a questão da epistemologia moral –, o melhor é estudar o conceito comum de responsabilidade moral. Neste capítulo, e de maneira mais ampla em toda a Parte Dois, afirmo que a essência da responsabilidade é a integridade e que a epistemologia da pessoa moralmente responsável será interpretativa. Talvez valha a pena resumir minhas conclusões de antemão. Todos nós temos, desde a infância, convicções morais irrefletidas. Estas se manifestam em conceitos cuja origem e desenvolvimento são questões a ser estudadas pelos antropólogos e historiadores da intelectualidade. Herdamos esses conceitos dos nossos pais, da nossa cultura e talvez, em algum grau, da disposição genética da espécie. No começo da infância, usamos principalmente da ideia de justiça; depois, adquirimos e utilizamos outros conceitos morais mais sofisticados e específicos: generosidade, bondade, fidelidade à palavra dada, coragem, direitos e deveres[1]. Mais tarde, acrescentamos conceitos políticos ao nosso repertório moral: falamos de direito, liberdade e dos ideais democráticos. Precisamos de opiniões morais muito mais detalhadas quando nos deparamos na prática com os mais diversos desafios morais na vida familiar, social, comercial e política. Formamos essas opiniões mediante a interpretação de nossos conceitos abstratos, interpretação essa que, em sua maior parte, é irrefletida. Instintivamente, interpretamos cada um desses conceitos à luz dos demais. Isso significa que a interpretação entrelaça e une os valores entre si. Somos moralmente responsáveis na medida em que nossas diversas interpretações concretas alcançam uma integridade geral, de tal modo que cada uma delas sustente as outras numa rede de valores que abraçamos autenticamente. Na medida em que fracassamos nesse projeto interpretativo – e parece impossível obter nele um sucesso total –, nós não agimos a partir de uma convicção plena, e nesse sentido não somos plenamente responsáveis.

Esse é o fardo deste capítulo. Se suas conclusões forem acertadas, teremos de fazer novas perguntas. O que torna uma interpretação da equidade, da generosidade ou da justiça melhor que as outras? Faz sentido supor que exista a melhor interpretação – ou a interpretação verdadeira – de um conceito moral? O Capítulo 7 abordará essas perguntas, situando-as num contexto mais amplo. Estudaremos a interpretação em geral – não só na moral, mas numa larga gama de gêneros interpretativos onde se inserem a literatura, a história e o direito. Afirmo ali que o processo interpretativo – o processo de buscar o sentido de um evento, uma realização ou uma instituição – difere da investigação científica sob vários aspectos importantes. Nesse caso, e se eu estiver certo ao dizer que o raciocínio moral deve ser entendido como a interpretação de conceitos morais, faremos bem em tratar o raciocínio moral não como algo *sui generis*, mas como caso especial de um método interpretativo muito mais geral.

No Capítulo 8 voltaremos à moral, mas com um enfoque diferente. Se o raciocínio moral é a interpretação de conceitos morais, precisamos entender melhor não só a natureza da interpretação, mas também a natureza desses conceitos. Sugiro que tratemos certos conceitos como especiais, dando-lhes o nome de conceitos interpretativos. São aqueles cuja natureza somente pode ser explicada por meio de argumentos normativos. Se assim for, a filosofia moral ela própria será um projeto interpretativo. Para terminar a Parte Dois, apresento as teorias morais de Platão e Aristóteles como exemplos clássicos da filosofia moral entendida nesse sentido.

Tipos de responsabilidade

A responsabilidade é um conceito indispensável em todas as facetas da nossa vida intelectual. É um conceito enganoso, pois usamos as palavras "responsabilidade" e "responsável" de várias maneiras diferentes, fáceis de confundir entre si. Primeiro, temos de distinguir entre a responsabilidade como virtude e a responsabilidade como relação entre as pessoas e os acontecimentos. No sentido de virtude, dizemos que alguém agiu com ou sem responsabilidade ao fazer o que fez em tal ocasião (agiu com responsabilidade ao recusar a oferta), ou que é ou não é característico de tal pessoa agir com responsabilidade (ela é, em geral, uma pessoa altamente responsável ou irresponsável). No sentido relacional, dizemos que alguém é ou não responsável por tal ou qual acontecimento ou consequência (ele é o único responsável pelo fato de a empresa começar a dar dinheiro). Fazemos ainda outras distinções entre tipos de responsabilidade no primeiro sentido, o de virtude: distinguimos as responsabilidades intelectual, prática, ética e moral. O cientista que não confere seus cálculos falta com a *responsabilidade intelectual*; o escritor que não faz *back-up* de seus arquivos falta com a *responsabilidade prática*; a pessoa que vive sem rumo falta com a *responsabilidade ética*; o cidadão que vota numa candidata a vice-presidente porque a acha sensual falta com a *responsabilidade moral*. O dirigente político que mergulha o país numa guerra baseado em informações evidentemente falsas falta com os quatro tipos de responsabilidade.

Também fazemos várias distinções dentro da responsabilidade relacional. Dizemos que uma pessoa tem *responsabilidade causal* por um acontecimento quando algum ato seu faz parte (substancialmente) da melhor explicação causal desse acontecimento. Eu seria causalmente responsável pelos ferimentos de um mendigo cego se o jogasse no chão para roubar seu dinheiro ou trombasse nele por distração, ao caminhar bêbado, num surto psicótico ou mesmo somente por acidente. Mas não o seria se alguém me empurrasse para cima dele, pois nesse caso nenhum ato meu teria contribuído para os ferimentos. (Meu corpo faz parte da cadeia causal, mas eu, não.) Uma pessoa tem *responsabilidade atribuída* por algum assunto quando tem o dever de cuidar desse assunto. A última pessoa a sair da sala, por exemplo, é responsável por apagar a luz, e o sargento é responsável por seu pelotão. Uma pessoa tem *responsabilidade objetiva** por um acontecimento quando tem a obrigação de reparar, compensar ou tomar sobre si qualquer dano que deflua desse acontecimento. Tenho responsabilidade objetiva pelos danos causados quando dirijo sem cuidado; um empregador pode ter responsabilidade objetiva por quaisquer danos causados por seus empregados no exercício da função. Por fim, devem-se distinguir as responsabilidades causal, atribuída e objetiva da *responsabilidade autorreflexiva*. Uma pessoa tem responsabilidade autorreflexiva por um ato quando esse ato pode ser classificado numa escala de elogio ou censura. Tenho responsabilidade autorreflexiva por passar pelo mendigo e não lhe dar esmola, mas não pelos danos causados quando alguém me empurra para cima dele. Esses diferentes sentidos da responsabilidade relacional são conceitualmente independentes: um empregador pode ter responsabilidade objetiva pelos danos causados pela ne-

---

* No original, *liability responsibility*. A tradução "responsabilidade objetiva" foi a que se julgou melhor refletir a amplitude do conceito original, que não abarca somente a responsabilidade jurídica por atos culposos, como se verá adiante nas páginas 211 e 290-1. (N. do T.)

gligência de seus empregados, embora não tenha responsabilidade causal nem autorreflexiva por esses danos.

Neste capítulo, tratamos da responsabilidade moral como uma virtude. Começamos com um aspecto dessa virtude. As pessoas moralmente responsáveis agem com base em princípios; agem por causa de suas convicções, e não apesar delas[2]. O que isso significa? Vou ignorar, ou antes adiar, um problema muito conhecido. Toda teoria da responsabilidade moral terá, tarde ou cedo, de defrontar-se com o que os filósofos chamam de desafio do livre-arbítrio. Se toda decisão tomada for totalmente determinada por acontecimentos anteriores sobre os quais o agente não tem controle; se o pleno conhecimento do estado do mundo antes de uma pessoa nascer, aliado ao pleno conhecimento das leis da natureza, permitir que um computador preveja todas as decisões que essa pessoa vai tomar ao longo da vida – se assim for, poder-se-á ter a impressão de que a responsabilidade moral é sempre mera ilusão, de que não faz sentido distinguir a ação baseada na convicção da ação baseada em qualquer outro motivo. Cada pessoa pensa ou faz o que está destinada a pensar ou fazer, e fim de papo. Enfrento esse desafio no Capítulo 10. Podemos avaliar a responsabilidade autorreflexiva a partir de duas perspectivas: desde dentro da experiência de vida das pessoas, aceitando como um dado o fato – inescapável a partir dessa perspectiva – de que as pessoas sempre têm novas decisões a tomar, ou a partir de uma perspectiva científica mais arquimediana, que trata a experiência de vida delas como apenas parte dos dados cuja explicação causal deve ser buscada. Afirmo naquele capítulo que a primeira perspectiva é a adequada quando o que está em jogo é a responsabilidade autorreflexiva, e é desse pressuposto que vou partir para desenvolver o restante deste capítulo.

A ação moralmente responsável

Como não ser responsável

Vamos elencar os modos pelos quais alguém pode deixar de agir com base nos princípios que professa. O mais óbvio é a insinceridade pura e simples. O governante que leva seu país à guerra fingindo seguir princípios que na realidade nada lhe dizem, princípios que ele não tem a menor intenção de seguir quando isso não lhe for conveniente, é pura e simplesmente insincero. É só da boca para fora que defende os princípios invocados como justificação de sua conduta. Já a racionalização é um fenômeno mais complexo: a pessoa que racionaliza acredita sinceramente que sua conduta é regida por princípios que, na realidade, não desempenham nenhum papel eficaz na explicação daquilo que ela decide fazer. Essa pessoa vota em políticos que prometem extinguir os programas de previdência social e justifica seu voto dizendo, de si para si, que cada qual deve assumir a responsabilidade pelo próprio destino. Mas esse princípio não orienta seu comportamento em outras ocasiões: quando, por exemplo, ela pede aos políticos que ajudou a eleger que socorram sua empresa com dinheiro público. Na realidade, sua conduta é determinada pelo interesse próprio, e não por algum princípio que admita a importância da vida alheia. Seu suposto compromisso com esses princípios não é sinal de imparcialidade, pois ela só vai seguir os princípios que cita quando eles atenderem a seus interesses.

Há muitas outras maneiras pelas quais a responsabilidade moral pode ser comprometida. Uma pessoa pode professar fielmente princípios morais altamente abstratos, mas ceder ao interesse próprio ou a alguma outra influência na hora de decidir como esses princípios se aplicam aos casos concretos. Pode pensar, por exemplo, que a "guerra preventiva" é sempre imoral a menos que seja absolutamente necessária; mas pode não ter refletido sobre o sentido de "necessária" nesse contexto – se a guerra preventiva é lícita quando necessária para salvar um país da aniquilação, por exemplo, ou se é lícita quando necessária para proteger um país de uma concorrência comercial que comprometeria o padrão de vida de seus cidadãos. A convicção dessa pessoa, embora vaga, pode desempenhar um papel na sua decisão de apoiar ou não determinada política externa. Mas não pode desempenhar papel tão pleno ou tão importante quanto o que seria desempenhado por um princípio mais bem definido ou suplementado por outras convicções pertinentes. A porosidade do princípio em questão permite que alguma outra parte da história da pessoa – às vezes algo tão elementar quanto sua filiação partidária – desempenhe papel mais eficaz que o princípio abstrato na explicação de seu comportamento.

A esquizofrenia moral prejudica a responsabilidade de um jeito diferente: a pessoa se sente comprometida com dois princípios contraditórios e sucumbe àquele que lhe vem à mente no calor do momento, embora isso vá contra seus interesses e suas tendências mais estáveis. Pensa, por exemplo, tanto que os ricos merecem conservar a riqueza que acumularam quanto que os membros mais abastados da comunidade têm o dever de ajudar a cuidar de seus concidadãos mais necessitados. Apoia a redução de impostos quando pensa nos ricos merecedores, mas se opõe a ela quando pensa nos miseráveis e nos infelizes. É moralmente irresponsável: seu comportamento não é imparcial, mas arbitrário e flutuante.

Pouca gente é tão manifestamente esquizofrênica, mas quase todos se contradizem de um modo mais sutil: por meio da compartimentalização moral. Temos convicções sobre a política no Oriente Médio, as justificativas cabíveis para a guerra, os atos permitidos na guerra, a legítima defesa nas ruas, o aborto, a pena de morte, a imparcialidade no Poder Judiciário, como a polícia local deve se comportar, a natureza e os limites da responsabilidade da pessoa pelas consequências de seus atos, a justa distribuição da riqueza coletiva da comunidade, o patriotismo, a lealdade aos amigos e os limites dessa lealdade, a natureza da coragem pessoal e a importância da riqueza, do conhecimento, da experiência, da família e das realizações para fazer com que uma vida seja boa e bem-sucedida em vez de má e desperdiçada. Temos convicções sobre todas essas coisas, e elas podem ser pontualmente sinceras e eficazes. Podemos agir com base nessas convicções nas ocasiões em que elas são diretamente pertinentes: quando nos perguntamos se a invasão do Iraque foi imoral, por exemplo, ou se os impostos devem ser aumentados ou diminuídos, ou ainda se devemos começar a esquiar. Mas, dando um passo para trás, podemos constatar que a coerência de nossas convicções é *somente* pontual; que os princípios ou ideais que regem um compartimento conflitam ou não têm ligação com os que regem outro.

O grau potencial de conflito depende de quanto esses compartimentos são estreitos. Pode ser que eu tenha fortes convicções sobre a guerra do Iraque, mas, se elas não forem compatíveis com minhas convicções sobre outras ações militares – no Kosovo ou na Bósnia, por exemplo –, é muito provável que minhas opiniões sobre o Iraque possam ser mais bem explicadas pelo fato de eu não gostar do governo Bush ou pela minha filiação partidária. A responsabilidade moral que demonstro ao votar por convicção sincera pode ser extremamente superficial. Contradições mais sutis – e mais discutíveis – surgem quando comparamos as convicções que pertencem a categorias mais amplas. Como indivíduos, nós podemos e devemos demonstrar mais consideração pelo bem-estar da nossa família e dos nossos amigos que pelo de pessoas desconhecidas. Mas essa consideração especial tem limites: não podemos submeter os desconhecidos ao risco de danos graves que não aceitaríamos para nós e nossos próximos. São essas as nossas convicções morais, mas pode acontecer de as trairmos ao apoiar determinados programas políticos. Pode ser que sejamos a favor de submeter os estrangeiros a danos e injustiças a que não exporíamos nossos próprios cidadãos, como fizeram muitos norte-americanos ao aprovar o modo como tratamos os prisioneiros na Baía de Guantânamo.

Essas convicções possivelmente contraditórias transpõem a fronteira entre as convicções pessoais e as convicções políticas. Pense agora em convicções tiradas de categorias que parecem ainda mais distantes – convicções sobre a virtude política e a virtude pessoal, por exemplo. Hoje, é comum ouvir dizer que as atrocidades dos terroristas justificam a necessidade de um novo equilíbrio entre liberdade e segurança; que, para nos proteger melhor da ameaça terrorista, temos de restringir os direitos individuais normalmente observados nos processos penais. Mas será que essa opinião combina com nossas convicções sobre o caráter e o valor da coragem pessoal? A coragem, ao nosso ver, exige que aceitemos correr mais riscos para não desrespeitar os princípios.

Vejamos agora convicções tiradas de compartimentos mais distantes ainda: a justiça política e os padrões pessoais. Suponhamos que eu professe, conscientemente ou por instinto, uma teoria mais ou menos utilitarista da justiça distributiva, que coloca esta a serviço da promoção de alguma meta social coletiva, como por exemplo tornar a comunidade como um todo mais rica ou mais feliz. Mas eu próprio, nas minhas ambições e no meu orçamento, não atribuo grande valor à riqueza e nem mesmo à felicidade: considero certas realizações muito mais importantes que a felicidade para que minha vida seja bem-sucedida. Suponhamos, por outra, que eu insista na redistribuição igualitária da riqueza comum sem querer saber se os que recebem essa riqueza estão dispostos a trabalhar ou são capazes de fazê-lo. Digo que a diligência dos cidadãos e sua disposição de trabalhar são elas próprias criadas por condições sociais, e que portanto é inadequado negar a um cidadão o direito a uma vida decente só porque ele é preguiçoso. Mas, ao criticar a mim mesmo, adoto padrões muito diferentes: combato a preguiça e me culpo quando não consigo realizar aquilo que me propus.

É claro que cada um desses exemplos de aparente conflito ou compartimentalização de princípios é passível de reexame. O conflito pode se dissolver diante de ulteriores reflexões ou discussões. Talvez eu pense, ou conclua depois de refletir, que as diferenças entre as situações políticas nos Bálcãs e no Iraque justificam minhas opiniões diferentes sobre a intervenção nas duas regiões; que as responsabilidades das autoridades políticas perante seus cidadãos são diferentes e maiores que as que nós, como indivíduos, temos perante nossos familiares; que a coragem e a temeridade são diferentes, demonstrando que o modo como tratamos os suspeitos de terrorismo não é covarde; que é adequado que uma teoria da justiça social se erga sobre pressupostos de bem-estar e responsabilidade que não precisam ser aceitos na vida particular dos que abraçam tal teoria. Se eu penso assim ou decido pensar assim depois de refletir, minha personalidade moral é mais complexa e tem mais unidade do que aparentava à primeira vista. Mas isso não é inevitável: pode acontecer, ao contrário, que as reflexões ulteriores revelem minha incapacidade de unificar convicções aparentemente contraditórias por meio da formulação de princípios que eu também seja capaz de aceitar plenamente. Nesse caso, descobri mais uma deficiência da minha responsabilidade moral. Não é a convicção profunda, mas alguma outra coisa – o interesse próprio, por exemplo, ou o conformismo, ou a mera indolência intelectual – que melhor explica o modo como trato as outras pessoas em certas circunstâncias. Ou seja, estou negando a essas pessoas o respeito que a responsabilidade moral tem o objetivo de garantir. No fim das contas, não me baseio em princípios para me relacionar com os outros.

Filtros

Podemos resumir numa metáfora essas várias ameaças à responsabilidade. Imagine que suas convicções morais efetivas – aquelas que exercem algum controle sobre o que você faz – se fundem num filtro que envolve sua vontade decisória. As convicções insinceras e as racionalizações não são convicções efetivas e portanto não fazem parte desse filtro, mas as convicções abstratas, contraditórias e compartimentadas são e fazem. Suponhamos que sua história pessoal explique quais convicções efetivas integram esse filtro: explicam por que você desenvolveu essas convicções em vez de outras, desenvolvidas por indivíduos cuja história pessoal é diferente da sua. A história pessoal também explica a grande variedade das suas demais tendências e atitudes – emoções, preferências, gostos e preconceitos – que podem influenciar igualmente suas decisões. A responsabilidade moral exige que essas outras influências passem pelo filtro das convicções efetivas para que sejam censuradas e moldadas por estas, como a luz passando através de um prisma.

Como eu disse, as convicções insinceras e as racionalizações não podem fazer parte desse filtro. As convicções efetivas porosas desempenham algum papel, mas por serem porosas a proteção que oferecem é incompleta. Se acredito somente que a guerra preventiva é errada a menos que seja necessária e não tenho convicções detalhadas acerca do sentido de necessidade nesse contexto, pode ser que minha decisão de apoiar ou me opor a uma guerra reflita elementos não filtrados da minha história pessoal, como a filiação partidária ou a ambição política. Convicções francamente contraditórias, como as opiniões de que os ricos têm o direito de conservar o que ganharam e de que a comunidade é obrigada a fazer o necessário para ajudar os pobres, praticamente não funcionam como filtro por mais que cada uma delas seja sustentada sinceramente, pois a escolha entre elas em ocasiões específicas não será determinada por princípios, mas por outras influências não filtradas. As convicções cuja incompatibilidade está oculta pela compartimentalização, embora não sejam tão descaradamente casuísticas, também são filtros ineficazes, pois a compartimentalização permite que influências não filtradas definam e distingam decisivamente os diferentes departamentos. A incoerência entre os diversos departamentos da moral pessoal é sinal de desatenção, não de verdadeiro respeito e consideração pelos outros; além disso, permite que diferenciações arbitrárias sejam aplicadas em lugar de distinções baseadas em princípios.

A responsabilidade moral exige de nós que tentemos transformar nossas convicções reflexivas num filtro maximamente denso e eficaz. Desse modo, as convicções serão tão fortes quanto possível dentro da matriz causal mais geral da nossa história como um todo. Precisamos, para tanto, buscar uma cabal coerência de valores entre nossas convicções. Precisamos também buscar a autenticidade nas convicções assim coeridas: temos de encontrar convicções fortes o suficiente para desempenhar o papel de filtros quando somos pressionados por motivações concorrentes que também defluem da nossa história pessoal. De início, nossas convicções são incipientes, compartimentalizadas e abstratas, e portanto porosas. A responsabilidade nos manda interpretar criticamente as convicções que de início nos parecem mais atraentes ou naturais – buscar entendimentos e especificações dessas convicções, tendo em mente a dupla meta da integridade e da autenticidade. Devemos, tanto quanto possível, interpretar cada uma dessas convicções à luz das demais e também à luz daquilo que naturalmente se nos afigura como um modo adequado de levar a vida. Dessa maneira, objetivamos ao mesmo tempo expandir e adensar o filtro efetivo. A maior parte do restante deste livro será uma ilustração de como levar adiante esse projeto da responsabilidade.

A responsabilidade e a filosofia

Quero esboçar agora uma descrição não da fenomenologia moral da pessoa plenamente responsável, mas da vida mental dessa pessoa. A esta altura, contudo, já deve estar claro que seria impossível alcançar plenamente a meta da responsabilidade mesmo que deliberadamente nos propuséssemos atingi-la. Não podemos ter a esperança de construir um filtro de convicções denso, detalhado, intimamente entrelaçado e inteiramente coerente que, envolvendo nossa vontade, seja eficaz em todas as situações e nos dê a constante sensação de estarmos à altura dos acontecimentos. Seria a realização do homem kantiano de vontade perfeitamente boa, e ninguém é tão inteligente, tão bom e tão imaginativo assim. Por isso, temos de encarar a responsabilidade moral como um trabalho sempre em andamento: é responsável aquele que aceita a integridade e a autenticidade moral como ideais apropriados e empenha um esforço razoável para realizá-las. Esse esforço, em princípio, é individual, não só porque as convicções iniciais de cada pessoa são um pouco diferentes das de todas as outras, mas também porque somente a pessoa que as tem como convicções estabelecidas é capaz de julgar o quanto são autênticas para si. Por outro lado, seria absurdo ter a expectativa de que todos se dedicassem ao tipo de reflexão filosófica exigido por um esforço cabal de realizar a responsabilidade moral. Por isso, a responsabilidade moral, como tantas outras coisas importantes, é questão de formação social e está sujeita à divisão do trabalho.

Como sublinho nos capítulos posteriores, a língua e a cultura da comunidade, bem como as oportunidades que elas fornecem para explorarmos as conversas e o pensamento coletivo, desempenham um papel inevitável e indispensável na busca pessoal de qualquer indivíduo pela responsabilidade. Os filósofos da moral e da política têm o seu próprio papel a desempenhar nessa cultura. Cabe a eles – mas não somente a eles – empenhar-se deliberadamente para construir sistemas articulados de valores e princípios a partir de tendências, reações, ambições e tradições morais díspares, embora partilhadas por muitos. Devem tentar estabelecer conexões e isolar as incoerências que existem entre famílias e departamentos conhecidos da moral e da ética, tornando a teoria a um só tempo mais abstrata e mais detalhada, mais ampla e mais integrada. Dessa maneira, uma escola ou grupo de filósofos que partilhem atitudes morais mais ou menos semelhantes pode ter a esperança de, trabalhando em conjunto, vir a fornecer um modelo daquilo que a responsabilidade exige das pessoas que têm essas mesmas atitudes gerais: um modelo da responsabilidade liberal, por exemplo. Esses modelos são valiosos para outros indivíduos reflexivos e favoravelmente dispostos à responsabilidade moral, quer por já partilharem os mesmos valores gerais, quer por sentirem-se recém-atraídos por esses valores quando apresentados de maneira integrada. Mesmo os que rejeitam determinado modelo filosófico podem não obstante descobrir em sua estrutura o que a responsabilidade moral, a partir de suas diferentes convicções, exigiria deles.

Desse modo, a filosofia moral pode influenciar as pessoas; pode torná-las mais responsáveis enquanto indivíduos. Alguns céticos que gostam de fazer o papel de bobos da corte ridicularizam aquilo que supõem ser as pretensões da filosofia: dizem que o filósofo moral é absolutamente incapaz de converter alguém que tenha instintos ou tendências morais diferentes. Essa tese é tão absurda quanto a tese oposta, de que todo filósofo invariavelmente convence a quantos o ouvem. Não há dúvida de que a verdade está em algum ponto entre esses dois extremos, e seria necessário um programa empírico inutilmente grandioso para nos dar até uma vaga ideia de em que ponto ela se encontra. De qualquer modo, porém, o papel que aqui imaginamos para a filosofia é imune a essa queixa, pois esse papel nada diz sobre a conversão radical. Com efeito, sob esse aspecto a filosofia teria um importante papel a desempenhar mesmo que – o que é difícil de acreditar – jamais chegasse a mudar drasticamente as opiniões ou comportamentos de ninguém. Isso porque a comunidade ou a cultura tem suas próprias responsabilidades morais: seus arranjos coletivos têm de evidenciar uma disposição à realização dessa responsabilidade. Independentemente de o que pensavam os atenienses, a história reconheceu em Sócrates uma das glórias de Atenas.

Com efeito, é mais fácil entender as ambições da filosofia e verificar suas realizações no espaço da responsabilidade que no da verdade. A filosofia moral de Kant, por exemplo, deve ser entendida nesses termos. Como John Rawls evidenciou em suas conferências sobre Kant, este filósofo não supôs que havia descoberto novas verdades sobre os deveres morais[3]. Suas diversas formulações do Imperativo Categórico seguiam o espírito do projeto de responsabilidade que descrevi. A capacidade de universalizar a máxima da nossa conduta não é, de modo algum, um critério de veracidade; os diferentes agentes produzirão diferentes esquemas correspondentes a esse requisito. Mas é, sim, um critério de responsabilidade, ou pelo menos um elemento importante de tal critério, pois proporciona a coerência que a responsabilidade exige: Kant dizia que temos de ser capazes não somente de imaginar, mas também de querer a universalidade de uma máxima. Para a maioria das pessoas, a política é um dos mais importantes desafios e campos de aplicação da moral. Nesse sentido, a filosofia política de uma comunidade é um elemento importante da sua consciência e das suas pretensões à responsabilidade moral coletiva.

Estes últimos parágrafos podem motivar uma interpretação errônea, e alguém me deu o útil conselho de desfazê-la[4]. Eu não quis dar a entender algo patentemente falso: que os filósofos morais têm um sentido moral mais aguçado que o das pessoas comuns. A tarefa do filósofo é mais explícita, mas seus juízos concretos não são necessariamente mais sensíveis. Nem tampouco os juízos morais comuns são totalmente alheios à filosofia: as opiniões das pessoas sobre o bem e o mal, o certo e o errado, refletem uma noção bastante intuitiva de como um sem-número de conceitos morais mais concretos se relacionam uns com os outros. No Capítulo 8, vou tentar explicar por que é difícil partir de qualquer outro pressuposto para tentar explicar a concordância e a discordância moral.

O valor da responsabilidade

A responsabilidade, assim entendida, é impossível de realizar plenamente. Mas por que ela é importante? É claro que é importante para nós enquanto indivíduos. Qualquer um que faça questão de agir como deve tem de ter o objetivo de agir coerentemente com base em princípios. Mas por que nos importa que os outros ajam com responsabilidade? Nós nos importamos com o que eles fazem: queremos que ajam adequadamente. Mas por que nos importa, independentemente disso, saber se eles estão agindo por convicção ou por alguma outra razão? Considere dois governantes imaginários de dois países democráticos, ambos os quais envolvem seus respectivos países em guerras no Oriente Médio. Ambos dizem estar agindo para libertar um povo oprimido por um ditador sanguinário. Um deles é sincero: acredita que os países poderosos têm o dever de libertar os povos oprimidos, e não teria comprometido seu povo numa guerra se não acreditasse que a população do outro país era oprimida. O outro é insincero: vai à guerra porque acha importante que seu país tenha mais controle sobre o petróleo daquela região. Seu apelo a um dever moral não passa de um pretexto: se o país por ele atacado não fosse oprimido por um ditador, ele teria inventado outra desculpa. (Essas descrições são tão absurdas que não preciso nem dizer que não estou pensando em nenhum político de verdade.) Dizemos que o primeiro agiu com responsabilidade, mesmo que tenha agido errado; o outro não agiu com responsabilidade, e o desprezamos. Por que a diferença é tão importante?

É tentador pensar que as pessoas que seguem rigorosamente algum princípio, em vez de agir por impulso e em vista de estreitas vantagens pessoais, têm mais probabilidade de fazer a coisa certa. Essa suposição, porém, não se justifica: existem mais convicções errôneas que convicções corretas. Com efeito, as pessoas que agem com base em princípios errôneos são frequentemente mais perigosas que as que somente declaram os princípios de boca: estas últimas só fazem o mal quando levam alguma vantagem, e por isso é mais fácil detê-las impondo-lhes o medo da desgraça política ou de um processo penal. Por que, mesmo assim, louvamos a sinceridade, dizendo que é valiosa em si? Não podemos dizer que as pessoas sinceras são guiadas pela verdade moral quando agem corretamente nem que as pessoas insinceras só podem agir corretamente por acidente. Rejeitamos a hipótese do impacto causal: nem as convicções dos sinceros são produzidas causalmente pela verdade moral.

Suponhamos por ora que a conduta do governante sincero seja causada por suas crenças sobre o dever moral dos países poderosos. Nenhuma convicção moral figura na explicação causal da conduta do governante insincero. Mas, mesmo admitindo isso, o papel causal das convicções não pode ser exaustivo, nem sequer particularmente profundo. Podemos citar a convicção do governante sincero para explicar por que ele ordenou a invasão. Mas depois temos de perguntar por que ele chegou a ter essa convicção em vez das muitas outras convicções que as pessoas têm; e nossa resposta a essa pergunta culminará na história pessoal ampliada que descrevi, ou talvez numa suposição sobre o que encontraríamos caso conhecêssemos essa história em todos os seus detalhes. Ou seja, se retrocedermos o bastante na cadeia causal constataremos que a cultura, a educação, os genes e talvez até o interesse próprio desempenham, no fim, os mesmos papéis na explicação do comportamento tanto das pessoas sinceras quanto das insinceras. Se o governante sincero tivesse sido criado numa cultura ou numa família diferente, ou talvez se tivesse outra configuração genética, poderia ter pensado que os países poderosos têm o dever de não interferir nos assuntos de outros povos, nem mesmo para salvá-los de um ditador sangrento. Em suma, as condutas dos dois governantes, o sincero e o hipócrita, têm o mesmo tipo de origem causal profunda. Por que é tão importante que no primeiro caso o caminho causal tenha passado, no final, pelo filtro da convicção, e que isso não tenha acontecido no segundo caso?

No Capítulo 7, vou propor um vínculo entre a moral e a ética. Em poucas palavras: ao tratar com as outras pessoas, tentamos agir com base na convicção moral porque é isso que é exigido pelo respeito por nós mesmos. Ele exige isso porque, para não cair na incoerência, não podemos considerar nossa vida objetivamente importante se não aceitarmos que a vida de todos tem a mesma importância objetiva. Podemos fazer questão – e efetivamente fazemos – de que os outros aceitem esse princípio fundamental de humanidade. Pensamos ser ele o fundamento da civilização. Mas sabemos que muitas outras pessoas tiram conclusões diferentes da nossa acerca das ulteriores convicções morais acarretadas por esse princípio. Nas Partes Quatro e Cinco, defendo uma concepção detalhada de quais são suas implicações, mas essa concepção é e continuará sendo controversa. Hoje, por exemplo, somente a minoria dos norte-americanos admite que esse princípio fundamental exige uma distribuição mais ou menos igual, ou menos desigual, da riqueza da comunidade política. Não obstante, a comunidade e a civilidade exigem um alto nível de tolerância: não podemos tratar todos que discordam de nós como criminosos morais. Temos de respeitar as opiniões contrárias daqueles que aceitam a igual importância de todas as vidas humanas mas discordam de nós, de boa-fé, acerca do que isso significa na prática. Por outro lado, só temos de respeitá-los na medida em que eles tomem sobre si o fardo de responsabilidade que examinamos neste capítulo, pois só nesse caso eles *realmente* aceitam aquela igual importância. Somente nesse caso se empenham para agir de acordo com as exigências que, correta ou erroneamente, concluem decorrer desse princípio.

Os membros mais vulneráveis da comunidade são os que mais tendem a se beneficiar quando tratamos a responsabilidade como uma virtude definida e uma exigência, pois são eles que mais tendem a sofrer quando as pessoas não tratam a todos segundo os princípios que, no geral, professam. Por outro lado, todos sem exceção se beneficiam de modo mais difuso quando vivem numa comunidade que, insistindo na responsabilidade, propõe um respeito mútuo básico mesmo em face da diversidade moral. Esses benefícios são particularmente importantes na política, pois esta é coercitiva; o que nela está em jogo é sempre muito importante, e suas consequências são, não raro, mortais. Nenhum cidadão pode esperar que as autoridades ajam sempre de acordo com princípios que ele próprio considere corretos, mas tem o direito de exigir que as autoridades ajam com base nos princípios que elas mesmas professam. Sentimo-nos traídos quando suspeitamos de corrupção, jogatina política, parcialidade, favorecimento ou extravagância. Sentimo-nos espoliados daquilo que os que estão no poder devem aos que estão sujeitos a tal poder: uma responsabilidade que expressa a igual consideração por todos. Nada nesses valores sociais e políticos da responsabilidade é anulado pelo pressuposto ulterior que, como eu disse, poderia dar a impressão de ameaçar a responsabilidade moral: o pressuposto de que nem as convicções dos sinceros são causalmente explicadas por um contato direto com a verdade, mas somente por uma história pessoal variada e contingente.

Responsabilidade e verdade

Indício, argumento e fundamento

As pessoas moralmente responsáveis podem não chegar à verdade, mas a buscam. Pode-se ter a impressão, contudo, de que a teoria interpretativa da responsabilidade compromete essa busca. A responsabilidade busca a coerência e a integração. Mas, no pensar de alguns filósofos, a verdade acerca da moral é cheia de conflitos e soluções de meio-termo: os valores morais são plurais e incomensuráveis entre si. Por isso, segundo eles, a insistência na coerência nos cega para conflitos renitentes que na realidade não podem deixar de existir[5].

Será errôneo, portanto, esse conceito de responsabilidade? Comecei este capítulo distinguindo a responsabilidade da verdade. Agora temos de pensar em como essas duas virtudes estão ligadas.

No Capítulo 4, no meio de um argumento contra a hipótese do impacto causal, usei um termo técnico filosófico: disse que as propriedades morais são "supervenientes" em relação às propriedades comuns. Agora tenho de falar mais sobre o que isso significa e acarreta. Os juízos sobre o mundo físico e mental podem ser *independentemente verdadeiros* (*barely true*) no seguinte sentido. Podemos imaginar outro mundo exatamente igual ao nosso em todos os detalhes da sua composição atual, exceto em um: em lugar da caneta preta que está sobre sua escrivaninha neste mundo, na idêntica escrivaninha de uma pessoa igualzinha a você nesse outro mundo a caneta é azul. Para que essas canetas tenham cores diferentes nesses dois mundos, nada mais neles precisa ser diferente. Os fatos físicos, como esse, são independentes: é isso que significa dizer que eles podem ser "independentemente verdadeiros".

Não é esse, porém, o caso dos juízos morais e outros juízos de valor. Eles não podem ser independentemente verdadeiros; se dois mundos diferem em algum valor, têm de diferir também em algum aspecto não avaliativo. Não pode haver outro mundo igualzinho ao nosso, exceto pelo fato de que, nesse mundo, *As bodas de Fígaro* é péssima ou de que, nesse mundo, é moralmente admissível torturar bebês por diversão. Isso seria possível se os juízos de valor dependessem da percepção de partículas de valor. Nesse caso, faria perfeito sentido supor que os juízos de valor pudessem ser independentemente verdadeiros: que pudessem ser verdadeiros num mundo e falsos num outro mundo igualzinho àquele, exceto pelo fato de os mórons terem configurações diferentes num mundo e no outro. Mas não existem partículas morais nem coisa alguma cuja simples existência possa tornar verdadeiro um juízo de valor. Os valores não são como pedras em que podemos tropeçar no escuro. Não são coisas que existem inamovivelmente lá fora.

Quando um juízo de valor é verdadeiro, é preciso haver uma *razão* pela qual ele seja verdadeiro. Ele não pode "ser verdadeiro e ponto final". Não é necessariamente o que ocorre na ciência. Os cientistas procuram descobrir as leis mais fundamentais e abrangentes da física, da biologia e da psicologia. Mas temos de aceitar a possibilidade – ou pelo menos a ideia geral – de que num momento qualquer do futuro distante a possibilidade de explicações ulteriores estará excluída: de que, a certa altura, será correto dizer "é assim que as coisas são e ponto final". É possível que alguém diga isso cedo demais, ou tendo apenas o erro em mãos. Os cientistas poderão, um dia, encontrar os princípios amplos que procuram: um princípio físico, talvez, que explique todas as coisas físicas e encapsule também a biologia e a psicologia. Ou, senão, pode ser que a busca deles por princípios unificadores se revele equivocada. Pode ser que, no fim, o universo não seja regular: parafraseando Einstein, pode ser que Deus tenha perdido uma oportunidade de agir com elegância. Talvez o mundo tenha de ser de determinado jeito. Talvez não; talvez pudesse ter sido diferente. Tudo isso ainda está por ser determinado – ou não, dependendo da sobrevivência e do aperfeiçoamento das criaturas inteligentes.

De qualquer modo, faz sentido pensar que o mundo é de determinado jeito e que, portanto, teoricamente é possível que um dia novas explicações não sejam mais necessárias. Em suas aulas sobre a eletrodinâmica quântica, dadas a um público de leigos, o físico Richard Feynman disse: "A próxima razão pela qual vocês vão pensar que não entendem o que estou falando é que, quando digo *como* a Natureza funciona, vocês não vão compreender *por que* a Natureza funciona desse jeito. Mas saibam vocês que ninguém compreende isso. Não posso explicar por que a Natureza funciona desse jeito específico [...] Por isso espero que vocês sejam capazes de aceitar a Natureza como ela é – absurda."[6]

Você imagina um filósofo moral falando assim? "Vou lhes dizer *como* a moral funciona – o imposto de renda progressivo é errado –, mas ninguém é capaz de compreender *por que* ele é errado. Vocês devem aceitar a Moral como ela é – absurda." É sempre adequado perguntar por que a moral exige aquilo que dizemos que ela exige, e sempre inadequado dizer "ela exige tal coisa e ponto-final". Muitas vezes acontece de não conseguirmos dizer nada além disso. Por exemplo: "A tortura é errada e ponto-final. Não se fala mais no assunto." Isso, porém, é mera impaciência ou falta de imaginação. Não é expressão de responsabilidade, mas do seu contrário.

É verdade que os filósofos mais obstinados às vezes apresentam suas opiniões morais na forma de um sistema axiomático: alguns utilitaristas, por exemplo, dizem que todas as nossas obrigações decorrem da obrigação primeira e fundamental de fazer somente o que venha a produzir o maior excedente de prazer no longo prazo. Mas quando outros filósofos criam complicações e produzem argumentos contrários – evidenciando, por exemplo, que essa suposta obrigação fundamental poderia exigir que se infligisse tortura a um ou mais inocentes a fim de preservar bilhões de outras pessoas de um pequeno inconveniente –, aqueles utilitaristas tentam encontrar razões pelas quais seu princípio não poderia ter essas consequências[7]. Ou tentam modificá-lo para que não pudesse tê-las, ou afirmam que a adesão a esse princípio, mesmo que tenha consequências tão pouco atraentes, é justificada por alguma outra razão: a fim de respeitar a igual importância de todas as vidas humanas, por exemplo. Mas eles não dizem: "É uma pena que nosso princípio tenha essas consequências, mas é assim que as coisas são. Nosso princípio é verdadeiro e ponto-final." Ficaríamos espantados se dissessem tal coisa: faz sentido pedir argumentos em favor de um princípio moral, até mesmo de um princípio muito abstrato, e em certas circunstâncias seria irresponsabilidade não apresentar esses argumentos. Pode acontecer também de sermos induzidos a erro pelo hábito dos filósofos de falar de suas "intuições". Em seu uso mais inocente, essa afirmação é uma mera declaração de convicção. Pode também indicar a incapacidade de apresentar razões ulteriores em favor de tal convicção. Mas não deve ser usada nem entendida como negação da possibilidade de apresentar-se uma razão ulterior.

Agora, o mesmo argumento por meio de uma distinção diferente. Nas ciências formais e informais, buscamos *provas ou indícios* das proposições; no domínio do valor, apresentamos *argumentos* em favor das proposições. As provas ou indícios evidenciam a probabilidade – talvez a extrema probabilidade – de um outro fato, mas não ajudam a constituir esse outro fato nem a torná-lo verdadeiro. O outro fato a que eles se referem é totalmente independente: é verdadeiramente *outro*. Se há água num planeta numa galáxia distante, a proposição de que ali há água é verdadeira. O que a torna verdadeira – o que fornece, por assim dizer, o fundamento de sua veracidade – é a água que existe ali. É bem possível que, na forma de dados espectrográficos, tenhamos provas ou indícios da veracidade dessa proposição, mas seria tolice pensar que são as provas ou indícios que *tornam* a proposição verdadeira.

Por outro lado, não podemos fazer a mesma distinção no caso dos juízos morais. Suponhamos que, na nossa opinião, a invasão do Iraque pelos Estados Unidos tenha sido imoral. Como parte do nosso argumento, mencionamos que o governo Bush foi culpado de negligência por confiar em informações falsas. Se estivermos corretos, a negligência do governo não é prova ou indício de um fato moral ulterior e independente que poderia ser provado de outra maneira. É parte daquilo que torna a guerra imoral. Essa distinção é fácil de ilustrar no direito. Quando o promotor mostra impressões digitais ao júri, ele produz *provas* de que o acusado esteve no local do crime. Quando cita um precedente para demonstrar que o direito não reconhece determinada defesa, ele apresenta um *argumento* em favor dessa conclusão. O precedente não é prova de um fato jurídico ulterior e independente. Se o argumento do promotor for sólido, o precedente por ele citado ajuda a tornar verdadeira a sua alegação.

A primeira distinção que tracei explica a segunda. Uma vez que os juízos de valor não podem ser independentemente verdadeiros, só podem ser verdadeiros em virtude de um argumento. Os juízos de que o direito não admite determinada defesa, ou de que a invasão do Iraque foi imoral, só podem ser verdadeiros se houver argumentos jurídicos ou morais adequados que os corroborem. Dado o princípio de Hume, esses argumentos devem conter outros juízos de valor – sobre o correto entendimento da doutrina dos precedentes ou sobre as responsabilidades das autoridades políticas. Tampouco é possível que esses outros juízos sejam independentemente verdadeiros. Só podem ser verdadeiros se houver novos argumentos que corroborem cada um deles, e esses novos argumentos se ramificarão num sem-número de outros juízos sobre o direito e a culpa, juízos esses que tampouco podem ser independentemente verdadeiros e que, portanto, precisam de ainda outros argumentos que demonstrem que sejam verdadeiros, caso o sejam de fato. Como esse processo de justificação pode acabar? É claro que a tentativa de uma pessoa específica de justificar um juízo moral qualquer, por mais que essa pessoa seja enérgica ou conscienciosa, vai acabar logo, quer por exaustão, quer por falta de tempo ou de imaginação. Nesse caso, no fim, tudo o que a pessoa pode dizer é que "vê" a veracidade da sua proposição. Mas quando é *necessário* que uma justificação moral termine porque já não há nada a dizer? Ela não pode terminar na descoberta de um princípio fundamental e geral independentemente verdadeiro, numa declaração basilar sobre como as coisas são. Como não existem partículas morais, não existe tal princípio.

O máximo que podemos dizer é: o argumento termina se e quando encontra a si mesmo. Podemos elaborar a metáfora que usei há pouco. Se você organizar todas as suas convicções morais num filtro idealmente eficaz que encapsule sua vontade, elas formarão um grande sistema de princípios e ideias interconectados e interdependentes. Para defender qualquer parte dessa rede, tudo o que você pode fazer é citar alguma outra parte – até que consiga, de algum modo, justificar todas as partes pelas demais. Dessa maneira, sua justificativa da condenação da guerra do Iraque pode, em diferentes pontos de uma narrativa muita extensa, fazer apelo a princípios referentes à negligência nos assuntos pessoais, à confiabilidade enquanto virtude, à astúcia como vício, daí a princípios ulteriores que supostamente justifiquem cada uma dessas convicções e assim por diante, quase *ad infinitum*. A veracidade de qualquer juízo moral verdadeiro consiste na veracidade de um número indefinido de outros juízos morais. Do mesmo modo, a veracidade daquele juízo constitui em parte a veracidade de qualquer um desses outros. Não existe uma hierarquia de princípios morais construídos sobre fundamentos axiológicos; excluímos essa possibilidade quando excluímos os mórons da nossa ontologia.

Qual deve ser a vastidão da vasta rede de convicções por nós imaginada? A moral é apenas um dos departamentos do valor, somente uma das dimensões da convicção acerca daquilo que deve ser. Também temos convicções sobre o belo, por exemplo, e sobre o bem viver. A própria moral tem seus departamentos: distinguimos a moral pessoal da moral política; distinguimos a moral das obrigações, do certo e do errado, da moral da virtude e do vício. Existe algum limite para a gama de convicções a que podemos fazer apelo ao argumentar em favor da correção ou incorreção moral de determinado ato? Ou ao argumentar para mostrar que alguém é virtuoso ou vicioso, ou que algo é belo ou feio, ou que uma vida foi bem vivida ou não? Será que uma defesa da ideia de que a ação afirmativa é injusta pode incluir não só um juízo moral, mas também um juízo estético? Será que uma defesa do jeito certo de viver pode incluir proposições sobre a evolução natural do universo ou sobre a herança biológica dos animais nos seres humanos?[8] Não vejo nenhuma razão conceitual ou apriorística pela qual isso não possa acontecer. A possibilidade de algo ser usado como argumento em favor de uma convicção moral é uma questão substantiva; temos de esperar para ver quais vínculos entre os diferentes departamentos do valor se afiguram pertinentes e sedutores.

Conflitos no valor?

Mas será que, em nossas construções, não descobriremos não só coerência, mas também conflitos? Algumas distinções são necessárias. Temos de distinguir, primeiro, entre os valores e as coisas desejáveis. Os valores têm força de juízo. Devemos ser honestos e não devemos ser cruéis, e nos comportamos mal quando somos cruéis ou desonestos. As coisas desejáveis, ao contrário, são aquelas que queremos mas que, quando não as temos – ou quando as temos em grau menor do que poderíamos ter –, não fazemos mal algum. As coisas desejáveis sempre conflitam entre si: gosto de limonada e de torta de limão, mas só tenho um limão. A comunidade quer o maior grau possível de segurança pública, o melhor sistema educacional, a rede de transportes mais eficiente e o melhor sistema de saúde que existe. Mas seu orçamento está apertado.

A questão mais séria, e mais importante, é se os valores podem conflitar entre si. Eles frequentemente conflitam com as coisas desejáveis. Algumas medidas que poderíamos tomar para melhorar a segurança contra o terrorismo – algo que certamente desejamos – comprometeriam a liberdade ou a honra. Alguns conflitos aparentes desse tipo podem desaparecer quando o assunto é estudado a fundo. Um entendimento melhor da liberdade, por exemplo, pode demonstrar que, no fim das contas, as medidas de segurança não a comprometem. Mas, às vezes, o estudo aprofundado confirma o conflito: a honra do país de fato é sacrificada quando suspeitos de terrorismo são torturados. Entretanto, nesses casos não existe conflito moral, pois a moral exige que renunciemos a toda segurança comprada ao preço da nossa honra.

O que nos preocupa agora é o conflito moral – o conflito entre dois valores. Richard Fallon descreve uma situação constrangedora[9]. Um colega lhe pede que comente o manuscrito de seu próximo livro, e você constata que o livro é ruim. Se você for franco, será cruel; se não for, será desonesto. Duas questões se levantam. Em primeiro lugar, será que realmente não existe resposta correta para a questão de como você deve agir? Será que, nessas circunstâncias, os argumentos em prol da franqueza não são nem mais fortes nem mais fracos que aqueles em prol da gentileza? Em segundo lugar, mesmo que essa pergunta tenha uma resposta correta, será inevitável que, faça o que fizer, você estará comprometendo algum valor moral? Será que nessas circunstâncias, levando em conta todos os seus aspectos, fazer a coisa certa sempre significará fazer também uma coisa errada? Será que a gentileza e a franqueza realmente conflitam entre si?

A primeira pergunta levanta as questões do Capítulo 5. Insisti na necessidade de distinguir a incerteza da indeterminação, e essa distinção é essencial aqui. É claro que talvez você não tenha certeza de o que é melhor – ou menos ruim – nessas circunstâncias: ser cruel ou desonesto. Mas não consigo imaginar que fundamento você teria para chegar à conclusão de que nenhuma das duas coisas seria melhor. Não existem fatos morais independentes: como eu disse, raciocinar moralmente significa fazer apelo a uma série estabelecida de convicções sobre o valor, cada uma das quais pode, por sua vez, fazer apelo a ainda outras convicções do mesmo tipo. Que fundamento você tem para pensar que, por mais que reflita sobre o assunto, jamais verá uma razão pela qual uma escolha de valores em conflito em determinado conjunto de circunstâncias é moralmente preferível à outra escolha? Que fundamento tem a hipótese ainda mais ousada de que nem existe tal razão a ser descoberta?

Passemos à segunda pergunta. Será que realmente existe um conflito aqui? Será que a franqueza e a gentileza realmente conflitam, mesmo de vez em quando? Para sustentar a principal tese deste livro, a da unidade do valor, tenho de negar o conflito. Minha tese não é somente a de que podemos instituir uma espécie de equilíbrio reflexivo entre juízos morais isolados, pois poderíamos fazer isso mesmo que admitíssemos um conflito entre nossos valores: bastaria adotar algumas prioridades axiológicas ou algum conjunto de princípios para decidir os conflitos nos casos particulares. Quero defender, antes, a tese mais ambiciosa de que nem sequer existem verdadeiros conflitos de valor que precisem ser decididos. Concordo que é natural dizer, num caso como o de Fallon, que estamos divididos entre a gentileza e a franqueza. Podemos discordar, contudo, acerca de por que isso parece natural.

Eis uma hipótese. A responsabilidade moral jamais se consuma: reinterpretamos constantemente nossos conceitos à medida que os utilizamos. Temos de empregá-los diariamente, embora ainda não os tenhamos refinado o suficiente para alcançar a integração que almejamos. Nossa compreensão operativa dos conceitos de crueldade e desonestidade é boa o bastante para a maioria dos casos: permite-nos identificar facilmente e, se tivermos boa vontade, evitar ambos os vícios. Mas às vezes, como neste caso, essa compreensão operativa parece nos arrastar em dois sentidos opostos. Neste estágio, o máximo que podemos fazer é admitir esse fato, registrando um conflito aparente. Não decorre daí, porém, que esse conflito seja profundo e genuíno. Agora há pouco, distingui duas questões. Qual é a coisa certa a fazer? Será que esse conflito aparente é real? Essas questões não podem ser tão independentes quanto minha distinção dá a entender. A primeira questão nos obriga a pensar um pouco mais, e para pensar um pouco mais temos de refinar um pouco mais nossas concepções dos dois valores. Perguntamo-nos se realmente é cruel dizer a verdade ao autor do livro, ou se realmente é desonesto dizer-lhe o que ele tem interesse em ouvir e ninguém tem interesse em suprimir. Como quer que seja descrito o processo de pensamento através do qual decidimos o que fazer, são essas as questões substanciais que enfrentamos. Reinterpretamos nossos conceitos para resolver nosso dilema: nosso pensamento se direciona para a unidade, não para a fragmentação. Qualquer que seja a nossa decisão, demos um passo rumo a uma compreensão mais integrada de nossas responsabilidades morais.

Nessa hipótese, os conflitos aparentes são inevitáveis, mas podemos ter a esperança de que sejam apenas ilusórios e temporários. Confrontamo-los no varejo, caso a caso, por meio de um rearranjo conceitual que colabora para eliminá-los. Haveria uma outra hipótese? Pense nesta: "Os conflitos morais são reais e qualquer teoria que procure negá-los falseia a realidade moral. Quando compreendemos a natureza da gentileza e da franqueza, vemos que, em casos como esse, elas conflitam e ponto-final. Esse conflito não é uma ilusão que nasce de uma interpretação moral incompleta; é um fato puro e simples." Mas em que, afinal, consistiria esse suposto fato "puro e simples"? É impossível que a gentileza e a franqueza tenham determinado conteúdo *e ponto-final*, pois as proposições morais não podem ser independentemente verdadeiras. Tediosamente, repito: não existem partículas morais que definam de uma vez por todas essas virtudes. Além disso, a simples prática linguística não dá a esses conceitos um conteúdo preciso e conflitante. Os conceitos morais são (e já comecei a chamá-los assim) conceitos interpretativos: seu uso correto é uma questão de interpretação, e as pessoas que os usam discordam acerca de qual interpretação é a melhor. Muita gente acredita que falar a verdade ao colega seria um ato de gentileza. Ou que, nessas circunstâncias, não seria desonesto sair pela tangente. Essas pessoas não estão cometendo um erro linguístico.

Há outra possibilidade. Pode ser que, por alguma razão, a melhor interpretação dos valores *exija* que eles conflitem: pode ser que, segundo essa interpretação, eles atendam melhor a nossa responsabilidade moral básica se os concebermos de tal forma que, de tempos em tempos, um deles tenha de ser comprometido para atender ao outro. Não acontece de os valores conflitarem e ponto-final; se eles conflitam, é porque funcionam melhor para nós quando os concebemos assim. Trata-se de uma opinião concebível, e talvez alguém seja capaz de torná-la plausível. Mas ela não demonstraria que o conflito é um fato inamovível que temos de reconhecer. Forneceria, ao contrário, uma interpretação que reconcilia os valores de um jeito diferente: demonstrando que o conflito é, no fundo, uma colaboração.

Acaso precisamos da verdade?

Chegamos ao sopé da cordilheira do holismo axiológico pleno – a fé dos porcos-espinhos na possibilidade de que todos os valores verdadeiros formem uma rede interligada, de que cada uma das nossas convicções acerca do que é bom, correto ou belo desempenhe algum papel na corroboração de todas as nossas demais convicções em cada um desses domínios do valor. Para buscar a verdade na moral, temos de buscar a coerência endossada pela convicção. Não podemos nos obrigar, pela vontade, a aceitar uma convicção simplesmente porque ela se encaixa em nossas demais convicções e as unifica. Temos também de acreditar nela, ou encontrar alguma outra que se encaixe no que acreditamos. Do mesmo modo, não podemos nos contentar com convicções em que acreditamos, mas que não se encaixam nas demais. Temos de encontrar convicções em que acreditamos e que se encaixem. Trata-se, como eu disse, de um processo interpretativo, pois busca compreender cada parte e cada filamento do valor à luz das outras partes e filamentos. Ninguém é capaz de levar esse processo plenamente a cabo, e não há garantia de que, mesmo juntos, nós sejamos capazes de levá-lo a cabo satisfatoriamente.

 Não defendo nenhum tipo de relativismo. Não estou afirmando que uma opinião moral é verdadeira somente para quem a considera verdadeira. Quero descrever um método, não uma metafísica: como você deve proceder se a verdade lhe interessa. Duas pessoas que raciocinam com responsabilidade e encontram convicção em suas crenças chegarão a conclusões diferentes acerca do que é certo e errado. Mas partilharão a crença de que existe um jeito certo e um jeito errado de entender o certo e o errado. Uma terceira pessoa pode questionar essa crença das duas primeiras: pode pensar que a própria discordância entre elas indica que não há verdade à qual se possa chegar. Mas trata-se somente de uma terceira posição do mesmo tipo, uma terceira postura moral a ser avaliada. Talvez o terceiro questionador não consiga convencer os dois primeiros a abandonar a crença que partilham. Encontrar-se-á, assim, numa posição idêntica à deles: não existe nenhum porto seguro filosófico nesse ambiente. Cada um de nós tem de acreditar naquilo em que responsavelmente acredita. Todos nós estamos em posições perigosas, ainda que as posições não sejam as mesmas.

Por que, então, falar em "verdade"? Por que não apostar a verdade e falar somente de responsabilidade? As pessoas parecem se incomodar menos ao dizer, sobre uma opinião moral, não que ela é verdadeira, mas que "é verdadeira para mim" ou "funciona para mim". Essas expressões são entendidas às vezes como confissões de ceticismo, mas é melhor compreendê-las como reivindicações de responsabilidade, não de veracidade. Neste mesmo capítulo, eu disse que o valor da filosofia moral depende mais de sua contribuição à responsabilidade que de sua contribuição à verdade. Por que, então, não desistir completamente da verdade? Poderíamos simplesmente construir e criticar argumentos. Isso seria equivalente a buscar e pretender encontrar a verdade, mas não suscitaria os problemas que o vocabulário da verdade sempre parece evocar.

Estaríamos, porém, comprando essa paz a um preço considerável. A declaração explícita de desinteresse pela verdade seria tomada por um tipo de ceticismo, estimulando toda a confusão que evidenciamos na Parte Um. A insistência na verdade tem, além disso, virtudes mais positivas. Ela mantém diante do nosso olhar o desafio filosófico mais profundo deste domínio: entender a ideia de que a investigação pode nos conduzir a um máximo sucesso (*unique success*), mesmo quando essa investigação não é nem empírica nem lógica, mas interpretativa, e mesmo quando não é passível de demonstração nem acena com a possibilidade de convergência. O ceticismo externo não ameaça essa ideia. O ceticismo interno a explora – como no caso do vinho, por exemplo. Devemos não somente tentar entender o máximo sucesso que podemos alcançar por meio da investigação interpretativa, como também devemos tentar alcançá-lo na prática.

Talvez o vocabulário da verdade pareça mais adequado na ciência porque, nesse campo, é mais razoável termos a esperança de chegar à convergência. Vale observar, entretanto, que, se formos totalmente realistas em matéria de ciência, corremos o risco de cair, nesse campo, num tipo de erro especialmente profundo que não nos ameaça nem na moral nem em outros gêneros de interpretação. Na ciência, se o mundo físico é como é independentemente de qualquer razão que se tenha para pensar que assim seja, podemos cair num erro irremediável. Nossas crenças podem ser errôneas apesar de não encontrarmos nenhum indício de que o sejam. É possível cairmos num erro irremediável em nossas concepções dos acontecimentos em outro universo, por exemplo, ou em locais tão distantes que sua luz não possa chegar a nós antes de nosso universo extinguir-se. Na moral, por outro lado, onde a verdade é somente a que é demonstrada pelo melhor argumento, é impossível que nossas convicções sejam irremediavelmente erradas. Pode acontecer de nossa cultura, educação ou outros fatores de história pessoal nos impedirem de aceitar o melhor argumento. Mas indivíduos dotados de histórias pessoais diferentes poderão descobri-lo e aceitá-lo. A verdade moral está sempre ao alcance do ser humano, ao passo que, nesse sentido, a verdade científica talvez não esteja.

Uma última observação. Há pouco, investi contra a metaética arquimediana de segunda ordem. Por isso, devo dizer que entendo essas considerações preliminares sobre a verdade na moral como elementos de uma teoria moral de primeira ordem, embora sejam seus elementos mais abstratos. Minhas proposições sobre a verdade são derivadas da teoria substantiva da responsabilidade moral apresentada neste capítulo e também do princípio de Hume, que é, ele mesmo, uma tese sobre a responsabilidade moral. Mas estas considerações são, com efeito, preliminares. Precisamos empreender uma exploração mais profunda e mais substantiva da ideia de verdade na moral; faremos isso em diversos pontos do argumento apresentado a seguir. Primeiro – imediatamente – no contexto de uma investigação mais ampla sobre o que é a interpretação.

INTERPRETAÇÃO EM GERAL

Verdade interpretativa?

À medida que lê este texto, você está me interpretando. Os historiadores interpretam épocas e acontecimentos, os psicanalistas interpretam sonhos, os sociólogos e antropólogos interpretam sociedades e culturas, os advogados interpretam documentos, os críticos interpretam poemas, quadros e peças de teatro, os padres e rabinos interpretam textos sagrados, e os filósofos interpretam conceitos controversos. Cada um desses gêneros de interpretação abriga uma grande variedade de atividades aparentemente diferentes. Os advogados e juristas interpretam contratos, testamentos, leis, precedentes, a democracia e o espírito das Constituições; discutem sobre o quanto os métodos adequados a cada um desses exercícios valem também para os outros. Os críticos de arte e literatura entendem como interpretações as proposições mais diversas, como, por exemplo, a de que o valor da arte reside em seu potencial de instrução moral, a de que o *Cristo ressuscitado* de Piero della Francesca não é um quadro cristão, mas pagão, e a de que Jéssica traiu seu pai Shylock porque não gostava de ser judia.

Neste capítulo, vamos tratar da interpretação em geral. Afirmo que todos esses gêneros e tipos de interpretação partilham importantes características que nos autorizam a tratar a interpretação como um dos dois grandes domínios da atividade intelectual, situando-se de pleno direito ao lado da ciência num abrangente dualismo do entendimento. Tento responder às perguntas seguintes. A interpretação pode conduzir à verdade? Será possível afirmar, sem fugir à sensatez, que a interpretação que um determinado advogado dá à Primeira Emenda, ou a leitura que um determinado crítico faz do poema *Entre escolares*, de Yeats, ou a compreensão que um determinado historiador tem do sentido da Revolução Americana é verdadeira e todas as interpretações conflitantes são falsas? (Ou, o que dá no mesmo, que essa interpretação é a mais sólida ou a mais precisa e que todas as outras são, em algum grau, menos sólidas ou menos precisas?)

Ou devemos dizer que não existem interpretações verdadeiras, ou falsas, ou mesmo mais ou menos precisas desses objetos, mas somente interpretações diferentes? Se existe a verdade (ou o máximo sucesso) na interpretação, em que consiste essa verdade (ou esse máximo sucesso)? O que torna verdadeira ou sólida uma leitura do poema de Yeats ou da Constituição e falsas ou ocas as outras leituras? Existe alguma diferença importante entre a verdade na interpretação e a verdade na ciência? Será que esses dois grandes domínios de investigação são suficientemente diferentes em sua estrutura para justificar a ousada tese de um dualismo todo abrangente? Será que a verdade da interpretação pode tomar a forma de ceticismo interno? Será que a única verdade é que não existe uma única interpretação correta, mas somente uma família de interpretações que se equivalem?

Evidentemente, do fato de usarmos uma só palavra – "interpretação" – para descrever todos os gêneros aparentemente dessemelhantes que arrolei não se conclui de modo algum que todos eles tenham uma importante característica em comum. Talvez a única relação entre eles seja aquilo que Wittgenstein chamou de "semelhança familiar": ou seja, pode ser que o raciocínio jurídico tenha uma característica em comum com a interpretação conversacional que nos autorize a dizer que os advogados interpretam as leis; e que o pensamento histórico tenha uma outra característica em comum com a interpretação conversacional que nos autorize a dizer que os historiadores interpretam os eventos históricos; mas pode ser, não obstante, que o raciocínio jurídico e o pensamento histórico não tenham nenhuma característica em comum que os torne a ambos exemplos de interpretação[1]. A linguagem verbal muitas vezes nos induz a esse tipo de erro: talvez não exista nada que nos seja útil chamar de interpretação em geral[2].

Certamente não existe o ato de interpretar em geral, ou seja, um interpretar abstrato e não dentro de determinado gênero. Imagine que, durante a leitura, pontinhos coloridos faiscantes de repente aparecem na parede à sua frente e alguém pede que você os interprete. Sem alguns pressupostos operantes acerca de como eles foram criados, você não poderia sequer começar a interpretá-los. Teria de decidir se os trataria como uma mensagem em código (talvez de origem extraterrestre), como um espetáculo de luzes criado por um artista plástico, como os rabiscos de uma criança ou como um objeto criado de outra maneira para outro fim qualquer. Só então poderia começar a construir uma interpretação; ou seja, você precisaria assumir determinado gênero de interpretação para poder interpretar. Isso talvez dê a entender que os diferentes gêneros quase nada têm em comum. Existe, entretanto, um importante indício do contrário. Em todos e cada um dos gêneros de interpretação, consideramos natural relatar nossas conclusões usando a linguagem da intenção ou da finalidade. Falamos do sentido ou significado de um trecho de um poema ou peça de teatro, da finalidade de um artigo de determinada lei, dos motivos que produziram determinado sonho e das ambições ou entendimentos que moldaram um acontecimento ou uma época.

Ambivalência

Na Parte Um, várias vezes chamamos a atenção para a característica ambivalência das pessoas diante de seus juízos morais e outros juízos de valor. Não resistimos a pensar que nossas convicções morais são verdadeiras, mas muitos também parecem incapazes de resistir ao pensamento contrário de que elas não podem ser *realmente* verdadeiras. O mesmo fenômeno se encontra em todo o espectro da interpretação. Caracteristicamente, os intérpretes parecem supor que uma interpretação pode ser bem ou mal fundada, correta ou incorreta, verdadeira ou falsa. Acusamos certas pessoas de terem interpretado mal algo que nós fizemos, ou a Renascença, ou a Lei da Compra e Venda de 1979; supomos que existe uma verdade do significado de cada um desses objetos de interpretação, verdade essa que pode ser encontrada ou não. Distinguimos entre uma interpretação precisa e outra que é admirável por algum outro motivo. Um músico sente imenso prazer ao ouvir uma sonata de Beethoven executada por Glenn Gould, mas pode ao mesmo tempo pensar que, como interpretação da sonata, a execução de Gould é caricatural. Um jurista norte-americano gostaria que a cláusula de igual proteção pudesse ser interpretada como uma exigência de que os estados investissem a mesma quantidade de dinheiro na educação em bairros pobres que em bairros ricos, mas pode ao mesmo tempo admitir que essa interpretação é impossível[3].

É verdade que, em alguns contextos, seria não somente incomum, como também estranho, que um intérprete reivindicasse para si a exclusividade da verdade. Um diretor ou ator que apresenta uma nova interpretação de *Hamlet* não precisa afirmar (e ai dele se afirmar) que sua interpretação é a única correta e que todas as outras abordagens da peça são erradas. (A ideia de que não existe um único jeito melhor de representar *Hamlet* no palco é, como vou propor mais adiante neste capítulo, um exemplo bem-sucedido de ceticismo interno acerca das produções de um clássico.) Mas seria igualmente estranho que um crítico que dedicou a vida inteira à compreensão da peça acrescentasse, num apêndice à sua obra magna, que seu estudo é apenas uma entre muitas abordagens interessantes e que existem outras abordagens igualmente válidas. Em certas circunstâncias, o ceticismo pareceria não somente estranho como também escandaloso. Imagine um juiz que envia um réu penal para a prisão, ou talvez para o corredor da morte, ou que obriga um réu cível a pagar uma imensa indenização, mas admite no meio da sentença que outras interpretações das leis, que exigiriam decisões contrárias, são tão válidas quanto a sua. Ou pense num amigo que exige que você cumpra uma promessa onerosa mas admite que suas palavras são igualmente passíveis de uma interpretação diferente, que não implica promessa nenhuma.

Por isso, pelo menos na maioria dos casos, a fenomenologia da interpretação – como ela é sentida pelos intérpretes – inclui a noção de que a interpretação visa à verdade. Um eminente crítico que atuou no passado, F. R. Leavis, sublinhou a exigência de sinceridade na crítica e disse que visar à verdade era essencial: "Por sua própria natureza, o verdadeiro juízo crítico sempre significa ir além do meramente pessoal [...]. O juízo crítico tem essencialmente a forma 'É assim que as coisas são, não é?'"[4] O crítico Cleanth Brooks, talvez igualmente influente, disse: "Acho que nunca será demais lembrar ao crítico profissional a lacuna entre sua leitura e a 'verdadeira' leitura do poema [...]. As alternativas são fatais: ou dizemos que a leitura de uma pessoa é tão boa quanto a de qualquer outra [...] ou tiramos o mínimo denominador comum das várias leituras já feitas."[5]

Não obstante, assim como alguns não gostam de reivindicar categoricamente a verdade para suas convicções morais, muitos não gostam de reivindicar a verdade sem ressalva alguma para seus juízos interpretativos. Muitos juristas, por exemplo, que ficariam chocados ao encontrar numa sentença a linguagem que acabei de imaginar, também se perturbam, por outro lado, quando os filósofos do direito afirmam que sempre existe uma única interpretação melhor de um dispositivo legal ou de um precedente e que todas as outras interpretações são errôneas. Preferem locuções que evitem essa afirmação categórica. Um jurista acadêmico diria, por exemplo, que embora certa interpretação da cláusula de igual proteção lhe pareça a melhor, ele sabe que outros discordam disso e não pode afirmar nem que existe somente uma interpretação correta nem que aqueles que discordam dele estão simplesmente enganados[6]. Essa bizarra sequência de palavras não tem sentido nenhum: se, em sua opinião, certa interpretação é a melhor, necessariamente, em sua opinião, as interpretações contrárias serão inferiores; e ele se contradiz quando afirma que algumas delas não são. Mas a popularidade dessas declarações incoerentes sublinha a incerteza que muitas pessoas sentem acerca da busca da verdade pela interpretação.

É claro que o ceticismo externo é uma tentação constante: alguns críticos adoram dizer que nunca existe uma única leitura correta de um poema ou peça de teatro, mas somente leituras diferentes que agradam a diferentes pessoas. Pensam que sua postura cética se justifica pelo fato de críticos eminentes frequentemente discordarem entre si. Mas o ceticismo externo é tão confuso na arte quanto no direito e na moral. Quando tomamos o cuidado de distinguir a incerteza da indeterminação, vemos que uma proposição interpretativa cética – a de que não existe uma única maneira correta de interpretar o poema ou o dispositivo legal – é ela própria uma proposição interpretativa. Todo ceticismo interpretativo global tem de ser interno – uma proposição dramaticamente ambiciosa que só poderia ser redimida por uma teoria heroica e igualmente ambiciosa. Esse espantoso paralelo entre a ambivalência na interpretação e na convicção moral reforça aquilo que afirmei no Capítulo 6: que o raciocínio moral é interpretativo. Também impõe a este capítulo um desafio imediato. Tenho de tentar demonstrar que a teoria da verdade e da responsabilidade que apresentei no Capítulo 6 é compatível não somente com a interpretação moral, mas também com a interpretação em geral; e que explica a ambivalência que encontramos tanto no domínio mais restrito como no mais amplo. Tenho, além disso, de responder às demais questões e desafios que descrevi.

A maioria dos intérpretes, pelo menos quando se encontram em determinados estados de espírito, partem do pressuposto de que seus juízos interpretativos podem ser verdadeiros ou falsos. Mas em que pode consistir essa verdade ou falsidade? E como se pode concluir, a partir da veracidade de uma interpretação, que uma outra é falsa – e não simplesmente referente a alguma outra coisa? Em muitos gêneros, os intérpretes diferem largamente não só nas conclusões a que chegam como também nos métodos que usam para chegar a tais conclusões. Na interpretação literária, por exemplo, novas tribos de críticos surgem todos os dias com a pretensão de estar fazendo uma leitura diferente – e melhor – de Spencer ou Kerouac; apresentam-nos leituras psicodinâmicas, leituras baseadas unicamente no texto, leituras baseadas na reação do leitor, leituras dos mitos culturais, leituras marxistas e leituras feministas. Será possível entender a competição entre essas tribos, competição que não tem por alvo somente o poder ou as promoções acadêmicas, mas também a precisão da leitura? Ou devemos dizer que cada tribo tem um projeto diferente, de modo que não existe competição entre elas, assim como não existe entre um médico e um consultor financeiro? Afinal de contas, só pode haver conflito entre os estudiosos quando eles tentam responder à mesma pergunta; e, embora esses estudiosos pareçam fazer questão de discordar uns dos outros, às vezes acaloradamente, eles também estipulam perguntas muito diferentes a serem respondidas.

A fenomenologia da interpretação suscita outras questões enigmáticas. Às vezes ficamos impressionados com uma leitura de um poema – sentimos que ela é correta –, mas não temos nada a dizer em favor dela às pessoas que têm outras opiniões. Ou melhor, temos algo a dizer: apontamos para certo trecho e esperamos que a conversão aconteça. Em alguns gêneros, a interpretação é caracteristicamente inefável. Sentimos que certa execução de uma sonata ou certa produção de uma peça estão corretas, que elas manifestam o real conteúdo das obras, mas essa sensação ultrapassa em muito nossa capacidade de explicar o porquê. No caso de certos gêneros, além disso, sentimos que a interpretação seria prejudicada pela tentativa deliberada de justificá-la. Um músico, por exemplo, pode se sentir impotente diante da tentativa de explicar em detalhes por que determinada interpretação lhe parece correta. Talvez ele realmente deva – o que quer que isto signifique – deixar que a música fale em lugar dele. Frequentemente recorremos a metáforas e personificações problemáticas, como essa: dizemos que a interpretação correta salta espontaneamente da página escrita, ou que a própria sonata determina o modo como deve ser tocada, ou – a mais comum – que o intérprete hábil e sensível simplesmente "vê" o que aquela obra de arte diz e significa.

Apesar dessas hesitações e das metáforas opacas, entretanto, a fenomenologia da interpretação como uma atividade argumentativa que visa caracteristicamente buscar a verdade permanece intacta. A interpretação seria uma atividade intelectual radicalmente diferente se os intérpretes não reivindicassem caracteristicamente a verdade e não pressupusessem não somente a diferença, mas sobretudo a discordância. Por isso, a inefabilidade que sentimos é perturbadora: combina muito mal com a verdade. Se nosso instinto estiver correto e uma leitura de Yeats ou da cláusula de igual proteção realmente for melhor que uma outra, por que não conseguimos explicar o porquê? Os juízos interpretativos, como os juízos morais, não podem ser independentemente verdadeiros. Se Jéssica traiu seu pai Shylock porque tinha vergonha de ser judia, isso não pode ser somente um fato bruto sem nenhuma explicação ulterior. É preciso haver uma explicação ulterior de por que isso é verdade, se é que é verdade mesmo. O que, afinal, pode fazer com que isso seja verdade?

Estados psicológicos

Há uma resposta a essa pergunta assustadora, mas inescapável, que tem parecido irresistível a muitos intérpretes de todos os gêneros interpretativos. Trata-se da famosa teoria interpretativa dos estados psicológicos. Segundo ela, as proposições interpretativas, quando são verdadeiras, são validadas pelos fatos reais ou contrafactuais referentes aos estados mentais de uma ou mais pessoas. Se Jéssica de fato detestava ser judia, isso só é verdade em virtude de uma intenção ou suposição de Shakespeare ao escrever as falas dela. Se a cláusula de igual proteção proíbe todas as quotas raciais, isso só é verdade porque as pessoas que redigiram essa cláusula no século XIX, ou o público em nome do qual atuavam, acreditavam que esse seria um dos efeitos dela. Se o ideal que moveu a Revolução Americana não foi a liberdade, mas o comércio, isso só é verdade porque um grande número de pessoas que desempenharam papéis cruciais nesse drama estava de algum modo pensando no comércio.

Segundo esse ponto de vista, os estados mentais que validam uma proposição interpretativa não precisam ser simples nem precisam ter sido conhecidos pelas pessoas que os tiveram. A intenção de Shakespeare pode ter sido subconsciente. Os congressistas que aprovaram a Décima Quarta Emenda podem não ter sequer pensado em quotas de ação afirmativa; talvez seja verdade somente que eles teriam querido que a cláusula proibisse essas quotas caso tivessem pensado no assunto. As ideias que fizeram do comércio a finalidade de uma grande revolução podem ter consistido em centenas de pensamentos diferentes pensados por milhares de pessoas diferentes que não tinham a menor consciência de estar pensando conjuntamente. Porém, no fim, ou são estados psicológicos de algum tipo que tornam verdadeira uma proposição interpretativa ou ela não é verdadeira de modo algum.

É fácil explicar a popularidade dessa teoria dos estados psicológicos. Ela põe a veracidade das proposições interpretativas na dependência de um fato comum; caso seja bem-sucedida, portanto, ela dissolve o mistério que parece envolver a ideia de verdade interpretativa. Não há nada de particularmente misterioso no fato de um dramaturgo ter intenções; afinal, todos as têm. A tese dos estados psicológicos também explica por que nos parece natural falar de sentido e de finalidade em todos os gêneros de interpretação. Os sentidos e finalidades em questão são, segundo este ponto de vista, os das pessoas cujos estados mentais tornam verdadeiras as interpretações.

Não obstante, a tese dos estados psicológicos fracassa de modo mais ou menos evidente quando a entendemos como uma teoria geral da interpretação, aplicável a todos os gêneros. Normalmente, ela é correta na interpretação conversacional. O que torna correta a sua compreensão do que seu amigo lhe disse, quando ela de fato está correta, é essencialmente o que ele queria que você entendesse quando falou com você. Em alguns gêneros, porém, a teoria dos estados psicológicos é manifestamente errônea, ao passo que em outros é altamente controversa e implausível. Parece completamente implausível nesta interpretação histórica, por exemplo: é tolice pensar que o fato de hoje se considerar que a Revolução Americana foi determinada por interesses comerciais ou por ideais políticos dependa dos pensamentos que estavam na mente quer dos personagens principais, quer da população como um todo. Hoje, a maioria dos juristas inteligentes considera absurda a noção de que a correta interpretação de uma lei depende dos estados mentais dos legisladores que a aprovaram[7]. Os juristas de fato mencionam a "intenção da legislação" quando explicam como pensam que determinada lei deve ser interpretada. Mas, quando mencionam a intenção da lei, não podem estar se referindo ao que os legisladores tinham em mente enquanto votavam. Muitos legisladores nem sequer entendem as leis nas quais votam, e os que as entendem são tão movidos por suas motivações políticas – agradar aos eleitores, aos financiadores, aos líderes do partido – quanto pelos princípios ou programas políticos que os juristas podem enxergar nas leis por eles aprovadas.

Nos gêneros literário e artístico, a chamada teoria da interpretação pela "intenção do autor" foi popular em alguns períodos, mas em outros caiu de moda. Não desempenhava papel nenhum ou quase nenhum nas primeiras teorias do valor ou da finalidade da arte: tanto Platão quanto Aristóteles, por exemplo, supunham que todo o valor da arte reside na imitação, de modo que a compreensão da obra de arte consiste unicamente na identificação daquilo que ela imita. (Dois mil anos depois, Hamlet disse que a arte é o espelho da natureza.) A teoria da intenção do autor foi popular no século XIX e no começo do século XX, particularmente entre os críticos que se denominavam românticos. Mas tem sofrido constantes bombardeios desde então e, hoje, é quase universalmente desconsiderada, pelo fato de basear-se naquilo que críticos muitíssimo influentes chamaram de falácia "intencional"[8]. De acordo com o ponto de vista mais recente, depois de o autor entregar sua obra ao público, ele já não tem mais autoridade que qualquer outra pessoa sobre o sentido que se vê nela. O autor se torna, na hábil expressão de Paul Ricoeur, somente o "primeiro leitor"[9]. Uma teoria interpretativa bem-sucedida tem de explicar tanto a popularidade quanto as limitações da teoria dos estados psicológicos; tem de explicar por que essa teoria da interpretação parece tão natural em alguns gêneros, tão familiar mas controversa em outros e completamente inelegível em outros ainda. Também tem de explicar por que, mesmo nos gêneros que excluem a teoria dos estados psicológicos, ainda consideramos natural relatar nossas conclusões interpretativas como proposições acerca do sentido ou significado de alguma coisa.

A teoria do valor

Uma boa teoria da interpretação tem de alcançar um equilíbrio delicado. Tem de explicar o sentido e a possibilidade da verdade na interpretação, mas também deve explicar a inefabilidade dessa verdade e os famosos e irresolúveis conflitos de opinião acerca de qual é a verdade. Nem o ceticismo nem a simplicidade bastam. Vou formular agora, ainda de modo preliminar e talvez enigmático, a teoria da interpretação que procuro defender neste capítulo. A interpretação é um fenômeno social. Só podemos interpretar como interpretamos porque existem práticas ou tradições de interpretação às quais podemos nos unir: as práticas que dividem a interpretação nos gêneros que listei. Só podemos falar sobre o significado de uma lei, um poema ou uma época porque outras pessoas fazem isso: elas compreendem o que pretendemos afirmar quando dizemos que a cláusula de igual proteção permite a ação afirmativa ou que Lady Macbeth já tinha, ou não, sido casada.

Essas práticas sociais são práticas de busca da verdade. Em cada caso, quando propomos uma interpretação de alguma coisa, nós declaramos, e os outros entendem que estamos declarando, aquela que consideramos ser a verdade sobre determinado assunto. Não tratamos essas práticas interpretativas como exercícios sem finalidade: partimos do princípio de que algo de valor será promovido mediante a formação, a apresentação e a defesa de opiniões sobre o âmbito da cláusula de igual proteção ou o histórico sexual de Lady Macbeth. Na qualidade de intérpretes, aceitamos a responsabilidade de promover esse valor. Quando interpretamos determinado objeto ou evento, portanto, também estamos interpretando a prática da interpretação no gênero em que supomos ter nos inserido: interpretamos esse gênero atribuindo-lhe aquele que nos parece ser o seu objetivo adequado – o valor que ele proporciona e deve proporcionar.

Portanto, assim como a moral é moral, a interpretação é interpretativa do começo ao fim. Determinada interpretação alcança êxito – alcança a verdade do significado de um objeto – quando melhor realiza, para esse objeto, os objetivos adequadamente atribuídos à prática interpretativa adequadamente identificada como pertinente. Analiticamente, portanto, pode-se entender que a interpretação envolve três estágios. Primeiro, interpretamos as práticas sociais quando individuamos essas práticas: quando nos supomos envolvidos na interpretação jurídica, e não na interpretação literária, por exemplo. Interpretamos, em segundo lugar, quando atribuímos um conjunto de objetivos ao gênero ou subgênero que identificamos como pertinente; e interpretamos, em terceiro lugar, quando tentamos identificar a melhor realização desse conjunto de objetivos numa ocasião particular. Em cada um dos níveis, mas particularmente nos dois últimos, há espaço para uma opinião cética: a de que não existe resposta correta às questões de saber qual é o valor promovido por um gênero e o que melhor promove esse valor naquela ocasião. Voltarei a essa possibilidade daqui a pouco, mas por enquanto é importante assinalar que a opinião cética é apenas um tipo diferente de interpretação. Tanto quanto as interpretações positivas que contesta, ela se baseia em pressupostos sobre o valor.

É o nível de convergência ou divergência demonstrado por determinada comunidade interpretativa nesses vários juízos que determina se a interpretação está florescendo nessa comunidade ou somente se dissipando em meras diferenças. A convergência necessária é maior no primeiro estágio. Se não houver substancial concordância acerca do que pode ser classificado como interpretação literária e não como outra forma de interpretação, não será possível nenhuma discordância legítima na interpretação literária. É maior, também, no segundo estágio que no terceiro: se os juristas não concordassem que a interpretação de uma lei é um exercício político, não haveria nada que se pudesse reconhecer como interpretação legal. A quantidade de concordância necessária para sustentar a prática a cada estágio não é fixada de antemão. É somente *ex post* que descobrimos quanta discordância e que tipos de discordância são toleráveis: somente quando julgamos se determinada prática de concordância e discordância permanece frutífera ou encalhou em algum banco de areia da discussão.

Avisei que este esqueleto da teoria interpretativa do valor talvez parecesse enigmático. Mas creio que será útil ter pelo menos este esqueleto em mãos antes de desenvolver a teoria por meio de exemplos. Dois esclarecimentos são imediatamente necessários. Em primeiro lugar, poucos intérpretes possuem uma teoria consciente e claramente formulada acerca dos limites ou da finalidade de qualquer gênero interpretativo, embora alguns intérpretes acadêmicos tenham teorias desse tipo. A maioria dos intérpretes colige irrefletidamente, por meio da própria experiência de interpretação, um conjunto de pressupostos não claramente formulados, que às vezes são mero reflexo paralelo dos pressupostos indisputados da subcultura interpretativa à qual, em razão da educação e da formação que receberam, esses intérpretes pertencem. Isso ajuda a explicar a inefabilidade que descrevi: por que uma interpretação pode parecer irresistível a alguém simplesmente em razão daquilo que essa pessoa "vê" no objeto interpretado, embora não seja capaz de explicar detalhadamente o porquê.

Não pressuponho que os intérpretes, ao interpretar uma lei ou um poema, adotem deliberadamente uma estratégia de valores ou tenham consciência de estar interpretando uma prática mais ampla. Apresento a estratégia do valor como uma reconstrução, não como um relatório psicológico de como eles pensam. Podemos dizer que essa teoria põe a nu os pressupostos ocultos que podemos, sem fugir à sensatez, atribuir aos intérpretes a fim de explicar de que modo eles afirmam ou refutam determinadas proposições interpretativas – os pressupostos que confirmam sua noção intuitiva de que é possível que tais proposições expressem a verdade.

Em segundo lugar, nenhuma reconstrução sensata do juízo de um intérprete pode reduzir a uma única máxima sintética a noção que, por meio da educação e da experiência, ele formou acerca da finalidade da interpretação em seu gênero. É por isso que descrevi os pressupostos do intérprete como um pacote de noções não claramente formuladas. Se um intérprete de qualquer gênero realmente tentasse apresentar um argumento claro e razoavelmente completo em favor de determinada proposição interpretativa, ele teria de recorrer a uma teia complexa de convicções de fundo que não poderiam ter sido expostas de antemão, mas são desenvolvidas à medida que ele apresenta sua explicação. Talvez sejamos capazes de propor um único pressuposto de fundo que todos os intérpretes de certo gênero aceitariam. Podemos dizer, por exemplo, que uma execução musical atende ao objetivo de recriar uma obra de arte a fim de trazê-la à vida. Mas esse nível medíocre de descrição suprime a complexidade daquilo que tenta capturar. Por isso o juízo de que determinada interpretação de determinado objeto ou evento é a que melhor realiza o valor de uma prática é sempre uma proposição altamente complexa, o que só faz intensificar seu caráter intrinsecamente controverso.

Isto ainda é abstrato demais. Posso apresentar um rápido exemplo tirado da prática jurídica, pois a estrutura da interpretação nesse gênero é relativamente transparente[10]. A interpretação das leis tem o objetivo de tornar mais equitativo, mais sábio e mais justo o governo da comunidade em questão. Essa descrição corresponde ao que os advogados e juízes fazem quando interpretam as leis; justifica de maneira geral essa prática e indica, também de maneira muito geral, quais são os padrões adequados para decidir qual é a melhor interpretação de determinada lei. Por outro lado, é demasiado abstrata para ser útil na prática. Os juristas têm de se basear em declarações mais sutis e mais complexas do valor de sua prática a fim de serem realmente capazes de decidir entre interpretações concorrentes.

Têm de decidir, por exemplo, qual é, levando-se em conta todos os aspectos, a melhor divisão da autoridade política entre os vários ramos do governo. Essa questão, por sua vez, obriga pelo menos os juristas norte-americanos a encarar questões ulteriores e mais gerais sobre a teoria da democracia. Baseando-se na teoria ou no instinto, eles têm de pressupor ou determinar, por exemplo, até que ponto os juízes não eleitos podem assumir a autoridade de decidir por si próprios qual das interpretações semanticamente possíveis de uma lei controversa produziria o melhor direito. Cada uma dessas questões ulteriores, por sua vez, implica ainda outras questões que, se fossem investigadas, motivariam incursões ainda mais profundas no domínio da teoria política e moral, incursões essas que afastariam ainda mais os juristas da lei específica que os desafiou inicialmente. Nesse sentido, os desacordos entre juristas acerca da melhor interpretação de leis específicas são sintomas de discordâncias ocultas, e em geral não reconhecidas, acerca dessas extensões e refinamentos. Por essa razão, os juristas que discordam acerca da melhor concepção da democracia tenderão a discordar, por exemplo, acerca da melhor interpretação da cláusula de igual proteção ou até do Código Comercial.

Eis outro exemplo a considerar, bastante diferente e mais concreto. Em 2009, um número da *New York Review of Books* recapitulou a movimentada história das interpretações críticas do pintor francês Antoine Watteau, do século XVIII[11]. As mudanças de entendimento dos críticos acerca da obra de Watteau no decorrer dos séculos são surpreendentes. A princípio, ele foi exaltado (e depois depreciado) como leve, alegre, frívolo, quase efeminado, uma expressão da extática emancipação dos hedonistas parisienses em relação à opressão cultural do austero Rei-Sol, uma ponte para o rococó. No século XIX, mais severo, uma nova ortodoxia se estabeleceu: Watteau estava longe de ser frívolo; pelo contrário, suas pinturas "robustas e viris" (nas palavras de um eminente crítico do século XX) eram empapadas de isolamento e melancolia. No último livro, resenhado pelo artigo, o crítico "quer mergulhar as pinturas no mundo que atualmente habita e vice-versa; nesse processo, ao momento de novidade do próprio Watteau vêm sobrepor-se as muitas versões posteriores da modernidade [...] [seu retrato do pierrô Gilles] nos vincula ao ressurgimento da mímica na Paris da década de 1830 e à ressurreição desse ressurgimento no grande filme *Les Enfants du Paradis*, de Marcel Carné, feito em 1945 – para não mencionar os flertes pictóricos de Cézanne com os pierrôs na década de 1880 e os de Picasso depois da Primeira Guerra Mundial. Estes, por sua vez, nos dão uma noção mais ampla do que Watteau pretendia [...] *Gilles* sugere uma ansiedade caracteristicamente modernista."[12]

Esse caleidoscópio de interpretações contraditórias não reflete uma série de descobertas revolucionárias sobre as intenções artísticas de Watteau. Tampouco vale a pena simplesmente dizer que os críticos posteriores viram nas pinturas algo que os anteriores deixaram passar em branco; pelo contrário, o fato de diferentes críticos terem visto coisas diferentes é uma das coisas que precisa ser explicada. Para entender aquilo que parece inegável – que, nessa longa sucessão, cada um dos críticos supôs que estava correto e que os outros estavam em grave erro acerca "do que Watteau pretendia" – temos de estudar não a pesquisa dos críticos acerca dos pensamentos e ambições do pintor, mas sua noção de onde reside o valor na arte e de seu próprio papel na criação desse valor.

Distinções importantes

Interpretação colaborativa, interpretação explicativa
e interpretação conceitual

O exemplo jurídico ilustra sinteticamente o esqueleto de descrição da teoria do valor. Reconstruímos uma interpretação distinguindo três elementos explícitos ou implícitos nela: primeiro, a identificação subjacente de uma prática ou tradição à qual a interpretação pertence (interpretação das leis ou interpretação constitucional); depois, um conjunto de pressupostos sobre o objetivo dessa prática (uma teoria da democracia que divida a autoridade entre os legisladores e os juízes); e, por fim, uma afirmação de que a interpretação proposta realiza esses pressupostos melhor que qualquer entendimento alternativo. Esta descrição, ainda esquelética, é artificial sob vários aspectos: ignora, por exemplo, a interação entre os diversos passos. Minha noção do significado e das exigências da cláusula de igual proteção é derivada da minha noção do papel das restrições constitucionais numa democracia, mas também influencia esta última. A interpretação é holística: assim como o filósofo moral tem o objetivo de coerir opiniões morais concretas e princípios justificadores abstratos, reinterpretando cada um destes do modo como for necessário para alcançar essa integração, assim também o intérprete, em geral inadvertidamente, busca uma integração dos valores de fundo e das intuições interpretativas concretas. Pode acontecer de uma leitura inaudita de uma peça de teatro – a de que o assassinato do rei Hamlet foi um ato desesperado de legítima defesa por parte de amantes ilícitos pegos no ato, por exemplo[13] – impor-se de repente sobre o intérprete de modo tão fulgurante que ele passa a rejeitar qualquer teoria abstrata da interpretação literária que possa excluir tal leitura.

O esqueleto é importante mesmo assim porque nos permite enfocar o vínculo crucial entre o valor na interpretação e os padrões de interpretação. A teoria do valor borra a distinção entre duas questões que, a princípio, poderiam nos parecer muito diferentes. O que um objeto – uma lei, um poema, uma pintura – significa? Que tipo de valor esse objeto tem, em si mesmo ou para nós? A teoria do valor faz com que as respostas à primeira pergunta dependam das respostas à segunda. Supõe que, à medida que vai mudando a compreensão que o intérprete tem de uma mescla diversificada de valores, suas opiniões interpretativas concretas nos mais diversos gêneros também vão se modificando. Os autores de uma recente antologia de teoria e crítica literária, ao resumir suas mais de 2500 páginas de interpretações, relatam esse vínculo entre as teorias sobre o caráter e o valor da literatura, por um lado, e as teorias sobre como essa literatura deve ser interpretada.

>As teorias da literatura e as teorias da interpretação têm afinidades entre si. Eis quatro exemplos. Primeiro, a noção formalista da literatura como um objeto artístico bem-feito corresponde à noção da interpretação como a cuidadosa explicação e avaliação de um estilo poético denso. Segundo, quando a poesia é vista como a expressão espiritual de um vidente iluminado, ela suscita uma abordagem crítica biográfica, voltada para o desenvolvimento interior do poeta. Terceiro, as obras históricas densas e simbólicas pressupõem uma teoria da interpretação como exegese ou decifração. Quarto, a literatura concebida como texto ou discurso social pede uma crítica cultural. Embora seja possível separar as teorias da literatura das teorias da interpretação, elas frequentemente andam de mãos dadas.[14]

A teoria interpretativa do valor aplica essa mesma tese aos diferentes gêneros de interpretação. Estimula novas e cruciais distinções entre os diferentes tipos de valor que se podem considerar demonstrados por um gênero ou uma ocasião de interpretação. Permite-nos distinguir, por exemplo, ocasiões de interpretação colaborativa, explicativa e conceitual. A interpretação colaborativa parte do princípio de que o objeto de interpretação tem um autor ou criador e que esse criador começou um projeto que o intérprete tenta levar adiante. A interpretação conversacional é quase sempre colaborativa, e boa parte da interpretação literária e artística é colaborativa também. Em regra, os ouvintes e leitores se consideram parceiros num projeto iniciado por um falante ou escritor: visam à comunicação bem-sucedida daquilo que este último pretende comunicar. Sartre disse que "a criação só pode alcançar sua plena realização na leitura, visto que o artista deve confiar a outro a tarefa de terminar o que ele começou"[15]. O direito também é colaborativo: o juiz considera estar visando ao mesmo objetivo – a justiça – que os estadistas que fizeram as leis por ele interpretadas. Mesmo quando pensa que seu papel é completamente subordinado ao deles, a subordinação, a seu ver, é ela própria justificada pela meta geral de justiça que ele partilha com eles.

A interpretação explicativa pressupõe algo completamente diferente: não que os intérpretes são parceiros de alguém que criou algum objeto ou evento, mas que o evento é dotado de um significado particular para o público a quem o intérprete se dirige. As interpretações históricas, sociológicas e psicodinâmicas são, em geral, exemplos de interpretação explicativa. O historiador que constrói uma teoria sobre o significado da Revolução Francesa ou do Holocausto não é parceiro dos jacobinos ou dos nazistas. Ao contrário, tenta encontrar o que essas épocas e eventos significam para aqueles a quem se dirige. A interpretação conceitual é estruturada por outro pressuposto muito diferente: o de que o intérprete busca o significado de um conceito, como os de justiça e verdade, que foi criado e recriado não por autores singulares, mas pela comunidade à qual o conceito pertence, comunidade essa que também inclui o próprio intérprete como criador. Ou seja, na interpretação conceitual desaparece a distinção entre criador e intérprete que marca as interpretações colaborativa e explicativa. Ela desaparece não porque o intérprete tenha a liberdade de usar esses conceitos como bem entender, mas porque seu uso dos conceitos, correspondendo à interpretação que ele crê ser a correta, mudará, talvez imperceptivelmente, o problema interpretativo enfrentado pelos futuros intérpretes. Já usei a interpretação conceitual neste livro: ao explicar o que é o conceito de um agente ter uma razão. Trataremos da interpretação conceitual de modo muito mais detalhado no Capítulo 8.

Na interpretação colaborativa há um vínculo direto entre o valor que o intérprete atribui à classe de objetos que interpreta e o valor que atribui à interpretação desses objetos. Considera que uniu-se ao autor na tentativa de realizar, numa conversa, numa lei, num poema, num quadro, o valor que ele crê que esse objeto pode e deve ter; seu modo de interpretação gira em torno deste último juízo. O crítico negativo leva esse processo um passo adiante. Afirma que não consegue êxito na colaboração. O autor não produziu nada que possa ser interpretado como um caso de realização do valor ao qual deveria visar: o falante ocultou o sentido de sua fala por trás de uma sintaxe confusa; o texto do projeto de lei propõe claramente a injustiça; o poema não pode ser resgatado da banalidade. Esses juízos supõem que o intérprete tornou o melhor possível o seu objeto de interpretação e que, a seu ver, ele ainda não é bom o suficiente.

Os críticos literários mais influentes concentram suas habilidades no sucesso – em obras-primas universalmente aclamadas –, e não no fracasso, o que é compreensível, e baseiam-se explicitamente em padrões particulares de excelência literária para justificar a qualificação de "obra-prima". Considere as semelhanças e as diferenças entre os dois críticos que mencionei e que afirmaram com tamanha veemência a verdade na interpretação. Leavis e Brooks rejeitaram de modo igualmente direto a explicação dessa verdade por meio dos estados psicológicos; asseveraram que o significado e o valor do poema devem ser encontrados no texto, sem o auxílio da biografia do autor nem das considerações deste sobre o que estava tentando realizar. Nesse sentido, portanto, ambos eram formalistas; mas, enquanto Brooks negava qualquer distinção entre o conteúdo e a forma e desdenhava da ideia de que a literatura pudesse ceder à "paráfrase", Leavis enfatizava a necessidade do que chamou de seriedade moral na arte. Essa ênfase se evidencia tanto em sua classificação das realizações dos romancistas (contava somente Austen, Eliot, James, Conrad e Lawrence como "grandes" romancistas ingleses, pois seriam representantes do que chamou de "tradição moral" especial dessa língua) quanto em sua leitura interpretativa de seus romances: em sua caracterização ampla do *Retrato de uma senhora* como uma "fábula moral", por exemplo, e em sua confiança em observações insignificantes, como a de que lorde Warburton jamais teria oferecido a uma donzela inglesa, dotada de uma "ética" diferente, o que ofereceu a Isabel Archer: "acender a sua vela"[16].

A diferença entre as concepções de grandeza literária de Brooks e Leavis ganha vida em suas diferentes leituras de Yeats. Leavis considerava que poucos poemas de Yeats eram grandes, pois os considerava moralmente imprecisos; Brooks achava que Yeats era um mestre da poesia, pois encontrou Nietzsche em seus poemas. Compare a interpretação que Leavis faz de *Entre escolares*, que ele considerava um dos poucos grandes poemas de Yeats por ter "a força da verdade convicta e irresistível"[17], com o modo como Brooks trata o poema[18]. Depois, compare as leituras de ambos com a de Roy Foster, biógrafo de Yeats, que começa seu estudo relatando o impacto que a visita do poeta à escola de St. Otteran, em Waterford, teve sobre suas teorias da educação. Yeats mencionou a visita "mais de uma vez" em seus discursos sobre o tema no Senado irlandês e escreveu *Entre escolares* poucas semanas após a visita. Foster não tem a menor dúvida de que o "corpo lediano" que uma criança evocou para Yeats era o de sua ex-amante, Maud Gonne, que tivera uma infância infeliz e agora estava, como ele, "de rosto cavo"; além disso, Foster diz que o poema "tem uma carga política" e se ocupa das "abordagens inadequadas a uma compreensão filosófica do mundo consubstanciadas nas teorias clássicas da educação"[19].

Brooks, escrevendo algumas décadas antes, prevê e lança um alerta contra ambas essas ideias. Declara que mal vale a pena observar que o poema não é uma "proposição abstrata" sobre a educação e vê a identificação do corpo lediano com Gonne como um erro corruptor – erro que ele atribui aos "perigos da predisposição biográfica"[20]. Pense agora num crítico muito diferente, Northrop Frye, que negava terminantemente o lema dos "novos críticos", como Brooks, segundo o qual o valor e o significado das obras de arte estão contidos unicamente nelas mesmas. Na opinião de Frye, a grandeza literária pressupunha um uso efetivo dos mitos culturais arquetípicos. (Na opinião dele, a cena do coveiro em *Hamlet* era uma lembrança do mito da *Liebestod*, a ligação operística entre o amor e a morte[21].) Leavis interpretou o poema *Velejando para Bizâncio*, de Yeats, como uma meditação que aliava o otimismo e o pessimismo diante da morte; Foster, como um texto que não se preocupava tanto com "a cidade celeste sobre a Terra" quanto com a "absorção artística no ato de criação"; Frye, como um exemplo excelente da visão "cômica"[22].

Quando passamos da interpretação colaborativa à explicativa, vemos atribuições de valor que operam em vários níveis. O historiador pode explicar um evento atribuindo objetivos a determinados agentes históricos: aos diplomatas austríacos que reagiram ao assassinato do arquiduque em Sarajevo, por exemplo. Ou senão, coisa muito diferente, pode atribuir uma intenção coletiva a uma grande massa de pessoas, intenção essa que não pode ser substituída por nenhuma descrição das intenções isoladas de certos indivíduos: pode dizer que os norte-americanos foram movidos à independência não por ambições políticas, mas por ambições econômicas, por exemplo. Porém, a abordagem geral da história pelo historiador – as atribuições de objetivos que ele considera importantes ou pertinentes, se é que alguma lhe parece tal – depende da noção que ele tem da finalidade e do valor da interpretação histórica. Os historiadores procuram tornar o passado inteligível para o presente, mas diferem em seu entendimento de quais dimensões de informação ou de relato melhor atendem a esse objetivo[23].

A polêmica de Herbert Butterfield contra o que chamou de interpretação *whig* da história ilustra primorosamente esse desacordo[24]. Declarou Butterfield: "O historiador *whig* pode afirmar que os eventos assumem suas devidas proporções quando observados no decorrer do tempo. Pode dizer que os eventos devem ser julgados de acordo com seus resultados derradeiros, os quais, sendo-nos impossível ir além, temos de acompanhar até o presente. Pode dizer que é somente em relação ao século XX que um ou outro acontecimento do passado tem pertinência ou significado para nós."[25] E contrapõe sua própria opinião: "É fácil encarar a luta entre o cristianismo e o paganismo como um jogo de forças e discuti-la em abstrato, por assim dizer; mas é muito mais esclarecedor observá-la como uma interação de personalidades e pessoas [...] [é] muito interessante conseguirmos tomar a afirmação geral da qual partimos [...] e acompanhá-la em suas incidências concretas até descobrir os múltiplos detalhes em que se diferencia. É ao longo desse caminho que o historiador nos conduz, afastando-nos do mundo das ideias gerais."[26]

As diferenças entre o que dois historiadores consideram "esclarecedor" ou "interessante" – entre a fascinação de Thomas Macaulay pelas grandes ideias como lições morais e a de Butterfield por minúsculos detalhes que ele considerava interessantes em si mesmos – molda o que cada um deles vai encontrar na história, o que vai entender como o "significado" das épocas e dos acontecimentos. Butterfield diz que os historiadores *whigs* ignoravam o sofrimento causado pelas guerras religiosas. É quase certo que isso não é verdade – como poderiam eles ignorá-lo? –, mas é possível que tenham pensado que esse sofrimento, por deplorável que tivesse sido, nada acrescentava de instrutivo ao que torna valiosa para nós agora a história daquelas guerras. Os historiadores marxistas são diferentes ainda; escrevem o que os marxistas britânicos chamam de "história de baixo" – do ponto de vista dos pobres e oprimidos. Essa perspectiva não pode ser explicada, ou pelo menos não pode ser completamente explicada, por um pressuposto qualquer do materialismo histórico. É melhor explicá-la pelo pressuposto de que a concentração da atenção na história da opressão vai colaborar na luta por uma sociedade melhor. Se o historiador pensa que a história pode ser uma arma nas mãos das massas, esse pensamento vai lhe ensinar o que encontrar de importante na história.

Independência, complementaridade e concorrência

Precisamos, porém, de mais um conjunto de distinções para fazer jus, mesmo de maneira limitada, às práticas e atitudes da interpretação. Temos de distinguir entre as ocasiões em que duas interpretações diferentes do mesmo objeto ou evento são independentes uma da outra, quando cada uma delas pode ou aceitar ou negar a outra; em que são complementares, quando cada uma delas entende que está acrescentando ideias à outra sem questionar sua precisão ou sua importância; e em que são concorrentes, quando cada uma delas faz asserções que pressupõem que a outra é, de algum modo, deficiente. Uma descrição causal da gênese de uma obra de arte – de que o artista foi contratado para pintar o retrato do doador em atitude de adoração e para usar uma boa quantidade de azul de cobalto, um pigmento caro, na composição – seria, em si mesma, independente de qualquer leitura interpretativa da obra: de que ela tem caráter religioso ou irônico, por exemplo.

Carl Jung pensava que as explicações psicológicas de por que um artista escreve ou pinta de tal jeito são, do mesmo modo, independentes da interpretação: "Embora o material com que trabalha e seu tratamento individual possam ser facilmente relacionados às relações pessoais do poeta com seus pais, isso não nos capacita a entender sua poesia."[27] O *Hamlet* de Lawrence Olivier, entretanto, refletia uma interpretação psicodinâmica em cada gesto e em cada entonação: o famoso ator, como tantos outros de sua época, usava Freud não somente para especular sobre o porquê de Shakespeare ter escrito a "cena do quarto" do jeito que escreveu, mas também para estabelecer o significado dessa cena; e embora a interpretação de Olivier possa ser encarada como complementar, e não como conflitante com outras leituras (discutirei essa possibilidade depois), ela tinha certamente a intenção de ensinar ao público algo sobre a peça, não somente sobre seu autor.

Como saber se duas interpretações diferentes de determinada obra são independentes, complementares ou conflitantes? Se a leitura de Foster de *Entre escolares* pretende simplesmente acrescentar informações a leituras não biográficas, como as de Brooks ou Leavis, ou pretende antes ser uma leitura melhor que ambas? É também uma questão de interpretação – não de Yeats, é claro, mas desses críticos. Considere um exemplo diferente. O popular crítico de Shakespeare J. Dover Wilson afirmou ser incontestável que "Shakespeare e seu público encaravam Bolingbroke como um usurpador"[28]. Afirmou que *Ricardo II*, portanto, deve ser lida como uma defesa da ordem legítima e que essa leitura é "evidente a partir do tom e da ênfase" da peça. Stephen Greenblatt, falando em nome de um movimento que denominou "novo historicismo", criticou a leitura de Dover Wilson não por duvidar da compreensão deste acerca das opiniões políticas na época dos Tudors (embora tenha assinalado que Elizabeth I parece ter adotado um ponto de vista diferente), mas porque Dover Smith, conquanto não fizesse parte da Nova Crítica, estava supondo que a correta interpretação de um clássico permanece sempre a mesma ao longo do tempo – aquilo que o artista produziu em determinado momento, e não um objeto social que muda com as circunstâncias. Greenblatt discorda. Na opinião dele, as interpretações "não são intrínsecas aos textos; antes, são criadas e constantemente redesenhadas por artistas, plateias e leitores [...] Sob essa luz, o estudo dos gêneros é uma exploração da poética da cultura".[29] Cita, assim, a importância do fato de a conferência de Dover Wilson sobre a peça ter sido dada em Weimar em 1939, quando a defesa de um governo legítimo, embora fraco, devia ter parecido muito pertinente.

Talvez sejamos tentados a pensar que Greenblatt não está realmente discordando de Dover Wilson acerca da melhor interpretação de *Ricardo II*, mas simplesmente assumindo um projeto diferente, de tal modo que as obras de ambos sejam independentes ou complementares, mas não conflitantes. E. D. Hirsch, outro crítico eminente que favorece a escola de interpretação literária pelos estados psicológicos, distingue entre o que chama de significância (*significance*) de uma obra de arte para seu público, significância essa que naturalmente muda com o tempo e o lugar, do significado (*meaning*), que na opinião de Hirsch é fixo[30]. Podemos dizer que Dover Wilson falou sobre o significado de *Ricardo II*, e Greenblatt, sobre a sua significância, inclusive para Dover Wilson e seu público weimariano. Sob essa ótica, os dois críticos não discordam realmente. Mas isso não funciona. Não podemos ler Greenblatt desse jeito, que talvez seja tentador: ele pensa claramente que os métodos de interpretação outrora em voga, a ser substituídos pelo novo historicismo que defende, são de certo modo não somente *circunscritos à interpretação* enquanto atividade distinta da história social, mas *errôneos enquanto interpretação* por não levarem a história social suficientemente em conta. O mesmo vale para o pós-modernismo, o desconstrucionismo, a interpretação crítica feminista e todos esses novos modismos. Eles compram brigas quando podiam se contentar com a confortável compatibilidade.

Qual é o motivo dessas brigas? O que Greenblatt pensa que sua nova tribo de críticos pode fazer e que não é somente diferente, mas melhor do que o que se fazia antes? Trata-se de uma pergunta difícil, que tem sido deixada de lado: precisamos da teoria interpretativa do valor para respondê-la. Os projetos anunciados por Brooks, Leavis, Foster, Hirsch, Dover Wilson e Greenblatt são diferentes demais entre si para permitir-nos dizer que eles seguem os mesmos métodos interpretativos, mas chegam a conclusões diferentes. Comparando os métodos usados por esses críticos, não geramos mais conflitos do que Jung vislumbrava entre sua psicologia e a interpretação crítica. Precisamos enfocar o que chamei de segundo estágio da interpretação reconstruída – os valores que os críticos atribuem à prática na qual se consideram inseridos – a fim de encontrar espaço para discordância.

Uma escola interpretativa é uma interpretação, comum a várias pessoas, da finalidade da prática maior em que um grupo de intérpretes se considera inserido. A tradição existe na crítica como existe na criação: o que T. S. Eliot falou dos poetas – que só podem escrever poesia como membros de uma tradição que eles interpretam e, por meio dessa interpretação, moldam retroativamente – vale também para os críticos[31]. Os críticos literários veem o seu ofício como uma tradição imbuída de valor e, logo, de responsabilidade. Discordam sobre o que é esse valor e, logo, sobre qual é a sua responsabilidade. Não é verdade que os Novos Críticos simplesmente escolheram uma nova ocupação, como um médico que mudasse de especialidade. Viram uma responsabilidade definidora nas tradições da crítica literária – a responsabilidade de fazer da literatura, e particularmente da poesia, algo mais grandioso do que outras técnicas fariam. Consideraram seus métodos mais compatíveis com uma compreensão melhor daquilo que a antiga prática da crítica exige de seus praticantes. Os críticos marxistas veem uma responsabilidade muito diferente na mesma tradição. Frederic Jameson disse que, na interpretação marxista, "O texto individual retém sua estrutura formal como ato simbólico: não obstante, o valor e o caráter dessa ação simbólica são, agora, significativamente modificados e ampliados. Nessa reescrita, o enunciado ou texto individual é apreendido como uma jogada simbólica numa confrontação ideológica essencialmente polêmica e estratégica entre as classes."[32]

Essa é a dinâmica profunda que explica as transições grandes e pequenas entre escolas e vogas de interpretação: o pressuposto compartilhado da responsabilidade para com uma prática, aliado a diferentes pressupostos acerca do que essa responsabilidade exige agora. Os juízes, os historiadores, os críticos literários – todos consideram que têm responsabilidades, papéis a desempenhar, determinados pelas tradições de algum gênero. Suas teorias sobre essas responsabilidades são tão criativas quanto as interpretações isoladas que eles propõem à luz delas, e se encontram ainda mais manifestamente em conflito. Compare a afirmação de Terry Eagleton, um crítico marxista, de que "a crítica moderna nasceu de uma luta contra o Estado absolutista", com as histórias da tradição crítica propostas pelos representantes de praticamente qualquer outro estilo de interpretação[33]. Para encontrar espaço não só para a diferença, mas também para a discordância entre as escolas de interpretação, temos de recuar até esse ponto na reconstrução interpretativa de seus argumentos. É só quando levamos a sério o que os próprios críticos dizem, reparando nos outros críticos de quem eles consideram discordar, que nós, ao interpretá-los, podemos determinar o grau de independência e conflito que existe entre seus diferentes projetos e estilos. Somente então podemos contemplar a independência entre a explicação junguiana e a interpretação freudiana de *Hamlet*, ou o conflito legítimo entre os entendimentos *whig* e marxista das guerras de religião ou entre as interpretações revisionistas de *Ricardo II*.

Pense nos conflitos profundos entre as escolas de interpretação no direito. Os paralelos se evidenciam melhor quando enfocamos os juízes, não por serem eles os únicos intérpretes do direito – certamente não são –, mas porque tanto a responsabilidade quanto a tradição se fazem mais claras no caso deles que no caso de advogados, professores e cidadãos. A história da atividade judicial no Ocidente, desde Justiniano até a Corte Penal Internacional, ostenta considerável variedade nas interpretações que os juízes fazem de suas próprias responsabilidades. A teoria judicial que hoje chamamos de "mecânica" ou "conceitual" faz parte dessa história, bem como as escolas interpretativas mais modernas da deferência judicial, do realismo jurídico, da política social, da eficiência econômica, da análise interpretativa e do que quer que surja em seguida. É mais fácil contemplar a competição entre as escolas de atividade judicial do que vislumbrá-la nos outros gêneros interpretativos, pois as exigências e consequências institucionais da atividade judicial permanecem constantes enquanto as escolas de interpretação do direito se modificam. Mas as mudanças nas concepções de outros papéis interpretativos, mesmo em nossa época – o dos historiadores, de Hugh Trevor Roper a Eric Hobsbawn; o dos jornalistas, de Walter Lippman a Edward R. Murrow; o dos críticos de arte, de Bernard Berenson a Svetlana Alpers e Michael Freed –, evidenciam do mesmo modo a interpretação e a reinterpretação de uma responsabilidade.

Não devo exagerar a importância dessas diversas distinções entre tipos de interpretação e das relações entre eles. A classe ou as classes em que inserimos a obra de um crítico quase nunca têm importância. Podemos aproveitar o que nos parece esclarecedor sem aprofundar questões colaterais de categorização e sem ter que determinar até que ponto os diferentes críticos realmente discordam entre si. Mas às vezes as distinções são essenciais, quer para evitar confusões, quer para localizar discordâncias legítimas e importantes que teriam passado em branco. Nos anos recentes, nas universidades e particularmente nas faculdades de direito, um grande número de escolas de interpretação autodenominadas "críticas" surgiu e desapareceu. As interpretações críticas feministas da obra de Walt Disney assinalam o caráter estereotipado da personagem Minnie e sua inquestionável subordinação ao Mickey[34]. À primeira vista, parecem ser exercícios de interpretação explicativa, não colaborativa. É certo que as críticas feministas não se consideram parceiras de Disney numa aventura estética. Buscam desmascarar um aspecto da cultura popular que lhes parece significativo e maligno: suas raízes e suas influências ocultas de cunho sexista. Não obstante, não podemos ignorar a raiva que essas autoras sentem da crítica mais convencional, que se encanta com a singeleza dos animais antropomorfizados. Na opinião delas, ignorar o sexismo é trair uma importante e tradicional responsabilidade crítica e ajuda a perpetuar aquilo que foi ignorado.

A ascensão e a queda dos chamados "estudos jurídicos críticos" nas faculdades de direito norte-americanas proporcionam um exemplo ainda melhor do mesmo fenômeno. Os adeptos dessa escola, autodenominados "*crits*", estavam ansiosos para jogar por terra o pressuposto muito difundido de que o direito é produzido por autoridades que buscam formular um conjunto coerente de princípios de moral pessoal e política para regular as interações sociais e comerciais. Queriam desmascarar as contradições na doutrina jurídica produzidas por grupos poderosos que buscavam antes promover os próprios interesses que atuar sob a égide de princípios morais e políticos. Isso é interpretação explicativa: reivindica um significado contemporâneo para determinada descrição de como o direito se desenvolveu. Não há razão alguma pela qual os estudos jurídicos críticos, entendidos dessa maneira, devam se considerar conflitantes com a interpretação colaborativa convencional, que procura melhorar o direito impondo um grau maior de integridade e de princípios a uma doutrina cujas raízes causais bem podem ser aquelas apontadas pelos "*crits*". Pelo contrário, os dois empreendimentos bem podem ser entendidos como complementares: ambos procuram melhorar o direito, um deles desmistificando as origens da doutrina, o outro direcionando a doutrina para fins melhores por meio de uma interpretação esclarecida. Não há conflito entre identificar a cobiça como causa da legislação e interpretar essa legislação de forma a coibir a cobiça; é preciso estar usando óculos cor-de-rosa para negar a primeira mas não insistir na segunda.

Mas os estudos jurídicos críticos declararam-se, fazendo bastante barulho, conflitantes com o que seus adeptos chamavam de "legalismo liberal". Pode ser que esse combate refletisse uma confusão grosseira entre interpretação e explicação, como eu – talvez de modo excessivamente severo – afirmei certa vez[35]. Pode ser, entretanto, que a postura de antagonismo assumida por esses estudiosos refletisse um juízo mais profundo acerca das responsabilidades próprias do estudo acadêmico do direito. Se o objetivo próprio de uma interpretação explicativa desmistificadora é o de mudar radicalmente as opiniões e as práticas, pode ser que o melhor meio para atingi-lo seja envergar uma roupagem colaborativa. Ela procura interpretar do modo mais severo possível a prática que pretende mudar, opondo-se assim a qualquer tentativa de vê-la sob uma luz mais favorável; para tanto, é claro que tem de insistir que essa interpretação é a melhor possível. Segundo essa leitura, os estudos jurídicos críticos de fato são inimigos do legalismo liberal.

Ceticismo interpretativo

Existem exemplos de concorrência ocultos por uma aparência de independência ou complementaridade. Muitas vezes é mais agradável supor, ao contrário, que interpretações aparentemente contraditórias são, na realidade, complementares ou independentes. Desse modo, podemos mitigar a tensão entre nossa inescapável sensação de que a interpretação pode conduzir a uma verdade singular e o incômodo que sentimos diante da afirmação concreta dessa verdade em casos controversos. Dizemos a nós mesmos que a única verdade é que não existe nenhuma verdade única; que uma obra de arte é maior quando é passível de ser interpretada de maneiras as mais loucamente diversas; e invocamos a batida metáfora do diamante multifacetado. Porém, as ocasiões em que essa estratégia funciona são relativamente poucas.

Uma das tentativas de evitar a competição direta é o relativismo – a tese de que os padrões corretos de interpretação são relativos às diferentes escolas ou comunidades de intérpretes. Se assim for, as diferentes interpretações que aparentam contradizer-se mutuamente na realidade não se contradizem, pois devem ser julgadas por diferentes padrões. Considere as várias formulações desse ponto de vista apresentadas pelo crítico e colunista Stanley Fish. Ele defendeu, certa vez, a ideia de que certos aspectos cruciais de um poema só podem ser apreciados temporalmente, por um leitor que tenha uma série de reações, algumas das quais são canceladas ou modificadas à medida que ele avança. "Assim, no caso dos três sonetos de Milton, o que realmente acontece depende de um momento de hesitação ou de 'deslizamento sintático' (*syntactic slide*) [...] Numa análise formalista, esse momento vai desaparecer, quer por ter sido aplainado ou transformado num enigma (insolúvel), quer por ter sido eliminado no decurso de um procedimento incapaz de encontrar valor nos fenômenos temporais."[36] Não há nada de cético nesse argumento; pelo contrário, ele insiste que toda análise que negue a significação dos "fenômenos temporais", como por exemplo um "deslizamento sintático," inevitavelmente deixará passar em branco algo de valor objetivo.

Porém, numa parte posterior do mesmo ensaio (tal como foi publicado), Fish – num ato em que "se consome a si mesmo", segundo ele mesmo diz – se retrata de tudo isso. "Devo desistir das afirmações que fiz implicitamente na primeira parte do ensaio. Defendo ali a ideia de que um modelo ruim (por ser espacial) havia suprimido 'o que realmente acontece', mas, pelos meus próprios princípios, a noção de 'realmente acontece' é apenas mais uma interpretação." É claro que é apenas mais uma interpretação. Mas ainda não está claro por que não é uma interpretação melhor, ou uma interpretação pior. De nada vale dizer, com Fish, que o poema é criado pela leitura e que, portanto, não existe nenhum texto independente de uma leitura em particular e nenhuma leitura independente de um leitor em particular. Se nos sentirmos atraídos por essa maneira de formular o problema – existem outras –, nossa questão se tornará: por que determinada leitura não cria um poema melhor e, portanto, demonstra que o leitor é um leitor melhor?

Mais à frente, Fish dá a impressão de oferecer uma resposta francamente cética. Diz que seu modo de leitura é uma "ficção" e declara: "Minha ficção é libertadora. Absolve-me da obrigação de ter razão (um padrão que simplesmente desaparece) e só exige que eu seja interessante (um padrão que pode ser atendido sem que se faça absolutamente nenhuma referência a uma objetividade ilusória)." Um pouco adiante, no entanto, ele diz que essa última declaração foi "a frase mais infeliz que eu já escrevi" e a repudia, pois implica "relativismo"[37]. Isso não o impede de declarar, logo em seguida, que os padrões de certo e errado na interpretação são, de fato, relativos – relativos às "metas e pressupostos da comunidade". Também essa afirmação de relativismo é apenas mais uma interpretação, e precisamos nos perguntar por que *ela* é verdadeira. Por que as metas e pressupostos de uma comunidade não são melhores que as de outra? Por que não são as melhores possíveis? Se forem as melhores, não serão simplesmente corretas em relação àquela comunidade. Serão simplesmente corretas, e as metas e pressupostos de outras comunidades serão errôneas. Fish nega essa possibilidade e insiste no relativismo. Mas precisa de um argumento positivo em favor desse elemento de ceticismo interno, argumento esse que não consigo encontrar e que não pode ser encontrado, por exemplo, no fato conhecido da diversidade das escolas interpretativas, nem tampouco na ausência de uma plataforma arquimediana a partir da qual as interpretações possam ser julgadas sem quaisquer pressupostos interpretativos. Isso simplesmente nos remeteria aos argumentos falhos em favor do ceticismo externo que investigamos na Parte Um.

Não nego, porém, que existem bons argumentos positivos em favor do ceticismo interno na interpretação literária. Pode acontecer de um crítico considerar que demonstra melhor a grandeza de um poema, e, portanto, se desincumbe melhor de sua responsabilidade crítica, quando insiste que não há uma única maneira correta de interpretá-lo. Já mencionei a interpretação de Leavis a

Velejando para Bizâncio. Ela diz o seguinte: "A alma interroga com veemência a si mesma e às suas imagens de realização e não encontra resposta alguma que não se transforme numa ironia [...] a ambiguidade é essencial e inegável: de qual das duas coisas se trata – da nostalgia pelo país que não é para os velhos ou da nostalgia pelo eterno postulado como antítese? Creio que o poeta não o poderia ter determinado, e de qualquer modo a questão não é dele, mas nossa."[38] Nesse caso, lendo esse poema, Leavis pensa que a seriedade moral é mais favorecida por um entendimento que não resolve a ambiguidade, mas depende dela. Dois filmes de Michael Haneke, *Caché* e *A fita branca*, nos proporcionam outros exemplos bastante diferentes. Em ambos há um crime, mas os criminosos não chegam a ser identificados; a melhor interpretação desses filmes poderia ser (mas não necessariamente é) a de que na realidade não há resposta à questão de saber quem são os criminosos; a de que, *neste* caso, o mundo da ficção está incompleto de um modo que, para um realista histórico, o mundo real jamais estaria.

Já mencionei um outro exemplo, também ele diferente. A execução pública de um clássico já muitas vezes executado é ela própria um subgênero de interpretação, e está claro que um dos objetivos desse subgênero é que cada execução proponha alguma afirmação nova sobre a obra. É evidente que esse entendimento não autoriza que se ofereça uma leitura nitidamente inferior de uma venerável peça musical ou teatral. Por outro lado, como eu já disse, o diretor de uma nova produção de *Hamlet* não precisa pensar que sua interpretação compete com todas as interpretações diferentes e é superior a todas elas. Basta que sua interpretação demonstre algo do personagem, da poesia, das ligações com outras obras de arte literária ou pictórica ou com os significados políticos ou sociais contemporâneos que outras não tenham demonstrado; e que o texto seja capaz, sem fugir à razão, de sustentar essa interpretação. Esse desafio já é difícil o suficiente, e o número de diretores que o encaram é muito maior que o dos que efetivamente conseguem vencê-lo. De qualquer modo, porém, o pressuposto desse subgênero é a complementaridade: a exigência de uma originalidade razoável como virtude característica do gênero justifica nossa sensação de que qualquer diretor estaria cometendo um erro caso afirmasse a verdade exclusiva da sua leitura.

Todos estes são meros casos particulares; há muitos outros exemplos bem-sucedidos de ceticismo na interpretação literária e em outras formas de interpretação artística. Porém, todos são casos de ceticismo interno, não de ceticismo externo, e nenhum deles justifica um ceticismo geral ou padrão. Diante de interpretações divergentes de uma obra de arte, a visão do conflito é, muitas vezes, um diagnóstico melhor e mais instrutivo que a visão das facetas de um esplêndido diamante – é mais instrutiva porque nos obriga a ir buscar as raízes do conflito em concepções mais profundas, e divergentes, das responsabilidades críticas em jogo.

Tradução radical

Devo mencionar mais um suposto exemplo de ceticismo interpretativo – muito mais estudado pelos filósofos do que os outros exemplos que consideramos[39]. Não é tirado da arte nem do direito, mas de um gênero de interpretação raro na prática mas corrente na filosofia: a tradução a partir de uma língua da qual, de início, não temos sequer um entendimento parcial. Se encontrarmos um grupo de pessoas que fale essa língua, podemos tentar uma tradução baseada num estudo extenso do comportamento delas. Para atribuir sentido às palavras que elas usam, atribuímos a essas pessoas diferentes pacotes de crenças e desejos e usamo-los como pano de fundo para tentar entender o que elas dizem.

Mas, quase sempre, os mesmos comportamentos poderão ser explicados por meio de uma grande variedade de pacotes diferentes: se mudássemos nossa opinião sobre o que essas pessoas pensam ser verdadeiro, ou sobre o que desejam que aconteça, atribuiríamos significados muito diferentes às suas palavras. Vários pacotes diferentes, considerados em seu conjunto, adequar-se-iam igualmente bem ao que elas dizem. Willard Quine, cujo estudo do problema influenciou extensamente a filosofia da linguagem, formulou a questão da seguinte maneira: "Diversos manuais para a tradução de uma língua para a outra podem ser montados de maneiras divergentes, sendo todos eles compatíveis com a totalidade da disposição da fala, mas incompatíveis uns com os outros. Divergirão em inúmeros pontos, pois darão, como traduções de uma frase de uma das línguas, frases da outra língua que não guardam entre si nenhum tipo plausível de equivalência, por remota que seja."[40]

Podemos, portanto, ser tentados a adotar uma conclusão cética: não existe resposta correta às questões de tradução radical, mas somente respostas diferentes. Alguns filósofos disseram essencialmente isso, mas de diferentes maneiras: disseram que o significado é coisa que não existe, por exemplo, ou que a tradução é essencialmente indeterminada. Essas proposições céticas partem, no entanto, do pressuposto de que, para julgar o que melhor explica o comportamento, basta-nos perguntar qual pacote de atributos melhor se encaixa nos fatos brutos do comportamento; afirmam a indeterminação porque muitos pacotes se encaixam igualmente bem nesses fatos brutos. Por outro lado, para melhor compreender a tradução radical, ela deve ser entendida como uma espécie de interpretação colaborativa – imaginamo-nos conversando com os falantes daquela língua para alcançarmos todas aquelas finalidades, imensamente variadas, que normalmente motivam as conversas. É sensato, portanto, adotar, acerca da língua e de seus falantes, aqueles pressupostos que pareçam necessários para alcançarmos qualquer uma dessas finalidades: pressupostos cuja invalidade minaria de qualquer modo todo projeto de comunicação ou transação útil.

Podemos compreender sob essa luz os princípios de caridade e coerência sugeridos por Donald Davidson[41]. Pressupomos que os falantes que pretendemos compreender empregam a mesma lógica que empregamos e que suas crenças são verdadeiras em geral, embora não o sejam necessariamente em cada caso. Umas vez que os objetivos da tradução não teriam sentido a menos que esses pressupostos fossem adotados, é a partir dessa base que procedemos. Suponha que mesmo nesse caso, aceitando essas restrições, venhamos a produzir duas traduções radicais profundamente diferentes da mesma língua: dois pacotes de crenças, desejos e significados, ambos perfeitamente adequados aos dados. Esses dois pacotes são concorrentes entre si; se dissermos que um deles é "correto", teremos de supor que o outro não é. Será que, levando em conta todas as coisas, um deles é o melhor?

Como sempre acontece quando se faz tal pergunta, devemos ter o cuidado de distinguir a incerteza da indeterminação. Teríamos o direito de adotar essa última conclusão, muito forte e positiva, somente se tivéssemos encontrado alguma razão positiva para supor que, dada a ampla gama de finalidades a serem atendidas por uma interpretação, não há nada que nos permita escolher entre traduções divergentes. Na vida concreta, diferentes tradutores foram capazes de alcançar uma grande uniformidade ao enfrentar desafios reais de tradução radical; isto pode dar a entender que a indeterminação (na medida em que se distingue da incerteza) é rara[42]. É claro que pensaríamos o contrário se partíssemos do pressuposto de que o sucesso nesse tipo de interpretação se resume à adequação aos fatos comportamentais brutos.

Talvez Davidson tenha partido desse pressuposto quando disse: "A totalidade dos dados aos quais o intérprete tem acesso não determina nenhuma teoria única da verdade para determinado falante [...] pois a totalidade dos dados possíveis não pode limitar as teorias aceitáveis ao número de uma só." Porém, ele próprio insistiu em que a interpretação não se resume à adequação. Embora tenha opinado que "podemos dizer, se quisermos, que a interpretação ou tradução é indeterminada", também comparou essa indeterminação ao fato de a temperatura da água numa banheira poder ser medida quer em graus centígrados, quer em graus Fahrenheit[43]. Deve ter pensado que, embora um número imenso de diferentes pacotes de atribuições pudesse adequar-se aos dados comportamentais, as estratégias interpretativas que atendem aos nossos objetivos concretos normalmente reduziriam o número desses pacotes a uns poucos cujas diferenças fossem unicamente terminológicas. Se assim for, é possível que a indeterminação, no sentido em que Quine a entendia, praticamente não exista. Talvez não tenhamos de nos deparar habitualmente com interpretações igualmente boas "que não guardam entre si nenhum tipo plausível de equivalência".

A teoria dos valores: um resumo

Por acaso a teoria do valor na interpretação atende às condições que estabeleci no começo deste capítulo para uma teoria bem-sucedida da interpretação? Ela é adequadamente geral: pretende aplicar-se a todos os gêneros de interpretação que listei. Também explica por que não existe algo que se possa chamar de interpretação em geral, separada de um gênero particular. Se o sucesso de qualquer proposição interpretativa em particular depende de uma teoria bem-sucedida do valor da interpretação num determinado gênero, é claro que a interpretação só poderá começar quando esse gênero for especificado ou pressuposto, naquele que chamei de primeiro estágio da interpretação. A interpretação de pulsos de luz como uma mensagem tem uma finalidade completamente diferente daquela da interpretação dos mesmos pulsos como uma expressão artística.

A teoria do valor também explica (como eu disse que deveria fazer qualquer teoria geral da interpretação) por que o papel do estado psicológico de um criador qualquer é, em geral, controverso. Os estados mentais dos autores são pertinentes quando são tornados pertinentes pela melhor teoria acerca de quais são os valores promovidos pela interpretação no gênero em questão. A interpretação controversa é dominada pelas intenções dos falantes, pois a finalidade da interpretação na conversação é quase sempre a comunicação dessas intenções. A interpretação jurídica não é dominada pelos estados mentais concretos dos legisladores e de outras autoridades, porque a melhor compreensão do objetivo da interpretação das leis e de outros dados legais faz com que a maioria das coisas que essas autoridades concretamente pensam ou pretendem não venha ao caso de modo algum. O papel da intenção do autor é controverso na interpretação literária, e a importância que os críticos atribuem àquela intenção é flutuante porque existe controvérsia entre os críticos acerca de o quanto o valor de uma obra de arte depende da inspiração do autor e da realização desta na obra.

No começo do século XIX, quando a tradição da intenção do autor era particularmente forte, seus apoiadores afirmavam que as intenções do autor devem controlar a interpretação porque somente desse modo o verdadeiro valor da literatura poderia se realizar. Vejamos Coleridge, por exemplo:

> O que é a poesia? Essa pergunta é tão quase idêntica à de saber o que é um poeta que a resposta a uma implica a resposta à outra.

A distinção resulta do próprio gênio poético, que sustenta e modifica as imagens, pensamentos e emoções da mente do poeta [...] Ele difunde um tom, um espírito de unidade, que mistura e (por assim dizer) *funde* um no outro por meio daquele poder sintético e mágico aos quais atribuímos exclusivamente o nome de imaginação.[44]

Como uma pessoa que abraçasse essa visão romântica do poeta e do poema, entendidos como um dançarino e sua dança, poderia deixar de supor que o objetivo da crítica seja o de evidenciar adequadamente esse gênio da imaginação? Compare-a com a opinião muito diferente que Tom Stoppard tem acerca da função do crítico: ele disse que o crítico é como um inspetor de alfândega que encontra, numa obra, muita coisa que o autor tem de admitir que está lá, embora afirme sinceramente que não foi ele quem as colocou ali[45]. Ainda outras opiniões quanto ao papel e à importância do "primeiro leitor" refletem outros pressupostos diferentes acerca do valor do empreendimento crítico. Muitos deles subordinam o suposto gênio do autor, se é que tal coisa existe, a algo muito diferente: à obra de arte julgada por si mesma, como se fosse um órfão ou um *objet trouvé*; às oportunidades de surpresa oferecidas a um leitor contemporâneo; à instrução moral ou à consciência social ou política de uma nova era. Autoridade do autor ascende e declina, morre e renasce, à medida que mudam as opiniões acerca da finalidade da interpretação.

A teoria do valor responde a outras perguntas que propus. Como eu disse, ela explica a ambivalência que em toda parte encontramos a respeito da verdade na interpretação. Os desacordos são patentes, mas suas fontes são quase sempre obscuras, enterradas que estão numa grande variedade de pressupostos tácitos sobre o direito, a arte, a literatura ou a história, pressupostos esses que raramente vêm à superfície e que só podem ser explicados com consequências de alguma combinação de gostos, formações, aculturações, lealdades e hábitos intrínsecos. Não admira que falemos com tanta naturalidade do ato de "simplesmente ver" um poema ou uma pintura deste ou daquele jeito: muitas vezes, é impossível evitar que o juízo seja percebido por nós dessa maneira. É claro que parece arrogante, às pessoas sensatas, a insistência em que nesse caso a questão interpretativa em pauta tenha uma única verdade exclusiva, de que os que não veem a lei ou a pintura de determinada maneira estão simplesmente errados. Parece mais realista e mais modesto dizer que não existe uma única interpretação correta, mas sim várias interpretações aceitáveis ou responsáveis.

No entanto, é exatamente isso que não devemos dizer caso sejamos honestos, pois não é nisso que acreditamos ou podemos acreditar. Repetindo: um estudioso que trabalha anos fazendo uma nova interpretação de *Hamlet* não pode acreditar que suas diversas conclusões interpretativas não sejam mais válidas que as conclusões contraditórias de outros estudiosos; um juiz que manda alguém para a cadeia baseado numa interpretação da lei que ele não crê ser melhor que as interpretações rivais, mas somente diferente delas, deveria ele próprio ser enjaulado. A teoria do valor resgata nossa convicção da verdade em face da complexidade, da controvérsia e da inefabilidade. Se os intérpretes admitirem que uma teia complexa de valores define o sucesso em sua empreitada, podem também acreditar, sem fugir à sensatez, que existe uma interpretação particular que, em qualquer ocasião interpretativa, identifica e atende melhor que as outras a esses valores. Inversamente se chegaram à conclusão de que determinada interpretação de algo é a melhor, também podem pensar, sem fugir à sensatez, que essa interpretação atende aos critérios que definem o sucesso na empreitada, mesmo que não consigam formular esses critérios de modo detalhado ou mesmo de modo genérico.

Podem assim pensar que a interpretação tem uma verdade objetiva. Só podem fazê-lo, no entanto, se pensarem que os valores têm uma verdade objetiva. O argumento da Parte Um deste livro é um fundamento necessário para o argumento desta parte.

Já chamamos a atenção para uma manobra que permite às pessoas pensarem que não são arrogantes quando insistem em suas interpretações preferidas. Elas dizem que, enquanto as proposições científicas podem ser verdadeiras ou falsas, os juízos interpretativos são diferentes. São bem ou mal fundados, mais ou menos razoáveis ou qualquer coisa desse tipo. Essas distinções são vazias. É claro que podemos estipular que a palavra "verdadeiro" seja usada como operador de corroboração para os juízos científicos e que a expressão "mais razoável" tenha a mesma função para os juízos interpretativos. Mas essa estipulação seria descabida, pois não podemos afirmar que tenha alguma utilidade[46]. Não podemos tampouco encaixar essa distinção numa distinção mais conhecida – explicando, por exemplo, que "verdadeiro" indica objetividade ao passo que "mais razoável" indica subjetividade, ou que "verdadeiro" assinala um juízo cognitivo ao passo que "mais razoável" assinala alguma forma de expressão não cognitiva. Mas, pelo contrário, qualquer termo alternativo que corroborasse os juízos interpretativos teria de significar (a fim de se adequar ao nosso pensamento) exatamente aquilo que "verdadeiro" significa: o máximo sucesso. As diferenças importantes entre os juízos científicos e interpretativos refletem diferenças no conteúdo dos dois tipos de juízo, e não a possibilidade de um deles ser verdadeiro, e o outro, não.

Ciência e interpretação

Quais são essas diferenças? Entre as perguntas que propus no começo deste capítulo, indaguei de que modo a interpretação difere da ciência. Os filósofos, os historiadores e os cientistas sociais propuseram uma distinção grandiosa entre dois tipos de investigação: aquelas que alguns filósofos chamaram de explicação e compreensão[47]. Aqueles que creem que essa distinção é fundamental sustentam que as ciências naturais buscam explicações que não pressupõem finalidades, ao passo que a história e a sociologia, entre outras disciplinas de ciências humanas, buscam a compreensão através da finalidade. Este capítulo apresentou uma versão um pouco diferente da mesma distinção. No meu entendimento, compreensão significa interpretação. A interpretação difere da ciência por postular uma finalidade, não somente no vocabulário de suas proposições como também em seus critérios de sucesso.

Comecemos fazendo uma distinção entre os objetivos intrínsecos e os objetivos de justificação de qualquer investigação. Quando investigamos qualquer coisa – os buracos negros, as causas da Primeira Guerra Mundial, a demografia das Ilhas Cayman, as ambiguidades na poesia de Yeats –, nosso objetivo intrínseco é o de descobrir a verdade de alguma coisa. Se não tivéssemos esse objetivo, não estaríamos investigando. Mas também podemos identificar objetivos que justificam a investigação: os objetivos ou finalidades que, segundo acreditamos, justificam a tentativa de descobrir aquela verdade. Acreditamos que as pesquisas em medicina são justificadas, por exemplo, porque previnem e curam doenças. Boa parte daqueles objetivos que consideramos justificar a ciência é igualmente prática: as pesquisas em agronomia se justificam pela promessa de alimentar mais pessoas; as pesquisas em eletrônica, pelo fato de virem a proporcionar o entretenimento e a prosperidade desejados.

Os objetivos que justificam a ciência, no entanto, nem sempre são práticos de modo tão imediato. Estudamos cosmologia por-

INTERPRETAÇÃO EM GERAL · 233

que somos fascinados pelos seus mistérios; entusiasmamo-nos com o simples drama da história do nosso universo. Esse objetivo não é prático, mas nem por isso deixa de ser um objetivo de justificação, pois inclui uma aspiração não só pela verdade, mas pela verdade de alguma coisa cujo conhecimento consideramos ser de fundamental importância. Ninguém tenta descobrir quantas pedras de mais de um quilo existem na África. Se tentasse, o objetivo intrínseco do estudo seria o de determinar a verdade acerca dessa questão; mas ninguém faz esse estudo, pois ele não cumpriria nenhum objetivo de justificação, nem prático nem teórico.

É evidente que os objetivos de justificação desempenham um papel importante na ciência. Explicam não somente quais perguntas os cientistas tentam responder e quais estudos são financiados pelos Estados e fundações, mas também indicam em que momento consideramos correto contentar-nos com alguma proposição que pretende ser verdadeira, mas que, como acontece com muitas proposições científicas significativas, encontra-se muito longe da certeza. Não obstante, e apesar desses efeitos importantes, não devemos jamais confundir os objetivos de justificação da ciência com seus objetivos intrínsecos; em específico, não devemos supor que os objetivos de justificação integrem qualquer critério de sucesso na descoberta da verdade[48]. Podemos estudar cosmologia porque a vastidão do espaço nos encanta, mas a veracidade da teoria do Big Bang não depende do fato de ela nos encantar ou não. O fato de querermos atravessar um rio não integra os argumentos que defendem a veracidade dos princípios que preveem quando uma ponte vai ficar de pé e quando vai cair. Se pensássemos o contrário, faríamos cair por terra a indispensável distinção entre a verdade científica e nossas razões para querer a verdade. Um dos elementos da estrutura de organização da nossa ciência – um dos elementos que é essencial compreender para podermos atingir nossos objetivos de justificação – é que os objetivos de justificação não têm nada a ver com a verdade. Pode até ser, como insistiram alguns grandes filósofos, que essa separação crucial entre a verdade e a finalidade na ciência reflita as finalidades humanas num nível maior de abstração e atenda a essas finalidades. (Falo dessa possibilidade no capítulo seguinte.) Porém, essa especulação não contesta a importância da distinção; antes, a confirma.

A interpretação é drasticamente diferente. Nessa esfera, os objetivos de justificação estão no âmago do sucesso. Se a teoria do valor estiver correta, nossos critérios de sucesso em qualquer gênero de interpretação realmente dependem, do jeito que tentei descrever, daquela que consideramos ser a melhor compreensão do objetivo da interpretação naquele gênero. Podemos dizer que, na interpretação, os objetivos de justificação e os objetivos intrínsecos se fundem. Os intérpretes elaboram ou simplesmente já têm certos pressupostos acerca dessas finalidades e dos valores que as apoiam; esses pressupostos, embora muitas vezes não sejam nem formulados nem admitidos, determinam quais proposições interpretativas eles aceitam e quais eles rejeitam.

A grande diferença entre as duas grandes esferas da investigação – a ciência e a interpretação – é comparável a várias diferenças (já anotadas nos capítulos anteriores) entre a ciência e a moral e as explica. Ao contrário das proposições científicas, as proposições interpretativas não podem ser independentemente verdadeiras: só podem ser verdadeiras em virtude de uma justificação interpretativa que recorra a um complexo de valores, nenhum dos quais, do mesmo modo, pode ser independentemente verdadeiro. É impossível que a melhor interpretação da cláusula de igual proteção proíba os Estados de recusar emitir carteira de motorista a crianças de colo pelo simples fato de que as coisas são assim mesmo; é impossível que *Velejando para Bizâncio* seja na realidade um ataque ao imperialismo britânico, muito embora não haja nenhuma explicação mais profunda de por que isso é assim. Nenhuma interpretação é prova de algum fato ulterior. Uma proposição interpretativa verdadeira é verdadeira porque as razões para aceitá-la são melhores que as razões para aceitar qualquer proposição interpretativa rival. É por isso que, quando reconstruímos o raciocínio de um grande crítico, não podemos falar de uma cadeia, mas sim de uma teia de valores.

A interpretação é holística em todas as suas partes. Ela entretece inúmeros valores e pressupostos de tipos muito diferentes, extraídos de juízos ou experiências de tipos muito diversos; e a rede de valores que figura num argumento interpretativo não admite nenhuma hierarquia de domínio e subordinação. É a rede como um todo que enfrenta o desafio da condenação; mesmo a modificação de um único filamento pode ter resultados arrasadores. A segunda melhor interpretação que uma pessoa faz de um poema ou uma pintura pode ser radicalmente diferente da sua melhor interpretação; uma terceira interpretação que seja apenas um pouco diferente da primeira pode parecer muito pior. É verdade que alguns filósofos eloquentes defendem a tese de que a ciência também é holística: de que a ciência, nas palavras de Quine, também se confronta em sua totalidade com o tribunal da experiência[49]. Dizem eles que não existe nenhuma crença acerca do mundo físico, por mais firme e indubitável que agora pareça, que não tivéssemos de abandonar caso também abandonássemos todas as outras crenças que agora temos e começássemos a descrever e explicar o mundo físico com um vocabulário totalmente diferente.

Mas o holismo na ciência, caso aceitemos que exista, é quase todo acadêmico e passivo: não pode desempenhar papel nenhum na vida prática de quase ninguém. Na prática comum, é de modo francamente linear que pensamos sobre a física, a ecologia vegetal e a dependência da personalidade em relação aos genes. Os raciocínios que nos conduzem a novas crenças partem da mesma massa incalculavelmente grande de todas as coisas que todos nós aceitamos tacitamente, e raciocinamos a partir de dados cujo peso e cujos limites quase todos nós reconhecemos. Quase todas as nossas aquisições e mudanças de crença se fazem por acréscimos descontínuos: testamos hipóteses partindo do pressuposto de que elas, e somente elas, correm o risco de ser refutadas pelo teste. Isso nem sempre é verdade. Não é verdade nas regiões mais especulativas da física teórica ou, talvez, da biologia básica. Novos dados podem pôr em questão boa parte do que já parecia estabelecido. Se Stephen Hawking dissesse que, no fim das contas, os buracos negros não destroem informação, teorias antes curiosas sobre universos alternativos evaporar-se-iam de repente[50]. Porém, a diferença entre o que um cientista responsável pensa sobre o mundo com que realmente nos deparamos e o que os outros cientistas pensam – diferença devida ao fato de ele aceitar uma opinião controversa que os outros rejeitam – é, em geral, pequena em comparação com o que há de comum entre os pensamentos de todos eles. Na interpretação, tudo é muito diferente: os críticos literários ou especialistas em direito constitucional cujos valores sejam excepcionalmente diferentes sob um aspecto pertinente tendem à discordância numa área muito ampla de convicções interpretativas. Vimos inúmeros sinais desse tipo de influência neste capítulo. Na interpretação, o holismo não é passivo; é muito ativo.

O reconhecimento dessas diferenças entre a ciência e a interpretação nos ajuda ainda mais a explicar o incômodo que sentimos diante da ideia de afirmar que nossas interpretações são verdadeiras. O que falta à interpretação é exatamente aquilo que dá à ciência uma sensação de solidez. A admissibilidade da verdade independente aumenta enormemente em nós a confiança metafísica. Não se trata, é claro, de uma confiança no fato de já possuirmos uma verdade sobre o mundo – com efeito, observamos que a própria ideia de verdade independente possibilita um tipo de erro muito profundo e irremediável –, mas de uma confiança em que a verdade existe. Quando nenhuma verdade pode ser independente, esse conforto desaparece. As dúvidas que podemos ter acerca da validade do nosso argumento interpretativo nos lembram da possibilidade do ceticismo interno profundo, que não pode ser automaticamente excluída: a possibilidade de que não haja um melhor argumento e, logo, tampouco uma resposta correta. O fato de os objetivos de justificação da ciência não terem nada a ver com a verdade científica é outra fonte de solidez na ciência. O fato de sabermos que as diferentes convicções das pessoas sobre os objetivos de justificação da ciência não determinam de modo algum o que elas entendem por verdade científica nos facilita a expectativa de uma convergência de opiniões nesse domínio.

Na interpretação, pelo contrário, as diferenças de objetivos de justificação e de aspirações traduzem-se automaticamente em diferenças de método; os argumentos, longe de estarem protegidos contra essas diferenças, são moldados por ela. Nesse sentido, a convergência parece problemática e, na medida em que ocorre, acidental. A linearidade da ciência é outra fonte de conforto: as controvérsias sobre proposições ou hipóteses inéditas não são ameaçadoras, uma vez que, mesmo nas esferas especulativas, castelos de areia são construídos sobre um chão que parece inegavelmente firme. O holismo ativo da interpretação acarreta, pelo contrário, a absoluta inexistência de um chão firme; mesmo quando nossas conclusões interpretativas parecem inescapáveis, quando realmente nos parece impossível pensar outra coisa, ainda somos assombrados pela inefabilidade dessa convicção.

Não podemos fugir à sensação de que nossas convicções interpretativas são tênues e contingentes, pois sabemos que outras pessoas efetivamente pensam aquilo que não conseguimos pensar e que não há nenhum argumento que possamos apresentar para convencê-las do contrário. Ou elas a nós. Não há nenhum experimento que possa reconciliar nossas diferentes certezas. Mesmo assim, e apesar de tudo, o que nos resta não é o niilismo, mas a incerteza. Se você quiser mais – se almejar ao golpe decisivo de um ceticismo interpretativo –, terá de argumentar em favor disso, e seus argumentos serão tão tênues, tão controversos e tão pouco convincentes, para as outras pessoas, quanto os argumentos positivos que agora o deixam insatisfeito. Por isso – e mais uma vez – tudo depende, no fim, daquilo que você efetivamente pensa, e pensa com responsabilidade. Não porque o fato de você o pensar o torne correto, mas porque, ao pensar que é correto, você esteja pensando *de maneira correta*.

INTERPRETAÇÃO CONCEITUAL

Como a discordância é possível?

O raciocínio moral é uma interpretação, mas não é nem uma interpretação colaborativa nem uma interpretação explicativa. Encaixa-se no terceiro tipo que distingui no capítulo anterior: a interpretação conceitual. As pessoas, em conjunto, desenvolveram uma grande variedade de conceitos morais – os conceitos de razoabilidade, por exemplo, ou de honestidade, confiabilidade, tato, decência, responsabilidade, crueldade, descaso, insensibilidade, fraude e brutalidade, bem como os conceitos especialmente políticos de legitimidade, justiça, liberdade, igualdade, democracia e direito. Desenvolvemos nossa personalidade moral por meio de uma interpretação do que significa ser honesto ou razoável ou cruel, de quais atos do governo são legítimos ou de quando o Estado de Direito foi violado. Na interpretação conceitual, a distinção entre autor e intérprete desaparece: juntos criamos o que cada um de nós e todos nós juntos interpretamos. Boa parte da longa história da filosofia é uma história da interpretação conceitual. Os filósofos interpretam de modo muito mais consciente e profissional os conceitos que estudam, mas também ajudam a criar aquilo que interpretam.

O título desta seção deve parecer estranho. É claro que concordamos e discordamos acerca da moral e da política. Fazemos campanha porque concordamos e lutamos na guerra porque discordamos. Mas pare um pouco para pensar no que torna isso possível. Muitas palavras têm o mesmo som mas significados diferentes, e esse fato linguístico pode produzir uma concordância comicamente irreal. Se eu e você concordamos em nos encontrar no banco amanhã, mas eu estou me referindo ao estabelecimento que guarda dinheiro, e você, ao banco da praça, logo perceberemos que nossa concordância é ilusória. Mas parece que também atribuímos diferentes significados às palavras que usamos para expressar conceitos morais. Quando pensamos discordar quanto à injustiça de um imposto de renda progressivo, por exemplo, pode ser – e provavelmente será – que nossos critérios de injustiça sejam muito diferentes. Eu penso que uma lei é injusta quando ela perturba a formação de um mercado econômico livre; você, quando ela aumenta o sofrimento geral. Por que, nesse caso, nossa aparente discordância não é tão ilusória quanto nossa suposta concordância no caso do banco?

Tipos de conceitos

Neste capítulo, defendo a ideia de que só poderemos explicar a concordância e a discordância genuínas acerca de questões morais se distinguirmos os tipos de conceitos que usamos, separando-os mediante a identificação das diferentes maneiras pelas quais as pessoas os têm em comum. Os conceitos morais e políticos que acabei de listar são todos exemplos de um tipo que chamarei de "interpretativo". Temos em comum um conceito interpretativo quando a melhor explicação do nosso comportamento coletivo no uso desse conceito entende que seu uso correto depende da melhor justificativa do papel que ele desempenha para nós. Para melhor elaborar essa ideia complexa, primeiro vou tentar explicar de que modo temos em comum os conceitos não interpretativos: os conceitos de um banco, por exemplo, ou de um livro, um triângulo equilátero ou um leão.

Alguns dos nossos conceitos são *criteriais* no seguinte sentido: temos o conceito em comum quando, e somente quando, usamos os mesmos critérios para identificar seus casos particulares. As pessoas têm em comum o conceito de um triângulo equilátero, por exemplo, quando todas elas usam determinado critério – são triângulos equiláteros as figuras com três lados iguais – para identificar os espécimes. Os critérios de triângulo equilátero que temos em comum são precisos, mas os que temos em comum para aplicar outros conceitos criteriais nem sempre o são. Se damos a impressão de discordar acerca da questão de saber se o nosso amigo que está perdendo os cabelos já é careca ou não, apesar de concordarmos quanto à quantidade de cabelo que ele efetivamente tem, nossa aparente discordância é irreal – ou, como dizemos às vezes, meramente verbal. Nossa aparente discordância acerca da quantidade de livros sobre a mesa será ilusória se você disser que um panfleto grande é um livro e eu disser que não. Podemos afirmar que os conceitos de calvície e de livro são conceitos criteriais vagos, pois, conquanto a maioria das pessoas concordem acerca dos critérios corretos para a sua aplicação, elas divergem numa gama de aplicações que cada uma delas entende como casos-limite. Nesses casos, seria tão sensato dizer que temos o conceito em comum porque usamos os mesmos critérios nos casos principais quanto afirmar que os conceitos que usamos são tão pouco diferentes entre si que devemos tratá-los como um único conceito. A questão é a mesma: é a identidade dos nossos critérios que torna a discordância genuína, quando ela é verdadeiramente genuína.

Entretanto, para explicar a maneira pela qual nossos conceitos tornam possíveis a concordância e a discordância, não podemos tratá-los como se fossem todos conceitos criteriais. Digamos que eu e você discordamos quanto à questão de saber se um animal que encontramos em Piccadilly é ou não um leão; digamos ainda que eu identifico os leões por seu tamanho e forma e você os identifica por um comportamento que crê ser característico deles. Eu digo que o animal que encontramos é um leão porque se parece com um leão, e você o nega porque, em vez de rugir, ele fala inglês com sotaque. Estamos usando critérios muito diferentes e, não obstante, nossa discordância é real. Não estamos falando sobre coisas completamente diferentes, como no caso do "banco". E não é verdade que nossa discordância é irreal pelo fato de o conceito de "leão" ser vago. No caso da calvície, quando compreendemos que nossos critérios têm uma margem de diferença e aceitamos que ambos entendemos que essa margem é composta por casos-limite, chegamos à conclusão de que, na realidade, não estamos discordando[1]. No caso do leão, porém, mesmo depois de compreender que estamos usando critérios de identificação muito diferentes, continuamos insistindo em que nossa discordância é real. Continuamos discordando quanto à questão de saber se aquele ser que está perto do Ritz é, como parece ser, um leão.

Temos de afirmar que alguns conceitos não são conceitos criteriais, mas antes conceitos de "tipos naturais" (assim chamados hoje por muitos filósofos)[2]. Não precisamos nos deter demais no caráter exato desses conceitos, acerca do qual os filósofos divergem, mas podemos dizer (de modo muito geral, mas adequado para nós neste momento) que os tipos naturais são coisas que têm uma identidade fixa na natureza, tais como substâncias químicas ou espécies animais; e que as pessoas têm em comum um conceito de tipo natural quando usam esse conceito para se referir ao mesmo tipo natural. As pessoas podem estar se referindo ao mesmo tipo natural mesmo quando usam, e sabem que usam, diferentes critérios para identificar os casos particulares. Eu e você partimos do pressuposto de que o nome "leão" se refere a um tipo biológico específico e aceitamos que o animal que encontramos será um leão se tiver a essência biológica de leão, seja ela qual for, e independentemente de ele satisfazer ou não aos critérios que eu e você normalmente usamos para identificar os leões. Se você sabe o que é o DNA e se algum teste provar que a criatura que vimos tem o DNA de um leão, você provavelmente mudará de opinião e aceitará a existência de leões falantes. Os conceitos criteriais não funcionam desse jeito: nada que você descubra acerca da estrutura molecular do meu exemplar de *Moby Dick* será capaz de convencê-lo de que esse objeto não é um livro.

Não podemos entender que os conceitos criteriais e os conceitos de tipos naturais sejam somente casos especiais uns dos outros. Não existe uma natureza essencial da calvície que determine definitivamente quem é e quem não é calvo, independentemente das aparências. Temos de aceitar aquilo que Wittgenstein assinalou: que os conceitos são ferramentas e que dispomos de diferentes tipos de ferramentas na nossa caixa de ferramentas conceitual. Entretanto, os conceitos criteriais e os conceitos de tipos naturais têm um importante aspecto comum. É impossível que as pessoas tenham em comum um desses conceitos a menos que aceitem um teste decisivo – uma espécie de procedimento decisório – para determinar conclusivamente quando aplicar o conceito (exceto naqueles casos que elas reconhecem como marginais). Toda discordância real acerca da aplicação é excluída uma vez que haja concordância acerca de todos os fatos pertinentes. Não teríamos em comum o conceito de leão se discordássemos quanto à "leonidade" de um animal mesmo depois de admitir conjuntamente que ele pertence, ou não, à espécie biológica desde há muito designada como "leão".

Acaso essa condição para se ter um conceito em comum – que partilhemos um procedimento idealizado de decisão para a sua aplicação – é válida para todos os conceitos que temos em comum? Esse pressuposto tem dominado – e, na minha opinião, prejudicado – boa parte da recente filosofia do direito[3]. Na verdade, temos de reconhecer pelo menos mais uma família de conceitos que temos em comum mesmo quando não concordamos com nenhum teste decisivo: os conceitos interpretativos[4]. Como eu disse, não temos esses conceitos em comum pelo fato de concordarmos com a sua aplicação, uma vez que todos os outros fatos pertinentes tenham sido estabelecidos, mas pelo fato de manifestarmos o entendimento de que a sua correta aplicação é determinada pela melhor interpretação das práticas no contexto das quais eles figuram. Preciso explicar isto um pouco melhor.

Conceitos interpretativos
Paradigmas

As pessoas tomam parte em práticas sociais nas quais consideram que certos conceitos identificam algum valor ou desvalor, mas discordam acerca de como esse valor deve ser caracterizado ou identificado. É assim que funciona para nós o conceito de justiça e outros conceitos morais. Concordamos – no geral – em que essas coisas são valores, mas não concordamos acerca do caráter exato desses valores. Não concordamos acerca do que torna um ato justo ou injusto, certo ou errado, um atentado à liberdade ou um simples caso de falta de tato. Tampouco concordamos acerca de qual resposta seria exigida ou justificada por uma correta atribuição do conceito. Mas nossa concordância quanto àqueles que consideramos ser os casos paradigmáticos do conceito, bem como quanto aos casos paradigmáticos de reações apropriadas àqueles, é ampla o suficiente para nos permitir defender, de modo inteligível para outras pessoas que têm o conceito em comum conosco, a tese de que determinada caracterização do valor ou desvalor é a que melhor justifica esses paradigmas que temos em comum[5].

Por exemplo: apesar de discordar amplamente em outras áreas, concordamos que seria injusto que o governo tributasse a riqueza produzida por trabalhadores pobres em prol de ricos preguiçosos, ou que condenasse e punisse uma pessoa que todos sabem ser inocente de qualquer crime. A concordância que temos acerca desses paradigmas é suficiente para que cada um de nós proponha uma teoria ou concepção da justiça que justifique os juízos que fizemos dentro de cada um dos paradigmas e que possa ser reconhecida, pelas outras pessoas, como referente àquele conceito. Uma vez que essas teorias são diferentes, às vezes espantosamente diferentes, as atribuições que elas nos autorizam fazer para além dos paradigmas básicos também são diferentes. O ato de termos em comum um conceito interpretativo depende da concordância, assim como ocorre com os conceitos criteriais e conceitos de tipos naturais. Mas o tipo de concordância necessário no caso de um conceito interpretativo é muito diferente: não é a concordância em torno de um processo de decisão empregado como teste decisivo para a identificação de casos particulares. Pelo contrário, o ato de termos em comum um conceito interpretativo é compatível com diferenças de opinião imensas e completamente irresolúveis quanto aos casos particulares. Também é compatível com o fato de algumas pessoas que partilham o conceito negarem que ele expresse um valor qualquer. A pessoa que declara que não existe valor algum naquilo que é expressado por determinado conceito – a castidade, por exemplo, ou a etiqueta, ou o patriotismo – necessariamente supõe uma ampla concordância quanto aos paradigmas desse conceito entre as pessoas que o consideram dotado de valor. Caso contrário, seu argumento desmistificador não teria onde se apoiar.

Seria um erro tentar tornar mais precisa esta explicação geral dos conceitos interpretativos: não podemos estabelecer, em determinada comunidade, qual grau de concordância sobre os paradigmas é necessário para justificar que um conceito seja tratado como interpretativo dentro dessa comunidade. Em cada caso, também é interpretativa a própria questão de saber se, para bem entendermos o modo como o conceito funciona naquela comunidade, é melhor tomarmos por base esse pressuposto do que um pressuposto concorrente que declare a irrealidade da concordância ou da discordância. (A questão de saber se o conceito de democracia presente na retórica das sociedades liberais é idêntico ao conceito usado nas chamadas democracias populares, por exemplo, é uma questão interpretativa e está, no mínimo, em aberto.) Mesmo diante de uma discordância radical, sempre resta saber se esse padrão de discordância é mais bem explicado pela hipótese de que os discordantes partilham um único conceito interpretativo e discordam quanto ao caráter deste ou pela hipótese alternativa de que a discordância é tão ilusória quanto a nossa concordância no caso em que combinamos de nos encontrar no banco. Notamos no Capítulo 7 que o primeiro estágio da interpretação colaborativa ou explicativa é a identificação de um gênero ao qual a questão interpretativa pertence. A interpretação conceitual tem um estágio básico análogo: quando se considera um conceito como interpretativo, pressupõe-se que esse modo de entender uma determinada prática é uma interpretação melhor dessa prática que uma outra interpretação segundo a qual as aparentes concordâncias ou discordâncias são irreais. Também neste caso a interpretação é interpretativa de cabo a rabo.

No caso da justiça, parece não restar dúvida acerca de qual dos pressupostos alternativos – um conceito interpretativo comum ou a irrealidade da discordância – é mais convincente. Movemos campanhas, até guerras, por causa da justiça, e é evidentemente falso que, se refletíssemos sobre o que queremos dizer quando usamos esse termo, veríamos que na realidade não temos nada sobre o que discordar. Pelo fato de termos em comum o conceito interpretativo de justiça, somos capazes de reconhecer as teorias de uma grande variedade de filósofos políticos como concepções concorrentes desse mesmo conceito. Para interpretar as práticas em que figuram alegações de justiça, os filósofos utilitaristas e outros filósofos consequencialistas supõem que essas práticas visam à felicidade geral ou algum outro objetivo desejável. Os filósofos políticos da tradição kantiana oferecem interpretações muito diferentes. Poucos políticos que defendem a assistência universal à saúde são filósofos políticos competentes, e seus argumentos não têm a pretensão consciente de serem interpretativos. Não obstante, podemos examinar seus argumentos e reconstruí-los, identificando quais teorias da justiça se manifestam em cada um deles e entendendo-as como interpretações da prática comum pela qual as instituições, as pessoas e os atos são chamados de justos ou injustos. Se não pudéssemos fazer isso, teríamos de aceitar algo que nos parece ridículo: que as nossas discussões políticas mais acaloradas e apaixonadas não passam de tolos mal-entendidos.

Mas será que os argumentos interpretativos acerca da justiça podem escapar de uma estreita circularidade? No Capítulo 7, foi relativamente fácil ilustrar a teoria do valor na interpretação porque os objetos de interpretação ali considerados – um poema, uma lei, uma época – não são, eles próprios, valores. Não há circularidade em interpretar uma lei supondo que ela deva atender ao valor da igualdade. Os conceitos morais, no entanto, designam valores.

Como identificar o valor latente nas práticas da justiça sem apelar inutilmente ao próprio conceito de justiça? Adiantei uma resposta no Capítulo 6, quando discutimos a responsabilidade moral. Para defender uma concepção de justiça, situamos as práticas e paradigmas desse conceito numa rede maior de *outros* valores, que sustenta a nossa concepção. Podemos, em princípio, continuar expandindo desse modo o nosso argumento e explorando outros valores até que, como eu disse, o argumento encontre a si mesmo. A circularidade, se é que existe, é global em todo o domínio dos valores. Esse é o método da filosofia moral e política formal: o método do contrato social ou do observador ideal, por exemplo. No final deste capítulo, apresento um exemplo mais extenso referente às teorias morais e políticas de Platão e Aristóteles. Mas a ilustração mais convincente será, espero, a que apresento adiante, nas partes finais do livro – particularmente na análise dos conceitos morais, a partir do Capítulo 11, e na dos conceitos políticos, a partir do Capítulo 15. Ou seja, a ideia dos conceitos interpretativos desempenha um papel importante e evidente no tema geral deste livro: a unidade do valor.

Conceitos e usos

Embora as distinções que fizemos entre os conceitos criteriais, interpretativos e de tipos naturais sejam justificadas pelo uso – pelo modo com que as pessoas usam os conceitos e reagem a eles –, essas distinções são interpretações do uso, e não partes dele. Poucas pessoas que usam o conceito de democracia diriam que a definição de democracia depende de qual seja a teoria política que proporcione as melhores justificativas dos paradigmas desse conceito. A maioria afirmaria apoiar-se numa teoria criterial sobre o assunto, no senso comum ou mesmo em teoria nenhuma. Mas, mesmo assim, precisamos da ideia de conceito interpretativo para explicar o comportamento dessas pessoas: por que elas apoiam ou se opõem a certas teorias da democracia e por que seus acordos e desacordos acerca da democraticidade de certos governos são genuínos, como elas certamente supõem que sejam. As pessoas nem sempre – ou quase nunca – têm consciência da estrutura teórica oculta que é necessária para justificar o restante do seu pensamento.

Tampouco suponho que as pessoas que falam sobre livros, leões e justiça compreendam que estão usando diferentes tipos de conceitos. Elas não precisam ter – e a maioria delas não tem – o conceito de o que é um conceito, muito menos de o que é um tipo de conceito, e menos ainda de conceitos criteriais, interpretativos ou de tipos naturais. Essas ideias pertencem aos filósofos: não são reconhecidas na prática, mas se justificam pelo papel que desempenham quando se tenta entender a prática. Nossa teoria dos conceitos que estruturam um domínio intelectual é ela própria uma interpretação desse domínio, um esquema que dá sentido à investigação, à reflexão, aos argumentos e às estratégias que caracterizam o domínio. Por isso, em certo sentido, todos os conceitos são interpretativos: uma vez que precisamos interpretar a prática da "calvície" para determinar que esse conceito é criterial e vago, poderíamos afirmar que o fato de ele ser criterial e vago é um fato interpretativo[6]. Entretanto, os conceitos que chamei de conceitos interpretativos não o são somente nesse sentido, mas também num outro: o melhor entendimento de seu uso consiste em supor que as pessoas que os usam estão interpretando as práticas nas quais eles figuram. Como eu disse, essa descrição é ampla o suficiente para abarcar os casos mais difíceis, nos quais se pode concluir pela incerteza, ou mesmo pela indeterminação, quanto à questão de saber se um grupo tem concordância suficiente sobre os paradigmas para nos permitir dizer que seus membros têm em comum determinado conceito interpretativo.

Se a maioria das pessoas não compreende o que é um conceito interpretativo, por que é importante insistir em que os conceitos que elas usam são interpretativos? Parte da resposta foi explicitada no que eu já disse muitas vezes: não queremos somente descrever como e por que as pessoas concordam e discordam, mas também compreender tudo isso. Queremos ver se suas discordâncias são genuínas. Mas também precisamos reconhecer os conceitos interpretativos para orientar nossos próprios argumentos. A maior parte do restante deste livro explora os conceitos interpretativos. O entendimento de o que é esse tipo de conceito e, portanto, dos tipos de argumentos de que precisamos, nos ajudará a construir e verificar concepções de responsabilidade autorreflexiva, da vida excelente, de obrigação moral, de direitos humanos, de liberdade, de igualdade, de democracia e de direito. Também nos ajudará a explicar por que a melhor concepção de cada um desses conceitos tem de ser apoiar nas concepções de todos os outros e, ao mesmo tempo, contribuir com elas.

Quando os conceitos migram

Uma vez que a classificação de qualquer conceito em particular em um dos tipos que distinguimos é sempre uma conclusão interpretativa, ela nem sempre se aplicará a todos os usos daquele que parece ser um único conceito. Na maioria das circunstâncias, seria estranho considerar o conceito de um livro como se não fosse um conceito criterial. Praticamente qualquer desacordo acerca da inclusão dos panfletos mais grossos na categoria dos livros, por mais acalorado que fosse, poderia ser tratado como uma tola discordância verbal, e não como uma discordância profunda acerca da melhor interpretação das práticas em que o conceito de livro figura. Em algumas circunstâncias, no entanto, é adequado, ou mesmo necessário, que se faça uma interpretação inédita de um conceito que normalmente é criterial, pois nessas circunstâncias ele não funciona como um conceito criterial, e sim como um conceito interpretativo. Imagine uma lei que declare que os calvos têm direito a uma isenção especial no imposto de renda. Essa lei tola converteria a questão da calvície numa questão genuinamente interpretativa: as autoridades ministeriais, os advogados e os juízes teriam de inventar uma definição altamente artificial de calvície (que não necessariamente levasse em conta o número de fios de cabelo) e, para tanto, teriam de perguntar-se qual definição representaria o melhor entendimento dessa isenção do ponto de vista político. Existem exemplos menos tolos e mais plausíveis: uma lei que isentasse os livros do ICMS ou do imposto sobre o valor agregado, mas que não definisse o que é um "livro", por exemplo. Conceitos normalmente criteriais costumam se tornar interpretativos quando são embutidos nas leis[7].

Além disso, em algumas circunstâncias, certos conceitos que normalmente funcionam como conceitos de tipos naturais devem ser tratados de modo diferente – não como conceitos interpretativos, uma vez que não abrigam valores, mas sim como conceitos controversos de outro ponto de vista. Parece estabelecido – nenhum outro pressuposto decifra tão bem a nossa prática – que as espécies de animais e minerais são determinadas pelas propriedades biológicas ou químicas mais básicas desses tipos naturais: o DNA do animal e a estrutura molecular do metal. Se, mesmo depois de entender a genética e aprender que determinado animal tem o DNA de um gato, eu continuo insistindo que esse animal é um leão pequeno e não um gato grande, isso demonstra ou que eu não entendi o que é um leão ou que você e eu apelamos a diferentes conceitos quando falamos de "leão". Porém, as teses de que o DNA e a composição molecular determinam os tipos animais ou metálicos é uma conquista científica e, no caso do DNA, uma conquista relativamente recente. Os especialistas consideram que essas propriedades definem as questões de aplicação porque é o DNA ou a estrutura molecular que proporcionam as mais abrangentes explicações disponíveis acerca das outras características dos tipos naturais, inclusive acerca de sua aparência[8]. Eles explicam, desse modo, por que os diferentes critérios que as pessoas usam para identificar os casos particulares acabam agrupando os mesmos animais ou metais.

Podemos, no entanto, imaginar descobertas científicas ulteriores que perturbem esse pressuposto. Imagine uma forma de radiação recém-inventada que modifique as células de um animal, não de modo aleatório, mas transformando-as nas células produzidas pelo DNA de um animal diferente. Os zoólogos teriam então de escolher entre dois modos de relatar esse fenômeno: poderiam supor que a espécie do animal é determinada pelo DNA que ele herda de seus pais, ou seja, que essa forma de radiação muda o DNA do leão; ou poderiam supor que a espécie do animal é determinada pelo DNA que ele tem a cada momento, ou seja, que a radiação transforma um leão num gato. Poderia acontecer de os cientistas se dividirem, pelo menos por certo tempo, quanto às suas escolhas e, portanto, quanto às suas opiniões acerca de quais animais são leões. Se os argumentos deles assumissem então a forma de um debate a respeito do modo mais útil de dar continuidade às práticas taxonômicas estabelecidas da zoologia, bem poderíamos dizer que, nesse caso, o conceito de leão se tornou, por algum tempo, mais semelhante a um conceito interpretativo que a um conceito de tipo natural.

Também os conceitos criteriais podem mostrar-se controversos. Pense na recente reformulação do conceito de planeta, efetuada por um congresso mundial de astrônomos[9]. Normalmente, esse conceito é criterial – os planetas não são tipos naturais. Por isso, a questão de chamar Plutão de planeta, ou não, pode ser entendida como uma questão marginal a ser determinada por uma decisão arbitrária e, talvez, a ser decidida de diferentes maneiras por diferentes astrônomos. Por outro lado, a prática estabelecida de chamá-lo de planeta entrou em conflito com a descoberta de que, por coerência, muitos habitantes insignificantes do sistema solar teriam de passar a ser chamados igualmente de planetas. Os astrônomos adotaram, portanto, uma atitude legislativa – qual concepção de planeta melhor se harmoniza com os usos que os astrônomos fazem da distinção entre os planetas e outros corpos celestes? – e passaram uma semana debatendo esse tema sob os olhares do mundo, enquanto as manchetes declaravam diariamente suas mudanças de posição e os corretores de apostas calculavam as probabilidades do destino de Plutão. Por fim, Plutão foi rebaixado. Isso teve vários resultados, entre os quais o fato de eu mesmo ter sido rebaixado como astrônomo aos olhos do meu neto. Agora, com um conjunto de critérios novinho em folha, o conceito de planeta voltou a ser um conceito criterial. Mas passou brevemente, por assim dizer, por uma fase diferente.

Conceitos morais

Os conceitos morais são conceitos interpretativos. Essa proposição tem imensa importância para a filosofia moral e política. Pretende explicar, por exemplo, por que é errônea a ideia popular de que os filósofos são capazes de proporcionar uma "análise" da justiça, da liberdade, da moral, da coragem ou do direito que seja neutra a respeito do valor ou da importância substantivos desses ideais. Ela apoia, além disso, minha opinião, apresentada acima, de que o projeto da "metaética" não tem sentido. Será sensato, portanto, considerar detidamente de que modo essa forte proposição poderia ser derrubada.

Tanto os políticos quanto os filósofos discordam a respeito de casos particulares de injustiça. Na opinião deles, a questão de saber se um imposto de renda progressivo é injusto não é periférica ou marginal como a questão de determinar se um homem que está perdendo os cabelos já é calvo ou não. Um dos lados considera que o imposto de renda progressivo é uma exigência inequívoca da justiça, ao passo que o outro lado o considera patentemente injusto. Quando percebem o quanto os seus critérios são diferentes, nenhum dos dois lados sente a tentação de aceitar que sua discordância não seja genuína. Por isso, a conclusão interpretativa de que a justiça e outros conceitos morais são conceitos interpretativos afigura-se plausível.

Poder-se-ia objetar, no entanto, que, apesar desses fatos superficiais, a justiça é um conceito criterial, pois é fato que as pessoas, num alto nível de abstração, concordam quanto aos critérios corretos de identificação. Mas em que nível? Em seu tratado, John Rawls diz que as pessoas que discordam acerca da justiça concordam, apesar disso, em que "as instituições são justas quando não fazem distinções arbitrárias entre pessoas na distribuição dos direitos e deveres básicos e quanto suas regras determinam um equilíbrio apropriado entre as pretensões concorrentes às vantagens da vida social"[10]. No entanto, está longe de ser evidente que, mesmo nesse nível muito abstrato, as pessoas concordem quanto aos critérios. Em certas partes do mundo, por exemplo, é popular a tese de que as instituições políticas são injustas quando negam o devido respeito a Deus, negando a autoridade e os privilégios de seus sacerdotes. Essa opinião não faz objeção a distinções arbitrárias, mas à ausência de distinções necessárias; e não afirma coisa alguma acerca da adequada distribuição das vantagens criadas pela vida social.

Não se sabe se poderemos encontrar alguma forma de palavras, por mais abstrata que seja, que descreva um consenso entre aqueles que consideramos terem em comum o conceito de justiça. Mesmo que pudéssemos, esse consenso não descreveria um procedimento decisório para a identificação da justiça ou da injustiça. Pelo contrário, apontaria para novas discordâncias aparentes, cuja natureza de discordâncias reais teria, então, de ser explicada. Se aceitássemos a opinião de Rawls, por exemplo, teríamos de identificar os critérios que todas as pessoas que discordam acerca da justiça aceitam para determinar quais distinções são "arbitrárias" e qual é o "adequado" equilíbrio das vantagens. Esses critérios não existem.

Podemos tentar ir por outro caminho. Podemos dizer que as pessoas que discordam acerca da justiça têm, sim, alguns critérios de aplicação em comum, pois todas elas concordam quanto aos vínculos entre a justiça e certos juízos morais mais básicos. Podemos dizer que os desacordos acerca do justo e do injusto são, na realidade, desacordos acerca de quais tipos de instituições políticas são bons ou maus, ou de como as autoridades ou as pessoas comuns devem ou não devem se comportar. Desse ponto de vista, nem sequer precisaríamos do conceito de justiça; poderíamos discutir diretamente quais instituições devem ou não devem ser estabelecidas, ou, caso já existam, quais devem ou não devem ser abolidas. Esta solução enfrenta uma dificuldade evidente: as razões pelas quais as pessoas pensam que certas instituições devem ou não devem existir nem sempre são razões de justiça. Por isso, não podemos tratar todos os argumentos acerca de se as autoridades devem abolir o imposto de renda progressivo como se fossem argumentos acerca da justiça dessa instituição; e não é nada óbvio que sejamos capazes de explicar os traços distintivos dos argumentos particulares que temos em mente sem fazer novo apelo ao conceito de justiça. Pelo contrário, isso parece impossível. Mas há uma dificuldade ainda mais fundamental e mais pertinente: esta estratégia deixa passar em branco a questão central, pois parte do pressuposto de que os conceitos morais muito abstratos de bom, mau, dever e do que se deve ou não se deve fazer são eles próprios conceitos criteriais.

Assim, deixemos de lado por enquanto os conceitos morais complexos, como o de justiça, e perguntemo-nos se *algum* dos nossos conceitos morais, entre eles os mais gerais e abstratos, podem ser compreendidos como conceitos criteriais. À primeira vista, nenhum deles pode. As pessoas que discordam acerca do que é bom ou do que deve acontecer não têm em comum critérios decisivos para resolver essas discordâncias[11]. Podemos dizer, mesmo assim, que esses conceitos são criteriais porque as pessoas concordam que algo deve ser feito sempre que haja uma razão decisiva ou categórica para fazê-lo? Não, pois isso somente empurra o problema para trás – e não muito para trás. As pessoas discordam acerca dos critérios corretos para determinar quais são as razões categóricas ou decisivas para se agir. Tampouco seria útil tentar especificar os critérios comuns a partir das consequências: dizer, por exemplo, que as pessoas têm em comum o conceito de bom porque concordam que as coisas boas devem ser promovidas ou protegidas; ou que, se uma ação é errada, quem quer que aja desse modo deve ser criticado ou punido. Nem mesmo sobre essas proposições há concordância – toda concordância aparente desaparece quando perguntamos qual o tipo de promoção, proteção, crítica ou punição necessário –, e é claro que não existem critérios comuns para se determinar o que deve ser protegido, promovido ou punido. Além disso, o fato de uma coisa ser boa não é a única razão para que ela seja promovida, e o fato de uma pessoa ser má não é a única razão para que ela seja criticada; como no caso da justiça, é impossível especificar as características das razões morais para a promoção ou a crítica sem usar um vocabulário moral.

Será inútil, nesse caso, tentar explicar a concordância ou a discordância acerca do que é correto ou bom tratando esses conceitos como se fossem criteriais. Notamos, entretanto, outra possibilidade: talvez possamos tratar esses conceitos abstratos não como conceitos criteriais, mas como conceitos de tipos naturais. Deixe-me explicar. Alguns filósofos morais creem na existência de uma propriedade característica do "bom" – uma propriedade que faz parte daquilo que eles chamam de "estoque do Universo" – e que todo argumento moral, portanto, gira em torno de onde encontrar essa propriedade característica. Alguns deles supõem que ela é uma propriedade "não natural" – configurada em mórons – que pelo menos alguns seres humanos são capazes de perceber por meio de uma faculdade intuitiva. Outros afirmam que ela é uma propriedade "natural" que percebemos do jeito comum. Já apresentei, no Capítulo 4, minhas razões para rejeitar ambos os pontos de vista, bem como a hipótese do impacto causal sobre a qual eles se apoiam; mas talvez valha a pena voltar às questões que eles suscitam.

Ambas as versões tratam os conceitos morais como se fossem, na prática, conceitos de tipos naturais. Desses pontos de vista, a bondade é análoga à leonidade. Dizemos que determinado animal é (ou não é) um leão porque ele tem (ou não tem) a propriedade (seja ela qual for) que determina a natureza essencial de um leão. A maioria das pessoas que dizem isso não tem ideia de qual seja essa propriedade e, portanto, talvez discorde quanto a saber se determinado animal é um leão. Por isso, dessa nova ótica, alguém poderia dizer, sem fugir à sensatez, que o capitalismo é (ou não é) bom porque tem (ou não tem) a propriedade (seja ela qual for) que determina a essência da propriedade natural ou não natural da bondade. As pessoas que dissessem isso discordariam acerca de qual é essa essência. Discordariam acerca de ser ela uma propriedade natural ou não, e, caso fosse natural, acerca de qual propriedade seria. Porém, de acordo com essa nova estratégia, isso não significa que seu desacordo acerca da bondade do capitalismo não seja real.

A nova estratégia cai por terra, no entanto, porque duas pessoas só podem ter em comum um conceito de tipo natural quando concordam em grande medida acerca de quais objetos se classificam sob esse conceito. Suponhamos que eu e você concordemos quanto à existência de uma propriedade essencial que defina quais animais são leões, mas discordemos não somente acerca de qual é essa propriedade essencial como também, e em grande medida, acerca de quais animais em nossos jardins zoológicos e livros ilustrados são leões. Isso indicaria que usamos a palavra "leão" para nos referir a animais totalmente diferentes e que nosso desacordo acerca do quadrúpede que encontramos em Piccadilly é, no fim das contas, irreal. Nosso desacordo acerca de um caso particular só será real se, no mais, verificar-se entre nós uma ampla concordância quando formos chamados a identificar leões. Os filósofos da linguagem dão uma explicação histórica para este fenômeno: a história ligou o nome "leão" a determinado tipo zoológico, de tal modo que, quando as pessoas supõem que "ele" tenha uma natureza essencial, estão se referindo ao tipo de animal que se chama por esse nome[12]. Essa explicação não pressupõe uma convergência dos critérios, mas da identificação dos casos particulares: embora as pessoas usem diferentes critérios para determinar o que é um leão, quase todas elas concordam, pelo menos depois de conhecer os outros fatos pertinentes, acerca de quais animais são leões. Porém, nós não concordamos, nem majoritária nem regularmente, acerca de quais objetos ou pessoas são bons ou quais atos são errados. Longe disso. Existe acordo suficiente quanto aos paradigmas para nos permitir dizer que esses conceitos morais são comuns a muita gente. Mas esse acordo mínimo deixa de fora uma legião de casos cruciais nos quais o desacordo persiste mesmo depois de reconhecidos todos os demais fatos pertinentes.

Temos de aceitar, então, que os conceitos morais são interpretativos. Mas eis uma tentativa final de fugir a essa conclusão. "Temos de entender o vocabulário muito abstrato da moral – os conceitos do bem e do que devemos fazer – como conceitos primitivos, conceitos que não podem ser definidos em razão de outras coisas. Todos nós sabemos muito bem o que significa dizer que algo é bom ou correto ou que alguém deve fazer algo, embora não sejamos capazes de definir esses conceitos propondo testes com os quais todos concordemos. Assim como todos nós sabemos o que significa o amarelo e podemos, portanto, discordar acerca de quais frutas são amarelas, assim também todos nós sabemos o que queremos dizer quando afirmamos que algo é bom e podemos, portanto, discordar quanto à questão de saber se o triunfo do capitalismo é bom." Esse último argumento também cai por terra. É claro que todos nós sabemos o que queremos dizer quando afirmamos que algo é bom ou deve ser feito. A pergunta é: o que faz com que seja verdadeira a declaração de todos nós querermos dizer a mesma coisa? Não basta dizer que todos nós pensamos assim. Temos de explicar como é possível que tenhamos razão. Supomos que atribuímos o mesmo significado a "amarelo" porque os objetos que identificamos como amarelos são os mesmos; e, quando discordamos, consideramo-nos capazes de explicar o porquê chamando a atenção para a luz ou para nossos órgãos de percepção. Mas isso não vale para os conceitos morais. Acrescento que, pelo fato de os conceitos morais serem interpretativos, é um erro dizer que eles não podem ser definidos. Como veremos, a filosofia moral e política é, em grande medida, um esforço de definição desses conceitos. Devemos antes dizer que, pelo fato de toda definição de um conceito moral ser um exercício de interpretação moral, toda definição útil será inevitavelmente controversa.

Relativismo?

Por acaso esses argumentos impõem a ameaça de um novo relativismo? As práticas que empregam os conceitos de justiça e honestidade e os demais conceitos que chamei de interpretativos variam de lugar para lugar. Para nós, a discriminação racial ou sexual é um exemplo paradigmático de injustiça; outras culturas consideram que a justiça permite ou até exige tal discriminação. Não se pode concluir daí que a melhor interpretação dessas práticas deve variar do mesmo modo, de tal maneira que a melhor concepção das exigências da justiça em Toledo talvez não seja igual à melhor concepção em Teerã? Talvez nos preocupemos com a possibilidade de que, se a justiça for interpretativa, um membro de uma cultura que pratique a discriminação sistemática contra as mulheres não esteja cometendo um erro ao dizer que essa discriminação não é injusta. Talvez pensemos que sua interpretação é correta para as práticas de sua comunidade. As analogias com a prática jurídica parecem dar a entender isto. A prática jurídica é diferente nas diversas comunidades políticas, assim como são diferentes os direitos e deveres legais das pessoas. Se a justiça é um conceito interpretativo, por que isso não valeria também para ela?

Até para compreender essa ameaça temos de enfrentar um problema prévio. Por que devemos supor que as várias práticas que tanto diferem pelo mundo afora são todas elas construídas em torno do mesmo conceito – o conceito de justiça? Na maioria desses lugares, a palavra "justiça" não é usada; supomos que as práticas das pessoas que ali residem são práticas de justiça porque supomos que alguma palavra por elas usada invoca o valor que invocamos usando aquela palavra. (Mesmo que elas usem uma palavra que soe semelhante a "justiça", é claro que fazemos a mesma suposição.) No entanto, se as práticas são, na realidade, tão diferentes, o que justifica essa tradução? Por que não devemos dizer, antes, que aquelas pessoas não possuem o conceito de justiça de modo algum?

Ou seja, a ameaça pressupõe uma semelhança estrutural suficiente para justificar o pressuposto de que o conceito delas é o nosso conceito. Muitos atos que julgamos injustos devem ser rotulados por elas com a palavra que traduzimos como "injusto", e elas devem supor que sua designação tem consequências suficientemente semelhantes àquelas que reconhecemos quando rotulamos algo de injusto. Caso contrário, nossa tradução seria errônea. (Consulte a discussão sobre a tradução radical no Capítulo 7.) Essas semelhanças estruturais, que precisamos notar até para supor a ameaça, também a dissolvem. Podemos considerar que uma grande proporção das proposições substantivas sobre a justiça feitas por outras culturas são errôneas; para fazê-lo, supomos que a melhor justificativa disponível dos paradigmas de atribuição e reação que temos em comum justifica a rejeição daquelas proposições. Temos de julgar por nós mesmos quais justificativas desses paradigmas e estruturas comuns são adequadas, e nenhuma justificativa que aprovasse a discriminação por sexo o seria. Aquelas pessoas têm em comum conosco o conceito de justiça, mas – pelo menos podemos supô-lo sem fugir à sensatez – têm uma compreensão profundamente errônea desse conceito. Nesta hipótese não há relativismo, apenas um erro da parte delas.

E se o nosso exercício de tradução falhar? Em determinada comunidade linguística, não encontramos nenhuma palavra que possa ser traduzida como "justiça", e concluímos que aquela comunidade não possui esse conceito. Nem por isso deixa de ser verdadeiro que o comportamento daquela comunidade talvez seja profundamente injusto: não é preciso possuir o conceito de justiça para agir de forma injusta. Nesta outra hipótese também não há relativismo.

Por que o caso do direito é diferente? Por que não dizemos que os países que adotaram leis de zoneamento diferentes das nossas compreenderam erroneamente o conceito de direito, de tal modo que, ao contrário do que eles pensam, na realidade é ilegal derrubar edifícios georgianos não só aqui, mas também lá? Não o dizemos porque todas as concepções plausíveis de direito e de justiça devem supor que as decisões locais têm força para fixar o que o direito exige, embora não a tenham para fixar o que é justo ou injusto. As diferentes teorias jurídicas entendem de diversas maneiras a força das decisões locais; mas todas as teorias competentes atribuem maior força a essas decisões no direito do que na moral. Mesmo quando se entende que o direito é um ramo da moral – defendo essa ideia no Capítulo 19 –, temos de aceitar essa distinção indispensável entre o ramo e o restante do domínio moral.

Verdade

Discordâncias sobre a verdade

Afirmei que muitos conceitos de que os filósofos se ocupam – não somente conceitos morais e políticos, mas também conceitos que desafiam os filósofos em outros campos – devem ser entendidos como conceito interpretativos. As disputas sobre o conceito de verdade parecem não ter fim entre os filósofos. Será que esse conceito, tal como figura em suas teorias e controvérsias, é um conceito interpretativo? É certo que discordamos acerca de o que é a verdade e do que é verdadeiro. Algumas dessas discordâncias são filosóficas: discordo de alguns céticos externos quanto à possibilidade de veracidade dos juízos morais. E é claro que as pessoas discordam sobre a verdade de mil outras maneiras, muito mais corriqueiras: se é verdade que Cleópatra dormiu com César, que o nosso universo começou com o Big Bang, que Glendower era um tolo ou que a invasão do Iraque foi imoral. Se essas diversas discordâncias filosóficas e mais corriqueiras são genuínas, como de fato parecem ser, é porque as pessoas, e inclusive os filósofos, têm em comum um conceito de verdade. Mas será que elas têm mesmo? Como?

Já era tempo de eu levantar essas questões. Na Parte Um, defendi a ideia de que as proposições morais podem ser objetivamente verdadeiras. Nesta parte, defendi a ideia mais geral de que os juízos interpretativos podem ser verdadeiros. Procurei declarar as condições de veracidade dos juízos interpretativos e como elas diferem das condições de veracidade das proposições científicas. A verdade tem sido o meu tema desde o início. Porém, se eu e os adeptos do ceticismo externo não partilhamos o mesmo conceito de verdade, essas longas discussões não passaram de uma tolice tão ilusória quanto nossa pseudoconcordância no caso em que combinamos de nos encontrar no banco. No Capítulo 7, eu disse que aqueles que se recusam a chamar os juízos interpretativos de "verdadeiros" poderiam usar alguma outra palavra – talvez "mais razoáveis" ou "mais aceitáveis". Mas acaso tenho o direito de dizer que eles estariam usando o mesmo conceito?

É popular, agora, a tese de que a verdade é uma ideia primitiva, que não pode ser definida[13]. Porém, como vimos no caso do bem, essa solução não nos ajuda em nada. Precisamos nos perguntar se os filósofos e as outras pessoas têm em comum o mesmo conceito primitivo. Eles não têm em comum os critérios de aplicação do conceito, ou seja, os critérios para decidir se o uso da palavra "verdadeiro" é adequado em relação às proposições de algum domínio particular, como a moral ou a matemática. Podem até concordar com aquilo que Crispin Wright chamou de "lugares-comuns" sobre a verdade: a proposição de que a neve é branca, por exemplo, só será verdadeira se a neve for branca; ou uma proposição só será verdadeira caso represente com precisão os fatos[14]. Porém, esses lugares-comuns não geram procedimentos de decisão para responder às perguntas que fazem. Os filósofos não entram em acordo a cerca de quais tipos de fatos estão em jogo.

 Distingui, agora há pouco, os usos corriqueiros dos usos filosóficos do conceito de verdade. Se examinarmos somente os primeiros, poderemos nos sentir tentados a adotar a chamada teoria "deflacionária" da verdade[15]. Ela sustenta, em grandes linhas, que afirmar que uma proposição é verdadeira é a mesma coisa que repetir a proposição. Dizer que é verdade que Sam é careca, que a água corre para baixo ou que a tortura de um inocente é má é a mesma coisa que dizer que Sam é careca, que a água corre para baixo e que a tortura de um inocente é má. Por isso, podemos dizer que nesses contextos a verdade funciona como um conceito criterial, porque todos nós concordamos com um único procedimento decisório: se as coisas são como um enunciado afirma que sejam, é correto dizer que esse enunciado é verdadeiro. Os conceitos que usamos para declarar como as coisas são podem ser, eles próprios, conceitos criteriais de tipos naturais ou interpretativos: todos os três ocorrem nos exemplos acima. Mas a verdade em si – assim pensamos – é sempre criterial.

 Não podemos, no entanto, adotar essa tese sobre o conceito de verdade tal como surge nas controvérsias filosóficas sobre a verdade – por exemplo, na controvérsia acerca da possibilidade de veracidade das proposições morais, ou, por que não, acerca da correção da teoria deflacionária da verdade. No uso corriqueiro, toda preocupação acerca da natureza da verdade desaparece quando compreendemos a sua redundância. Não precisamos nos preocupar com o que é a verdade: tudo o que nos diz respeito é o couro cabeludo de Sam, o comportamento da água e se a tortura de um inocente é má ou não. Nos contextos filosóficos, contudo, a verdade permanece no foco da nossa atenção: não podemos transferir nossa preocupação com a sua natureza para uma preocupação com outra coisa. É correto, mas completamente inútil, declarar que a frase "os juízos morais podem ser verdadeiros" será verdadeira se, e somente se, os juízos morais puderem ser verdadeiros. Isso não elimina o fato de que os filósofos discordam quanto à possibilidade de veracidade dos juízos morais porque discordam acerca de o que é a verdade.

Os argumentos filosóficos sobre a natureza da verdade poderão ser resgatados se compreendermos a verdade como um conceito interpretativo. Devemos, na medida do possível, reformular as diversas teorias sobre a verdade proposta pelos filósofos, tratando-as como proposições interpretativas. Temos em comum uma imensa variedade de práticas em que a busca e a obtenção da verdade são tratadas como valores. Não consideramos que falar ou mesmo conhecer a verdade é invariavelmente bom, mas nosso pressuposto padrão é que ambas as coisas são boas. O valor da verdade, nessas práticas, está entretecido com vários outros valores que Bernard Williams denominou, em seu conjunto, valores de veracidade (*truthfulness*)[16]. Eles são a precisão, a responsabilidade, a sinceridade e a autenticidade. A verdade também está entretecida com diversos outros tipos de conceitos: o mais evidente deles é o conceito de realidade, mas também se incluem nessa categoria os conceitos de crença, investigação, indagação, asserção, argumento, cognição, proposição, afirmação, declaração e enunciado. Temos de interpretar todos esses conceitos – toda a família dos conceitos ligados à verdade – conjuntamente, tentando encontrar uma concepção de cada um que faça sentido dadas as suas relações com os outros e dados certos pressupostos-padrão sobre os valores da verdade e da veracidade.

Para julgarmos as mais conhecidas teorias filosóficas sobre a verdade, portanto, devemos nos perguntar quão bem elas interpretam conjuntamente essa grande rede de conceitos e práticas. A teoria da correspondência, por exemplo, outrora popular, deve ser vista como uma tentativa de construir concepções entretecidas da correspondência e da realidade, de tal modo que o entendimento da verdade como correspondência com a realidade tenha um sentido substancial, deixando de ser somente um lugar-comum. Caso tenha sucesso, essa interpretação desses conceitos também fornece interpretações bem-sucedidas dos outros conceitos da veracidade: sustenta, por exemplo, as teses de Williams sobre o valor da sinceridade. Adequadamente desenvolvida, daria ainda um sentido inteligível ao vínculo familiar e intuitivo entre a verdade a causalidade nos domínios aos quais se aplica: a proposição de que Júpiter é o maior planeta, por exemplo, é verdadeira não somente se Júpiter for o maior planeta, mas *porque* ele é o maior planeta.

Entretanto, o projeto de ligar a verdade à correspondência mostrou-se difícil. É preciso engenhosidade, por exemplo, para demonstrar que há algo na realidade a que se possa dizer que uma proposição negativa (que César não jantou com Casca em sua última noite) ou uma proposição complexa (que, se César tivesse jantado com Casca, teria descoberto a conspiração) corresponda. Mostrou-se difícil, além disso, especificar um sentido substancial adequado do conceito de correspondência. Como se pode entender que uma proposição *corresponda* a alguma coisa?

Por enquanto, porém, suponha (como ilustração, e não porque cremos nisso) que esses problemas foram ou podem ser resolvidos[17]. Suponha que os filósofos sejam capazes de produzir concepções de correspondência e de realidade que identifiquem, na própria realidade, algo ao que se possa dizer que as proposições – inclusive as negativas e as complexas – correspondam. Enfrentamos em seguida uma questão interpretativa muito importante. Devemos entender que a melhor teoria da correspondência (seja ela qual for) esgota o conceito de verdade? Ou devemos entender que a melhor dessas teorias é o resultado da aplicação à ciência (ou a algum outro domínio particular de investigação) de uma interpretação ainda mais abstrata dos conceitos e práticas da verdade – uma interpretação ainda mais abstrata cuja aplicação a um outro domínio, como a matemática ou a moral, possa gerar não uma teoria da correspondência, mas uma teoria muito diferente, aplicável a esse outro domínio?

Enfrentamos uma questão análoga no Capítulo 7, quando discutimos a popular teoria interpretativa dos estados psicológicos. Distingui ali duas opiniões. A primeira sustenta que essa teoria esgota a interpretação: a verdade na interpretação seria sempre uma questão de correspondência com algum estado psicológico, como a intenção de um poeta ou de um legislador. Segue-se daí que nenhuma proposição pode ser considerada verdadeira quando – como frequentemente ocorre em gêneros interpretativos como o direito e a história – não existe nenhum estado psicológico que possa fazê-la verdadeira. A segunda opinião, rival dessa, afirma que a teoria interpretativa dos estados psicológicos só vale para certos gêneros particulares de interpretação colaborativa, como a interpretação conversacional; vale para esses gêneros em virtude da aplicação, a eles, de uma teoria mais abstrata – que chamei de teoria do valor – que se aplica também a um espectro mais amplo de gêneros. Defendi a segunda opinião. A teoria dos estados psicológicos é esclarecedora para alguns gêneros mas deslocada em outros, e a teoria do valor, mais abstrata, explica quais são esses gêneros e o porquê.

Quero defender agora a mesma distinção no que se refere às teorias da verdade. Para começar, suponhamos que a teoria da correspondência (ou alguma rival sua, como a teoria da coerência) esgote o conceito de verdade – suponhamos que ela declare as condições a que todos os tipos de juízo em todos os domínios tenham de atender para que possam ser considerados verdadeiros. Desclassificaríamos então, por não serem "capazes de veracidade" (*truth-apt*), todos aqueles domínios de aparente atividade intelectual em que a concepção de verdade exclusiva que escolhemos não tivesse aplicação; seria o caso, por exemplo, da matemática ou da moral. Ou poderíamos, em segundo lugar, tentar formular um conceito muito abstrato de verdade e das ideias a ela associadas – objetividade, responsabilidade, sinceridade e tudo o mais – que nos permitisse construir teorias diferentes e menos abstratas que pudessem ter a pretensão de explicar a verdade nos diferentes domínios em que as alegações de veracidade desempenham algum papel.

Se escolhêssemos a segunda estratégia, entenderíamos as várias teorias da verdade propostas pelos filósofos, entre elas as teorias da redundância, da correspondência, da coerência e a teoria pragmatista, como tentativas de aplicar uma teoria mais abstrata da verdade a um ou mais domínios particulares, assim como entendemos que a teoria da intenção do autor tem a pretensão de ser uma teoria da verdade interpretativa não em todos os gêneros de interpretação, mas somente em alguns deles. O teórico da verdade poderia então afirmar que a teoria por ele favorecida constitui a melhor aplicação daquela teoria mais abstrata a um domínio em particular, como a ciência, por exemplo; mas isso não acarretaria a tese de que a mesma teoria particular constitui uma aplicação bem-sucedida daquela ideia abstrata a outros domínios.

A primeira estratégia, a monolítica, é popular. Alguns filósofos elaboraram teorias da verdade que parecem se encaixar bem na ciência e depois declararam que a moral, por exemplo, não é capaz de veracidade, pois efetivamente não o é segundo aquelas teorias. Na Parte Um, descobrimos um problema fatal dessa estratégia. A tese de que não é verdade que a tortura seja errada não pode ser entendida senão como uma negação de que a tortura é errada, negação essa que afirma não só que esse juízo moral é capaz de veracidade como também, mais ainda, que é verdadeiro. Do mesmo modo, a tese mais convoluta e misteriosa de que não é verdadeiro nem falso que a tortura seja errada não pode ser entendida senão como uma afirmação da veracidade de um juízo moral segundo o qual aqueles que creem que a tortura é errada estão errados. Estudamos e descartamos várias maneiras de evitar esse paradoxo. Chamamos a atenção para algumas versões de ceticismo aparentemente mais sofisticadas, como aquela que chamei de estratégia dos dois jogos de linguagem. Mas elas fracassam porque não deixam dentro de si nenhum espaço onde se possa negar que algum discurso seja realmente (ou fundamentalmente, ou no nível explicativo ou filosófico) incapaz de veracidade. Ou seja, a primeira das duas estratégias referentes às teorias da verdade redunda em fracasso.

Temos de experimentar a segunda estratégia. Suas vantagens iniciais são óbvias. Ela é compatível com um número muito maior de práticas em que os conceitos de verdade e veracidade desempenham hoje um papel importante. A legião de virtudes contida na ideia de veracidade – sinceridade, autenticidade, responsabilidade intelectual e todas as demais – não está restrita aos domínios da ciência física e da psicologia. Essas virtudes são igualmente importantes na moral, no direito e em outros gêneros de interpretação. A primeira estratégia, portanto, está comprometida com uma estratégia interpretativa que não parece boa: busca uma interpretação que ignora desde o começo uma parte imensa dos dados interpretativos. A segunda estratégia, pelo contrário, começa por tomar ciência de todos os dados.

Poderíamos, no entanto, defender a segunda estratégia de modo mais convincente se fôssemos capazes de formular uma teoria muito abstrata da verdade em seu mais alto grau, teoria essa que se nos afigurasse capaz de sustentar-se em todos os gêneros – da ciência, da matemática, da filosofia e do valor – em que as afirmações de veracidade ocorrem habitualmente. Talvez isso não fosse absolutamente necessário. Poderíamos, quem sabe, estudar a verdade como um conceito interpretativo amplo, bastando-nos para tanto atentar aos diversos paradigmas que ela assume nos diferentes domínios, sem nenhuma formulação abstrata geral. Defendi essa possibilidade no caso da justiça, no começo deste capítulo. Não obstante, ser-nos-ia útil descobrir um enunciado muito abstrato do conceito de verdade, uma formulação que fosse independente de todos os domínios intelectuais e explicasse por que os diferentes padrões de busca da verdade nos diferentes domínios continuam sendo, todos eles, padrões de busca da verdade.

Esse enunciado teria de ser ainda mais abstrato que a teoria do valor na interpretação discutida no Capítulo 7, pois esta, que é uma teoria da verdade na interpretação, teria então de ser entendida ela própria como uma aplicação de uma teoria ainda mais abstrata ao domínio da interpretação como um todo. No entanto, essa teoria sumamente abstrata da verdade não poderia ser totalmente formal nem poderia consistir em lugares-comuns. Se é que nos é possível formular tal teoria, ela teria de atender a diversas condições: teria de ser compatível com nossas práticas de busca da verdade e com as práticas correlatas de veracidade em todos os domínios, e teria de justificá-las todas. Não é uma tarefa fácil, e não sei como cumpri-la.

Eis uma sugestão experimental e incompleta. Para construir uma adequada teoria sumamente abstrata, poderíamos entender a investigação e a verdade como conceitos casados e entrelaçados. Desse modo, a verdade poderia ser vantajosamente caracterizada – como foi no capítulo anterior – como o objetivo intrínseco da investigação. Poderíamos propor, como caracterização sumamente abstrata, que a verdade é aquilo que representa a solução maximamente bem-sucedida a um desafio de investigação. Poderíamos então construir especificações mais concretas da verdade para os diferentes domínios, encontrando teorias mais concretas de sucesso adaptadas a cada domínio[18]. Essas diferentes teorias teriam cada uma o seu nicho. A teoria do valor seria uma candidata a teoria do sucesso em todo o domínio da interpretação, e a teoria da responsabilidade moral que descrevi no Capítulo 6 seria candidata a aplicação da teoria do valor ao domínio interpretativo mais específico da moral. Uma teoria diferente do sucesso, e portanto da verdade, seria oferecida para a ciência. A distinção apresentada no Capítulo 7 – segundo a qual o sucesso na investigação é definido pelos objetivos próprios do domínio da interpretação, mas deve ser totalmente separado dos objetivos do domínio da ciência – aplicar-se-ia a essas duas concepções de verdade num nível muito abstrato; mas ambas, vistas desde o nível mais abstrato de todos, seriam concepções da verdade.

Estes comentários superficiais lembram, pelo menos, boa parte daquilo que Charles Sanders Peirce disse sobre a verdade[19]. Mas não podemos dizer, como Peirce, que a verdade é sempre, ou somente, aquilo que nos habilita a satisfazer algum desejo nosso[20]. Isso é correto em alguns casos – quando a questão que enfrentamos é a questão de o que pode nos satisfazer –, mas não em geral. Sua declaração foi imprudente, porque não identifica corretamente o nível de seu pragmatismo. Trata o pragmatismo como uma teoria da verdade que compete com as teorias da correspondência, da coerência, da interpretação ou alguma outra; mas, ao que parece, o pragmatismo de Peirce deve ser entendido como uma diretriz mais abstrata acerca de como decidir qual outra teoria mais particular é a correta para um domínio específico. Essa leitura tira a graça de uma antiga piada: a de que o problema do pragmatismo é que ele não funciona. Peirce, pelo menos, não visava a que ele "funcionasse" isoladamente, mas somente na medida em que nos recomenda alguma outra teoria menos abstrata e caracteristicamente não pragmática. De qualquer modo, as práticas que dão valor aos conceitos de verdade na ciência excluem decisivamente a ideia de que o verdadeiro na ciência é o útil – ou o gostoso, o curioso ou o irônico. O reconhecimento desse fato foi uma importante conquista da humanidade.

Mais uma vez, o ceticismo

Para desenvolvermos uma sugestão desse tipo, temos de conseguir entender também as várias formas de ceticismo interno, entre as quais as indeterminações que descrevi no Capítulo 5, como soluções maximamente bem-sucedidas a desafios de investigação. Naquela ocasião, eu disse que (na minha opinião provisória) as proposições acerca da superioridade relativa de grandes artistas que trabalham em gêneros e em épocas muito diferentes não têm cabimento. De acordo com a melhor teoria do valor artístico, dizia eu, nenhuma proposição desse tipo, nem mesmo a de que esses grandes artistas tinham o mesmo valor, pode ser sustentada. Trata-se de um ceticismo interno, porque se apoia sobre uma teoria positiva do valor artístico. Poderíamos adotar uma tese parecida sobre o conceito de humor. Poderíamos considerar absurdo que algo pudesse ser engraçado muito embora não tenha jamais produzido sequer uma sombra de divertimento. Concluiríamos então que seria um erro afirmar a veracidade objetiva das atribuições de humor[21].

Temos de considerar agora como esse ceticismo interno se compatibiliza com a teoria sumamente abstrata da verdade que acabo de esboçar. Aceitemos tacitamente as afirmações de veracidade em todos os domínios em que essas afirmações são habituais; perguntemo-nos então, como questão inicial, se é possível entender que determinado domínio se organiza em torno da investigação. Caso assim seja, passemos a nos perguntar se a melhor teoria do sucesso nessa investigação nos autoriza a pressupor, quer em geral, quer no que se refere a alguma parte ou aspecto da prática, que essa investigação não possa de modo algum culminar em alguma solução maximamente bem-sucedida. Tratemos, por fim, essa questão como substantiva dentro desse campo de investigação, de tal modo que o ceticismo em jogo seja somente um ceticismo interno. Dei um exemplo disso no capítulo anterior. Um diretor, contemplando uma nova produção de *Hamlet*, pode se perguntar: qual interpretação da peça como um todo e de cada fala em particular deve orientar qualquer produção da peça em qualquer tempo e em qualquer lugar? Mas também pode se perguntar: dadas minhas próprias reações à peça, o elenco e o dinheiro de que disponho, o tempo e o lugar em que estou trabalhando e as mais recentes produções da peça nesta região, qual interpretação deve me orientar agora? Na minha opinião, pelas razões que apresentei naquele capítulo, a melhor teoria acerca dos objetivos adequados de uma nova produção de um clássico demonstra que a primeira dessas duas perguntas não tem uma única resposta correta. A mesma teoria, no entanto, pode nos levar a concluir que existe, sim, uma única resposta correta à segunda pergunta, mesmo que o diretor não saiba em absoluto qual é a resposta. É claro que minha concepção dos objetivos adequados de uma nova produção de um clássico pode estar errada. Nesse caso, minha opinião sobre as respostas corretas também estará errada. Aqui, tudo é substantivo; logo, tudo está em jogo.

Verdade e método

Nossa abordagem é diferente também sob um outro aspecto crucial. As abordagens mais convencionais postulam uma distinção rígida entre as teorias da verdade, que devem valer em todos os domínios, e as teorias da metodologia adequada de investigação, que devem, obviamente, variar de acordo com seus respectivos temas. Nossa abordagem, pelo contrário, reconhece somente uma diferença de grau de abstração entre esses dois tipos de teoria. Partimos de uma teoria sumamente abstrata e quase formal do conceito de verdade – o máximo sucesso na investigação, por exemplo. Quando aplicamos essa teoria quase formal da verdade a domínios específicos, produzimos teorias mais concretas. Estas, mediante especificações ulteriores, acabam por se confundir com manuais metodológicos separados para cada domínio e subdomínio. Por exemplo: se entendermos alguma forma da teoria da correspondência como resultado mais concreto da aplicação daquela formulação muito abstrata às ciências físicas, essa teoria mais concreta já nos fornecerá os rudimentos de uma teoria do método científico: as provas das proposições sobre o mundo físico, por exemplo, seriam unicamente aquelas que pudessem, sem fugir à plausibilidade, ser consideradas direta ou indiretamente causadas por fatos que tornassem verdadeiras as mesmas proposições. Cada exposição ou especificação mais detalhada do método científico – uma teoria especial referente à física de partículas ou às ciências biológicas, por exemplo – também seria uma especificação mais detalhada de uma teoria da verdade.

Essa progressão da verdade ao método se aplica igualmente aos domínios da interpretação. Não há cisão rígida, mas somente uma diferença de grau de abstração, entre uma teoria da verdade em determinado gênero interpretativo e uma teoria mais detalhada que defenda alguma proposição sobre o método correto nesse gênero. Na interpretação literária, uma teoria da verdade baseada nos estados psicológicos é uma versão mais abstrata da opinião de determinado crítico sobre como entender o poema "Entre escolares". No Capítulo 6, sublinhei a distinção entre a verdade moral e a responsabilidade moral. Mas disse também que o raciocínio interpretativo exigido pela responsabilidade moral representa nossa melhor esperança de chegar à verdade moral. Posso agora apresentar esse vínculo de modo um pouco diferente. Nossa teoria da responsabilidade moral deve ser uma especificação adequadamente concreta da nossa teoria da verdade moral, e todo ceticismo acerca da possibilidade de veracidade em alguma classe de juízos morais terá de apoiar-se no exercício da responsabilidade moral. Trata-se simplesmente de uma nova variação sobre um tema com que, a esta altura, o leitor destas páginas já estará familiarizado. Todo ceticismo moral genuíno deve ser um ceticismo interno. Agora, porém, chegamos a essa mesma conclusão por outro caminho: por meio de um estudo de qual é a melhor concepção da verdade na moral.

Não há nada neste argumento que sequer dê a entender que a verdade é algo que nós criamos. Essa tese já está excluída pela formulação sumamente abstrata da verdade como sucesso na investigação. Não há nada de opcional, de "pálido", de "mínimo" ou de "quietista" na espécie de verdade cuja possibilidade afirmamos para ambos os domínios. Nem tampouco nossas discussões filosóficas sobre a verdade são uma conversa de surdos. Nós realmente discordamos.

Pelo menos desde a época em que Platão identificou o problema no *Mênon*, os filósofos se preocupam com o chamado paradoxo da análise. Para analisar conceitos familiares – verdade, causalidade, justiça e por aí afora –, eles começam por nos dizer o que cada um deles significa. Caso sejam bem-sucedidos, no entanto, eles estão apenas nos dizendo o que já sabemos, pois esses conceitos são nossos. Segue-se daí que, se uma análise for correta, ela não será informativa. A ideia dos conceitos interpretativos dissolve esse paradoxo. Uma concepção bem-sucedida de um conceito interpretativo é, com efeito, uma coisa nova[22].

Conceitos rarefeitos e densos

Voltemos ao argumento principal. Eu disse que conceitos morais como os de justiça, honestidade, traição e amizade são interpretativos; para explicar as concordâncias e discordâncias acerca de casos particulares, nós não buscamos encontrar critérios de aplicação comuns, mas pressupomos práticas comuns nas quais esses conceitos figuram. Desenvolvemos concepções desses conceitos por meio da interpretação. Supomos que até os conceitos morais mais abstratos – o conceito de bem e do que devemos fazer – são interpretativos: não há outro meio pelo qual possamos explicar de que modo podem ser genuínas nossas disputas a respeito do que é bom e correto.

Porém, talvez pareça que a ideia de interpretação não se encaixa facilmente nesses conceitos morais muito abstratos. É evidentemente sensato entender nossas discordâncias sobre a amizade – sobre se uma pessoa deve ser criticada por comunicar à polícia dados incriminadores a respeito de um amigo, por exemplo – como reflexos de diferentes interpretações do conceito de amizade. No entanto, parece estranho pensar desse modo sobre o bem e o dever: parece estranho pensar que uma discussão para saber se temos ou não a obrigação de ajudar os pobres é na verdade uma discussão sobre qual é a melhor interpretação do conceito de obrigação. A diferença reflete o fato de que, quando discordamos quanto à aplicação de conceitos morais muito abstratos – a respeito de o que uma pessoa deve fazer em certas circunstâncias –, não estamos interpretando uma prática menor e mais restrita, mas um conjunto de práticas grande e aberto.

Bernard Williams deu os nomes de "densos" e "rarefeitos" a duas famílias de conceitos morais, entendendo como fundamental a diferença entre elas. Às ideias de retidão e erro moral, do que deve e do que não deve ser feito, ele chamou de conceitos rarefeitos, pois elas são veículos muito abstratos de recomendação ou recriminação, que podem ser ligados a um espectro quase ilimitado de ações ou estados de coisas. Quase toda ação humana pode ser considerada moralmente necessária ou errada. Os conceitos morais densos, por outro lado, mesclam o elogio ou a recriminação com descrições factuais mais concretas. Os conceitos de "corajoso", "generoso", "cruel" e "confiável" são densos: cada um deles elogia ou condena um tipo particular de comportamento que, ao mesmo tempo, também é descrito pelo mesmo conceito. Ou seja, cada um dos conceitos densos pode ser aplicado somente a um certo tipo de ato – um ato que, diríamos, é passível daquele tipo particular de aprovação ou condenação. É inteligível, embora contrário ao senso comum, dizer que os atos de caridade são moralmente errados. Por outro lado, não é sequer inteligível (exceto, talvez, num contexto muito específico) afirmar que os atos de caridade são covardes.

A distinção entre conceitos morais rarefeitos e densos foi mal compreendida por alguns filósofos: sua importância foi subestimada por alguns e exagerada por outros. Alguns filósofos fizeram questão de analisar a distinção para provar que ela não existe. Segundo eles, um conceito denso, como o conceito de covardia, deve ser entendido como um híbrido: associa um conceito criterial simples, partilhado unicamente por aqueles que seguem os mesmos critérios para identificar os atos de covardia, com uma carga emocional – a de que tal conduta é errada[23]. Trata-se de um erro grave. É impossível dissecar os conceitos densos de modo a revelar um conceito criterial de base.

Não é verdade que todos nós concordamos acerca de qual conduta é factualmente descrita pelo termo "covardia" e que só discordamos quanto à questão de saber se e em que medida essa conduta deve ser condenada. Do mesmo modo, nenhum desses conceitos pode ser dissecado mediante a suposição de que "covarde" seja composto de algum outro conceito descritivo (qual seria ele?) e de uma carga emocional negativa. A adequada decisão de chamar alguém de corajoso – ou grosseiro, ou cruel, ou generoso – depende não simplesmente de como essa pessoa agiu, mas também de um juízo acerca da valência moral de seu ato. Para determinar o significado da coragem, do tato, da crueldade ou da generosidade – para determinar quais atos podem ser adequadamente descritos por esses termos –, é preciso fazer uma interpretação: o que uma pessoa chama de coragem ou tato, outra chama de imprudência ou hipocrisia[24].

Outros filósofos entendem que a distinção demarca importantes divisões dentro da teoria moral. Williams, por exemplo, afirmava que só dos conceitos densos é possível ter-se um conhecimento moral, pois somente esses conceitos estão suficientemente inseridos nas práticas de comunidades particulares e recebem delas um significado suficiente para permitir que os membros dessas comunidades afirmem ter o conhecimento deles[25]. Muitos filósofos contemporâneos denominam-se "teóricos da virtude", pois enfatizam a importância de certos conceitos densos. Esperam, assim, distinguir sua abordagem geral daquela dos filósofos morais mais numerosos que formulam teorias gerais sobre conceitos rarefeitos: os kantianos, por exemplo, que defendem uma teoria formal do dever moral, e os consequencialistas, ocupados em definir o bem que a moral nos manda buscar sempre. Na verdade, entretanto, os dois tipos de conceitos são tão inter-relacionados e tão interdependentes em suas funções que não se pode dizer que nenhum deles é mais fundamental, mais central ou mais cognoscível do que o outro. Seria praticamente impossível que um deles existisse sem o outro. Usamos os conceitos rarefeitos como conclusões, para comunicar juízos morais gerais; mas eles não oferecem fundamentação nenhuma, ou quase nenhuma, que sustente esses juízos. Os conceitos mais densos costumeiramente proporcionam a defesa que os conceitos rarefeitos pressupõem, mas não apresentam.

A distinção não é polar; é, antes, uma questão de grau. Os conceitos morais têm diferentes graus de densidade, e cada um deles tem densidades diferentes em contextos diferentes. Em muitas circunstâncias, o ato de lembrar uma pessoa de uma promessa que ela fez seria um argumento moral muito mais substantivo do que o ato de acusá-la de traição, por exemplo, mas em outras circunstâncias o inverso seria verdadeiro. Os conceitos das virtudes são alguns dos conceitos morais mais densos, mas sua densidade também varia. Dizer que uma pessoa é generosa ou cheia de tato é, sem dúvida, mais informativo que dizer que ela é boa ou virtuosa, mas é menos informativo que chamá-la de meticulosa quanto à etiqueta. Os conceitos de dever e obrigação são normalmente entendidos como rarefeitos, mas são mais densos que os conceitos do bom ou do inadmissível. A declaração de que alguém tem um dever ou uma obrigação implica pelo menos uma defesa geral da exigência nela incorporada: sugere uma promessa, um encargo ou alguma responsabilidade especial ligada ao papel ou ao *status* da pessoa. Os conceitos habituais da moral política também variam quanto à densidade. A descrição de um sistema tributário como injusto é mais densa que a simples declaração de que ele é moralmente contestável, mas menos densa do que se ele for taxado de opressivo.

Nem os conceitos densos nem os rarefeitos são mais centrais ou mais importantes para a moral do que os do outro tipo: todos eles fazem parte de um único sistema que seria irreconhecível sem ambos. Em certas ocasiões, o hábito, a prática ou o contexto tornam mais natural dizer que um ato é simplesmente errado do que afirmar que ele é um ato de traição, falta de consideração, crueldade, desonestidade, indecência, avareza, insensatez, mesquinharia, indignidade, parcialidade ou arrogância; ou dizer que uma pessoa tem bom caráter em vez de afirmar que ela é generosa, corajosa, nobre ou altruísta. Em outras ocasiões, as acusações ou proposições mais concretas pareceriam mais naturais. Tanto num caso como no outro, juízos mais concretos ou mais abstratos encontram-se à disposição, prontos para entrar em cena, embora talvez jamais apareçam. Em geral, é inútil dizer que um ato é insensato ou grosseiro sem dar a entender que, por esse motivo, ele também é, em algum grau e de algum modo, errado. Via de regra, é enganador dizer que algo é errado ou que alguém é mau sem supor algumas descrições informativas ulteriores que pelo menos comecem a dar a entender o porquê desses juízos. No repertório da moral, tanto os conceitos concretos quanto os abstratos têm papéis a desempenhar, papéis esses que às vezes podem ser trocados.

A flexibilidade proporcionada por conceitos morais de diferentes graus de densidade é útil de diversas maneiras. Os conceitos de diferentes densidades nos permitem, por exemplo, distinguir juízos gerais de considerações mais limitadas. Podemos dizer que, embora uma pessoa tenha agido com crueldade em certa ocasião, ela teve razão de fazê-lo naquele momento. Ou que, embora ela tenha agido com egoísmo, tinha também o direito de agir assim, de modo que ninguém tem o direito de reclamar. (No Capítulo 6, procurei saber se o conflito de valores sugerido por essas proposições é real ou não.) Os conceitos mais rarefeitos são particularmente apropriados quando queremos declarar conclusões morais acerca de casos difíceis ou muito equilibrados: no caso de querermos dizer, por exemplo, que, embora a pessoa que não denuncia o crime cometido por um amigo esteja agindo corretamente, ela não seria traidora caso o denunciasse. Os conceitos rarefeitos também são úteis quando queremos contrastar as razões morais com outros tipos de razões que podemos ter em alguma ocasião. Nessas ocasiões, não é necessário especificarmos nossas razões morais de modo mais detalhado: "Sei que isto é errado, mas não consigo resistir!"[26] Em todos esses casos e em muitos outros, nossa experiência moral se reflete nas distinções que fazemos entre conceitos morais mais ou menos fundamentados e mais ou menos informativos; e é facilitada por essas distinções.

Por isso, não é obstáculo para um entendimento interpretativo da moral e do raciocínio moral o fato de alguns conceitos mais rarefeitos aos quais os filósofos morais modernos mais voltaram sua atenção – os conceitos de correto ou de bom – não serem tão claramente interpretativos quanto os conceitos mais densos. Eles funcionam, de fato, como conceitos interpretativos – caso contrário, não poderíamos discordar tanto ao usar seu vocabulário –, mas a interpretação que eles pedem deve centrar-se, pelo menos a princípio, em outros conceitos, pois os conceitos mais rarefeitos indicam certas conclusões mas, por si sós, não sugerem muitos argumentos. Quando é necessário argumentar, interpretamos os conceitos mais densos, inclusive os mais rarefeitos entre eles, tais como as ideias do razoável e do justo. Fazemos isso para encontrar fundamentos que justifiquem as conclusões mais diretas que apresentamos por meio dos conceitos muito rarefeitos que usamos inicialmente.

Platão e Aristóteles

Uma vez que os conceitos morais são interpretativos, tanto o raciocínio moral cotidiano quanto a mais elevada filosofia moral são exercícios de interpretação. Acaso essa hipótese nos ajuda a compreender melhor os filósofos morais influentes do passado? Para tentar responder a essa pergunta, vou discutir os argumentos de determinados filósofos em diversos momentos nas partes subsequentes do livro. Mas começo aqui apresentando exemplos de filosofia moral interpretativa que me parecem ser clássicos, óbvios e particularmente instrutivos.

Platão e Aristóteles construíram suas teorias morais e políticas em torno de interpretações de virtudes e vícios que iam desde aqueles que consideramos caracteristicamente pessoais, como a sabedoria, até a grande virtude política da justiça. Os argumentos deles eram ativamente holísticos. Ambos apresentavam argumentos interpretativos elaborados que se desenvolviam em dois estágios significativamente diferentes. Primeiro, eles analisavam cada uma das virtudes e vícios que decidiam estudar, construindo, de cada uma delas, concepções que dependiam das concepções das outras e as reforçavam. Ou seja, eles apresentavam essas virtudes na forma de uma rede de valores morais interdependentes. Depois, num segundo estágio, procuravam interligações entre essa rede de conceitos morais e a ética[27]. Afirmavam que suas concepções dos valores morais eram corretas porque uma vida humana que demonstrasse esses valores entendidos por meio dessas concepções seria a mais tendente a proporcionar um estado de ser chamado "eudemonia". Em regra, os modernos tradutores para o inglês chamam esse estado de "felicidade", mas seria melhor chamá-lo de "boa vida" – a vida que as pessoas, em nome de seus próprios melhores interesses, devem tentar viver.

Terence Irwin defendeu a ideia de que os argumentos de Sócrates nos primeiros diálogos platônicos não eram interpretativos[28]. O primeiro método socrático partia do pressuposto de que uma definição bem-sucedida das virtudes isoladas seria redutiva: ou seja, só serviria para caracterizar a virtude do ponto de vista descritivo. Num dos primeiros diálogos, um homem reto oferece, por exemplo, uma definição redutiva da coragem: a coragem, segundo ele, consiste em se manter firme diante do perigo[29]. O primeiro Sócrates mostra que nenhuma das definições redutivas que lhe são apresentadas é adequada, mas não oferece ele próprio uma definição redutiva. Pelo contrário, afirma-se reiteradamente incapaz de elaborar uma tal definição. O Sócrates da *República*, por outro lado, está perfeitamente disposto a apresentar concepções de cada uma das virtudes, mas abandonou as restrições redutivas e adotou o estilo interpretativo.

As concepções de coragem, temperança, sabedoria e justiça que ele apresenta mostram que cada uma dessas virtudes é distinta das demais – ele rejeita a ideia socrática inicial de que todas as virtudes são uma só, uma vez que o conhecimento englobaria todas as virtudes. Não obstante, todas são interdependentes, de tal modo que a definição de cada uma acaba por incorporar um apelo ao valor das outras. A coragem, por exemplo, é diferente da temperança, mas não pode ser definida independentemente desta. No entanto, o grande desafio da *República*, formulado primeiro por Trasímaco e depois, de maneira diferente, por Glauco e Adimanto, conduz Sócrates ao segundo estágio de interpretação que distingui. Eles lhe pedem que identifique o vínculo entre a justiça e a felicidade – entre as virtudes morais que integram a primeira e a ambição ética da segunda – de modo a demonstrar que qualquer pessoa justa será mais feliz que qualquer pessoa injusta.

Não é verdade que Platão tenha formado suas ideias da justiça e da boa vida independentemente uma da outra e só depois tenha descoberto sua interdependência. Ele não afirmou que a justiça, tal como então era comumente entendida, propicia a felicidade. Ao contrário, negou que a felicidade, tal como definida por Trasímaco, fosse a felicidade verdadeira. A concepção de justiça de Platão é espantosamente contraintuitiva: em sua análise desse conceito, ele inclui um estado psíquico do agente. Não busca uma descrição das ações justas, mas de uma pessoa justa; e, a princípio, não identifica a pessoa justa como aquela que zela pelos outros, mas como alguém que zela pelo bem do seu próprio ser. É verdade que Platão, como qualquer filósofo que empregue uma abordagem interpretativa, batalha para demonstrar que sua concepção da justiça não é contraintuitiva a ponto de não poder ser considerada como uma concepção dessa virtude em específico. Tenta explicar de que modo a autopromoção esclarecida dá à pessoa um interesse pelo bem-estar dos outros. Como veremos, muitos outros filósofos, entre eles Kant, seguiram estratégia muito semelhante. O argumento de Platão talvez não seja convincente – Irwin discute fortes objeções a ele –, mas é claramente direcionado por uma estratégia interpretativa.

O argumento interpretativo de Platão é multidimensional; abarca teorias não só da justiça e da felicidade, mas também da coragem e da temperança. Visa, além disso, a concepções das virtudes que não sejam hierárquicas, mas que apoiem umas às outras. Ele não parte de uma descrição da felicidade para depois moldar sua discussão das virtudes de modo a encaixá-las naquela. Sua descrição da felicidade, pelo contrário, também é inicialmente contraintuitiva e, no fim, só pode ser justificada na medida em que se compatibiliza interpretativamente com as virtudes. Não é nada óbvio que a felicidade seja o ordenamento da alma: essa tese parece deixar de fora o prazer e outros elementos bem conhecidos da felicidade. Por isso, Platão tem de enfrentar mais um desafio: o de demonstrar que sua descrição da felicidade também é, no fim, uma boa interpretação daquilo que as pessoas comumente buscam e chamam por esse nome. Precisa, assim, expandir ainda mais a rede interpretativa, incluindo nela a teoria do prazer que apresenta no Livro 9 da *República* e, depois, no *Filebo*[30]. Ele mostra assim que o prazer não é simplesmente uma experiência desejável, mas também uma parte indispensável – posto que uma parte, somente – da boa vida. Essa construção notabilíssima, quer seja bem-sucedida, quer não, é em seu conjunto um paradigma da moral como interpretação.

A *Ética a Nicômaco*, de Aristóteles, também é uma excelente ilustração do método interpretativo. Para estruturar sua teoria das virtudes, ele situa cada uma delas como um meio entre dois vícios extremos: para entender as exigências da coragem, temos de contrastar os atos de coragem com os de covardia e os de temeridade; para entender a temperança, temos de contrastá-la tanto com a intemperança, que é uma preocupação muito grande com os desejos irracionais de comida, bebida e sexo, quanto com a insensibilidade, que é uma preocupação pequena demais com essas coisas; e assim por diante. A doutrina do justo meio é um esquema interpretativo. Frequentemente, para defender determinada concepção de uma virtude, a interpretação conceitual busca demonstrar que o reconhecimento dessa virtude, concebida dessa maneira, ajuda a promover algum outro valor. Aristóteles também faz isso, mas a doutrina do justo meio funciona de modo diferente: para defender determinada concepção de uma virtude, ela constrói definições paralelas dessa virtude e de dois vícios reconhecidos que, de início, parecem delimitá-la de dois lados opostos.

A representação da virtude como um meio entre dois vícios extremos não é uma conclusão interpretativa, mas antes uma estratégia que orienta a interpretação: o desafio interpretativo consiste em encontrar uma teoria da virtude que explique sua posição aparentemente intermediária entre os dois vícios. Para tanto, não podemos postular a existência de uma substância qualquer que esteja presente em quantidade excessiva na intemperança, em quantidade menor que a necessária na grosseria e em quantidade exata na temperança. Se a temperança é uma virtude e a intemperança é um vício, isso não ocorre porque a pessoa intemperante desfruta mais dos prazeres do que a pessoa temperante, mas porque desfruta das coisas erradas. Para sustentar a estratégia do justo meio, portanto, temos de identificar quais são as coisas corretas das quais podemos fruir ilimitadamente e as coisas erradas das quais seria errado fruir em qualquer medida (ou em demasia).

Para identificar essas coisas certas e erradas, Aristóteles põe muitos outros conceitos correlatos para trabalhar: o conceito de refinamento, por exemplo, que alguns comentadores entendem como um conceito estético, e o conceito ético de bestialidade. O esquema do justo meio é somente uma de suas ferramentas interpretativas: para triangular cada virtude, ele não só se baseia na noção familiar de um vício correlato como também faz apelo a outras virtudes que se sobrepõem, em parte, à virtude sob exame. Por isso, embora o homem corajoso não tenha medo daquilo de que o covarde tem medo, ele teme – adequadamente – a desonra e a desgraça. Até virtudes aparentemente não correlatas, como o orgulho e a responsabilidade cívicos, figuram na teoria da coragem: o homem corajoso não é necessariamente firme diante de ameaças naturais, como ameaça de naufragar no mar, mas será firme até em batalhas desesperadas quando estiver lutando como cidadão por sua comunidade. Para o cidadão, o medo da desonra "é causado por uma virtude; pois sua causa é a vergonha, o desejo de algo bom – a honra – e a aversão à censura, que é desonrosa"[31].

A discussão que Aristóteles faz das virtudes isoladas corresponde ao primeiro estágio da interpretação moral conceitual: concentra-se nos conceitos morais. Situa-se no quadro de uma discussão anterior e mais geral que corresponde ao segundo estágio, o estágio ético. Ele só começa a discutir as virtudes depois de ter provado que a "eudemonia" consiste naquela atividade que está de acordo com a virtude mais completa dentro de uma vida completa. Viver virtuosamente é necessário para a boa vida, segundo ele, embora não seja suficiente, pois a vida virtuosa pode ser frustrada por grandes calamidades, tais como as que Príamo sofreu em Troia, ou pela pobreza. Ninguém diria ser boa uma vida amaldiçoada pela pobreza ou por calamidades terríveis, mesmo que fosse virtuosa. Mas uma pessoa pode ser rica, ter sorte e encontrar-se maximamente contente com sua vida – pode, na visão comum, ser perfeitamente feliz – e não obstante, por não levar uma vida de atividade virtuosa, não teria a felicidade segundo a concepção de Aristóteles.

O vínculo que Aristóteles estabelece entre as virtudes e a felicidade é tão interpretativo quanto o de Platão. Não é hierárquico, mas multidimensional; os elementos apoiam uns aos outros. O modo como entendemos a felicidade – a boa vida – depende de como entendemos cada virtude, o que por sua vez depende de como entendemos cada uma das demais virtudes. Mas nosso entendimento das virtudes também depende da nossa noção de felicidade, encarada independentemente. Aristóteles verifica constantemente sua teoria das virtudes. Para tanto, se pergunta se a opinião comum – em específico, a opinião dos "sábios" – consideraria feliz ou bem-sucedida uma vida vivida de acordo com a virtude entendida desse modo. (Veja, por exemplo, sua explicação do papel do prazer na felicidade[32].) Caso suponhamos que os sábios são bons juízes da virtude por serem eles próprios virtuosos, essa última exigência se transforma em mais uma volta da espiral interpretativa. Seria um grave erro condenar o argumento de Aristóteles por ser circular – não porque ele não o seja efetivamente em suas linhas mais amplas, mas porque essa circularidade não é uma derrota, e sim uma conquista[33].

Devemos observar, por fim, uma outra dimensão da interpretação que Aristóteles considera particularmente importante. Declara ele que o projeto de compreender melhor a felicidade, e portanto a virtude, não é uma investigação abstrata e teórica, mas visa à ação, principalmente à ação política. Segundo ele, a *Ética a Nicômaco* é um exercício de ciência política. Precisamos compreender a felicidade para podermos construir um Estado bom, ou seja, um Estado onde as pessoas sejam habilitadas e estimuladas a levar uma boa vida. Também aqui a ligação não é uma via de mão única. Compreendemos melhor o bom governo mediante uma compreensão melhor da felicidade e das virtudes, que são promovidas pelo bom governo. Mas, para melhor compreender as virtudes, e portanto a felicidade, nosso pensamento também pode seguir no sentido oposto: podemos nos perguntar quais qualidades pessoais caracterizam os bons cidadãos no tipo de Estado que supomos ser bom. A política acrescenta um terceiro estágio à análise interpretativa de Aristóteles, e também o fará para nós daqui a pouco.

PARTE TRÊS

ÉTICA

DIGNIDADE

Será que a moral é fechada?

Platão e Aristóteles trataram a moral como um gênero de interpretação. Para demonstrar o verdadeiro caráter de cada uma das principais virtudes morais e políticas, eles tentaram correlacioná-las todas umas com as outras e, depois, com os ideais éticos amplos que seus tradutores resumem na palavra "felicidade". Eu disse no Capítulo 1, e lembro o leitor agora, que uso os termos "ético" e "moral" de um modo que talvez pareça especial. Os padrões morais prescrevem como devemos tratar os outros; os padrões éticos, como nós mesmos devemos viver. Podemos, como muita gente, usar as palavras "ético" e "moral", ou ambas, num sentido mais amplo que elimina essa distinção, de tal modo que a moral inclua o que chamo de ética e vice-versa. Nesse caso, porém, teríamos de formular minha distinção por meio de outros termos a fim de nos perguntarmos se o nosso desejo de levar uma vida boa para nós próprios proporciona alguma razão que justifique nossa preocupação com aquilo que devemos aos outros. Qualquer uma dessas terminologias nos permitiria desenvolver a interessante ideia de que os princípios morais devem ser interpretados de modo a deixar claro que a moralidade no viver nos fará felizes no sentido pretendido por Platão e Aristóteles.

Começamos esse projeto interpretativo neste capítulo. Nossa meta é encontrar algum padrão ético – alguma concepção do bem viver – que nos oriente na nossa interpretação dos conceitos morais. Existe, no entanto, um aparente obstáculo. Essa estratégia parece pressupor que devemos entender nossas responsabilidades morais do modo que for melhor para nós, mas esse objetivo parece contrário ao espírito da moral, pois esta não deve depender de nenhum benefício que possa ser obtido pelo viver moral. Para refutar essa objeção, podemos tentar traçar uma distinção bem conhecida na filosofia: podemos distinguir entre o conteúdo dos princípios morais, que deve ser categórico, e a justificação desses princípios, que pode, sem fugir à coerência, fazer apelo aos interesses de longo prazo dos agentes comprometidos com aqueles princípios.

Podemos defender, por exemplo, a ideia de que é do interesse de todos, em longo prazo, aceitar um princípio que proíba a mentira mesmo em circunstâncias em que o ato de mentir atenda aos interesses imediatos do mentiroso. Quando as pessoas aceitam uma regra de abnegação semelhante a essa em vez de sempre mentirem quando a mentira atender aos seus interesses imediatos, todos se beneficiam. No entanto, essa manobra não parece satisfatória, pois não acreditamos que nossas razões para viver moralmente devam depender até mesmo dos nossos interesses de longo prazo. Sentimo-nos atraídos por uma concepção mais austera: a de que tanto a justificação quanto a definição dos princípios morais devem ser independentes de todos os nossos interesses, mesmo os de longo prazo. A virtude deve ser sua própria recompensa; não precisamos pressupor nenhum outro benefício para cumprir nosso dever.

Essa concepção austera estabeleceria um limite rígido para a medida em que nos seria possível desenvolver uma teoria interpretativa da moral: possibilitaria o primeiro estágio que distingui nos argumentos de Platão e Aristóteles, mas não o segundo. Poderíamos buscar a integração dentro das nossas convicções caracteristicamente morais. Poderíamos listar os deveres, responsabilidades e virtudes morais concretos que reconhecemos e então tentar dar uma ordem interpretativa a essas convicções – organizando-as numa rede de ideias em que cada elemento reforçasse os demais. Talvez conseguíssemos descobrir princípios muito gerais, como o princípio utilitarista, que justificassem essas exigências e ideais concretos e fossem, por sua vez, justificados por eles. Poderíamos também avançar no sentido oposto: primeiro estabelecendo princípios morais muito gerais que nos parecessem atraentes e depois verificando se eles são compatíveis com as convicções concretas que nos vemos capazes de aprovar. Mas não poderíamos inserir toda essa construção interpretativa numa teia maior de valores; para justificar ou verificar nossas convicções morais, não poderíamos nos perguntar em que medida elas também correspondem a outros objetivos ou ambições diferentes que as pessoas tenham ou devam ter.

Isso seria frustrante, pois nossa moral deve caracterizar-se não só pela integridade, mas também pela autenticidade. Esta, por sua vez, nos obriga a ir além das considerações exclusivamente morais e nos perguntarmos que forma de integridade moral melhor se encaixa no modo como queremos conceber nossa personalidade e nossa vida. A concepção austera impede essa pergunta. É claro que, como reconhecemos no Capítulo 6, é improvável que um dia alcancemos uma integração plena, que nos pareça autêntica e correta, dos nossos valores morais, políticos e éticos. É por isso que a responsabilidade é um projeto contínuo e um trabalho sempre em andamento. Porém, quanto mais ampla for a rede que possamos explorar, mais poderemos fazer progredir esse projeto.

A concepção austera nos causa também um outro tipo de frustração. Os filósofos se perguntam por que as pessoas devem viver moralmente. Se aceitarmos a concepção austera, só poderemos responder: porque a moral o exige. Não se trata de uma resposta evidentemente ilegítima. A teia de justificação sempre é circular em seus limites extremos, e não é um vício de circularidade dizer que a moral justifica a si mesma – que devemos viver moralmente porque é isso que a moral exige. Mas é triste sermos obrigados a dizer isso. Se os filósofos insistiram tanto na questão de por que viver moralmente, é porque parece estranho pensar que a moral, a qual frequentemente é pesada, tem a força que tem em nossa vida pelo simples fato de *existir*, como se fosse uma montanha alta e desagradável que temos de constantemente escalar mas que poderíamos desejar que não existisse ou que, de algum modo, pudesse cair por terra. Queremos pensar que a moral está ligada aos objetivos e ambições humanos de um modo menos negativo; que ela não é feita somente de restrições, mas também de valores.

Proponho, assim, um entendimento diferente da ideia irresistível de que a moral é categórica. Para justificarmos um princípio moral, não basta demonstrar que a observância desse princípio atenderia aos desejos de uma pessoa, ou de todas, quer no curto prazo, quer no longo. O *fato* do desejo – até de um desejo esclarecido ou de um desejo universal supostamente embutido na própria natureza humana – não pode justificar um dever moral. Assim entendida, nossa noção de que a moral não precisa atender aos nossos interesses é só mais uma aplicação do princípio de Hume. Ela não exclui a união da ética e da moral à maneira de Platão e Aristóteles, ou de acordo com a proposta do nosso projeto, pois esse projeto não entende a ética como um fato psicológico – uma descrição daquilo que as pessoas, por acaso ou mesmo inevitavelmente, querem ou entendam que atenda aos seus próprios interesses –, mas como uma questão de ideal.

Precisamos de uma formulação daquilo que *devemos* entender como nossos objetivos pessoais, uma formulação que se encaixe na nossa noção das obrigações, deveres e responsabilidades que temos para com os outros e que a justifique. Essa caracterização parece compatível com o programa moral de Kant, como pretendo deixar claro mais adiante. A concepção kantiana de liberdade metafísica é mais esclarecedora quando é entendida como um ideal ético que desempenha papel dominante na justificação de sua teoria moral. Nosso próprio projeto interpretativo é menos fundamental, porque é mais evidentemente holístico. Procuramos uma concepção do bem viver que possa orientar nossa interpretação dos conceitos morais. Mas queremos, como parte do mesmo projeto, uma concepção da moral que possa orientar nossa interpretação do bem viver.

É verdade que as pessoas, diante do sofrimento alheio, normalmente não se perguntam se, ao ajudar os outros, vão estar criando uma vida mais ideal para si próprias. Podem ser movidas pelo sofrimento que veem ou por algum sentido de dever. Os filósofos se perguntam se isso faz diferença[1]. As pessoas devem ajudar uma criança porque a criança precisa de ajuda ou porque têm o dever de ajudar? Na realidade, pode acontecer de os dois motivos entrarem em jogo, ao lado de inúmeros outros que poderiam ser revelados por uma análise psicológica sofisticada; e talvez seja difícil ou impossível determinar qual motivo predomina em qualquer ocasião particular. Segundo creio, nada de importante depende dessa resposta: não há nada de desonroso em cumprir aquilo que você entende como o seu dever pelo simples fato de ser o seu dever. Nem tampouco é um ato culpável de egoísmo nos preocuparmos com os efeitos do mau comportamento sobre o caráter da nossa vida; ao contrário do que frequentemente se diz, não há nada de narcisista em pensar "eu teria vergonha de mim mesmo que fizesse aquilo". De qualquer modo, essas questões de psicologia e de caráter não vêm ao caso neste momento. Nossa questão é outra: queremos saber se, na tentativa de determinar, criticar ou fundamentar nossas responsabilidades morais, podemos pressupor, sem fugir à sensatez, que nossas ideias sobre as exigências da moral e sobre as melhores ambições humanas devem reforçar umas às outras.

Pode-se entender que tanto Hobbes quanto Hume postulam não somente um fundamento psicológico, mas também um fundamento ético para certos princípios morais conhecidos. A suposta ética de Hobbes é insatisfatória. Pelo menos para a maioria das pessoas, a sobrevivência não é uma condição suficiente para o bem viver. As sensibilidades de Hume, traduzidas numa ética, são muito mais agradáveis, mas a experiência nos ensina que nem as pessoas sensíveis às necessidades alheias conseguem resolver questões morais – ou éticas – simplesmente perguntando-se o que elas naturalmente tenderiam a sentir ou fazer. E não ajuda em quase nada expandir a ética de Hume e transformá-la num princípio utilitário geral. A ideia de que cada um de nós não deve dar mais importância aos seus próprios interesses que aos de qualquer outra pessoa pareceu, a muitos filósofos, um fundamento atraente para a moral[2]. Porém, como vou tentar provar daqui a pouco, ela não pode servir de estratégia para nós próprios vivermos bem.

A religião pode proporcionar uma ética justificadora para as pessoas que são religiosas da maneira correta; as conhecidas interpretações moralizantes dos textos sagrados dão prova disso. Essas pessoas entendem o bem viver como o ato de respeitar ou agradar a um deus. Para interpretar suas responsabilidades morais, elas podem se perguntar qual concepção dessas responsabilidades é a que melhor demonstra respeito por esse deus ou a que mais o agrada. Porém, enquanto diretriz para a interpretação da ética e da moral, essa estrutura de pensamento só pode ser útil para quem trata algum texto sagrado como um manual explícito e detalhado de regras morais. As pessoas que pensam somente que seu deus preconizou o amor e a caridade para com os outros, como creio que pensam muitas pessoas religiosas, não podem encontrar, nesse mandamento simples, nenhuma resposta para o que a moral exige. De qualquer modo, não vou me apoiar aqui na ideia de um livro divino que contenha instruções morais detalhadas.

A boa vida e o bem viver

Se rejeitarmos as concepções hobbesianas e humeanas da ética e não nos sentirmos atraídos pelas concepções religiosas, mas mesmo assim tivermos a intenção de unir a moral e a ética, teremos de encontrar alguma outra teoria do significado do bem viver. Como eu disse, a boa vida não pode significar somente o fato de termos o que efetivamente desejamos: a boa vida depende dos nossos interesses críticos, dos interesses que devemos ter[3]. Portanto, a definição de uma boa vida depende de um juízo e está sujeita a controvérsias[4]. Mas será plausível supor que viver moralmente é o melhor caminho para fazer da nossa vida uma vida boa? Essa tese é flagrantemente implausível caso aceitemos as concepções populares daquilo que a moral exige e daquilo que faz com que a vida seja boa. A moral pode exigir que a pessoa rejeite um emprego no marketing de cigarros, emprego esse que a salvaria de uma situação de grande pobreza. Na opinião da maioria, ela levaria uma vida melhor se aceitasse o emprego e prosperasse.

É claro que uma teoria interpretativa não seria limitada por essas compreensões convencionais. Talvez nos seja possível construir uma concepção da boa vida segundo a qual um ato imoral ou vil sempre ou quase sempre torna pior a vida do agente. Atualmente, porém, suspeito que todas as tentativas desse tipo estão fadadas ao fracasso[5]. Qualquer concepção atraente das nossas responsabilidades morais exigiria às vezes grandes sacrifícios – poderia exigir que arriscássemos ou até sacrificássemos a vida. É difícil crer que alguém que sofreu terríveis calamidades teve uma vida melhor do que teria tido caso tivesse agido de modo imoral e depois prosperado em todos os aspectos, criativa, emocional e materialmente, numa vida longa e pacífica.

Podemos, entretanto, procurar desenvolver uma ideia um pouco diferente e, na minha opinião, mais promissora. Ela pressupõe que se faça dentro da ética uma distinção familiar na moral: uma distinção entre o dever e as consequências, entre o correto e o bom. Devemos distinguir entre viver bem e ter uma boa vida. Essas duas realizações diferentes se ligam e se distinguem da seguinte maneira: viver bem significa esforçar-se para criar uma boa vida, mas somente dentro de certos limites essenciais para a dignidade humana. Esses dois conceitos, o de viver bem e o de ter uma boa vida, são conceitos interpretativos. Nossa responsabilidade ética inclui a tentativa de encontrar concepções adequadas de ambos.

Esses dois ideais éticos fundamentais precisam um do outro. Não podemos explicar a importância de uma boa vida se não notarmos como a criação de uma boa vida contribui para vivermos bem. Somos animais autoconscientes dotados de impulsos, instintos, gostos e preferências. O porquê de querermos atender a esses impulsos e satisfazer esses gostos não tem nada de misterioso. Mas pode parecer misterioso o porquê de querermos uma vida que seja boa num sentido mais crítico: uma vida que, quando os impulsos se atenuarem (ou mesmo que não se atenuem), possamos nos orgulhar de ter vivido. Só podemos explicar essa ambição reconhecendo que temos a responsabilidade de viver bem e acreditando que viver bem significa criar uma vida que não seja simplesmente agradável, mas também, naquele sentido crítico, boa.

Você talvez pergunte: responsabilidade perante quem? A resposta "perante nós mesmos" pode induzir a erro. As pessoas perante quem somos responsáveis podem normalmente nos desobrigar de nossas responsabilidades, mas nós mesmos não podemos nos desobrigar da nossa responsabilidade de viver bem. Temos, ao contrário, de reconhecer uma ideia que, segundo creio, quase todos nós aceitamos no modo como vivemos, mas que é raramente formulada ou reconhecida de modo explícito. O encargo de viver bem nos é dado pelo simples fato de existirmos como criaturas autoconscientes que têm uma vida a viver. Esse encargo é idêntico àquele que nos é dado pelo valor de qualquer coisa confiada aos nossos cuidados. É *importante* que vivamos bem; não para nós ou para qualquer outra pessoa, mas simplesmente importante. (Retomo a ideia de importância objetiva mais adiante neste capítulo.)

Temos a responsabilidade de viver bem, e a importância de viver bem explica o valor de levarmos uma vida criticamente boa. Não há dúvida de que esses juízos éticos são controversos. Também farei juízos éticos controversos em qualquer opinião que eu tiver acerca de quais vidas são boas ou bem vividas. Na minha opinião, a pessoa que levou uma vida enfadonha e convencional, sem amizades íntimas, desafios ou conquistas, marcando passo até chegar ao túmulo, não teve uma vida boa, mesmo que pense ter tido e mesmo que tenha apreciado imensamente a vida que levou. Se você concorda comigo, não podemos invocar os simples prazeres perdidos para explicar por que essa pessoa deveria se arrepender de ter vivido assim: é possível que nenhum prazer tenha sido perdido, e de qualquer modo ela agora já não tem nada a perder. Temos de supor que ela *fracassou* em algo: fracassou em suas responsabilidades perante o viver.

Que tipo de valor pode ter o bem viver? Muitas vezes se fez, e outras tantas se ridicularizou, a analogia entre a arte e a vida. Segundo os românticos, devemos viver nossa vida como uma obra de arte. Hoje desconfiamos dessa analogia porque ela parece muito Oscar Wilde, como se as qualidades que valorizamos em uma pintura – uma sensibilidade refinada, uma organização formal complexa ou uma interpretação sutil da história da própria arte – fossem os valores que devemos buscar na vida: os valores do esteta. Talvez esses valores não sejam adequados para se buscar no modo como vivemos. Porém, quando condenamos a analogia por esse motivo, deixamos passar em branco o que ela tem de positivo, ou seja, a relação entre o valor entre aquilo que é criado e o valor dos atos que o criam. No nível mais fundamental, não valorizamos a grande arte porque a obra enquanto produto melhora a nossa vida, mas porque ela incorpora uma boa execução, a vitória sobre um desafio artístico. Para valorizar uma vida humana bem vivida, não devemos atentar à narrativa terminada, como se ela fosse uma obra de ficção, mas ao fato de também essa vida incorporar uma execução: uma vitória sobre o desafio de ter uma vida a viver. O valor final da nossa vida é adverbial, não adjetivo. É o valor da execução, não daquilo que sobra quando a execução é subtraída. É o valor de uma dança ou de um mergulho brilhantes depois que as memórias se esmaeceram e que as ondulações sumiram.

Precisamos fazer outra distinção. O valor de produto de uma coisa é o valor que ela tem como simples objeto, independentemente do processo pelo qual foi criada ou de qualquer outro traço de sua história. Uma pintura pode ter valor de produto, e esse valor pode ser subjetivo ou objetivo. Seu arranjo formal pode ser belo, o que lhe dá valor objetivo; e ela pode dar prazer aos espectadores e será apreciada pelos colecionadores, propriedades que lhe conferem valor subjetivo. Uma reprodução mecânica perfeita dessa pintura tem a mesma beleza. O fato de ter ou não o mesmo valor subjetivo depende em grande medida de saber-se ou não que ela é uma reprodução: ela tem um valor subjetivo tão grande quanto o da original para aqueles que pensam que ela é a original. A original, no entanto, tem uma espécie de valor objetivo que a reprodução não pode ter: o valor de ter sido feita por meio de um ato criativo dotado de valor de execução (*performance value*). Foi criada por um artista que tinha a intenção de criar arte. O objeto – a obra de arte – é maravilhoso porque é a culminação de uma execução maravilhosa; não seria maravilhoso se fosse uma reprodução mecânica ou se tivesse sido criado por um acidente anômalo.

Outrora, as pessoas costumavam ridicularizar as pinturas abstratas, supondo que poderiam ter sido produzidas por um chimpanzé; e se perguntavam se um primata entre bilhões, datilografando a esmo, poderia produzir o *Rei Lear*. Se um chimpanzé, por acidente, pintasse *Polos azuis* ou datilografasse as palavras do *Rei Lear* na ordem correta, não há dúvida de que esses produtos teriam um valor subjetivo imenso. Muita gente ficaria desesperada para possuí-los ou ansiosa para vê-los. Mas seu valor de execução seria nulo. O valor de execução pode inclusive existir independentemente do objeto com o qual se fundiu. Quando uma grande pintura é destruída, o valor de produto é eliminado, mas o fato da sua criação permanece e conserva todo o seu valor de execução. As realizações de Uccello não são menos valiosas pelo fato de suas pinturas terem sofrido graves danos na enchente de Florença; se a *Última Ceia* de Leonardo tivesse desaparecido, a maravilha de sua criação não teria sido diminuída. A execução de uma música ou de um balé pode ter um valor objetivo imenso; se não for gravada ou filmada, porém, seu valor de produto evapora-se imediatamente. O valor de algumas execuções – o teatro de improvisação e os concertos de *jazz* – reside em sua efêmera singularidade: elas não serão repetidas jamais.

Podemos entender o impacto positivo de uma vida – o modo pelo qual o próprio mundo se tornou melhor porque essa vida foi vivida – como seu valor de produto. Aristóteles pensava que a boa vida é aquela dedicada à contemplação, ao exercício da razão e à aquisição de conhecimento; Platão entendia-a como uma vida harmoniosa alcançada por meio da ordem e do equilíbrio. Nenhuma dessas ideias antigas pressupõe que uma vida maravilhosa tenha de ter algum tipo de impacto. As opiniões da maioria das pessoas, na medida em que são formuladas conscientemente, ignoram o impacto da mesma maneira. Muitos pensam que uma vida dedicada ao amor de um ou mais deuses é a melhor vida a se viver, e um grande número, entre os quais muitos que não partilham dessa opinião, pensa o mesmo de uma vida vivida dentro das tradições recebidas e caracterizada pelas satisfações do convívio, da amizade e da família. Para a maioria das pessoas que querem levá-las, todas essas vidas têm valor subjetivo: dão-lhes satisfação. Mas, na medida em que podemos considerá-las objetivamente boas – na medida em que faz sentido *querer* encontrar satisfação em vidas desse tipo –, o que importa não é o valor de produto, mas o valor de execução desses modos de viver[6].

Os filósofos costumavam especular sobre o que chamavam de sentido da vida. (Hoje, essa tarefa cabe aos místicos e aos comediantes.) É difícil encontrar suficiente valor de produto na vida da maioria das pessoas para supor que o sentido dela advenha de seu impacto. É verdade; mas, se não fosse pela vida de certas pessoas, a penicilina ainda não teria sido descoberta e o *Rei Lear* não teria jamais sido escrito. Porém, se medíssemos o valor de uma vida por suas consequências, todas as vidas, com exceção de umas poucas, não teriam valor algum; e o grande valor de algumas outras vidas – de um carpinteiro que pregasse o madeiramento de um teatro à beira do Tâmisa – seria somente acidental. Em qualquer opinião plausível acerca do que há de verdadeiramente maravilhoso em quase todas as vidas humanas, a questão do impacto não se coloca.

Para entender o fato de uma vida ter significado, temos de assumir a analogia dos românticos. Para nós é natural dizer que um artista dá significado à sua matéria-prima e que um pianista dá novo significado às músicas que toca. Podemos conceber o bem viver como o ato de dar significado – um significado ético, se quisermos dar-lhe um nome – a uma vida. Na vida, esse é o único tipo de significado que pode fazer frente ao fato e ao medo da morte. Acaso tudo isto lhe parece tolo? Mero sentimentalismo? Quando executamos bem alguma coisa menor – quando tocamos uma música, representamos um papel, jogamos uma partida, lançamos uma bola em curva, fazemos um comentário espirituoso, construímos uma cadeira, escrevemos um soneto ou fazemos amor –, nossa satisfação é completa em si mesma. Todas essas coisas são realizações dentro da vida. Por que a vida também não pode ser uma realização completa em si mesma, dotada de valor próprio na arte de viver assim demonstrada?

Uma ressalva. Eu disse que o bem viver inclui o esforço para levar uma vida boa, mas que não se reduz necessariamente à questão de minimizar a possibilidade de que ela seja ruim. Com efeito, muitos traços de caráter que valorizamos não são os mais tendentes a produzir uma vida que, considerada independentemente, nos pareceria a melhor possível. Valorizamos a espontaneidade, o estilo, a autenticidade e a ousadia: o ato de encarar propositalmente projetos difíceis ou até impossíveis. Talvez nos pareça tentador fundir as duas ideias, dizendo que o desenvolvimento e o exercício desses traços e virtudes fazem parte daquilo que torna boa uma vida. Mas isso parece redutivo demais. Quando ficamos sabendo que uma pessoa que agora é pobre caiu na pobreza por ter escolhido uma carreira ambiciosa mas arriscada, é muito natural pensarmos que ela teve razão de correr esse risco. É possível que ela tenha cumprido melhor a tarefa de viver pelo fato de ter buscado um sucesso improvável, mas magnífico. Um artista que poderia facilmente ser próspero e admirado – Seurat, caso seja preciso citarmos um exemplo – põe-se a caminho numa direção completamente nova. Viverá isolado e empobrecido, terá de se dedicar profundamente ao trabalho à custa do casamento e das amizades e talvez não tenha sucesso nem mesmo do ponto de vista artístico. Caso tenha sucesso, além disso, como no caso de Seurat, é improvável que venha a ser reconhecido antes de morrer. Sentimos vontade de dizer: se ele conseguir, terá vivido uma vida melhor, mesmo levando em conta os custos terríveis, do que se não tivesse tentado, porque toda grande realização, ainda que não reconhecida, faz com que a vida seja boa.

Suponhamos, porém, que essa vida não dê certo. O que ele produz, embora seja diferente, tem menos qualidade que as obras mais convencionais que teria pintado se seguisse outro caminho. Se atribuirmos à ousadia um valor muito alto enquanto virtude, poderemos chegar à conclusão de que, mesmo em retrospectiva, ele fez a escolha correta. Ela não deu certo e sua vida foi pior do que se ele jamais tivesse tentado; mas, consideradas todas as coisas do ponto de vista ético, ele teve razão de tentar. Admito que este exemplo é exagerado: os gênios famintos são excelente material de análise para os filósofos, mas não existem em grande número. Podemos, no entanto, reproduzir o exemplo de cem maneiras mais banais – empreendedores que desenvolvem invenções arriscadas, porém dramáticas, ou esquiadores que desafiam os limites da temeridade. Mas, embora nós mesmos talvez não tenhamos a tendência de pensar que viver bem às vezes implica a escolha de uma vida provavelmente pior, temos de reconhecer essa possibilidade. Viver bem não é o mesmo que maximizar a possibilidade de produzir a melhor vida possível. A complexidade da ética é comparável à da moral.

A maldade e a sorte moral

Nossas responsabilidades éticas são tão categóricas quanto nossas responsabilidades morais. É por isso que, além de lamentar não termos vivido bem, nós nos culpamos. O desespero de Sydney Carton ou de Ivan Illyitch não era autocomiseração pelo azar que tiveram, mas autorrecriminação pela fraqueza e pela indolência, no caso de Carton, ou por um erro ético fatal, no caso de Illyitch. Não somos simples recipientes passivos nos quais a boa vida pode ocorrer ou não.

Mas ter uma vida ruim nem sempre significa não ter vivido bem: essa discriminação é uma das consequências mais importantes da distinção entre os dois ideais. Como já observamos, uma pessoa pode ter uma vida ruim apesar de ter vivido bem, porque fez um ato de grande ousadia e fracassou. De modo mais geral, uma pessoa pode viver bem e ter uma vida ruim, porque o bem da sua vida não depende totalmente de suas próprias decisões e esforços: também depende criticamente das circunstâncias e da sorte. Se ela nasce na pobreza, ou numa raça discriminada, ou tem uma deficiência severa, ou morre muito jovem, sua vida sofre desvantagens que ela jamais poderá modificar. E a distinção pode se aplicar no sentido oposto: uma pessoa pode ter uma vida muito boa sem ter vivido bem em absoluto. Ouvimos falar, digamos, de um príncipe da família Médici que viveu uma vida que nos parece especialmente maravilhosa, cheia de realizações, de sofisticação, de cultura e de prazer. Depois ficamos sabendo de toda a história: ele possibilitou essa vida por meio de uma carreira de assassinatos e traições em grandissíssima escala. Se insistíssemos que viver bem é simplesmente ter uma vida boa, teríamos que dizer ou que, no fim das contas, ele realmente viveu bem, o que nos parece monstruoso, ou que, na verdade, sua vida não foi boa, porque sua imoralidade a tornou muito pior do que de outro modo teria sido.

A segunda opção ressuscitaria a opinião implausível que rejeitamos há pouco – a de que a imoralidade sempre, e necessariamente, torna a vida globalmente pior. Na verdade, de acordo com qualquer critério plausível acerca do que pode tornar boa uma vida, nosso príncipe teve uma vida melhor do que teria tido caso tivesse respeitado escrupulosamente suas responsabilidades morais. Não se segue daí, porém, que ele tenha vivido bem. Ele não cumpriu suas responsabilidades éticas; não deveria ter cometido os crimes que cometeu e deveria ter se contentado com a vida menos espetacular que, nesse caso, teria levado. Por isso, embora possamos até pensar que seus atos imorais tornaram a sua vida mais boa, devemos afirmar que ele não viveu tão bem quanto poderia ter vivido.

A distinção entre os dois ideais ajuda a explicar um outro fenômeno que vem intrigando os filósofos[7]. Inevitavelmente levamos sobre nós um pesado fardo de remorso por danos sérios que tenhamos causado sem culpa nenhuma da nossa parte. Édipo furou os próprios olhos por ter matado o pai, embora não estivesse ciente de seu parricídio. Um motorista de ônibus escolar que bate o ônibus e mata dez crianças leva consigo um sofrimento especial pelo resto da vida, mesmo que estivesse dirigindo impecavelmente e que o acidente não tenha ocorrido por culpa de ninguém. A dor dele não é simplesmente um sofrimento impessoal pelo acontecido – o sofrimento que qualquer um que lesse o jornal poderia sentir –, mas um sofrimento especial, pois era ele que estava dirigindo o ônibus. Alguns filósofos deram a esse fenômeno não somente o nome de azar, mas de azar *moral*: o motorista não somente terá a tendência de sentir um remorso profundo e especial como também, além disso, teria um defeito de sensibilidade moral caso não o sentisse.

Isso é enigmático para aqueles que creem que a culpa só deve acompanhar o dolo – que, parafraseando Kant, nada é moralmente mau exceto a vontade má. Nossa distinção nos permite solucionar o enigma sem deixar de reconhecer a força do "azar moral". Meu bem viver não é afetado pelos danos que causei sem dolo, mas é perfeitamente sensato supor – na verdade, é irresistível – que eles afetam grandemente o bem da minha vida. Assim como posso sentir pesar pelo fato de minha vida ter sido prejudicada pela injustiça alheia, sem culpa nenhuma da minha parte, assim também posso sentir pesar pelo fato de minha vida ter sido prejudicada por uma tragédia que aconteceu unicamente em razão de atos meus cometidos sem dolo. A culpa acompanha o dolo quando nos perguntamos se vivemos bem ou mal, mas o pesar acompanha a sorte ou o azar quando nos perguntamos quão boa foi a nossa vida.

A distinção entre a boa vida e o bem viver também pode nos ajudar a resolver outra questão antiga. O que acontece depois da nossa morte pode afetar a qualidade da nossa vida? Quando Aquiles arrastou o corpo de Heitor três vezes ao redor das muralhas de Troia, isso foi ruim para Príamo. Mas foi ruim para Heitor? Será bom para você que seus filhos sejam felizes depois que você morrer? Será ruim se todos os seus livros forem destruídos? Não é possível entender a intensa preocupação das pessoas com o seu destino póstumo sem reconhecer que o que acontece depois da morte tem, sim, importância para elas[8]. Mas isso pode parecer tolice: por que se importar? Nossa distinção ajuda. O fato de uma pessoa ter vivido bem não é afetado pelo que acontece depois que ela morreu; nada pode afetar isso, assim como o fato de um pintor ter pintado bem não depende do desempenho de suas obras no mercado. Mas o fato de alguém ter tido uma vida boa pode ser influenciado, depois de sua morte, por qualquer coisa que promova ou contrarie as realizações e esperanças que ele tinha em vida. Depois que você deixa de existir, sua vida ainda pode se tornar mais boa ou menos boa.

Eu disse há pouco que as duas ideias – viver bem e ter uma vida boa – implicam uma à outra. Mas o príncipe Médici nos ensina que os ideais podem indicar um conselho oposto. Qual é, então a responsabilidade ética mais fundamental? Viver bem. É irresponsabilidade ética da sua parte viver menos bem a fim de ter uma vida melhor; e é impróprio se orgulhar de ter uma vida boa, ou fruir de tal vida, quando ela se cumpre ao preço de viver mal. Poderíamos dizer (usando um termo desenvolvido pelos economistas e popularizado por John Rawls entre os filósofos) que o valor do bem viver é lexicalmente anterior ao valor de uma vida boa[9]. Não obstante, a vida boa tem um valor independente. Você deve ficar contente se a sua vida for boa, mas não se você tiver trapaceado para obtê-la. Se a sua vida for menos boa em razão do azar ou da trapaça de outras pessoas, você deve sentir pesar.

Dois princípios éticos

Lembre-se que a distinção entre o bem viver e a vida boa está a serviço de uma hipótese. Para integrar a ética e a moral numa teia interpretativa global, não podemos pressupor que viver moralmente seja essencial para se ter uma vida boa. Mas podemos cogitar, pelo menos, a hipótese de que a moralidade seja essencial para o bem viver. Por outro lado, não adianta muito postular que essa proposição se aplica em uma direção unicamente: a de que ninguém vive bem a menos que respeite seus deveres morais. Trata-se de uma proposição atraente, mas ela não pode nos ajudar a determinar quais são esses deveres. Estabelece a dependência da responsabilidade ética em relação à responsabilidade moral, mas não o inverso; somente um vínculo interpretativo bilateral poderá fazer isso. Para que esse vínculo tenha alguma utilidade em nosso projeto interpretativo, ele terá de ser um vínculo de integração, não de simples incorporação.

Tenho de explicar essa diferença. Podemos encarar de duas maneiras o vínculo substantivo entre o ser bom e o bem viver. Podemos pensar, por um lado, que para viver bem é preciso viver moralmente (nesse caso, o príncipe não viveu tão bem quanto poderia ter vivido), mas que o conteúdo da moral deve ser determinado unicamente por uma reflexão sobre a própria moral, não sendo definido por nenhum dos demais aspectos ou dimensões do bem viver. Ou seja, podemos pensar que o bem viver simplesmente incorpora a moral, sem que esse vínculo afete em absoluto as exigências morais. Podemos, por outro lado, considerar que o conteúdo da moral é determinado pelo menos em parte pelo caráter da responsabilidade ética entendida em si mesma: assim como nossas responsabilidades éticas são parcialmente determinadas pelas responsabilidades morais que temos para com os outros, assim também estas últimas são determinadas em parte pelas nossas responsabilidades éticas. Desse segundo ponto de vista, a moral e a ética se integram de modo interpretativo, um modo que viemos explorando ao longo dos capítulos anteriores.

As religiões, em sua maioria, adotam o primeiro ponto de vista diante dos valores centrais da fé. Insistem em que o bem viver pressupõe a devoção a um ou mais deuses, mas negam que a natureza desses deuses, ou sua qualidade divina, seja de algum modo derivada do fato de o bem viver incluir o ato de respeitá-los; negam, ainda, que possamos aperfeiçoar nossa compreensão desses deuses perguntando-nos como eles devem ser para que se justifique o fato de termos de respeitá-los para viver bem. Os deuses, insistem as religiões, são o que são; cabe a nós, na responsabilidade que temos pela nossa vida, tentar descobrir na medida do possível como eles são e agir à luz do que descobrirmos. Também é essa a nossa visão dos fatos científicos. Eu disse que, na ciência, fazemos uma distinção rigorosa entre o objetivo intrínseco de buscar a verdade e as razões que justificam essa busca[10]. Pensamos que a tentativa de compreender a estrutura do universo faz parte do bem viver, mas não pensamos – a menos que sejamos loucos ou pragmatistas obtusos – que, para identificar essa estrutura, devemos nos perguntar qual concepção dela nos ajudaria a viver bem.

Muitos adotam o mesmo ponto de vista acerca do valor da arte. Dizem que temos a responsabilidade de descobrir e respeitar o maravilhoso na arte, mas não devemos cometer a falácia de supor que algo é belo porque sua apreciação torna a nossa vida melhor, ou que nos seja possível identificar e analisar a beleza mediante uma reflexão sobre o bem que essa admiração nos faria. Desse ponto de vista, o bem viver incorpora a arte mas não se integra a ela. Trata-se de um ponto de vista controverso. No Capítulo 7, descrevi meu próprio ponto de vista, que não é totalmente diferente desse: o significado e o valor da arte dependem, sim, das razões adequadas que temos para avaliá-la e interpretá-la. Creio que a arte, como a moral, é um dos raios ligados ao cubo da roda da ética.

Se, para melhor entender os valores morais, devemos supô-los integrados à responsabilidade ética, e não simplesmente incorporados a ela, podemos ter a esperança de aproveitar esse vínculo para explorar mais a fundo as convicções morais. Essa integração, no entanto, só poderá se realizar se formos capazes de encontrar algum aspecto ou dimensão convincente do bem viver que não seja, pelo menos à primeira vista, dependente dos nossos deveres para com os outros, mas que afete esses deveres e seja por eles afetado. Creio que essa alavanca interpretativa pode ser encontrada nas ideias interligadas de respeito por si mesmo e autenticidade.

Introduzo agora dois princípios que, segundo creio, enunciam exigências fundamentais do bem viver. Em outras obras, discuti alguns princípios correlatos, posto que diferentes, entendendo-os como princípios políticos; declarei esses princípios políticos no Capítulo 1 e vou empregá-los em capítulos posteriores[11]. Agora, no entanto, descrevo-os somente como princípios éticos. O primeiro é um princípio de respeito por si mesmo. Cada pessoa deve levar a sério sua própria vida: deve aceitar que é importante que sua vida seja uma execução bem-sucedida, e não uma oportunidade perdida. O segundo é um princípio de autenticidade. Cada um tem a responsabilidade pessoal e especial de identificar quais devem ser os critérios de sucesso em sua própria vida; tem a responsabilidade pessoal de criar essa vida por meio de uma narrativa ou de um estilo coerentes com os quais ele mesmo concorde.

Juntos, os dois princípios constituem uma concepção da dignidade humana: a dignidade exige o respeito por si mesmo e a autenticidade. A distinção entre os dois princípios talvez pareça artificial; seria fácil chamar cada um dos dois pelo nome do outro. Não se pode considerar importante que se escolham valores em torno dos quais viver, a menos que se considere importante que a vida em si tenha valor. Caso contrário, por que buscar identificar a si mesmo através de valores? E ninguém pode pensar que algo de valor foi criado em seu viver a menos que considere valioso aquilo que criou. Pode acontecer de você pensar que a obediente observância das tradições de alguma fé ou de alguma cultura é, pelo menos para você, o caminho correto para o sucesso na vida. Mas você deve viver assim porque é isso que *você* pensa, e não porque os outros o exigem. Não obstante, vou discutir os dois princípios separadamente, pois eles suscitam questões filosóficas diferentes.

Uma consideração preliminar sobre o título geral sob o qual englobo os dois princípios. A ideia de dignidade foi manchada pelo mau uso e pelo uso excessivo. A palavra aparece regularmente nas convenções de direitos humanos, nas constituições políticas e, de modo ainda mais indiscriminado, nos manifestos políticos. É usada de modo quase irrefletido, quer para proporcionar um pseudoargumento, quer simplesmente para acrescentar uma carga emocional ao discurso: as pessoas que fazem campanha contra a cirurgia genética pré-natal declaram ser um insulto à dignidade humana que os médicos procurem remediar uma doença ou uma deficiência num feto[12]. Mesmo assim, seria uma pena entregar à corrupção uma ideia importante ou mesmo um nome conhecido. Devemos, antes, assumir a tarefa de identificar uma concepção de dignidade que seja atraente e razoavelmente clara; vou tentar fazer isso por meio dos dois princípios acima descritos. Outros discordarão. A dignidade, como tantos outros conceitos que figuram em meus longos argumentos, é um conceito interpretativo.

Os capítulos posteriores deste livro empregam a ideia de dignidade para ajudar a identificar o conteúdo da moral: serão errados os atos que insultem a dignidade alheia. Outros filósofos – com destaque para Thomas Scanlon – creem que nosso argumento deve seguir na outra direção: um ato será um insulto à dignidade quando for moralmente errado sob algum outro aspecto, e sempre por esse motivo[13]. Não sei quanto essa diferença será significativa depois de especificada uma concepção de dignidade. Scanlon, por exemplo, crê que um ato será errado se for condenado por um princípio ao qual ninguém possa razoavelmente se opor. Caso alguém siga sempre e automaticamente a tese de que deve ser rejeitado todo princípio que não postule que a vida de cada pessoa é intrinsecamente importante, ou que negue a liberdade das pessoas de escolher seus próprios valores, as duas abordagens se aproximarão. Uso a dignidade como ideia organizadora porque ela facilita o nosso projeto interpretativo de reunir sob uma única denominação geral vários princípios éticos largamente aceitos.

Respeito por si mesmo

Os dois princípios que descrevi podem parecer óbvios quando declarados de modo tão abstrato. Mas não está nem um pouco clara a força que eles têm enquanto imperativos éticos, ou seja, enquanto condições concretas para o bem viver. Vou começar com o respeito por si mesmo. Segundo esse princípio, devo reconhecer a importância objetiva do meu bem viver. Isto é, tenho de aceitar que seria um erro não me preocupar com o modo como vivo. Minha intenção não é somente reiterar a proposição ortodoxa de que as vidas de todas as pessoas têm um valor intrínseco e igual. O significado dessa proposição ortodoxa não é claro. Se a compreendermos como uma proposição acerca do valor de produto dos seres humanos, teremos de rejeitá-la. O mundo não melhora quando mais pessoas o habitam, ao passo que bem poderíamos pensar que melhora quando mais quadros de qualidade são pintados. Se entendermos a proposição ortodoxa como uma insistência no fato de que todas as vidas têm o mesmo valor de execução, ela será igualmente falsa. Muitas vidas têm um valor de execução baixo, e o valor de execução de todas as vidas certamente não é igual.

Na prática, o princípio da igualdade de valor em geral não é entendido como um princípio ético, mas como um princípio moral a respeito de como as pessoas devem ser tratadas. Afirma ele que todas as vidas humanas são invioláveis e que ninguém deve ser tratado como se sua vida fosse menos importante que a de qualquer outra pessoa. Alguns filósofos invocam a igualdade de valor das vidas humanas para apoiar proposições mais positivas: a de que os habitantes de países ricos devem fazer sacrifícios a fim de ajudar os pobres e miseráveis de outros países, por exemplo. Nosso projeto visa ligar os princípios de dignidade que agora exploramos com esses e outros princípios morais, mas essa é uma tarefa para os capítulos posteriores. Nosso princípio de respeito por nós mesmos é diferente: não é uma proposição moral. Descreve uma atitude que cada pessoa deve ter em relação à sua própria vida: deve pensar que é importante que ela viva bem. O princípio do respeito por nós mesmos exige que cada um de nós considere que sua vida tem esse tipo de importância.

Stephen Darwall traçou uma distinção útil entre o respeito de reconhecimento e o respeito de apreciação[14]. Este último é o respeito que dedicamos a alguém em virtude de seu caráter ou de suas realizações; o primeiro é o respeito que devemos demonstrar às pessoas pelo simples fato de reconhecermos que são pessoas. O respeito por si mesmo que a dignidade exige não é respeito de apreciação, mas respeito de reconhecimento. Poucas pessoas estão plenamente satisfeitas com o seu caráter e a sua história, e elas são tolas. Podemos perder completamente – é o que acontece com certas pessoas tristes – o respeito de apreciação por nós mesmos. Mas isso não significa nem acarreta que tenhamos perdido o respeito de reconhecimento por nós mesmos. Com efeito, é somente em virtude do respeito de reconhecimento que temos por nós mesmos – a noção de que nosso caráter e nossas realizações têm importância – que nossa infelicidade diante de quem somos e do que fizemos adquire sentido.

Nem todos agem como se tivessem respeito por si mesmos. Até o momento da redenção, Sydney Carton se mata de tanto beber ao lado de suas velas, cuja cera escorre sobre ele. Mas a maioria de nós age como se tivesse respeito por nós mesmos. Temos ideias acerca da melhor maneira de viver e, pelo menos aos trancos e barrancos, tentamos nos mostrar à altura dessas ideias. É verdade que ninguém vive pensando conscientemente a cada dia que está atribuindo valor de execução à sua vida ou que está tentando se mostrar à altura da importância do seu bem viver. A maioria das pessoas nem sequer reconheceria essas ideias, e suas vidas não melhorariam caso passassem muito tempo pensando nelas. Ainda assim, para melhor interpretar nossa vida – entender o modo como vivemos e como nos sentimos –, devemos supor que somos dotados, no mínimo, de uma noção tácita, mas poderosa, da importância da nossa vida; e de crenças tácitas, mas poderosas, acerca de quais realizações poderiam dar-lhe valor de execução.

Suponho que você tenha essa noção: que tenha para si que o modo como a sua vida decorre é importante. Quer que sua vida seja bem-sucedida porque pensa que o sucesso dela é importante, e não o inverso. Acaso minha suposição está correta? É plausível que você interprete o seu modo de viver como um reflexo da suposição contrária, ou seja, a de que o modo como você vive só tem importância subjetiva – a de que é importante que você viva bem somente se quiser viver bem, e unicamente por causa disso? Por favor, considere com cuidado essa importante pergunta.

Talvez você pense: "Na realidade, pouco me importa viver bem. Tudo o que me importa é gozar a vida ao máximo; todas as minhas decisões e planos visam a isso. Por acaso, cuidar dos outros e alcançar algum sucesso pessoal são algumas das coisas de que gosto. Se não gostasse delas, não me incomodaria. Mas o viver bem, seja ele o que for, não tem domínio independente sobre mim." Essa resposta enfrenta uma dificuldade bem conhecida. Na maioria dos casos, a fruição ou a satisfação não são estados mentais independentes, como a fome. São, normalmente, epifenômenos da convicção de que estamos vivendo como devemos viver[15]. É claro que existem prazeres que são simples prazeres: prazeres do corpo, como se diz, prazeres que os outros animais têm em comum conosco em certa medida, entre os quais alguns prazeres do sexo e da alimentação. Mas o prazer, na maioria das suas modalidades – e inclusive a maior parte dos prazeres ligados à alimentação e ao sexo –, não é um frenesi de pura sensação, independente de toda crença a respeito do que dá origem a essa sensação[16]. Não acontece de simplesmente *sentirmos* prazer. Sempre sentimos prazer *com* alguma coisa, e o prazer que sentimos é, em sua maior parte, dependente de pensarmos que é bom sentir prazer com essa coisa em particular – que, assim fazendo, estamos vivendo como devemos. É verdade que alguns dos prazeres são "maliciosos"; gozamo-los pela razão oposta: porque sabemos que não deveríamos. A fenomenologia do gozo e da satisfação é quase toda perpassada, de um modo ou de outro, por um sabor ético.

Existem ilustrações dramáticas – e frequentemente cômicas – desse fato: pessoas que se esforçam para gostar de alimentos sofisticados e caros, por exemplo, porque querem pertencer ao grupo dos que habitualmente gostam desses alimentos. Porém, mesmo quando nos sentimos imediatamente atraídos por uma atividade que consideramos intensamente agradável, boa parte do prazer depende de uma avaliação estética mais complicada. O esquiador que descreve a emoção do seu esporte não se refere ao fluxo de endorfinas, mas às sensações físicas e visuais da atividade em si. Os filósofos gostam de assinalar que ninguém quer o prazer separado do seu objeto: nenhum esquiador sacrificaria uma hora na montanha em troca de duas horas ligado a uma máquina de produzir prazer num laboratório[17]. É fato que certas pessoas se orgulham de considerar-se hedonistas: pensam que a obtenção do prazer e o refinamento dos prazeres obtidos é uma medida de o quanto vivem e viveram bem. Algumas delas pensam que suas vidas pioraram porque não obtiveram prazer suficiente. Porém, esse hedonismo entendido como o sentido da vida, se podemos assim chamá-lo, não é uma alternativa à consideração de que é importante viver bem. É somente uma resposta tristemente popular à questão de *o que é* viver bem. Caso contrário, não haveria pesar pelos prazeres não obtidos: tal emoção só pode ser entendida como um pesar pelo fracasso.

Talvez você dê uma resposta mais lacônica à minha pergunta: você quer o que você faz, sem nenhuma outra razão além dessa. Não pensa que sua vida tenha alguma importância ou que existe um jeito correto e um jeito errado de viver. Simplesmente, por acaso, quer viver de determinada maneira. Do mesmo modo, por acaso você adora castanhas-de-caju e é incapaz de resistir a elas quando lhe são oferecidas. Seus planos e projetos gerais são iguaizinhos às castanhas-de-caju, apenas maiores e mais numerosos. Essa interpretação vulgar e grosseiramente subjetiva do seu comportamento é, de fato, uma alternativa genuína à interpretação mais grandiosa que propus. Mas será que você realmente é capaz de aceitá-la? Não é fato que você tem uma autoimagem global – uma noção de quem você é, que o orienta em suas escolhas e em seus estilos, talvez até na preferência por martíni ou por cerveja? Talvez você diga que sim, que tem uma autoimagem. Quer não somente ter certas coisas (castanhas-de-caju, por exemplo), mas também ser de determinado jeito. Isso é apenas uma parte do que você quer. Mas essa resposta implica uma compreensão errônea do caráter da concepção que cada pessoa tem de si própria. Se a autoimagem – a escolha de uma identidade pessoal – desempenha um papel crítico, é porque é feita não só daquilo de que gostamos, mas também do que admiramos e do que nos parece adequado. Todos esses juízos são críticos: nosso objetivo é atender a um padrão, não somente escolher itens aleatórios num menu. Você por acaso não tem outras atitudes críticas que também desempenham um papel em sua vida? Não acontece de às vezes sentir orgulho, vergonha ou remorso, por exemplo? Essas atitudes críticas só fazem sentido para uma pessoa que considera importante o destino que dá à própria vida e que se vê dotada da responsabilidade pessoal de criar valor nessa vida. Não fazem sentido para alguém que quer determinado tipo de vida por mero acaso. Este tipo de pessoa não possui base alguma sobre a qual possa erguer-se o remorso.

Se essas atitudes críticas efetivamente desempenham papel de destaque em sua vida emocional, a proeminência delas confirma a interpretação mais ambiciosa e exclui a vulgar. Na realidade, as atitudes críticas são onipresentes na vida de quase todas as pessoas, e vou passar a supor, a partir de agora, que elas são importantes na sua. Podem vir à tona a qualquer momento. No entanto, como dei a entender, entram em jogo de modo mais evidente desde a perspectiva do leito de morte ou da proximidade desta. Nessa situação, costuma-se fazer com que as pessoas se recordem, com orgulho, dos filhos que criaram, da sua participação na guerra, da sua reputação. Li certa vez que Beethoven, pouco antes de morrer, disse: "Pelo menos fizemos um pouco de música." (Se ele não disse isso, bem poderia tê-lo dito.) Outras pessoas ficam cheias de remorso: pelas oportunidades perdidas, pelos prazeres e experiências que não tiveram. Às vezes, o remorso é intenso e carregado de autorrecriminação.

Já mencionei dois exemplos. Ivan Illyitch, que pensava ter tudo o que queria, de repente se deu conta de que havia querido as coisas erradas e percebeu, em pânico, que era tarde demais para corrigir seu erro. A percepção de Sydney Carton não ocorreu tarde demais, pois uma coincidência extraordinária possibilitou que ele fizesse um ato muito melhor do que qualquer outro que já houvesse feito, obtendo com isso a redenção de sua vida. Nada desse tipo pode fazer sentido para uma pessoa cujo zelo pelo próprio viver é comparável ao seu gosto por castanhas-de-caju. As atitudes críticas só têm sentido se aceitarmos a importância objetiva, e não meramente subjetiva, daquilo que fazemos com nossa vida. Preocupamo-nos quando suspeitamos que traímos ou compreendemos erroneamente a nossa responsabilidade; e sentimo-nos orgulhosos e consolados – dizemos que nossa vida teve sentido – quando acreditamos que a cumprimos.

É claro que ainda é possível examinar todas essas proposições com um olhar cético: dizer que a importância objetiva que descrevo é um mito e que o orgulho, o remorso, a vergonha, a ansiedade e a redenção que a maior parte das pessoas sente são apenas partes do mito. Porém, caso você se sinta tentado por esse tipo de dureza de coração, lembre-se da lição da Parte Um. O ceticismo ético não pode jamais ser um ceticismo externo, arquimediano. Só pode ser um ceticismo interno, o que significa que você precisa de um conjunto de juízos de valor tão forte para apoiar seu niilismo quanto são fortes os valores de que as outras pessoas precisam para apoiar intuições muito diferentes. A convicção que elas têm da responsabilidade ética não pode ser minada por argumentos metafísicos a respeito dos tipos de entidades que existem no universo nem por argumentos sociológicos acerca da diversidade de opiniões a respeito do significado do bem viver. Isso seria uma repetição dos erros do ceticismo externo. O que você precisa é de um argumento de ceticismo interno composto de duas partes: proposições positivas a respeito de o que precisaria se verificar para que nossas vidas tivessem sentido; e um argumento negativo que explique por que essas condições não podem se realizar em princípio ou não se realizam na prática. O niilismo assim conquistado tem sua própria dignidade. Macbeth chegou ao ceticismo interno – a indiferença perante a vida que lhe restava – quando percebeu que era um joguete de titereiros sobrenaturais. Espero que você não pense como ele.

Autenticidade

Voltamo-nos agora para o segundo princípio da dignidade. Chamei-o de princípio da autenticidade, embora essa virtude tenha, hoje, uma reputação dúbia. Num ensaio famoso, Lionel Trilling fez uma comparação desfavorável da autenticidade com a sinceridade[18]. O que ele tinha em mente, entretanto, era uma concepção popular, sentimental e caracteristicamente inautêntica desse ideal. As pessoas dizem, sem pensar muito, que precisam descobrir a si mesmas e entrar em contato com seus sentimentos mais profundos. Nosso trovador de olhos azuis declarou, num hino, que ele fazia as coisas do seu jeito. Porém, uma forma mais genuína desse ideal adquiriu uma existência importante e nada sentimental em nossa literatura e em boa parte da nossa mais influente filosofia. A autenticidade é um elemento central da obra de muitos dos principais filósofos modernos – Kierkegaard e Nietzsche, por exemplo, bem como Sartre e outros filósofos que se denominavam existencialistas. Até os vilões e *clowns* de Shakespeare – Gloucester e Iago, Parolles e Pistol – encontram momentos de dignidade em solilóquios súbitos, de contundente autenticidade, onde reconhecem e admitem quem realmente são.

A autenticidade é o outro lado do respeito por si mesmo. Por levar-se a sério, você conclui que viver bem significa expressar-se em sua vida, buscar um modo de viver que lhe pareça irresistivelmente correto para você e para suas circunstâncias. Não será necessariamente um compromisso com uma única ambição que supere todas as demais ou com uma hierarquia fixa de valores. Pode, ao contrário, resumir-se ao que chamamos de caráter ou ao que Nietzsche chamou de "estilo": um modo de ser que você constata ser adequado à sua situação, e não extraído irrefletidamente das convenções ou das expectativas e exigências dos outros[19]. Isso não acarreta necessariamente a excentricidade ou mesmo a inovação. O crucial não é que você viva diferentemente dos outros, mas que viva de acordo com a sua situação e com os valores que lhe parecem adequados, e não em sentido oposto ao dessas coisas. Seus valores podem vir a se expressar no compromisso com uma tradição venerável; podem se exprimir de modo muito belo no ato de amar, sustentar e educar seus filhos. Podem até se expressar numa vida marcada por muitas restrições, que lhe tirem quase todas as possibilidades de escolha. Ou numa vida que, vista de fora, pareça totalmente convencional ou mesmo tediosa. Além disso, a autenticidade não pressupõe um planejamento detalhado ou um caminho traçado na juventude. Podemos descobrir um caráter ou um estilo à medida que vivemos, interpretando nossos atos à medida que os cometemos, não seguindo um fio, mas procurando-o. Foi isso que Sartre chamou de "psicanálise existencial"[20].

Seria um erro considerar elitista essa teoria da autenticidade. Pelo contrário, é elitista supor que somente as pessoas de alta instrução, elevada imaginação, grande sensibilidade ou favorecidas pela riqueza podem levar vidas autênticas. Além disso, a aceitação da teoria não pressupõe o absurdo de uma vida constantemente examinada. Não exige que nenhuma pessoa reconheça explicitamente que sua vida possa ter valor adverbial e que ela tenha a responsabilidade de buscar esse valor. Poucos, olhando cansados para a tela de uma televisão, se perguntam se poderiam acrescentar mais valor às suas vidas se estivessem fazendo outra coisa. A autenticidade, no entanto, impõe importantes exigências. Pressupõe um zelo pelo caráter pessoal e o compromisso com os padrões e ideais segundo os quais agimos. Exige que reconheçamos alguns atos como atos de traição a nós mesmos.

Responsabilidade

No Capítulo 6, distingui a responsabilidade como virtude da responsabilidade como relação, e também distingui diferentes formas de responsabilidade em ambos os sentidos. O segundo princípio da dignidade exige tanto que eu seja responsável no sentido da virtude quanto que eu aceite, quando for apropriado, a responsabilidade relacional. Para tratar um ato como meu, como fruto da minha personalidade e meu caráter, preciso considerar que tenho responsabilidade autorreflexiva por esse ato. Aqueles que culpam os pais, os outros ou a sociedade em geral por seus próprios erros, ou que invocam alguma forma de determinismo genético para se absolver de toda responsabilidade pelos atos que cometeram, não têm dignidade, pois esta exige que cada qual assuma o que fez. Assumir a responsabilidade é um importante elemento de sabedoria ética.

É mais complexa a questão de saber até que ponto a autenticidade exige que eu assuma a responsabilidade objetiva (*liability responsibility*) pelos meus atos. Quando é adequado que eu exija dos outros que assumam, no todo ou em parte, um fardo financeiro que eu mesmo assumi ou que foi depositado sobre mim? Talvez eu precise de dinheiro porque sofri um acidente que me impossibilita de trabalhar ou que exige uma assistência médica dispendiosa; talvez precise de dinheiro porque decidi recolher o lixo da praia em vez de trabalhar ou porque jurei construir um monumento ao meu deus[21]. Acaso a visão correta das minhas responsabilidades éticas determina que seria errado exigir ajuda em algumas dessas circunstâncias, mas não em outras? Se o bem viver consiste não somente em fazer escolhas, mas também em aceitar as consequências dessas escolhas, acaso tenho razões para distinguir aquilo de que preciso por ter câncer daquilo de que preciso porque decidi não trabalhar? O fato de minhas necessidades serem básicas – se ninguém me ajudar, vou morrer de fome – ou espirituais tem alguma importância? Tem alguma importância o fato de eu ser capaz de me sustentar, mas somente se trabalhar num emprego tedioso que detesto? Essas questões são, como veremos, diretamente análogas a certas questões morais acerca do que devemos aos outros e a importantes questões políticas de justiça distributiva. Mas também são questões caracteristicamente éticas.

Independência ética

A autenticidade tem uma outra dimensão: ela estipula as exigências que a dignidade nos impõe em nossas relações com as outras pessoas. Devemos buscar a independência. Isso não significa tentar escapar da influência ou da persuasão. Ninguém pode inventar um estilo de vida completamente novo; todos nós vivemos numa cultura ética que nos fornece, a qualquer tempo, uma paleta de valores éticos reconhecíveis a partir da qual nossas possibilidades podem ser extraídas. Podemos reorganizar as prioridades convencionais entre esses valores – podemos preferir a honestidade brutal ao tato – e podemos nos aferrar a valores pessoais que os outros desprezam, como a abstinência sexual. Mas não é possível levar uma vida de cavaleiro medieval no Brooklyn de hoje: essa vida pressupunha um contexto social e até político do qual não restam vestígios suficientes. As opiniões e os modelos de como viver que estão vivos no folclore, na literatura e na publicidade perpassam toda a nossa vida – nascemos no ambiente por eles criado e nele educamos nossos filhos. Esse ambiente foi marcado, em minha época, por rápidas mudanças. No final da década de 1960 e no começo da de 1970, certos estilos de vida que não eram admirados e quase não eram possíveis antes disso se tornaram possíveis e admirados; hoje, eles ainda são possíveis – mal e mal –, mas não são muito admirados.

Não podemos fugir às influências, porém devemos resistir à dominação. Essa distinção tem grande importância ética. A autenticidade, sob esse aspecto, é um conceito estritamente relacional. A autenticidade de cada pessoa não é comprometida pelas limitações impostas pela natureza ou pelas circunstâncias: não é comprometida pelo fato de ela não ter habilidade atlética, de os impostos lhe impossibilitarem viver como preferiria ou de morar numa comunidade atrasada do ponto de vista tecnológico. Nesse caso, a pessoa não dispõe de muitas cores em sua paleta, mas a vida que ela pinta com as cores que tem à mão pode ser plenamente autêntica; pode ser, tanto quanto em qualquer outro contexto, uma vida pintada por ela e não por outra pessoa qualquer. Por outro lado, por maior que seja a gama de opções oferecidas, ninguém poderá viver autenticamente se os outros lhe proibirem, por considerá-las desprezíveis, algumas opções que de outro modo estariam disponíveis. A indignidade não está na limitação, mas na usurpação. A autenticidade exige que, na medida em que for necessário a uma pessoa tomar decisões acerca do melhor uso a ser dado à sua vida, elas devem ser tomadas pela própria pessoa.

Nesse sentido, a autenticidade não se equipara à autonomia (*autonomy*), tal como alguns filósofos entendem esse conceito multiforme. Supõem eles que a autonomia exige unicamente que determinada gama de escolhas seja possibilitada pelos somatórios das circunstâncias, sejam estas naturais ou políticas. Desse ponto de vista, a autonomia individual não é ameaçada quando o governo manipula a cultura da comunidade de modo a eliminar ou a tornar menos aceitáveis certos modos de viver que ele desaprova. Basta que reste um número suficiente de opções em relação às quais a pessoa ainda possa exercer o seu poder de escolha. Por outro lado, a autenticidade, tal como é definida pelo segundo princípio de dignidade, se ocupa não somente do fato de haver obstáculos à escolha, mas também do caráter desses obstáculos. Viver bem não é somente projetar a própria vida, como se qualquer projeto servisse, mas sim projetá-la em função de um juízo de valor ético. A autenticidade é prejudicada quando alguém é obrigado a aceitar o juízo de outrem acerca dos valores ou objetivos que devem se evidenciar em sua vida.

Esse princípio de independência ética tem implicações políticas evidentes. Estas serão identificadas e exploradas mais tarde, no Capítulo 17. Agora, porém, quero chamar a atenção para a importância caracteristicamente ética do princípio: para o papel que ele desempenha na proteção da dignidade individual exigida pelo bem viver. A coerção é descarada quando se exerce de fato, ou mediante ameaças, por meio do direito penal e de outras formas de ação do Estado. Em outras circunstâncias, é preciso um discernimento mais sutil para distinguir a influência da subordinação. A pessoa que dá valor à própria dignidade deve recusar-se a moldar seus valores éticos por medo não só das sanções políticas, mas também das sanções sociais; pode até chegar à conclusão de que viverá bem caso se conforme às expectativas alheias, mas deve tomar essa decisão por convicção, não por preguiça nem por medo.

Algumas religiões ortodoxas postulam que seus sacerdotes ou textos comunicam de modo supostamente infalível a vontade de um deus; declaram a importância suprema da convicção religiosa para o bem viver. As comunidades teocráticas que impõem um regime ético por coerção comprometem a autenticidade das pessoas que lhes estão sujeitas. Nas comunidades políticas liberais, por outro lado, aqueles que se submetem à autoridade ética de sua igreja o fazem voluntariamente. Mesmo assim, serão inautênticos caso sua adesão seja tão mecânica e irrefletida que não chegue a perpassar e a moldar o restante de suas vidas – caso a religião não seja uma fonte de energia narrativa, mas uma questão de dever, de aparência social e de autocomplacência. Os cristãos fundamentalistas que condenam os infiéis e votam em quem os tele-evangelistas lhes mandam votar, mas que no mais parecem totalmente impermeáveis à caridade cristã, levam vidas inautênticas muito embora sua religião não seja imposta por coerção.

Autenticidade e objetividade

Os filósofos modernos que pregam a autenticidade com mais energia negam a possibilidade dos valores objetivos: insistem em que o valor só pode ser criado pela imposição de uma vontade humana sobre um universo eticamente inerte. Mas esse pressuposto nos torna difícil entender por que a autenticidade deve ser valorizada. Talvez se possa dizer que algumas pessoas simplesmente gostam de ser autênticas, simplesmente querem impor à própria vida uma estrutura narrativa. Mas essa solução parece parcial e insatisfatória. Nossas responsabilidades éticas nos parecem tão categóricas quanto nossas responsabilidades morais: não consideramos a autenticidade um gosto, mas uma virtude necessária; consideramos que há algo de *errado* numa vida inautêntica. Pensamos que a autenticidade tem importância objetiva; não é simplesmente um gosto que certas pessoas, por acaso, têm.

Com efeito, nossas convicções comuns pressupõem algo mais: que temos de buscar os valores corretos para nossa vida, temos de buscar a narrativa correta, e não uma narrativa qualquer. Caso contrário, teríamos a liberdade ética de escolher qualquer vida, desde que o princípio dessa vida fosse coerente: uma vida de indolência constante e irrestrita, por exemplo. Aqui, mais uma vez, é útil a analogia com o valor artístico. Consideramos que a integridade de uma obra de arte é indispensável para o seu valor, mas não a entendemos como um valor isolado. Caso contrário, não poderíamos distinguir a monotonia banal da brilhante coerência da autenticidade. Isso é igualmente verdadeiro na ética. Buscamos a coerência no ato de impor uma narrativa sobre a nossa vida; mas essa coerência deve ser confirmada pelo discernimento, e não ser mero resultado de um lance de dados. Nietzsche é às vezes entendido como um niilista quanto aos valores. Mas ele não tinha dúvida de que certas vidas são realmente melhores do que outras. Com efeito, ele disse ter ciência de somente três pessoas cujas vidas foram realmente grandiosas. Uma delas era ele próprio[22].

Nesse sentido, é difícil entender por que os paladinos da autenticidade se apressaram tanto em rejeitar a inteligibilidade do valor objetivo; por que propuseram a autenticidade como substituta dos valores objetivos que, segundo insistem, não passam de mitos. Sugeri uma explicação na História Mais ou Menos do Capítulo 1. Os filósofos iluministas e pós-iluministas herdaram parte da metafísica da era da religião: continuaram pensando que os valores só podem ser objetivos caso a melhor explicação de como as pessoas vêm a sustentar esses valores também prove que eles são corretos. A religião pretende evidenciar valores que são objetivos nesse sentido, mas os filósofos seculares deram as costas à religião. Nietzsche disse que Deus estava morto e outros afirmaram que teriam de se virar sem a ajuda de Deus. Afirmaram que só as explicações naturalistas têm competência para explicar por que as pessoas esposam suas convicções; mas reconheciam que nenhuma explicação desse tipo era capaz, ao mesmo tempo, de provar essas convicções. Por isso, rejeitaram a objetividade de todos os valores.

Não podiam, entretanto, negar a inescapável fenomenologia do valor na vida das pessoas. Declararam assim que somos nós – os seres humanos que anseiam por valores – que criamos, por atos de vontade e de poder, esses valores para nós mesmos. Essa estratégia fracassa porque não redime a fenomenologia que a inspira. É fato que criamos nossas vidas, mas não é verdade que, nesse processo, nós tentamos inventar os valores; temo-los, antes, como meta. Caso contrário, o esforço de autenticidade desses filósofos seria estéril e completamente inútil. No modo como pensamos, não podemos fugir ao pressuposto de que o valor existe independentemente da nossa vontade e do nosso poder. Por isso, embora concordemos com esses filósofos quando eles exaltam a autenticidade, não podemos aceitar sua forma especial de ceticismo externo. E tampouco precisamos fazê-lo: quando rompemos o suposto vínculo entre a explicação e a justificação das nossas convicções, já não temos necessidade de adotar sua estratégia fracassada.

O temperamento religioso

Para a maioria das pessoas, o bem viver pressupõe uma vida *situada*: uma vida adequada às circunstâncias – à história, aos vínculos, à localidade, à região, aos valores e ao ambiente de cada um. A famosa instrução de E. M. Forster – basta estabelecer uma conexão (*only connect*) – encontra sua maior ressonância na ética. As pessoas querem que suas vidas tenham aquele tipo de propósito que atribuímos a algum ato ou evento quando o situamos dentro de uma história maior ou dentro de uma obra de arte, assim como uma cena encontra seu propósito dentro do contexto da peça e um arco ou diagonal o encontra dentro do contexto da pintura inteira. Se admiramos a complexidade das referências na poesia, na pintura e na música, não o fazemos somente em vista do que assim aprendemos, mas também por sermos sensíveis à beleza daquilo que não existe isoladamente, mas embutido num contexto. Também apreciamos isso na vida. Podemos tentar resumir a importância da conexão na ideia de *parâmetros éticos*: aqueles traços da nossa situação, tais como nossa identidade política e nacional, nossas origens étnicas e culturais, nossa comunidade linguística, nossa localidade e região, nossa religião, nossa educação e nossas associações, aos quais podemos, se assim o desejarmos, amoldar nossa vida de modo que ela os incorpore e os reflita. Para ressaltar a importância dessa conexão, as pessoas às vezes dizem que sua nacionalidade, sua etnia ou algum outro parâmetro tem *direitos* que elas devem respeitar.

Duas pessoas na mesma situação atribuem diferentes ordens de prioridade a esses parâmetros e formam ideias diferentes acerca de como viver de acordo com eles. Entretanto, quanto maior e mais densa for a tela ocupada por esses parâmetros, quanto mais cada um deles estiver entretecido nos outros, maior será o propósito evidenciado na vida que os reflete. Para muita gente, o parâmetro mais abrangente de todos é a sua concepção do universo. Acreditam, como muitas vezes se diz, que o universo abriga uma força "maior do que nós", e querem viver de algum modo à luz dessa força. Thomas Nagel dá o nome de "temperamento religioso" ao desejo de uma conexão que penetre todos os aspectos da vida[23].

As pessoas dotadas de uma religiosidade ortodoxa situam essa força em seu deus. Algumas delas acreditam no céu e no inferno e também no poder de seu deus de beneficiá-las e disciplina-las até mesmo nesta vida. Mas muitos que consideram a religião importante em sua vida têm em mente uma conexão menos instrumental. Poucos dos capelães e estudantes de Oxford que rezam pelo sucesso do barco de seu *college* nas corridas universitárias, ou dos habitantes de Siena que levam o cavalo de sua equipe à igreja antes do *Palio*, creem realmente numa intervenção divina, pelo menos nesse nível banal. Eles aproveitam essas ocasiões como oportunidades para evidenciar suas convicções religiosas no modo como vivem.

Nagel descreve uma versão secular do mesmo impulso. Até os descrentes pensam, como ele diz, que o universo tem "direitos" sobre nós. Os próprios ateus, segundo ele, veem-se diante desta dramática pergunta: "Como inserir na minha vida individual um reconhecimento pleno da minha relação com o universo como um todo?" Ele considera três respostas. A primeira foge da raia: afirma convictamente que nada falta à vida de quem não faz essa tentativa. A segunda é humanista: trata cada vida individual como um episódio na carreira da nossa espécie ou, numa versão ainda mais grandiosa, na história da evolução da vida desde os seus primórdios. A terceira resposta é mais grandiosa ainda: situa a vida, particularmente a vida humana, como uma parte da história imensamente maior da evolução natural do universo. A euforia inigualável provocada por essa resposta mais grandiosa apresenta até a alguns ateus a tentação de supor que o universo tem um propósito, embora secular – que ele segue uma trajetória na qual a vida, e portanto a vida de cada um deles, assinala um evento crucial: o nascimento da consciência.

Suscitam-se duas grandes perguntas. Em primeiro lugar, por que as pessoas encontram valor nesse engrandecimento especulativo de suas vidas individuais? No que elas se beneficiam quando veem suas vidas quer como uma celebração de um deus transcendente mas indiferente, quer como um evento num drama cósmico inconsciente? Em segundo lugar, de que modo as pessoas podem moldar suas vidas para endossar esse reconhecimento? Como inseri-lo "na minha vida individual"? Acabei de sugerir uma resposta à primeira pergunta. Queremos viver de um modo que não seja arbitrário, mas pertinente, adequado às nossas circunstâncias.

Se essas circunstâncias incluem o pano de fundo de um drama cósmico, nossa resposta será mais adequada caso reconheça esse nobre pano de fundo. É claro que não podemos pensar que o drama aumenta o valor de produto da nossa vida. Nossa consciência talvez seja uma realização do universo, talvez seja sua maior conquista até o presente. Mas não é uma conquista nossa. Não: o valor que pensamos encontrar em nossa conexão com o universo deve ser adverbial, deve ser um valor de execução. O reconhecimento do nosso minúsculo papel faz parte do bem viver.

Isso torna crucial a segunda pergunta – a pergunta de Nagel. De que modo o reconhecimento de uma trajetória cósmica secular pode mudar a maneira como vivemos? Parâmetros menos grandiosos facilmente fazem diferença. Alguns judeus ateus celebram os feriados religiosos e até observam os rituais de dieta e as cerimônias semanais. Dizem que isso os habilita a participar, mesmo não tendo religião, de uma tradição cultural que apreciam. A segunda resposta que Nagel identifica, o humanismo, também pode mudar o modo como vivemos. Pode aumentar nosso interesse pela conservação da natureza e pela luta contra a mudança climática. De acordo com a interpretação de Nagel, Nietzsche insistia numa consequência ainda mais drástica: incitava-nos a substituir os valores convencionais por outros que, como o poder, melhor refletissem nosso passado animal e, portanto, melhor identificassem o lugar que ocupamos na evolução. Os filósofos morais que especulam sobre a natureza humana demonstram a mesma ânsia de conexão. Nenhum fato da nossa constituição – o fenômeno natural da compaixão humana, por exemplo – pode, por si só, gerar qualquer conclusão acerca de como devemos viver. Porém, a ética da pertinência pode proporcionar uma ligação. Se existe uma natureza humana, o ato de viver de modo a expressar deliberadamente essa natureza é outro meio de conexão com a nossa situação, outro modo de não cair numa vida arbitrária.

Mas e o universo? Há quem fique satisfeito ao saber que o surgimento de seres conscientes, nesse estágio da longa história do cosmos, não foi um acidente do acaso, mas parte de um plano em constante desdobramento. De que modo, porém, essa descoberta pode mudar o modo como vivemos? O universo não tem um templo onde lhe possamos prestar culto. A descoberta pode, talvez, afetar nossa vida de um modo análogo à adoração: pode aumentar nosso interesse pela ciência, particularmente pela cosmologia. É de se presumir que as pessoas que creem que o universo evoluiu de acordo com certos princípios e que elas próprias são uma conquista dessa evolução se esforçarão para adquirir pelo menos uma noção informal daquilo que os melhores cientistas agora pensam, do mesmo modo que um grande número de pessoas se interessa intensamente – interesse que, hoje, é frequente objeto de exploração comercial – por sua história familiar. Creio, no entanto, que, para a maioria das pessoas, a principal importância ética da convicção secular de uma "força maior do que nós" não está no fato de ela lhes fornecer um modo característico de viver, mas sim no de proporcionar uma defesa contra o pensamento assustador de que *qualquer* modo de viver que adotarmos será arbitrário. Se o universo é desse ou daquele jeito *por acaso*, se no nível mais fundamental de explicação ele não tem nem propósito nem plano, parece absurdo que possamos dar valor à nossa vida respondendo adequadamente aos parâmetros mais concretos da nossa situação. Como poderíamos criar qualquer tipo de valor, mesmo adverbial, respondendo a uma história pessoal, ou mesmo à história de uma espécie, se ela própria não passa de um acidente dos mais arbitrários? Nagel conclui sua discussão com uma nota pessimista. Se não existe uma ordem derradeira, diz ele, "uma vez que a questão cósmica se recusa a desaparecer e o humanismo é uma resposta por demais limitada, a sensação de absurdo talvez seja tudo o que nos reste".

Mas por quê? Suponhamos – pois não temos razão para pensar o contrário – que o universo não tenha propósito algum. No fim de tudo, no limite derradeiro da incansável descoberta das leis unificadoras da natureza, só existem fatos – fatos brutos – a respeito de coisas que simplesmente eram e são. Isso não nos obriga a ignorar ou negar a importância da questão cósmica de Nagel: podemos respondê-la desse modo. É claro que, em tal circunstância, seria absurdo tentar viver aspirando a uma grande lei universal. Mas o que há de absurdo em viver sem tal aspiração? Se o valor de uma vida em correspondência com o universo é adverbial – se o que importa é a conexão – e se o universo não tem finalidade, por que uma vida conforme a essa eterna falta de propósito não será tão valiosa quanto uma vida conforme ao seu propósito, caso ele o tenha? Pois não é verdade que nada tenha sentido ou que nada possa criar valor a menos que existam um sentido e um valor universais. Mesmo que não haja um planejador eterno, *nós* somos planejadores – planejadores mortais dotados de uma noção vívida da nossa dignidade e das vidas boas e más que podemos criar ou suportar. Por que não podemos encontrar valor naquilo que criamos, respondendo ao modo como as coisas por acaso são? Por que não podemos fazê-lo do mesmo modo que encontramos valor nas criações de um pintor ou de um músico? Por que o valor deve depender da física? Desse ponto de vista, o que parece absurdo é o pressuposto de que o valor ético depende da eternidade, de que ele pode ser derrotado pela cosmologia. Essa é apenas mais uma na longa série de tentativas de violar o princípio de Hume. Mas tocamos agora em questões que se contam entre as mais profundas da filosofia moral e ética. Em que medida o valor é vulnerável à ciência? Quais são as origens e o caráter do absurdo? Passemos ao Capítulo 10.

LIVRE-ARBÍTRIO E RESPONSABILIDADE

Duas ameaças à responsabilidade

Venho escrevendo sobre a responsabilidade em suas várias modalidades e formas, ignorando até aqui uma ideia popular entre os filósofos: a de que tal coisa não existe. As pessoas só são responsáveis por seus atos quando controlam o que fazem – no jargão filosófico padrão, somente quando são dotadas de livre-arbítrio e agem com base nele. Você não é responsável pelos danos causados quando outra pessoa o empurra em cima de um mendigo cego ou quando um hipnotizador o induz a furtar as moedas do cego. Muitos filósofos – e milhões de outras pessoas – acreditam que essa observação aparentemente inócua faz cair por terra, de alto a baixo, algumas partes grandes e centrais da ética e da moral. Apresentam da seguinte maneira uma objeção que podemos chamar de "inexistência do livre-arbítrio":

"Na verdade, as pessoas nunca detêm controle sobre a sua conduta, mesmo quando têm essa impressão. Sua vontade não é jamais livre, pois seu comportamento é sempre causado por alguma combinação de forças e eventos totalmente alheios ao seu controle, agindo sobre o seu cérebro. Com efeito, as decisões das pessoas não só são causadas por eventos anteriores como também não causam as ações pelas quais elas se consideram responsáveis. A responsabilidade é, portanto, uma ilusão, e jamais será apropriado sustentar que as pessoas têm culpa ou puni-las por seus atos."

Será útil dar nome aos diferentes fenômenos que acabo de mencionar. Uso o termo "decisão" para descrever o familiar evento consciente que aparece para nós como o ato de decidir; incluo aí não somente as decisões refletidas e ponderadas que tomamos depois de deliberar, mas também as decisões irrefletidas, que tomamos a cada minuto, de continuar fazendo o que estamos fazendo em vez de fazer outra coisa[1]. Acho que você tomou uma decisão refletida quando decidiu ler este livro, mas espero que só tenha tomado decisões irrefletidas para o continuar lendo. Entendo que o "determinismo" sustenta que cada uma dessas decisões, refletidas e irrefletidas, é totalmente determinada por processos e eventos que a precedem e não estão sujeitos ao controle de quem decide. O "epifenomenalismo" é ainda mais negativo: nega até mesmo que as decisões façam parte da cadeia causal que termina em movimentos dos nervos e dos músculos[2]. Supõe que a sensação interna de ter decidido fazer algo é apenas um efeito colateral dos eventos físicos e biológicos que efetivamente produziram o comportamento que foi objeto da decisão. Os epifenomenalistas pensam, por exemplo, que a série de eventos físicos que culminou no fato de eu digitar a última palavra desta frase começou antes mesmo de eu ter decidido qual palavra digitar – assiduamente. Começou enquanto eu ainda estava – ou tinha a impressão de estar – hesitando quanto à escolha da palavra. Se toda decisão consciente é apenas um efeito colateral, aquela parte de mim que forma a decisão – seja ela qual for, quer a chamemos de "vontade" ou de qualquer outro nome – não pode, de maneira alguma, ter controle sobre o que vem a acontecer. É somente a fraude de Oz: alavancas e jatos de vapor que não têm efeito absolutamente nenhum.

É possível que tanto o determinismo quanto o epifenomenalismo sejam verdadeiros: não sou competente para julgar nenhum deles enquanto teoria científica. Não se demonstrou que um ou outro sejam verdadeiros. Tudo é possível. Toda terça-feira nos traz novas surpresas sobre a geografia do cérebro, a física e a química, alelos potentes em cromossomos esquecidos e a relação de todas essas coisas entre si e com a nossa vida mental. Todo jantar festivo suscita novas especulações sobre o raciocínio sexual dos babuínos, a vida religiosa dos chimpanzés, o cérebro reptiliano no núcleo do encéfalo humano e a explicação neodarwiniana do problema do bonde que vou discutir no Capítulo 13. É melhor que nossos netos se preparem.

As questões

A objeção da inexistência do livre-arbítrio talvez seja a questão filosófica mais popular a ter saído dos compêndios acadêmicos e penetrado na cultura e na imaginação do povo: é tema de vigorosas especulações em toda parte. A literatura filosófica sobre o assunto é vasta e pavorosamente complexa[3]. (Thomas Nagel e Peter Strawson representam duas posições opostas e particularmente influentes[4].) Essa literatura entretece três grupos de questões que devemos ter o cuidado de separar. Encontramos nela, primeiro, discussões sobre as causas e consequências do pensamento e da ação. Será que todo o comportamento humano é completamente determinado por eventos anteriores sobre os quais as pessoas não têm controle nenhum? Se não for, será que parte do comportamento é causada por eventos físicos ou biológicos aleatórios sobre os quais as pessoas, do mesmo modo, não têm controle? Ou será que uma faculdade da mente humana – a "vontade" – é capaz de exercer uma atividade deliberada que não seja causada por nada além da sua própria ocorrência? Vou agrupar estas questões sob o rótulo de "científicas", mas muitos filósofos considerariam inadequado esse nome. Pensam eles que pelo menos uma das questões que listei – se a vontade humana é capaz de agir espontaneamente, como causa sem causa – não é uma questão de biologia ou de física, mas de metafísica. Thomas Nagel considera esta última hipótese – a de que uma explicação completa da ação possa partir de um ato de vontade que não tem explicação física ou biológica anterior – ininteligível. Mas também a considerava irresistível[5].

A literatura também traz discussões sobre aquilo que se denomina "liberdade". Sob quais circunstâncias a pessoa é livre para agir como quer? Será que sua liberdade é comprometida somente quando a pessoa é sujeita a alguma coerção externa – somente quando está amarrada ou enjaulada, por exemplo? Ou quando tem uma doença mental? Ou quando não é capaz de governar a si própria ou controlar seus apetites como desejaria? Ou quando não se comporta segundo as exigências da reta razão e da verdadeira moral? Ou será que sua liberdade é ilusória sempre que suas escolhas e seu comportamento forem inevitáveis, determinados por eventos anteriores ou forças além do seu controle? Ou seja, será que ela é livre somente naqueles casos em que sua própria vontade atua como causa sem causa do seu comportamento?

Encontramos, por fim, discussões sobre o nosso assunto: a responsabilidade autorreflexiva. Quando é adequado que uma pessoa julgue criticamente o seu próprio comportamento e que os outros a julguem do mesmo modo? Quando é adequado que ela sinta orgulho ou culpa, por exemplo, ou que os outros a elogiem ou censurem? Sempre que ela for sujeito e não objeto da ação? Sempre que tomar decisões por si própria em vez de estar, por exemplo, hipnotizada? Ou somente quando sua vontade for a causa sem causa das suas ações? Estas questões sobre a responsabilidade pendem como espadas afiadas sobre o Capítulo 9. Defendi a tese de que as pessoas têm a responsabilidade ética fundamental de viver bem, de fazer algo com suas vidas, e disse que o bem viver depende da tomada de decisões adequadas sobre a vida. Porém, se ninguém é responsável por suas decisões, a ideia de viver bem ou mal não faz sentido. Nenhuma decisão pode fazer com que uma vida seja mais bem vivida ou mais mal vivida.

É crucial, agora, chamarmos a atenção para a grande distância lógica que separa o primeiro conjunto de questões – as questões científicas ou metafísicas que só podem ser respondidas, se é que podem, por meio de investigações empíricas ou especulações filosóficas – do último – as questões sobre a responsabilidade, que são questões éticas e morais independentes. Uma vez que o princípio de Hume se aplica tão rigorosamente no contexto ético quanto se aplicava no contexto moral da Parte Um, nenhuma conclusão sobre a responsabilidade pode decorrer completamente de quaisquer respostas que encontremos para as questões do primeiro conjunto. Toda inferência que parta do primeiro conjunto de questões para o terceiro pressupõe uma outra premissa avaliativa. A meu ver, a literatura sobre o problema do livre-arbítrio não prestou suficiente atenção a essa exigência – talvez porque os filósofos pressuponham que os princípios morais e éticos disponíveis para transpor esse abismo sejam óbvios. Já eu não os considero nada óbvios.

O segundo conjunto de questões – sobre a liberdade – não é, entretanto, independente dos outros dois grupos. Nenhuma questão pertinente sobre a liberdade humana pode ser outra coisa senão uma questão científica ou ética disfarçada. Certas pessoas usam a palavra "liberdade" simplesmente no sentido de "não determinismo": supõem que ninguém é realmente livre exceto se o determinismo for falso. Outros usam a palavra no sentido de responsabilidade: quando dizem que as pessoas são ou não são livres, querem dizer que elas têm ou não têm responsabilidade autorreflexiva por seus atos. Nenhum desses dois modos de falar é errôneo: não é um erro linguístico dizer que as pessoas não são realmente livres porque o determinismo é verdadeiro ou que, mesmo que o determinismo seja verdadeiro, as pessoas são realmente livres somente quando não são sujeitas a nenhuma coerção externa. Mas o uso da palavra liberdade neste contexto é inútil e frequentemente gera confusão. Proponho-me a não discutir muito a questão da liberdade neste capítulo, embora meu tema seja a controvérsia do livre-arbítrio.

As discussões clássicas sobre a liberdade e a responsabilidade quase sempre partem de uma questão moral, não ética. Será correto criticar alguém pelo que fez quando estava alucinando ou sofrendo de algum outro distúrbio mental? Ou se teve uma criação infeliz ou agiu sob coação? Seria justo prender uma pessoa que cometeu um crime agindo sob alguma dessas influências debilitantes? Essas perguntas e as respostas previstas preparam o caminho para o suposto impacto do determinismo. Se as ações de todos forem determinadas por forças que escapam ao seu controle, como pensamos ser o caso das ações dos doentes mentais, será tão injusto culpar uma pessoa normal quanto é injusto culpar um doente mental. Proponho começarmos por outro caminho: perguntando-nos como e por que as pessoas normalmente *se consideram* responsáveis pelo que fizeram; e por que, em algumas circunstâncias, elas não se consideram e não devem se considerar responsáveis. Ou seja, parto da ética, e não da moral. Esse segundo caminho harmoniza este capítulo com a estratégia geral do livro; permite que nos concentremos num assunto importante que a abordagem mais clássica nos tenta a ignorar. Quanto raciocinamos em primeira pessoa, e não em terceira, prestamos mais atenção à sensação que temos quando nos confrontamos com uma decisão.

O que está em jogo

No Capítulo 6, distinguimos os modos e as variedades da responsabilidade. Concentramo-nos, naquele capítulo, na responsabilidade como virtude; agora, o que nos interessa é uma das formas da responsabilidade relacional. Uma pessoa tem responsabilidade autorreflexiva por um ato quando é adequado avaliar seu ato de acordo com padrões críticos de execução: de elogio ou censura. Ser-nos-á útil, agora, ampliar a terminologia. A literatura do problema do livre-arbítrio divide os filósofos em dois times. Os compatibilistas acreditam que a responsabilidade autorreflexiva plena é compatível com o determinismo, e os incompatibilistas acreditam que não. Alguns incompatibilistas são otimistas: creem que a responsabilidade autorreflexiva existe realmente porque creem, quer pela ciência, quer pela metafísica, quer por ambas, que o comportamento não é sempre determinado por eventos passados que escapem ao controle do agente. Outros incompatibilistas são pessimistas: creem que todo o comportamento é determinado por eventos passados e que, portanto, nunca será apropriado atribuir responsabilidade autorreflexiva a qualquer pessoa. Será possível que o incompatibilismo pessimista esteja correto?

É importante observar, desde já, que é impossível acreditar realmente nisso. Não quero dizer somente que seria difícil acreditar nessa tese do mesmo modo que é difícil, por exemplo, acreditar que fomos traídos pela pessoa amada ou que a escravidão foi, no geral, boa para os escravos. É impossível nos convencermos, mesmo intelectualmente, de que não somos responsáveis por nossas ações, pois não podemos tomar nenhuma decisão refletida sem julgar qual decisão seria a melhor. Depois de passar pelo mendigo sem ajudá-lo, você pode até se convencer de que estava, desde toda a eternidade, predestinado a ignorá-lo. Não obstante, ao se aproximar dele, é-lhe impossível negar quer o pensamento, quer o fato, de que você tem uma decisão a tomar. Você não pode se elevar acima de si próprio e simplesmente observar a escolha que vai fazer. Tem de escolher. Pode até deter-se, paralisado, para ver o que vai acontecer. Mas, nesse caso, nada acontecerá; e mesmo nesse caso foi você quem decidiu deter-se, e a certa altura decidirá fazer outra coisa.

Repito: é impossível, exceto em assuntos especialmente banais, fazer uma escolha sem supor que existem escolhas melhores e piores a serem feitas; ou seja, é impossível fazer uma escolha sem supor que essa escolha seja um objeto adequado para uma autocrítica. É impossível separar o pensamento "o que devo fazer?" do pensamento "qual é a melhor decisão a ser tomada?" A questão não precisa girar, e raramente gira, em torno de uma crítica moral ou mesmo ética. Pode ser que você critique a si mesmo por motivos que lhe pareçam puramente instrumentais – acaso tem dinheiro de sobra para dar a todos os mendigos que cruzam o seu caminho? Mas, mesmo assim, está comparando a sua escolha com um padrão normativo, está considerando as razões que tem para agir de um jeito ou de outro; não está tratando o seu ato como um tique nervoso ou um espirro.

Depois de decidir, pode até ser que você consiga encarar sua decisão desse modo: pode insistir, até para si próprio, que, uma vez que estava predestinado a ignorar o mendigo, não tem culpa e não tem por que se arrepender de havê-lo ignorado. Mas a conclusão que se ameaça tirar daí, a de que você nunca tem responsabilidade autorreflexiva, pressupõe mais do que isso. Pressupõe que a sua decisão, como um espirro irresistível, é imune a todo juízo crítico desde o começo; e é nisso que você é incapaz de acreditar enquanto age. Na primeira pessoa, o ato de decidir pressupõe a responsabilidade autorreflexiva; a conexão é interna e independente de quaisquer premissas acerca das causas da decisão.

O incompatibilismo pessimista não é uma posição intelectualmente estável. Pede-nos que acreditemos no que não podemos acreditar. Você talvez diga: posso acreditar no incompatibilismo pessimista mesmo que eu não aja como se nele acreditasse; só estou fingindo. Mas essa objeção é inútil: é impossível que você se comporte como se *realmente* acreditasse nisso, e, portanto, nada justifica que você atribua a si mesmo essa crença.

E o que dizer dos juízos sobre terceiros? Caso aceitássemos o incompatibilismo pessimista, poderíamos continuar julgando as pessoas como julgamos? Como eu disse, os filósofos normalmente se concentram nesses juízos sobre terceiros: os incompatibilistas defendem a ideia de que se o determinismo for verdadeiro, é errado culpar ou punir qualquer pessoa pelo que ela faz; na hipérbole de Galen Strawson, é injusto que Deus mande qualquer um para o inferno[6]. Segundo eles, isto não excluiria nenhum outro juízo moral ou ético. Ainda seria possível, afirmam, declarar que um criminoso cometeu um ato moralmente errado muito embora ele não tenha culpa de tê-lo cometido; ou declarar que o caráter dele é mau. Ainda seria possível pensar, dizem, que alguém agiu com prudência ou imprudência ou que alguns estados de coisas são melhores do que outros. Na minha opinião, tudo isso está errado[7]. A moral é uma teia de padrões integrados. Não é um amontoado de módulos isolados, cada um dos quais poderia ser eliminado sem afetar os restantes. A responsabilidade autorreflexiva é a trama de todo o tecido moral.

Se me é impossível crer que eu não tenho responsabilidade autorreflexiva mesmo quando admito que minhas próprias ações são predeterminadas, também não tenho motivo algum para supor que outra pessoa qualquer não tenha responsabilidade autorreflexiva porque as suas ações são predeterminadas. Alguns juristas e criminologistas dizem que devemos abandonar o direito penal tradicional, com sua estrutura de culpa e punição, e substituí-lo por tratamentos terapêuticos, pois ninguém é jamais responsável pelos seus atos[8]. Eles contradizem a si próprios. Se ninguém tem responsabilidade autorreflexiva, as autoridades que tratam os criminosos como responsáveis por seus atos não são responsáveis pelos atos delas, sendo, portanto, errado acusá-las de agir injustamente. É claro que, nesse caso, também seria errado da minha parte acusar os criminologistas de estarem errados ao acusar as autoridades de agir injustamente, pois os criminologistas tampouco seriam responsáveis. E seria errado da minha parte acusar a mim mesmo de acusá-los injustamente, pois eu tampouco sou responsável. E assim por diante. Na falta de qualquer outra prova, esse absurdo recursivo já basta para nos convencer de que não podemos acreditar na proposição que o embasa, ou seja, na tese de que ninguém tem responsabilidade autorreflexiva por coisa alguma.

E há outro problema. Se o determinismo extingue a nossa responsabilidade autorreflexiva, necessariamente extingue também a nossa responsabilidade intelectual. Se declarássemos que o determinismo é verdadeiro depois de ler toda a literatura sobre o assunto, de fazer experimentos e de refletir por dez anos, não estaríamos agindo de modo mais responsável do que se jogássemos dados e tirássemos doze. Se o determinismo pessimista é verdadeiro, ninguém pode pensar que tomou uma decisão sábia quando decidiu acreditar nele, pois não tinha outra escolha.

Seis bilhões de personagens em busca de uma vida
O sistema de responsabilidade

O fato de ser impossível realmente acreditar no incompatibilismo pessimista não é, por si, um bom argumento contra essa tese. É impossível acreditar na "prova" de Zenão de que a flecha jamais chega ao seu destino, mas precisamos explicar por que essa prova é errada[9]. Talvez não sejamos capazes de encontrar nenhuma razão decente para *não* crer no que nos é impossível crer; talvez estejamos condenados a esse tipo de incoerência. Como eu disse, pode não haver uma teoria da responsabilidade autorreflexiva que seja coerente e satisfatória do ponto de vista interpretativo. Mas isso depende das questões éticas e morais que estamos começando a explorar agora. Não há dúvida de que as causas das nossas decisões afetam de algum modo nossa responsabilidade autorreflexiva por essas decisões. A pergunta é: como? Repetindo: estamos buscando um princípio *ético* que defina a conexão.

Devemos partir das nossas ideias corriqueiras sobre os casos em que a responsabilidade autorreflexiva inexiste ou diminui. Lembre-se da economia cotidiana da responsabilidade autorreflexiva, do modo como você e as outras pessoas usam essa ideia no dia a dia. O comportamento deliberado tem uma vida interna: temos determinada sensação do que é agir deliberadamente. Temos a intenção de fazer algo e fazemo-lo. Há um momento em que uma decisão final é tomada, um momento em que os dados são lançados, um momento em que a decisão de agir se funde com a ação sobre a qual se deliberou. Essa sensação interna de ação deliberada marca a distinção – essencial para a nossa experiência ética e moral – entre sermos o sujeito ou o objeto da ação: entre empurrarmos e sermos empurrados. Pensamos que temos responsabilidade autorreflexiva pelo que fazemos, mas não pelo que nos acontece: por dirigir em velocidade excessiva, mas não por sermos atingidos por um raio. Nossas ideias mais complexas sobre a responsabilidade dependem de um refinamento dessas ideias rudimentares.

Distinguimos as ocasiões normais em que as pessoas decidem agir não só daquelas em que elas são objetos de uma ação, mas também daquelas em que elas agem sob o comando de outra pessoa, como na hipnose ou em formas mais tecnológicas de controle da mente, ou, ainda, de quando são vítimas de certas formas de deficiência ou doença mental. No caso do controle da mente, dizemos que a decisão não reflete um juízo ou intenção do agente, mas sim daquele que o controla. No caso da deficiência mental, dizemos que, embora o agente tenha agido com base num juízo ou intenção próprio, ele não deve ser considerado responsável, pois faltava-lhe uma capacidade essencial para a responsabilidade.

Distinguimos duas capacidades desse tipo. Em primeiro lugar, para ser responsáveis, as pessoas devem ter a capacidade mínima de formar crenças verdadeiras sobre o mundo, sobre os estados mentais de outras pessoas e sobre as consequências prováveis de seus atos. A pessoa incapaz de compreender que uma arma pode fazer mal a alguém não é responsável quando mata. Em segundo lugar, as pessoas devem ter a capacidade normal de tomar decisões compatíveis com o que podemos chamar de sua personalidade normativa: seus desejos, preferências, convicções, apegos, lealdades e autoimagem. Pensamos que as decisões verdadeiras têm um propósito; e a pessoa incapaz de compatibilizar suas decisões finais com qualquer um de seus desejos, planos, convicções ou apegos é incapaz de toda ação responsável.

O sistema de responsabilidade que acabamos de resumir desempenha papel crucial no projeto ético descrito no Capítulo 9. Viver bem consiste em tomar decisões corretas; o grau do nosso bem viver depende de quanto conseguimos fazer isso. Porém, nem todas as decisões são pertinentes: não consideramos pertinente o que fizemos antes de termos adquirido as capacidades que o sistema de responsabilidade põe em evidência – a capacidade de formar crenças verdadeiras e a de compatibilizar nossas decisões com nossos valores – nem (caso tenhamos, posteriormente, condições de identificá-las) as decisões que tomamos num momento em que perdemos essas capacidades. Estas últimas figuram, sim, no juízo de o quanto a nossa vida foi boa. Um período de loucura ou de profunda obsessão compulsiva põe em risco o bem de uma vida. Quando, no entanto, queremos julgar se uma pessoa viveu bem ou mal, descontamos as decisões tomadas quando ela estava enferma. No sentido ético, a pessoa mentalmente incapacitada durante toda a sua vida não viveu em absoluto. Os outros têm pena dela pela vida horrivelmente limitada que ela levou, mas não a culpam nem supõem que, caso ela se recupere a tempo, venha ela própria a culpar-se.

Quando o sistema de responsabilidade é descrito nesse grau de abstração, ele parece incontroverso; é, pelo menos, largamente aceito. Boa parte dele se torna controversa, no entanto, quando ele é especificado em maiores detalhes. Discorda-se, por exemplo, quanto à questão de saber se a pessoa incapaz de resistir a impulsos nascidos da fúria cega, ou obrigada a agir contra suas convicções pela ameaça de um mal grave, ou cuja noção do certo e do errado foi distorcida pela exposição à violência na televisão, tem responsabilidade autorreflexiva por seus atos. Uma teoria plausível da responsabilidade deve explicar não somente o apelo amplo do sistema abstrato, mas também quando e por que seus detalhes se tornam controversos.

Duas concepções de controle

O sistema de responsabilidade abriga, ocultos da nossa visão, princípios éticos do tipo dos que buscamos – princípios que ligam as causas das nossas decisões à nossa responsabilidade por essas decisões. Que princípios são esses? Trata-se de uma questão interpretativa de uma espécie com a qual, a esta altura, o leitor deste livro já estará familiarizado. Precisamos nos perguntar: quais princípios éticos e morais proporcionam a melhor justificação geral do sistema? Talvez se possa pensar – e creio que comumente se pensa – que o argumento mais forte em favor do incompatibilismo pode ser identificado desse modo. Segundo essa narrativa, nossas convicções comuns acerca da responsabilidade autorreflexiva só serão justificadas caso a responsabilidade dependa das causas últimas da ação.

Precisamos pôr essa proposição à prova. Façamos um experimento especulativo. Suponha que tenhamos descoberto que o determinismo é razoável e verdadeiro: cada um dos nossos pensamentos e atos é determinado por eventos anteriores, forças ou estados de coisas sobre os quais não temos nenhum controle. De que modo essa descoberta anula, se é que anula, os objetivos e o sentido do nosso sistema de responsabilidade? Percebemos que a descoberta é incapaz de mudar o modo como efetivamente vivemos. Depois do primeiro choque, constatamos que temos de viver como antes. Tornamo-nos então como os personagens de uma peça que sabem que estão seguindo um roteiro mas não conhecem o roteiro – uma variação da situação representada nos *Seis personagens à procura de um autor*, de Pirandello. Sabemos que não podemos viver senão daquele jeito que nosso autor, a natureza, decidiu. Mesmo assim, temos de viver: como os personagens de Pirandello, ainda temos, minuto a minuto, de decidir o que fazer. Ainda temos de decidir quais são as melhores razões e o que elas exigem.

Devemos acaso considerar absurdo que prossigamos vivendo desse modo, mesmo que nos seja impossível mudar? Não seremos então como viciados em tabaco ou em álcool, incapazes de nos livrar do hábito da responsabilidade? A seguinte linha de pensamento pode nos tentar – como tentou muitos filósofos – a adotar essa visão da nossa situação. O sistema de responsabilidade mostra que só somos responsáveis quando temos controle sobre o nosso comportamento. Somente quando temos o comando é que podemos dar ou negar valor ético à nossa vida. Isso explica por que nosso sistema de responsabilidade exime os atos cometidos sob hipnose ou em estado de insanidade mental. Porém, se o determinismo é verdadeiro, nós nunca temos controle. Por isso, como quer que venhamos a agir, jamais poderemos criar esse tipo de valor: não passamos de marionetes que fingem estar puxando as próprias cordas.

Mas estamos indo rápido demais. Este argumento não depende apenas do pressuposto de que o controle é necessário para a responsabilidade, mas também de um entendimento específico do significado de controle. Supõe que a pessoa não tem controle quando sua decisão é determinada por forças externas semelhantes àquelas que o determinismo afirma agirem sobre o comportamento. Chamemo-lo de controle no sentido "causal", pois postula que a responsabilidade autorreflexiva depende das causas históricas últimas que originaram a decisão. Temos controle quando a cadeia causal que explica nossa ação remonta unicamente a um impulso da nossa vontade, não quando remonta a estados e eventos anteriores que, com as leis naturais, explicam aquele ato de vontade.

Existe um entendimento alternativo da noção de controle. Deste outro ponto de vista, o agente tem controle quando tem consciência de estar diante de uma decisão e de tomá-la; quando não há mais ninguém que tome essa decisão por intermédio dele e por ele; e quando é dotado da capacidade de formar crenças verdadeiras sobre o mundo e de compatibilizar suas decisões com sua personalidade normativa – seus desejos, ambições e convicções estabelecidas. Este é o controle no sentido da "capacidade".

Os dois sentidos de controle propõem dois princípios diferentes como candidatos ao posto de fundamento ético do sistema de responsabilidade: o princípio do controle causal e o princípio do controle por capacidade. O primeiro declara que o controle causal é essencial para a responsabilidade; o segundo, que o essencial é o controle por capacidade. Muitos filósofos – e muitos não filósofos – supõem que o princípio causal é evidentemente verdadeiro e que o princípio da capacidade não passa de um subterfúgio[10]. Mas a diferença entre os dois princípios é mais profunda. Eles encaram de modo muito diferente a natureza, a finalidade e, poderíamos dizer, a "localização" da responsabilidade autorreflexiva.

O princípio causal encara a questão da responsabilidade desde um ponto de vista exterior à percepção comum que o agente tem da sua própria situação. Pede-nos que nos coloquemos fora da nossa vida cotidiana e tentemos ver nossa situação como um deus onisciente a veria. Situa nossa vida mental no contexto do mundo natural; solicita que tentemos explicar nossos processos de decisão como explicamos o funcionamento dos nossos órgãos internos. Vincula o juízo ético da responsabilidade ao juízo científico da causalidade. O princípio da capacidade, ao contrário, situa a responsabilidade dentro dos limites de uma vida comum, vivida desde uma perspectiva pessoal. Pressupõe uma independência ética: que nossas decisões conscientes são, em princípio, dotadas por si sós de uma importância crucial e independente, e que essa importância não é, de modo algum, uma contingência de qualquer explicação causal remota. Mesmo que sejamos personagens de Pirandello, nossas decisões são fatos reais e o nosso bem viver depende de quanto elas são boas.

Os dois princípios são contraditórios: para supor que um deles é verdadeiro, temos de negar o outro. Não podemos refutar o princípio da capacidade apelando ao princípio causal. Estaríamos contornando a questão se disséssemos que o primeiro não pode estar correto porque ninguém pode ser responsável pelo que estava predestinado a fazer. Nem tampouco podemos refutar o princípio causal apelando ao princípio da capacidade. Estaríamos contornado a questão do mesmo modo se afirmássemos que o princípio causal é errôneo porque a importância ética de uma decisão não depende de seu *pedigree* causal, mas de suas circunstâncias. Precisamos de argumentos mais densos, e estes só podem ser interpretativos.

Vou apresentar uma defesa interpretativa do princípio da capacidade. A meu ver, ele explica muito melhor as nossas demais opiniões éticas e filosóficas. O princípio causal, por outro lado, é órfão sob o aspecto interpretativo: é impossível descobrir ou construir uma boa razão pela qual ele deva fazer parte da nossa ética. É possível, no entanto, que os argumentos não sirvam para nada. A interpretação depende, em última instância, da convicção, e a escolha que qualquer pessoa fizer entre os dois princípios provavelmente refletirá atitudes e disposições mais profundas, que estão além dos argumentos. No Capítulo 9, deparamo-nos com uma questão muito parecida: se o universo for acidental, será a vida absurda? Esse problema e a questão da responsabilidade autorreflexiva que agora estamos examinando parecem ser imagens especulares um do outro. Ambos giram em torno da independência da ética em relação à ciência.

O filósofo pertencerá ao time dos compatibilistas ou dos incompatibilistas dependendo de qual dos dois princípios de controle adotar, e, portanto, de em que medida considera que a ética é independente. Os dramaturgos gregos pressupunham uma forma do princípio da capacidade; os heróis eram responsáveis mesmo quando os deuses os faziam agir como agiam[11]. Aristóteles, Hobbes, Hume e, entre os filósofos contemporâneos, Thomas Scanlon, também aceitaram o princípio da capacidade[12]. Hume afirma que o controle da pessoa sobre as próprias ações depende de ela ter podido, ou não, agir de outro modo caso o quisesse[13]. Alguns criticam a opinião de Hume chamando a atenção para o fato de que, se o determinismo for verdadeiro, ninguém pode querer fazer exceto aquilo que quer fazer[14]. Essa crítica erra o alvo: Hume estava afirmando uma atitude de independência ética. Scanlon sugeriu um critério "psicológico" de responsabilidade; ele desafia "os incompatibilistas" a explicar por que esse critério não é satisfatório[15]. Por outro lado, muitos filósofos contemporâneos pressupõem que o princípio causal está correto[16]. Pensam que, quando existe, em princípio, uma explicação causal externa completa dos nossos quereres e fazeres, ninguém tem responsabilidade autorreflexiva.

Esse profundo contraste de opiniões tem, segundo creio, uma outra dimensão. A ideia de responsabilidade ética que descrevi no Capítulo 9 se apoia num pressuposto fundamental: que a vida humana pode ter valor pelo modo como é vivida. Esse pressuposto parece partir do princípio de que as criaturas autoconscientes são especiais no universo, de que são diferentes da matéria física homogênea que as rodeia. Mas por que são especiais? Bilhões de pessoas encontram na religião a confirmação da sua especial importância. Pensam que um deus nos deu o livre-arbítrio por um ato milagroso da sua graça, ou, pelo menos, que nossa predestinação não é decretada por uma mecânica sem alma, mas por uma inteligência suprema que formou a nós, e a nós somente, segundo a sua imagem. O deísmo ou o ateísmo iluministas, por outro lado, bloquearam essa saída para muitos filósofos, e a física iluminista intensificou essa ameaça.

Podemos, não obstante, ter a esperança de descobrir um outro tipo de independência em relação à ordem natural. Existem duas possibilidades. Podemos ter a esperança de que nossas decisões e atos sejam realmente independentes das transações causais do mundo físico e biológico: de que em algum lugar, talvez exclusivamente num mundo numênico, nós somos dotados de livre-arbítrio, o que quer que isso signifique. Essa esperança nos estimula a assumir a perspectiva externa do princípio causal, pois só ali ela pode encontrar sua consumação. Uma vez dado esse passo, no entanto, nossa esperança se torna vulnerável às descobertas científicas ou ao ceticismo metafísico. Por outro lado, podemos pensar que o próprio fato da nossa consciência, aliado ao desafio fenomênico das vidas que devemos levar, basta para nos dar toda a dignidade de que precisamos ou a que aspiramos. Talvez o universo saiba o que vamos decidir, mas nós não sabemos. Precisamos, assim, nos esforçar para escolher; e, desse ponto de vista, efetivamente criamos valor – o valor adverbial do bem viver – por meio de nossas escolhas, e unicamente por meio delas. Podemos reinterpretar a longa tradição filosófica existencialista, ou pelo menos extrair dela o que ela tem de mais persuasivo, por meio dessa segunda concepção da nossa dignidade. Ela dá um sentido diferente e mais plausível à declaração de Jean-Paul Sartre de que nossa existência precede nossa essência[17]. Cada uma dessas duas possibilidades tem seu próprio apelo emocional. Qual delas explica melhor todo o restante do nosso pensamento?

Controle causal?

Torno a sublinhar que os dois princípios contrastantes – o princípio causal e o princípio da capacidade – não são princípios físicos, biológicos ou metafísicos, mas princípios éticos. Não é fácil saber qual dos dois melhor se harmoniza com o nosso familiar sistema de responsabilidade e melhor o justifica: ambos foram adotados por muitos filósofos de renome. Precisamos desenvolver longamente nossa questão interpretativa.

Comecemos com o controle causal. Suponho que sou um adulto de inteligência normal. Não sofro de doença mental, e a maioria de minhas decisões é compatível com minhas preferências e convicções. Vejo um mendigo na rua e me pergunto se devo lhe dar alguma coisa. Repasso rapidamente as razões pró e contra esse ato. Ele parece faminto; um ou dois dólares não me farão falta. Ele vai usar o dinheiro para comprar drogas; eu já dei esmola hoje. Decido não lhe dar nada e sigo meu caminho. Pressuponho que tenho responsabilidade autorreflexiva pelo meu ato – que é razoável que eu e os outros me censurem por ser avaro ou me elogiem pelo meu discernimento.

Se o princípio causal estiver correto, entretanto, meu pressuposto de responsabilidade será refém da ciência ou do mistério. Se a minha decisão foi causalmente determinada por forças ou eventos que já existiam antes de eu nascer, minha sensação de responsabilidade, por inabalável que seja, não passa de uma ilusão. Se, por outro lado, minha decisão de não dar nada ao mendigo não foi causada por nenhum evento passado, se representou uma intervenção espontânea no comando causal que passou do meu cérebro às minhas pernas, minha sensação de responsabilidade é real: sou responsável. À primeira vista, o princípio causal pode dar a impressão de capturar a essência da responsabilidade. Se forças externas me levaram a fazer algo, de que modo posso ser responsável pelo meu ato? Sob outro aspecto, no entanto, o princípio parece arbitrário, mesmo à primeira vista. De que modo a presença ou a ausência de algum processo físico, biológico ou metafísico do qual jamais posso ter consciência enquanto ajo e que de modo algum pode ser evidenciado por qualquer teoria, quer introspectiva, quer observacional, das intenções, motivos, convicções e emoções com que ajo – de que modo um tal processo pode fazer qualquer diferença na moral ou na ética?

Epifenomenalismo

O princípio causal tem dois componentes: tanto se o determinismo for verdadeiro quanto se o epifenomenalismo o for, ele nega a responsabilidade. Começo com o segundo componente: só seremos responsáveis se as nossas decisões tiverem potência causal. Suponha que todos os seus atos se iniciam no seu sistema nervoso e muscular antes de você tomar a decisão de praticá-los. Todas as suas decisões, das mais simples às mais complexas e mais graves, fazem parte de um documentário gravado após os acontecimentos e projetado na tela da sua mente: é o que você faz que causa a sensação de ter decidido fazê-lo, não o contrário. É claro que essa hipótese é espantosa. Mas o que ela pode ter a ver com a responsabilidade autorreflexiva?

A responsabilidade é um assunto ético ou moral: está ligada às decisões finais, quer estas tenham eficácia causal, quer não. Poderíamos dizer que a pessoa que decide ferir outra mas cuja decisão é apenas epifenomenal só é culpada pela tentativa. Ela está tentando, com todas as suas forças, cometer um ato mau. Mas não consegue, pois sua decisão não é a causa do acontecimento. Quer matar seu rival, decide fazê-lo, sua arma dispara e o rival morre. Mas não foi ela quem o matou; foi (diríamos) somente o seu cérebro reptiliano programado. E daí? Pelo menos nesse tipo de caso, a tentativa de assassinato é moralmente tão má quanto um assassinato bem-sucedido.

Os juristas gostam de inventar hipóteses como a seguinte: *A* despeja arsênico no café de *B* com a intenção de matá-lo; mas, antes que *B* possa beber o café, *C* o mata com um tiro. *A* não é culpado de homicídio, mas apenas de tentativa de homicídio. Não obstante, do ponto de vista moral, *A* é tão condenável quanto seria se fosse um homicida; é essa conclusão que torna a pergunta dos juristas – por que *A* deve ser punido com menos severidade que C? – difícil de responder. Os juristas descobrem ou inventam razões procedimentais ou políticas para explicar por que a tentativa de homicídio deve ser punida com menos severidade que o homicídio propriamente dito. Queremos estimular as pessoas a mudar de ideia no último instante; não podemos ter certeza de que A não teria alertado B logo antes de este beber o café. Mas essas razões políticas não se aplicam aqui. Sendo assim, por que não devemos dizer que a pessoa que tenta matar sua rival mas falha, uma vez que sua decisão não é a causa, mas uma consequência epifenomênica do seu comportamento, tem culpa moral? Ela tem a responsabilidade autorreflexiva por ter tentado, por ter se esforçado ao máximo[18].

Concordo que essa comparação entre ação de uma única pessoa e a de duas pessoas distintas é estranha. É estranho tratar uma pessoa e seu cérebro reptiliano como agentes separados, como tratamos A e C na hipótese imaginada pelos juristas. Porém, é exatamente nessa bifurcação artificial do ser humano que o princípio do controle causal se apoia. Normalmente tratamos as pessoas como seres integrais: a mesma pessoa que tem uma mente também tem um cérebro, nervos e músculos, e seu agir envolve tudo isso. O princípio do controle causal separa a mente do corpo, personifica parte da mente na forma de um agente chamado vontade e, por fim, pergunta se esse agente realmente faz com que o corpo por ele habitado aja de determinada maneira ou se é somente um charlatão puxando alavancas que não se ligam a nada. É uma imagem esquisita, e talvez essa razão lhe baste para considerar esquisito o princípio causal em si. Se aceitarmos a imagem, no entanto, teremos de considerar a pessoa dentro da pessoa responsável pelo que tentou fazer, a menos que tenhamos outra razão para isentá-la.

Determinismo e acaso

Eu disse há pouco que não poderíamos integrar o princípio do controle causal com nossas outras crenças se pensássemos que o determinismo é verdadeiro, pois nesse caso o princípio contradiria convicções sobre a responsabilidade autorreflexiva das quais nos é impossível descrer. Na realidade, o princípio não encontra fundamento no restante das nossas convicções mesmo que suponhamos que o determinismo é *falso*, ou não verdadeiro em geral. Considere a seguinte fantasia. Imagine que o determinismo, enquanto proposição universal, seja falso. As pessoas frequentemente tomam decisões causadas unicamente por um ato original da vontade. Há, no entanto, exceções. Às vezes, as decisões das pessoas realmente não passam de resultados de eventos e forças anteriores que estão totalmente além do seu controle. Mas tudo o que sabemos é que essa possibilidade às vezes se realiza; não dispomos de estatísticas acerca da frequência com que se verifica. Ninguém é capaz de identificar a diferença em qualquer ocasião particular: ninguém sabe quais decisões suas foram originais e quais foram predeterminadas. Da perspectiva fenomênica interna, *todas* elas dão a impressão de ser escolhas livres. Parece bizarro supor que você seja responsável por algumas de suas decisões mas não por outras, embora ninguém saiba distinguir umas das outras. Se, não obstante, você aceita o princípio do controle causal, como poderá vir a se criticar, mesmo depois de agir? Não pode sequer pensar que é *provavelmente* responsável pelo dano que causou – ou o contrário.

Um belo dia, alguém inventa um instrumento capaz de identificar quais decisões estavam predeterminadas e quais não estavam, mas somente por meio de dados detectáveis duas semanas depois do ato em questão. Dois homens são presos por terem planejado e executado um homicídio a sangue-frio; ao cabo de prolongados testes periciais, o instrumento declara que a vontade de um dos dois, por meio de um espasmo mental inescrutável, iniciou a cadeia causal que produziu seu crime, ao passo que o ato do outro estava predeterminado desde a noite dos tempos. Essa diferença não produziu diferença alguma no modo como os dois vilões pensaram, planejaram e agiram, e somente o novo instrumento poderia tê-la detectado. Será que o segundo vilão deve ser posto em liberdade e o primeiro deve pegar prisão perpétua ou pena de morte? Isso parece absurdo: a distinção causal oculta parece demasiado longínqua de qualquer coisa que, na nossa opinião, deva ser levada em conta numa decisão desse tipo. O sistema de responsabilidade faz, de fato, distinções entre graus de culpa. Mas as qualidades que nos levam a desculpar as crianças novas e os doentes mentais também são qualidades que afetam o comportamento e a vida dessas pessoas, bem como nossas relações com elas, de mil outras maneiras. As pessoas a quem falta a capacidade de raciocinar ou de organizar adequadamente seus desejos levam vidas muito diferentes daquelas que têm essas capacidades. Os hipnotizados ou aqueles cujo cérebro é manipulado por cientistas loucos estão subordinados à vontade de outrem. Para todos eles, a ausência de responsabilidade é uma condição geral, não um elemento casual de uma fantasia quântica.

Se tenho razão ao dizer que seria loucura colocar a responsabilidade na dependência daquilo que, na minha fantasia, o instrumento indica, o princípio causal é necessariamente errôneo. Podemos modificar a fantasia o quanto quisermos; não fará diferença. Eu poderia ter suposto, por exemplo, não que o comportamento de todos às vezes é predeterminado e às vezes não, mas que o comportamento de certas pessoas é sempre predeterminado e o de outras nunca o é. Não haveria sentido ético ou moral em tratar as duas classes diferentemente depois de identificá-las por meio de um instrumento. Pelo fato de o princípio do controle causal parecer arbitrário nessas diversas circunstâncias, não podemos aceitá-lo como um princípio sólido de ética ou moral. Se o fato bruto do determinismo não exclui os juízos de responsabilidade quando se distribui aleatoriamente, não pode excluí-los quando é generalizado.

Determinismo e racionalidade

Há um outro modo pelo qual o princípio causal parece bizarro. Tomamos decisões com base em nossas crenças e valores. São estes os ingredientes de uma decisão racional. Mas não temos, sobre nossas crenças e valores, o mesmo tipo de controle que o princípio causal exige para a decisão em si. Não podemos escolher nossas crenças sobre o mundo por um ato livre da vontade. Pelo contrário, queremos que nossas crenças sejam determinadas pela realidade do mundo. Nem tampouco podemos simplesmente escolher nossos valores: nossos gostos, preferências, convicções, lealdades e todo o restante da nossa personalidade normativa. Afirmei no Capítulo 4 que nossas convicções morais não são causadas pela verdade moral: a hipótese do impacto causal é falsa. Se fosse verdadeira, no entanto, é claro que nossas convicções seriam causadas por algo exterior a nós – os fatos morais –, e não por uma vontade originadora interna. Se for falsa, como creio que é, qualquer explicação causal competente das convicções deve residir no tipo de história pessoal que descrevi naquele capítulo. Ou seja, uma explicação completa incluiria não somente fatos referentes aos genes, à família, à cultura e ao ambiente da pessoa, mas também às causas destes: incluiria as leis da física e da química e a história do universo. Isso é ainda mais evidente no que se refere aos nossos gostos, desejos e preferências. Não podemos criar essas coisas a partir do nada por meio de um ato de vontade.

É verdade que, em certo grau, nós somos capazes de influenciar nossas preferências e convicções. Esforçamo-nos para gostar de caviar e de pular de paraquedas ou para nos tornar pessoas melhores, frequentando igrejas ou cursos livres de filosofia. Mas só fazemos isso porque temos outras convicções, preferências ou gostos que não escolhemos. Tentamos nos acostumar a gostar de caviar ou de esqui porque, pelas mais diversas razões, queremos ser parecidos com as pessoas que gostam dessas coisas; e não decidimos ter esse desejo. Frequentamos igrejas ou grupos de autoajuda para adquirir ou fortalecer convicções que já queremos ter. O projeto de responsabilidade que descrevi no Capítulo 6 exige que as pessoas tentem inserir suas diversas convicções num todo coerente e integrado. Porém, esses esforços de integridade são consequências de aspirações ainda mais profundas que tampouco se originam por um ato qualquer de vontade; e, infelizmente, são muitas vezes frustrados pelas coisas em que, descobrimos, não conseguimos acreditar.

O fato de não podermos simplesmente escolher nossas crenças e quereres faz que, dos pontos de vista ético e moral, o princípio causal perca a sua razão suficiente. Se sou racional, minhas decisões são motivadas por minhas crenças e desejos; nesse sentido, são causadas por fatores que estão além do meu controle, mesmo que eu tenha vontade livre. Porque, nesse caso, se deve considerar que eu seria mais responsável se tivesse o poder de agir sem responsabilidade – ou seja, contrariando minhas crenças, convicções e preferências? Lembre-se de que o princípio causal é apresentado como uma interpretação de um princípio mais abstrato, segundo o qual as pessoas são passíveis de elogio ou censura somente quando controlam o próprio comportamento. A pessoa que age irracionalmente não o controla; por isso, parece perverso afirmar que ninguém tem controle a menos que tenha o poder de perder o controle. Seria o mesmo que dizer que nenhuma sociedade é livre a menos que permita aos cidadãos venderem-se a si próprios como escravos.

Galen Strawson tem razão: o controle causal sobre as decisões efetivas não é suficiente, por si só, para garantir a responsabilidade autorreflexiva. "Para ter verdadeira responsabilidade moral sobre os seus atos", declara, "é preciso que você tenha verdadeira responsabilidade pelo seu modo de ser – pelo menos no que se refere a certos aspectos mentais cruciais."[19] Uma vez que nos é impossível sermos responsáveis por esses aspectos cruciais do nosso modo de ser, ele conclui que a responsabilidade é uma ilusão, quer o determinismo seja verdadeiro, quer não. A premissa de Strawson é inescapável e importante. Se a chave da responsabilidade autorreflexiva é o controle causal, não somos responsáveis a menos que sejamos capazes de escolher livremente não somente as nossas decisões, mas também as crenças e preferências que as integram. Mas ele tira dela a conclusão errada. Devemos concluir, antes, que o princípio do controle causal é falso. Somos responsáveis (se é que somos) porque nossas crenças são, pelo menos em grande medida, determinadas pela realidade das coisas. Não poderíamos ser responsáveis se nossas crenças dependessem unicamente de nós, se pudéssemos decidir ao nosso bel-prazer quais crenças deveriam se arraigar em nossa mente.

Nem tampouco seríamos responsáveis se pudéssemos escolher livremente quais convicções adotar ou quais preferências abraçar. Não teríamos, nesse caso, nenhum fundamento para fazer qualquer escolha. Se apresentássemos uma razão para nossa escolha, ela simplesmente suscitaria uma questão anterior de justificação – por que escolhemos aquele desejo ou aquela convicção em particular? – e assim ao infinito. Para sermos capazes de agir racionalmente, é preciso que simplesmente *tenhamos* certos gostos e convicções derradeiros que não possamos abandonar por livre vontade. Mais uma vez, concluímos que o princípio do controle causal não define, mas solapa, as condições para a responsabilidade.

Impossibilidade psicológica e impossibilidade metafísica

Suponhamos que o determinismo seja falso. A maioria das decisões das pessoas é consequência de atos originais de sua vontade. O princípio do controle causal sustenta que, por isso, elas são responsáveis pelos seus atos. Mas resta o costumeiro fenômeno da impossibilidade psicológica. Martinho Lutero declara uma verdade psicológica quando afirma que não tem outra opção senão declarar sua nova fé perante o mundo; Madre Teresa é incapaz de um pensamento ou ato egoístas; Stálin é incapaz de um pensamento ou ato nobre ou generoso. Os comentaristas às vezes dizem que essas pessoas se colocaram nessa situação por meio de decisões deliberadas anteriores. Pode ser que Madre Teresa tenha esmagado todos os seus pensamentos egoístas até que deixou de tê-los. Mas isso não é necessariamente assim, nem mesmo em geral. Um homem nascido e criado num ambiente militar rígido pode não ser jamais capaz de negar-se a cumprir deveres desagradáveis ou perigosos; uma pessoa nascida numa família de religiosos fundamentalistas ou dentro de uma minoria oprimida e ressentida pode não ser jamais capaz de certos atos que aos outros parecem naturais. Dizemos que o caráter dessas pessoas faz com que, em certas ocasiões, lhes seja psicologicamente impossível agir de modo diferente.

Se sentirmos a tentação de adotar o princípio causal, temos que determinar se esse tipo de impossibilidade psicológica nega a responsabilidade autorreflexiva. Se assim for, podemos culpar os políticos comuns por seus raros atos de crueldade ou tirania, mas seria errado culpar alguém tão afeito ao mal quanto Stálin; e seria correto elogiar as pessoas egoístas por seus ocasionais atos de generosidade, mas seria errado elogiar uma pessoa tão instintivamente boa quanto Madre Teresa. Isso não parece plausível[20]. Por outro lado, se concluirmos que a impossibilidade psicológica não deve ser levada em conta e que podemos elogiar ou condenar Stálin e Madre Teresa como fazemos com todos os outros, o princípio causal nos parecerá arbitrário sob um outro aspecto. Teremos de distinguir entre a inevitabilidade psicológica e um outro tipo de inevitabilidade – chamemo-la de metafísica. Teremos de pensar que a vontade de alguém poderá ser a causa sem causa de todas as suas ações, apesar do fato de seu caráter, formado por eventos que escapam completamente ao seu controle, lhe tornar impossível agir de outra maneira. Com isso, porém, simplesmente nos vemos diante de outro enigma. Se é a inevitabilidade que refuta o controle que valida a ética, a origem da inevitabilidade não importa. Se a inevitabilidade enquanto tal não refuta o controle que valida a ética e a moral, por que uma inevitabilidade especificamente metafísica o refutaria?

O sistema de responsabilidade

O princípio do controle causal parece encontrar justificativas no popular sistema de responsabilidade que descrevi. Quando alguém nos empurra ou manipula nossa mente por meio de hipnose ou de uma intervenção química ou elétrica, não somos responsáveis. Isso é compreensível; esses atos não são nossos. Mas também não somos responsáveis quando somos crianças novas ou doentes mentais graves. O fato de identificar e justificar todas essas exceções pode dar a impressão de ser um ponto forte do princípio causal. Com efeito, o famoso argumento pessimista que descrevi no começo nasce dessa proposição. Os incompatibilistas pessimistas afirmam que, uma vez que admitimos que os criminosos doentes mentais devem ser eximidos por não serem responsáveis, temos de aceitar que ninguém é responsável, porque todos estão na mesma situação. Os doentes mentais não controlam seu comportamento, mas o mesmo se pode dizer daqueles cujas ações são totalmente causadas por eventos e leis que escapam ao seu controle.

A estrutura desse famoso argumento é importante. Ele se dirige àqueles que pensam que tanto eles quanto os outros normalmente têm responsabilidade autorreflexiva por seus atos, mas que também garantem que as crianças e os doentes mentais, entre outros, não a têm. O objetivo do argumento é demonstrar que aqueles que assim pensam já aceitam o princípio do controle causal. Afirma o argumento: "Vocês partem do pressuposto de que existem diferenças cruciais entre a situação normal de vocês e a situação das crianças e dos doentes mentais. O princípio do controle causal justifica o entendimento que vocês têm dessa diferença crucial. Vocês pensam que, nesses casos excepcionais, as decisões são causadas por eventos que as pessoas não podem controlar, ao passo que, nos casos normais, são os atos de vontade que iniciam as cadeias causais que culminam na ação. Agora, demonstrando a verdade do determinismo, mostramos a vocês que as suas próprias decisões jamais são originais nesse sentido; pelo contrário, sempre são produzidas por eventos que escapam completamente ao controle de vocês." A estratégia pressupõe que a melhor explicação da distinção que as pessoas comuns fazem entre os casos normais e os excepcionais é uma diferença nas cadeias causais: elas pensam que, nos casos excepcionais, as decisões são causalmente determinadas por eventos anteriores sobre os quais o agente não tem controle, mas que nos casos normais isso não acontece.

Mas é impossível que as pessoas comuns pensem assim. Elas supõem, de fato, que são responsáveis por suas decisões e que as crianças e os doentes mentais não o são. No entanto, é impossível que essa distinção seja justificada, para elas, pelo princípio do controle causal. Pense primeiro no caso das crianças novas. Os cidadãos maiores tomam decisões que dão efeito às suas crenças, desejos e preferências. Não temos razão alguma para pensar que as crianças novas, que certamente tomam decisões, o façam de outro modo. Não temos, portanto, nenhum motivo para lhes atribuir outra causa interna das decisões. Qualquer que seja a nossa opinião acerca da liberdade de um adulto, ela necessariamente vale também para uma criança. É claro, por outro lado, que há uma diferença: e o princípio do controle por capacidade, a outra interpretação do sistema de responsabilidade, a descreve com exatidão. As crianças, em comparação com os adultos normais, têm uma capacidade deficiente de formar crenças corretas sobre o mundo e sobre as consequências, a prudência e a moralidade do seu agir e da realização de suas vontades. Em geral, ignoram "a natureza e a qualidade" dos seus atos. O que faz as pessoas pensarem que as crianças não devem arcar com a responsabilidade autorreflexiva, no todo ou em parte, são essas incapacidades, e não um pressuposto qualquer sobre o *pedigree* causal das suas decisões.

Imagine agora alguém que sofre de uma doença mental grave: pensa que é Napoleão ou Deus e pensa também que essa identidade lhe dá o direito, ou mesmo a obrigação, de matar ou roubar. Falta-lhe a capacidade normal de formar crenças orientadas pelos fatos e pela lógica. É um louco, e o sistema de responsabilidade que conhecemos o considera, por essa razão, isento de toda responsabilidade autorreflexiva. Não há, porém, razão para supor que as suas decisões tenham um poder causal menor ou maior do que teriam caso ele não fosse louco. Como as pessoas normais, ele age de um modo completamente previsível, uma vez que as suas crenças e a sua personalidade normativa são completamente conhecidas. É verdade que nos é natural afirmar que a doença o levou a matar, o que poderia dar a entender que o *pedigree* de suas decisões tem algo de especial. Mas isso não passa de uma figura de linguagem. Do ponto de vista literal, é um absurdo. Nossas palavras são mais precisas quando dizemos que a doença distorceu o discernimento do doente. Mas, também neste caso, estamos invocando o princípio da capacidade, não o princípio causal, para justificar a exceção.

Considere agora uma outra espécie de doente mental: a pessoa que, embora tenha a capacidade normal de formar crenças verdadeiras e conquanto tenha convicções morais, éticas e prudenciais comuns, constantemente toma decisões fatídicas que contradizem todas essas convicções. Os casos concretos vão desde os psicopatas – o assassino que implora à sociedade que o prenda antes que ele possa matar de novo – até os que padecem de alguma dependência fisiológica ou psicológica: o fumante, o drogado, o alcoólatra e o que tem a compulsão de lavar as mãos e quer parar mas não consegue. Distingo esses infelizes das pessoas hipnotizadas e levadas a se comportar de um modo que normalmente rejeitariam, ou daquelas cujas mentes são manipuladas por um vilão dotado de uma pistola de raios de controle de pensamento. Não sei qual é a sensação de ser hipnotizado, e ninguém sabe como se sentiria caso um raio de alguma espécie criasse impulsos dentro de si. Vou, porém, partir do pressuposto de que as pessoas que se enquadram nesses últimos casos não tomam decisões finais: decisões reais, sentidas, que se fundem com as ações por elas contempladas. O comportamento delas é como um espirro ou algum outro produto de seu sistema nervoso autônomo. Uma vez que elas não agem, o comportamento delas não suscita a questão da responsabilidade autorreflexiva. (Na hipótese de eu estar errado, o caso delas suscita o mesmo problema das pessoas doentes.) Suponho, por outro lado, que os psicopatas e os dependentes tomam, sim, decisões finais: a decisão de matar, de acender o cigarro ou de injetar mais uma dose. Seria admissível que as pessoas normais, que se consideram responsáveis pelos seus atos, desculpassem os psicopatas ou os dependentes em razão de alguma diferença entre a gênese causal de suas próprias decisões e das destes últimos?

Nós, pessoas comuns, que cremos que somos responsáveis pelos nossos atos mas que os psicopatas e dependentes não são, admitimos que às vezes nós próprios somos incapazes de vencer determinadas tentações: às vezes decidimos cometer atos que nossos valores reflexivos condenam como imprudentes ou errados. Às vezes deliberamos, às vezes, não; às vezes lutamos, às vezes, não. Mas a tentação vence. Dizemos: "Só desta vez" ou "Que se dane", e acendemos um cigarro ou pedimos churrasco com fritas. Não pensamos que nessas ocasiões fomos hipnotizados ou tivemos a nossa mente dominada; não concluímos que nossa vontade foi destituída do seu poder originador habitual. Pensamos, ao contrário, que a culpa cabe a um estado da nossa vontade: dizemos que nossa vontade fraquejou e tomamos a resolução de não pecar novamente. A ocasião não demonstra, para nós, a vitória de uma força estranha sobre a nossa mente, mas sim o fracasso da nossa capacidade mental comum de organizar e direcionar nossas convicções reflexivas.

Nesta descrição dos nossos lapsos, não encontramos razão alguma para supor que a situação de um dependente seja completamente diferente da nossa; a diferença é apenas de grau. Não temos, tampouco, motivo algum para supor que uma força estranha usurpou o papel da vontade do dependente. Podemos dizer que, uma vez que ele cede, muito embora saiba que o resultado será desastroso, é muito mais fraco do que nós. Na prática, ele é incapaz de controlar seus impulsos imediatos; talvez, no momento em que age, seja até incapaz de compreender o risco que está correndo. Mas, nesse caso, não estamos supondo que a cadeia causal de eventos mentais distingue a situação dele da nossa. Entendemos a diferença entre nós e ele como uma diferença de capacidade e, portanto, de grau. Esta última explicação não invoca o princípio do controle causal; não faz suposição alguma, quer positiva, quer negativa, a respeito do determinismo e do epifenomenalismo.

Resumo: controle causal?

Antes de tudo, tenho de declarar o que meu argumento não é. Comecei esta discussão observando que o incompatibilismo pessimista nos obrigaria a abandonar o conjunto praticamente inteiro das nossas convicções e práticas éticas e morais, a tal ponto que não podemos, a meu ver, acreditar realmente nessa tese. Nesse sentido, talvez seja tentador afirmar que, por mais fortes que sejam os argumentos em favor do princípio do controle causal, temos de rejeitá-lo por essa razão somente[21]. Não é esse o meu argumento. Tentei demonstrar, ao contrário, que não existem argumentos *em favor* do princípio causal: não há nada que tenhamos de varrer para debaixo do tapete e tentar esquecer.

O princípio do controle causal é um princípio ético ou moral, de modo que qualquer argumento em seu favor terá de ser interpretativo. Ele não decorre, de modo algum, de qualquer descoberta científica ou metafísica: essa é a lição da Parte Um. Só pode se apoiar em outros princípios morais e éticos. Mas nenhum deles o apoia. Ele é contradito pelo princípio de que as pessoas são responsáveis quando tentam infligir dano, mesmo que a tentativa seja malsucedida. Se alguns atos são causados por circunstâncias externas, e outros, não, é impossível encontrar qualquer explicação moral ou ética que nos diga por que o agente deve ser considerado responsável pelos últimos mas não pelos primeiros, nem tampouco por que seria importante o fato de uma decisão final não ser causada por forças externas, quando todos os fatores que garantem a racionalidade de uma decisão qualquer – as crenças e os valores em que ela se baseia – são claramente causados por forças externas. O princípio também é contradito pelas práticas que nos permitem elogiar ou censurar pessoas psicologicamente incapazes de agir de outro modo. Além disso, ao contrário do que pensam muitos filósofos, o sistema de responsabilidade comum que identificamos não pressupõe o princípio causal. Pelo contrário, esse princípio é incapaz de explicar as principais características desse sistema. Ou seja: não rejeitamos o controle causal porque não conseguimos crer nele apesar de ele ser apoiado pelos melhores argumentos. Rejeitamo-lo porque nenhum argumento o apoia. Como eu disse, um grande número de filósofos, entre os quais alguns muito famosos, o aceita mesmo assim. Citam a "robusta intuição" de que ninguém pode ser responsável por uma ação a menos que seja a causa primeira dessa ação. Essa proposição, no entanto, não é um argumento em favor do princípio de controle causal; ela o pressupõe. E não oferece absolutamente nada que estabeleça uma ligação entre a ética e a ciência. Uma intuição não é um argumento.

Não decorre daí que o segundo princípio que distingui, o princípio do controle por capacidade, seja automaticamente preferível enquanto interpretação; talvez nos seja igualmente impossível entendê-lo de um modo que faça sentido. Mas o fracasso do princípio causal nos predispõe a inspecionar essa alternativa com mais simpatia. Parece que, agora, a própria convicção original de que a responsabilidade depende do controle foi posta em dúvida. Talvez o princípio da capacidade possa torná-la mais inteligível.

Controle por capacidade

A importância inescapável da decisão

Será que podemos tomar decisões melhores ou piores mesmo que, sem que o saibamos, nossas decisões sejam inevitáveis? Creio que sim. Outra fantasia. Um pintor começa a pintar uma tela gigantesca. Sonha e imagina. Esboça, desenha, pinta, apaga, repinta, desespera-se, fuma, bebe, volta, pinta violentamente, se afasta, suspira, acende um cigarro. Terminou. Sua tela é exposta; adoramo-la e celebramo-lo. Então, no Círculo Ártico, um guru convoca uma conferência de imprensa. Apresenta uma reprodução exata da grande pintura; novas e sofisticadas técnicas de datação provam que ela foi criada um segundo antes de o nosso artista começar sua obra. O guru explica que possui uma máquina de pintura instantânea ligada a um poderoso computador em cuja memória ele inseriu uma descrição exata de todos os eventos desde o princípio dos tempos, incluindo, entre outras coisas, informações sobre as capacidades do artista, suas convicções acerca da grandeza artística e suas crenças a respeito do gosto dos colecionadores ricos. Impressionante!

Mas acaso isso nos faz dar menos valor aos esforços ou à realização do artista? Antes da conferência de imprensa, nós valorizávamos a obra dele porque admirávamos o modo como havia tomado as inúmeras decisões grandes e pequenas que culminaram naquela maravilhosa pintura. Ele tomou essas decisões de modo esplêndido. Nada disso mudou; nossa incrível descoberta não diminuiu o valor de uma única pincelada. As decisões por ele tomadas continuam sendo dele; ele as tomou por si só, sem receber nenhuma orientação das informações à disposição do guru. Louvamos o *artista* por essas decisões. Não louvamos um homúnculo interno – sua "vontade" – que o fez tomá-las.

É claro que, se descobríssemos que ele tivesse trapaceado – empregado outro artista e levado o crédito –, nós não o louvaríamos. As decisões que louvamos, nesse caso, não seriam dele[22]. Mas a previsibilidade por si só não diminui a realização[23]. Isso explica por que Madre Teresa e Stálin foram responsáveis pelo que fizeram. Um crítico de olhos de águia descobre alguns centímetros quadrados da tela do artista que a reprodução não imitou exatamente. O guru interroga suas máquinas e verifica seu banco de dados. Nenhum erro foi cometido. No fim das contas, o artista tem vontade livre! Nem por isso, no entanto, passamos a dar mais valor à sua realização. Talvez ele tivesse pintado melhor caso tivesse feito exatamente o que as máquinas previram.

Encontramos embutida nessa fantasia a mesma teoria do valor de execução de uma obra de arte que identificamos no Capítulo 9. Esse valor reside nas decisões criativas do artista, não numa explicação causal remota dessas decisões. Apliquemos agora, como fizemos então, a mesma teoria a uma carreira criativa mais abrangente: sua vida e sua tentativa de vivê-la bem. O valor que você realiza nessa carreira maior também depende do caráter das suas decisões, não das origens remotas delas. Pouco importa saber se suas decisões foram determinadas pela história do mundo ou desencadeadas por uma ebulição espontânea das moléculas neurais. A etiologia natural das suas decisões nada tem a ver com o valor ou desvalor de execução por elas criado.

O esforço que descrevi no Capítulo 6 – o esforço de integrar nossas convicções – faz parte do desenvolvimento do drama da vida autoconsciente. Se todas as nossas decisões são predeterminadas, essas também o são. Isso não torna a integridade menos crucial para o nosso sucesso ético. Será uma objeção a toda essa linha de pensamento o fato de ela postular que temos responsabilidade autorreflexiva pelo nosso caráter, muito embora não o tenhamos escolhido? A rigor, ela nos considera responsáveis por nossas decisões, não pelo nosso caráter. Mas é claro que as decisões decorrem do caráter. Ou seja, nós somos, sim, responsáveis pelo nosso caráter. Se assim não fosse – se equiparássemos o caráter a uma questão de sorte e azar –, a pessoa a quem a sorte e o azar se aplicam não existiria. Não posso desculpar minha indolência, nem você a sua impaciência, pelo fato de não termos escolhido possuir essas qualidades. Mas acaso podemos ser responsáveis por algo que não escolhemos? A resposta é sim. O princípio do controle causal nega esse fato, mas é errôneo. As deficiências e os acidentes são diferentes, exatamente pelo fato de não refletirem o caráter. Como veremos no Capítulo 16, essa diferença é importante para a justiça distributiva.

Uma justificativa ética das isenções

São esses os pressupostos – sobre o caráter, as decisões e o valor de execução no viver – de que precisamos para explicar por que temos responsabilidade autorreflexiva por nossas decisões em geral. Confrontamo-nos agora com outra questão. Por que não temos responsabilidade por todas as nossas decisões? O que justifica as isenções reconhecidas pelo nosso sistema de responsabilidade? Afirmei que, ao contrário do que pensamos à primeira vista, o princípio do controle causal não pode justificá-las. Precisamos nos perguntar agora se nosso entendimento alternativo do controle, o princípio da capacidade, proporciona uma justificativa melhor.

Quando escrevo um parágrafo ou me separo de uma namorada, não posso negar que tenho de levar esse ato em conta ao fazer uma avaliação geral de mim mesmo. Mas é fato que, quando pensamos que temos boas razões, nós excluímos certas decisões desse tipo de avaliação. É assim que agimos com as outras pessoas, enquanto agem, e também conosco, em retrospecto. Quais decisões devemos excluir, se é que devemos excluir alguma? Quais filtros seriam justificados? Não podemos excluir decisões pelo simples fato de as lamentarmos; isso eliminaria completamente a possibilidade de vivermos bem. Mas temos razões para adotar um filtro muito mais rigoroso. Em vários contextos, fazemos distinção entre o mau cumprimento de uma tarefa e a completa incapacidade de cumpri-la. Não podemos dizer que um cego lê mal. É sob essa luz que devemos ver o sistema de responsabilidade. O princípio da capacidade descreve aquelas faculdades que, segundo cremos, uma pessoa deve ter para que possa, sob uma avaliação sensata, ser considerada bem ou malsucedida em seu esforço para viver bem.

Bernard Williams assinalou que esse filtro pode ser construído de vários modos; na opinião dele, a combinação evidenciada na literatura grega era bastante parecida com a nossa, mas diferia da nossa sob certos aspectos importantes[24]. Para nós, a insanidade temporária exclui a responsabilidade; mas o Ájax de Sófocles se considerava responsável por ter sacrificado estupidamente o gado, embora só o tivesse feito sob a influência da loucura provocada por Atena[25]. O princípio da capacidade, ao contrário, sustenta que a pessoa não tem o controle necessário quando não é suficientemente dotada da capacidade de formar crenças verdadeiras e pertinentes acerca do mundo onde age ou de compatibilizar suas decisões com sua personalidade normativa. Portanto, esse princípio proporciona um filtro diferente. Para julgar se ele é melhor ou pior, temos de nos perguntar se reflete uma concepção melhor do valor ético adverbial.

As pessoas têm essas duas capacidades em graus muito diferentes. Praticamente todos os cientistas são mais capazes do que eu de formar crenças verdadeiras sobre o mundo físico, e uma pessoa menos impulsiva é mais capaz de conformar suas decisões com o que ela realmente pensa que deve ter ou fazer. O princípio da capacidade supõe um limiar mínimo dessas capacidades, e boa parte das discussões entre juristas e leigos acerca das ocasiões em que é adequado responsabilizar uma pessoa pelos seus atos na verdade se refere à posição exata desse limiar. Uma das virtudes do princípio da capacidade é que ele mostra que essas disputas não são psicológicas, mas éticas. Giram em torno de microjuízos de valor que serão formados de diferentes maneiras pelas pessoas que aceitam abstratamente o princípio da capacidade.

Em alguns casos, entretanto, a ausência de uma das duas capacidades é flagrante e inegável, e é nesses casos que devemos nos concentrar primeiro. Um deficiente mental não é capaz de constituir um estoque suficientemente grande de crenças verdadeiras e estáveis sobre o mundo para tornar sua vida segura, e muito menos proveitosa; falta-lhe o nível mínimo da primeira capacidade[26]. Quem sofreu uma lesão grave do lobo frontal do cérebro talvez seja completamente incapaz de evitar os comportamentos agressivos e violentos, embora nada que essa pessoa pense, queira ou aprove recomende esse tipo de conduta. De acordo com o princípio da capacidade, o deficiente mental e a vítima de uma lesão cerebral grave não têm responsabilidade autorreflexiva pelas decisões que manifestam essas incapacidades. O princípio tampouco nega que outras incapacidades, propriedades ou situações do agente também possam ser motivos para isenção. (Vou discutir alguns exemplos possíveis no fim deste capítulo.) Agora, porém, nos concentramos naquelas incapacidades reconhecidas pelo princípio da capacidade.

Como justificar essas isenções devidas à incapacidade? Elas pressupõem uma convicção ética mais básica: a de que o bem viver consiste não somente no estabelecimento de uma cronologia, mas também na criação de uma narrativa que entreteça os valores de caráter – lealdades, ambições, desejos, gostos e ideais. Ninguém cria uma narrativa perfeitamente íntegra: todos nós às vezes cometemos atos que não condizem com o nosso caráter. As vidas de muitos, julgadas como narrativas, são picarescas ou mesmo completamente falidas – "uma coisa ruim depois de outra" (Hubbard) ou "sempre a mesma droga" (Millay)[27]. Por isso mesmo, essas existências, por mais que se caracterizem pelo sucesso mundano, não serão bem vividas a menos que sejam redimidas por uma nova interpretação integradora que ocorra no fim da vida ou pela conversão a uma nova integridade. Nosso sistema de responsabilidade reflete esse juízo ético, que – pelo menos para mim – é atraente.

Dessa ótica, a primeira capacidade parece indispensável. Para criar uma vida, é preciso reagir ao ambiente em que essa vida decorre. Não podemos, sem fugir à sensatez, considerar que uma pessoa criou uma vida a menos que seja capaz de formar crenças sobre o mundo que correspondam em grande medida ao modo como o mundo realmente é. Aqueles que sofrem de alguma deficiência dos sentidos, ou que não tiveram uma educação adequada, podem conseguir compensar essas desvantagens de modo a tornar-se capazes de formar crenças corretas a respeito de seu ambiente imediato. Mas um deficiente mental, ou alguém que pensa que é Napoleão ou que as vacas podem voar, não tem sequer essa capacidade mínima. Os filósofos às vezes nos pedem para imaginar que cada um de nós é um cérebro sem corpo, imerso em um líquido com nutrientes dentro de um jarro. Esses cérebros foram enganados por uma inteligência magistral e acreditam, cada um deles, que são organismos bípedes que habitam um planeta chamado Terra. Se isso fosse verdade, não teríamos uma vida a levar. Partindo do pressuposto de que não somos cérebros num jarro, quase todos nós somos dotados das capacidades epistêmicas necessárias para vivermos a maior parte da nossa vida. De tempos em tempos, no entanto, alguns perdem essa capacidade normal de um jeito ou de outro. Quando isso acontece, nossa responsabilidade autorreflexiva pelos nossos atos é posta em questão.

A segunda capacidade tem função reguladora e parece igualmente essencial. Para responder ao desafio de viver bem, é preciso que eu tenha a capacidade de compatibilizar minhas decisões com uma noção do significado desse bem viver. Minha personalidade foi moldada pelas forças que se reuniram em minha história pessoal; elas conformaram minha personalidade, mas não limitam minha capacidade de compatibilizar minhas decisões com a personalidade assim formada. Essa capacidade se destrói, no entanto, quando outras pessoas controlam minha faculdade decisória para atender aos seus próprios interesses: quando sou hipnotizado ou comandado por eletrodos implantados em meu cérebro. Essa usurpação desvincula minhas decisões da minha personalidade, de modo que a compatibilidade entre as duas coisas só poderá ser, na melhor das hipóteses, um acidente. Por isso, é sensato que, quando me pergunto se vivi bem, eu distinga entre aquilo que fiz quando tinha a capacidade de refletir meus próprios desejos e convicções em minhas decisões, por um lado, e aquilo que fiz quando essa capacidade me faltava, por outro. Assumo a responsabilidade somente pelos primeiros atos. Certas pessoas se encontram nessa situação temporariamente ou até durante extensos períodos de suas vidas – não pelo fato de sua capacidade de moldar o próprio comportamento de acordo com a sua personalidade ter sido usurpada por outrem, mas porque elas próprias não a têm. Parece-me que o bebê recém-nascido não toma decisão alguma. A criança muito nova toma decisões, mas não possui a capacidade cognitiva ou crítica necessária para compatibilizar suas decisões com quaisquer ambições ou desejos que reconheça em si mesma. As vítimas de doenças mentais severas que descrevi acima – os assassinos que imploram para ser presos – encontram-se na mesma situação. Com efeito, as doenças mentais podem eliminar qualquer uma das duas capacidades autorreflexivas, ou ambas; a perda grave de uma ou outra talvez seja uma das condições que definem a doença mental[28]. A história dos debates sobre a alegação de doença mental, que descrevo em grandes linhas mais adiante neste capítulo, evidencia um movimento pendular entre uma doutrina rigorosa que exige que se prove a perda da capacidade epistêmica e uma doutrina mais generosa que também atribui papel crítico à capacidade reguladora.

A aplicação moral

Acabamos de construir uma justificação ética do princípio da capacidade. No entanto, ele não funciona somente como um princípio ético, mas também como um princípio moral. Nesse outro papel, ele não participa diretamente de nenhum juízo sobre o quanto alguém viveu bem; mas é, entre outras coisas, uma condição-limite para a culpa e a sanção. Precisamos, portanto, nos perguntar qual é a nossa justificativa para exportá-lo da arena ética para a arena moral. Eu disse no Capítulo 9 que uma das exigências centrais do respeito por nós mesmos é a de assumirmos a responsabilidade pessoal por dar um destino à nossa vida e, além disso, tratar o princípio que exige isso como um princípio objetivo de valor. No próximo capítulo, vou defender a ideia de que isso acarreta reconhecer e respeitar a mesma responsabilidade nos outros. Essa exigência não pode ser atendida – não podemos considerar que o princípio da responsabilidade pessoal tenha uma existência objetiva – a menos que se entenda que a responsabilidade pessoal tem para todos o mesmo caráter e a mesma dimensão. Por isso, temos de atribuir a esse princípio, na moral, o mesmo caráter e a mesma força que ele tem na ética.

Uso o princípio da capacidade para criticar a mim mesmo, para decidir se é adequado sentir vergonha ou culpa, ou apenas profundo pesar, por uma decisão que eu gostaria de não ter tomado. Considero-me responsável a menos que conclua que, quando tomei essa decisão, não tinha alguma capacidade essencial para a responsabilidade. Qual é a justificativa de que disponho para usar um padrão diferente – mais rigoroso ou mais brando – para julgar a culpa de outra pessoa? Se eu usasse um padrão diferente, eu não a julgaria como julgo a mim mesmo. Seria um ato de desrespeito para com ela.

Já citamos uma forma dramática desse erro. Alguns criminologistas dizem que, uma vez que a ciência já demonstrou que ninguém tem livre-arbítrio, é errado punir qualquer pessoa por qualquer ato. Aqueles que agora chamamos de criminosos não devem ser tratados como tais; devem ser tratados pela medicina, não para serem punidos, mas para serem reprogramados. Essa tese supõe que "nós" temos responsabilidades que os outros não têm; que, quando julgamos a nós mesmos, podemos concluir que agimos erroneamente, mas, quando julgamos todas as outras pessoas, só podemos afirmar que elas agiram de modo perigoso ou inconveniente. A maioria das pessoas reage de forma veementemente negativa à ideia de que os fora da lei devem ser tratados pela medicina, e não punidos criminalmente. Pensa que isso seria uma desumanização dos fora da lei. Pressente, segundo creio, que essa proposta não atende à exigência fundamental de tratar a responsabilidade nos outros como a tratamos em nós mesmos.

Ilusão?

Há várias páginas que não falo do epifenomenalismo. É claro que, ao julgar os méritos ou deméritos das nossas decisões finais, nós e os outros prestamos muita atenção às consequências previstas, ou que deveríamos prever, de agirmos de acordo com a nossa decisão. A rigor, porém, essa atenção não pressupõe nenhuma eficácia causal. Pressupõe somente o que os lógicos chamam de implicação material. Se decido puxar o gatilho, alguém morrerá sem que seja necessária a intervenção de nenhum outro agente; se decido não puxá-lo, ninguém morrerá. A veracidade dessas proposições condicionais pode ser conhecida a partir da nossa própria experiência, sem que nos seja necessário fazer nenhuma suposição acerca da eficácia causal da minha decisão sobre os músculos que movimentarão meu dedo indicador. As proposições condicionais são compatíveis não somente com o determinismo, mas também com o epifenomenalismo. Também são compatíveis, é claro, com a negação de ambos.

O princípio da capacidade abre exceções para os casos que considera patológicos: condiciona a responsabilidade autorreflexiva à capacidade do agente. Mas essas condições não são causais. O princípio postula que a capacidade é crucial para a responsabilidade – não porque a vontade das pessoas normais seja soberana enquanto a das crianças, dos idiotas ou dos loucos não o é, mas porque, ao estabelecer as condições da responsabilidade, ele leva em conta a responsabilidade ética geral de viver bem. O princípio declara que essa incumbência só existe quando a pessoa é capaz de cumpri-la. A criança nova, o idiota e o louco tomam decisões, e talvez tenham alguma noção da sua responsabilidade por elas. Mas mais tarde, quando crescerem ou se recuperarem, negarão a responsabilidade autorreflexiva por essas decisões, assim como nós devemos negá-la agora. Pensamos – e a criança, pelo menos, virá a pensar – que é correto que essas decisões não sejam levadas em conta para se determinar se essas pessoas viveram bem. Se aceitarmos o princípio da capacidade como base ética do nosso sistema de responsabilidade, poderemos aguardar as mais recentes descobertas acerca da eletrodinâmica cerebral com imensa curiosidade, mas sem nenhum terror.

Nesta hipótese não há nenhuma ilusão. Minha descrição do papel desempenhado pelo princípio da capacidade na imputação ou negação da responsabilidade não inclui nenhum pressuposto causal geral. Não há dúvida de que muitos que aceitam o sistema de responsabilidade creem, de fato, que tanto o determinismo quanto o epifenomenalismo são errôneos ou mesmo absurdos. Creem que seus pensamentos sobre o que é melhor fazer não estão decididos de antemão, mas são criados espontaneamente aqui e agora. Quer essa ideia seja coerente, quer não, ela não desempenha papel nenhum na nossa hipótese. Nenhum de nós é um cérebro flutuando dentro de um jarro. Tal cérebro ignora completamente a sua situação e não tem como descobri-la. Falta-lhe por completo a capacidade de formar crenças baseadas em provas. Nós, em nossa maioria, somos amplamente dotados dessa capacidade; com efeito, estamos supondo agora que somos até capazes de descobrir que todas as nossas decisões são determinadas por eventos anteriores. Não nos encontramos mergulhados numa ignorância completa ou invencível.

Mais uma objeção. Talvez se possa dizer que, se o determinismo ou o epifenomenalismo forem verdadeiros, ninguém terá as capacidades normais postuladas pelo princípio da capacidade, pois essas capacidades pressupõem um tipo qualquer de poder ou originação causal última. Mas elas não pressupõem nada disso. A primeira é a capacidade de formar crenças verdadeiras sobre o mundo físico e os estados mentais das outras pessoas. A possibilidade de as nossas crenças sobre o mundo serem causadas por eventos que estão além do nosso controle não exclui essa capacidade; pelo contrário, como eu disse, é exatamente esse fato que nos dota da capacidade em questão. Além disso, a possibilidade de as nossas decisões finais não terem poder causal sobre os nossos nervos e músculos tampouco pode prejudicar essa capacidade; tal possibilidade, se é que existe, não afeta em absolutamente nada a existência da capacidade cognitiva. A segunda capacidade postulada pelo princípio é uma capacidade reguladora: as pessoas são normalmente capazes de tomar decisões finais que, segundo certo entendimento, servem para promover seus desejos e convicções à luz de suas crenças. Trata-se de uma suposição sobre a natureza – não sobre a etiologia ou a consequência causal – das decisões finais. As pessoas possuem essa capacidade quer estejam predestinadas a possuí-la, quer não. Um carro esporte, cujo comportamento é seguramente determinado por eventos que estão além do seu controle, não deixa de ter a capacidade de exceder o limite de velocidade.

A responsabilidade na prática

A alegação de doença mental

A importância da escolha entre o princípio causal e o princípio da capacidade vai além da controvérsia sobre o livre-arbítrio. Essa escolha é decisiva tanto para explicar quanto para discutir as controvérsias muito mais práticas que mencionei, entre pessoas que aceitam a estrutura geral do sistema de responsabilidade mas discordam quanto à sua aplicação a casos particulares. Se pensarmos que as pessoas só são responsáveis quando suas ações decorrem de um ato de vontade espontâneo e sem causa prévia, teremos de pensar também que essas controvérsias práticas giram em torno de um fato psicobiológico que ou existe ou não existe, sem meio-termo possível. Quando alguém alegasse ter cometido seu ato criminoso num momento de fúria cega, dominado por um impulso irresistível, sob coação, por ter sido criado num gueto ou por ter assistido a muitos programas violentos na televisão, nos perguntaríamos: por acaso essas forças ou influências eram fortes o suficiente, naquelas circunstâncias, para substituir o papel causal normal da vontade, como um marinheiro bêbado que jogasse o timoneiro ao mar e assumisse o comando do navio? Será que a causa eficiente da contração de seus músculos em torno do gatilho não foi sua vontade, mas antes um surto irresistível de ciúme sexual ou alguma outra força desse tipo? Duvido que a maioria dos cidadãos, advogados e juízes que tivessem de responder a essas perguntas, caso aceitassem o princípio causal, as compreenderia. Talvez a popularidade do princípio causal entre os filósofos tenha contribuído para a confusão que caracteriza essa área do direito penal.

Se rejeitarmos o princípio causal em favor do princípio da capacidade, no entanto, proporemos uma pergunta diferente. Acaso as capacidades pertinentes faltavam ao acusado em grau suficiente para nos desautorizar de atribuir-lhe responsabilidade? A resposta exige dois juízos distintos: um juízo interpretativo sobre a conduta do acusado e um juízo ético e moral que será feito de diferentes maneiras por diferentes pessoas racionais. Nesse sentido, trata-se muitas vezes de uma pergunta difícil, mas não, segundo creio, de uma pergunta misteriosa. Aqueles que tiverem de respondê-la – um júri, digamos, depois de ouvir incontáveis horas de testemunhos – terão diferentes opiniões sobre a questão interpretativa. Discordarão, por exemplo, quanto à questão de saber se a conduta geral do acusado evidenciava uma admiração pela violência como parte de sua autoimagem, caso em que seu ato violento não contradiria, mas confirmaria sua capacidade geral de adequar suas decisões aos seus gostos. Discordarão também a respeito da questão mais manifestamente normativa – acerca de qual grau de incapacidade é suficiente para absolver alguém da responsabilidade. Admiramos as pessoas que pelo menos começam a responder introspectivamente a essa pergunta. Será que, olhando para trás, eu me consideraria responsável se estivesse no lugar do acusado? Esse é o espírito do simpático pensamento: "Não fosse pela graça de Deus, onde estaria eu?"

    A história da alegação de doença mental nos tribunais dá a entender, no entanto, que muitos não abordam o assunto de maneira introspectiva. A indignação é uma reação mais frequente. Sempre que o público demonstrou especial sede de vingança após um crime, os juízes e legisladores reagiram, restringindo o âmbito da alegação de doença mental. A Regra M'Naghten, que leva o nome do lenhador que matou o secretário de Peel quando tentava matar o próprio primeiro-ministro, só tinha em conta a primeira capacidade, a cognitiva, e estipulava que somente um nível particularmente baixo dessa capacidade poderia exculpar o acusado. Ao longo de muitas décadas, a maioria dos estados americanos fez a transição entre essa regra rigorosa e uma regra mais branda, que permitia ao acusado alegar ter se confrontado com um impulso irresistível. Mas era difícil exigir do júri que determinasse o nível mínimo da segunda capacidade, a reguladora, e os resultados frequentemente pareciam permissivos demais, não só para o público em geral como também para muitos estudiosos. O argumento de que o réu não tinha a capacidade reguladora necessária por ter assistido em demasia à televisão, apresentado diante de um tribunal da Flórida, foi como uma redução ao absurdo que pôs em questão a própria regra[29]. No entanto, foi a tentativa de assassinato do presidente Reagan que desencadeou a maior onda de queixas quanto à excessiva brandura da alegação de doença mental.

    De qualquer modo, seja qual for a razão, muitos estados americanos adotaram agora uma abordagem diferente baseada numa recomendação do American Law Institute: o réu só poderá alegar doença mental "se, no momento da conduta, em razão de doença ou deficiência mental, ele não tenha capacidade substancial quer para reconhecer que sua conduta é criminosa, quer para conformar sua conduta às exigências da lei"[30]. Essa regra não elimina de modo algum a necessidade de um juízo, e os diferentes advogados, juízes e jurados fazem juízos diferentes. Mas é fato que a regra não se centra mais num evento isolado, e sim numa capacidade geral. Isso é vantajoso para a coleta de provas: é mais fácil julgar se um réu demonstra uma incapacidade geral, manifestada de várias maneiras, do que julgar se ele demonstrou uma incapacidade temporária e extraordinária, que se exauriu no crime que ela supostamente atenuaria. A exigência de prova de doença ou deficiência mental também reduz o caráter vago da alegação: o rótulo "doença", embora não seja um termo médico, é em si próprio uma classificação. Não dizemos que alguém sofre de doença mental quando suas capacidades cognitiva e reguladora estão somente um pouco abaixo do que consideramos normal. É preciso que elas sejam realmente baixas.

Coação, injustiça e responsabilidade

Quando reconhecemos a conexão crucial entre nossa responsabilidade ética de viver bem e a responsabilidade autorreflexiva que temos por nossas decisões isoladas, podemos compreender e discutir de modo mais adequado outras características controversas do sistema de responsabilidade. Há controvérsias, por exemplo, quanto à questão de saber se e quando a coação atenua a responsabilidade. Em geral, quando alguém obedece à ordem de matar outra pessoa por ter sido ele próprio ameaçado de morte, nenhuma das duas capacidades pertinentes lhe falta. Ele obedece porque compreende de modo exato a sua situação e porque é capaz de conformar sua decisão a um juízo reflexivo acerca de o que é melhor para si. Sua responsabilidade não está atenuada, embora sua situação possa, mesmo assim, proporcionar-lhe uma desculpa. A tortura, pelo menos em suas formas extremas, é diferente. A pessoa que ameaça torturar outra tem o objetivo de mudar as opções de sua vítima, como alguém que a ameaçasse de morte. Antes da tortura, a vítima conserva ambas as capacidades necessárias para a responsabilidade pela escolha de obedecer ou não a fim de evitar ser torturada. Quando a tortura começa, no entanto, o objetivo do torturador é diferente: ele quer reduzir sua vítima à condição de um animal, que já não é capaz de raciocinar daquele modo. Pretende extinguir, não despertar, a responsabilidade de sua vítima. Porém, se a coação que não chega ao grau da tortura atenua a responsabilidade, em geral isso deve ocorrer por alguma outra razão[31].

Também há controvérsias quanto à questão de saber se a pessoa nascida num gueto de pobreza é menos responsável por suas condutas antissociais que as pessoas de origem mais privilegiada. Ela não sofre de nenhuma incapacidade impertinente. A vítima de uma doença mental pode não ter a capacidade de conformar a sua conduta à lei, mas isso não se aplica à pessoa condenada a viver na pobreza numa favela e que decide traficar drogas. Ela sabe que sua conduta é ilegal e tem plena oportunidade para tentar determinar se também não é imoral; não é menos capaz que as outras pessoas de formar crenças exatas sobre o mundo ou de compatibilizar suas decisões com seus desejos ou convicções. Mais uma vez, se a considerarmos menos responsável que as outras (como muitos consideram), teremos de encontrar alguma outra justificativa.

Não poderemos encontrar essa outra justificativa enquanto entendermos que o que governa a responsabilidade é o princípio causal. Como quer que seja entendida a ideia da vontade livre, a hipótese de que as ameaças ou a pobreza podem eliminar sua operação causal normal é ininteligível. Mas a visão da responsabilidade autorreflexiva que acabamos de esboçar abre caminho para uma ideia completamente diferente: sentimos a tentação de dizer que a responsabilidade se atenua nessas circunstâncias porque – e somente naqueles casos em que –, nelas, a coação e a pobreza são frutos de uma injustiça. Nossa responsabilidade fundamental de vivermos bem nos proporciona uma justificativa para reivindicarmos direitos morais e políticos. (Discuto alguns desses direitos no Capítulo 17.) Podemos pensar – ou não – que esses direitos devem ser protegidos não somente pelos filtros de capacidade que estivemos discutindo, mas também por um outro filtro de responsabilidade. Aqueles que cometem uma injustiça roubam de suas vítimas as oportunidades ou recursos que, de outro modo, provavelmente lhes teriam permitido tomar decisões diferentes[32]. Talvez, por isso, não devamos levar em conta essas decisões corrompidas ao avaliar as nossas culpas e as de outras pessoas. Ou, pelo menos, não devemos levá-las plenamente em conta: devemos atenuar-lhes a responsabilidade em razão da injustiça. Esse outro filtro é conceitualmente possível porque as questões básicas do sistema de responsabilidade não são metafísicas, mas éticas e morais; e, por esse mesmo motivo, esse filtro é controverso.

É importante que este último argumento em favor da responsabilidade atenuada tenha as suas raízes na justiça, e não na capacidade. Os cidadãos de um país rico que moram em guetos de pobreza foram privados de oportunidades e recursos que tinham o direito de ter. Mas as pessoas que, sem culpa de ninguém, vivem numa época ou lugar de relativa pobreza não podem alegar que sua responsabilidade se atenua por esse motivo; caso contrário, ninguém teria responsabilidade autorreflexiva por coisa alguma até criarmos um mundo ideal de riqueza e sofisticação cultural. Somente a pobreza injusta pode, quem sabe, atenuar a responsabilidade autorreflexiva. É por isso que os que negam a injustiça negam também a atenuação.

PARTE QUATRO

MORAL

DA DIGNIDADE À MORAL

O respeito por si mesmo e o respeito pelos outros
Universal ou especial?

Lembre-se de que temos a esperança de integrar a ética e a moral, não simplesmente incorporando a moral à ética, mas operando uma integração em que uma apoie a outra, ou seja, em que nossos pensamentos sobre o bem viver nos ajudem a ver quais são as nossas responsabilidades morais: uma integração que responda ao desafio tradicional dos filósofos acerca das razões que temos para ser bons. Comecemos por considerar as consequências morais do nosso primeiro princípio de dignidade – o que nos manda tratar o sucesso do nosso viver como questão dotada de importância objetiva. No Capítulo 1, descrevi o princípio de Kant. Sustenta ele que o adequado respeito por si mesmo – o respeito por si mesmo que aquele primeiro princípio de dignidade exige – acarreta um idêntico respeito pela vida de todos os seres humanos. Para respeitar a si mesmo, você deve partir do princípio de que também as vidas deles têm importância objetiva. Este princípio cativará imediatamente muitos leitores, mas é importante refletirmos sobre suas origens e limites.

Se você crê que a condução da sua vida tem importância objetiva, deve refletir sobre uma importante questão. Você avalia que sua vida individual tem importância objetiva em virtude de algo que ela tem de especial, de tal modo que você possa, com perfeita coerência, não tratar as outras vidas humanas como se fossem dotadas do mesmo tipo de importância? Ou avalia sua vida desse modo porque pensa que toda vida humana é objetivamente importante?

A relação entre você e sua vida é, com efeito, especial: o segundo princípio, o da autenticidade, lhe atribui responsabilidade por ela. Mas essa é outra história. Estou falando do primeiro princípio. Acaso você tem alguma razão para se preocupar com o sucesso ou o fracasso da vida de todas as pessoas ou somente com os da sua vida? É verdade que poucos se preocupam tanto com a sua situação quanto você: seu próprio destino pode assumir, para você, uma importância maior que o de praticamente qualquer outra pessoa. Mas isso pode ser explicado pela responsabilidade especial que acabei de mencionar. Por isso, você deve pensar um pouco mais sobre a questão de saber se a importância objetiva da sua vida reflete uma importância universal – sua vida só tem valor por ser uma vida humana – ou uma importância especial – pelo fato de você ser dotado de alguma propriedade que alguns outros não possuem.

O valor subjetivo é especial por natureza. O café só tem valor para aqueles que gostam de café, e, embora esse grupo possa talvez englobar todas as pessoas vivas em determinado momento, isso só será verdadeiro por acidente. Já a importância objetiva é independente dos gostos, crenças e desejos e é, portanto, independente de qualquer relação emocional específica, inclusive das relações baseadas na identidade. Uma vez que não existem partículas metafísicas de valor, o valor objetivo não pode ser um fato bruto: é preciso que se apresente algum argumento em seu favor. Que argumento eu poderia apresentar para provar que minha importância é especial?

Muita gente sustenta a concepção oposta, a universal. Diversas religiões ensinam que um deus fez os seres humanos à sua própria imagem e tem igual consideração por todos eles. Os humanistas seculares acreditam que a vida humana é sagrada e que o fracasso de qualquer vida representa o desperdício de uma oportunidade valiosa para o cosmos[1]. A maioria das pessoas reage com emoção às tragédias reais e até fictícias que atingem seres humanos completamente estranhos em pequena ou grande escala. Choramos por Adônis e pelas vítimas estrangeiras anônimas de terremotos e tsunamis. A concepção universal é admiravelmente compatível com este conjunto familiar de opiniões e reações.

Que argumento eu poderia apresentar em favor da concepção oposta, a especial: a de que somente a vida de pessoas como eu tem importância objetiva? Não posso me apoiar em nenhuma forma de ceticismo global, pois aceito que minha própria vida tem importância objetiva e não meramente subjetiva. Preciso de uma defesa positiva. Como eu já disse, não me basta invocar a responsabilidade especial que tenho por minha vida. Todo curador tem a responsabilidade específica de proteger certas pinturas, mas admite que outras pinturas, em outros museus, são igualmente dotadas de valor objetivo.

Existe, porém, uma outra proposição que sempre foi demasiado popular e, infelizmente, continua popular ainda hoje em boa parte do mundo. Posso pensar que certa propriedade da minha pessoa faz com que minha vida seja especialmente importante do ponto de vista objetivo. Sou americano, sou judeu, sou sunita, sou um músico talentoso ou um brilhante colecionador de caixinhas de fósforo, e penso que essa propriedade minha, seja ela qual for, confere importância objetiva à vida de qualquer pessoa que a possua. Duvido que um grande número de leitores deste livro tenha essa opinião – nenhuma religião que tenha verdadeira aceitação nas democracias ocidentais a endossaria –, mas sua popularidade mais geral faz com que seja importante a levarmos em conta.

É claro que muitas coisas distinguem você das outras pessoas: seus talentos, sua nacionalidade, sua religião e sua raça. Pelo menos algumas dessas propriedades podem ser importantes para você em suas reflexões sobre como viver: você talvez as tenha como parâmetros de sucesso[2]. Talvez pense que não viverá bem a menos que a sua vida reflita o fato de você ser americano, ou católico, ou bom músico, ou especialista no colecionismo de caixinhas de fósforo. Mas estamos considerando uma questão diferente: não a de saber se as propriedades pessoais devem afetar o modo como você vive, mas a de saber se elas explicam a importância objetiva do seu bem viver.

Quem pensa que suas propriedades especiais tornam sua vida particularmente importante terá dificuldade para integrar essa concepção com outras opiniões responsáveis. Pense no nazista imaginado por Richard Hare, que acredita que os outros teriam razão de matá-lo caso se descobrisse, para a sua surpresa, que ele na verdade era judeu[3]. Talvez lhe seja bastante fácil integrar sua opinião num esquema de valores um pouquinho maior: ele poderia afirmar, por exemplo, que os judeus e os membros de outras raças não arianas são seres humanos naturalmente inferiores ou talvez não sejam humanos em absoluto. Essa opinião ulterior, no entanto, provavelmente não sobreviveria a uma expansão maior rumo à integridade global. Seria necessário explicar, por exemplo, por que os judeus são inferiores apesar dos inúmeros pontos de semelhança biológica, confirmados por uma análise do DNA, entre eles e os arianos. Qualquer explicação proposta provavelmente perturbaria alguma outra parte do seu sistema de convicções. Acaso os judeus são inferiores porque seus antepassados (segundo uma suposição bizarra mas muito difundida) mataram Jesus Cristo? Para tanto, seria necessário que os pecados de antepassados não identificados fossem cobrados de seus descendentes remotos, e talvez o nazista imaginado por Hare não se considere inferior em razão dos crimes cometidos por alguma tribo germânica no século I. Acaso os judeus são inumanos em razão do papel que alguns deles desempenharam na economia da república de Weimar? Nenhum financista ariano causou confusão? Será que o problema é a tendência ao nariz adunco? Nenhum membro da SS tem esse tipo de nariz? E de que modo se pode afirmar que a importância objetiva depende da estrutura nasal?

Considere agora o papel que a religião pode desempenhar na defesa da pretensão a uma importância objetiva especial. Boa parte da matança inspirada pela religião pressupôs, ou pelo menos não negou, a igual importância das vidas dos chacinados: a morte deles era considerada necessária para salvar suas almas imortais, para disseminar a verdadeira fé e as verdadeiras leis entre os povos ou simplesmente para deter suas tentativas reais ou imaginárias de profanação. Seria necessário muito mais para justificar a pretensão ética de que a vida dos adeptos de determinada fé tem importância objetiva especial. Seria necessário, creio, supor a bênção criativa de um deus parcial que não se preocupa em absoluto com a conversão dos infiéis. Não há dúvida de que outras teses são possíveis; mas, pelo menos no que se refere às religiões monoteístas, todas elas provavelmente colidirão com outros pressupostos acerca do âmbito e da universalidade do zelo desse deus. Ideias monstruosas desse tipo têm sido demasiado populares e poderosas em nossa história. Mas é impossível defendê-las com responsabilidade.

Quem quer que se imagine dotado de importância especial tem ainda outro obstáculo a superar. No Capítulo 9, eu disse que a dignidade exige respeito de reconhecimento, não de apreciação. Mas existe uma relação importante entre estes dois: eles devem dividir entre si o território da autoestima, pois a ideia de que sua vida é importante é um pressuposto da tese de que o seu modo de viver também tem importância. O nazista fanático imaginado por Hare teria de pensar que, caso se viesse a descobrir que ele é judeu, o que ele fez ou deixou de fazer em sua vida não teria mais importância alguma. Pouca gente seria capaz de aceitar com sinceridade essa negação contrafactual da responsabilidade ética.

Nietzsche?

Será que a concepção universal da importância objetiva reflete somente uma sensibilidade política tacanha, igualitária, liberal e democrática? Talvez valha a pena nos perguntarmos se o mais famoso crítico filosófico dessa sensibilidade rejeitava a concepção universal. Nietzsche certamente pensava que somente uns poucos – ele próprio inclusive – eram capazes de levar vidas verdadeiramente extraordinárias. Mas será que seu pensamento englobava uma ideia claramente diferente: a de que somente o modo como esses poucos super-homens criativos vivem é importante e pouco importa o que aconteça com os demais – com a ralé ordinária, incapaz, de qualquer modo, de uma vida grandiosa?

Existem agudas divergências entre as diversas interpretações das ideias de Nietzsche. Porém, de acordo com vários críticos, Nietzsche aceitava (pelo menos em algumas partes de sua obra, que nem sempre era coerente) os temas principais do nosso argumento até agora. Parecia insistir na importância suprema do bem viver. Pensava ser uma vergonha de proporções cósmicas o fato de os padres terem imposto ao mundo um tipo de moral que impossibilita o bem viver, uma moral ascética que combate a natureza humana em vez de celebrá-la e procura sublimar a vontade de potência que, além de ser natural, é o aguilhão e a motivação das grandes vidas. Temos de nos recriar, declarava ele, pois, em parte graças a essa moral, tornamo-nos pessoas de mentalidade escrava em vez de sermos capazes de feitos heroicos.

Ele rejeitava a visão subjetiva da importância do bem viver[4]. Temos de nos recriar não somente se por acaso quisermos ser grandes, mas, isto sim, porque não seremos fiéis ao patrimônio comum da raça humana caso não nos esforcemos para ser grandes. Insistia que viver bem é muito diferente de ter uma boa vida. O bem viver, dizia, pode acarretar grandes sofrimentos, como os que ele próprio padeceu, os quais em nada colaboram para uma vida boa. Ele também pregava a importância soberana da integridade para o bem viver. "A 'ideia' organizadora que está destinada a reinar [...] lentamente [...] nos *reconduz* das ruas laterais e dos caminhos errados; prepara qualidades e aptidões *únicas* que um dia se mostrarão indispensáveis como meios para um todo – forma, uma a uma, todas as capacidades *subsidiárias* antes de dar qualquer pista de qual seja a tarefa, o 'objetivo', a 'meta' ou o 'sentido'. Desse ponto de vista, minha vida é simplesmente maravilhosa."[5]

Mas resta de fato a questão de saber se Nietzsche pensava que esses imperativos valem para todos nós ou somente para os capazes de grandeza. Zaratustra, seu primeiro porta-voz, não fala somente aos grandes, mas a todos os que encontra, a todos os que, apesar do seu pessimismo, lhe dão a esperança de que poderão tornar-se não os últimos homens, mas super-homens[6]. O "dom" que ele traz se dirige à espécie em geral. "Sobre cada povo está suspensa uma tábua de bens", declara[7]. Nietzsche manifestava um desprezo absoluto pela igualdade, pela democracia e por todo o resto dessa moral que ele chamava "servil". Mas rejeitava a moral desprezada não pelo fato de ela atribuir importância ao modo como cada qual deve viver, e sim porque a teoria por ela apresentada sobre o modo como cada qual deve viver lhe parecia desprezível.

Ele ridicularizava a ideia de que viver bem é ser feliz. Tinha especial desprezo pelos utilitaristas, cujas ideias só têm sentido caso se suponha que somente o prazer e a felicidade são importantes[8]. (Dizia que essa suposição é típica da "pequena burguesia anglo-angélica"[9].) Para ele, o prazer e a felicidade quase não tinham sentido. Ele também ridicularizava os kantianos, que reconhecem o valor intrínseco da vida humana, mas supõem que esse valor só pode ser realizado por meio de uma vida de cumprimento do dever moral[10]. Resumindo, embora ele certamente pensasse que a moral, tal como é comumente entendida, era um erro terrível, não encontro motivo algum para supor que ele considerasse desimportante, e não simplesmente triste, o modo como vivem as pessoas em geral. Ele pensava, com efeito, que a vontade de potência torna todos os seus detentores, nas ocasiões apropriadas, raivosos, competitivos e ansiosos para se mostrarem especiais de algum modo. Na visão dele, todas essas são motivações humanas que a maioria das pessoas só é capaz de subordinar ou sublimar com grande dificuldade e a um custo tremendo. Mas não há nada na vontade de potência que sustente que as mesmas emoções não somente estão ausentes, mas são ilegítimas na massa das pessoas.

De acordo com pelo menos um comentador, a concepção nietzschiana da boa vida era uma forma de consequencialismo agregador: na opinião dele, era importante que as melhores vidas fossem vividas com a máxima grandeza, mesmo que para isso a maioria das pessoas tivesse de ter uma vida menos boa[11]. Mas essa estranha concepção não pressupõe uma visão subjetiva da importância do viver. Supõe, pelo contrário, a importância objetiva geral de que se vivam grandes vidas, abstraindo completamente qualquer preocupação acerca de quem as vive. Um colecionador que quer que seja pintada a melhor pintura de todos os tempos, mesmo que para isso tenham de ser pintadas menos pinturas ao todo, não atribui importância de antemão à identidade do artista que vai pintá-la. Outro estudioso relata que, "apesar da opinião comum de que Nietzsche se opõe a toda universalização", "ele não objeta a que os valores de determinada pessoa sejam vistos como universalmente válidos quando a pessoa os considera essenciais para qualquer manifestação da grandeza do ser humano"[12]. Nesse caso, o ódio de Nietzsche pela moral comum só ressalta sua tese de que é importante que todos vivam bem, mesmo que isso seja impossível.

Duas estratégias: equilíbrio e integridade

O primeiro princípio da dignidade, reformulado de modo a evidenciar o valor objetivo de qualquer vida humana, se torna aquilo que chamei de princípio de Kant. A razão que você tem para pensar que o desenrolar de sua vida é objetivamente importante também é uma razão para pensar que o desenrolar da vida de qualquer pessoa é importante: a importância objetiva da sua vida se reflete na importância objetiva da vida de qualquer um. Aristóteles distinguia diferentes tipos de amor, entre os quais a amizade, o amor romântico e o que chamou de *ágape*, comumente traduzido como amor "altruísta", o amor que demonstramos para com todos[13]. Ágape é a forma mais abnegada do amor, mas agora vemos que também é um amor que abarca a própria pessoa que o demonstra. Polônio era um tolo e um falastrão, mas os últimos conselhos que deu ao seu filho eram profundos e assim permanecem quando os invertemos. Se não for falso com nenhum homem, você será fiel a si mesmo.

A questão que procuraremos responder até o fim do livro é a seguinte: quais são as implicações do princípio de Kant para o modo como devemos tratar as outras pessoas? Talvez lhe pareça, de início, que a plena aceitação da igual importância objetiva da vida de todos acarreta um agir tal que sempre vise melhorar a situação de todos em toda parte, em que o benefício de nós próprios e dos que nos são próximos tenha o mesmo peso que o benefício de qualquer desconhecido em qualquer lugar. Não há dúvida de que é essa a conclusão que muitos filósofos – os utilitaristas inclusive, mas não somente eles – tiram do princípio da igual importância. Se assim for, é praticamente impossível que os seres humanos – ao contrário dos anjos – vivam à altura do respeito que devem ter por si mesmos. O segundo princípio, o da autenticidade, atribui a cada um de nós a responsabilidade pessoal de agir de modo compatível com o caráter e os projetos que identificamos para nós mesmos. Parece psicologicamente impossível que alguém consiga cumprir esse princípio e ao mesmo tempo trate os planos e projetos de todos como dignos de tanta consideração e atenção quanto os seus[14]. A maior parte dos habitantes do mundo é de pobres. Muitos não têm sequer o essencial para viver. Por isso, mesmo uma pessoa moderadamente rica que aceitasse o primeiro princípio teria, dessa ótica, de dar tudo o que possui e se tornar, ela própria, pobre. Certamente teria de renunciar a todos os seus demais projetos de vida, por mais fascinantes que lhe parecessem.

Alguns filósofos assumiram corajosamente essas consequências: em princípio, devemos nos esforçar ao máximo para levar a vida de santidade exigida pela interpretação rigorosa[15]. Outros adotaram uma concepção diferente que, em atenção ao segundo princípio, abranda o impacto (mas não as exigências) do primeiro. Thomas Nagel distingue duas perspectivas a partir das quais cada pessoa pode decidir como viver[16]. A primeira é uma perspectiva pessoal dominada por seus próprios interesses e projetos.

A segunda é uma perspectiva impessoal a partir da qual seus próprios interesses, ambições, apegos e projetos não são mais importantes que os de qualquer outra pessoa. Na visão de Nagel, ambas essas perspectivas nos dão acesso à verdade, e nossa dificuldade surge porque essas verdades são incompatíveis. O que parece fazer sentido a partir da perspectiva pessoal normalmente contradiz alguma exigência da impessoal. Nesse caso, levando todas as coisas em consideração, como devemos decidir qual é a coisa certa a fazer? Como equilibrar as duas perspectivas? Nagel afirma que um possível equilíbrio seria razoável se todos, independentemente de sua situação pessoal, fossem capazes de aceitá-lo como adequado. Ele duvida de que exista realmente um equilíbrio específico que atenda a esse critério. Mas afirma claramente que é esse o critério a ser idealmente satisfeito[17].

Entretanto, quando postulamos a necessidade de um equilíbrio ou conciliação entre duas perspectivas, ambas as quais consideramos verdadeiras, fica difícil saber como poderemos justificar determinado acordo sem incorrer em circularidade. Perguntemo-nos, por exemplo, qual proporção de sua renda determinado professor universitário deve doar e qual proporção deve guardar para passar as férias de verão na Europa. Parece impossível responder a essa pergunta sem primeiro determinar qual das duas perspectivas nagelianas deve predominar: a resposta decorrente da perspectiva impessoal é muito diferente da que decorre da perspectiva pessoal de alguém que está louco para tirar férias. Não há uma terceira perspectiva – uma perspectiva da "razão" em si – que nos possibilite encontrar o equilíbrio. Para saber o que a razão exige, primeiro temos de decidir a partir de qual perspectiva a questão deve ser decidida.

Como eu disse, Nagel sugere um critério procedimental. Para equilibrar as perspectivas impessoal e pessoal, ele busca princípios que todos considerariam razoáveis caso estivessem motivados pelo desejo de definir um padrão único. (Nagel cita e segue o contratualismo moral de Thomas Scanlon[18].) Com razão, ele não acredita que tais princípios possam ser encontrados. Por que uma pessoa cuja situação é pior que a de todas as outras não insistiria em que, dada a igual importância das vidas humanas, o único princípio razoável é o da divisão da riqueza material em partes iguais? Por que outra pessoa, cuja situação é um pouco melhor, não responderia que é irrazoável eliminar do mundo todos os prazeres e realizações que a desigualdade de riquezas possibilita? Para facilitar, poderíamos supor, de modo pouco realista, que todos querem um acordo. Mas isso também costuma acontecer, por exemplo, em negociações trabalhistas que culminam numa greve prolongada, prejudicial para ambos os lados.

Mesmo que houvesse consenso acerca de como as pessoas devem agir em determinada situação, é difícil dizer de que modo isso poderia ter a ver com o assunto. Presumivelmente, o consenso impediria a implementação quer da perspectiva pessoal, quer da impessoal, quer, provavelmente, de ambas. Nesse caso, a partir de qual perspectiva devemos decidir se devemos fazer ou não aquilo que todos dizem ser razoável? Suponhamos que todos considerem razoável fazer aquilo que a perspectiva pessoal condena. Em que sentido isso poderia nos eximir de fazer algo que, a partir dessa perspectiva, consideramos errado? Já teríamos de ter decidido que a perspectiva impessoal não deve reger o nosso fazer. A partir de qual perspectiva teríamos tomado essa decisão? E não ajuda em nada afirmar que a decisão final deve ser prática. Essa tese declara que devemos tomar uma decisão, mas não nos ajuda a tomá-la. A palavra "prática" não designa uma terceira perspectiva distinta. Tampouco podemos encontrar o equilíbrio indagando qual é a coisa com que mais nos preocupamos ou com que mais devemos nos preocupar. Trata-se simplesmente de mais uma maneira – ou de duas maneiras – de reapresentar nossa questão original.

Nossos dois princípios de dignidade, por outro lado, não descrevem diferentes perspectivas que alguém poderia assumir e entre as quais teria de escolher. Descrevem uma perspectiva única que cada pessoa deve assumir para ser responsável do ponto de vista ético. Não podemos exigir uma solução de meio-termo entre os dois princípios: eles são por demais fundamentais e importantes para ser comprometidos. Declaram as condições necessárias para o respeito por si mesmo e para a autenticidade, e essas condições não são negociáveis. Isso significa que nosso programa deve ser outro. Temos de encontrar interpretações atraentes dos dois princípios que pareçam corretas em si mesmas – que pareçam capturar as exigências reais do respeito por si mesmo e da autenticidade – e que não conflitem uma com a outra, mas se reforcem mutuamente. Precisamos tratar nossos princípios como se fossem equações simultâneas a serem resolvidas conjuntamente.

Talvez se pudesse objetar: a tentativa de encontrar, desde o princípio, interpretações não conflituosas dos dois princípios é uma fraude. Devemos, antes, buscar as interpretações corretas; se elas produzirem conflito, temos simplesmente de aceitá-lo como nosso destino. Essa objeção ignora todos os argumentos apresentados até aqui. Os juízos éticos não são independentemente verdadeiros. Estamos, sim, buscando o entendimento correto dos nossos dois princípios; mas isso significa, para nós, um entendimento de cada um deles que encontre apoio no nosso entendimento dos outros e que ao mesmo tempo nos pareça correto. Temos de acreditar em cada uma das partes de um sistema de princípios que se apoiam mutuamente a fim de poder supor que, em seu conjunto, eles são corretos.

Nossa tarefa é difícil e não temos garantia de sucesso. É bem fácil identificar violações flagrantes de qualquer um dos dois princípios. Quem trata o sofrimento ou o fracasso alheios com indiferença nega a importância da vida alheia; quem obriga o outro a praticar os rituais de uma religião que ele rejeita atenta contra a sua responsabilidade ética. As questões que confrontaremos nos próximos capítulos, no entanto, são mais difíceis e controversas. Teremos de nos perguntar quando a negação de ajuda a um desconhecido demonstra indiferença pela vida dele; em que casos e de que modo o número de pessoas afetadas pelos nossos atos deve ser levado em conta para determinarmos o que fazer; quais as diferenças pertinentes entre matar uma pessoa e deixá-la morrer; por que devemos cumprir nossas promessas; e se devemos mais auxílio aos membros da nossa própria comunidade política que aos de outras comunidades. Por isso, temos de desenvolver nossa análise a fim de gerar interpretações mais concretas dos nossos princípios, que possam ser postas à prova em outros contextos.

Não há nenhum procedimento decisório rígido que possamos seguir. No fim, cada um de nós emitirá um juízo diferente dos demais acerca das questões que considerarmos. Mas dispomos de um padrão que cada um de nós pode usar para fazer esse juízo. Acaso as interpretações do respeito por si mesmo e da autenticidade que viermos a desenvolver apoiam uma à outra e, nesse sentido, não exigem que nenhuma das duas dimensões da dignidade seja comprometida? Podemos, de boa-fé, aceitar a solidez de cada uma dessas interpretações? Nosso desafio é, de certo modo, semelhante ao proposto pelo método do equilíbrio reflexivo de John Rawls, mas é mais ambicioso e mais arriscado. Rawls buscava uma espécie de integridade entre nossas convicções abstratas e concretas a respeito da justiça – uma integridade que possibilitasse relações de subordinação, transigência e equilíbrio entre diferentes valores. Insistia, por exemplo, que a liberdade tinha "prioridade lexical" em relação à igualdade. Não buscava interpretar cada valor à luz dos outros de tal modo que todos se apoiassem mutuamente em vez de se contradizer. Essa diferença reflete outra, mais profunda. Nossa estratégia é impulsionada por uma teoria da verdade moral e da verdade interpretativa (a teoria descrita nos Capítulos 7 e 8), e Rawls nunca atacou esse assunto. Mesmo que os métodos de Rawls sejam interpretados como se comportassem um elemento ético – e daqui a pouco, neste capítulo, vou defender a ideia de que devemos fazer essa interpretação –, a gama de valores que ele pretendia equilibrar é muito menor que a daqueles que nos ocupam. Sobretudo à medida que suas opiniões foram se desenvolvendo, ele considerou prudente isolar as questões filosóficas daquelas que podem ser vistas como caracteristicamente políticas. Nosso projeto de integração tem uma força centrífuga que exclui a possibilidade de isolamento: Temos de almejar a uma teoria tão abrangente quanto nos seja possível construir, não por gostarmos da complexidade, mas por necessidade filosófica. Temos de integrar teorias da verdade, da linguagem e da metafísica com as esferas mais familiares do valor. Se você, como eu, continua esposando essa ambição, encontramo-nos ambos, ainda, numa posição arriscada. Talvez você pense que já caímos; caso não pense, temos de ver se não vamos cair agora.

Outros filósofos morais

Kant

Antes de começarmos nossa lista de tópicos, faço uma pausa para seguir um outro fio de raciocínio. Este livro tem a ambição subsidiária de verificar até que ponto a abordagem interpretativa da moral pode nos ajudar a compreender os clássicos mais importantes da filosofia moral. No Capítulo 8, descrevi os argumentos explicitamente interpretativos de Platão e Aristóteles; afirmei que ambos almejavam aquela integração da ética e da moral que é também a nossa meta. Para terminar este capítulo, vou examinar até que ponto a obra de outros filósofos, embora sua abordagem interpretativa seja menos explícita que a daqueles dois, podem ser entendidas com vantagem sob esta ótica.

As mais influentes teorias filosóficas não devem a sua influência – não só entre o público em geral, mas até entre os filósofos profissionais – à força ou à irrefutabilidade de seus argumentos, mas ao impacto imaginativo de suas conclusões e das metáforas mediante as quais estas são apresentadas. Creio que isso se aplica, por exemplo, à caverna de Platão e à posição original de Rawls. É a Kant, no entanto, que se aplica de forma mais dramática. Os princípios muito gerais por ele declarados – de que não devemos jamais agir de um modo que não pudéssemos racionalmente desejar que todos agissem, por exemplo – tiveram enorme influência até mesmo entre filósofos acadêmicos que rejeitam boa parte de suas opiniões mais concretas. A poderosa admoestação de que devemos tratar os outros seres humanos como fins e jamais como simples meios é repetida diariamente em discussões jurídicas e morais pelo mundo afora. Mas, a meu ver, os argumentos em que ele apoiou esses princípios muito influentes são relativamente fracos, e suas teorias da liberdade e da razão não têm muito a dizer a quase todos os que se sentem atraídos por aqueles princípios.

No entanto, os textos de Kant sobre filosofia moral contêm, segundo me parece, todos os elementos de um argumento interpretativo mais acessível em favor daqueles princípios. Não tenho o objetivo (nem a capacidade) de acrescentar mais uma exegese à imensa quantidade das que já foram escritas sobre Kant. Quero, antes, sugerir uma maneira de ler Kant (ignorando muitos outros elementos de seus textos) que acompanhe os métodos que pretendo seguir aqui. Essa leitura parte da ética: das exigências éticas compatíveis com os dois princípios de dignidade que reconhecemos. O "princípio de humanidade" de Kant versa, antes de tudo, sobre o modo pelo qual devemos valorizar nós mesmos e os nossos objetivos: deve-se considerar que eles têm importância objetiva, não meramente subjetiva. Devemos, como reza o nosso primeiro princípio, pensar que o modo como a nossa vida decorre é objetivamente importante.

A conclusão adequada é aquilo que chamei de princípio de Kant: para que o valor que você encontra em sua vida seja verdadeiramente objetivo, ele deve ser o valor da própria humanidade. Você deve encontrar o mesmo valor objetivo na vida de todas as outras pessoas. Deve tratar a si próprio como um fim em si mesmo e, portanto, pelo respeito por si próprio, deve também tratar todas as outras pessoas como fins em si mesmas. O respeito por si mesmo também exige que você se considere autônomo em um sentido específico dessa palavra: você deve assinar embaixo dos valores que estruturam a sua vida. Essa exigência equipara-se ao nosso segundo princípio: você deve julgar por si mesmo qual é o modo correto de viver e resistir a toda coerção que vise usurpar-lhe essa autoridade.

Essas duas exigências da dignidade propõem o desafio interpretativo que descrevi. Kant, como nós, não admitia a possibilidade de resolver esse conflito encontrando um equilíbrio entre as duas exigências ou propondo uma solução de meio-termo entre elas. Todo meio-termo implicaria necessariamente, para Kant como para nós, um sacrifício da nossa dignidade. O que ele fez, portanto, foi apresentar interpretações melhores das duas exigências. Ele não entendia a autonomia (*autonomy*) como a liberdade para seguir todas as nossas inclinações, mas como uma liberdade maior, que incluía a liberdade *em relação a* essas inclinações.

Somos autônomos quando agimos não para alcançar uma meta particular – o prazer, por exemplo, ou a nossa concepção de o que seja uma vida boa, ou algum valor mais transcendente, ou mesmo para aliviar o sofrimento alheio –, mas sim por respeito pela ordem moral.

Essa interpretação explica por que a autonomia tem a importância suprema que ele lhe atribuiu. Não respeitaríamos a nossa vida nem a consideraríamos dotada de valor intrínseco e objetivo caso a dedicássemos à realização de um ou outro desses bens particulares. Se assim fizéssemos, estaríamos considerando que nossa vida tem valor unicamente como um meio para esses fins. Devemos tratar nossa liberdade como um fim em si, e não como um meio para outra coisa. Para tanto, devemos supor que somos livres quando agimos em razão da lei moral, não quando a ignoramos. Isso não significa simplesmente agir de acordo com as exigências da lei moral. "Para que uma ação seja moralmente boa, não basta que ela seja conforme à lei moral – também deve ser cumprida pelo fato de ser preconizada pela lei moral."[19]

Essa visão da autonomia é compatível com a teoria da responsabilidade moral que apresentamos no Capítulo 6. Quando assumimos o projeto ali descrito, tínhamos o objetivo de fazer com que as nossas convicções morais fossem a nossa motivação concreta, isolando aquelas influências da nossa história pessoal que estimulariam uma conduta contrária. Mas, em Kant, a reconciliação da autonomia com o respeito pelos outros exige algo mais substantivo: uma formulação específica do conteúdo daquilo que é exigido pela autonomia assim concebida. Como tratar aos outros e a mim mesmo como fins em nós mesmos? Kant não responde que devo agir imparcialmente em todos os assuntos. Propõe um tipo diferente de universalismo, muito menos exigente: temos de agir de modo tal que nos permita querer que o princípio da nossa ação seja aceito e seguido por todos. O homem respeita seu valor ético intrínseco por meio desses princípios porque, nas palavras do próprio Kant, "é exatamente a capacidade de suas máximas serem leis universais que o assinala como um fim em si mesmo"[20].

Os estudiosos de Kant discutem e disputam acerca do real significado dessa fórmula bastante opaca – de querer que uma lei seja universal –, assim como discutem e disputam a respeito de muitos outros aspectos de suas teorias[21]. Mas o sentido geral é claro o suficiente: para tratar as pessoas com o mesmo respeito que dedicamos a nós mesmos, precisamos no mínimo não reclamar para nós nenhum direito que não concedamos aos outros e não supor para eles nenhum dever que não aceitemos para nós. Na linguagem do direito constitucional norte-americano, o respeito por todos exige a igual proteção da lei moral. Esse requisito não exige, nem por si mesmo nem por suas consequências mais prováveis, que cada um de nós sempre aja como se não tivesse mais zelo pela própria vida do que pela vida de qualquer outra pessoa. Kant apresenta sua teoria como uma interpretação da prática moral comum. Seus vários exemplos de leis cuja universalidade não podemos desejar são calculados para produzir, como conclusão, exigências morais familiares[22].

Essa reconstrução dos argumentos de Kant os aproxima dos argumentos deste livro, talvez – espero que não – além do devido. Meu objetivo é demonstrar que as teses de Kant são mais persuasivas quando são entendidas como uma teoria interpretativa que liga a ética e a moral. Cada elemento dessa estrutura de ideias éticas e morais contribui para a defesa dos outros elementos. Quer nosso ponto de partida seja a lei moral, quer seja a ética do respeito por si mesmo, acabamos por gerar a mesma estrutura. É certo que Kant não supunha que o hábito de agir por causa da lei moral produzisse necessariamente, ou mesmo na maioria dos casos, uma vida boa. Mas concebia-o como um meio para vivermos bem, com pleno respeito por nós mesmos e plena autonomia. O sistema kantiano, assim entendido, é um exemplo impressionante de holismo ativo.

Admito que ignorei por completo muitos argumentos que vários estudiosos de Kant consideram sumamente característicos e importantes: sua metafísica e a teoria da razão formulada em suas críticas. Nas primeiras duas sessões dos seus *Fundamentos*, ele supôs ter demonstrado que a autonomia é possível somente quando somos capazes de agir por respeito à lei moral cuja forma ele descreveu. Na terceira sessão, ele defendeu essa possibilidade contra a ameaça do determinismo. No mundo fenomênico que habitamos, no mundo da ciência, a autonomia parece impossível, pois nesse mundo nossas ações são determinadas por eventos anteriores que estão além do nosso controle. Mas nós também habitamos outro mundo – o mundo como é em si, não como nos aparece. Não é possível descobrirmos a natureza desse mundo numênico, mas podemos e devemos supor que, nesse mundo, nós somos dotados de uma liberdade que torna possíveis a autonomia e a moral. Ou seja, Kant sustentava que a responsabilidade e o determinismo são incompatíveis. No capítulo anterior, defendi a tese de que essa concepção é errônea. Se ele tivesse aceitado uma posição compatibilista, teria considerado a responsabilidade autorreflexiva como um fenômeno completamente explicável dentro daquele mundo que ele chamou de "fenomênico".

Rawls

No Capítulo 3, discutindo a teoria moral construtivista, eu disse que, segundo o melhor entendimento da teoria de Rawls, ela só é cética em relação à verdade moral objetiva num sentido interno limitado. Ele quis apoiar-se unicamente nos princípios inerentes às tradições políticas da comunidade a que se dirigia, mas precisava de pressupostos morais substantivos para determinar quais seriam essas tradições. Podemos agora reconsiderar sua teoria partindo desse pressuposto. Já citei sua importante observação de que "os primeiros princípios da justiça devem advir de uma concepção da pessoa por meio de uma representação adequada dessa concepção, tal como é ilustrada pelos procedimentos de construção na justiça como equidade"[23]. Essa representação deve supor que as pessoas sejam "autônomas sob dois aspectos: primeiro, que, em suas deliberações, não se exija que elas apliquem quaisquer princípios anteriores e antecedentes de direito e de justiça, nem que sejam guiadas por eles [...] em segundo lugar, diz-se que elas são movidas unicamente pelos interesses de ordem mais elevada em suas faculdades morais e pelo zelo de promover seus fins derradeiros, determinados mas desconhecidos"[24]. Ele descrevia essas "faculdades morais" primeiro como a "capacidade para um senso efetivo de justiça" e segundo como "a capacidade de formar, revisar e buscar racionalmente uma concepção do bem"[25]. No pensamento de Rawls, esse conjunto de pressupostos acerca das atitudes e interesses das pessoas justifica as características estruturais de sua estratégia da posição original.

Mas ele só pode fazer isso se essa "concepção da pessoa" for interpretada de um jeito muito especial. Se lermos a teoria de Rawls de uma maneira que talvez pareça a mais natural, não encontraremos nada, nela, que ajude a justificar o véu da ignorância. Ele pressupõe que as pessoas têm capacidade de senso de justiça. Pressupõe que elas queiram promover seus "fins derradeiros" e tenham, além disso, a capacidade de considerar racionalmente quais devem ser esses fins. Elas sabem que todas as outras também têm essas capacidades num grau "mínimo". Mas nada explica por que elas não poderiam exercer essas duas capacidades antes de instruir seus representantes na convenção. Se o fizessem, cada representante poderia negociar de modo a assegurar a constituição da sociedade que seu representado crê ser mais justa, em vista da sua concepção de quais sejam os corretos fins derradeiros para ele e, talvez, para todos. Até aqui, essa concepção da pessoa não parece contribuir em nada para explicar por que a posição original tem a estrutura que Rawls lhe atribuiu.

Podemos, no entanto, interpretar a teoria de Rawls de maneira diferente: podemos atribuir significado muito mais amplo à sua estipulação de que as pessoas são "autônomas". É-nos permitido supor, por exemplo, que isso significa que, para elas, suas vidas têm importância objetiva; que, para elas, a vida de todos os outros seres humanos têm a mesma importância objetiva; e que elas creem, portanto, que estarão insultando a própria dignidade caso defendam arranjos políticos que depreciem a importância da vida de qualquer um. Podemos supor, além disso, que as pessoas autônomas não somente querem ter uma vida que considerem boa, mas também, e de modo mais fundamental, querem viver bem; e que elas pensam que viver bem significa viver de tal modo que sua dignidade não sofra esse tipo de insulto. Se desenvolvermos dessa maneira a concepção rawlsiana da pessoa, essa concepção vai servir de apoio para o esquema da posição original e do véu de ignorância. Pode-se, nesse caso, considerar que ela atende aos interesses comuns de bem viver dos participantes com base nos pressupostos éticos acima descritos, pois permite que eles se concentrem na questão crucial de quais instituições respeitariam a sua dignidade – definindo, por exemplo, uma participação nos recursos da comunidade que respeite a igual importância da vida de todos.

Essa interpretação qualifica a ressalva de Rawls, de que as partes na posição original não se baseiam em nenhuma teoria prévia de justiça[26]. Elas aceitam, e levam consigo na posição original, a consequência política da teoria da autonomia acima descrita. Partem do princípio de que a estrutura básica de governo por elas escolhido deve demonstrar igual consideração e respeito por todos os membros da comunidade política. Nesse sentido muito abstrato, elas pressupõem, sim, uma teoria igualitária da justiça. Mas não pressupõem nenhuma interpretação mais concreta deste padrão igualitário: tal interpretação deve ser construída por seus representantes sob o véu da ignorância. Veremos, na Parte Cinco, que existem muitas interpretações possíveis desse princípio abstrato: vão desde uma interpretação utilitarista até uma interpretação libertária. Sob essa ótica, a ressalva de Rawls nega que os participantes assumam qualquer interpretação particular, tal como, por exemplo, aquela que, no Capítulo 16, chamo de igualdade de recursos.

Este entendimento da posição original faz uso das nossas distinções e, mais uma vez, aproxima as teorias de Rawls da nossa – não, mais uma vez espero, além do devido. Entretanto, essa interpretação da "concepção da pessoa" de Rawls pode modificar algumas conclusões a que ele chega. Talvez não confirme o seu "princípio da diferença", que só admite as desigualdades de riqueza na medida em que estas beneficiem o grupo menos privilegiado da comunidade; nossos dois princípios redundam na concepção de igualdade econômica descrita no Capítulo 16, que é um pouco diferente. Admito, além disso, que essa interpretação não respeita a distinção para a qual Rawls chamou a atenção em suas obras tardias – a distinção entre uma teoria estritamente política, derivada do que ele chamou de "razão pública", e uma teoria ética e moral mais abrangente. Em todo este livro e nesta leitura do argumento de Rawls, me baseei em proposições éticas e filosóficas amplas acerca da importância objetiva da vida humana e das naturezas e limites de várias formas de responsabilidade moral e ética. Em outra obra, defendi a tese de que as limitações pressupostas pela "razão pública" de Rawls são insensatas e fazem com que seus argumentos mais influentes sejam deixados de fora do discurso político oficial[27]. Caso eu tenha razão, esse fato é mais um motivo para que seu argumento principal seja interpretado do modo mais abrangente que proponho.

Scanlon

No livro *What We Owe to Each Other*, Thomas Scanlon afirma que devemos tratar as outras pessoas de um modo determinado por princípios que ninguém possa razoavelmente rejeitar[28]. Ele não impõe nenhum véu de ignorância às pessoas chamadas a julgar quais são esses princípios: elas devem decidir por si próprias quais aspectos da sua situação e quais das suas preferências e convicções são pertinentes a esse juízo. Tampouco supõe ele que todas as pessoas chegariam ao mesmo juízo. Indica um espectro de juízos que a razoabilidade exigiria das pessoas, mas não supõe que todas fariam de modo idêntico todos os juízos dentro desse espectro. Mesmo assim, seu exercício é suficientemente *ex ante* para demonstrar os efeitos recíprocos das ideias éticas e morais. Acha ele que o bem viver inclui a posse ou o desenvolvimento de certa atitude em relação às outras pessoas, e que uma das manifestações dessa atitude é o desejo de ser capaz de justificar a própria conduta perante elas da maneira descrita por ele. Ou seja, Scanlon supõe que o bem viver requer certas atitudes (e isto ainda não é uma proposição moral), e que essas atitudes definem essencialmente quais princípios morais devemos aceitar.

A ideia de razoabilidade tem um papel crucial no argumento geral de Scanlon. Alguns comentadores se queixaram de que, pelo fato de a razoabilidade ser ela própria um ideal moral do tipo que a sua teoria pretende explicar, a teoria é circular[29]. Mas essa objeção é gravemente deslocada, pois ignora a complexidade interpretativa dos argumentos de Scanlon. É verdade que o conceito de razoabilidade é frequentemente usado em proposições morais: é normal dizermos que "dadas as circunstâncias, é razoável que ele minta". Mas a razoabilidade também é um padrão ético. Pensamos que a pessoa que dedica uma parte substancial da sua vida a colecionar caixas de fósforo não só está errada como também é tola: sua escolha não é eticamente razoável. A verdade é que esse conceito desempenha exatamente o papel de ponte entre a dignidade e a moral que agora estamos explorando. Não é razoável que você favoreça seus próprios interesses em circunstâncias em que o benefício para você é relativamente banal e o custo imposto aos outros é muito grande. Isso não é razoável porque é incompatível com o reconhecimento de que a sua vida, além de ter importância subjetiva, também tem importância objetiva. Não é irrazoável, porém, que você favoreça a si mesmo quando isso significa somente que você atribuiu mais peso aos efeitos de uma decisão sobre a sua própria vida do que aos efeitos dela sobre a vida de outra pessoa: isso não implica que você não tenha aceito que a vida do outro é, objetivamente, tão importante quanto a sua.

AJUDA

Um cálculo de consideração
Dignidade e má ação

O que devemos fazer pelos desconhecidos – aqueles com quem não temos nenhum vínculo em particular, que talvez habitem a outra extremidade da Terra? Não temos nenhuma relação especial com eles, mas a importância objetiva da vida deles é igual à da nossa. É claro que as relações especiais são inúmeras e abrangentes. A política, em particular, dá origem a muitas: temos a obrigação característica de ajudar aqueles que estão junto conosco sob um único governo coletivo. Neste capítulo, porém, ignoro essas relações especiais; elas serão o tema do Capítulo 14. Além disso, só discuto aqui o que devemos fazer pelos desconhecidos, e não o que não devemos fazer a eles. No próximo capítulo, vou defender a tese de que a nossa responsabilidade de não causar dano aos desconhecidos é muito mais rigorosa que a nossa responsabilidade de ajudá-los.

Já descrevi a estratégia destes capítulos. Para determinar o que devemos fazer pelas outras pessoas e o que não devemos fazer a elas, temos de nos perguntar quais condutas não respeitariam a igual importância da vida delas. Este raciocínio talvez lhe pareça invertido: talvez você pense que somente os atos errados negam a igual importância de alguém, de tal modo que temos de determinar primeiro quais atos são errados, e não o contrário. No entanto, como eu já disse, de acordo com a nossa estratégia interpretativa nenhuma dessas duas direções de argumentação tem precedência definitiva sobre a outra. Precisamos desenvolver convicções sobre os dois princípios da dignidade e sobre a boa e má conduta que pareçam todas corretas e que se encaixem de tal modo que as inferências sejam cabíveis em ambas as direções. Se ressalto aqui uma dessas direções, a que vai da dignidade à moral, é porque nossa ambição agora é a de situar a moral dentro da ética. Para tanto, temos de partir da concepção de dignidade que esbocei no Capítulo 9.

Dignidade e bem-estar

A riqueza e a sorte se distribuem de modo muito desigual entre os seres humanos. Por isso frequentemente nos vemos em condições de ajudar desconhecidos que se encontram em situação pior que a nossa, seja de modo geral, seja porque tenham sofrido algum acidente ou corram um perigo especial. Nessas ocasiões, podem surgir duas espécies de conflito. Em primeiro lugar, pode ocorrer um conflito entre os nossos interesses e os das pessoas que poderíamos ajudar. Em que medida devemos sair do nosso caminho para ajudá-las? Em segundo lugar, pode ocorrer um conflito acerca de quem ajudar, naquelas ocasiões em que não podemos ajudar a todos, mas somente a alguns. Se só pudermos resgatar algumas vítimas de um acidente e tivermos de deixar as outras morrerem, como decidir a quem salvar? Juntos, esses enigmas delineiam a questão da ajuda.

A resposta de Kant a essa questão – ele disse, de várias maneiras, que devemos tratar os desconhecidos como queremos que eles nos tratem – é útil porque essa fórmula funde a ética e a moral do modo que buscamos: sua abordagem *ex ante* integra as esperanças que temos em relação a nossa própria vida com nossa noção da responsabilidade que temos para com os outros. Precisamos encontrar uma distribuição dos custos do azar que pareça correta tanto do ponto de vista moral quanto do ponto de vista ético. Se pensarmos que não temos o dever moral de ajudar os outros a arcar com o azar, também será correto, por responsabilidade ética, que nós próprios arquemos com os custos do nosso azar em circunstâncias semelhantes. Porém, embora as formulações de Kant sejam úteis para unir as duas questões de fundo, elas não nos ajudam a decidi-las.

Reproponho agora o problema das equações simultâneas descrito no capítulo anterior. Devemos demonstrar pleno respeito pela igual importância objetiva da vida de cada pessoa, mas também devemos demonstrar pleno respeito pela nossa responsabilidade de fazer algo de valor com a nossa vida. Temos de interpretar a primeira exigência deixando espaço para a segunda, e vice-versa. Isso lhe pareceria impossível, como eu disse, caso você se convencesse da interpretação ultrarrigorosa do primeiro princípio por mim mencionada – a de que ele exige que você tenha pelo bem-estar de qualquer desconhecido, no dia a dia, a mesma consideração que tem pelo próprio bem-estar. Nesse caso, seria muito improvável encontrar qualquer interpretação plausível do segundo princípio que não fosse incompatível com o primeiro.

Felizmente, a interpretação ultrarrigorosa é uma leitura ruim do primeiro princípio. Devemos notar, em primeiro lugar, que essa leitura, tal como acabei de descrevê-la, não tem sentido. Não há uma métrica do bem-estar que possa fornecer as comparações que ela prevê. O bem-estar de um ser humano não é uma mercadoria passível de medida. O bem-estar é a vida boa, e não dispomos de um meio apropriado para medir ou comparar o bem ou o sucesso de diferentes vidas. Os consequencialistas do "bem-estar", como podemos chamá-los, tentaram inventar concepções de bem-estar que o transformam numa espécie de mercadoria. Alguns dizem que o bem-estar de certa pessoa em determinado momento é o excedente do seu prazer em relação à dor, de modo que podemos calcular o bem-estar geral de alguém medindo o total de seus lampejos de prazer e subtraindo deles o total de punhaladas de dor. Outros afirmam que o bem-estar depende do número de ambições realizadas; o bem-estar total seria medido pela soma dos desejos satisfeitos e pela subtração dos desejos frustrados. Outros ainda asseveram que o bem-estar pode ser definido pela capacidade das pessoas de realizar o que querem ou poderiam querer realizar. Por razões que descrevi em outras obras, nenhuma dessas familiares concepções filosóficas do bem-estar é capaz de proporcionar uma base plausível para uma moral pessoal ou política[1].

Os conceitos de bem-estar e de vida boa são conceitos interpretativos. Há discordância sobre a correta concepção de o que faz com que a vida seja boa – sobre a importância da diversão, da satisfação dos desejos ou do desenvolvimento de capacidades, por exemplo. Por isso, a política de "igualar" qualquer uma dessas mercadorias às outras seria uma injustiça para muitos e destruiria o apelo inicial de uma declaração abstrata do consequencialismo do bem-estar. É claro que cada um de nós pode tentar ajudar as outras pessoas a viver bem de acordo com a própria concepção delas. Podemos, por exemplo, trabalhar para promover uma distribuição mais igualitária das riquezas e de outros recursos. Em certa medida – particularmente nas circunstâncias discutidas na Parte Cinco –, temos essa responsabilidade. Mas isso não é o mesmo que tentar fazer com que as vidas dos outros sejam simplesmente melhores. O igualitarismo do bem-estar não apenas faz exigências impossíveis como também é um erro do ponto de vista filosófico.

O princípio de Kant muda o tema: não fala do bem-estar como uma meta, mas da atitude como uma diretriz. Devemos tratar as outras pessoas de modo compatível com a aceitação do fato de que a vida delas tem importância objetiva igual à nossa[2]. O ato de não ajudar outra pessoa não é necessariamente incompatível com essa atitude. Isso se aplica também a outros tipos de valor. Mesmo que eu reconheça o enorme valor objetivo de uma grande coleção de pinturas, talvez não aceite a responsabilidade pessoal de ajudar a proteger essa coleção. Talvez eu tenha outras prioridades. Ou seja, posso reconhecer a importância objetiva das vidas dos desconhecidos sem supor que tenha o dever de subordinar minha vida e meus interesses ao interesse coletivo ou agregado de todas essas vidas, ou mesmo a uma única vida cujas necessidades sejam maiores do que as minhas. Posso aceitar, com perfeita sinceridade, que a importância objetiva da vida dos seus filhos é idêntica à da vida dos meus, e posso mesmo assim dedicar minha vida a ajudar meus filhos enquanto ignoro os seus. Afinal de contas, eles são meus.

A simples recusa a fazer sacrifícios admiráveis não acarreta a negação da igual importância das vidas humanas. Talvez eu possa salvar muitas pessoas de uma catástrofe caso eu mesmo corra o risco de sucumbir na catástrofe. É correto tratar como heróis os soldados que se apresentaram como voluntários para serem picados por pernilongos portadores da febre amarela. Mas, caso eu não me apresentasse como voluntário, isso não querer dizer que vejo as vidas dos outros como intrinsecamente menos importantes que a minha. Ganhei um cruzeiro pelo mar Egeu num sorteio; estou animadíssimo com a ideia de viajar, mas um amigo me diz que um famoso classicista, que eu próprio não conheço, tem vontade de fazer um cruzeiro desses há anos mas não tem dinheiro suficiente. Eu faria um ato de generosidade caso deixasse que esse classicista fizesse o cruzeiro em meu lugar. Mas, se eu mesmo fizer o cruzeiro, isso não significa que eu considere que a vida dele tem importância objetiva menor que a minha.

Entretanto, há um limite para o quanto posso ignorar algo que afirmo ter valor objetivo. Não posso ser indiferente ao seu destino. Se estou numa galeria que está pegando fogo e me é fácil levar comigo uma pintura importante ao sair, não posso deixá-la queimar e ao mesmo tempo esperar que as pessoas levem a sério meus tributos ao seu incomparável valor. Em algumas circunstâncias – os filósofos as chamam de casos de "salvamento" –, deixar de ajudar um desconhecido seria demonstração de idêntica indiferença pela importância da vida humana. Suponhamos que você esteja na praia e, não muito longe, uma senhora idosa chamada Hécuba grita que está se afogando. Você não a conhece e ela não o conhece. Mas você pode facilmente salvá-la e, se não o fizer não poderá afirmar que tem respeito pela importância objetiva da vida humana. Qual é o limite? O critério é interpretativo. Quais atos, em quais circunstâncias, demonstram desrespeito pela importância objetiva e igual de todas as vidas humanas? Isto não depende em absoluto daquilo em que uma pessoa acredita, mesmo sinceramente. Essa pessoa, mesmo que não concorde com este juízo, demonstra desprezo pela vida humana quando dá as costas a uma vítima de afogamento. Precisamos de um critério objetivo. Este, no entanto, não pode ser mecânico, pois proporá questões de interpretação que os diferentes intérpretes responderão de modo mais ou menos diferente. Nosso critério deve ter o objetivo de estruturar essa interpretação, assinalando quais fatores devem ser levados em conta e de que modo o devem; mas não pode ser detalhado a ponto de já fazer antever todos os veredictos nos casos difíceis ou limítrofes. Todo critério plausível levará em conta três fatores: os danos que a vítima pode sofrer, os custos possíveis para quem a salva e o grau de confrontação entre a vítima e seu potencial salvador. Esses fatores interagem entre si – qualquer um deles que tenha uma pontuação muito alta ou muito baixa fará crescer ou diminuir o limiar de impacto dos demais. Mas é mais fácil discuti-los separadamente.

A métrica do dano

Não há dúvida de que o tipo e o nível de ameaça ou necessidade que o desconhecido enfrenta é pertinente. Como medir isso? Já rejeitamos as medidas estritamente comparativas: você não tem o dever de ajudar alguém pelo simples fato de a situação dessa pessoa ser, sob algum aspecto, pior que a sua. Você pode reconhecer a importância objetiva da vida de um desconhecido sem ser obrigado a supor, por isso, que não tem o direito de ter mais dinheiro ou mais oportunidades do que ele. Por outro lado, o padrão comparativo é essencial no caso de certas obrigações especiais. No Capítulo 14, vou defender a ideia de que ele é o núcleo de certas obrigações políticas: na qualidade de eleitores ou autoridades eleitas, devemos fazer o possível para garantir que o nosso Estado demonstre igual consideração pelo destino de todos os que se encontram sob o seu domínio. Essa obrigação política pode, de certo modo, estender-se para além das fronteiras nacionais. Mas, em nossa ação como indivíduos, não temos nenhuma obrigação desse tipo para com todos os seres humanos pelo simples fato de respeitarmos a humanidade deles.

Ou seja, precisamos medir o caráter da ameaça ou necessidade enfrentada pela vítima independentemente do fato de sua situação geral ser pior que a de seu potencial salvador. Mas acaso devemos usar um critério subjetivo? Devemos julgar o grau de dano ou perda como a vítima o julga? Thomas Scanlon apresenta a seguinte hipótese: um desconhecido pede nossa ajuda para financiar o projeto caríssimo de construir um templo a seu deus, projeto que ele considera mais importante que a sua própria vida[3]. Como diz Scanlon, parece claro que não temos o dever de ajudar. Não temos esse dever mesmo que o desconhecido tenha razão de atribuir tanta importância ao seu projeto, mesmo que veja sua vida arruinada caso não consiga realizá-lo. Isso decorre da distribuição de responsabilidade imposta pelos dois princípios de dignidade. Cabe a cada um de nós organizar sua vida levando em conta os recursos que ele espera ter à sua disposição, se for tratado com justiça. Não podemos exigir que os outros subsidiem as escolhas mais caras que fazemos[4].

O lembrete de Scanlon é necessário para aqueles que creem que a moral nasce da exigência categórica de tratarmos os interesses de todos como igualmente importantes em tudo o que fazemos. Partindo desse princípio, parece natural deixar que os outros julguem se a sua situação foi melhorada pela nossa ação; só poderíamos rejeitar o juízo da vítima se supuséssemos que sabemos melhor do que ela quais são os seus interesses gerais. Mas quando rejeitamos essa exigência categórica e baseamos nossa moral num juízo interpretativo acerca dos atos que demonstram desrespeito pela dignidade humana, os cálculos se tornam muito diferentes. Para medir objetivamente o risco ou a necessidade com que uma vítima se defronta, não nos perguntamos quão má ela própria considera a sua situação, em vista de seus planos e ambições, mas sim em que medida essa situação a priva das oportunidades comuns que as pessoas têm para realizar as ambições da sua escolha. Essa medida é mais apropriada para identificar aqueles casos em que a ameaça ou necessidade é tão grande que a indiferença será demonstração de uma inadequada falta de consideração pela importância de outra vida humana[5].

A métrica do custo

Qualquer que seja o caráter e a magnitude do dano que ameaça um desconhecido, minha responsabilidade de impedir esse dano é maior quando posso fazê-lo correndo menos riscos e estorvando menos a minha própria vida. Mais uma vez, o caráter interpretativo do nosso critério elucida essa questão. Quando posso impedir um dano grave correndo pouco perigo ou sofrendo pouca inconveniência, é mais difícil defender a ideia de que o ato de não fazê-lo é compatível com um respeito objetivo pela vida humana. Quando o risco ou a inconveniência são maiores, é mais plausível alegar a importância da responsabilidade pessoal que tenho pela minha própria vida. Quando se pede a um jurista que dê um exemplo da diferença entre o direito e a moral, é muito provável que ele diga, seguindo uma antiga tradição das faculdades de direito norte-americanas, que não temos o dever legal de tirar o rosto de uma criança de dentro de uma poça de água onde ela está se afogando bem ao nosso lado. O exemplo é eloquente pelo fato de o dever moral que o direito se recusa a impor ser tão incontroverso. O perigo que a criança corre está num extremo do espectro do dano e o esforço que se exige de nós está no outro extremo do espectro do custo.

Agora a questão difícil. Para medir o custo do salvamento, devemos aceitar a avaliação sincera do salvador em potencial ou devemos buscar uma medida mais objetiva? Vamos inverter a hipótese de Scanlon: suponhamos que, para ajudar a evitar que alguém morra de fome, você tenha que usar o dinheiro que dedicaria à árdua e prolongada tarefa de construir um templo ao seu deus. Caso se recuse a ajudar, você pode continuar afirmando que respeita a vida humana? Trata-se de um exemplo fantasioso, mas é fácil encontrar exemplos reais. Será que você deve dar dinheiro às pessoas que morrem de fome na África quando precisa de cada centavo para fazer as caras pesquisas a que se dedica? Ou para comprar uma lente mais cara para sua câmera, em busca de maior satisfação fotográfica?

À primeira vista, talvez pareça que o que deve ser levado em conta é a sua própria avaliação dos custos. A questão ainda é interpretativa – é preciso saber quando a sua recusa de ajudar é sinal de falta de respeito pela importância objetiva da vida humana – e depende do significado do custo dessa ajuda para você, não para outra pessoa que tenha ambições diferentes. Mas a questão também tem outra dimensão: acaso a sua dedicação total ao templo, à pesquisa ou ao seu *hobby* reflete um respeito adequado pela importância da vida das outras pessoas?[6] No Capítulo 9, admiti que alguém pode ter uma vida boa apesar de sua insensibilidade e indiferença ao sofrimento dos outros: imaginei um príncipe renascentista assassino cuja vida, mesmo assim, foi boa. Mas é completamente diferente a questão de saber se alguém que escolhe essa vida por esses meios demonstrou o respeito por si próprio que sua dignidade exige.

Não estou afirmando agora o que antes neguei: que o respeito por si mesmo exige que cada qual entenda que sua própria vida deve estar totalmente a serviço dos outros. Alguns santos fizeram isso, e talvez a autenticidade não lhes permitisse fazer outra coisa. A vida daqueles que não prestam sequer uma atenção normal às necessidade alheias também pode ser compatível com o respeito deles por si mesmos: a vida de um artista ou de um cientista dedicado, por exemplo. A noção da importância objetiva do destino alheio pode estar manifesta nessa vida, muito embora não imponha a obrigação de salvamento em todas as circunstâncias em que a imporia para uma pessoa menos obstinada. Mas qualquer um que abrace um projeto que o obrigue a ignorar completamente o sofrimento alheio ou é fanático ou é irrecuperavelmente egoísta. Num caso ou no outro, ele não tem respeito por si mesmo: sua noção de o que é uma vida adequada não é compatível com a reta consideração pela importância objetiva da vida alheia, e, portanto, da sua própria. Existe, de fato, uma assimetria entre o modo como julgamos as necessidades de uma vítima e o custo do salvamento para seu salvador. Não devemos levar em conta aquilo que todos julgariam ser custos importantes para o salvador, mas sim aquilo que é de fato importante para ele dada a sua noção das exigências que lhe são impostas pelo bem viver. Essa assimetria, porém, é limitada pela condição que a dignidade impõe a esse juízo ético.

Confrontação

A terceira escala é mais difícil de declarar e justificar, mas é real, e não poderemos entender boa parte das opiniões morais comuns a menos que encontremos um lugar onde ela se encaixe[7]. Trata-se da escala da confrontação, que tem duas dimensões. A primeira é a particularização: quanto mais for clara a identidade de quem será prejudicado caso eu não intervenha, mais forte o argumento em favor do meu dever de intervir. A segunda é a proximidade: quanto mais direta for a minha confrontação com algum perigo ou necessidade, mais forte o argumento em favor do meu dever de ajudar. Na praia, estou longe demais de Hécuba para salvá-la do afogamento. Há por ali um barqueiro que se oferece para me levar até ela, mas somente pela quantia de cinquenta dólares, que não me farão falta. Praguejando, prometo pagar-lhe essa quantia, e está muito claro que é esse o meu dever. Uma vez feito o salvamento, ele me diz que vem à praia todo dia e que se comprometerá a resgatar ele próprio a próxima vítima de afogamento caso eu lhe pague mais cinquenta dólares adiantados. Acredito que não tenho o dever de fazer isso nem de tomar nenhuma outra providência de salvamento quando eu próprio não estiver presente. Por que não?

De um ponto de vista moral impessoal, semelhante ao que já descrevi, seria difícil justificar o dever de pagar o barqueiro para resgatar Hécuba, mas não o de pagá-lo para resgatar a próxima vítima de afogamento. Aquilo que devo a Hécuba hoje devo igualmente ao anônimo que corre o risco de se afogar na semana que vem. Podemos tentar distinguir os dois casos fazendo apelo ao papel da pertinência (*salience*). Seria exigência demais esperar que qualquer pessoa responda a um perigo, mesmo grave, onde e quando quer que ele surja. A ideia geral de que o dever real cabe somente aos que se encontrarem no entorno imediato de um perigo iminente elimina esse risco e ao mesmo tempo atribui o dever às pessoas que, na maioria dos casos, mais podem ajudar[8]. Mas, embora essa explicação seja satisfatória em geral, ela não se aplica a este caso, pois a pertinência está garantida pelos detalhes da oferta cuidadosamente limitada feita pelo barqueiro egoísta. Ele não apresentou a oferta a mais ninguém; e, caso a apresente a outro banhista, muito antes de o salvamento prometido realmente acontecer, esse banhista não estará em posição mais pertinente do que aquela em que estou agora.

Entretanto, quando rejeitamos o dever moral geral de demonstrar por todos os desconhecidos a mesma consideração que demonstramos para nós mesmos, e nos propomos, em vez disso, a questão interpretativa de saber se a recusa de ajuda negaria a importância objetiva da vida humana, tornamo-nos capazes de explicar a distinção entre esses casos citando a escala de avaliação da confrontação. Se uma pessoa determinada e identificável está morrendo bem debaixo do nosso nariz, não podemos dar-lhe as costas a menos que sejamos realmente indiferentes à importância da vida. O ato de ignorar a morte iminente de determinada pessoa que morre à nossa frente pressupõe uma insensibilidade que desmente qualquer pretenso respeito pela humanidade. Não estou querendo provar que nossos deveres são gerados diretamente pelo impacto visceral, mas que a moralidade do salvamento gira em torno de uma questão interpretativa, e que devemos levar em conta os instintos e o comportamento naturais dos seres humanos para responder a essa questão. Nosso objetivo é desenvolver o melhor entendimento possível da nossa conduta; nesse sentido, não podemos ignorar as reações normalmente provocadas por um respeito verdadeiro pela vida humana[9].

A escala da confrontação também opera num tipo de exemplo muito diferente, que tende a confundir os economistas. Toda comunidade política tem o dever de julgar, com base em algum cálculo de custos, o quanto deve gastar para prevenir acidentes de diferentes tipos, quer os gastos sejam incorridos pelo Estado, quer por particulares. Nenhuma comunidade vai gastando até o ponto em que nenhum gasto adicional acarretaria um aperfeiçoamento marginal da segurança: isso seria profundamente irracional. Mas quando um acidente efetivamente ocorre – quando um desabamento aprisiona mineiros no fundo da terra ou uma falha de equipamento aprisiona astronautas no espaço – e pessoas particulares e identificáveis correm risco de vida, espera-se que a comunidade gaste muito mais do que teria de gastar para prevenir acidentes desse tipo. Mais uma vez, a dimensão da confrontação explica a diferença. Embora possamos não fazer caso de mortes potenciais que aparecem somente em nossos dados estatísticos, mesmo que sejam altamente prováveis, não podemos ignorar as mortes iminentes de determinadas pessoas. Mesmo em decisões coletivas desse tipo, no entanto, a métrica da confrontação nem sempre pesa mais que as outras duas dimensões – a do dano e a do custo. Não parece errado que uma comunidade dedique à prevenção de doenças uma parcela tão grande do seu orçamento de assistência médica que não possa arcar com cuidados terminais dispendiosos que prolonguem a vida apenas por um curto período[10].

A intensidade do sofrimento pode tornar a confrontação irrelevante. A fome e as doenças de um número imenso de pessoas na África e em outros lugares pontua muito alto na escala da necessidade: mesmo uma quantidade moderada de ajuda externa é capaz de salvar muitas vidas, se for usada com cuidado. A situação, além disso, pontua baixo na escala do custo: somas muito grandes poderiam ser levantadas se os cidadãos dos países ricos dessem, cada um, uma quantidade pequena de dinheiro que não faria a menor diferença no sucesso de suas vidas[11]. As vítimas estão muito distantes, não temos a menor ideia de quem são e menos ainda de quais delas morrerão, e por que motivo, se não contribuirmos com os fundos gerais de ajuda. Mas esses fatos não parecem diminuir em absoluto nossa obrigação de ajudar. Se uma situação tem pontuação suficientemente alta e baixa nas primeiras duas escalas, a da necessidade e a do custo respectivamente, nosso dever de ajudar não será eliminado exclusivamente por uma pontuação baixa na terceira escala, a da confrontação.

Mas creio que mesmo nesses casos a confrontação desempenha vários papéis. Embora cada um de nós tenha o dever de contribuir com instituições de caridade que tentem salvar seres humanos anônimos que sofrem longe de nós, não creio que temos o dever de dar a cada uma delas, quer em matéria de dinheiro, quer de tempo, uma contribuição tão grande quanto a que nos cabe oferecer, por uma simples questão de respeito pela humanidade, a um desconhecido que caiu aos nossos pés. Além disso, quanto maior a publicidade dada a esse sofrimento distante, maior o nosso dever de reagir e a nossa vergonha por não reagir. A devastação da tsunami de 2004 no Oceano Índico e do terremoto de 2010 no Haiti foi amplamente divulgada pela mídia: o fantástico fluxo de contribuições do Primeiro Mundo demonstra o quanto o impacto da divulgação faz diferença. Será que isso é correto? A falta de publicidade televisiva não nos absolve de tentar aliviar um sofrimento que sabemos que existe. Mas é correto o impulso que nos leva a doar mais a fim de ajudar aqueles cujo sofrimento nos é apresentado com veemência. Imagine duas instituições de caridade. Uma recebe contribuições a serem distribuídas a pessoas que passam fome em países muito pobres neste exato momento. A outra promete investir seu capital para ajudar um número muito maior de pessoas daqui a um século. Suponha que você não duvide de que o capital da segunda instituição vai crescer como prometem seus administradores. Creio que, mesmo assim, você deve contribuir agora com a primeira instituição.

Os números têm importância?

Passemos a examinar agora a segunda situação que distingui. Várias pessoas precisam de ajuda, e seria evidentemente errado ignorar todas. Mas, conquanto você tenha condições de ajudar algumas delas, não pode ajudar as outras. Como escolher entre elas? Existe um caso hipotético padrão – uma variação do caso do nadador que está se afogando. Uma pessoa se agarra a uma boia salva-vidas no meio de uma tempestade que fez naufragar o barco onde ela estava; tubarões a rodeiam. Dois outros passageiros se agarram a outra boia a cem metros de distância; também estão rodeados de tubarões. Você está com um bote na praia. Será capaz de chegar a tempo a uma das boias, mas não à outra. Supondo que as três pessoas lhe sejam desconhecidas, acaso você tem o dever de salvar os dois náufragos e deixar morrer o que está sozinho?

Trata-se de um caso hipotético tremendamente artificial, criado para nos ajudar a enfocar uma questão filosófica sem sermos estorvados pela realidade. Mas estamos rodeados de questões muito reais que nos deixam no mesmo dilema. Acabei de descrever uma delas: em continentes inteiros, há seres humanos vitimados pela pobreza e pelas doenças. Já não podemos ignorar o sofrimento deles sem nos envergonharmos, mas a maioria de nós só pode ajudar um pequeno número. Suponhamos que haja várias instituições de caridade com que possamos contribuir; elas operam em diferentes países da África. Devemos acaso contribuir com a instituição que, ao nosso ver, vai salvar o maior número de pessoas?

Muitos pensam que em situações como essa, quando temos de fato o dever de ajudar, devemos ajudar o maior número possível de pessoas quando os riscos que elas correm são comparáveis. Assim, temos o dever de salvar os dois náufragos em vez do que está sozinho e de contribuir com a instituição de caridade que, ao nosso ver, vai salvar o maior número de vidas com o dinheiro que lhe dermos. Se tivéssemos aceitado a perspectiva impessoal que rejeitei, a qual se baseia num imperativo consequencialista de bem-estar, essa seria a solução correta. É natural pensarmos que o bem-estar geral aumenta quando salvamos duas vidas em vez de uma.

Porém, se abordarmos a decisão de outra maneira – concentrando-nos não nas consequências, mas nos direitos –, já não é tão claro que devemos salvar automaticamente o maior número. Podemos pensar, por exemplo, que as três vítimas são titulares de um mesmo direito anterior ao salvamento. Nesse caso, sentir-nos-íamos tentados pela ideia de um sorteio em que cada náufrago tenha pelo menos 33 por cento de chance de ser salvo[12]. (Os tubarões concordam em esperar até que se faça o sorteio.)

Qual abordagem é a correta? De qual desses dois jeitos devem os números ser levados em conta – como parte de uma análise consequencialista ou em decorrência de um suposto direito à igual consideração? Os filósofos travaram fortes discussões sobre essa questão. Porém, segundo a abordagem interpretativa que agora estamos explorando, nenhuma dessas abordagens é a correta. Já rejeitamos o imperativo consequencialista e não podemos ressuscitá-lo para justificar nossa convicção – se é que a temos – de que é melhor salvar mais pessoas do que menos. Tampouco encontramos algum fundamento para a suposição de que todos a quem podemos ajudar têm o direito automático a receber nossa ajuda. Eles só têm esse direito se, no caso concreto, o ato de ignorarmos suas necessidades seja uma demonstração de desrespeito pela importância objetiva de suas vidas. Se, com relutância, você deixa o náufrago solitário morrer porque assim poderá salvar da morte dois outros seres humanos, não ignorou a importância da vida de ninguém.

Suponhamos que você decida o contrário: salvar o náufrago solitário e deixar os outros morrerem. Se você tem uma boa razão para fazer essa escolha – o náufrago solitário é a sua esposa –, não estará supondo nem dando a entender que a vida dos dois náufragos abandonados tem importância objetiva menor que a dela[13]. Segundo o nosso critério interpretativo, o seu amor ou a sua responsabilidade especial é uma razão suficiente. Você tampouco precisaria de outra razão se o náufrago solitário não fosse sua esposa, mas seu amigo; ou se, mesmo que todos os náufragos fossem desconhecidos, o solitário fosse muito mais jovem que os outros dois e você pensasse que salvar a vida de um jovem é mais importante; ou se todos os náufragos fossem desconhecidos, mas você soubesse que o solitário é um brilhante músico, filósofo ou pacificador, e a música, a filosofia ou a paz são particularmente importantes para você ou você as considera particularmente importantes para o mundo. Quando faz essa escolha, você não nega a igual importância de todas as vidas: sabe que alguém tem de morrer e faz um juízo de equidade ou de valor a fim de decidir quem morrerá. Lembre-se: você não teria o dever de resgatar os dois náufragos, mesmo que não houvesse um terceiro náufrago, se o risco do salvamento para a sua vida fosse muito grande. Se você pode pôr a sua própria segurança em primeiro lugar sem negar a igual importância objetiva das duas vidas que poderia ter salvo, por que não poderia pôr em primeiro lugar a segurança de outra pessoa cuja vida lhe parece ter um valor instrumental particular quer para você mesmo, quer para os outros?

Agora avulta um outro perigo. Acaso não existem limites para os tipos de preferência que você pode demonstrar perante pessoas cujas vidas estão em perigo? Suponha que você não saiba nada sobre os três náufragos, a não ser que os que estão juntos são um judeu e um negro e o que está sozinho é branco e cristão. Será que o ato de salvar o cristão branco e deixar os outros morrerem por tratar-se de um negro e um judeu seria compatível com a sua aceitação da igual importância objetiva de todas as vidas humanas? Não, pois há certos motivos de preferência que são excluídos pelo respeito pela humanidade: ele exclui aquelas preferências que, mediante reflexão, nos pareçam ser expressões ou resíduos da convicção contrária – a de que algumas vidas são mais importantes do que outras.

Mais uma vez, podemos justificar nossa reação intuitiva como uma suposição interpretativa. Num mundo onde vigora o preconceito, ou em que a melhor explicação das estruturas sociais é um preconceito histórico, o melhor entendimento dos atos e atitudes que podem indicar preconceito é o de que, na ausência de uma forte indicação em contrário, eles efetivamente refletem o preconceito. É possível alegarmos uma razão pela qual é particularmente importante que o músico ou o pacificador sobrevivam, sem que para tanto tenhamos de supor que suas vidas sejam objetivamente mais importantes que as de qualquer outra pessoa. Podemos alegar uma razão diferente – uma razão de equidade – pela qual preferimos salvar a vida do jovem a salvar as de duas pessoas mais velhas. Eles já viveram bastante e ele, ainda não. Mas não há nada na raça ou na religião de pessoas totalmente desconhecidas que não indique a participação, em sua decisão, da convicção de que, no fim das contas, as vidas de todas as pessoas não têm a mesma importância.

Considere agora a versão mais abstrata possível do caso dos três náufragos e dos tubarões. Suponhamos que você não tenha a menor razão pessoal para salvar o náufrago solitário em vez dos outros dois e não tenha jogado um dado de modo a dar a cada um dos três a mesma chance de viver. Mas você salva o solitário em vez dos outros dois simplesmente porque é isso que você está a fim de fazer. Talvez você queira mostrar que está livre das expectativas burguesas convencionais. Acaso essa conduta é compatível com a convicção de que todas as vidas humanas têm grande importância objetiva? Penso que não: ela ignora a gravidade da situação. Existem situações em que os caprichos são cabíveis, mas quem considera que essa é uma delas não pode, de boa-fé, afirmar que reconhece aquela importância objetiva. A decisão-padrão – quando não há mais nada, nem mesmo um sorteio honesto, que nos faça preferir uma decisão à outra – deve ser a de salvar duas vidas, não porque esse ato melhore o mundo em geral, mas porque a situação exige que se leve a vida a sério e que tenhamos, portanto, alguma razão que não o capricho para justificar nosso modo de proceder. O princípio de que é melhor salvar um número maior de vidas humanas, sem levar em conta as individualidades específicas, representa um entendimento plausível, mesmo que não seja inevitável, das exigências do correto respeito pela importância da vida. O princípio rival, de que é melhor salvar menos vidas, não o faz. Esse suposto princípio é perverso e nada mais.

Casos malucos?

Apoiei-me, neste capítulo, em casos bizarros e artificiais que os filósofos usam com frequência. Certas pessoas suspeitam desses exemplos. Segundo elas, uma vez que não encontramos em nossa vida comum as situações neles descritas, não podemos confiar nas reações que temos – acerca de saber se devemos salvar um ou dois náufragos, por exemplo – quando nos deparamos com esses exemplos em seminários e textos acadêmicos. Essa objeção, entretanto, pressupõe uma explicação já rejeitada da natureza e da finalidade da filosofia moral. Supõe que a reflexão moral depende, de algum modo, da percepção: que a verdade moral se impõe a nós através de uma sensibilidade moral característica, de tal modo que nossas "intuições" morais nos encaminhem na direção da verdade de um modo mais ou menos análogo ao de nossas percepções do mundo da natureza.

Se assim fosse, seria sensato suspeitarmos de percepções morais que não sejam provocadas pelo contato efetivo com eventos reais, mas por descrições de eventos praticamente impossíveis inventados para fazer o papel de ficções supostamente úteis. (Teríamos razão de suspeitar das nossas impressões dos estranhos animais de uma selva exótica que nunca vimos antes.) No entanto, o método interpretativo que estamos empregando dá uma função muito diferente a esses exemplos bizarros. Eles se assemelham aos casos puramente hipotéticos que os juristas imaginam para verificar um critério proposto numa causa judicial real. Não confrontamos os casos imaginários para especular sobre o que perceberíamos caso tivéssemos um contato efetivo com eles, mas para ver o que a integridade nos mandaria aceitar caso abraçássemos os princípios assim verificados. Não precisamos, contudo, rejeitar os princípios propostos quando nos vemos perplexos ou em dúvida acerca da possibilidade de aceitá-los em casos inventados e nada realistas. Só devemos rejeitar, num caso comum ocorrido diante de nossos olhos, aqueles princípios que com certeza rejeitaríamos nos casos hipotéticos[14]. Voltarei a este ponto no fim do próximo capítulo, no qual os exemplos serão ainda mais exóticos.

DANO

Competir e ferir

Começo com duas histórias tristes. (1) Você está caminhando pelo deserto do Arizona com um desconhecido. Vocês dois são picados por cascavéis e ambos veem um frasco de soro antiofídico largado em meio às pedras do chão. Ambos correm para pegá-lo, mas você está mais próximo e consegue agarrá-lo. O desconhecido implora, mas você abre o frasco e engole o conteúdo. Você vive e ele morre. (2) Cenário idêntico ao anterior, mas dessa vez ele está mais próximo do soro e consegue agarrá-lo. Você implora, mas ele nega e está a ponto de abrir o frasco e engolir o conteúdo. Você tem uma arma de fogo; mata-o com um tiro e toma você mesmo o soro. Você vive e ele morre.

Segundo uma versão pura do consequencialismo impessoal, não há diferença intrínseca entre as dimensões morais dessas duas histórias, pois o resultado, em si mesmo e avaliado a partir de uma perspectiva impessoal bruta, é o mesmo. Se você é um músico excelente, jovem e popular, e ele é velho e inútil, tem justificativa tanto para tomar o soro na primeira história quanto para atirar nele na segunda. Mas se as qualidades de vocês forem as opostas – você é velho e sem talento e ele é o jovem músico –, você não terá justificativa para fazer nenhuma das duas coisas. Seu dever é produzir o melhor resultado com os recursos que tem à mão, e o melhor resultado é determinado não pela mecânica usada para produzi-lo, mas pelas propriedades das pessoas que morrem e permanecem vivas. É claro que, se o seu ato tiver outras consequências, tanto numa história quanto na outra, estas poderão fazer toda a diferença – se o seu ato no segundo caso enfraquece um tabu útil contra o homicídio, por exemplo, isso pode torná-lo errado, embora o ato de você tomar o soro não fosse errado em si. Porém, se supusermos que os dois atos terão exatamente as mesmas consequências, pois ninguém ficará sabendo de nada, um consequencialista puro terá de tratá-los como equivalentes.

Hipóteses como essa historinha da cascavel são habitualmente entendidas como obstáculos ao consequencialismo. Mas, em outros contextos, muitos consequencialistas gostam de se apoiar na suposta equivalência entre matar e deixar morrer. Dizem que, uma vez que somente as consequências devem ser levadas em conta, não há, no conjunto, nenhuma diferença moral entre deixar alguém morrer quando é possível salvá-lo, por um lado, e simplesmente matá-lo, por outro. Afirmam que a indiferença perante os africanos famintos é moralmente equivalente a matá-los. Para a maioria das pessoas, no entanto, matar alguém parece muito pior que simplesmente deixá-lo morrer. Com efeito, para generalizar, parece muito pior ferir alguém do que negar-lhe ajuda quando é possível ajudá-lo. Segundo essa opinião mais popular, você tem justificativa para tomar o soro na primeira história, mas não para matar o desconhecido a fim de obter o soro na segunda; e embora seja errado que você não contribua com os programas de ajuda à África, isso não equivale moralmente a tomar um avião até Darfur para matar alguns africanos com suas próprias mãos. No entanto, se for essa a nossa opinião, teremos de explicar a diferença, uma vez que as consequências parecem bastante semelhantes nesses dois pares de situações.

Na tentativa de justificar a posição que parece mais natural, poderíamos dizer que na realidade as consequências das duas histórias não são as mesmas, uma vez que na segunda história, mas não na primeira, elas incluem um homicídio e um roubo, e tanto o homicídio quanto o roubo são errados. Mas essa suposta explicação simplesmente usurpa a conclusão a que queremos chegar. Por que o assassinato de um desconhecido seria uma consequência pior do que simplesmente deixá-lo morrer quando era possível salvá-lo? Será pior somente se o ato de matar alguém for, por sua própria natureza, pior que o de deixá-lo morrer, e é exatamente isso que a explicação teria de demonstrar. Também não ajuda em nada dizer, como alguns filósofos, que visar à morte de alguém é um crime moral específico, pior que o de ficar de braços cruzados enquanto alguém morre numa situação em que essa morte poderia ser impedida. É verdade que é isso que a maioria das pessoas sente, mas precisamos compreender por que isso é pior, uma vez que o desconhecido morre em ambos os casos e nossa motivação – de salvarmos nossa vida ou, talvez, de não termos problemas – pode ser a mesma tanto num caso quanto no outro. Alguns filósofos dizem que matar alguém é pior que não ajudá-lo porque o homicídio envolve uma transgressão da inviolabilidade da pessoa. Mas a alegação de inviolabilidade só faz declarar mais uma vez a convicção geral; não oferece um argumento em seu favor.

O consequencialista que descrevi, que pensa que matar e deixar morrer são moralmente equivalentes, segue uma moral da abnegação. Vê-se como uma pessoa entre bilhões, cujos interesses e cujo destino ele deve ponderar impessoalmente sem dar especial atenção à sua própria posição. Nestes capítulos, estamos explorando uma abordagem muito diferente: uma moral da autoafirmação, não do anonimato; uma moral que nasce da nossa soberana ambição de viver bem, com dignidade, e a ela reconduz. O princípio de Kant é a espinha dorsal dessa moral. A dignidade nos manda reconhecer e respeitar a importância objetiva das vidas das outras pessoas. Desse modo, a ética se funde à moral e ajuda a determinar seu conteúdo.

No último capítulo, apelei ao princípio de Kant para explicar por que, em certas circunstâncias, as pessoas têm o dever de ajudar desconhecidos que passam grande necessidade. Naquele argumento, apoiei-me principalmente no primeiro princípio da dignidade. No entanto, esse princípio não nos ajudará a resolver o enigma deste capítulo, pois ele vigora igualmente em ambas as histórias da cascavel. Na primeira história, quando engole o soro em vez de salvar a vida do desconhecido, você não está denegrindo o valor objetivo da vida humana. Está somente exercendo uma coerente preferência pela sua própria vida. É claro que não violaria o primeiro princípio se sacrificasse heroicamente a sua vida para que o desconhecido vivesse. Mas tampouco o sacrifica quando faz a escolha contrária. Nesse caso, não é a importância objetiva da vida humana que você nega quando mata o desconhecido na segunda história. A preferência pela sua própria vida continua em jogo. Agora, temos de pôr o segundo princípio da dignidade para trabalhar a fim de integrar nossas convicções morais instintivas com uma noção desenvolvida do bem viver.

Apresento a seguinte hipótese. O segundo princípio afirma que temos responsabilidade pessoal pela nossa própria vida, responsabilidade essa que não podemos delegar nem ignorar; já o princípio de Kant nos obriga a reconhecer a mesma responsabilidade nos outros. Precisamos conciliar essas duas responsabilidades, distinguindo dois tipos de dano que podemos sofrer porque as outras pessoas estão, como nós, conduzindo suas próprias vidas com responsabilidade pelos próprios destinos. O primeiro é o dano causado pela competição; o segundo é o dano deliberado. Não poderíamos sequer começar a viver se o dano causado pela competição fosse proibido. Em nossas vidas, somos como nadadores em raias separadas e demarcadas. Um nadador ganha a medalha, o emprego, a namorada ou a mansão que outro nadador queria. Às vezes, quando um nadador está se afogando e outro pode salvá-lo sem ficar muito para trás na corrida, este último tem o dever de passar para a raia vizinha a fim de salvar o primeiro. É o dever que estudamos no capítulo anterior. Mas cada pessoa pode se concentrar na sua própria natação sem prestar atenção ao fato de que, se ganhar a prova, os outros perderão. Esse tipo inevitável de dano é, como diziam os antigos juristas romanos, um *damnum sine injuria*. Faz parte da nossa responsabilidade pessoal aceitarmos que o dano causado pela competição é inevitável e permissível. É isso que dá o caráter pessoal às responsabilidades de cada um de nós.

O dano deliberado – entrar na raia vizinha não para ajudar, mas para prejudicar – é outra história. Precisamos ter direito a competir a fim de conduzir nossa vida, mas não precisamos ter o direito de ferir os outros deliberadamente. Pelo contrário, para que a responsabilidade pela nossa própria vida seja efetiva, cada um de nós necessita de uma imunidade moral contra o dano deliberado causado pelos outros. No Capítulo 6, distingui vários filamentos da ideia geral de responsabilidade. A responsabilidade atribuída determina quem deve cumprir determinadas tarefas e a quem, portanto, se deve atribuir a culpa quando essas tarefas não são cumpridas adequadamente. O segundo princípio confere a cada um de nós a responsabilidade atribuída pela sua própria vida. Mas a responsabilidade atribuída precisa incluir um poder de controle: o poder de escolher quais atos serão realizados no exercício dessa atribuição. Você não teria a responsabilidade atribuída de jogar com as pretas no xadrez se outra pessoa tivesse o direito e o poder de mover as peças com a sua mão.

A proibição moral da lesão corporal deliberada define um núcleo de controle que não pode ser abandonado sem que a noção da responsabilidade atribuída pela nossa própria vida perca completamente o sentido. Nossa responsabilidade exige, no mínimo, que cada um de nós seja o único a determinar o que acontece com o nosso corpo[1]. A proibição dos danos deliberados à propriedade é menos importante, mas também é essencial. Não podemos conduzir nossa vida sem termos um alto nível de confiança no nosso direito e no nosso poder de controlar o uso dos recursos postos unicamente à nossa disposição pela organização política estabelecida. É importante não confundir o direito de controle de que precisamos para conduzir nossa vida com o direito à independência ética que examinamos no Capítulo 9 e veremos novamente no Capítulo 17. Este último é comprometido quando os outros tentam tomar decisões éticas em nosso lugar; o primeiro, quando interferem, por uma razão qualquer, no controle que temos sobre nosso corpo ou nossos bens.

A distinção entre o dano causado pela competição e o dano deliberado é, portanto, crucial para a nossa noção de dignidade, mesmo quando o dano é trivial. Tocar uma pessoa sem a permissão dela, por mais que o toque seja suave, é violar um tabu. Nós aceitamos que outras pessoas detenham um poder temporário e revogável sobre o nosso corpo – namorados, dentistas e membros da equipe adversária nos esportes de contato, por exemplo. Em circunstâncias extremamente limitadas, o instinto de proteção justifica que os outros assumam o controle temporário do meu corpo – para me impedir de ferir a mim mesmo num momento de loucura, por exemplo. Mas qualquer transferência geral de controle sobre a integridade do meu corpo, particularmente para quem não zela pelos meus interesses, esfacelaria minha dignidade. É somente quando reconhecemos esse vínculo entre a dignidade e o controle sobre o corpo que podemos compreender por que matar alguém é intuitivamente terrível, ao passo que deixá-lo morrer, mesmo que por motivo idêntico, não é.

Algo nos faz recuar diante do homicídio na segunda história, mas não diante da autopreservação na primeira. Creio que se trate da noção, talvez tácita, de que quando se atribui às pessoas uma responsabilidade pessoal pelas próprias vidas, é preciso reconhecer para cada uma delas uma zona de imunidade em relação ao dano deliberado, mesmo que não se reconheça a imunidade em relação ao dano causado pela competição. A imagem que usei, de nadadores em diferentes raias, pode parecer repugnante diante da noção de fraternidade humana. Mas ela também não se equipara à imagem darwiniana de uma luta sangrenta pela vida, e a distinção é crucial. Na primeira história, você está nadando em sua própria raia e ignorando um desconhecido que se afoga na dele. Na segunda, você invade a raia dele e usurpa a responsabilidade que ele tem de controlar sua própria vida. Do ponto de vista impessoal, essa diferença é invisível; ela só surge quando a ideia de dignidade (igualmente invisível daquele ponto de vista) é posta no centro do palco.

O vínculo entre o dano e a responsabilidade pessoal não somente explica por que a distinção entre atos e omissões é real e importante, como também evidencia aquelas circunstâncias especiais em que, pelo contrário, essa distinção não tem nenhum significado moral. Ela não tem significado quando a pessoa lesada consentiu com a lesão no exercício da responsabilidade por sua própria vida. Quando um jogador de futebol americano derruba outro, ou quando um médico mata um paciente moribundo depois de ouvir dele pedidos insistentes e refletidos, isso não viola a dignidade. São casos de permissão, não de usurpação. Quando a Suprema Corte julgou a constitucionalidade das leis que proibiam aos médicos a assistência ao suicídio de pacientes moribundos que padecem de grande dor, as partes que contestaram as leis assinalaram que a Corte havia derrubado outras leis que proibiam os médicos de remover os equipamentos de apoio à vida de pacientes moribundos[2]. Alguns juízes, rejeitando a analogia, responderam que, do ponto de vista moral, é muito pior matar um paciente administrando-lhe veneno do que deixá-lo morrer removendo equipamentos de apoio à vida[3]. Nos casos da cascavel, essa distinção é crucial; no caso da assistência ao suicídio, parece bizarra. A importância da responsabilidade no contexto da dignidade nos mostra por quê.

Dano involuntário

A imagem básica que delineei – de nadadores a quem se proíbe que passem deliberadamente às raias vizinhas a fim de ferir seus companheiros – é muito rudimentar sob pelo menos um aspecto, pois ignora o dano involuntário. Pode acontecer de eu lhe vender um medicamento que tem efeitos colaterais inesperados e o deixa doente. Pode acontecer de eu estar dirigindo sem cuidado e vir a atropelá-lo. Meu leão pode fugir do meu apartamento, entrar no seu e destruir o seu sofá. Em todos esses casos, o dano advém de algo que eu fiz. Não lhe causei dano deliberadamente, mas também não se trata, aqui, de pura competição. Você sofre, e não sofre somente porque eu consegui obter algo que você queria.

Essas hipóteses nos conduzem à questão da responsabilidade objetiva (*liability responsibility*), que descrevi no Capítulo 6. Quem deve arcar com o custo desses acidentes? Os danos por mim causados recaem sobre você: você ficou doente, quebrou a perna, perdeu um sofá. Será adequado que eu lhe compense? Trata-se de uma questão moral que versa sobre a justiça retributiva e distributiva; trata-se também de uma questão ética sobre o vínculo que deve haver entre a responsabilidade autorreflexiva e a responsabilidade objetiva. Preciso ter controle sobre o meu corpo e os meus bens a fim de identificar e seguir uma vida que me pareça bem vivida, e preciso garantir o mesmo controle a você. Nesse caso, qual esquema de responsabilidade objetiva pelas minhas escolhas, e portanto pelas escolhas de todas as outras pessoas, devo adotar? Para responder a essa pergunta, temos de continuar interpretando nosso segundo princípio.

Ele exige que procuremos um esquema de administração dos riscos que maximize o controle que cada um de nós pode exercer sobre o próprio destino, dado que devemos reconhecer e respeitar o mesmo controle nas outras pessoas. Podemos hierarquizar os esquemas numa escala de magnitude de transferência de risco. A transferência de risco será tanto mais baixa quanto mais o esquema permitir que os danos acidentais sejam suportados pela pessoa em quem inicialmente recaem; e será tanto mais alta quanto mais o esquema depositar a responsabilidade objetiva por esses danos em outra pessoa. Num certo sentido, os esquemas de transferência de risco mais alta me conferem mais controle, porque meus planos são menos prejudicados quando sofro um dano acidental. Em outro sentido, são os esquemas de transferência de risco mais baixa que me dão mais controle, pois eles diminuem o meu dever de compensar os outros por acidentes que ajudo a causar, deixando-me portanto mais livre para executar meus planos, sem o peso da ameaça desse dever.

Nosso objetivo, portanto, deve ser o de identificar um esquema de responsabilidade objetiva que nos garanta *a priori* o maior controle, ponderando os ganhos e perdas de controle em ambas as direções. Numa primeira aproximação, insistimos num esquema em que as pessoas sejam responsáveis por danos que poderiam ter sido prevenidos com mais cuidado e atenção. Essa estipulação me confere maior controle sobre a responsabilidade objetiva com a qual devo arcar pelos danos por mim causados a terceiros – posso tomar mais cuidado – e ao mesmo tempo me confere mais proteção contra a negligência alheia. O famoso princípio segundo o qual devemos zelar para não prejudicar os outros por negligência é, como os demais princípios analisados neste capítulo, apoiado tanto pela moral quanto pela ética.

Mas quanto cuidado devemos tomar? Se eu tivesse de tomar o máximo cuidado possível para não prejudicar os outros, minha vida não seria aperfeiçoada, mas destruída. Eu não poderia sequer cultivar meu jardim. Isso significa que a meta de aumentar o controle que tenho sobre a minha vida pressupõe uma métrica mais sensível de responsabilidade objetiva. Aos trancos e barrancos, o *common law* anglo-americano caminhou rumo a um padrão que, de início, foi formulado de maneira quase matemática pelo grande juiz Learned Hand. Disse ele que o padrão legal que define o devido cuidado depende de o que é justo esperar que as pessoas façam para evitar o risco de prejudicar a terceiros; e o que é justo depende da intensidade do dano que pode ser infligido e de quanto ele é provável ou improvável[4]. Sua formulação desse critério foi elaborada para um contexto comercial e é por demais monetária para ser aplicada a outras circunstâncias. Mas a estrutura de sua fórmula reflete uma estratégia geral que as pessoas ansiosas para maximizar o controle sobre as suas vidas fariam bem em adotar.

Cada pessoa alcança o máximo controle quando todos aceitam, em princípio, que devem arcar com a responsabilidade objetiva por danos inadvertidamente causados a terceiros sempre que tais danos possam ser prevenidos por meio de precauções que não restrinjam suas oportunidades e recursos tanto quanto o dano provável pode restringir as oportunidades e recursos alheios[5]. É claro que só temos aí as linhas gerais de um padrão judicial: ele exige uma métrica apropriada, métodos que façam o desconto da incerteza e assim por diante. Porém, em muitas circunstâncias habituais, suas consequências serão bastante claras para o senso comum. Essa rede de princípios éticos e morais entrelaçados explica melhor a responsabilidade civil no *common law* do que a suposição de que o direito visa alcançar esse ou aquele padrão de eficiência econômica[6].

Duplo efeito
Casos difíceis

Até agora nos concentramos na nossa responsabilidade de não causar dano aos outros enquanto cuidamos dos nossos próprios interesses. Os filósofos morais passaram mais tempo tentando resolver um quebra-cabeças diferente: se e quando podemos ferir uma pessoa a fim de proteger ou beneficiar outra. Os progressos da medicina sugeriram a esses filósofos alguns exemplos mirabolantes. Suponhamos que haja dois pacientes num hospital, os quais morrerão caso não recebam imediatamente um transplante de fígado. O médico tem um único fígado disponível para transplante; parece plausível que, do ponto de vista moral, ele tem permissão para escolher, de várias maneiras, entre os dois potenciais receptores. Ele pode, por exemplo, tirar cara ou coroa; pode escolher o paciente que tenha mais chance de sobreviver à operação; ou pode decidir salvar a vida do paciente mais jovem, embora as perspectivas de sobrevivência do mais velho sejam igualmente boas. Optando por qualquer um desses procedimentos de decisão, o médico não viola os direitos do paciente que sai perdendo, muito embora este vá morrer rapidamente em consequência da escolha daquele.

Mas suponhamos agora que haja um único paciente moribundo. Ele sobreviverá caso receba um fígado, mas não há nenhum disponível. Por outro lado, há no hospital um paciente cardíaco idoso que só tem algumas semanas de vida e cujo fígado poderia ser aproveitado caso ele morresse imediatamente. O médico não pode matar o velho para tirar-lhe o fígado. Não pode tampouco desligar o ventilador mecânico na esperança de que o paciente morra, nem se recusar a administrar os medicamentos que o manterão vivo por mais algumas semanas, nem deixar de envidar todos os esforços para ressuscitá-lo caso ele tenha uma parada cardíaca (supondo que o paciente não tenha pedido para não ser ressuscitado caso isso acontecesse). Em si, cada uma dessas conclusões parece inevitável, mas em seu conjunto elas talvez pareçam perturbadoras. No caso em que há um fígado para dois pacientes, pode-se dizer que o ato de dar o fígado ao paciente mais jovem, que provavelmente tem mais anos de vida pela frente, é uma demonstração de respeito pelo valor da vida humana. Nesse caso, por que o ato de matar o velho cardíaco, ou de deixá-lo morrer de parada cardíaca, não demonstra o mesmo respeito? Umas poucas semanas de vida de um velho acamado seriam trocadas por prováveis décadas de vida plenamente ativa do paciente mais jovem.

Respondemos: porque o velho tem o direito de não ser morto – mesmo que sua morte vá beneficiar imensamente a terceiros, mesmo que ele esteja a ponto de morrer de qualquer modo. Ao aplicar o ressuscitador ao peito do velho, o médico pode ter a secreta esperança de que o tratamento não dê certo. Mas deve, mesmo assim, fazer todo o possível para que funcione. E quem tem essa responsabilidade não são somente os médicos, incumbidos de deveres profissionais especiais. Digamos que você esteja no hospital. Você também não pode matar o velho; e, caso passe em frente ao quarto e perceba que ele parou de respirar, tem o dever de tentar salvá-lo. As condições desse dever se impõem claramente nessas circunstâncias: o velho gostaria de ser salvo, você pode salvá-lo sem se prejudicar em absoluto e ele está morrendo à sua frente. Basta-lhe apertar o botão e chamar a equipe de emergência. Mas por quê? Neste caso, o ato de cruzar os braços e nada fazer não seria sinal de desprezo pela importância da vida humana. Ao contrário, você estaria agindo para salvar uma vida. Se dois desconhecidos estão se afogando à sua frente na praia e você, podendo salvar um deles, efetivamente o salva, você não violou o dever de salvar o outro. O que há de diferente neste caso?

Há uma resposta antiga e ainda aceita por muitos, o chamado "princípio do duplo efeito". É permitido deixar que alguém morra quando esse fato é a consequência necessária do salvamento de outros. Por isso é permitido que o médico salve somente um de dois pacientes que precisam de um fígado, ou que você salve somente um de dois nadadores que estão se afogando, muito embora o outro paciente ou o outro nadador morram em consequência disso. Mas não é permitido matar alguém ou mesmo deixá-lo morrer quando esse fato não é somente uma consequência do salvamento de outras pessoas, mas sim um meio que você adota para esse fim[7]. Nesse sentido, não é permitido matar o velho cardíaco que já está morrendo, pois o objetivo do ato de matá-lo – ou de não salvá-lo – é o de que ele morra para que seu fígado possa ser aproveitado.

Outros exemplos engenhosos do princípio do duplo efeito povoam as revistas de filosofia moral. Somos convidados a supor, por exemplo, que seria permitido desviar um bonde desgovernado que fosse atingir cinco pessoas (que, por alguma razão, estão amarradas aos trilhos) na direção de outro trilho, muito embora o bonde deva, nesse caso, atingir uma sexta pessoa que, por razão igualmente ignorada, também está amarrada a esse outro trilho[8]. Mas também devemos supor que, se não houvesse outro trilho para o qual o bonde pudesse ser desviado, não seria permitido atirar sobre os trilhos um robusto desconhecido que por acaso estivesse passando por ali, a fim de fazer parar o trem com a sua massa corporal antes que os outros sejam atingidos.

É possível que o princípio do duplo efeito nos deixe perplexos do mesmo modo pelo qual a diferença entre as duas histórias da cascavel nos deixa perplexos. Qual é a diferença entre salvar cinco pessoas desviando o bonde, que acaba matando somente uma pessoa embora essa morte não seja intencionada, e atirar uma única pessoas sobre o trilho com a intenção de que ela seja atingida? Em ambos os casos, a consequência da sua ação parece melhor do que a que ocorreria caso você não tivesse agido; em ambos os casos, uma pessoa morre e cinco vidas são poupadas. Em nenhum dos dois casos sua intenção é má ou indigna. Por que, então, uma única diferença no seu estado mental – a de tratar a morte como um efeito colateral ou como um meio – pode determinar uma diferença moral?

Para aumentar a dificuldade, podemos passar do modo *ex post* em que esses dilemas costumam ser discutidos para um modo *ex ante*. No modo *ex post*, imaginamos um gordinho desconhecido que está caminhando ao lado de um trilho e de repente é atirado sobre este por um bando de entusiastas do consequencialismo e acaba morrendo. Ele não tem nenhuma participação nessa decisão. Porém, se considerarmos a questão sob uma perspectiva *ex ante*, isso já não será verdade. John Harris imagina um "sorteio de peças de reposição" em que um grupo de pessoas firma o seguinte acordo: a cada vez em que pelo menos cinco delas precisarem de um transplante de órgãos e os órgãos necessários possam ser todos colhidos de um único corpo, os membros saudáveis do grupo farão um sorteio para ver qual deles será morto para esse fim[9]. Cada membro do grupo que concordasse com este esquema aumentaria a sua expectativa de vida; e, à medida que a tecnologia dos transplantes vai se aperfeiçoando, esse aumento de expectativa de vida pode tornar-se considerável. Que razão alguém teria para não assinar esse acordo? É verdade que é aterradora a possibilidade de ser submetido a uma cirurgia fatal caso o seu número seja anunciado, assim como é terrível a perspectiva de participar do assassinato no papel de um dos cirurgiões. Mas a possibilidade de morrer de cirrose ou de outras doenças dos órgãos também é aterradora – não é nada óbvio que ser assassinado seja cinco vezes pior –, e as prisões americanas não têm tido dificuldade para encontrar gente disposta a servir de carrasco no corredor da morte. Seria perturbador, com certeza, saber que a qualquer momento poderíamos ser sorteados. Mas acaso isso seria cinco vezes mais perturbador que a perspectiva de receber uma sentença de morte numa simples consulta médica de rotina?

Ao que parece, todos teriam interesse em participar de um sorteio de peças de reposição. Poderíamos emendar os termos do acordo de modo a tornar esse fato ainda mais evidente. Poderíamos estipular que somente os nomes das pessoas com idade maior do que tantos anos, cujos órgãos ainda fossem utilizáveis e que já estivessem no hospital quando seus órgãos fossem necessários, participariam do sorteio. Nesse caso, o interesse de todos em participar seria ainda mais claro, muito embora a chance de terem sua vida salva fosse um pouco menor. Por que, nesse caso, é errado tratarmos as pessoas como se desde sempre tivessem concordado com esse sorteio? Se assim fosse, poderíamos considerar que os velhos que estivessem no hospital quando seus órgãos fossem necessários estariam simplesmente sendo sorteados de acordo com um esquema com o qual, se fossem racionais, teriam concordado há muito tempo. A imposição desse hipotético sorteio significaria, com efeito, que outra pessoa os estaria tratando, àquela altura, como um simples meio – estaria objetivando a sua morte para salvar outros. Mas, se o esquema beneficiaria a todos, por que isso importa?

Os filósofos aventaram várias respostas. Os consequencialistas impessoais, horrorizados diante da ideia de que sua teoria dê a impressão de autorizar um sorteio de peças de reposição mediante assassinato, afirmam que a permissão dessa prática desgastaria o tabu que proíbe o homicídio e, a longo prazo, não faria diminuir o sofrimento, mas o aumentaria. É esse o tipo de especulação ingenuamente otimista que costuma ser usado para salvar o consequencialismo de suas implicações mais embaraçosas. Como eu já disse, não há nenhuma razão pela qual esta prática possa desgastar o tabu contra o homicídio mais do que a pena de morte o desgastou. Pelo contrário, a pena de morte parece não ter sentido, ao passo que esta prática pode dar a impressão de humanitarismo. Precisamos de um argumento melhor. Outros filósofos afirmam que é sempre errado objetivar a morte de alguém, por mais que se ganhe com ela. Isso, segundo eles, explica nossas reações aos exemplos do transplante e do bonde, e explica também por que um sorteio de peças de reposição seria errado: ele faria com que alguém, algum dia, objetivasse a morte de outra pessoa. Mas essa explicação só faz reafirmar o problema. Se nossas motivações são boas – se pretendemos salvar o maior número possível de pessoas –, qual é a diferença entre efetivamente objetivarmos a morte de um menor número ou simplesmente produzir conscientemente a morte destes?

O princípio do duplo efeito, tal como é habitualmente entendido, não oferece por si mesmo nenhuma resposta. Diz que a intenção é pertinente, mas não diz o porquê. Entretanto, acredito que o segundo princípio da dignidade, de acordo com o qual cabe a cada pessoa tomar as decisões acerca do melhor uso a ser dado a sua vida, mostra como e por que as intenções são importantes nesses contextos[10]. (Thomas Scanlon, ao contrário, defende a ideia de que a intenção não é pertinente nos casos de duplo efeito e oferece uma explicação alternativa desses casos[11].) Às vezes, sofro um dano simplesmente por estar no local errado na hora errada; outras pessoas procuram atingir seus objetivos e eu estou por acaso no caminho delas. Em regra, o dano causado pela competição é desse tipo: sofro dano porque minha pequena mercearia encontra-se na cidade escolhida para a instalação de uma nova loja de uma grande rede de supermercados. Em outras circunstâncias, porém, sofro porque outras pessoas usurparam uma decisão que a dignidade exige que eu mesmo tome – uma decisão sobre o uso a ser dado ao meu corpo ou à minha vida. Sofro essa indignidade quando, simplesmente por ser gordo, sou atirado sobre um trilho para salvar a vida de outras pessoas.

Minha dignidade está em jogo neste último caso, mas não no primeiro. Isso explica não somente as distinções de duplo efeito que fazemos, mas também várias outras convicções familiares. Até aqueles que pensam ser imoral um médico ajudar alguém a cometer suicídio também consideram que é errado um médico entubar um paciente contra a vontade deste, mesmo para salvar-lhe a vida. Até Felix Frankfurter declarou-se "chocado" pelo fato de a polícia ter feito uma lavagem estomacal à força num detento para obter provas; a Suprema Corte decidiu que esse tipo de conduta é inconstitucional[12]. Em todos esses casos, as pessoas têm o direito de não ser objeto de nenhuma ação que parta do pressuposto de que não são elas as juízas últimas do melhor uso a dar ao seu corpo.

O segundo princípio não proíbe nenhum ato, como o de escolher um receptor para um transplante de fígado, que salve uma vida e condene outra. Tampouco proíbe nenhum ato, como o de desviar um bonde, que ponha em perigo uma vida que antes estava a salvo. Proíbe esses atos somente quando eles se baseiam num juízo usurpador segundo o qual o melhor uso a ser dado ao corpo de determinada pessoa é o de salvar a vida de outra. Essa diferença explica a moral e o direito do dano involuntário, que discutimos há pouco. Você tem o direito de dirigir em minha rua, tomando um cuidado normal, muito embora o ato de ali dirigir, mesmo com cuidado, aumente o risco que meus filhos correm. Mas você não tem o direito de sequestrar meus filhos, nem mesmo por uma hora, a fim de me obrigar a fazer uma doação para a Oxfam. Em algumas circunstâncias, países em guerra têm o direito de bombardear as fábricas de munição do inimigo, mesmo cientes de que civis inocentes morrerão. Mas não têm o direito de bombardear alguns civis para aterrorizar os outros e induzi-los a se render. Objetivar uma morte é pior do que o simples ato de causá-la conscientemente, pois objetivar uma morte é um crime contra a dignidade.

É por meio dessa distinção que os exemplos de duplo efeito suscitam as convicções com que estamos familiarizados. Assim como posso cometer um ato que lhe cause dano para o meu próprio benefício, também posso cometer um ato que lhe cause dano para o benefício de outros, desde que minha justificação não pressuponha que eu tenha o direito de decidir o que é desejável que aconteça com você. Se duas pessoas precisam de um transplante mas só há um fígado disponível, ou se duas pessoas estão se afogando e só há uma que possa resgatá-las, a morte do perdedor depende do acaso – do fato de que, fortuitamente, há ali ao lado outra pessoa que também precisa de ajuda. Ninguém determinou que, em todas as circunstâncias, é preferível que ele morra a que viva, ou que, nessas circunstâncias, é isso que deve ser feito com seu corpo. Nenhum objetivo do salvador seria frustrado se o perdedor não estivesse onde está, se estivesse a salvo.

Porém, aqueles casos em que o moribundo só pode ser salvo pelo ato de efetivamente matar outra pessoa são diferentes: nessas circunstâncias, o salvador que toma essa medida formou certa convicção e age a partir dela. Decidiu que o doente do coração, que só tem algumas semanas de vida, deve morrer de imediato para que um jovem possa viver. É claro que o doente do coração pode tomar ele próprio essa decisão: pode exigir que não seja ressuscitado na próxima vez em que esse procedimento for necessário – ou mesmo, se a lei permitir, que seja morto de imediato – a fim de que seus órgãos sejam usados para salvar outra pessoa. Podemos aplaudir sua decisão, ou não: podemos pensar que toda a vida que termina mais cedo do que poderia termina mal, e que seria preferível que o jovem morresse naturalmente a que o velho tirasse a própria vida ou a ela renunciasse[13]. No entanto, qualquer que seja a nossa opinião acerca de como essa decisão deve ser tomada, a decisão é de responsabilidade única do próprio paciente, e ninguém tem permissão para roubar essa responsabilidade, mesmo que com isso venha a produzir um resultado geral melhor. Essa é mais uma das consequências das nossas convicções acerca do alcance da dignidade humana.

Mais casos malucos

Admito que estes exemplos ainda se caracterizam por uma grande artificialidade. Será que a distinção entre o dano causado pela competição e o dano deliberado pode realmente ter tanta força quando a morte de seres humanos será a consequência inevitável, como quer que o caso seja classificado? Sim. Os filósofos são capazes de inventar exemplos que dão aspecto arbitrário a qualquer princípio ou distinção. Quando são adequadamente usados, eles servem para testar os princípios, assim como os casos hipotéticos servem para testar doutrinas jurídicas propostas. Como eu disse no Capítulo 12, não é objeção a um princípio que o resultado da sua aplicação a um extravagante caso inventado não nos pareça evidentemente correto de imediato, ou que, mesmo que pareça correto, ele dê a impressão de ser arbitrário. Dadas as nossas metas interpretativas, basta que, depois de refletir, não tenhamos certeza de que ele é errado. Não é por determinarem um veredicto que parece intuitivamente correto nos extravagantes casos do bonde que os princípios da dignidade – entre os quais o princípio de que cada qual deve ter controle soberano sobre o uso dado ao seu corpo – são convincentes. É o inverso: se o veredicto que eles determinam nesses casos parece intuitivamente correto, embora estranho sob alguns aspectos, é porque esses princípios são convincentes na vida social e política cotidiana. Eles ajudam a integrar a ética e a moral nesse contexto. Pomo-los à prova em casos hipotéticos aparentemente absurdos e eles passam nessa prova: não determinam veredictos que tenhamos necessariamente de considerar errados. Ao que parece, a maioria dos estudantes de filosofia considera correto, ou pelo menos não considera errado, acionar o desvio no caso do bonde, condenando uma única vítima para salvar outras cinco; mas não tem a mesma opinião sobre o ato de atirar o transeunte gorducho sobre os trilhos.

É verdade que os filósofos especialistas nos problemas dos bondes inventaram variações que não gozam do mesmo consenso[14]. Suponhamos que cinco pessoas estejam amarradas ao trilho do bonde e que este possa ser desviado para um segundo trilho ao qual esteja amarrada uma única pessoa. Nessa variação, o segundo trilho dá uma volta e se une ao primeiro pelo outro lado, descrevendo um círculo, e os cinco infelizes estão amarrados exatamente no ponto médio do círculo. Nesse caso, portanto, a morte da pessoa amarrada ao segundo trilho é um meio necessário para salvar os cinco; se essa pessoa não estivesse ali para deter o bonde, ele mataria os cinco de qualquer modo e com a mesma rapidez, vindo pela outra direção. Assim, é difícil saber se o ato de desviar o bonde incorpora ou não um juízo acerca do melhor uso a ser dado à vida da pessoa amarrada sozinha. As reações dos estudantes parecem depender de como eles veem o desvio dos trilhos: como um desvio que afasta o bonde das cinco possíveis vítimas ou que o direciona no rumo de uma única vítima que, com o impacto, irá detê-lo. Talvez faça diferença o fato de o caso mais simples do bonde ser apresentado primeiro e esse caso mais bizarro, do trilho circular, ser apresentado depois, ou vice-versa. De qualquer modo, nenhuma das duas reações seria evidentemente errada a ponto de desqualificar a distinção pelo fato de ela não ter utilidade neste caso hiperartificial.

E que tal o argumento *ex ante* em favor de um sorteio de peças de reposição? É claro que aquilo que antes afirmei – que é permitido matar uma pessoa para colher seus órgãos porque ela teria tido interesse em entrar num sorteio de peças de reposição caso esse esquema tivesse sido estabelecido – é errôneo. Um contrato hipotético não é um contrato. Mas e se houvesse um sorteio e você tivesse entrado nele? É como se tivesse vendido a si mesmo como escravo. Imagine que o seu número seja sorteado e os cirurgiões se apresentem à sua frente. Nesse momento, é possível que você pense que, uma vez que poderia ter sido beneficiado pelo esquema, é justo que agora seja morto em nome dele. Talvez considere-se no dever de se submeter. Mas talvez não: talvez seu destino lhe pareça por demais horrível ou o esquema de repente se lhe afigure injusto; talvez o seu simples desejo de não morrer seja maior que qualquer outra coisa. Não importa: a decisão já não lhe cabe. Você consentiu com um esquema sob o qual já não tem o mínimo controle sobre o uso dado ao seu corpo, controle esse que é essencial para a sua dignidade. É por isso que não podemos nos vender como escravos, nem mesmo para o nosso bem – podemos até viver mais, mas vivemos na indignidade. Apresentar-se como voluntário para enfrentar um perigo – apresentar-se para lutar na guerra, por exemplo – é diferente. O voluntário tomou ele próprio a decisão de que o melhor uso de sua vida inclui um risco maior de perdê-la. Mas não conferiu a ninguém a autoridade – na medida em que esta se distingue do poder – de tirar-lhe deliberadamente a vida.

Deixar que a natureza siga seu curso

Há, entre o caso dos dois afogados do último capítulo e o primeiro caso do bonde deste capítulo, uma diferença que talvez pareça pertinente, mas não é. No caso dos afogados, ambos os nadadores morrerão se aquele que os salva não fizer nada – ou seja, como somos tentados a dizer, se deixar a natureza seguir seu curso. Porém, no primeiro caso do bonde, a pessoa sozinha amarrada ao segundo trilho nada sofrerá se o agente não fizer nada: acionando o desvio, este põe aquela em perigo. Será que, neste caso bizarro, o agente deve deixar que a natureza siga seu curso? Não devemos dizer que a sua decisão de intervir ab-roga *ipso facto* a responsabilidade de outra pessoa sobre a sua própria vida? E que o agente deveria ter simplesmente ido embora?

O significado de "deixar que a natureza siga seu curso" não é claro. Se é natural tentar salvar cinco pessoas ao custo da vida de uma, acionar o desvio é deixar que a natureza siga seu curso. Talvez, no entanto, a palavra "natureza" se refira à natureza não inteligente; nesse caso, o salvador em potencial deixa que a natureza siga seu curso quando finge que não está lá. Mas por que ele deveria fazer isso? Suponhamos que você e eu, náufragos, nos encontremos à mesma distância de um colete salva-vidas flutuando sobre o mar. Não deixamos que a natureza siga seu curso – caso em que ambos nos afogaríamos. Corremos para tentar alcançar primeiro o colete salva-vidas. Se eu perder, o que terá produzido a minha morte terá sido a presença de alguém que tenta salvar outra pessoa – você, tentando salvar a si mesmo. Que diferença faz que o seu salvador não seja você, mas um terceiro que nada melhor – sua esposa? – e joga o colete na sua direção? O dano por mim sofrido, nesse caso, é produzido unicamente pela competição – deve-se unicamente ao meu azar. Porém, se a sua esposa me der um tiro para que você chegue primeiro ao colete salva-vidas, isso não terá sido mero azar. Ela terá usurpado meu direito de decidir se a minha vida deve, ou não, terminar agora mesmo[15].

As penas criminais também usurpam esse direito. A pena de prisão é uma violação drástica da dignidade, pois, como eu disse, o controle sobre o que acontece com o meu corpo é um elemento particularmente importante da responsabilidade pessoal. A pena de morte é a violação mais drástica de todas. Todos nós achamos que as penas de prisão às vezes são necessárias, e alguns acham que a pena de morte também o é. Mas todos insistimos em que não se deve punir a quem não tenha agido mal, e não tenha, portanto, renunciado aos direitos que de outro modo sua dignidade exigiria. Insistimos, além disso, em que é preferível que muitos culpados continuem livres a que um único inocente seja punido; ao fazer esse juízo, nós também reafirmamos a importância da distinção entre o azar e a decisão de outra pessoa acerca do uso a ser dado às nossas vidas.

OBRIGAÇÕES

Convenção e obrigação

Estamos à procura de interpretações concretas dos nossos dois princípios de dignidade – o de que devemos respeitar a igual importância das vidas humanas e o de que temos uma responsabilidade especial pela nossa própria vida – que nos permitam viver de acordo com ambos sem comprometer nenhum dos dois. Nos Capítulos 12 e 13, identificamos algumas diretrizes. Podemos nadar principalmente em nossa própria raia: não precisamos demonstrar para com os desconhecidos a mesma consideração que temos para conosco mesmos e com os que nos são próximos. Mas não podemos ser indiferentes ao destino desses desconhecidos. Temos o dever de ajudá-los quando essa ajuda é crucial, quando podemos dá-la sem comprometer excessivamente nossas ambições e, sobretudo, quando nos confrontamos diretamente com o sofrimento ou o perigo. Nessas circunstâncias, recusar ajuda seria uma demonstração de desprezo pela vida de outras pessoas, e ao mesmo tempo negaria o respeito que devemos a nós mesmos. Nossa responsabilidade de não causar dano aos desconhecidos é diferente e muito maior. Não podemos ferir deliberadamente outra pessoa, mesmo que isso seja um meio para a nossa prosperidade ou sobrevivência. Já exploramos em grandes linhas esses mandamentos morais – o de ajudar e o de não causar dano. Para saber o que eles exigem e proíbem nas circunstâncias da vida real, precisamos de um juízo mais refinado. Uma vez que muitas coisas dependem dos detalhes das situações, não podemos estabelecer regras mais concretas de antemão. Em cada caso, tudo depende de juízos interpretativos ulteriores e, frequentemente, inefáveis. A política, de que falaremos daqui a pouco, é diferente.

Chega de falar de desconhecidos. Neste capítulo, vamos considerar os desafios éticos e morais que nos são impostos quando as pessoas que podemos ajudar, mediante um custo para nós mesmos, não são estranhos, mas sim pessoas que têm algum tipo de relação especial conosco. Essas relações se dividem em duas categorias principais: performativas e associativas. Por um lado, tornamos certas pessoas especiais para nós por meio de atos isolados e voluntários, como o de lhes fazer uma promessa. Por outro, certas pessoas são especiais simplesmente em virtude de um laço associativo: um laço de família, parentesco ou sociedade num empreendimento conjunto, por exemplo. Há uma relação associativa particularmente importante: a associação política, que será discutida separadamente mais adiante neste capítulo.

Tanto as relações performativas quanto as associativas dão origem ao que chamamos de "deveres" ou "obrigações"; esses termos conotam uma responsabilidade de ajuda particularmente forte. É assim que podemos afirmar que os pais têm o dever de cuidar dos seus filhos, que os colegas têm o dever de se ajudar profissionalmente e também que os que fazem promessas têm o dever de cumpri-las. Os filósofos e os juristas têm prestado muita atenção ao que chamam de "natureza" ou "lógica" das obrigações e deveres[1]. Qual é a diferença, se é que existe, entre a afirmação de que alguém *deve* (*ought to**) ajudar um ser humano que sofre e a de que essa pessoa *tem o dever* (*it is his duty*) de ajudá-lo? Qual é a relação entre as obrigações e os direitos? Se você tem a obrigação de me ajudar em certa questão, acaso decorre daí, automaticamente, que eu tenho o direito à sua ajuda? Será verdade que aqueles a quem algo é devido sempre podem desobrigar os outros de cumprir o que lhes devem? Algumas dessas perguntas são interessantes, mas não vou examiná-las aqui porque elas não afetam a nossa questão principal, qual seja, a de saber como os deveres e obrigações vinculados às nossas relações especiais são derivados da nossa ideia de bem viver e a ela afetam.

Tanto as obrigações performativas quanto as associativas são drasticamente afetadas pelos fatos sociais. A definição de uma promessa ou de um motivo suficiente para que a promessa seja ignorada varia segundo o contexto, o lugar e o tempo. As variações são nítidas e evidentes quando os atos performativos mudam as relações jurídicas – segundo as leis que regem os contratos, o matrimônio e as relações de emprego, por exemplo –, mas também são bastante claras mesmo quando só envolvem obrigações morais. As obrigações que os pais, os filhos, os colegas de profissão e os cidadãos têm em razão desses papéis sociais também são definidas por convenções contingentes. Em algumas comunidades, os deveres de parentesco se estendem para graus mais distantes de relacionamento do que em outras, por exemplo, e aquilo que os pais têm o direito de exigir dos seus filhos na velhice é determinado pelos costumes do meio social em que vivem. Aquilo que os colegas de trabalho ou de profissão esperam uns dos outros, por direito, depende de costumes que podem variar muito de

---

* No inglês, o verbo *ought to* tem a conotação de dever moral, de algo que é bom fazer, mesmo que não seja obrigatório. (N. do T.)

profissão para profissão. Em alguns casos, as obrigações são determinadas de modo ainda mais contingente, por alguma forma de eleição ou voto. É amplamente difundida, por exemplo, a ideia de que as pessoas têm a obrigação moral de obedecer a praticamente qualquer lei aprovada pelo Parlamento.

O papel crucial da convenção e da prática social na determinação das obrigações suscita um problema filosófico. As convenções são questões de fato e nada mais. Como podem criar e moldar verdadeiros deveres morais? O que me obriga a tratar meu primo de segundo grau como um irmão quando vivemos em certo país mas me dá o direito de ignorá-lo quando vivemos em outro? Por que não podemos dizer que a diferença é uma simples questão de antropologia social, que não afeta em absoluto a moral? De que modo a expressão "eu prometo" pode adquirir força moral pelo simples fato de as pessoas considerarem que ela tem força moral? Acaso o princípio de Hume não condena todo o fenômeno da obrigação como um gigantesco engano? É verdade que as responsabilidades morais que discutimos nos dois últimos capítulos variam de acordo com os fatos. Seu dever de salvar Hécuba depende de você saber nadar, ter uma boia e assim por diante. Mas isso ocorre porque um princípio moral muito geral – o princípio que rege o dever de ajudar os desconhecidos – torna pertinentes esses fatos. Já as práticas sociais parecem criar obrigações performativas e associativas a partir do nada. Parecem um tipo de alquimia: criam uma realidade moral a partir do que não é moral.

Para enfrentar esse desafio, alguns filósofos propuseram outros princípios morais muito gerais que poderiam, como o nosso dever geral de ajudar os desconhecidos em necessidade, dar uma verdadeira força moral aos fatos contingentes. Dizem eles que as convenções dão origem a expectativas e que as pessoas têm o direito moral à proteção de suas expectativas[2]. Como veremos, essa proposição é densa mas incompleta. Nem todas as expectativas dão origem a direitos: precisamos saber por que as expectativas geradas por um vocabulário ou papel específico têm um poder moral especial. Outros filósofos citam o dever moral geral de respeitarmos as instituições sociais úteis e justas[3]. Mas há muitas instituições úteis e justas que não tenho o dever de respeitar – os esquemas de produção agrícola numa tribo africana, por exemplo –, muito embora eu pudesse beneficiar os membros dessa tribo se respeitasse suas cotas de produção, e mesmo que eles tivessem a expectativa de que eu as respeitasse.

Ainda outros filósofos dizem que os princípios gerais de equidade me mandam não tirar vantagem das instituições sociais sem respeitar os fardos dessas instituições: não ser, como eles dizem, um caroneiro[4]. Esse princípio é capaz de explicar um número relativamente pequeno de obrigações de estado: pode acontecer de os pais não tirarem vantagem nenhuma desse seu papel, mas ele lhes impõe não só obrigações legais como também obrigações morais. O princípio do caroneiro talvez pareça mais adequado no caso das promessas, porque aqueles que fazem promessas geralmente buscam se beneficiar dessa instituição. Muitos fazem promessas a fim de extrair benefícios daqueles a quem as fazem. Mas isso nem sempre acontece, e mesmo quando prometem gratuitamente eles incorrem numa obrigação.

Acaso devemos dizer que até quem promete gratuitamente tira vantagem da instituição das promessas porque essa instituição, que tem utilidade geral, o ajuda em outras ocasiões e, com efeito, possibilita a sua promessa gratuita, seja qual for o seu propósito ao fazê-la? Não, pois não há nenhum princípio moral geral que me mande contribuir com o custo de produção daquilo que me beneficia: posso estar sendo egoísta quando passo por um músico de rua sem lhe dar uma moeda, mas não estou violando nenhuma obrigação, mesmo que eu aprecie sua música – mesmo que eu pare para ouvi-la[5]. É claro que as promessas são um caso diferente: quando faço uma promessa, adquiro, sim, uma obrigação, pois – ora – fiz a promessa. Mas os filósofos que apelam a um princípio geral de equidade para explicar por que a promessa cria uma obrigação não podem citar, como razão pela qual a equidade exige o cumprimento das promessas, o fato de as promessas criarem obrigações. Precisamos de uma explicação melhor da força moral das promessas e das convenções ligadas aos papéis sociais. Poderemos encontrá-la nos dois princípios básicos da dignidade, cujas implicações estamos explorando há vários capítulos.

Promessas

Mistério

As promessas criam obrigações. Essa proposição é exata o suficiente para as finalidades comuns, particularmente quando, se não fosse a promessa, a obrigação não existiria. Mas é perigoso declarar a questão de modo tão simples. Esse perigo foi assinalado em muitos textos filosóficos: faz com que o ato de prometer se assemelhe a uma magia. Hume expôs o problema com sua mordacidade característica.

> Devo observar ainda que, visto que cada nova promessa impõe uma nova obrigação moral a quem a faz, e visto que essa nova obrigação nasce de sua vontade, essa é uma das operações mais misteriosas e incompreensíveis que se possam imaginar, e pode até ser comparada a uma transubstanciação ou ao sacramento da ordem, onde certa forma de palavras, aliada a certa intenção, muda completamente a natureza de um objeto externo e até de uma criatura humana.[6]

Mesmo deixando de lado a hipótese da alquimia, tendemos a ter medo da circularidade. Como explicar, sem incorrer em petição de princípio, por que o ato de dizer "eu prometo" cria uma obrigação moral?[7] Sentimo-nos tentados a dizer: a obrigação surge porque o promissário – aquele a quem se faz a promessa – passará então a confiar na promessa e poderá sofrer dano caso esta não seja cumprida. Mas o promissário não confiará na promessa – não tem nenhuma outra razão para ter a expectativa de que a promessa seja cumprida –, a menos que suponha que a promessa cria uma obrigação. Por isso, não podemos apelar à confiança do promissário sem pressupor que as promessas criam obrigações, que é exatamente o que estamos tentando explicar.

Esses problemas, no entanto, só surgem porque muitos filósofos encaram o ato de prometer como uma fonte independente e distinta de responsabilidade moral. Alguns creem ser esse o fundamento único e final de todo dever: creem que temos nossas responsabilidade morais e políticas porque, num modo ou dimensão mítica, todos nós acordamos, e portanto prometemos, seguir as convenções morais da comunidade, que incluem a convenção de que as promessas devem ser cumpridas. Esse argumento incorre numa petição de princípio ainda mais óbvia e mais direta. Examinamos, agora há pouco, outros argumentos que os filósofos propuseram para explicar por que temos no mínimo o dever restrito de apoiar as convenções morais em vigor – um dever geral de buscar o bem maior, por exemplo, ou de apoiar as instituições justas, ou de não aproveitar as vantagens sem arcar com os custos. Eles fracassam em geral, pelas razões que citei, e são particularmente incapazes de explicar a força moral das promessas.

Temos de abandonar esse mau hábito. O ato de prometer não é uma fonte independente de um tipo característico de dever moral. Antes, desempenha papel importante, mas não exclusivo, na determinação do âmbito de uma responsabilidade mais geral: a de não causar dano a outras pessoas, fazendo-as primeiro ter a expectativa de que agiremos de certo modo e, depois, recusando-nos a agir desse modo. Essa responsabilidade geral é, ela própria, um caso particular da responsabilidade ainda mais geral que estivemos explorando ao longo de toda a Parte Quatro deste livro: a de respeitar a dignidade dos outros e, assim fazendo, respeitar a nossa própria dignidade. Isso significa que podemos estudar detalhadamente a moral do cumprimento das promessas como um elemento do nosso projeto interpretativo que busca determinar o que os nossos dois princípios da dignidade acarretam na prática. Vendo a questão sob essa luz, podemos explicar por que as promessas criam obrigações sem incorrer em petição de princípio. Temos a responsabilidade geral de não causar dano às outras pessoas, e ela às vezes inclui a responsabilidade de atendermos às expectativas que deliberadamente estimulamos. Essa responsabilidade se torna particularmente clara quando estimulamos a expectativa por meio de uma promessa, mas isso só ocorre porque a promessa elucida, mediante esquemas parcialmente determinados por convenções, uma responsabilidade subjacente que, de outro modo, não estaria clara.

Estímulo e responsabilidade

Não podemos viver sem induzir ou mesmo estimular os outros a fazer previsões sobre como vamos agir e a confiar nessas previsões no ato de fazer seus próprios planos. O governo, os publicitários, os rivais, os familiares, os namorados, os amigos e os inimigos tentam prever o que vamos fazer, o que vamos comprar, o que vamos preferir. Seria impossível – seria uma mutilação da nossa capacidade de viver bem – evitarmos estimular essas expectativas ou evitarmos deixar de atender a algumas delas. Pode acontecer de eu concordar em ir a uma conferência porque acho que você vai também, mas você, mesmo que saiba disso, não estará me fazendo nenhum mal caso, no fim, decida não ir. Se somos amigos, você deve me avisar, mas isso é tudo. E se, por outro lado, você deliberadamente me estimulou a pensar que iria à conferência? Talvez você tenha dito: "Sei que essa conferência não parece muito interessante, mas que tal se nós dois fôssemos? Há tempos não conversamos, e essa oportunidade seria ótima." A questão, nesse caso, seria outra. Mas até que ponto?

Se você estava mentindo – se não tinha a intenção de comparecer –, me causou dano por esse simples ato. A dignidade explica por que: toda mentira (exceto em circunstâncias onde é permitido mentir, como em alguns jogos) contradiz o segundo princípio, pois a mentira é uma tentativa de corromper a base de informações por meio das quais as pessoas exercem a responsabilidade por suas vidas. Você me causa dano quando mente para mim, mesmo que a sua mentira não me afete em nada porque eu não creio em você, porque ela não modifica meus planos de ação ou porque não sofro dano ao agir baseado nela. Sua mentira me causa dano porque o simples ato de tentar corromper minha responsabilidade dessa maneira é um insulto à minha dignidade. Ela também causa dano a você, porque o insulto à minha dignidade compromete o respeito que você deve ter por si mesmo.

Suponhamos, por outro lado, que você estivesse sendo completamente sincero. Tinha a intenção de comparecer à conferência quando me estimulou a encontrá-lo ali. Porém, depois que eu aceitei e concordei em apresentar um trabalho, você viu a lista dos outros conferencistas e percebeu que a conferência seria pior do que havia imaginado: seria, na verdade, uma perda de tempo. É claro que você deve me dizer que mudou de ideia. Mas acaso tem a obrigação de realmente comparecer ao tedioso encontro pelo simples fato de eu já ter aceito e agora estar obrigado a comparecer? Essa questão é diferente e mais difícil. Acaso você viola a sua responsabilidade de não me causar dano quando deixa de fazer o que me estimulou a pensar que faria? Podemos dividir essa questão em duas. Você me causou dano? Tinha a responsabilidade de não me causar esse tipo de dano?

Se eu compareci somente em razão do seu estímulo e a conferência foi inútil para mim – a discussão do meu trabalho foi acrítica e todo o restante, monótono –, está claro que você me causou dano. Mas suponhamos, ao contrário, que eu teria comparecido de qualquer modo e que a conferência foi tão empolgante que eu nem senti falta de conversar com você. Com efeito, não teria tido tempo de conversar mesmo que você tivesse comparecido. Nesse caso, você me causou dano? É claro que não causou tanto. Mas causou algum, de duas maneiras.

Em primeiro lugar, criou um risco de dano, e a criação de um risco é ela própria um tipo de dano. Causou-me dano do mesmo modo que causaria caso dirigisse sem cuidado pela minha rua, mesmo que não me atropelasse. Quando você decidiu não comparecer à conferência depois de ter me estimulado a pensar que compareceria, você não sabia com certeza se eu teria comparecido de qualquer modo ou se a conferência me seria proveitosa. Caso tivéssemos mantido contato antes de você decidir não comparecer, eu poderia ter-lhe dado a certeza de que você não me causaria dano algum se não comparecesse. Nesse caso, não teria me causado dano. Mas, se você ignorava – mesmo parcialmente – o impacto que teria sobre mim o seu ato de me decepcionar, causou-me dano pelo simples fato de ter incorrido no risco de causar-me outros tipos de dano. Em segundo lugar causou-me um dano semelhante ao que causa quando mente para mim. Mudou a base de informações a partir da qual tomo minhas decisões e então – em retrospecto, dessa vez – adulterou essa base. Corrompeu, em duas etapas, a base de informações a partir da qual tomo as minhas decisões: primeiro, por me estimular; depois, por contradizer seu próprio estímulo. Não tinha a intenção de me induzir a erro quando sugeriu a conferência, mas depois, deliberadamente, transformou suas palavras anteriores em algo que me induziu a erro. Como no caso da mentira, isso é um dano em si e por si, independentemente de gerar, ou não, danos ulteriores.

O que nos leva a considerar a segunda questão. Acaso você tinha a responsabilidade moral de não me causar dano, quer do jeito mais óbvio – caso eu tivesse detestado a conferência –, quer desses jeitos mais sutis? O que aconteceu não foi um simples dano causado pela competição, que você claramente não teria a responsabilidade moral de evitar. Estimulou-me especificamente – saiu da sua raia e entrou na minha – a fim de mudar minhas expectativas e intenções. Esse ato, em si e por si, necessariamente tem *alguma* consequência moral. Você precisa ter algum tipo de razão para justificar o ato de não fazer o que me estimulou a pensar que faria. A indiferença ou o capricho não são suficientes. Porém, como eu disse, a aceitação da tese de que o seu ato de mudar de ideia sempre seria errado, independentemente das suas justificativas, seria uma transgressão demasiado grave do seu controle sobre a sua própria vida. Precisamos de uma interpretação mais tolerante acerca do que você me deve por respeito à minha dignidade. No entanto, é dificílimo determinar onde deve ser traçada essa linha de maior tolerância.

Nos casos particulares, isso depende de uma infinidade de fatores. Quanto você se esforçou para me estimular? Quanto lhe seria difícil não frustrar a expectativa assim criada? Acaso essas dificuldades não poderiam ter sido previstas quando você me estimulou? Ou poderiam? Quando você decidiu não comparecer, em que medida era provável que eu viesse a sofrer por aqueles motivos óbvios? Acaso sofri de fato? Esta última questão pode ser objeto de discordância entre nós, quer naquele momento, quer depois. Podemos discordar, por exemplo, quanto à questão de saber se de fato o comparecimento à conferência foi proveitoso para mim. Qual opinião sobre esse assunto deve ser levada em conta na avaliação da responsabilidade moral? A sua ou a minha?

Isso mal arranha a superfície. Muitos outros fatores são igualmente pertinentes quando nos perguntamos se alguém faz mal quando decepciona aqueles a quem estimulou. A discussão de Thomas Scanlon sobre as promessas influenciou imensamente os debates atuais sobre o tema; meu argumento segue a mesma estratégia geral que o dele. (Existem diferenças entre as nossas abordagens[8].) Ele defende o seguinte "Princípio F".

> Se (1) A, voluntária e intencionalmente, leva B a ter a expectativa de que A vá fazer X (a menos que B consinta com que A não o faça); (2) A sabe que B quer que A lhe dê certeza disso; (3) A age com o objetivo de proporcionar essa certeza e tem boas razões para crer que a proporcionou; (4) B sabe que A tem as crenças e intenções acima descritas; (5) A tem a intenção de que B saiba disso e sabe que B o sabe; e (6) B sabe que A tem esse conhecimento e essa intenção – nesse caso, e na ausência de qualquer justificativa especial, A deve fazer X a menos que B consinta com que A não faça X.[9]

Essa proposição formal envolve diversas questões de grau. O quanto A deve ter a intenção de dar certeza a B, por exemplo? No entanto, é no mínimo plausível que o Princípio F seja aplicável ao caso da conferência. Ao que parece, outros comentadores discordam: Charles Fried, cuja obra sobre as promessas também teve muita influência, imagina que eu queira vender a você uma casa ao lado de um terreno baldio e, para estimulá-lo, digo-lhe que planejo construir uma casa para mim mesmo naquele terreno e ali viver o resto da minha vida[10]. Alguns anos depois, porém, mudo de ideia e vendo o terreno para uma rede de postos de gasolina. Fried acredita que, ao fazer isso, não estou transgredindo nenhum dever meu para com você, embora o Princípio F de Scanlon dê a entender o contrário.

Considere agora um caso em que o que está em jogo é muito mais sério do que no exemplo da conferência. Um jovem médico se estabelece numa cidade pequena e está ansioso para demonstrar a sua intenção de ali permanecer, a fim de adquirir clientela. Para tanto, ele aparelha seu consultório com os mais caros acessórios e equipamentos. Depois que a maioria dos pacientes locais passou a frequentar o novo médico e o único outro médico da comunidade se aposentou e foi embora, o jovem médico de repente tem a oportunidade de ir trabalhar num distante hospital universitário dotado de maravilhosas instalações de pesquisa. O que a sua responsabilidade de não causar dano aos seus novos pacientes exige dele? O que exige a sua responsabilidade ética de dar valor à sua vida? São perguntas difíceis, em cujas respostas intervêm inúmeras variáveis.

Muitas opiniões parecem razoáveis. O princípio de Scanlon parece sugerir que, uma vez que o jovem fez tudo o que pôde para convencer as pessoas a mudar de médico, não pode abandoná-las agora. Mas Fried e outros talvez digam, de modo razoável, que isso é pedir demais. As pessoas devem compreender que as circunstâncias mudam e que elas necessariamente correm algum risco quando confiam em previsões, mesmo que estas sejam deliberadamente cultivadas. Deveriam ter levado em conta a possibilidade de que um médico jovem e ambicioso pudesse sentir a tentação de ir embora, e agora, quando ele vai, não podem reclamar. Para muita gente, é possível que tudo dependa de outras questões que ainda não listei. Suponhamos que o jovem médico tenha encontrado alguém que possa substituí-lo. Acaso isso extinguiria a sua obrigação de ficar?

O papel do ato de prometer

Uma incerteza moral tão profunda seria frustrante e debilitante. Digamos que eu queira que você me ajude a arar meu campo amanhã, e eu saiba que só poderei obter sua ajuda se você se convencer de que terei então a obrigação de ajudá-lo no dia seguinte. Se pensasse que existe a forte possibilidade de eu não ter mais a responsabilidade moral de fazer isso caso as circunstâncias da minha vida mudem da noite para o dia, você ficaria relutante. E eu, assim, vou tentar eliminar todos os motivos que, na sua opinião, eu poderia ter para não fazer o que afirmei pretender fazer. Talvez vá de carro à sua fazenda a cada poucas horas para lhe reassegurar, aos gritos, de que pretendo ajudá-lo de qualquer maneira, aconteça o que acontecer. Nesse caso, eu terei empenhado tanto esforço para estimulá-lo que minha responsabilidade se torna quase inegável, mesmo que as circunstâncias da minha vida efetivamente mudem. O nível de desculpa de que eu então precisaria para fugir à minha responsabilidade seria muito mais alto do que se eu não o tivesse estimulado com tanto fervor – e você sabe disso. Supondo que você me considere uma pessoa moralmente responsável, terá muito mais confiança na sua previsão de que farei o que tentei fazê-lo acreditar que faria.

Note bem que nessa história não há nenhuma circularidade[11]. Não ocorre de você supor que vou fazer o que prevejo porque supõe que tenho uma obrigação porque supõe que vou fazer o que prevejo. Sua confiança se apoia na suposição mais fundamental que exploramos agora há pouco: a de que posso incorrer numa responsabilidade em relação a você pelo simples ato de entrar na sua raia a fim de tentar fazê-lo agir de modo diferente. Nós dois compreendemos que é controversa a questão de saber se determinada pessoa de fato incorre nesse tipo de responsabilidade num conjunto particular de circunstâncias, e, caso incorra, de saber qual o grau dessa responsabilidade. Sabemos que, em muitos casos, pessoas razoáveis podem discordar. Assim, faço questão de tornar o argumento em favor da minha responsabilidade tão forte quanto possível, a fim de lhe dar a certeza de que minha responsabilidade será inegável. Faço isso em meu próprio interesse: a fim de que você are meu campo amanhã.

As convenções do ato de prometer me proporcionam um sistema muito mais eficiente para fazer a mesma coisa. Proporcionam um vocabulário por meio do qual podemos imediatamente elevar o estímulo a um nível tal – e independentemente do que quer que fosse necessário para tanto em outras circunstâncias – que torne quase irrelevantes os outros fatores que, em circunstâncias diferentes, deporiam contra a responsabilidade. As mesmas convenções também proporcionam um meio para praticamente eliminar a incerteza no sentido oposto. A afirmação "mas não lhe prometo" reduz o estímulo a um nível tão baixo que qualquer justificativa, mesmo que sua substância seja mínima, passa a ser suficiente para evitar a responsabilidade moral.

Isso não é magia. As convenções se apoiam sobre fatos morais subjacentes e independentes: o fato de que o grau de estímulo tem importância; de que um grau de estímulo muito alto praticamente garante a responsabilidade; de que um grau muito baixo praticamente a elimina. Ser-nos-á útil compararmos a função dessas convenções do prometer com a das convenções – muito diferentes – dos insultos estilizados. Por convenção, certas palavras são profundamente ofensivas, entre elas aquelas que são conhecidas como ofensas raciais ou sexuais. As práticas que vinculam a essas expressões uma gravidade especial não criam obrigações novas e distintas. Normalmente, é errado tratar qualquer pessoa com desprezo; a convenção estabelece esses epítetos como modos estilizados e, portanto, eficientes de demonstrar esse desprezo. As promessas são completamente diferentes das ofensas estilizadas, mas são semelhantes a elas na medida em que ambas as instituições elucidam e apuram os modos não convencionais de causar dano às pessoas, de modo que ambas criam novas maneiras pelas quais antigos deveres podem ser descumpridos.

Nenhum grau de estímulo é capaz eliminar inteiramente os efeitos de outros fatores que poderiam atenuar ou anular a responsabilidade; logo, o ato de prometer tampouco pode eliminá-los. Existem circunstâncias em que, apesar de uma promessa formal, não há responsabilidade, pois a promessa foi feita sem a devida reflexão ou o promitente teve a necessidade particularmente urgente de ignorá-la. Do mesmo modo, o ato de dizer "eu não lhe prometo" não permite que alguém que estimulou deliberadamente uma expectativa a desconsidere sem motivo algum. Por convenção, os atos de prometer e de explicitamente não prometer indicam os casos--limite de uma espécie particular de responsabilidade moral, casos que existiriam mesmo na ausência de qualquer convenção. A convenção seria incapaz de realizar algo que não fosse sancionado pela explicação dos fatos morais subjacentes.

Promessas e interpretação

As promessas – ou supostas promessas – não só resolvem questões morais como também as suscitam. A promessa não usurpa o papel do contexto moral. Uma promessa isolada, sem nenhum contexto de responsabilidade ou vínculo, pode ser inerte. Pego a lista telefônica, escolho seu nome a esmo e escrevo-lhe o seguinte: "Prometo-te por meio desta que em julho próximo farei a caminhada de Land's End a John O'Groats. Assinado, teu criado obediente, Ronald." Mesmo em casos mais sensatos, pode acontecer de não sabermos com certeza se alguém fez uma promessa, o que prometeu e se realmente tem a obrigação de cumprir sua promessa. Uma vez que o ato de prometer não é uma prática isolada que gera obrigações automaticamente, mas depende, antes, do dever muito mais geral de não causar dano a outrem, essas questões não exigem o exame de um compêndio especial das regras que regem as promessas. Pedem, isto sim, uma interpretação das práticas do prometer que situe essas práticas dentro da rede mais ampla das convicções éticas e morais.

Vamos partir daquilo que nos parece ser núcleo essencial de qualquer interpretação bem-sucedida. O objetivo do ato de prometer é aumentar muito as exigências para que se aceite uma desculpa pelo ato de frustrar deliberadamente uma expectativa estimulada. Uma promessa torna inelegíveis toda uma gama de desculpas que seriam suficientes se a confiança tivesse sido estimulada de modo menos intenso. Segue-se daí, creio, que também devemos estipular exigências rigorosas para que algum ato ou gesto seja considerado uma promessa: o ônus da prova cabe a quem alega que uma promessa foi feita, não a quem o nega; e a ambiguidade, quando realmente existe, depõe contra o suposto beneficiário da promessa. (O direito dos contratos é mais complexo.) Mas, uma vez que se pressuponha a existência de uma promessa, temos de avaliar as desculpas oferecidas para o seu descumprimento por meio de um critério tão exigente quanto aquele que usamos para verificar as desculpas para danos indubitáveis – lesão corporal ou o dano deliberado contra os bens de alguém, por exemplo.

É claro que, como eu já disse, o nível de desculpas que se exige em cada um desses casos leva em conta não somente os riscos de dano, mas também os danos efetivamente sofridos. Em geral, o ato de descumprir a promessa de vir jantar não é grave, mas tampouco é grave um leve empurrão ou uma leve ofensa. No entanto, o fato de o dano ser insignificante – ou mesmo de não haver dano algum – não é, por si, uma desculpa. Tenho o direito de que você cumpra a sua promessa de vir jantar mesmo que a presença de um convidado a menos realmente não importe, porque nessas circunstâncias cabe a mim, e não a você, avaliar o que deve ser considerado como dano. O fato de você ter recebido um convite melhor não é suficiente para você não vir caso eu insista na sua presença, mesmo que você perca mais do que eu ganho. O modo como você interveio nos meus assuntos estabeleceu exigências mais altas para as suas desculpas possíveis. Mas não pode ter estabelecido exigências tão altas que, por exemplo, a doença do seu filho não seja uma desculpa suficiente. Nenhum desses lugares-comuns nos brinda com um algoritmo para avaliarmos as promessas e o seu descumprimento. Tudo o que podemos dizer é que devemos atribuir um alto grau de seriedade às promessas – não, porém, alto demais – quando nossos juízos sobre o cumprimento das promessas são extraídos das nossas convicções mais gerais acerca do princípio de não causar dano e são integrados com estas.

Obrigações associativas
Os papéis sociais e a responsabilidade

Por que o fato de todos os outros membros da minha comunidade pensarem que eu tenho obrigações morais para com meus filhos, pais, companheira, amigos, colegas e concidadãos significa que eu efetivamente tenho essas obrigações? A resposta, mais uma vez, reside numa interação criativa entre nossa responsabilidade geral de não causar dano a outrem, por um lado, e as práticas sociais que refinam essa responsabilidade, por outro. Em alguns casos, o mecanismo de interação é simples e direto. As crianças precisam de cuidados especiais; se as práticas da comunidade atribuem a responsabilidade por esses cuidados aos pais da criança, ninguém mais vai fornecê-los, e esse motivo basta para que os pais tenham o dever de fazê-lo. Nesses casos, embora as convenções talvez pudessem ser diferentes – como são em alguns *kibbutzim* –, o fato de terem assumido sua forma atual explica a responsabilidade que impõem[12].

Em outros casos, no entanto, a alternativa à atribuição de uma responsabilidade especial de cuidado a algumas pessoas não é que a responsabilidade seja atribuída a outros, mas que não seja atribuída a ninguém. Uma comunidade em que ninguém tivesse responsabilidades especiais para com seus parceiros sexuais, colegas de trabalho ou amigos nos pareceria pobre, mas não se esperaria de ninguém mais que assumisse as responsabilidades especiais que, ao nosso ver, decorrem desses relacionamentos. É o caráter interno desses relacionamentos, e não o fato de alguma atribuição de responsabilidade especial ser evidentemente necessária, que motiva as responsabilidades reconhecidas e moldadas pelas convenções comunitárias. Portanto, temos de encontrar uma justificação para o papel desempenhado por essas convenções.

A melhor justificação, segundo creio, evidencia uma relação de confirmação mútua entre a responsabilidade especial que, no caso concreto, temos para com as pessoas com quem mantemos certos relacionamentos, por um lado, e um conjunto de práticas sociais que reduz progressivamente as incertezas inerentes a esse tipo de responsabilidade, por outro. O segundo princípio da dignidade nos manda assumir uma responsabilidade especial pela nossa vida: proíbe, entre outras coisas, aquilo que no Capítulo 9 chamei de subordinação. Em certos relacionamentos, nós nos curvamos perante os interesses, as opiniões, a autoridade ou o bem-estar dos outros de um modo que seria considerado subordinação caso a deferência não fosse, de certo modo, recíproca. Essa deferência assume diferentes formas em diferentes relacionamentos, e a necessária reciprocidade nem sempre envolve uma troca de coisas do mesmo tipo. Porém, a menos que ambas as partes de tal relacionamento aceitem alguma espécie ou grau de responsabilidade especial uma para com a outra, a dignidade da parte a quem se nega essa especial consideração é comprometida.

Na nossa vida política, por exemplo, nos curvamos perante a autoridade de outrem – um soberano, um Parlamento, um concidadão – quando aceitamos que temos a obrigação de fazer o que ele manda mesmo quando discordamos da justiça ou da sabedoria de tal proceder. Esse tipo de obrigação situa-se numa das extremidades de um espectro de intimidade; vou discuti-lo separadamente mais adiante neste capítulo. A intimidade sexual define a outra extremidade desse espectro: as pessoas que se aceitam como amantes colocam-se de corpo e alma nas mãos uma da outra. A associação política, a intimidade sexual e outras formas de associação discutidas nesta seção têm enorme valor do ponto de vista ético. Contribuem tanto para o bem da nossa vida quanto para o sucesso do nosso bem viver. Mas o fato de esses relacionamentos serem arriscados é um elemento importante do benefício que eles nos conferem. Neles, cada parte não somente pode receber um tipo especial de benefício como também se faz vulnerável a um tipo especial de dano. Você não nega nem compromete a responsabilidade especial que tem para com a própria vida quando torna o bem da sua vida vulnerável ao que acontece com certas outras pessoas ou concede a essas pessoas um controle parcial sobre a sua vida – desde que essa fusão de vidas e destinos tenha como contrapartida uma análoga intensificação da consideração que essas pessoas têm por você. Porém, a não ser em circunstâncias muito especiais, a responsabilidade de alguém se compromete quando essa fusão é unilateral, quando a outra parte de um suposto relacionamento especial nos trata como trataria a qualquer desconhecido. O benefício que buscávamos no simples fato de mantermos um relacionamento valorizado é substituído então não somente pela decepção, mas também por uma espécie de subserviência.

A importância especial do amor de um pai pelos seus filhos e do amor deles por ele, bem como as responsabilidades que defluem naturalmente desse amor, redime uma relação que, caso contrário, seria de escravidão para ambos os lados. A liberdade dos pais de determinar sua própria vida é drasticamente comprometida pela responsabilidade da paternidade; a subordinação dos filhos à vontade dos pais é, por algum tempo, quase completa. Dickens captou as implicações morais desses fatos na personagem da senhora Jellyby. Ela descuidava dos próprios filhos, que viviam no caos e na imundície, a fim de se dedicar à sua "filantropia telescópica". Não a consideramos virtuosa por essa escolha; o modo pelo qual ela demonstrava maior consideração pelos pobres da África fazia com que o controle total que ela, mesmo assim, exercia sobre a sua família assumisse os ares de uma tirania. Ela era ridícula – não por dar menos consideração aos filhos que a desconhecidos, mas porque não dedicava grande consideração a ninguém.

Outros relacionamentos menos intensos têm sua própria lógica interna. Os diversos tipos de sociedades comerciais, formais ou informais, serão enganosos caso um dos sócios não esteja comprometido com o sucesso de ambos. A consideração especial exigida pela parceria comercial é, evidentemente, muito mais limitada do que nos relacionamentos em que o amor é um elemento central. Devo demonstrar uma consideração especial para com o meu colega de trabalho em sua vida profissional, mas não em sua vida como um todo – a menos que ele seja também meu amigo, pois a amizade é especial de um outro jeito ainda. A busca e o gozo do prazer na companhia contínua de outra pessoa nem sempre implica amor, mas seria puramente instrumental caso não envolvesse, como dizia Aristóteles, uma consideração maior por essa pessoa do que pelos desconhecidos. As manifestações de amizade seriam mais um tipo de indignidade caso não fossem correspondidas por uma consideração especial e recíproca.

Prevejo duas objeções. Talvez minha explicação lhe pareça moralizada demais. Você talvez prefira enfatizar a importância evolutiva e os benefícios contínuos dos relacionamentos que tenho em mente, sublinhando, portanto, o valor instrumental das obrigações que os protegem. Talvez lhe pareça perfeitamente natural, por exemplo, que os amantes e os pais e filhos se sintam responsáveis uns pelos outros. Como em todo o resto do livro, no entanto, buscamos uma justificação dessas obrigações, não uma explicação de sua origem ou de sua subsistência. É verdade que a força emocional natural desses relacionamentos, onipresente e poderosa, tem importância para a justificação: é pelo fato de os relacionamentos quase sempre virem acompanhados de uma força emocional natural e poderosa que a indignidade é evidente quando essa força não existe ou é falsa. Mas é o dano infligido pela indignidade, e não o valor evolutivo das emoções, que fundamenta a obrigação de não infligir esse tipo especial de dano.

Você talvez pense, por outro lado, que minha explicação deflaciona a ética. As pessoas decentes não se sentem obrigadas a cuidar dos filhos, dos companheiros, dos pais ou dos amigos: simplesmente cuidam deles, e seus atos são uma consequência instintiva dessa consideração. Se parassem para refletir sobre quais são seus exatos deveres, ou sobre quando um fracasso de sua parte acaba por comprometer a dignidade de outrem, elas seriam culpadas da acusação, agora famosa, de ter tido um "pensamento a mais" do que deviam*. Mais uma vez, no entanto, a objeção fracassa. Talvez as pessoas decentes nunca tenham consciência das obrigações que devem a seus íntimos; talvez recuem diante da ideia de

---

* *One thought too many*. Ver a nota 13 ao Capítulo 12, na p. 692. (N. do T.)

que seu comportamento pode ser explicado, de algum modo, por um sentido de obrigação. Mas é fato que elas têm, mesmo assim, essas obrigações, e de quando em quando sentem sua força: quando não sentem, por exemplo, o desejo de suportar um pai senil. Suas obrigações não desaparecem quando elas as ignoram, e o pai senil deixará esse fato bem claro quando surgir a ocasião. Por isso, devemos explicar não somente a conduta, mas também as obrigações de pessoas que nunca têm consciência delas e não precisam ser lembradas delas.

Convenção e responsabilidade

Encontramos o fundamento geral das obrigações decorrentes dos papéis sociais nos princípios morais gerais que identificamos nos capítulos anteriores, princípios que impõem uma consideração maior para com certos relacionamentos sem apoiar-se, ainda, na força moral das convenções. Por outro lado, os relacionamentos que geram tais obrigações só podem surgir em sociedade, e nesse sentido não estão inteiramente a salvo do impacto das convenções. Até os relacionamentos mais dominados pela biologia levam uma carga cultural: a identificação de alguém como pai acrescenta algo a um fato biológico, fato esse que nem sequer é pressuposto para tal identificação; esse acréscimo varia em certa medida de lugar para lugar e de época para época. Tal fato não faz com que a obrigação decorrente de um papel social seja "unicamente convencional". As obrigações existem realmente, pois a convenção não cria, mas intensifica e molda os princípios e responsabilidades mais gerais que pressupõe.

Em primeiro lugar, quanto mais detalhadas as convenções, menos incertas elas são quanto aos danos que devem ser considerados proibidos. Na ausência de quaisquer instruções convencionais, eu não saberia com certeza, na melhor das hipóteses, a quem considerar membro da minha família e merecedor de uma consideração especial. Tampouco saberia o que a amizade permite ou exige em matéria de favorecimento profissional. A prática social reduz essas zonas de incerteza; faz isso de diferentes modos nas diferentes culturas e épocas. Em segundo lugar, a convenção aumenta consideravelmente o risco de indignidade quando as responsabilidades por ela refinadas são ignoradas; aumenta o risco na medida em que atribui um significado social, e não mais apenas pessoal, a qualquer desrespeito para com o relacionamento, uma vez que as convenções que regem os papéis sociais estipulam os atos obrigatórios ou proibidos dentro de uma relação especial, elas estabelecem um vocabulário de conduta que pode confirmar ou negar a mútua consideração pressuposta por uma forma particular de associação. Essas duas características estabelecem os elos progressivos de confirmação mútua por mim mencionados.

A analogia que fiz com outras formas de significado social, como as ofensas raciais, também deve ser mencionada neste contexto. Assim como uma palavra que entrou no léxico do ódio não pode ser desvinculada desse significado sem uma elaborada estrutura de explicação, também não é possível desvincular o ato de negar a ajuda exigida por uma convenção social do desrespeito por ele assinalado, sem apresentar uma explicação igualmente elaborada e arriscada. Assim, a convenção não somente molda como também fortalece as obrigações decorrentes dos papéis sociais. As expectativas por elas nutridas não podem ser rejeitadas como meras previsões desprovidas de força moral, pois são apoiadas não somente pelas práticas em si como também pelas responsabilidades mais básicas que as práticas refinam e protegem. É a obrigação que estimula a expectativa, e não o contrário; assim, a obrigação não cessa quando a expectativa perece – quando os pais se resignam à indiferença dos filhos, por exemplo.

As interações recíprocas entre as responsabilidades de fundo e as convenções sociais explicam uma outra característica crucial dessas obrigações. As convenções decorrentes dos papéis sociais não impõem genuínas obrigações associativas de modo automático: é preciso que as próprias convenções atendam a critérios éticos e morais e independentes. As práticas racistas ou sexistas, bem como aquelas que definem a honra entre assassinos, traficantes ou ladrões, não impõem nenhuma obrigação genuína àqueles a quem pretensamente obrigariam, por mais que seus adeptos pareçam aceitá-las. Os membros de organizações criminosas como a Máfia criam expectativas, consideram muito úteis as práticas de suas facções, tiram vantagem dessas práticas e encaram como uma indignidade qualquer atentado à lealdade por parte de seus companheiros. Ameaçadoramente, têm os outros membros na conta de caroneiros quando eles não tomam sobre si os fardos da organização. Porém, quando compreendemos que as práticas decorrentes dos papéis sociais só impõem obrigações genuínas porque – e na medida em que – permitem que seus membros cumpram de modo mais eficaz as responsabilidades éticas e morais que já têm, compreendemos também que essas práticas não podem impor obrigações quando atuam como obstáculos e não como meios para esse fim. As práticas sociais só criam obrigações genuínas quando respeitam os dois princípios da dignidade: somente quando são compatíveis com a igual apreciação da importância de todas as vidas humanas e quando não autorizam as espécies de dano aos outros que são proibidas por esse primeiro pressuposto. Exigem que certas pessoas sejam tratadas de modo especial, mas não podem autorizar nem o ódio nem o homicídio.

Interpretação e papéis sociais

Até aqui estivemos examinando como as práticas e convenções sociais impõem obrigações reais. A questão de saber quais obrigações elas impõem tem importância prática muito maior. As práticas decorrentes de papéis sociais reduzem, mas não eliminam, a incerteza que as pessoas enfrentam quando precisam determinar o que devem àqueles que lhes são próximos. Até as convenções mais explícitas – as que definem os deveres dos pais para com os filhos novos, por exemplo – deixam muitas questões em aberto. Por exemplo: não resolvem por simples convenção a difícil questão de saber se os pais que têm condições de pôr os filhos em escolas particulares podem ou devem fazer uso, em vez disso, da educação medíocre fornecida pelo Estado. Muitas práticas importantes decorrentes de papéis sociais – as convenções da amizade, por exemplo – praticamente se limitam a reconhecer uma categoria que exige e justifica um tratamento especial, sem porém fornecer uma explicação precisa das exigências ou decorrências possíveis desse tratamento. Quem deve ser considerado meu amigo? Posso encerrar ao meu bel-prazer uma amizade inconveniente pelo simples ato de declará-la encerrada? Ou será que as amizades, depois de formadas, têm um poder de permanência maior? Nesse caso, como e quando terminam? O que devo fazer por um amigo íntimo? Devo ocultar seus crimes da polícia?

Essas questões famosas se multiplicam indefinidamente, mesmo quando se considera somente uma única prática decorrente de um papel social. As explicações tradicionais das obrigações associativas, mencionadas no começo deste capítulo, não ajudam a respondê-las. Podemos aceitar o dever de não somente receber os benefícios, mas também arcar com os fardos de uma prática social; mas isso não nos ajuda a determinar quais são esses fardos. Podemos reconhecer o dever de apoiar uma instituição existente que cremos ser útil, mas isso não nos ajuda a determinar o que essa instituição concretamente nos impõe. Podemos nos comprometer a respeitar as expectativas geradas por uma prática social, mas esse compromisso não nos ajuda a julgar entre as expectativas das pessoas quando elas discordam entre si. Essas supostas justificativas das práticas sociais são inúteis porque entendem as práticas *unicamente* como questões de convenção, e as puras convenções se esgotam no âmbito do consenso.

Quando reconhecemos que as práticas decorrentes de papéis sociais elucidam responsabilidades genuínas mas indeterminadas que defluem do caráter interno dos relacionamentos aos quais se aplicam, passamos a dispor de uma base para interpretá-las como interpretamos qualquer outra coisa. A longa discussão da interpretação nos Capítulos 7 e 8 é, portanto, pertinente a esta questão. Num livro anterior, apresentei um exemplo especificamente concebido para elucidar a interpretação das práticas convencionais que, segundo se considera, impõem obrigações[13]. Mesmo dentro de uma única comunidade, às vezes discordamos quanto às exigências da cortesia, particularmente quando as antigas convenções de respeito caem em desuso. Cada um de nós forma suas opiniões sobretudo a partir de pressupostos irrefletidos, mas nem por isso menos controversos, a respeito da finalidade subjacente da prática.

Quando um amigo lhe pede ajuda financeira e você reluta, você não reflete sobre a finalidade subjacente da amizade para decidir se deve ajudá-lo ou não. Por outro lado, alguma reação ao pedido dele lhe parecerá correta em razão da sua compreensão irrefletida da essência e do significado da amizade; sua decisão dará efeito a essa compreensão e a consolidará, de modo que passará a governar sua reação a posteriores questões semelhantes acerca de o que você deve aos amigos. Essas reações são interpretativas. Se tentássemos reapresentá-las em forma argumentativa, partiríamos de algum pressuposto acerca da forma e do grau de consideração que a amizade pressupõe e exige. Talvez você não tenha consciência de ter se apoiado nesse pressuposto; talvez não tenha sequer a consciência de que entabulou um processo de raciocínio. Talvez diga que simplesmente "viu" que é isto que a amizade exige ou proíbe. Mas não existe nada que você possa ter "visto": para entender suas reações, precisamos supor que sua experiência incorporou uma compreensão interpretativa do conceito, compreensão essa que se tornou espontânea e imediatamente acessível[14]. Tudo isso não faz senão reiterar as razões já apresentadas em nossas anteriores discussões sobre a interpretação, aplicando-as ao fenômeno da obrigação associativa.

A obrigação política

Paradoxo

Os filósofos do direito e da política discutem para saber se as pessoas têm a obrigação moral de obedecer às leis de sua comunidade pelo simples fato de serem elas as suas leis – ou seja, se as pessoas têm aquilo que se costuma denominar obrigação "política". Não se trata de saber se temos alguma razão para nos submeter à autoridade política. Há um jogo de salão que os filósofos costumam jogar: eles imaginam os seres humanos vivendo num "estado de natureza" sem nenhum esquema de autoridade e depois se perguntam quais razões as pessoas que vivem nessa situação teriam para instituir um governo. A popularidade desse exercício ajuda a explicar a suposição disseminada, mas errônea, de que a legitimidade do Estado depende do consenso unânime dos governados e, portanto, de alguma ficção ou história fantástica a respeito desse consenso. De qualquer modo, não é essa a nossa questão atual. Os governos existem, seus limites e portanto suas reivindicações de domínio são produzidos por acidentes históricos, e quase todos nós nascemos ou somos obrigados a viver num desses contextos. Acaso temos a obrigação de obedecer às leis do Estado em que nascemos?

É claro que, em geral, nós temos uma razão moral independente para fazer o que a lei manda, e não o que ela proíbe. As leis condenam o homicídio e o homicídio é errado. Mas a questão da obrigação política surge quando não temos nenhuma outra razão para fazer o que a lei exige. Uma lei é aprovada por autoridades nas quais não votei, e creio que essa lei é errada em princípio e imprudente enquanto curso de ação política. Provavelmente tenho uma importante razão prática para obedecer essa lei; talvez eu seja preso ou multado caso não lhe obedeça. Mas acaso o simples fato de tratar-se de uma lei me dá uma outra razão caracteristicamente moral para obedecer-lhe? Não estou perguntando se vez por outra temos justificativa para desobedecer a uma lei. É perfeitamente possível que eu admita ter a obrigação permanente, em princípio, de obedecer às leis da minha comunidade, mas pense que determinada lei é tão injusta ou tão imprudente que tenho justificativa para desobedecer-lhe. É essa a opinião daqueles que creem que a desobediência civil – a desobediência como forma de protesto contra leis injustas – é às vezes moralmente admissível ou mesmo obrigatória. Para eles, a permissibilidade moral da desobediência nessas circunstâncias é uma exceção a um princípio mais geral que exige até a obediência às leis que desaprovamos mas não consideramos flagrantemente más.

Alguns filósofos – chamados de "anarquistas", embora poucos entre eles usem barba ou carreguem bombas – negam que o simples fato de uma lei ter sido aprovada, mesmo numa comunidade cujas estruturas e leis são justas de modo geral, forneça uma razão moral independente para que tal lei seja obedecida[15]. Temos o dever de obedecer à lei quando existe um argumento independente em favor disso: se a lei aperfeiçoa a justiça social, por exemplo, ou se a obediência a ela tende a aperfeiçoar a vida da comunidade como um todo. Mas, insistem eles, não temos esse dever pelo simples fato de a lei ter sido aprovada de acordo com os procedimentos constitucionais estipulados pelas práticas e convenções políticas da nossa comunidade.

Os anarquistas costumam se apoiar na seguinte tese filosófica geral: creem que ninguém é obrigado a nada a menos que aceite voluntariamente a obrigação. Eles têm razão de pensar que a obrigação política não é voluntária, exceto nos casos relativamente raros de naturalização. A ideia de que as pessoas aceitam voluntariamente a obrigação de obedecer às leis de sua comunidade pelo simples fato de não abandonarem essa comunidade, que já foi popular, é tola demais para ser levada a sério. Os filósofos políticos testaram muitas outras maneiras de defender a ideia de que a obrigação política depende do consentimento. Mas todas elas fracassaram; e, de qualquer modo, são desnecessárias, pois a popular suposição de que toda obrigação genuína é voluntária é, ela própria, insustentável. As responsabilidades morais que estudamos nos dois capítulos anteriores não são voluntárias: não tenho a opção de não ter o dever de salvar alguém que se afoga à minha frente quando me é fácil fazê-lo. Algumas das obrigações associativas discutidas no começo deste capítulo também são involuntárias – os filhos não têm a opção de escolher seus pais – e as outras, em sua maioria, não são senão parcialmente voluntárias: a maioria das amizades, por exemplo, surge por acaso, e todos nós temos amigos que não se tornaram nossos amigos em virtude de uma intenção consciente da nossa parte. Além disso, os filósofos que supõem que somente as obrigações voluntárias são genuínas se contradizem porque têm de supor que a obrigação de cumprir uma promessa ou respeitar um juramento é genuína, muito embora essa obrigação não tenha sido jamais aceita em si própria. Por trás de qualquer obrigação voluntária jaz uma obrigação involuntária.

Porém, esse não é um argumento positivo em favor da obrigação política: somente nega que os anarquistas possam provar rapidamente sua tese recorrendo a um princípio geral de obrigação e consentimento. Os anarquistas, por outro lado, têm razão de rejeitar muitos argumentos positivos já sugeridos. Não temos a obrigação moral de obedecer às leis da nossa comunidade pelo simples fato de os outros terem essa expectativa. Nem tampouco, por termos aproveitado os benefícios da associação política, temos o dever de aceitar seus fardos. Se de fato temos obrigações políticas – se os anarquistas estão enganados –, estas devem ser um caso especial das obrigações associativas. Temos obrigações porque nos relacionamos com nossos concidadãos de um modo especial que confere a cada um de nós certas responsabilidades especiais para com todos os outros, independentemente de qualquer consentimento.

Talvez pareça problemático, no entanto, o fato de termos essa relação especial com todos os nossos concidadãos. Conhecemos intimamente os nossos pais, filhos, companheiros e amigos, e temos pelo menos alguma relação de convivência com nossos colegas e até com nossos vizinhos. Mas isso não vale para os concidadãos de qualquer organização política maior que uma pequena comunidade: muitos norte-americanos têm relações pessoais mais intensas com estrangeiros do que com seus concidadãos. Nesse caso, a questão de saber quais obrigações associativas podem existir entre as pessoas pelo simples fato de saudarem a mesma bandeira – se é que a saúdam – pode afigurar-se misteriosa. Não encontraremos a resposta em nenhuma história de como as comunidades políticas se formaram ou reformaram. Foi por uma série de acidentes históricos e geográficos – o lugar onde corre um rio ou a cidade onde um rei dormiu – que as fronteiras políticas dos Estados Unidos, da França ou de qualquer outro lugar são o que são.

Não devemos procurar a origem da força moral da concidadania em algo que tenha precedido esses agrupamentos políticos acidentais ou os explique historicamente, mas, antes, nas consequências contemporâneas desses acidentes.

A obrigação política deflui da associação política do mesmo modo que as outras obrigações associativas que acabamos de estudar defluem de outros tipos de associação. As organizações políticas coercitivas solapam a dignidade de seus membros, a menos que cada um destes assuma perante os demais a responsabilidade recíproca de respeitar as decisões coletivas, desde que essas decisões satisfaçam a determinadas condições. Para começar a explicar por quê, notemos o paradoxo da sociedade civil. O governo coercitivo coletivo é essencial para a nossa dignidade. Para termos a possibilidade de criar boas vidas e de viver bem, precisamos da ordem e da eficiência que só o governo coercitivo pode proporcionar. A anarquia acarretaria o fim da dignidade. Mas o governo coercitivo também leva em si a ameaça de tornar a dignidade impossível. Alguns membros da comunidade têm de exercer um imenso poder sobre os demais: têm de ameaçar puni-los pela desobediência e, às vezes, têm de cumprir a ameaça.

Esse estado de coisas põe em risco ambos os nossos princípios. Dada a responsabilidade especial que tenho pela minha própria vida, como posso aceitar o domínio de outros? Dado o meu respeito pela importância objetiva da vida das outras pessoas, como posso tomar parte no ato de obrigá-las a fazer o que quero? Todos que não sejam ditadores enfrentam o primeiro desses desafios. Muitos – numa verdadeira democracia, quase todos os adultos – enfrentam também o segundo, igualmente contundente. Em vista de uma vantagem nossa, não podemos causar dano deliberado nem mesmo a desconhecidos. Isso não se aplica somente aos atos individuais, mas também às ações coletivas: se eu me unisse a alguns aliados a fim de aprisionar alguém ou roubar seus bens, estaria demonstrando o mesmo desprezo pela nossa vítima, e portanto por mim mesmo, que demonstraria se agisse sozinho. A política democrática cria a possibilidade de todos nós causarmos esse tipo de dano uns aos outros todos os dias.

O desafio colocado por esse paradoxo é, mais uma vez, interpretativo. Temos de desenvolver um pouco mais nossa concepção das exigências da dignidade para podermos identificar uma política que seja compatível com ela. Já admitimos que o segundo princípio da dignidade – o de que devemos assumir a responsabilidade pela nossa própria vida – nos permite, sob certas condições, partilhar essa responsabilidade com outros. Consideramos alguns casos possíveis: os relacionamentos íntimos, por exemplo, que se apoiam numa consideração mútua mais intensa. A associação política é outro exemplo. Encontramo-nos em associações de que necessitamos e que não podemos evitar, mas cujas deficiências só serão compatíveis com o respeito que devemos a nós mesmos se forem recíprocas – somente se incluírem a responsabilidade de cada qual, pelo menos em princípio, de aceitar as decisões coletivas como obrigações. Se não tivéssemos essa obrigação e nos supuséssemos moralmente livres para desconsiderar essas decisões sempre que o desejássemos e pudéssemos fazê-lo sem pôr em risco a nossa segurança, teríamos de reconhecer uma liberdade moral análoga a todos os membros da comunidade. O Estado, nesse caso, seria uma tirania que obriga as pessoas a fazer o que elas não têm a obrigação de fazer. Abandonaríamos a nossa dignidade sempre que nos curvássemos perante as ameaças da comunidade e sempre que tomássemos parte nos atos de criar essas ameaças ou impô-las contra terceiros. É parte importante da nossa responsabilidade ética, e portanto da nossa responsabilidade moral para com os outros, que aceitemos para nós e exijamos deles essa obrigação associativa específica – a obrigação política – que agora estamos considerando.

Em certo sentido, a obrigação política tem uma definição mais precisa que a das outras obrigações associativas que estivemos examinando. Suas exigências são fixadas pela estrutura e pela história constitucional: pelos processos de legislação e, em alguns casos, de atuação do Judiciário. Sob outro aspecto, seu impacto moral é, muitas vezes, mais contestável. É controversa a questão de saber quando a desobediência civil é uma manifestação adequada da obrigação geral do cidadão de ajudar a aperfeiçoar o senso comunitário do que é exigido pela dignidade dos membros da comunidade. Em certas circunstâncias terríveis, pode-se defender a ideia de que a obrigação política já não existe: quando um governo em exercício já não é um governo legítimo. Nenhuma obrigação associativa é válida quando a suposta associação é ela própria uma força do mal: como eu disse, o crime organizado não cria obrigações entre seus membros. A obrigação política é um assunto mais complexo, pois as leis são muito diferentes entre si e têm finalidades e consequências imensamente diversas. Mas também é possível que a obrigação política se extinga por completo. O que entra em jogo então não é a desobediência civil, mas a revolução.

Legitimidade

Eu disse que a obrigação política vigora somente sob certas condições. Digamos que o governo de uma comunidade política seja legítimo quando atende a essas condições. A legitimidade, portanto, tem duas dimensões: depende de como o suposto governo adquiriu seu poder e de como usa esse poder. Discuto a dimensão de aquisição no Capítulo 18 e a dimensão do exercício aqui e em toda a Parte Cinco.

A legitimidade é diferente da justiça. Os governos têm a responsabilidade soberana de tratar todos os seus súditos com igual consideração e respeito. São justos na medida em que o fazem. Porém, o significado desse sucesso é controverso: os diversos países, partidos políticos e filósofos da política discordam acerca da justiça. Este livro, na Parte Cinco, apresenta uma entre muitas teorias controversas. Pode acontecer, no entanto, de um governo ser legítimo – de os cidadãos terem, em princípio, a obrigação de obedecer às leis – muito embora não seja plenamente justo, nem talvez seja mais justo que injusto. Será legítimo caso se possam interpretar suas leis e programas políticos como manifestações de um reconhecimento de que o destino de todos os cidadãos tem igual importância e que cada qual tem a responsabilidade de criar sua própria vida. Ou seja, o governo pode ser legítimo caso se empenhe em prol da plena dignidade de seus cidadãos, mesmo que siga uma concepção deficiente das exigências dessa dignidade.

A avaliação de legitimidade, portanto, exige um juízo interpretativo característico, que em geral será difícil. Será que determinada manifestação de injustiça deve ser entendida como expressão de um entendimento falho das exigências de igual consideração e respeito? Ou como uma rejeição declarada dessa responsabilidade? As tiranias declaradas – a Alemanha nazista e a União Soviética de Stálin – se enquadram nitidamente na segunda categoria, mas os Estados cuja injustiça é menos flagrante são mais difíceis de avaliar. O juízo interpretativo deve levar em conta o tempo e o lugar: deve computar as ideias predominantes dentro da comunidade política. Numa época em que quase todos aceitavam que o destino de cada um se encontrava mais protegido e sua dignidade se expressava melhor quando ele era governado por aristocratas ou clérigos nomeados por um deus e quando a religião do Estado era canônica, o argumento interpretativo em prol da legitimidade de uma verdadeira monarquia ou teocracia era mais forte do que é hoje. De qualquer modo, o juízo interpretativo deve levar em conta toda a gama das leis e práticas do governo. Acaso a monarquia de fato trabalha em prol do bem de todos os que pretende governar? Ou somente em prol de um grupo privilegiado, ou ainda unicamente para perpetuar e expandir seu próprio poder? Acaso a teocracia busca converter os dissidentes somente pela persuasão? Ou pune-os por suas opiniões e obriga-os a converter-se? Às vezes, quando as políticas que o governo tem a esperança de defender são situadas dentro de um contexto mais amplo, é impossível sustentar suas alegações de igual consideração.

É claro que a justiça é uma questão de grau. Nenhum Estado é plenamente justo, mas vários atendem razoavelmente bem à maioria das condições que defendo na Parte Cinco. Será que a legitimidade também é uma questão de grau? Sim, pois, conquanto as leis e programas políticos do Estado possam demonstrar certa boa-fé na tentativa de proteger a dignidade dos cidadãos, correspondente a certa boa-fé na compreensão do que isso significa, nem sempre será possível conciliar com esse entendimento algumas leis e programas políticos particulares. Um Estado pode ter uma democracia estabelecida, garantir a liberdade de expressão e de imprensa, estabelecer parâmetros constitucionais por meio do controle judicial de constitucionalidade, proporcionar um serviço adequado de policiamento e apoiar um sistema econômico que habilite a maioria dos cidadãos a decidir a própria vida e a prosperar num nível razoável. Mas pode também seguir outros cursos de ação política que só podem ser entendidos como uma negação flagrante dos princípios sobre os quais essa atraente estrutura geral se baseia. Pode excluir determinada minoria – racial ou econômica – dos benefícios que seus programas postulam como necessários para os demais cidadãos. Pode adotar leis coercitivas que ameaçam a liberdade em supostos casos emergenciais ou imponham certos imperativos culturais: o de aperfeiçoar a ética sexual da comunidade, por exemplo. Às vezes, essas políticas particulares mancham a legitimidade do Estado sem destruí-la por completo. Sua legitimidade se torna então uma questão de grau: quão escura é essa mancha? Se ela for pequena e houver processos políticos de correção, os cidadãos podem proteger sua dignidade – podem evitar tornar-se tiranos – recusando-se, na medida do possível, tomar parte nessa injustiça, atuando politicamente para eliminá-la e contestando-a pela desobediência civil quando isso for adequado. O Estado continua sendo legítimo e os cidadãos conservam sua obrigação política num grau substancial. Se, contudo, a mancha for muito escura e muito ampla, e se não puder ser eliminada pela atuação política, a obrigação política se anula por completo. Nesse caso, os infelizes cidadãos devem se preparar, como eu disse, não só para a desobediência civil, mas para a revolução[16].

Obrigações tribais?

Estamos discutindo as obrigações que decorrem dos fatos, poderes e vulnerabilidades especiais da associação humana. Muitas pessoas, talvez a maioria, valorizam outros relacionamentos especiais além daqueles que discuti: estes se centram em grande medida em relações que, de diferentes maneiras, não são biológicas, sociais ou políticas, mas culturais e históricas. Os judeus americanos frequentemente têm uma consideração especial para com outros judeus: fazem doações especiais para instituições de caridade que beneficiam os judeus, por exemplo, ou trabalham em prol de causas que consideram ser, segundo a expressão convencional, boas para o seu povo. Os negros, os descendentes de poloneses pelo mundo afora, as pessoas que falam a mesma língua quer em diferentes países, quer dentro de um mesmo país multilíngue, frequentemente sentem o mesmo impulso de favorecer de algum modo os outros membros do grupo. De vez em quando, em algumas circunstâncias, eles dizem que tais grupos têm o direito a algo que chamam de autodeterminação.

Admiti, no Capítulo 9, que muitos tratam esses relacionamentos como parâmetros que informam suas decisões de como viver. Para alguns, eles são parâmetros cruciais: essas pessoas consideram essencial identificar-se com algum grupo e viver de um modo tal que expresse essa identificação. Talvez elas tenham razão. O que me preocupa agora é somente negar que essa questão tenha algo a ver com as obrigações associativas. O argumento que apresentei para justificar as obrigações associativas se centra nas características éticas e morais permanentes das nossas relações com as outras pessoas: relações que, por diferentes razões, põem em risco a indignidade caso não sejam estruturadas por determinados interesses especiais e comuns. A associação política é uma dessas, pois o governo coercitivo, sem a reciprocidade, destrói a dignidade. Mas as diferentes formas populares de associação tribal não têm essas características.

Muitas pessoas creem – e eu não creio – que seus vínculos raciais, étnicos, religiosos e linguísticos lhes conferem direitos e obrigações associativas. Talvez algumas dessas convicções tenham um fundamento genético; nesse caso, será particularmente difícil ignorá-las e talvez não valha a pena denegri-las. Mas a ideia desses direitos e obrigações especiais tem sido e continua sendo uma poderosa fonte de mal. Se fizermos girar um globo terrestre e colocarmos o nosso dedo a esmo em qualquer um de seus pontos, teremos grande probabilidade de pousá-lo num lugar onde tribos raciais, religiosas ou linguísticas estão se matando umas às outras e destruindo suas comunidades em nome de um suposto direito ou destino do grupo. Esses ódios, às vezes, são tão duradouros quanto são destrutivos, e não devemos ter a ilusão de que desaparecerão ou mesmo que perderão força na consciência humana. Mas afirmo convictamente que nenhum argumento deste capítulo lhes dá qualquer apoio moral ou ético.

PARTE CINCO

POLÍTICA

DIREITOS E CONCEITOS POLÍTICOS

Direitos

Direitos e trunfos

A última discussão do Capítulo 14, sobre a obrigação e a legitimidade políticas, operou uma mudança importante. As Partes Um e Dois deste livro discutiram a possibilidade e o caráter da verdade na moral, na ética e em outros departamentos do valor. As Partes Três e Quatro discutiram os conceitos centrais da ética, capturados nos dois princípios de dignidade; discutiram depois os conceitos centrais da moral pessoal – nosso dever de ajudar os outros e de não lhes causar dano, bem como os deveres especiais que adquirimos em virtude de atos performativos como o de prometer ou de relacionamentos como a amizade. A obrigação política se enquadra nesta última categoria porque nasce de um relacionamento que existe entre os concidadãos de uma comunidade política. Mas ela assinala a transição do pessoal para o político, uma vez que os cidadãos se desincumbem de suas obrigações políticas, em parte, por meio de uma entidade coletiva separada e artificial. As comunidades políticas são apenas agregações de indivíduos, mas alguns desses indivíduos têm papéis e poderes especiais que lhes permitem agir, sozinhos ou em conjunto, em nome da comunidade como um todo. Assim, devemos reconhecer um outro departamento de valor: o da moral política. A ética estuda como as pessoas devem administrar sua responsabilidade de viver bem, e a moral pessoal, o que cada qual, como indivíduo, deve aos outros indivíduos. A moral política, por sua vez, estuda o que todos nós, juntos, devemos uns aos outros enquanto indivíduos quando agimos em nome dessa pessoa coletiva artificial.

A mudança de assunto da moral pessoal para a moral política admite também uma mudança de estilo. Escrevi muito pouco sobre moral pessoal antes deste livro, e por isso os capítulos anteriores foram necessariamente expositivos e bastante detalhados. Por outro lado, escrevi bastante sobre a moral política, particularmente em meus livros *Life's Dominion* [*Domínio da vida*], *Sovereign Virtue* [*A virtude soberana*] e *Is Democracy Possible Here?* [*A democracia é possível aqui?*] Por isso os capítulos restantes podem ser mais resumidos. Peço a você que considere que esses livros estão incorporados neste como referências; vou indicar as partes específicas desses livros que desenvolvem os argumentos aqui resumidos. Minha pretensão é realizar o que foi sugerido nas primeiras páginas do Capítulo 1, demonstrando como as outras partes deste livro convergem para a moral política, assim como cada uma delas, juntamente com a moral política, poderia convergir em qualquer outra parte. Vou tentar entretecer a moral política na estrutura interpretativa geral. Daqui para a frente, vou lhe oferecer bastante vinho novo. Mas também há um pouco de vinho velho, e nesse caso, como eu já disse, o importante são os odres novos.

Estudamos a ética e a moral pessoal por meio do conceito de responsabilidade – o que as pessoas devem fazer por si mesmas ou pelos outros –, e não por meio da ideia de um direito, que com frequência corresponde àquele. A responsabilidade é um enfoque particularmente adequado para a ética, uma vez que, quando queremos julgar o que é viver bem, é mais natural e mais exato pensar naquilo que temos a responsabilidade de fazer, não no que temos o direito de exigir. Poderíamos ter estudado a moral por meio da ideia de direitos. Poderíamos, por exemplo, ter nos perguntado que tipo de ajuda todos nós temos o direito de esperar, até mesmo dos desconhecidos, ou que tipo de ajuda os amigos, os namorados ou cidadãos têm o direito de esperar uns dos outros. Quando entramos na moral política, no entanto, a ideia de direitos é claramente mais adequada que as de deveres ou obrigações, pois sua localização é mais precisa: os indivíduos têm direitos políticos, e pelo menos alguns deles correspondem não aos deveres de indivíduos particulares, mas aos deveres coletivos da comunidade.

Vamos partir da própria ideia de direito político: sua natureza e sua força. Que tipo de direitos cada um de nós, enquanto indivíduo, tem diante do Estado – diante de nós mesmos coletivamente? Temos de tomar cuidado, pois a palavra "direito" é usada em muitos sentidos diferentes. Dizemos que fulano é um homem "direito" ou que o governo tratou "direito" a questão do aquecimento global. Os políticos costumam afirmar que o povo tem "direito" a algo – a uma política de imigração mais restritiva, por exemplo – quando na verdade só querem dizer que o público quer essa política ou que, ao ver daquele político, tal política será melhor para o público. Às vezes, no entanto, a ideia de um direito político é usada de modo mais forte e mais criterioso: para declarar que determinados interesses dos particulares são tão importantes que devem ser protegidos até mesmo contra aquelas políticas que efetivamente melhorariam a situação do povo como um todo[1].

Capturando essa ideia, podemos afirmar que os direitos políticos atuam como trunfos contra justificativas de ação política que, de outro modo, seriam adequadas[2]. Uma política é normalmente justificada, por exemplo, caso vá deixar a comunidade mais segura, reduzindo os crimes violentos: no conjunto, trata-se de uma boa justificativa para aumentar os impostos a fim de financiar melhor a polícia. Mas o aumento de segurança não é justificativa adequada para a proibição de discursos impopulares nas ruas ou para que supostos terroristas permaneçam presos indefinidamente sem que as acusações contra eles sejam apreciadas pelo Judiciário. Estas políticas violam direitos políticos – o direito à liberdade de expressão e o direito de não ser punido sem um julgamento justo. A noção do direito como um trunfo é equivalente, na política, à noção mais familiar dessa ideia na moral pessoal. Posso dizer: "Sei que você poderia fazer mais bem para mais pessoas caso descumpra a promessa que me fez. Mas tenho o direito de que você a cumpra, mesmo assim."

Este capítulo estuda os direitos políticos entendidos como trunfos. Nesse sentido, trata somente de uma parte da moral política; ignora a questão muito mais ampla de saber quais são, de modo geral, as boas razões de que a comunidade política dispõe para exercer seu poder coercitivo de uma maneira e não de outra. Dizemos que o governo deve negociar tratados de comércio porque estes são bons para a balança comercial norte-americana, ou que o governo deve subsidiar os agricultores porque isso melhora a economia como um todo, ou que o governo deve abolir a pena de morte porque o seu uso avilta a nossa sociedade. Muitas alegações desse tipo são versões informais de um argumento utilitarista, baseado na ponderação de benefícios e malefícios. Admitimos que um novo aeroporto vai piorar a vida dos que moram nas proximidades, mas mesmo assim insistimos em que o aeroporto favorece o interesse geral, porque o número de pessoas direta e indiretamente beneficiadas será muito maior. Porém, nem todas as proposições sobre o interesse geral fazem apelo a um argumento utilitarista. Há quem pense, por exemplo, que, mesmo que a pena de morte diminua o número de homicídios e, portanto, contribua para um aumento líquido da felicidade, ela continua sendo injustificada, pois as mazelas morais que a matança oficial impõe à comunidade são maiores que o sofrimento causado por um pequeno aumento do número de homicídios.

Não vou discutir nenhuma dessas várias justificativas para os programas de ação política, mas é importante ter em mente sua amplitude e sua diversidade ao nos propormos a presente questão. Quais interesses dos indivíduos particulares são tão importantes que devem atuar como trunfos sobre quase todas essas outras justificações? Para os utilitaristas e outros consequencialistas que pensam que a justiça é necessariamente uma questão de agregação – de aperfeiçoar o bem-estar geral da comunidade como um todo –, a resposta correta será: nenhum. No entanto, já rejeitamos essa tese agregadora, de modo que a questão permanece em aberto para nós. Acaso existe algum interesse dos indivíduos particulares que, pela sua importância, deva atuar como trunfo sobre o bem-estar geral ou qualquer outra justificação que leve em conta a situação como um todo? Se houver, que interesse são esses – e por quê? Na verdade, já começamos a responder a essas perguntas cruciais. Começamos no capítulo anterior, quando discutimos a legitimidade política e os profundos vínculos que ligam essa ideia nodal e os dois princípios da dignidade humana que consideramos fundamentais tanto para a ética quanto para a moral.

Vou resumir a conclusão daquela discussão. Uma comunidade política não tem poder moral para criar e impor obrigações contra seus membros a menos que os trate com igual consideração e respeito, ou seja, a menos que, em seus programas de ação política, considere todos os seus destinos como igualmente importantes e respeite a responsabilidade individual de cada um deles pela própria vida. Esse princípio de legitimidade é a fonte mais abstrata dos direitos políticos. O governo não tem autoridade moral para coagir ninguém, nem mesmo com a finalidade de aperfeiçoar o bem-estar da comunidade como um todo, a menos que respeite essas duas exigências no que se refere a cada indivíduo. Os princípios de dignidade, portanto, declaram direitos políticos muito abstratos: ganham, como trunfos, das políticas coletivas do governo. Formamos a seguinte hipótese: todos os direitos políticos derivam desse direito fundamental. Para determinar e defender direitos particulares, temos de nos perguntar, de modo muito mais detalhado, quais são as exigências da igual consideração e respeito.

Essa hipótese explica a importância capital, na teoria política contemporânea, de certos conceitos interpretativos, entre os quais os de igualdade e liberdade. Nas democracias maduras, quase todos reconhecem, na qualidade de tese abstrata, que o governo deve tratar os governados com igual consideração e deve conceder-lhes as liberdades de que precisam para definir uma vida bem-sucedida para si próprios. Não há concordância, no entanto, acerca de quais são os direitos mais concretos que decorrem desses direitos abstratos. Não concordamos, por exemplo, quanto à questão de saber se o governo deve se esforçar para diminuir as desigualdades de riquezas entre os seus cidadãos, e, caso deva, até que ponto deve tentar fazer com que a riqueza seja absolutamente igual para todos. Também discordamos quanto à questão de saber até que ponto e de que modo o governo pode limitar a liberdade de ação de seus cidadãos sem deixar de reconhecer a responsabilidade deles pelas próprias vidas; discordamos, por exemplo, quanto à questão de saber se as leis que proíbem a pornografia ou o aborto ou que exigem o uso de cinto de segurança nos automóveis violam essa exigência da dignidade humana. É através das nossas respostas a essas perguntas que desenvolvemos uma teoria substantiva dos direitos políticos como trunfos. E é por isso que há tanta controvérsia sobre os direitos políticos entre as diversas culturas políticas e até mesmo dentro de cada cultura.

O jeito mais econômico de construir uma teoria substantiva dos direitos políticos consiste em construir e defender concepções desses conceitos interpretativos principais. É isso que vou tentar fazer nos capítulos seguintes. Lembre-se que nosso objetivo é o de interpretar os dois princípios fundamentais da dignidade de modo que não seja necessário comprometer nenhum dos dois em favor do outro – de modo que cada um deles complemente o outro e o reforce. Por isso, devemos rejeitar a opinião de que a liberdade e a igualdade são valores conflitantes, opinião essa que agora é popular entre os filósofos da política. Nossa esperança é definir a igualdade e a liberdade conjuntamente, tornando-as não somente compatíveis como também inextricavelmente ligadas.

Direitos políticos e direitos jurídicos

Os direitos jurídicos devem ser distinguidos dos outros direitos políticos, embora essa distinção não seja tão fácil de fazer quanto supõem muitos teóricos do direito. Discuto os direitos jurídicos e a distinção entre os direitos políticos e jurídicos no Capítulo 19. Por ora, podemos tomar um exemplo-padrão como paradigma dos direitos jurídicos: o direito jurídico é um direito proclamado pelo órgão legislativo de um governo legítimo, a ser imposto a pedido dos cidadãos individuais por meio, se necessário, de uma instituição judicial, como um tribunal. Um direito jurídico pode ter a finalidade de dar efeito a um direito político preexistente: uma lei geral que proíba as escolas públicas de excluir alunos de uma raça minoritária, por exemplo. Algumas comunidades políticas atribuem *status* especial a certos direitos legais desse tipo: tornam-nos direitos constitucionais que não podem ser cancelados pelos processos normais de legislação, mas somente, se for o caso, por um processo especial que exige uma aprovação popular extraordinária. A Constituição dos Estados Unidos, por exemplo, proíbe o governo de criar qualquer lei que negue a liberdade de religião. As Constituições de alguns Estados, como a África do Sul, impõem ao governo o dever de proporcionar certo nível de assistência médica a todos os cidadãos.

Mas nem todos os países transformam todos os direitos políticos em direitos constitucionais ou mesmo em direitos jurídicos ordinários. Os americanos têm o direito político à assistência médica e ao seguro-saúde, mas por muitas décadas – até 2010 – não tiveram o direito jurídico nem a uma coisa nem à outra. Seu governo descumpriu o dever que tinha para com eles, na medida em que não transformou seu direito político num direito jurídico. E todos os países criam direitos jurídicos que não têm a finalidade de corresponder a direitos políticos preexistentes. Uma lei que concede aos agricultores um subsídio para não plantar milho, por exemplo, cria um direito jurídico que não corresponde a nenhum direito político anterior. Não obstante, esse direito jurídico é ele próprio um direito político dotado, como tal, do poder de um trunfo: um tribunal tem o dever de mandar o governo pagar um subsídio estipulado por lei, mesmo que, por alguma razão, o ato de não concedê-lo a determinado agricultor correspondesse ao interesse geral.

Direitos humanos

O que são?

Os direitos humanos adquiriram boa reputação na imprensa depois da Segunda Guerra Mundial. Dezenas de convenções e tratados de direitos humanos foram assinados desde então, entre eles a Declaração Universal dos Direitos Humanos aprovada pela Assembleia Geral da ONU em 1948, a Convenção Europeia dos

Direitos do Homem e a Declaração do Cairo Sobre os Direitos Humanos no Islam. Centenas de livros, monografias e estudos sobre o tema foram publicados. Certas pessoas e instituições usam essa expressão a esmo e até de modo hiperbólico. Os candidatos em campanha declaram a existência de um direito humano quando querem dizer que alguma meta política – algum jeito de tornar o mundo melhor – é particularmente importante ou urgente. Proclamam, por exemplo, o direito humano de que nenhuma usina nuclear seja construída, de que nenhum alimento seja geneticamente modificado ou de que todo trabalhador goze de férias remuneradas anuais. Uso a expressão num sentido mais forte, que corresponde ao sentido forte de um direito político: o direito humano é um trunfo.

Nesse caso, como devemos distinguir os direitos humanos de outros direitos políticos que também atuam como trunfos? Parece haver ampla concordância em torno da tese de que nem todos os direitos políticos são direitos humanos. Aqueles que aceitam que o governo deve demonstrar igual consideração por todos os cidadãos discordam acerca do sistema econômico que esse princípio acarreta. Um mercado completamente livre? O socialismo? A redistribuição de acordo com algum padrão ou meta? Qual padrão e qual meta? Os igualitaristas, os libertários e os utilitaristas – todos eles apresentam suas opiniões como elementos indispensáveis da liberdade e da igualdade verdadeiras. Mas quase nenhum deles diria que os muitos países que discordam de suas opiniões são culpados de violar os direitos humanos: os libertários afirmam que a tributação é um roubo, mas poucos deles dizem que ela viola um direito humano. Por que não? Muitos pensam que os direitos humanos são especiais; de acordo com a maioria dos comentaristas e com a prática política, eles são mais importantes e fundamentais. De que modo?

Num primeiro momento, esta pergunta só tem função classificatória. Indaga qual é o padrão a que um direito deve atender para que seja considerado um direito humano, mas não necessariamente fornece ou mesmo sugere um critério adequado para determinar quais direitos atendem a esse padrão. Porém, como sublinhou Charles Beitz, nossa classificação não pode ser arbitrária[3]. Deve ser derivada de uma interpretação de algo que ele chama de prática "discursiva" dos direitos humanos, que agora inclui proposições consignadas em tratados e outros documentos internacionais e declaradas por autoridades políticas, associações internacionais de Estados, órgãos judiciais, ONGs e debatedores acadêmicos. Nossa classificação deve ser suficientemente compatível com essa prática para fazer com que nossa discussão lhe seja pertinente, embora não deva emitir nenhum juízo prévio quanto à questão de saber se os direitos particulares largamente reconhecidos no contexto da prática devem ser efetivamente aceitos como direitos humanos.

Alguns autores sugeriram a seguinte estratégia de classificação[4]. Os direitos humanos são aqueles que, na qualidade de trunfos, sobrepõem-se não somente às metas nacionais coletivas, mas também à soberania nacional entendida de determinada maneira. (Esta concepção de soberania é frequentemente chamada de concepção de Vestefália, pois figurava com destaque no entendimento do sistema de Estados nacionais definido pelos Tratados de Vestefália.) Segundo essa concepção, nenhum país ou grupo de países deve interferir nos assuntos internos de outro país. Os países não devem tentar, nem pelo uso da força, nem pela ameaça de usá-la, nem por outras sanções, ditar as políticas internas de outro país ou escolher seus governantes. Esses autores afirmam que devemos classificar como direitos humanos somente aqueles direitos que são importantes o suficiente para sobrepujar a soberania nacional entendida de acordo com essa concepção. Se aqueles que alegam ter autoridade sobre qualquer território violarem esses direitos humanos das pessoas que estão sob o seu poder, os outros países têm autorização para tentar detê-los por meios que, de outro modo, não poderiam usar – por meio de sanções econômicas ou até de uma invasão militar.

Se aceitássemos essa classificação e essa consequência, teríamos então de determinar, a partir de outros princípios, quais direitos políticos são suficientemente importantes para justificar sanções. Importantes ressalvas também seriam necessárias. Qualquer incursão militar ou sanção econômica severa teria de atender a dois critérios ulteriores. Em primeiro lugar, a organização ou Estado que propusesse tal sanção teria de ter autorização para fazê-lo segundo o direito internacional. Muitos juristas especializados em direito internacional creem que uma única instituição internacional, o Conselho de Segurança da ONU, pode autorizar esse tipo de ação; outros discordam. A segunda condição é igualmente importante: deve-se ter a expectativa razoável de que qualquer sanção desse tipo vá fazer mais bem do que mal. Mesmo que a invasão do Iraque, comandada pelos Estados Unidos em 2003, fosse lícita pelo direito internacional, ela não teria atendido a essa segunda estipulação.

Porém, mesmo quando levamos em conta essas condições ulteriores, a ideia do trunfo sobre a soberania parece representar um padrão por demais exigente. As convenções de direitos humanos incluem uma variedade de direitos que não justificariam nem sequer sanções econômicas, quanto mais a força militar. A Declaração Universal dos Direitos Humanos lista, como direitos humanos, os direitos à educação, à moradia, à assistência médica, ao casamento, à compensação adequada pelo trabalho, à igualdade salarial para aqueles que realizam o mesmo tipo de trabalho e à presunção de inocência nos julgamentos criminais. Um protocolo à Convenção Europeia dos Direitos do Homem proíbe a pena de morte. Mesmo assim, não seria correto que a comunidade das nações, mesmo que fosse autorizada pelo Conselho de Segurança e tivesse grande probabilidade de sucesso, entrasse à força em qualquer país para garantir a igualdade salarial para as mulheres ou escolas primárias mais adequadas, ou que invadisse a Flórida para fechar suas câmaras de gás e estabelecer aí o casamento entre pessoas do mesmo sexo. As sanções econômicas ou militares que inevitavelmente infligem grandes sofrimentos – na maioria das vezes, sobre os cidadãos mais vulneráveis do Estado atingido – só se justificam para pôr fim a atos verdadeiramente bárbaros: genocídio, prisão e tortura de adversários políticos ou uma discriminação selvagem e onipresente.

Caso você se sinta atraído pela classificação dos direitos humanos como trunfos sobre a soberania, talvez responda a essa objeção afirmando que as convenções de direitos humanos inflaram desmedidamente essa categoria de direitos: somente aqueles direitos cuja violação fosse realmente bárbara deveriam entrar nessa categoria; os demais deveriam ser rebaixados a uma categoria diferente. Isso, no entanto, seria uma pena, pois os ativistas políticos e as organizações internacionais, além dos órgãos judiciais nacionais e internacionais que desenvolvem o direito internacional, têm tirado grande proveito da possibilidade de tratar a larga variedade de direitos consignados nesses documentos como dotados daquele tipo de autoridade universal que a ideia de direitos humanos sugere. Se restringíssemos a categoria, teríamos de inventar uma categoria nova para encaixar aqueles direitos cujo reconhecimento e imposição seria cabível nesses outros contextos. Nesse sentido, é melhor usar a classificação mais abrangente; não necessariamente teremos de reconhecer todos os direitos estabelecidos nas convenções mais extravagantes, mas essa classificação pode ao menos explicar por que os diversos países e grupos foram tentados a incluir esses direitos no rol dos direitos humanos.

Outros autores experimentaram uma outra maneira de distinguir os direitos humanos de outros direitos políticos: não enfocaram o poder dos direitos humanos de autorizar sanções, mas o seu conteúdo substantivo. Esses autores buscam fórmulas que demonstrem por que os direitos humanos são particularmente importantes entre os direitos políticos. No entanto, tem-se mostrado difícil definir essas fórmulas; não é nada fácil traçar esse tipo de distinção. Todos os direitos políticos são particularmente importantes. Se penso que um Estado nega uma concepção correta de igual consideração porque não redistribui suficientemente entre os cidadãos pobres os resultados econômicos das transações de livre mercado, necessariamente pensarei que ele nega a certas pessoas a vida que elas têm o direito de levar. Condena algumas delas a uma pobreza injusta. O que poderia ser mais fundamental ou mais importante do que isso? Como, ao distinguir os direitos humanos, poderíamos identificar um nível mais fundamental de apoio do que aquele exigido pela própria dignidade das pessoas? Como essa pergunta sugere, as tentativas dos estudiosos de definir um nível mais fundamental e mais rigoroso têm se mostrado arbitrárias[5].

Sugiro uma estratégia diferente, baseada na distinção que introduzi em nossa discussão sobre a legitimidade, no Capítulo 14. Os países e os indivíduos discordam acerca de quais são os direitos políticos que as pessoas devem ter. Como acabamos de assinalar, discordam acerca de qual é o sistema econômico exigido pela correta concepção do igual respeito. Também discordam acerca de como entender o adequado respeito pela responsabilidade ética individual: alguns países tomam determinada religião como religião oficial do Estado, enquanto outros, entre eles os Estados

Unidos, postulam a inconstitucionalidade da oficialização da religião. Também discordam de mil outras maneiras sobre os direitos políticos. Temos de insistir, portanto, que, embora as pessoas de fato tenham o direito político à igual consideração e respeito concebidos da maneira correta, elas também têm um direito mais fundamental, por ser mais abstrato: têm o direito de ser tratadas com a atitude que esses debates pressupõem e refletem – o direito de ser tratadas *como* seres humanos cuja dignidade é de fundamental importância.

Esse direito mais abstrato – o direito a uma atitude – é o direito humano básico. Pode acontecer de um governo respeitar esse direito humano básico mesmo quando não alcança um entendimento correto dos direitos políticos mais concretos – mesmo quando sua estrutura tributária é, na nossa opinião, injusta. Distinguimos e aplicamos esse direito humano básico por meio da questão interpretativa descrita na nossa discussão sobre a legitimidade. Perguntamos: acaso as leis e os programas políticos de determinada comunidade política podem ser sensatamente interpretados como uma tentativa, embora malsucedida, de respeitar a dignidade daqueles que estão sujeitos ao seu poder? Ou será que pelo menos algumas dessas leis e programas políticos devem ser entendidos como uma rejeição dessas responsabilidades, quer em relação aos cidadãos como um todo, quer em relação a algum grupo dentre deles? Estas últimas leis ou programas políticos violam um direito humano.

Essa distinção entre os direitos humanos e outros direitos políticos tem grande importância prática e significação teórica. Trata-se da distinção entre um engano e um ato de desprezo. Torno a afirmar que o critério é interpretativo; não pode ser satisfeito pelas simples declarações de boa-fé do país em questão. É satisfeito somente quando a conduta geral do governo é defensável no contexto de uma concepção inteligível – mesmo que não seja convincente – daquilo que é exigido pelos nossos dois princípios de dignidade. É claro que os países e os juristas discordarão até mesmo acerca de como e onde esse limite deve ser traçado. Mas alguns juízes – aqueles que correspondem ao consenso mundial acerca dos direitos humanos mais básicos – serão óbvios[6]. Não há violação mais clara do primeiro princípio da dignidade do que aqueles atos que manifestam um preconceito flagrante – manifestações da suposta superioridade de uma casta sobre outra, dos crentes sobre os infiéis, dos arianos sobre os semitas ou dos brancos sobre os negros. São essas as atitudes que se evidenciam de modo mais horrendo nos genocídios. Às vezes, o desprezo é mais pessoal: aqueles que estão no poder humilham, estupram ou torturam suas vítimas simplesmente para demonstrar desprezo por elas ou, o que dá no mesmo, por diversão. Nenhum país que suponha que certas pessoas são de raça inferior ou que aceite passivamente que atos de humilhação e tortura sejam cometidos por diversão pode alegar fazer jus a qualquer concepção inteligível da dignidade humana.

Agora, examine rapidamente o segundo princípio: o de que os indivíduos têm a responsabilidade pessoal de definir o sucesso em suas próprias vidas. Esse princípio sustenta os tradicionais direitos liberais à liberdade de expressão, de consciência, de atividade política e de religião que estão inclusos na maioria dos documentos de direitos humanos. Diferentes países e culturas assumem diferentes pontos de vista acerca de como esses direitos liberais devem ser definidos e protegidos em seus detalhes. As sociedades também divergem acerca do que podemos chamar de um paternalismo superficial. A maioria das pessoas pensa que a educação compulsória até o fim da adolescência e a obrigatoriedade do uso de cinto de segurança são formas admissíveis de paternalismo, porque a primeira aumenta de modo geral a capacidade das pessoas de tomar conta das próprias vidas, ao passo que a segunda ajuda-as a realizar o que querem apesar de seus momentos de reconhecida fraqueza. Algumas sociedades promovem um paternalismo mais pesado, mas não violam os direitos humanos a menos que esse nível de interferência não possa, sem fugir à plausibilidade, ser entendido de um desses dois modos. Podemos dizer que as diferentes culturas políticas assumem diferentes pontos de vista acerca de como a responsabilidade individual dos indivíduos deve ser protegida.

Mas também é fato que alguns atos de governo não expressam um esforço sincero de definir e fazer valer essa responsabilidade, mas sim uma negação completa da responsabilidade pessoal. Os governos que proíbem o exercício de todas as religiões exceto uma, ou que punem a heresia e a blasfêmia, ou que negam em princípio a liberdade de expressão ou de imprensa violam os direitos humanos por aquele motivo. O mesmo se pode dizer dos governos que intimidam, matam ou torturam seres humanos porque odeiam ou temem suas opiniões políticas. O direito de não ser torturado é há muito tempo considerado o paradigma de todos os direitos humanos, ocupando universalmente o primeiro lugar na lista. O ato de oferecer incentivos como uma redução de pena a um criminoso condenado em troca de informações, por mais que possa parecer censurável sob outros pontos de vista, deixa intacta a capacidade do detento de ponderar os custos e as consequências. Como eu disse no Capítulo 10, a tortura tem a finalidade de extinguir essa faculdade, de reduzir sua vítima ao estado de um animal que já não tem a possibilidade de tomar decisões. Esse é o mais profundo insulto à sua dignidade tal como essa é concebida em nossos dois princípios. É a ofensa mais profunda aos seus direitos humanos.

A defesa de outros direitos humanos sob esse critério é igualmente convincente. O respeito à importância de qualquer vida proíbe o ato de infligir dano (e não o de deixar de ajudar) a algumas pessoas para o benefício de outras. Por isso, a punição deliberada daqueles que não cometeram crime nenhum é uma violação dos direitos humanos, mesmo quando seja supostamente praticada para o bem de todos; também é descaradamente incompatível com os direitos humanos que as punições não sejam infligidas por meio de procedimentos razoavelmente bem calculados para proteger os inocentes. Há controvérsia acerca de qual forma de julgamento e de quais procedimentos e salvaguardas são necessários, mas é incontroverso que alguma forma de julgamento é necessária; nesse sentido, toda prisão sem julgamento viola um direito humano. Como eu disse, é no mínimo plausível que certas formas de paternalismo sejam compatíveis com a responsabilidade pessoal. Porém, em nossa época, as leis que negam às mulheres os direitos de possuir bens em seu nome, de escolher sua profissão e de votar não podem ser conciliadas com a responsabilidade das mulheres por seu próprio destino. Esses casos são claros e incontroversos. Alguns atos desse tipo podem ser graves o suficiente para autorizar sanções econômicas formais e até uma intervenção militar, embora bárbara, desde que as duas condições cruciais que já descrevi sejam atendidas. Em casos menos graves e mais controversos, o fórum adequado para a intervenção não é uma guerra econômica ou militar, mas as câmaras das cortes e tribunais internacionais que recorrem aos tratados, ao direito internacional e a modos mais informais de pressão internacional para assegurar a observância.

Este entendimento dos direitos humanos ajuda a explicar o caráter abstrato dos tratados e documentos de direitos humanos que já mencionei. O preâmbulo da Declaração Universal se refere à "dignidade intrínseca [...] de todos os membros da família humana", e boa parte dos direitos que ela especifica parece simplesmente reafirmar essa ideia abstrata. Até suas disposições relativamente mais concretas – acerca da educação, do trabalho e da igualdade salarial – pressupõem uma interpretação que limite o seu âmbito para que se possam tornar aplicáveis na prática. Não devemos compreender essas disposições, bem como outros dispositivos comparáveis em outros tratados e documentos, como tentativas de definir os direitos humanos de forma detalhada, mas sim como diretrizes que apontam para áreas sensíveis nas quais as práticas de um país possam talvez evidenciar a atitude inaceitável que viola o direito humano básico. Eles suscitam questões interpretativas. Num determinado país, acaso seu histórico de regulação das manifestações políticas ou do jornalismo, ou ainda os seus serviços de assistência médica ou de educação pública, ou mesmo a sua política econômica mais ampla, demonstram uma tentativa sincera de respeitar a dignidade postulada no preâmbulo da Declaração? Ou será que demonstram indiferença ou desprezo por essa dignidade? Neste caso, segundo a Declaração, esse país violou um direito humano. Sob esse entendimento, os tratados e convenções de direitos humanos postulam questões que devem ser respondidas de forma interpretativa.

Nosso entendimento também é conveniente para responder a uma familiar pergunta da teoria dos direitos humanos. Acaso os direitos humanos são realmente universais? Ou todas as listas serão locais? Os direitos humanos dependem de características da cultura e da história locais que as declarações universais ignoram? Ou pelo menos alguns direitos humanos são independentes dessas circunstâncias? A cada uma dessas perguntas respondemos: sim e não. O juízo interpretativo, por sua própria natureza, deve ser sensível a diferentes condições econômicas e perfis políticos e culturais, pois todos estes claramente contribuem para que possamos determinar qual das interpretações disponíveis – qual dos esforços de realizar a igual consideração e respeito ou a indiferença a esses ideais – é a mais exata, levando em conta todos os dados. Uma política de saúde ou educação que demonstrasse um esforço sincero num país pobre demonstraria desprezo num país rico. Mas o padrão abstrato em si – o entendimento básico de que a dignidade exige a igual consideração pelo destino de todos e o pleno respeito pela responsabilidade pessoal – não é relativo. É verdadeiramente universal.

Isso não significa que esse padrão abstrato tenha sido ou ainda seja universalmente aplicado. Muito pelo contrário, está claro que isso não aconteceu e ainda não acontece. Porém, quando acreditamos nos direitos humanos – ou em quaisquer outros direitos, aliás –, temos de tomar partido quanto ao verdadeiro fundamento desses direitos. É possível que meu entendimento da dignidade humana seja defeituoso. Você precisa julgar por si mesmo e, se necessário, corrigir minha teoria. Mas, a menos que seja tentado a adotar um ceticismo global diante dos direitos humanos e políticos, terá de encontrar um fundamento para esses direitos em alguma formulação desse tipo, e terá de abraçar essa formulação não por encontrá-la embutida em alguma cultura ou vê-la partilhada por todos ou quase todos os países, mas porque acredita que ela é verdadeira. Suas aplicações da premissa básica devem ser sensíveis a uma variedade de circunstâncias que vigoram nas diferentes regiões e países. Mas todos os seus juízos devem ter seu fundamento último em algo que não é relativo: seu juízo acerca das condições da dignidade humana e das ameaças que o poder coercitivo inflige a essa dignidade.

Talvez você se preocupe com a possibilidade de que seja arrogância e falta de tato político afirmar a verdade absoluta como base de uma teoria dos direitos humanos. Certo crítico diz que minha teoria da dignidade é "teológica ou dogmática" e afirma que, uma vez que as diferentes culturas incorporam diferentes valores, é errôneo fundamentar uma teoria dos direitos humanos em qualquer uma dessas culturas[7]. Mas temos de fazer isso – não preferir uma cultura a outra, mas preferir a verdade tal como a discernimos. Não temos outra opção. Se procedêssemos de qualquer outra maneira – se buscássemos um denominador comum entre as culturas, por exemplo –, ainda precisaríamos de uma justificação para escolher essa estratégia, e nossa justificação não poderia se apoiar na popularidade, mas sim na verdade. A estratégia ecumenista representa, do começo ao fim, uma profunda confusão lógica.

Não há dúvida de que devemos levar em conta o pluralismo ao decidir qual teoria dos direitos humanos poderia ser objeto de concordância nos tratados e passível de imposição na prática. Talvez – embora isto não seja nem um pouco evidente – fosse sensato, como tática, não chamar a atenção para os princípios que fundamentam nossos pontos de vista quando sabemos que outros rejeitariam esses fundamentos. Mas, antes de começarmos a negociar ou persuadir, temos de saber o que nós mesmos cremos a respeito dos direitos humanos. Caso contrário, não poderemos ter em vista nenhum objetivo adequado.

Direitos humanos e religião

Entretanto, nossas dificuldades práticas e diplomáticas foram inutilmente multiplicadas pelo fato de tanta gente, na Europa e nos Estados Unidos, insistir em ligar os direitos humanos a alguma tradição religiosa. Se insistirmos em que a fonte e o fundamento últimos dos direitos humanos são religiosos, nosso apelo a esses direitos enfurecerá aqueles cujas tradições e convicções religiosas são muito diferentes das nossas, particularmente aqueles que creem que sua religião impõe os próprios atos que nós deploramos e queremos punir. Se insistirmos em que os direitos humanos se apoiam na religião, também confrontamos um paradoxo em nossos próprios valores. Acreditamos que a tolerância religiosa é um dos direitos humanos mais básicos, e pensamos, portanto, que a imposição às pessoas de doutrinas e práticas religiosas que elas não aceitam é uma violação dos direitos delas. Mas não é exatamente isso o que fazemos quando nossos exércitos invasores marcham sob a bandeira da retórica religiosa?

A ideia que gera essas dificuldades – a de que os direitos humanos têm uma base religiosa – é muito antiga. Muitos pensam que os direitos humanos descendem dos direitos naturais; estes, por sua vez, eram tidos como frutos da lei natural, a qual, pelo menos na tradição expositiva central dessa ideia, era entendida como uma lei divina. Pode até ser que Thomas Jefferson fosse ateu – há controvérsia entre os historiadores a esse respeito –, mas ele estava apenas refletindo as ideias recebidas e a retórica comum quando declarou ser evidente por si que o ser humano é "dotado pelo seu Criador dos direitos inalienáveis à vida, à liberdade e à busca da felicidade". O ex-presidente George W. Bush costumava proclamar que "a liberdade é o dom de Deus para todos", como se nossa liberdade fosse fruto de um divino ato de caridade. A origem religiosa dos direitos humanos é ainda mais manifesta nos países islâmicos. O artigo 24 da Declaração do Cairo sobre os Direitos Humanos no Islã, de 1990, por exemplo, diz: "Todos os direitos e liberdades mencionados nesta declaração estão sujeitos à *shari'a* islâmica"; e o artigo 25 acrescenta: "A *shari'a* islâmica é a única fonte para a interpretação ou explicação de cada um dos artigos desta declaração."

Na realidade, porém, nenhuma autoridade divina pode proporcionar um fundamento para os direitos humanos básicos. Muito pelo contrário, a lógica dos argumentos aponta na outra direção: temos de pressupor a existência independente e logicamente anterior dos direitos humanos a fim de aceitar as ideias de uma autoridade moral divina. Ao fazer essa afirmação, que talvez seja radical, não pressuponho nenhum ponto de vista específico acerca da existência ou caráter de um ou mais deuses. Não baseio minha rejeição de uma autoridade divina infundada nem no ateísmo nem em nenhuma outra forma de ceticismo. Pelo contrário, no que se refere a este capítulo, vou partir do princípio de que um único deus antropomórfico, tal com o concebido pelas religiões monoteístas tradicionais, existiu e existirá para sempre; que esse deus criou o universo e todas as suas formas de vida; que, em particular, criou os seres humanos à sua própria imagem; que é, além disso, um criador e destruidor todo-poderoso; e que é onisciente e providente. Sei que muita gente que se considera religiosa não aceita essa imagem tradicional. Essas pessoas expressam sua fé de um modo diferente e, ao meu ver, mais misterioso: naquelas declarações que mencionei no Capítulo 9, de que o universo contém uma força mais elevada ou abriga algo maior do que nós, ou de que só podemos vislumbrar a natureza divina "como num espelho, em enigma", e portanto não podemos supor um deus antropomórfico do qual nós sejamos a imagem. Mas será mais fácil para mim propor o argumento que tenho em mente se eu partir de uma cosmologia sobrenatural mais tradicional.

Na minha descrição rudimentar de um deus, eu não disse nada sobre a bondade ou a moralidade. Supus que o deus é um criador onipotente, mas isso não equivale a dizer – nem tampouco a negar – que esse deus seja bom ou que tenha autoridade moral, ou seja, que seus mandamentos imponham obrigações morais genuínas. É claro que as religiões abraâmicas atribuem a seu deus não só a onipotência e a onisciência, mas também a virtude e a autoridade morais; porém, quero postular uma separação entre esses dois elementos da visão religiosa global. As religiões, em geral, têm duas partes: a cosmológica e a avaliativa. Em primeiro lugar, elas respondem a indagações sobre o que *existe* e por quê. Como o mundo e suas partes, entre elas a vida em geral e a vida humana, vieram a existir? Quem ou o que determina como o mundo evoluirá? Acaso existe a alma? Nesse caso, o que acontece com ela depois da morte? Em segundo lugar, as religiões também respondem – de forma separada – a indagações sobre o que *deve existir* e por quê. O que é certo e o que é errado? O que é importante e o que não é? O que devo fazer com minha vida? Quando devo, por exemplo, sacrificá-la? Como devo tratar as outras pessoas? Quando posso ou devo matar, se é que posso?

Muitos teólogos e alguns filósofos consideram ilegítima essa distinção entre as duas partes da religião. Pensam eles que a bondade é um atributo natural do deus, de tal modo que seria impossível imaginar o seu extraordinário poder sem também imaginar a sua bondade. Com efeito, algumas versões do argumento ontológico em favor da existência de um deus (argumento que ainda é forte) incluem a bondade como uma propriedade necessária. Porém, a concepção que os antigos gregos tinham dos deuses era muito diferente; demonstra-se assim pelo menos a possibilidade conceitual de separarmos a onipotência da bondade, e isso é tudo que estou pressupondo. Além disso, reitero: não nego que o deus que estou pressupondo, a criatura onipotente e onisciente que criou todas as coisas, realmente seja bom, e que seus mandamentos tenham autoridade moral. Só estou perguntando qual é a fonte dessa bondade e dessa autoridade moral.

Segundo o princípio de Hume, essas propriedades morais não podem decorrer diretamente da onipotência e onisciência do deus: não podemos derivar um dever de um fato. Para podermos declarar com sensatez que o deus é bom e que os seus mandamentos devem ser obedecidos, temos de aceitar uma outra premissa de fundo que diga respeito aos valores. Você pode supor que um deus criou o universo e também criou você; pode supor que ele decretou ordens como os Dez Mandamentos. Mas não pode, simplesmente a partir desses fatos, inferir que tem alguma razão moral para obedecer a esses mandamentos ou que os mandamentos conduzirão a um estado de coisas moralmente bom, ou mesmo a um estado de coisas que seja desejável sob qualquer outro aspecto. Para derivar a autoridade moral de Deus do seu poder e conhecimento, precisamos de uma premissa adicional. Faça uma analogia com os governos. Os governantes terrestres são legítimos somente quando atendem a certos princípios de legitimidade procedimentais e substantivos. Essa exigência filosófica vigora não só para a soberania secular, mas também para a soberania divina.

Estou tomando partido numa antiga controvérsia teológica[8]. Será que o deus é bom porque obedece às leis morais ou será que certas leis morais são boas somente porque um deus as ordenou? Às vezes, essa controvérsia é apresentada na forma de um dilema. Se o deus deve obedecer às leis morais, ele não é onipotente, pois não pode mudar o que é certo ou errado, bom ou mau. Se, por outro lado, seus mandamentos criam a moral, ele é bom somente num sentido trivial e tautológico. O dilema é falso: a tese de que o poder de alguém é menor do que poderia ser porque esse alguém não pode transformar o mal em bem é simplesmente outra maneira de violar o princípio de Hume. Nenhum exercício de poder criativo, por colossal que seja, é capaz de abalar a verdade moral fundamental. Por isso, a familiar ideia de que um deus é a fonte última da moral é confusa: os argumentos dos antigos teólogos, que disseram que sua bondade reflete alguma lei ou verdade moral independente, têm mais razão de ser.

Evidentemente, não decorre daí que um deus não possa ter autoridade moral, não possa criar verdadeiros deveres morais por meio de seus comandos. O Parlamento não tem autoridade moral a menos que aja de acordo com os princípios fundamentais da moral política, mas, quando age de acordo com esses princípios, pode criar novas obrigações morais. É somente em virtude de uma declaração do Parlamento que tenho o dever moral de pagar tributos segundo certa alíquota. Por isso o fato de um deus não ter autoridade moral automática não desmente a proposição de que ele é responsável pelos direitos humanos. É possível que esses direitos sejam moralmente imperativos pelo puro e simples fato de um deus nos ter mandado respeitá-los. Se isso ocorre, no entanto, é porque um princípio mais básico dotou esse deus da autoridade moral de criar novos direitos morais. Qual poderia ser esse princípio mais básico?

O deus que estou imaginando, dotado de capacidades criativas e destrutivas ilimitadas, tem o poder de recompensar e punir todos os seres humanos. Pode mandar uma epidemia de AIDS para o Greenwich Village para punir os homossexuais e pode recompensar terroristas assassinos com um batalhão de virgens no paraíso. Muita gente atribui a autoridade moral de seu deus a esse poder de recompensar e punir. Porém, ameaças e subornos não são fontes de legitimidade. Outros atribuem a autoridade moral de seu deus ao fato de ele tê-los criado[9]. É muito comum a opinião de que o criador de alguma coisa – o escultor que mistura seu trabalho com um bloco de mármore – é dono daquilo que criou e portanto tem autoridade moral (limitada, sem dúvida) sobre o que acontece com isso. Mas os blocos de mármore não têm o dever moral de obedecer ao seu criador, e, de qualquer modo, os seres humanos não são blocos de mármore. Os filhos têm deveres para com os pais, os quais incluem, posto que por prazo limitado, certa obrigação de fazer o que os pais mandam. Mas, na medida em que essa autoridade inclui o poder de criar obrigações morais – a obrigação de participar em algum projeto conjunto da família, por exemplo –, ela depende de um sem-número de práticas e entendimentos sociais semelhantes aos que resenhamos no capítulo anterior. De qualquer modo, a autoridade paterna não nasce da mera criação: os pais adotivos têm a mesma autoridade moral que os pais biológicos. Se Deus tem a autoridade de criar novas obrigações morais, essa autoridade deve resultar de algum princípio diferente da teoria da propriedade de John Locke.

Aqueles cuja religião é instintiva objetarão agora que não precisamos encontrar nenhum princípio que conceda a um deus autoridade moral sobre nós. Basta dizer que sua autoridade é um simples fato moral que percebemos ou intuímos num ato de fé. Isso não equivale a uma recaída na tautologia de que tudo o que um deus faz é bom por definição. Podemos admitir que sua bondade é substantiva, mas ainda assim insistir em que somos capazes de perceber ou intuir sua autoridade moral diretamente, como um fato moral bruto, assim como muitos insistem em que percebem ou intuem sua existência e seu poder como atos brutos. Essa proposição deixa de lado, no entanto, a diferença crucial entre os domínios do fato e do valor, para a qual chamamos a atenção já várias vezes.

Se um deus existe, sua existência e suas realizações são questões de fato, mesmo que sejam fatos bastante especiais e exóticos. A autoridade moral de um deus, se ela existe, é uma questão de valor. As proposições factuais podem ser independentemente verdadeiras: o tipo de deus que estou imaginando pode existir como um fato bruto independente, e não em virtude de qualquer lei da natureza. A esfera do valor é diferente: ali, nada é independentemente verdadeiro. Algo só pode ser declarado certo ou errado em virtude de um princípio que se ramifica por todo o terreno da moral. As ideias de que o genocídio é errado ou de que os cidadãos pobres numa sociedade rica têm o direito à assistência médica básica não podem ser fatos morais brutos, captados pela simples intuição. Não pode acontecer de estarmos certos ou errados ao apresentar essas proposições sem que também, e consequentemente, estejamos certos ou errados acerca de muitas outras coisas. Podemos talvez ignorar os princípios em razão dos quais um ser onipotente e onisciente tem autoridade moral sobre nós. Porém, se acreditarmos que ele tem essa autoridade moral, também devemos aceitar que é possível, em princípio, construir uma teoria metódica dessa autoridade. Estou apenas repetindo, neste contexto mais restrito, as lições da Parte Um e do Capítulo 7.

Os argumentos em favor da autoridade moral de um deus, que estivemos examinando até agora, partem todos de algum fato que define singularmente esse deus: seu poder de punir ou recompensar, seu papel de criador do universo ou o poder epistêmico especial da fé religiosa. Precisamos de um argumento muito diferente, que não enfoque a singularidade de um ser sobrenatural, mas as condições gerais da autoridade moral, condições que valem até em contextos de poder menos sublimes. Encontramo-nos assim, imediatamente, de volta num terreno conhecido. Os soberanos políticos reivindicam para si a autoridade moral: reivindicam o poder de impor novas obrigações morais, por meio de leis e decretos, àqueles sujeitos ao seu domínio. Mas não reconhecemos essa autoridade moral a menos que o governo dos soberanos seja legítimo, e não aceitamos seu governo como legítimo a menos que ele tenha a atitude correta perante aqueles sobre os quais pretende exercer autoridade moral. O governo deve manifestar igual consideração pela importância da vida de todos e deve reconhecer a cada um a responsabilidade por sua própria vida. Se afirmamos que um deus tem autoridade moral sobre todos os povos, devemos então supor que ele tem igual consideração e respeito por todos. A ideia (popular em algumas religiões) de que o deus cuida somente ou principalmente dos adeptos de tal ou qual religião ou de uma etnia especial de fiéis subverte a alegação, feita por essa religião, de que seu deus tem autoridade moral.

Eu já disse que, aqui como em todos os outros departamentos do valor, temos de nos apoiar em nossas próprias convicções. Com a devida cortesia e depois de cabal reflexão, temos de insistir em que temos razão. Mas não podemos apelar à nossa religião ou ao nosso deus como prova dessa proposição. Podemos, caso isso nos pareça convincente, tratar nosso deus como um legislador moral em temas menos fundamentais: quanto aos elementos da nossa ética, da nossa moral pessoal ou mesmo da nossa moral política. Podemos chegar a pensar que a declaração feita por um deus torna verdadeiro algum ideal ético, alguma teoria sobre como viver. Mas não podemos, sem cair numa debilitante circularidade, tratar qualquer deus como fonte da parte mais fundamental da nossa moral política: nossas convicções sobre a legitimidade ou sobre os direitos humanos.

Meu argumento não menospreza a religião, que, ao longo de toda a história, tem sido uma força notável para o bem, e não somente para o mal. Embora o mal, consolidado pelo terror e pelo dogmatismo, talvez esteja em primeiro plano em nossa mente agora, a história é complexa demais para permitir que seja essa a palavra final. Meu objetivo foi, antes, o de situar num plano diferente a defesa dos direitos humanos. Quando defendemos os direitos inatos de todos os seres humanos, não precisamos nos apoiar em nossa própria religião, deixando para trás os adeptos das demais. Podemos argumentar não a partir do que nos divide, mas a partir do que nos une. Todos nós – muçulmanos, judeus, cristãos, ateus ou fanáticos – enfrentamos o mesmo desafio inescapável de uma vida a ser vivida, uma morte a ser enfrentada e uma dignidade a ser redimida.

Conceitos

Erro criterial

Encontramos nossos dois princípios da dignidade ao cabo de muitos caminhos de investigação – ética pessoal, moral pessoal, legitimidade política, direitos políticos e direitos humanos. Agora desenrolamos ainda mais esses princípios para explorar a igualdade e a liberdade, os dois conceitos interpretativos que dominam a política e a filosofia política. No meu entendimento, a liberdade inclui tanto a liberdade positiva quanto a negativa; incluo, portanto, o conceito de democracia como uma parte deste estudo. Discordamos acerca do real significado desses conceitos: acerca de o que realmente são a verdadeira democracia, a igualdade política e a liberdade negativa. Esses são os temas dos três capítulos seguintes. Apresento aqui um pequeno resumo prévio – que se refere ao Capítulo 8 e antecipa argumentos posteriores desta Parte Cinco – para demonstrar por que é tão importante compreender que esses conceitos são interpretativos. Muita energia se desperdiçou em razão do frustrante pressuposto de que a liberdade, a igualdade e a democracia são conceitos criteriais que podem ser explicados por meio de uma análise neutra que não faça suposição alguma acerca do seu valor ou importância. Todos esses esforços resultaram em paradoxos.

Liberdade

Pense, por exemplo, na definição clássica de liberdade de John Stuart Mill: a possibilidade de se fazer o que se quiser. Se a liberdade é isso, é claro que todos os Estados devem constantemente limitá-la; é isso que os Estados fazem quando proíbem o estupro ou o incêndio criminoso. Mas confrontamo-nos então com um dilema. É necessário criminalizar o incêndio criminoso e o estupro, mas, quando o fazemos, será que cometemos uma injustiça especial, comprometendo um importante valor? Se dissermos que não e ao mesmo tempo definirmos a liberdade de tal modo que tenhamos de afirmar que essas leis infringem a liberdade, na realidade não valorizamos a liberdade em si nem entendemos a liberdade enquanto tal como um elemento essencial da dignidade. Valorizamos somente uma outra coisa que é muitas vezes associada à liberdade. Mas o que é essa outra coisa? De nada vale afirmar que valorizamos somente a liberdade fundamental. Temos de explicar o que torna essa liberdade mais fundamental do qualquer outra, e não podemos, para dar essa explicação, supor que um atributo qualquer que chamamos de liberdade esteja mais em jogo quando uma liberdade fundamental está em questão.

Suponhamos, por outro lado, que se afirme que impedir as pessoas de fazer o que querem é em si mesmo um tipo especial de injustiça – é ruim em si impedir certas pessoas de estuprar outras –, mesmo quando essa injustiça é justificada de maneira geral. Precisamos, nesse caso, dizer o porquê. Se formos utilitaristas, como era Mill, poderíamos dizer que qualquer restrição que cause infelicidade ou frustração é danosa e é, portanto, uma ocasião de pesar, mesmo quando é necessária. Mas essa estratégia não prova que impedir alguém de fazer o que queira é um tipo especial de dano; simplesmente insere qualquer infelicidade causada por esse ato na "coluna dos custos" de um cálculo geral de felicidade, ao lado de outras fontes de infelicidade muito diferentes, como o fato de o governo não instalar ar-condicionado nos edifícios públicos. Não faz da liberdade nada de especial.

Não podemos, ainda, afirmar que impedir o estupro é um tipo especial de dano porque toda limitação da liberdade é um insulto à dignidade. Se estão corretos os argumentos do Capítulo 14 acerca da obrigação política, um governo legítimo não compromete a dignidade quando atua para proteger alguns cidadãos contra a violência dos outros. Se pensássemos que toda proibição do crime compromete automaticamente a dignidade, teríamos de tratar como graves erros boa parte do que os Estados atualmente fazem. A prefeitura não poderia, por exemplo, me impedir de pintar de roxo minha casa georgiana. Por não poder alegar que essa limitação é necessária para proteger a segurança ou a liberdade alheia, ela estaria sacrificando minha dignidade à simples estética.

Igualdade

O tratamento da igualdade como um conceito criterial foi igualmente infeliz, se não mais. Estimula a tese sumária de que a igualdade é *rasa* – todos terem a mesma quantidade de riqueza ao longo de toda a sua vida –, pois, quando entendemos a igualdade como um conceito criterial, nenhuma outra definição é plausível[10]. Atualmente, mesmo os liberais consideram respeitável a tese de que a igualdade é um falso valor, pois o importante não é que todos tenham a mesma riqueza, mas que os mais pobres não tenham menos do que o necessário para levar uma vida decente, ou para evitar grandes desigualdades, ou alguma coisa do tipo. Essa tese foi promovida por uma disputa deflagrada pela teoria da justiça distributiva de John Rawls. Seu "princípio da diferença" exige que qualquer desvio em relação à igualdade rasa dos "bens primários" só exista para melhorar a posição do grupo dos mais pobres[11]. Em algumas circunstâncias, esse princípio justificaria que se oferecesse uma renda alta às pessoas dotadas de talento para produzir riqueza, a fim de incentivá-las a exercitar esses talentos, pois isso daria mais riqueza a todos, inclusive aos mais pobres. Alguns críticos condenam o princípio da diferença por ser insuficientemente igualitário. Declaram que, pelas mais diversas razões sociais e pessoais, é preferível que todos tenham a mesma riqueza, e partilhem assim de um mesmo destino, a que alguns sejam ricos e outros, pobres, mesmo que nesse caso todos acabem possuindo menos riquezas materiais[12].

Mas outros críticos, mais numerosos, declaram que o princípio da diferença é demasiado igualitário, pois restringe seu enfoque ao grupo dos mais pobres: seria melhor, segundo eles, contentar-mo-nos com aquilo que muitos deles designam como a atribuição de uma "prioridade" menos rígida aos pobres[13]. Em geral, segundo eles, a ação política deve favorecer os que estão embaixo. Mas suponhamos que uma comunidade tenha de escolher entre uma estratégia econômica que trouxesse muito mais riqueza para a grande classe média e classe média baixa, por um lado, e uma estratégia diferente que diminuísse marginalmente a pobreza de um pequeno grupo de cidadãos muito pobres. Insistem esses críticos em que seria tolice preferir a segunda estratégia; ou, pelo menos, que seria tolice escolhê-la a menos que as alterações efetuadas pela segunda estratégia realmente transformassem a vida dos pobres, e não proporcionassem apenas uma melhora aparente. Ainda há outros críticos que rejeitam até essa posição aparentemente moderada. Declaram que a igualdade é um objetivo aviltante e defendem a tese de que a comunidade política deve depositar sua fé na liberdade. Alguns deles proclamam uma outra fé, já bastante desacreditada: a de que o fornecimento de incentivos aos talentosos produzirá riqueza suficiente para que parte dela "escorra para baixo" (*trickle down*) e chegue até os pobres[14]. Outros simplesmente declaram, ou pelo menos acreditam, que os pobres devem cuidar de si.

As discussões entre essas várias opiniões é prejudicada pelo pressuposto de que, quando debatemos a importância da igualdade, ou quando nos perguntamos quando ela deve ceder espaço a outros valores, como a prosperidade da classe média, estamos debatendo o quanto é importante que todos tenham as mesmas coisas. Enfrentamos então dificuldade análogas àquelas criadas pelo conceito supostamente neutro de liberdade. Será que a igualdade, assim compreendida, é um valor em si? Será intrinsecamente bom que todas as pessoas tenham a mesma quantidade de riqueza, de tal modo que qualquer desvio em relação a essa igualdade rasa seja lamentável, mesmo que seja justificado por uma consideração mais importante nas circunstâncias, tal como a racionalidade econômica? Isso não parece plausível. Por que é desejável que as pessoas tenham a mesma riqueza quando algumas gastam e outras poupam, algumas trabalham e outras se divertem?

Podemos concluir, por esses motivos, que a igualdade rasa não tem, em si mesma, nenhuma importância moral. Nesse caso, por que nos perguntamos até que ponto devemos nos esforçar para nos aproximar desse objetivo? Devemos então supor, como Rawls, que todos os desvios em relação à igualdade rasa precisam de uma justificação especial? Mas se, por outro lado, concluirmos que a igualdade rasa de riquezas é realmente boa em si mesma, por que esse valor deveria ser comprometido? E, se deveria, quando? Qual valor concorrente exige tal comprometimento e mede a extensão desejável deste? Como decidir, por exemplo, se no geral é melhor comprometer um pouco o valor intrínseco da igualdade de tal modo que a classe média possa ser mais próspera? A partir de qual perspectiva ou métrica neutra podemos formar e defender esse juízo? Mais uma vez, parece que tudo o que nos resta é um estéril embate de "intuições".

Democracia

O debate sobre a democracia – a igualdade na esfera política – foi prejudicado da mesma maneira. Os filósofos e cientistas políticos gravitaram na direção de uma definição supostamente neutra de democracia: a democracia é o governo de acordo com a vontade da maioria expressa por meio de eleições razoavelmente frequentes com sufrágio quase pleno, realizadas depois de debates políticos com liberdade de expressão e de imprensa. Brandindo uma definição desse tipo, juristas e políticos se perguntam se a prática americana do controle judicial de constitucionalidade das leis (agora imitada em maior ou menor medida por muitos outros países) pode ser justificada. Nessa prática, um órgão judicial – em última instância, nos Estados Unidos, a Suprema Corte – pode declarar que uma lei aprovada por um Parlamento que representa a vontade da maioria é, não obstante, tão contrária aos direitos constitucionais vitais que ela não tem nenhum efeito legal. Alguns juristas e filósofos condenam essa prática por ser contrária à democracia. Outros defendem-na, alegando que, embora a democracia seja importante, ela não é o único valor e deve, às vezes, ser comprometida em nome de outros valores, como os direitos humanos.

Mais uma vez, essa abordagem não produz senão dilemas: encontramos o mesmo problema que já conhecemos. Será a democracia, entendida como o governo da maioria, valiosa em si mesma? Isso parece no mínimo duvidoso. Por que o fato de um número maior de pessoas favorecer determinado curso de ação seria um sinal de que o curso favorecido é melhor ou mais justo? Poderíamos responder: quando os membros de um empreendimento conjunto discordam acerca do que deve ser feito, a única solução justa é a contagem de votos. Mas essa tese deve ser rejeitada enquanto princípio universal do jogo limpo: não é automaticamente verdadeira. Outro venerável exemplo filosófico: quando um bote salva-vidas está superlotado e um passageiro tem de ser jogado ao mar para salvar os demais, o voto da maioria parece ser o pior método para se escolher a vítima. Os apegos e antagonismos pessoais desempenhariam um papel que não deveriam desempenhar, de modo que um sorteio seria muito superior. Esses apegos e antagonismos também infectam a política, mas em escala muito maior; com isso, a ideia de que o voto da maioria é intrínseca ou automaticamente justo nesse contexto parece, no mínimo, duvidosa.

Porém, se a democracia significa o domínio da maioria e este não é desejável em si mesmo, por que devemos zelar tanto pela proteção da nossa democracia? Ou para levar a democracia a outros países pelos mais diversos meios por nós adotados? Por que tantos debates para sabermos se o controle judicial de constitucionalidade das leis é democrático ou se a substituição do nosso sistema eleitoral majoritário por um sistema proporcional nos tornaria mais democráticos? Destes e de mil outros modos, nós tratamos a democracia como um valor; se aceitássemos que ela não é um valor – que não há nela nada de intrinsecamente bom –, boa parte da nossa vida política seria tolice.

Um programa melhor

Não há nada que recomende as definições padronizadas de igualdade, liberdade e democracia propostas por Mill, Rawls e a maioria dos cientistas políticos. Elas não refletem os critérios que todos usam para identificar as políticas igualitárias, as sociedades liberais e as instituições democráticas, pois esses critérios comuns não existem; se existissem, não discutiríamos tanto. Alguns filósofos que supõem que todos os conceitos sejam criteriais concluem que a ausência de concordância inutiliza os conceitos, de modo que teríamos de nos virar sem eles. Não devemos nos perguntar qual sistema de governo é o mais democrático, mas sim qual é melhor em seu conjunto; não devemos nos perguntar se a igualdade ou a liberdade são boas, mas sim qual é a melhor distribuição dos recursos ou das oportunidades. No entanto, essa abordagem redutiva é enganadora. É adequada somente para aqueles que já esposam alguma teoria (como as versões mais fantásticas do utilitarismo) que proponha uma única métrica factual do valor político pela qual todas as políticas e instituições possam ser avaliadas. Sem tal fantasia, encontramo-nos sem leme no meio da correnteza. Como começar a decidir qual forma de governo ou de distribuição de recursos é a melhor, se não dispomos de ideais de fundo que nos orientem?

Tudo melhora quando admitimos que os familiares conceitos de virtude política são interpretativos. Então, compreendemos por que eles têm tanto destaque na política dos países cujas culturas políticas sofreram drástica reforma na época do Iluminismo. Compreendemos por que as revoluções que definiram esses países foram explicitamente dedicadas à liberdade, à igualdade e à democracia, mas, mesmo assim, não chegaram a estabelecer o sentido dessas coisas. Também compreendemos como devemos proceder para desenvolver nossas próprias concepções desses valores, nossas convicções acerca dos direitos políticos concretos que eles designam. A correta distribuição da riqueza em bens privados e coletivos é a distribuição exigida pela obrigação da comunidade de tratar com igual consideração a vida de cada uns dos seus membros. Para uma comunidade que aceita o primeiro princípio da dignidade, uma teoria da igualdade econômica é uma teoria da justiça distributiva: os dois conceitos são idênticos. Para uma comunidade que aceita o segundo princípio, qualquer concepção da liberdade deve demonstrar o devido respeito pela responsabilidade de cada pessoa de identificar e buscar o sucesso em sua própria vida. Uma concepção de liberdade inclui uma concepção dessa responsabilidade. Numa comunidade desse tipo, a distribuição do poder político deve refletir ambos esses princípios: as estruturas e as decisões do governo devem reconhecer tanto a igual importância dos cidadãos quanto sua responsabilidade pessoal. Uma concepção da democracia é uma concepção de como melhor enfrentar esse desafio por meio das estruturas e práticas políticas. Uma vez que temos o objetivo de interpretar nossos dois princípios de modo que eles não conflitem entre si, mas se apoiem um ao outro, temos de tentar desenvolver concepções de igualdade, liberdade e democracia que também se apoiem umas às outras.

Essa estratégia de estudo dos direitos políticos é completamente diferente daquilo que se costuma chamar de abordagem histórica. Muitos filósofos – Isaiah Berlin e Bernard Williams foram exemplos de destaque em épocas recentes – defenderam a tese de que não podemos aquilatar o caráter ou a força de um conceito político, como o de liberdade, sem antes adquirir, por meio da história, uma noção de o que esse conceito significava para nossos predecessores políticos[15]. Em certo sentido, o projeto que recomendo é histórico: será correto tratar a liberdade, a igualdade, a democracia como conceitos interpretativos somente se esses conceitos efetivamente funcionarem como tais, e a questão de saber se funcionam ou não tem uma dimensão histórica. Desse modo, a interpretação incorpora a história, mas a história não determina a interpretação.

Não estou querendo dizer que um conceito só é interpretativo quando aqueles que o usam o compreendem como tal. Como já afirmei, pouquíssima gente tem o conceito de "conceito", quanto mais de conceito interpretativo. O que estou querendo dizer é que temos de ser capazes de chegar ao melhor entendimento do uso do conceito no decorrer da história – ao melhor entendimento dos modos pelos quais as pessoas consideram estar concordando e discordando – pressupondo que ele seja interpretativo.

O fato de que, ao longo de toda a história moderna, muita gente supôs que a tributação infringe a liberdade ou que a democracia é o domínio absoluto da maioria não significa que uma interpretação que negue essas suposições seja falsa. Pode ser que essas suposições estivessem erradas, e penso que estavam. Talvez os filósofos que acreditam que o estudo desses conceitos deve ser histórico tenham simplesmente pressuposto que os conceitos são criteriais. Nesse caso, a abordagem a-histórica é a deles, e não a que recomendo.

IGUALDADE

Filosofia e vergonha

A pobreza é um tema estranho para a filosofia reflexiva; parece que deveria suscitar somente indignação e luta. Na maioria dos países ricos, a distância entre os abastados e os pobres é excessivamente grande; em alguns, entre os quais os Estados Unidos, essa distância aumenta sem parar. Nessas circunstâncias, a filosofia política acadêmica parece artificial e autocomplacente. Quase inevitavelmente, as teorias da justiça distributiva recomendam reformas radicais nas comunidades capitalistas avançadas em que são estudadas com mais entusiasmo. Mas a possibilidade prática de qualquer reforma semelhante às que elas recomendam é remota. Os políticos de esquerda lutam, com módico êxito (na melhor das hipóteses), para conseguir melhoras pontuais para os mais pobres; e a melhor política é aquela que não pede mais do que a maioria bem de vida está disposta a dar. O abismo entre a teoria e a política é especialmente grande e deprimente nas comunidades marcadas pela diversidade racial ou étnica; as maiorias continuam relutando em ajudar os pobres que são muito diferentes delas[1]. Mesmo assim, é importante continuar incomodando os abastados com argumentos, especialmente num momento (como, a meu ver, é o atual) em que seu egoísmo macula a legitimidade da própria política que os torna abastados. No mínimo, não devemos permitir que eles pensem que têm justificativa para serem egoístas.

Há um outro sentido em que as teorias da justiça distributiva são altamente artificiais. Elas se apoiam fortemente em elementos fantásticos: antigos contratos fictícios, negociações entre pessoas que sofrem de amnésia, apólices de seguro que jamais serão escritas nem vendidas. John Rawls imagina indivíduos negociando os termos de uma constituição política original por trás de um véu opaco que oculta de cada um aquilo que ele realmente é, pensa e quer. Eu imagino um leilão realizado numa ilha deserta e que talvez demore meses para terminar. Este segundo tipo de artificialidade, no entanto, é inevitável. Para podermos rejeitar a política como árbitro final da justiça, temos de fornecer alguma outra coisa que defina as exigências da justiça, algum outro modo de demonstrar o que a igual consideração e respeito efetivamente exige. Dada a nossa estrutura econômica complexa e profundamente injusta, dotada de uma história densa, é difícil fazer isso sem utilizar exemplos heroicamente contrafactuais.

Seria mais que inútil, no entanto, que os filósofos políticos descrevessem sociedades angelicais das quais os seres humanos de verdade não pudessem sequer se aproximar, ou que supusessem que nossas comunidades pudessem ser melhoradas somente se recomeçassem do zero: se voltassem voluntariamente a um estado de natureza ou se isolassem numa ilha levando consigo convenientes véus ou fichas de leilão. Para ser útil, uma teoria da justiça distributiva deve demonstrar quais passos mínimos que realmente podemos dar agora encaminham-se na direção correta[2]. Se os filósofos constroem torres de marfim, devem colocar uma Rapunzel no alto delas para que possamos ir galgando-as aos poucos. O economista Amartya Sen criticou as teorias da justiça por ele denominadas "transcendentalistas", apresentadas por Rawls e outros, eu inclusive; diz que elas se preocupam exclusivamente com tentativas de alcançar a perfeição "de uma vez por todas" e, concomitantemente, desconsideram os juízos comparativos sobre os sistemas políticos efetivos. Sua crítica é infundada, mas, se fosse correta, seria destruidora[3].

Falsas concepções

Laissez-faire

O governo coercitivo só é legítimo quando se esforça para demonstrar igual consideração pelos destinos de todos os governados e pleno respeito pela responsabilidade pessoal que eles têm pelas próprias vidas. (Edwin Baker encara com reservas esta proposição, mesmo nesse nível de abstração.)[4] Por sabermos que a verdade moral não pode ser independentemente verdadeira, temos de buscar uma interpretação dessas duas exigências que não produza conflito, mas em que elas se reforcem uma à outra. Certa interpretação da primeira exigência é disseminada entre os conservadores e, com efeito, eliminaria o conflito. Ela nega que a distribuição dos recursos materiais seja, sob qualquer aspecto, uma função do governo. Deste ponto de vista, o governo trata as pessoas com igual consideração quando simplesmente lhes concede toda a liberdade de que precisam para trabalhar, comprar e vender, poupar ou gastar como elas próprias podem ou querem fazer. Nesse caso, o grau de riqueza delas seria extremamente desigual, porque certas pessoas têm muito mais talento que as outras para produzir e administrar, são mais sábias para investir e mais frugais nos gastos, e algumas inevitavelmente têm mais sorte. Mas nada disso é feito pelo governo, de modo que não pode ser entendido como sinal de falta de igual consideração pelos que fracassam. Do mesmo modo, o fato de a maioria dos corredores perderem a corrida não é sinal de que os organizadores desta tenham falta de consideração pelos perdedores.

Este argumento, embora popular, é tolo, pois pressupõe que o governo pode ser neutro diante dos resultados da corrida econômica. Na realidade, tudo o que o governo de uma grande comunidade política faz ou deixa de fazer afeta os recursos de cada um dos seus cidadãos e o sucesso por eles alcançado. É claro que seus recursos e seu sucesso também dependem de muitas outras variáveis, entre as quais suas capacidades físicas e mentais, suas escolhas passadas, sua sorte, as atitudes dos outros em relação a eles e seu poder ou desejo de produzir o que os outros querem. Podemos dizer que estas são as variáveis econômicas pessoais. Mas os efeitos dessas variáveis pessoais sob os recursos e as oportunidades reais de cada cidadão dependerão também, em todos os casos, das variáveis políticas: das leis e dos programas de ação política adotados pelas comunidades em que ele vive ou trabalha.

As leis e programas de ação política de uma comunidade constituem o seu acordo político. É evidente que a legislação tributária é um elemento central do acordo político, mas todas as outras partes da legislação também pertencem a esse acordo: as políticas fiscal e monetária, as leis trabalhistas, as leis e programas ambientais, o planejamento urbano, a política externa, a política de assistência médica, a política de transporte, as regulamentações de alimentos e medicamentos e tudo o mais. Quando se modifica qualquer uma dessas leis ou programas de ação política, modifica-se também a distribuição da riqueza e das oportunidades na comunidade, dadas as mesmas escolhas, a mesma sorte, as mesmas capacidades e todas as outras variáveis pessoais de cada cidadão. Por isso, não podemos fugir ao desafio da igual consideração afirmando que os recursos do indivíduo dependem de suas escolhas, e não das escolhas do governo. Dependem de ambos. O acordo político, que está sob o controle da comunidade, determina as oportunidades e consequências das escolhas para cada indivíduo em cada um dos domínios de sua vida – educação, formação, emprego, investimento, produção e lazer – e para cada um dos acontecimentos de sorte ou azar com que ele por acaso se depare. É um subterfúgio canhestro dizer que uma política de *laissez-faire*, que se resume a um conjunto de leis, não é um ato do governo.

A analogia com a corrida revela a debilidade da tese de que o governo pode ser neutro diante da distribuição dos recursos. As corridas bem organizadas não são neutras: são feitas de tal modo que as pessoas dotadas de determinadas habilidades tenham mais probabilidade de vencer. Esse tipo de estruturação não é uma parcialidade; trata as pessoas como iguais porque supõe que elas têm em comum determinada noção da finalidade daquele empreendimento. Mas a finalidade da convivência em comunidades políticas legítimas regidas pelo princípio da dignidade não é a de identificar e recompensar um conjunto específico de habilidades, qualidades ou sorte; por isso, é possível que as leis que tendem a produzir tal resultado sejam parciais.

Utilidade

Essa observação pode, no entanto, sugerir uma estratégia diferente para defender uma política de *laissez-faire*. Desse ponto de vista, a finalidade do governo é identificar e recompensar a habilidade produtiva, não como um fim em si mesma, mas com o objetivo de tornar a comunidade mais próspera em seu conjunto. Podemos apresentar essa proposição de modo mais formal com o vocabulário do utilitarismo: tratamos todas as pessoas como iguais, valorizando igualmente o prazer de cada um (ou sua felicidade, ou seu bem-estar, ou seu sucesso) ao escolher políticas que aumentem o agregado de prazer (ou de alguma outra dessas qualidades) na comunidade como um todo. O utilitarismo foi e continua sendo uma posição influente na teoria política. Mas sua interpretação da igual consideração não é convincente. Os pais não demonstrariam igual consideração por todos os seus filhos se empenhassem todo o seu orçamento para educar somente aqueles que tivessem mais probabilidade de se dar bem no mercado. Isso não é tratar o sucesso da vida de cada filho como igualmente importante. A consideração por um grande grupo de pessoas não é a mesma coisa que a consideração pelos seus membros um a um. É fato que a estratégia de agregação valoriza a felicidade, o bem-estar ou alguma outra interpretação da utilidade, independentemente das pessoas em quem essas qualidades residem. Mas isso é consideração por uma qualidade, não por uma pessoa.

Bem-estar

Essas duas respostas ao desafio da igual consideração – a de que a distribuição dos recursos não cabe ao governo e a de que o objetivo do governo deve ser o de maximizar algum bem agregado – têm pelo menos esta virtude: recomendam políticas que respeitam a responsabilidade individual das pessoas pela sua vida. Mas nenhuma delas oferece uma concepção razoável de o que seja tratar as pessoas com igual consideração. Chamemos a atenção, agora, para um grupo de teorias que fracassam no sentido oposto. Elas procuram igualar as pessoas quanto ao bem-estar ou à capacidade entendidos de acordo com alguma concepção de o que seja o bem-estar ou de quais oportunidades ou capacidades sejam importantes.

Visam, por exemplo, tornar as pessoas igualmente felizes ou dar prioridade às menos felizes, tudo isso de acordo com a medida proporcionada por algum tipo de contador Geiger de felicidade. Ou, senão, pretendem tornar todas as pessoas igualmente bem-

-sucedidas, cada uma de acordo com o seu próprio critério; ou igualar suas oportunidades para alcançar a felicidade ou o bem-estar[5]; ou, ainda, igualar suas "capacidades" (*capabilities*) gerais[6]. Mas os indivíduos discordam acerca do sentido da felicidade e atribuem-lhe diferentes valores; alguns se dispõem, até almejam, a sacrificar a felicidade por outros objetivos. Também discordam acerca de o que pode fazer com que sua vida seja bem-sucedida: alguns têm planos muito mais ambiciosos – e caros – que os outros. Por ambas essas razões, eles também diferem em suas opiniões acerca de quais oportunidades de felicidade necessitam e de quais capacidades são mais importantes. Se uma comunidade se dispõe a igualar as pessoas no que se refere a qualquer um desses aspectos do bem-estar, ela necessariamente impõe a todos o seu juízo coletivo acerca de quais vidas são boas e de como viver bem. Além disso, aniquila a responsabilidade pessoal de um modo ainda mais fundamental: busca garantir que os indivíduos sejam iguais quanto a determinado aspecto do bem-estar, independentemente das escolhas que fizeram e dos riscos que correram. Nesse caso, a responsabilidade pessoal não vale quase nada.

Precisamos tentar evitar ambos esses erros: precisamos de uma teoria da justiça distributiva que satisfaça aos nossos dois princípios. As teorias do bem-estar mencionadas no parágrafo anterior mostram que, para fazer isso, não podemos escolher como métrica básica a felicidade, as oportunidades ou as capacidades para alcançar a felicidade, mas sim algum critério de igualdade que seja, tanto quanto possível, livre de quaisquer pressupostos acerca do bem-estar. Temos de nos concentrar nos recursos, não no bem-estar, e temos de distinguir entre os recursos pessoais e os impessoais. Os recursos pessoais são as capacidades físicas e mentais do indivíduo; os recursos impessoais são a sua riqueza, medida de modo tão abstrato quanto possível. Somente os recursos impessoais podem ser medidos sem que se façam suposições acerca do bem-estar, e somente eles podem ser distribuídos por meio de transações econômicas e redistribuídos por meio da tributação ou de outros programas do governo. Numa primeira aproximação, precisamos visar que os membros da nossa comunidade políticas sejam iguais quanto a esses recursos materiais. Essa meta pode parecer perversa, porque visa tornar as pessoas iguais naquilo que elas valorizam somente como um meio[7]. Os indivíduos razoáveis não querem os recursos como um fim em si, mas querem-nos com a finalidade de melhorar suas vidas ou de vivê-las melhor. Porém, é essa a questão. A comunidade que respeita a responsabilidade ética pessoal deve-se concentrar numa justa distribuição dos meios ao fixar seu acordo político. Deve deixar a escolha dos fins a cargo dos cidadãos, um por um[8].

Igualdade de recursos

O teste da inveja

Qual acordo político, e em vista de qual distribuição de recursos, se encaixa nos nossos dois princípios conjuntamente? Propus uma resposta de fantasia[9]. Imagine um grupo de náufragos numa ilha desabitada e dotada de diversos recursos naturais. Cada um deles recebe um número igual de conchas a serem usadas como fichas, e todos competem num leilão pela propriedade individual dos recursos da ilha. Quando o leilão finalmente termina e todos estão convictos de que usaram suas conchas do modo mais eficiente possível, o seguinte teste da "inveja" será necessariamente satisfeito: ninguém vai querer trocar seu pacote de recursos pelo pacote de qualquer outra pessoa, pois, caso o quisesse, poderia ter adquirido esse outro pacote em lugar do seu. Uma vez que o resultado é, nesse sentido, uma distribuição que não dá lugar à inveja, a estratégia trata a todos com igual consideração. Cada pessoa compreende que sua situação reflete essa igual consideração: sua riqueza é uma função não somente do que ela quer, mas também do que os outros querem. A estratégia também respeita a responsabilidade pessoal de cada participante do leilão por seus próprios valores. Ele usa as suas conchas para adquirir os recursos que considera mais adequados para a vida que lhe parece a melhor. Ao projetar essa vida, ele é limitado pelas escolhas dos outros e, portanto, por aquilo que se lhe faz disponível para a vida que ele projeta. Suas escolhas não são limitadas por nenhum juízo coletivo acerca do que é importante na vida, mas somente pelos verdadeiros custos de oportunidade que suas escolhas impõem aos outros. (Discuto numa nota a natureza dos verdadeiros custos de oportunidade e do seu papel no estabelecimento de uma teoria da justiça, bem como os comentários de Samuel Freeman sobre esse papel[10].)

A distribuição de fantasia respeita os nossos dois princípios: proporciona concepções atraentes tanto da igual consideração quanto do pleno respeito. Mas eu e você não somos náufragos numa ilha recém-descoberta e naturalmente rica. Em que medida e de que modo podemos nos orientar por essa fantasia na situação muito diferente das economias modernas? A narrativa nos dá uma lição negativa imediata. Uma economia socialista ou economia de comando em que os preços, os salários e a produção sejam determinados coletivamente pelas autoridades seria uma realização muito imperfeita dos nossos valores. As decisões de uma economia de comando são coletivas: refletem uma decisão coletiva acerca de quais ambições e, portanto, de quais recursos, são os mais adequados para uma boa vida. O livre mercado não é o inimigo da igualdade, como frequentemente se supõe, mas é, isto sim, indispensável para a igualdade verdadeira. Uma economia igualitária é, basicamente, uma economia capitalista.

Imediatamente, no entanto, devemos fazer duas ressalvas a essa proposição simples. Em primeiro lugar, é essencial para a justiça do leilão que o preço que cada um paga por aquilo que adquire reflita os verdadeiros custos de oportunidade que sua aquisição impõe aos outros; no entanto, os mercados reais das economias capitalistas encontram-se frequentemente corrompidos, de modo que neles essa condição não vigora. Isso significa que, muitas vezes, a regulação é necessária para aperfeiçoar a liberdade ou a eficiência de um mercado: para protegê-lo contra as distorções provenientes dos monopólios ou de fatores externos. Essas distorções incluem (como ficamos sabendo há pouco) o risco exagerado da busca de lucros exagerados, numa situação em que o risco é incorrido principalmente por aqueles que não participaram da decisão e pouco participariam dos ganhos, se ganhos houvesse. Os efeitos do clima são outro exemplo importante de distorção: uma vez que não fácil estruturar o mercado de modo a refletir os custos de oportunidade que o consumo atual de energia impõe às gerações futuras, uma regulação extramercado parece necessária. Esses ajustes do livre mercado não contradizem o espírito deste entendimento da igual consideração; pelo contrário, fazem valer esse entendimento, na medida em que compatibilizam de maneira mais perfeita os recursos das pessoas com os verdadeiros custos de oportunidade daquilo que elas fazem ou consomem.

A segunda ressalva é muito diferente, e dela devemos nos ocupar por mais tempo. Eu disse que o leilão de fantasia demonstra igual consideração porque o resultado satisfaz ao teste da inveja que descrevi. As posses de cada náufrago são determinadas por suas próprias escolhas, dadas as escolhas que os outros fazem a partir da mesma base. No entanto, quando o leilão finalmente termina e os náufragos iniciam sua vida econômica, o teste da inveja logo deixa de funcionar. Os náufragos plantam, constroem e consomem usando os recursos que adquiriram no leilão, e fazem transações uns com os outros, cada qual procurando melhorar a sua situação. Algumas das diferenças geradas por meio dessa atividade refletem as escolhas deles – de consumir em vez de poupar, de descansar em vez de trabalhar ou de produzir poesia, que ninguém quer, em vez de milho, que todos querem. O teste da inveja, aplicado no decorrer do tempo, ainda é satisfeito apesar dessas diferenças: os recursos das pessoas continuam refletindo suas escolhas. Mas há outras diferenças que corrompem o teste. Alguns náufragos não têm talento para produzir o que o mercado valoriza, ou ficam doentes, ou fazem investimentos responsáveis que fracassam mesmo assim. Quando isso acontece, eles dispõem de menos recursos com os quais construir suas vidas, não em consequência das escolhas que fizeram, mas apesar delas. Agora, o teste da inveja não é satisfeito, pois seus recursos já não dependem, no fim das contas, unicamente de suas escolhas. O mercado já não é igualitário.

Ex ante ou *ex post*?

Como devemos reagir? Numa corrida justa, os corredores se encontram todos na mesma posição antes de a corrida começar. São iguais *ex ante*. Mas não ocupam a mesma posição depois da corrida: *ex post*, um deles ganhou dos outros. Qual é o foco temporal correto para a justiça? Será que o igual respeito exige que tentemos atender ao teste da inveja, na medida do possível, *ex ante*, antes do impacto das transações da sorte? Ou *ex post*, depois de decorrerem todos esses eventos? O governo comprometido com a igualdade *ex post* pretende, na medida do possível, levar os cidadãos a quem faltam as habilidades de mercado ao mesmo nível econômico dos mais habilidosos, e devolver aqueles que ficaram doentes ou sofreram reveses à posição que ocupariam caso isso não tivesse acontecido. O governo que visa à igualdade *ex ante*, por outro lado, reage de maneira diferente. Seu objetivo é que os cidadãos possam enfrentar essas contingências todos a partir da mesma posição; em particular, que tenham a oportunidade de assegurar-se, em pé de igualdade, contra o azar e a falta de talentos produtivos.

À primeira vista, a compensação *ex post* pode afigurar-se um objetivo mais adequado. As pessoas desempregadas, doentes ou aleijadas, que só recebem a compensação oferecida por uma apólice de seguro, permanecem numa posição muito pior que a das outras. Os ressarcimentos pagos pelas seguradoras não oferecem, em regra, uma compensação plena; e, em alguns casos de azar – uma deficiência física terrível –, eles ficam muito aquém de devolver as pessoas à posição que antes ocupavam. Na medida em que a comunidade possa melhorar a situação das vítimas do azar, tem-se a impressão de que a igual consideração exige que ela o faça. Na realidade, porém, a abordagem *ex post*, na medida em que é possível, representa um entendimento muito rudimentar da igual consideração. A abordagem *ex ante* é melhor.

A sorte nos investimentos, entendida de maneira muito ampla, é uma importante razão das diferenças de renda e riqueza dos indivíduos. Você e eu estudamos os gráficos financeiros com igual cuidado e fazemos escolhas igualmente inteligentes, embora diferentes. Suas ações se valorizam e as minhas descambam; você é rico e eu sou pobre, e isto só ocorre porque você teve mais sorte do que eu. Porém, se nossa comunidade política se dispusesse a apagar essa consequência da sorte, ela solaparia a responsabilidade exercida por nós dois; se ela, desse modo, fizesse com que nossas escolhas de investimentos perdessem o sentido, pararíamos de investir. As decisões mais importantes que tomamos são, em boa parte, também decisões de investimentos cujas consequências dependem da sorte: qualquer decisão quanto à educação e à instrução pode ser arruinada por mudanças tecnológicas imprevisíveis que, por exemplo, tornam inútil a nossa formação. Se a comunidade buscasse assegurar que nosso destino não dependesse em absoluto dos resultados de nossas jogadas de investimento – se ela garantisse a igualdade de riqueza para todos nós, independentemente de as nossas escolhas de carreira acabarem se mostrando adequadas aos nossos gostos e talentos ou às condições de mercado –, ela mutilaria nossa responsabilidade por nossas escolhas. Por isso, qualquer versão plausível de uma abordagem *ex post* teria de fazer distinção entre os investimentos e outras formas de sorte e azar, e não poderia considerar o azar nos investimentos como um motivo válido para a redistribuição.

Seria difícil fazer essa distinção. Porém, mesmo que a redistribuição se restringisse ao azar fora dos investimentos, a compensação *ex post* não seria uma meta razoável. Toda comunidade que se dispusesse a gastar o possível para melhorar a condição de seus membros cegos ou aleijados, por exemplo, não teria mais nada para gastar em nenhuma outra coisa, e a vida de todos os outros cidadãos seriam infelizes em decorrência disso[11]. Esse curso de ação não refletiria as prioridades de ninguém, nem mesmo as prioridades prévias das vítimas de acidentes terríveis. Se elas tivessem escolha antes de sofrer o acidente, elas não teriam gasto todos os seus bens para comprar a melhor apólice de seguro por acidente, pois, dadas as probabilidades, elas não teriam pensado que valeria a pena comprometer todos os outros aspectos de suas vidas a fim de garantir o melhor seguro possível. A compensação do azar *ex post* é irracional.

Ela continua sendo errada mesmo quando a aplicamos para eliminar as consequências não do azar como este é habitualmente entendido, mas somente do azar genético de não ter talentos valorizados pelo mercado contemporâneo. Se a comunidade devolver as pessoas a uma condição de igualdade de riquezas, independentemente de suas escolhas sobre trabalho e consumo, ela estará destruindo, não respeitando, essa dimensão da responsabilidade. Mas não existe nenhum modo de eliminar plenamente as consequências das diferenças de talento sem adotar esse remédio tolo. É impossível em princípio, e não simplesmente na prática, distinguir as consequências das escolhas e da capacidade em todos os âmbitos das decisões econômicas, pois as preferências e as capacidades interagem em ambas as direções. Ao mesmo tempo que nossas preferências moldam os talentos que nos dispomos a desenvolver, elas são moldadas pelos talentos que acreditamos ter. Por isso, não podemos separar as consequências das escolhas do azar genético da maneira que nos pareceria ser a mais direta: garantindo, *ex post*, que a riqueza das pessoas reflita somente as primeiras e de modo algum o segundo.

Por outro lado, a igual consideração de fato exige que a comunidade compense, de algum modo, o azar. Precisamos de um conceito de compensação que seja compatível com o correto respeito pela responsabilidade individual, e devemos, portanto, buscar uma abordagem *ex ante*. Esta visaria, como eu já disse, pôr as pessoas na mesma situação no momento em que elas têm de encarar tanto as decisões econômicas quanto as contingências que condicionam essas decisões. Um mercado econômico para os investimentos, os salários e o consumo é um passo crucial rumo a essa igualdade, porque permite que as decisões dos indivíduos incorram em custos ou resultem em ganhos que sejam medidos pelo impacto dessas decisões sobre as outras pessoas. Mas precisamos ir um passo além: temos de colocar as pessoas na posição que elas teriam ocupado se, num momento anterior ao início das decisões e eventos que moldaram suas vidas, elas tivessem sido igualmente capazes de proteger-se, por meio de seguros apropriados, contra essas diferentes dimensões do azar. Infelizmente, esse passo nos leva a inventar o tipo de especulação fantástica a que me referi há pouco. Pois é impossível que as pessoas possam ter sido, em algum momento, igualmente capazes de proteger-se num mercado real de seguros; e isso é certamente impossível antes que sua sorte ou azar genéticos se desencadeiem, pois antes desse momento elas nem sequer existem.

Seguro hipotético

Voltemos à nossa ilha. Notamos agora que os seguros fazem parte dos recursos leiloados. Alguns náufragos, competindo com outros, comprometem-se a assegurar seus companheiros de acordo com taxas definidas no mercado de conchas. Quando o leilão termina, a igualdade *ex ante* foi preservada e as transações futuras a conservam. De que modo essa extensão da história nos ajuda? Ela nos ensina a importância da seguinte questão hipotética. Qual nível de seguro contra a baixa renda e o azar os membros da nossa comunidade adquiririam se a riqueza da comunidade fosse igualmente dividida entre todos eles, se nenhum deles (e nenhum dos seguradores) dispusesse de informações que o levasse a julgar-se em maior ou menor risco do que os outros, e se todos, no mais, tivessem informações detalhadas e atualizadas sobre a incidência de diferentes tipos de azar e a disponibilidade, o custo e o valor dos remédios, medicinais ou não, para as consequências desse azar?

Podemos especular com sensatez acerca de respostas para essa questão a partir das informações disponíveis acerca dos tipos de seguro que as seguradoras realmente oferecem e os indivíduos realmente compram. É claro que qualquer resposta nossa terá uma ampla faixa de incerteza. Não podemos especificar nenhum nível específico de cobertura que um número específico de pessoas compraria sob as fantasiosas condições contrafactuais que imaginamos. Mas não precisa ser esse o nosso objetivo. Dado o que sabemos acerca das necessidades e preferências da nossa comunidade e dada a estrutura de prêmios que determinada cobertura acarretaria, podemos tentar identificar um nível máximo de cobertura que seria razoável supor que a maioria dos membros da comunidade estivesse disposta a adquirir. Nem mesmo essa questão pode ser respondida com pretensa exatidão. Mas algumas respostas podem ser desconsideradas por serem evidentemente muito baixas. Podemos identificar um nível de cobertura tal que a maioria das pessoas, dadas as suas preferências tais como nos é dado conhecê-las, seriam tolas se não a adquirissem.

Podemos então fazer questão de que nossas autoridades usem pelo menos esse nível de cobertura como diretriz para diferentes tipos de programas de redistribuição. Podemos fixar o objetivo de coletar da comunidade, por meio de tributos, uma quantia igual ao prêmio agregado que teria sido pago pela cobertura universal naquele nível; e podemos então distribuir, àqueles que deles necessitam, os serviços, bens ou dinheiro que se equiparem ao que aquela cobertura lhes teria proporcionado em caso de azar. Dessa maneira, financiaríamos o seguro-desemprego, o seguro contra a baixa remuneração, o seguro-saúde e o seguro social dos aposentados. É importante observar que, por hipótese, todas as comunidades têm dinheiro suficiente para pagar os programas descritos nesse esquema de seguro: esses programas não seriam irracionais como seriam os determinados por um objetivo de compensação *ex post*. Pelo contrário, uma vez que os programas identificados pelo esquema refletem pressupostos razoáveis acerca das preferências gerais da comunidade no que se refere aos riscos e ao seguro, o governo que não os fornecesse estaria faltando com suas responsabilidades econômicas.

Paternalismo?

Lembre-se que nossa ambição geral é a de encontrar um esquema de justiça distributiva que atenda a ambos os princípios da dignidade. Poder-se-ia agora objetar que o esquema hipotético de seguros que acabei de resumir ofende o segundo princípio por ser, na prática, compulsório. (Arthur Ripstein apresenta esta objeção e acrescenta-lhe uma outra preocupação[12].) O esquema parte do pressuposto de que a maioria dos cidadãos teria comprado os seguros pelo menos naquele nível de cobertura e pelo prêmio estipulado. Mas talvez alguns não tivessem feito isso; de acordo com essa objeção, o ato de tributar esses cidadãos (ou mesmo de conceder-lhes os benefícios do esquema) seria uma imposição paternalista, sobre eles, de uma escolha supostamente razoável.

Essa objeção nos obriga a dar explicações ulteriores, mas não está bem formulada. Paternalismo é impor uma decisão a alguém, supostamente pelo bem dessa pessoa, mas em contradição com a noção que ela própria tem acerca do que lhe é bom. O esquema hipotético de seguros faz, ao contrário, suposições sobre quais teriam sido as preferências dos cidadãos em circunstâncias muito diferentes daquelas com que qualquer um deles tenha realmente se deparado. No que se refere a um indivíduo qualquer em particular, não é mais paternalista supor que ele teria decidido comprar o seguro num nível que julgamos ser aquele em que a maioria das pessoas o teria comprado do que supor que ele não teria comprado o seguro em absoluto e tratá-lo de acordo com essa última suposição.

Isso significa que o esquema não é paternalista. Mas ele é probabilista. Ninguém pode, sem fugir à sensatez, pensar ou afirmar que não teria tomado a decisão que, segundo a nossa suposição, a maioria das pessoas teria tomado. Os elementos contrafactuais são profundos demais para que se faça qualquer juízo individualizado: as pretensões do esquema são estatísticas e nada mais. Mas o indivíduo pode, com razão, afirmar que talvez não tivesse tomado essa decisão. A questão aí não é de paternalismo, porém de equidade. Podemos tratar os cidadãos individuais baseando-nos em qualquer uma das duas suposições, e parece equitativo ou justo, na falta de quaisquer informações em contrário, tratá-los como se cada um deles tivesse feito o que julgamos que a maioria deles teria feito.

É essa a nossa justificação. Nosso objetivo é o de cobrar das pessoas os verdadeiros custos de oportunidade de suas escolhas. Embora tenhamos de nos basear nos mercados reais no que se refere à produção e à remuneração, devemos suplementar e corrigir esses mercados das mais diversas maneiras. Em específico, para tentar eliminar os efeitos do azar e de outros infortúnios, devemos discernir o que um mercado mais abrangente e mais justo teria demonstrado serem os custos de oportunidade da prevenção contra esses infortúnios. É verdade que, nesse exercício, temos de fazer suposições contrafactuais e probabilísticas. Mas isso parece mais justo do que as alternativas, que são, por um lado, deixar de corrigir os infortúnios e, por outro, determinar por meio da política algum nível de transferência redistributiva baseando-nos em reações rudimentares de justiça que não têm fundamento na teoria e tendem a ser avarentas na prática. Preferimos o esquema hipotético de seguros, embora ele se baseie em juízos grosseiros de probabilidade, por ser mais fiel a uma concepção da justiça baseada nos custos gerais de oportunidade. Isso é o melhor que podemos fazer para demonstrar igual consideração e o correto respeito pela responsabilidade individual. É por isso que o nosso projeto interpretativo geral endossa um esquema de redistribuição baseado em suposições hipotéticas relacionadas a seguros. (Amartya Sen apresenta várias outras objeções ao esquema hipotético de seguros[13].)

De novo o *laissez-faire*

Isso completa meu esboço sumário do projeto de um acordo político no qual o exercício da igual consideração por parte do governo se compatibiliza com a responsabilidade pessoal dos cidadãos. (Em outro livro, descrevi de modo muito mais detalhado a estrutura tributária que esse exercício evidenciaria e os programas sociais que ele justificaria[14].) Mas temos de cuidar para não confundir nossa abordagem *ex ante*, que engloba uma compensação prévia, com uma outra abordagem *ex ante* – erroneamente chamada de igualdade de oportunidades – que é popular entre os politicamente conservadores. Segundo esta, demonstramos igual consideração deixando que tudo siga um curso supostamente natural: ela não prevê nenhuma redistribuição das recompensas do mercado e insiste em que os que sofrem azar devem arcar com ele. Trata-se apenas de uma outra forma da doutrina do *laissez-faire* que mencionei no começo desta discussão. Seus adeptos dizem que o *laissez-faire* recompensa a responsabilidade individual. Mas aqueles que têm pouco talento para o mercado ou que tiveram azar podem responder que ele não demonstra igual consideração, pois existe um arranjo econômico diferente que também atende às exigências da responsabilidade individual e que demonstra por eles uma consideração mais apropriada.

A igualdade de recursos, entendida segundo a minha descrição, pode recompensar as qualidades de inteligência produtiva, diligência, dedicação, astúcia ou a capacidade de contribuir para a riqueza alheia. Mas não é esse o seu objetivo. Ela nem chega a supor que essas qualidades são virtudes; certamente não supõe que a vida que visa ao maior lucro monetário é a melhor vida ou a mais bem-sucedida. Presume somente que tratamos as pessoas com igual consideração quando deixamos que cada uma projete a própria vida tendo ciência de que suas decisões terão, entre outras consequências, um impacto sobre o seu grau de riqueza. Nesse entendimento, no entanto, é crucial que o caráter e o grau desse impacto reflitam os efeitos que as escolhas do indivíduo tiveram sobre os destinos das outras pessoas: o custo que suas diversas decisões impuseram aos outros na medida em que lhes fizeram perder oportunidades.

LIBERDADE

As dimensões da liberdade
Dois tipos de liberdade?

Talvez a igualdade esteja em baixa, mas a liberdade está em voga. Em seu nome travamos guerras, e todos os partidos políticos condenam os demais por ignorá-la. Mas a liberdade, como a igualdade, é um conceito interpretativo: todos os políticos prometem respeitá-la, mas discordam acerca de o que ela é. Alguns dizem que a tributação destrói a liberdade que tanto prezamos; outros afirmam que ela torna livre um número maior de pessoas. Somos tentados a dizer: uma vez que as pessoas se referem a tantas coisas diferentes quando falam sobre liberdade, devemos parar de usar esse termo e, em vez disso, simplesmente discutir sobre qual seria o melhor governo. Porém, como eu já afirmei, essa sugestão redutiva é inútil. Acreditamos que uma das condições do bom governo é que ele respeite o segundo princípio da dignidade, e por isso devemos nos perguntar o que isso significa. Qualquer que seja a linguagem usada, estaremos nos perguntando qual é a melhor compreensão da liberdade. Por isso, devemos tratar a liberdade como um conceito interpretativo e considerar legítimas as nossas discordâncias sobre ela.

Entretanto, enfrentamos uma questão ulterior: acaso haverá não um, mas dois conceitos interpretativos de liberdade? Há dois ensaios famosos que defendem essa ideia – *De la liberté des anciens comparée à celle des modernes*, de Benjamin Constant, e *Two Concepts of Liberty* [*Dois conceitos de liberdade*], de Isaiah Berlin[1]. O argumento que eles apresentam, de duas diferentes maneiras, parece plausível e foi amplamente aceito pelos filósofos políticos e por juristas esclarecidos[2]. Na teoria política, a distinção se resume ao seguinte. Temos de distinguir entre duas questões muito diferentes. Ambas partem do pressuposto de que o governo – pelo menos o de seres humanos sobre seres humanos – é inevitavelmente coercitivo. A primeira questão é: quem deve me impor essa coerção, e a quem mais deve impô-la? A segunda é: qual deve ser o grau dessa coerção?

Uma teoria política prega a liberdade positiva quando, em resposta à primeira pergunta, insiste em que cada qual tenha permissão para desempenhar um papel no governo coercitivo de si mesmo: em que o governo seja, num sentido ou em outro, *autogoverno*. Uma teoria preconiza a liberdade negativa quando, em resposta à segunda pergunta, insiste em que cada qual esteja livre do governo coercitivo sobre uma quantidade substancial de suas decisões e atividades. Essas duas ideias – a da liberdade positiva e a da liberdade negativa – são, de início, enigmáticas. De que modo o governo coercitivo exercido por um grupo de pessoas pode comportar o autogoverno de cada uma? Se o governo coercitivo é legítimo, de que modo podemos definir algum campo de decisões e atividades que o governo não tenha o direito de regular?

O segundo princípio da dignidade explica por que as respostas a essas duas questões, que parecem tão diferentes, devem ser, todas elas, consideradas teorias sobre a liberdade. Deve-se permitir que as pessoas tenham responsabilidade pela sua própria vida, e, como eu disse quando tratamos da obrigação política no Capítulo 14, essa responsabilidade só é compatível com o governo exercido por outros quando certas condições são atendidas. Ali, descrevi abstratamente essas condições. Em primeiro lugar, cada qual deve ter a permissão para participar, da maneira correta, das decisões coletivas que constituem o seu governo; e, em segundo lugar, cada qual deve ser eximido das decisões coletivas naqueles assuntos que a sua responsabilidade pessoal exige que ele decida por si mesmo. Uma vez que a responsabilidade tem essas duas dimensões, a liberdade também as tem. Uma teoria da liberdade positiva vai estipular o significado da correta participação de cada qual – ou seja, ela oferece uma concepção do autogoverno. Uma teoria da liberdade negativa vai descrever quais escolhas devem ser eximidas das decisões coletivas para que a responsabilidade pessoal seja preservada. Esta última é a questão deste capítulo; a primeira é a questão do próximo. Daqui para a frente, vou usar a palavra "liberdade" no sentido de liberdade negativa, a menos que o contexto exija uma distinção entre esta e a liberdade positiva.

Haverá necessariamente conflito entre elas?

Resta uma questão preliminar. Aqueles ensaios famosos defendem a popular ideia de que esses dois tipos de liberdade podem entrar em conflito um com o outro, de tal modo que seja necessário escolher entre os dois ou encontrar uma solução de meio-termo entre eles. É claro que esse conflito é possível e, talvez, provável quando uma comunidade adota uma concepção errônea quer da liberdade positiva, quer da negativa, quer de ambas. Berlin assinalou que o objetivo da liberdade positiva foi usado pelos totalitaristas para defender um regime político que oprime os cidadãos em nome de seus supostos interesses verdadeiros ou mais elevados, interesses que eles próprios não reconhecem. Quando o ideal de autogoverno sofre esse tipo de corrupção, pode ser usado para justificar violações espantosas da liberdade negativa.

Os totalitaristas calam as pessoas, metem-nas na prisão ou matam-nas para salvar-lhes a alma. Porém, essa corrupção da ideia não tem nada que ver com a responsabilidade pessoal; não atende ao segundo princípio da dignidade, mas, ao contrário, viola-o claramente. Não é nem sequer uma concepção plausível de liberdade. As teses de Berlin nos avisam de que a má filosofia é perigosa, mas não demonstram que uma filosofia melhor fatalmente vá redundar em conflito.

Berlin pensava que o conflito era provável mesmo que ambos os conceitos fossem corretamente compreendidos. "Ambas [a liberdade positiva e a negativa] são fins em si mesmas. Esses fins podem chocar-se de modo inconciliável [...] Acaso a democracia, em determinada situação, deve ser promovida à custa da liberdade individual?"[3] Ele supunha, com razão, que a liberdade positiva pressupõe alguma forma de democracia. Mas por que cargas-d'água a promoção da democracia, que comporta toda uma gama de liberdades pessoais, entraria em conflito com a liberdade negativa? É verdade que, em determinadas épocas e lugares, o governo democrático é tão fraco e instável que se julga necessário algum tipo de restrição à liberdade de atividade política para impedir que as forças antidemocráticas o destruam. Mas essas restrições afetam a democracia tanto quanto afetam a liberdade negativa. Nessas circunstâncias, o que se alega é que tanto a democracia quanto a liberdade negativa devem ser comprometidas agora a fim de impedir que sofram perdas mais graves no futuro. Não são casos em que uma dessas virtudes deve ser preferida à outra.

É por outra razão que Berlin considerava inevitável o conflito entre as duas formas de liberdade: porque ele tinha uma visão problemática não da liberdade positiva, mas da negativa. Preciso criar uma terminologia para explicar seu ponto de vista. Embora os termos "liberdade" (*liberty*) e "autonomia" (*freedom*)* sejam às vezes intercambiáveis, vou estabelecer uma distinção entre eles. A autonomia total de cada pessoa é seu poder de agir como bem quiser, livre de restrições ou ameaças impostas por terceiros ou por uma comunidade política. Sua liberdade negativa é aquela porção de sua autonomia que a comunidade política não pode restringir sem infligir-lhe um tipo especial de dano, ou seja, sem comprometer sua dignidade, negando-lhe a igual consideração ou algum traço essencial da sua responsabilidade pela própria vida.

Berlin equiparava a liberdade negativa à autonomia total, de modo que qualquer limitação desta última seria uma violação da primeira. (Também era essa a concepção de Mill e a de muitos outros filósofos, como, por exemplo, H. L. A. Hart[4].) Essa equiparação da liberdade à autonomia só pode ser defendida caso se suponha que a liberdade é um conceito criterial e que os critérios comuns de que dispomos para sua aplicação têm essa consequência. A liberdade não é criterial: aqueles que discutem se a tributação limita ou não a nossa liberdade usam critérios flagrantemente diferentes. Para entender tais discordâncias, somos obrigados a supor (como acabo de fazer) que a liberdade é um conceito interpretativo e que compreendemos melhor o seu significado quando o associamos a um valor mais profundo, o da responsabilidade pessoal. De qualquer modo, o que queremos saber agora é se existe um conflito entre a liberdade a democracia enquanto valores, não simplesmente enquanto fenômenos; e é só na medida em que ligamos a liberdade à dignidade que podemos tratar a liberdade como um valor.

Por isso devemos considerar que a equiparação da liberdade à autonomia é a concepção que Berlin tem da liberdade como um

---

* Estas são as traduções adotadas, neste capítulo, para esses dois termos. Ver nota da p. 8. (N. do T.)

valor. Se essa concepção for correta – se ela captar adequadamente o bem que há na liberdade –, é claro que a democracia conflita com a liberdade, pois nenhuma forma de governo, nem mesmo a democracia, será possível sem o direito penal e outras formas de regulação. Segue-se daí que o bom governo será sempre uma solução de meio-termo: todo governo deve comprometer um bem – a liberdade – a fim de garantir outros. Mas essa interpretação não é correta: o governo não compromete a liberdade dos cidadãos quando os proíbe de matar uns aos outros. É lamentável, sem dúvida, que alguns sejam punidos por desobedecer à lei: a punição inflige dano aos punidos e deve consternar os que a aplicam. Do mesmo modo, é lamentável que alguém obedeça à lei unicamente por medo. Seria melhor, sem dúvida, se tanto as leis quanto os cidadãos fossem justos o bastante para que nem a ameaça nem o fato da coerção fossem jamais necessários. Mas a decisão coletiva de impor o dever de não matar e de ligar uma sanção grave a qualquer violação desse dever não é, em si, um insulto à dignidade daqueles que estão sujeitos ao governo.

Pelo contrário, nossa dignidade de cidadãos iguais exige que o governo nos proteja dessa maneira. Quando aceitamos que a maioria dos nossos concidadãos tem o direito de estabelecer leis de trânsito e fazer valer essas leis, isso não nos avilta, desde que as leis por eles escolhidas não sejam más nem exageradamente tolas. Tampouco nos avilta que eles tenham o direito de definir quem são os proprietários de determinados bens e quais são os direitos e garantias ligados à propriedade. Por outro lado, sofreríamos aviltamento caso aceitássemos que até uma grande maioria tem o direito de ditar nossas convicções ou práticas religiosas, ou as opiniões que devemos ou não devemos expressar nos debates políticos. Talvez sejamos obrigados a obedecer a esses ditames, mas não devemos admitir que eles são legítimos ou que temos o dever de aceitá-los. A equiparação de Berlin não capta a diferença entre esses dois tipos de restrição. Temos de buscar uma interpretação mais complexa, que efetivamente a capte.

Talvez fôssemos tentados a fazer uma emenda à equiparação de Berlin: a liberdade não seria a autonomia total, mas a autonomia substancial. Deste ponto de vista, as leis violam a liberdade quando restringem gravemente a autonomia. Mas como medir a quantidade de autonomia perdida por meio de uma lei em particular? Um critério psicológico, como o da frustração, não seria adequado. As pessoas se frustram com coisas diferentes, e, de qualquer modo, muita gente se sente mais frustrada pelo limite de velocidade do que pela censura política. Precisamos de uma transposição mais radical: precisamos de uma concepção de liberdade que seja mais explicitamente normativa.

Uma concepção integrada

De novo a dignidade

Voltamos de novo aos nossos dois princípios de dignidade. Agora, esses princípios têm um conteúdo mais rico do que tinham quando os encontramos pela primeira vez, no Capítulo 9. Fomos aperfeiçoando-os e refinando-os por meio do nosso estudo da ética, da moral pessoal, da obrigação política, da legitimidade política e, por fim, da igualdade distributiva, ou seja, de como o governo deve unir a igual consideração ao pleno respeito. Partimos de uma noção rudimentar de dignidade, preocupados com a possibilidade de que ela fosse vaga demais para os fins que tínhamos em mente, como queriam alguns comentadores. Nossa concepção de dignidade tem, agora, muito mais conteúdo. Acaso ela pode nos ajudar a definir a liberdade? Se puder, teremos integrado também esse importante valor político aos outros que viemos explorando.

Independência ética

Voltamos a uma distinção que fizemos numa discussão sobre a independência ética, no Capítulo 9: a distinção entre o que o governo não pode fazer com seus cidadãos em nenhuma hipótese e o que ele não pode fazer com eles por determinadas razões. Algumas leis coercitivas violam a independência ética porque negam às pessoas o poder de tomar suas próprias decisões acerca de questões éticas fundamentais – acerca dos alicerces e do caráter da importância objetiva da vida humana declarada pelo primeiro princípio da dignidade. Incluem-se aí as escolhas referentes à religião, aos compromissos pessoais íntimos e aos ideias éticos, morais e políticos. Vários juízes da Suprema Corte dos Estado Unidos, recusando-se a permitir que alguns estados americanos proibissem categoricamente o aborto no começo da gravidez, disseram que essas "questões envolvem as escolhas mais íntimas e pessoais que a pessoa talvez tenha de fazer em toda a sua vida, escolhas essenciais para a dignidade e a autonomia". As pessoas têm o direito à independência nessas decisões, desde que não ponham em risco a igual independência das outras pessoas. Assim, o governo não pode restringir a independência fundamental por nenhuma razão, exceto quando isso seja necessário para proteger a vida, a segurança ou a liberdade alheias. Está em aberto a questão de saber quais outras decisões são igualmente fundamentais, se é que alguma o é. Mas qualquer teoria detalhada da liberdade deve tomar posição sobre este assunto.

Outras leis violam a independência ética não em razão do caráter fundamental das decisões que inibem, mas por causa das motivações do governo ao promulgá-las. O governo não deve restringir a autonomia quando a justificativa dessa restrição pressupõe a superioridade ou a popularidade de quaisquer valores éticos controversos na comunidade. Enquadram-se nessa categoria a censura da literatura sexual e a obrigatoriedade da saudação à bandeira ou de outras manifestações de patriotismo, pois tudo isso depende, direta ou indiretamente, de uma escolha sobre as virtudes pessoais que se refletem numa boa vida. Algumas leis violam a independência ética de ambas as maneiras. A proibição das relações sexuais ou do casamento entre pessoas do mesmo sexo restringem escolhas fundamentais e são quase sempre motivadas pelo desejo de proteger algumas concepções do bem viver e riscar outras do mapa. A censura política também pode violar a independência de ambas as maneiras. É fundamental a liberdade de falar ou escrever o que nossa consciência, convicção ou crença nos dita. Em algumas circunstâncias, além disso, a censura política só pode ser justificada por pressupostos éticos.

Mas a independência ética não é comprometida quando um assunto não é fundamental e as restrições governamentais não supõem nenhuma justificativa ética. Quando o governo me induz a economizar recursos escassos, me obriga a pagar tributos e me proíbe de dirigir com negligência, ele não se apoia em argumentos éticos, mas em argumentos morais. Por outro lado, mesmo as leis que não ofendem a independência ética – nem de um modo nem do outro – podem ter consequências graves para o modo de vida das pessoas. A proibição da violência física e do roubo torna menos provável que eu eleja a vida de um samurai ou de Robin Hood como ideal para mim, e tornará minha vida muito mais difícil caso eu faça essa escolha. A tributação diminui a probabilidade de que eu venha a considerar como ideal a vida de um colecionador de obras-primas da Renascença. No entanto, nenhuma dessas leis nega minha responsabilidade de definir os valores éticos por mim mesmo, porque nenhuma delas têm o objetivo de usurpar minha responsabilidade de identificar uma vida bem-sucedida. As leis adequadamente motivadas que a comunidade promulga fazem parte do pano de fundo diante do qual tomo minhas decisões éticas. O pano de fundo não diminui minha responsabilidade ética por essas decisões.

A meu ver, boa parte da literatura filosófica sobre o paternalismo subestima a importância dessa distinção. Obrigar as pessoas a usar o cinto de segurança para prevenir ou mitigar possíveis danos não é um ato de paternalismo ético: o paternalismo médico pode ser ofensivo, mas não é uma ofensa contra a autenticidade. É certo que muitos afirmam (alguns, talvez, com sinceridade) que uma vida vivida em situações de perigo é atraente e que a obrigatoriedade do uso do cinto de segurança restringe as oportunidades de viver assim. Mas nossas convicções sobre o cinto de segurança não são fundamentais, e o governo não precisa supor que não é bom viver buscando o perigo para justificar medidas que reduzam o custo dos acidentes para a comunidade. Antigamente, era fácil citar casos reais de paternalismo ético: a Inquisição, por exemplo, situava-se decididamente nessa veia. Até meados do século passado, os argumentos mais populares em favor da censura à pornografia apelavam ao paternalismo ético. Basil Blackwell, grande livreiro de Oxford, testemunhou em juízo dizendo que o livro *Last Exit to Brooklyn* deveria ser proibido porque degradava seus leitores, e apresentou a si mesmo como exemplo de alguém que tinha se tornado depravado por causa dele[5]. Mas o paternalismo ético granjeou má reputação ao longo das últimas décadas e já não é uma causa política popular.

Ao contrário, os argumentos mais populares em favor de restrições antes justificadas pelo paternalismo ético citam agora a equidade como justificativa. Afirmam que os cidadãos que compõem a maioria política têm o direito à cultura ética que consideram a melhor: têm o direito de viver e educar seus filhos numa cultura que permita e encoraje um estilo de vida que eles admiram⁶. É muito mais fácil para as pessoas apegarem-se à religião de seus pais com a convicção e o fervor quase cegos que lhes parece ideal, e transmitirem a seus filhos a sua própria fé intensa, quando essa fé é oficialmente apoiada e exaltada; isso é mais difícil quando as religiões rivais e o ateísmo triunfante têm direito à mesma voz. É mais fácil nos sentirmos à vontade com nossas atitudes conservadoras em relação ao sexo quando imagens sexuais chocantes não se apresentam a todo momento nas capas de revistas e na publicidade. Por que, nesse caso, a maioria não deve ter o direito de impor a todos a cultura religiosa ou sexual de sua preferência? Ela tem, dentro de limites razoáveis, o direito de proteger coisas que considera dotadas de valor impessoal, cobrando tributos para construir museus e proibindo o desmatamento. Pode me proibir de construir um arranha-céu no meu terreno ou de instalar *outdoors* publicitários ou flamingos de plástico no meu jardim. Por que não poderia proteger da mesma maneira a cultura religiosa e sexual que favorece?

Para bem responder a essa pergunta, precisamos de argumentos semelhantes aos deste livro – as distinções e interconexões entre a responsabilidade, a autenticidade, a influência e a subordinação, que estudamos. O segundo princípio da dignidade torna a ética especial: limita o âmbito das decisões coletivas aceitáveis. Não podemos escapar à influência do nosso ambiente ético: estamos sujeitos aos exemplos, exortações e celebrações das ideias de outras pessoas sobre como viver⁷. Mas temos de insistir em que esse ambiente seja criado sob a égide da independência ética: que seja criado organicamente pelas decisões de milhões de pessoas dotadas de autonomia para fazer suas próprias escolhas, não pela imposição arbitrária, a todos, das decisões de uma maioria política.

Propus, no Capítulo 13, a imagem de várias pessoas nadando, cada qual em sua própria raia; elas podem cruzar para a raia de outra pessoa para ajudá-la, mas não para prejudicá-la. A moral, entendida de modo amplo, define as raias que separam os nadadores e estipula quando devemos passar para outra raia para ajudar e quando é proibido passar para outra raia para causar dano. Já a ética rege o modo como devemos nadar em nossa própria raia para que, ao fim, tenhamos nadado bem. A imagem mostra-se novamente útil porque ilustra um dos aspectos sob os quais a moral deve ser considerada anterior à ética em matéria de política: deve ser considerada anterior na definição das oportunidades e recursos que as pessoas têm o direito de ter e, assim, no estabelecimento de seus direitos à liberdade. A concepção interpretativa de liberdade que estamos construindo explica por que esse fato filosófico não acarreta a subordinação nem da moral à ética nem da ética à moral. Elas não competem, mas cooperam entre si.

Uma outra liberdade: devido processo legal, liberdade de expressão

Certos direitos são, por tradição, chamados "liberais". Incluem-se aí alguns direitos que já citei – a liberdade de prática religiosa e de expressão política –, mas também alguns direitos muito diferentes, como o direito de abandonar a comunidade e o direito ao "devido processo", o direito de não ser punido por um suposto crime sem passar por um julgamento levado a cabo com as adequadas salvaguardas procedimentais contra a condenação de inocentes. Abstratamente, os direitos liberais são amplamente aceitos, pelo menos nas democracias ocidentais; mas são controversos em seus detalhes. Há grande discordância entre os juristas e entre os países acerca de questões como a de saber, por exemplo, se o direito à livre expressão inclui o direito de fazer propaganda de cigarros ou o direito de gastar quantias ilimitadas em campanhas políticas, ou, ainda, a de saber se o direito ao devido processo legal inclui o direito a um julgamento pelo júri ou o direito de não apresentar provas contra si mesmo. Quais argumentos sustentam esses direitos, quer abstratamente, quer em alguma especificação controversa?

O direito à liberdade religiosa se baseia de modo evidente na independência ética; mais à frente, neste capítulo, vou falar desse direito e de suas implicações. Os direitos ligados ao devido processo legal, por outro lado, parecem não ter muito a ver com a responsabilidade ética: temos esses direitos em virtude da obrigação do governo (que deflui do primeiro princípio da dignidade) de tratar a todos levando em conta o fato de que a vida deles é dotada de importância distinta, objetiva e igual. Tentei, em outra obra, explicar por que o ato de punir um inocente lhe inflige um dano grande e característico – chamei-o de dano moral – e por que esse fato justifica a suposição de que, segundo o dito popular, é melhor mil culpados se safarem do que um único inocente ser punido[8]. Teríamos de fazer um belo cálculo, no qual a história e a tradição entrariam como variáveis, para saber o custo exato em que a comunidade deve incorrer para evitar esse dano terrível. Mas toda comunidade que descuida das questões de prova ou que é avara na proteção contra o erro – sem mencionar, é claro, aquelas comunidades que aceitam a condenação deliberada de inocentes – viola o primeiro princípio da dignidade humana.

O direito à livre expressão, que ocupa lugar igualmente central na teoria tradicional dos direitos liberais, deve ser tratado com mais sutileza[9]. Hoje, os especialistas em direito constitucional norte-americano aceitam amplamente a ideia de que a Primeira Emenda, que proíbe o governo de limitar "a liberdade de expressão" (*freedom of speech*), se justifica por diversos princípios e finalidades. Destes, um importante segmento se baseia na liberdade positiva. A liberdade de expressão deve integrar qualquer concepção plausível do autogoverno por pelo menos duas razões distintas e igualmente importantes: o autogoverno pressupõe o livre acesso à informação; e nenhum governo será legítimo, e portanto não terá o direito moral de exercer coerção, a menos que todos os que sofram a coerção tenham tido a oportunidade de influenciar as decisões coletivas. (No capítulo seguinte, trataremos dessas duas proposições de modo mais detalhado.)

Mas a liberdade de expressão, tal como acabou sendo compreendida nas democracias ocidentais, vai além da expressão política, mesmo que esta seja interpretada num sentido muito amplo: para explicar tudo o que ela protege – e o que não protege –, não podemos levar em conta somente a liberdade positiva. Embora o Estado possa, de diversas maneiras, promover aquilo que a coletividade considera intrinsecamente valioso em matéria de literatura, música e artes visuais, ele não pode proibir seus membros de ler, ouvir ou contemplar o que bem lhes aprouver – não pode proibi-los apresentando como única justificativa o fato de certas opiniões acerca do que vale a pena desfrutar serem ofensivas em si mesmas e poderem ser contagiosas. As representações de sexo explícito não são protegidas pelo direito à liberdade de expressão porque expressam uma posição política – essa ideia é extravagante –, mas porque os únicos argumentos que se podem apresentar para proibi-las violam, como eu já disse, a independência ética.

Além de solapar a liberdade positiva, a censura também pode, como eu já disse, violar o direito à independência ética das duas formas acima assinaladas. Pense em como vários fatores interagem quando o governo tenta proibir as expressões de ódio (*hate speech*). Um tribunal de Ohio condenou criminalmente um líder da Ku Klux Klan porque ele defendera o ódio contra os negros e os judeus[10]. A lei, assim interpretada, violava seu direito à liberdade positiva, pois o proibia de tentar convocar outros cidadãos a adotar suas opiniões políticas. Violava seu direito à independência ética, porque o direito a dar testemunho público das próprias convicções políticas é fundamental e a violência por ele pregada não era iminente. E violava sua independência ética de um outro modo ainda, pois parece provável que o processo não foi motivado pelo medo da violência, mas pela aversão – inteiramente justificada – à baixa estima que ele tinha pela importância de certas vidas. A Suprema Corte reformou a condenação; mas não cito esse exemplo para ilustrar o direito constitucional norte-americano, e sim para mostrar como aspectos tanto da liberdade positiva quanto da liberdade negativa confluem honrosamente para proteger os direitos dos detestáveis.

Devemos distinguir esses argumentos baseados na liberdade, que apelam quer à liberdade positiva, quer à negativa, quer a ambas, daqueles argumentos que defendem a liberdade de expressão como um curso de ação política. Mill, Oliver Wendell Holmes e outros sublinharam o valor da livre expressão como fonte de conhecimento. Holmes, que adorava metáforas evolutivas, afirmava que as melhores ideias têm mais chance de sobreviver a uma intensa competição darwiniana da qual nenhum pensamento, por repugnante ou implausível que seja, fosse excluído de início. Isso pode até ser verdade no conjunto e num prazo muito longo, embora seja menos evidente em questões de estética e moral política do que na ciência. Um outro argumento fundado num curso de ação política trata da expressão comercial: o público tem grande interesse econômico num livre fluxo de informações acerca da disponibilidade, do preço e das características dos produtos oferecidos no mercado. A Suprema Corte desenvolveu uma extensa jurisprudência, tão complexa quanto desinteressante, acerca do grau em que a Primeira Emenda protege a expressão comercial contra qualquer regulação. A conclusão que se tira de suas decisões sempre mutáveis é que a expressão comercial goza de alguma proteção constitucional, mas não tanto quanto a expressão política.

Já é mais que batida a ideia de que nenhum direito político é absoluto e de que até a liberdade de expressão tem seus limites. Mas o caráter e a justificação desses limites diferem de acordo com as diversas justificativas desses direitos, acima mencionadas. Os argumentos baseados em cursos de ação política sugerem seus próprios limites. É dúbio, na melhor das hipóteses, o interesse econômico do público em ler propagandas falsas ou enganosas, por exemplo, ou propagandas que não incluam avisos razoáveis sobre os perigos dos produtos anunciados, ou, ainda, propagandas de atividades ilegais. Esses tipos de propaganda, no conjunto, não são úteis, mas nocivos para o interesse público.

Os dois tipos de argumentos baseados na liberdade sugerem seus próprios limites de uma outra maneira: porque a justificação que oferecem não vem ao caso de modo algum em certas ocasiões. Já defendi a tese (faço um resumo desse argumento no próximo capítulo) de que a imposição de limites razoáveis aos gastos de um candidato com sua campanha política não tolhe a liberdade positiva. Pelo contrário, promove-a, pois, ao contrário de uma política inundada pelo dinheiro e dominada por candidatos e apoiadores ricos, ajuda a proporcionar a todos os cidadãos algo que se aproxima um pouco mais do autogoverno. A defesa da liberdade de expressão baseada na independência ética limita a si própria da mesma maneira. Quando o governo proíbe a conspiração de uma quadrilha de criminosos, não está constrangendo um direito fundamental, nem procurando fazer valer um juízo coletivo sobre o bom comportamento, nem impondo uma ortodoxia uniforme em matéria de ética. Está agindo para melhorar a segurança; suas motivações, como as motivações da tributação ou da regulamentação da economia, não são éticas, mas morais.

Este rápido exame panorâmico da liberdade de expressão e dos seus limites não é uma análise jurídica; não examina os casos concretos enfrentados pelos tribunais encarregados de fazer valer os direitos constitucionais. Os tribunais superiores devem estabelecer distinções razoavelmente rígidas que possam orientar os graus inferiores de jurisdição e os outros poderes do Estado. Tudo o que pretendo aqui é ilustrar as diferentes dimensões de argumentação que esta concepção de liberdade exige, tanto para defender quanto para limitar esse famoso direito.

Liberdade de propriedade?

Ainda não mencionei um tipo de liberdade cara aos corações conservadores e muito exaltada em certos períodos na história dos Estados Unidos: a liberdade de adquirir bens e de usá-los à vontade, exceto para prejudicar a terceiros. Será que ela se enquadra em nossa discussão sobre a liberdade? É nela que as pessoas estão pensando quando afirmam que a regulamentação das finanças e da indústria ameaça a liberdade e que toda tributação é tirania. Não há dúvida de que essas alegações são exageradas, mas não devemos reconhecer alguma liberdade desse tipo?

Já reconhecemos. Uma certa liberdade de aquisição e de uso da propriedade é pressuposta pela concepção de justiça distributiva definida no Capítulo 16: a igualdade de recursos. Aliás, certa liberdade desse tipo é pressuposta por qualquer concepção de justiça distributiva, pois os recursos que as pessoas possuem não podem ser definidos nem medidos sem levar em conta a autonomia delas para adquirir, intercambiar e usar esses recursos como bem entenderem. Como quer que se conceba a igualdade, não faria sentido pregar a igual distribuição da riqueza sem supor que essa liberdade existe de algum modo ou em algum grau, pois a pura e simples propriedade de um bem não significa nada a menos que seja especificado ou pressuposto um contexto geral de liberdade de uso desse bem. A propriedade, segundo os juristas, é composta por uma série de direitos, e fazemos suposições sobre o conteúdo desse conjunto de direitos sempre que defendemos como justa essa ou aquela distribuição de recursos.

No entanto, o conteúdo desse conjunto de direitos não é uma questão independente que diga respeito exclusivamente a um estudo da liberdade. A especificação do conjunto também depende, evidentemente, do restante da moral política. O máximo que podemos afirmar aqui é que a sua liberdade inclui o direito de usar os bens que lhe pertencem por direito, exceto na medida em que o governo possa restringir corretamente esse uso. Quando essa proposição se integra numa teoria geral correta da justiça, ela não é tão medíocre quanto parece. A justificação da igualdade de recursos que defendi, baseada no custo e na oportunidade, pressupõe um grau muito amplo de propriedade alienável e de controle; o mesmo se pode afirmar do segundo princípio da dignidade, que nos manda assumir a responsabilidade por nossa própria vida[11].

É inevitável que alguns recursos pertençam ao Estado e que outros estejam sujeitos ao controle do Estado a fim de serem protegidos contra os fatores externos que corrompem a métrica de custo e oportunidade. Algumas regulamentações rígidas são necessárias pela mesma razão – o controle da poluição, por exemplo – e alguns programas públicos, como um sistema de assistência médica, são necessários por serem as formas mais eficientes de redistribuição na busca da equidade. Mas a base exigida pela igual consideração e respeito é um sistema de propriedade privada: qualquer desvio em relação a essa base deve ser justificado. A familiar queixa dos direitistas de que a tributação é um atentado à liberdade é errônea. Mas o erro não é conceitual: é um erro quanto à justiça. A estrutura e o nível da tributação imposta podem transgredir a liberdade se forem injustos – se não demonstrarem igual consideração e respeito por todos. Hoje, em muitos países, a tributação é injusta não por excesso, mas por falta. Ela não priva as pessoas daquilo que lhes cabe por direito; pelo contrário, não chega a proporcionar os meios de conceder-lhes o que por direito lhes caberia.

Liberdade religiosa e independência ética

É evidente que a independência ética exige o direito à liberdade religiosa. Esse direito ocupa lugar de honra na Constituição dos Estados Unidos e em documentos como a Declaração Universal de Direitos Humanos e a Convenção Europeia dos Direitos do Homem. É verdade que já se ofereceram, para esse direito, outras justificativas além da dignidade. Afirma-se, por exemplo, que a religião tende especialmente a provocar divisões e que a tolerância religiosa é o único caminho para a paz civil. Porém, embora essa justificativa tivesse forte razão de ser na Europa e na América nos séculos XVII e XVIII, ela é muito menos convincente agora. Hoje em dia, quem mais se beneficia com a tolerância no Ocidente são as religiões minoritárias e aqueles que não têm religião, e nenhum desses grupos provocaria ou poderia provocar grandes perturbações cívicas caso as liberdades de que ora gozam lhes fossem negadas. Em alguns outros países, há uma religião oficial e as outras religiões são apenas toleradas, quando o são, e isso aparentemente não põe em risco a estabilidade. Hoje em dia, para nós, a dignidade é a única justificativa disponível para a liberdade de pensamento e prática religiosos.

Uma vez aceita essa proposição, porém, já não podemos, sem cair em contradição, pensar (como muitos pensam) que a religião é especial e que outras escolhas éticas fundamentais – sobre a reprodução, o casamento e a orientação sexual, por exemplo – podem permanecer sujeitas à decisão coletiva. Não podemos, sem cair em contradição, declarar o direito à liberdade religiosa e em seguida rejeitar os direitos à liberdade de escolha nesses outros assuntos fundamentais. Quando insistimos em que nenhuma religião específica seja tratada como especial na política, já não podemos tratar a religião em si como algo especial – como se fosse um elemento mais essencial da dignidade do que a identidade sexual, por exemplo. Por isso, não podemos tratar a liberdade religiosa como *sui generis*. Ela é apenas uma consequência do direito mais geral à independência ética em questões fundamentais. O governo precisa de uma justificativa convincente para regular os atos reprodutivos ou sexuais, e essa justificativa não pode se basear nem na veracidade nem na popularidade de um juízo ético coletivo. Já escrevi amplamente, em outras obras, sobre algumas dessas questões éticas. Retomo-as aqui, posto que sumariamente, para ver quais são as novas luzes que o argumento deste livro lança sobre elas[12].

De todas essas questões, a do aborto é a mais complexa e a que mais provoca divisões. O primeiro princípio da dignidade sustenta que a vida humana tem importância intrínseca, e esse princípio necessariamente inclui a vida de um feto humano, que é sem sombra de dúvida uma vida humana. Num capítulo anterior, reconhecemos duas consequências desse primeiro princípio. Cada um de nós deve viver de modo a reconhecer e respeitar a importância objetiva de sua própria vida. Perdemos a dignidade quando não o fazemos. E devemos também tratar os outros de modo compatível com o reconhecimento da importância objetiva de suas vidas. Resta ainda determinar, no entanto, as decorrências mais concretas dessa segunda exigência. Nos capítulos anteriores, refletimos sobre até que ponto o respeito pela vida humana exige que prestemos auxílio à outras pessoas, e quando ele exige que não lhes causemos dano. Acaso essas exigências morais se modificam quando a vida humana acabou de começar? Acaso temos, para com um feto em início de gestação, o mesmo dever de auxiliar e de não causar dano que temos para com os seres humanos que alcançaram um estágio mais complexo de desenvolvimento?

Essas questões não são somente éticas, mas também morais: a moral do aborto depende das respostas que lhes dermos. Já afirmei que, à segunda, devemos responder "não". Uma vez que um feto em início de gestação, assim como uma flor, não tem nenhum interesse próprio, não se pode supor que o feto tenha direitos para proteger seus interesses. Na realidade, pouquíssima gente acredita que temos para com um feto o mesmo dever moral que temos para com um recém-nascido: até a maioria dos que defendem que o aborto seja proibido em princípio acredita que ele deva ser permitido quando a gravidez decorre de estupro ou quando o aborto é necessário para salvar a vida da mãe. Porém, mesmo aceitando a resposta negativa à questão moral e sustentando que a mulher não tem o dever moral de não abortar o feto que gerou, ainda restam questões éticas críticas a serem resolvidas. Pois resta a forte possibilidade de que o aborto, apesar de tudo, seja incompatível com o respeito pela vida humana do qual depende a nossa dignidade. As pinturas e as grandes árvores não têm interesses próprios, e portanto não têm nenhum direito moral que proteja seus interesses; mesmo assim, sua destruição é incompatível com o reconhecimento de seu valor intrínseco. É por isso que, na discussão do aborto e das questões correlatas, é essencial tomar o cuidado de distinguir as questões éticas das questões morais.

A questão moral deve ser decidida coletivamente dentro de uma comunidade política. Quando, em 1973, perguntou-se pela primeira vez à Suprema Corte dos Estados Unidos se um estado norte-americano poderia proibir terminantemente o aborto, ela teve de dar uma de duas respostas possíveis a essa questão moral.

E respondeu pela negativa. Muitos críticos dessa decisão insistem em que a Corte não deveria ter decidido a questão em absoluto, mas deveria ter deixado que os estados a decidissem por si mesmos, um por um. Essa objeção é confusa: não se pode permitir que os estados decidam por si mesmos se determinada classe de seus cidadãos pode ser assassinada. Há, porém, uma objeção mais sensata: tendo decidido que o aborto não é homicídio e que, portanto, a cláusula de igual proteção da Constituição não exige que os estados proíbam terminantemente o aborto, a Corte deveria ter-lhes deixado decidir por si mesmos se o aborto deve ou não ser proibido por motivos éticos – ou seja, por manifestar desprezo pelo valor intrínseco da vida humana. Foi essa a questão crucial que a Corte realmente enfrentou em *Roe vs. Wade* e enfrentou de novo, identificando-a de modo mais preciso e dando-lhe uma resposta melhor, no caso *Casey*, em que reafirmou seu apoio a um direito limitado ao aborto[13].

O direito à independência ética só admite uma resposta. Esse direito é violado e a liberdade é negada quando o governo restringe a liberdade a fim de fazer valer um juízo ético coletivo – neste caso, o juízo ético de que a mulher que aborta um feto em início de gestação não demonstra o respeito pela vida humana que a sua dignidade exige. Eu mesmo acredito que, em muitas circunstâncias, o aborto é um ato de desprezo da mulher por si mesma[14]. A mulher avilta a própria dignidade quando aborta por razões frívolas: para não ter de remarcar uma viagem, por exemplo. Eu faria um juízo ético diferente em outros casos: quando as perspectivas de uma vida decente para uma adolescente seriam arruinadas caso ela se tornasse mãe solteira, por exemplo. Porém, quer esse juízo esteja correto ou errado nesse ou naquele caso particular, ele sempre será um juízo ético, não um juízo moral. Deve-se deixar que cada mulher assuma, como sua dignidade exige, a responsabilidade por suas próprias convicções éticas.

DEMOCRACIA

Liberdade positiva

Slogans e questões

O segundo princípio da dignidade protege a responsabilidade ética pessoal. No capítulo anterior, estudamos um aspecto dessa responsabilidade. A dignidade exige a independência em relação ao governo no que se refere às escolhas éticas, e essa exigência é um dos alicerces de qualquer teoria plausível da liberdade negativa. Mas a dignidade não exige a independência em relação ao governo em outros assuntos: toda comunidade política deve tomar decisões coletivas sobre a justiça e a moral, e deve ser capaz de impor coercitivamente essas decisões. Suscita-se assim a questão da liberdade positiva. Não posso estar livre de todo controle coercitivo nas questões de justiça e moral, mas minha dignidade exige que eu tenha alguma participação nas decisões coletivas que exercem esse controle. Que participação é essa?

Imediatamente nos vemos afundados em *slogans*. Somente a democracia pode garantir a dignidade. Deve-se ter um governo do povo, pelo povo e para o povo. O povo deve governar a si mesmo. Cada cidadão deve ter uma participação igual e significativa. Cada pessoa deve ter direito a um voto e não mais que um voto.

Nenhum homem, segundo Locke[1], nasceu para governar ou para ser governado. Devemos tentar resgatar a liberdade positiva desses *slogans*, pois o significado deles não é nem um pouco claro. O conceito de democracia é um conceito interpretativo e muito controverso. Como se pode afirmar que "o povo" governa a si mesmo quando pouquíssimos membros do povo têm algum poder sobre a determinação das leis? Um sistema de eleição parlamentar em que o vencedor leva tudo em cada distrito eleitoral, comum nos Estados Unidos e na Inglaterra, é muito diferente do sistema de representação proporcional comum em outros países. Dada a mesma distribuição de interesses, convicções e preferências, leis muito diferentes tendem a surgir dependendo de qual desses dois sistemas esteja em vigor. Acaso um desses sistemas é mais democrático que o outro? Seria ilegítima, por ser antidemocrática, a prática do controle judicial de constitucionalidade, que permite que juízes nomeados em regime vitalício declarem a inconstitucionalidade de atos do Legislativo e do Executivo? Ou será que essa prática é um fator de correção da democracia, necessário e desejável? Ou será ainda – uma terceira possibilidade – que a prática é, na verdade, essencial para a criação de uma verdadeira democracia? Todas essas posições têm muitos defensores, e não podemos escolher entre elas sem escolher entre diferentes concepções de democracia e justificar nossa escolha.

Quem é o povo?

Antes de enfrentarmos essas questões tradicionais, devemos encarar mais uma questão preliminar. *Quem* é o povo? Um belo dia, o Japão concede o direito de voto aos cidadãos da Noruega, para que estes possam eleger um pequeno número de noruegueses para a Dieta japonesa, se assim quiserem. Em seguida, a Dieta, por maioria, lança tributos sobre o petróleo norueguês e determina que o mesmo seja transferido para as refinarias japonesas. Nessa fantasia, os noruegueses estariam bem longe de exercer o autogoverno. Para que alguma forma de processo majoritário proporcione o verdadeiro autogoverno, o governo deve ser exercido por uma maioria de pessoas *certas*.

Parece que o governo das pessoas certas é mais importante para mais gente – para os povos da África depois da Segunda Guerra Mundial, por exemplo, ou para os cidadãos brancos do Sul dos Estados Unidos antes da Guerra Civil – do que o papel dos indivíduos nesse governo. As pessoas querem ser governadas por outras que sejam relativamente parecidas com elas. O significado dessa ideia nem sempre é claro. Ela já foi usada para justificar muitas formas de tribalismo ou nacionalismo: de raça, religião, língua, parentesco ou mesmo, como no antigo Sul, de circunstâncias ou interesses econômicos. Os historiadores, estadistas e políticos não podem ignorar o poder dessas várias forças centrípetas, que continuam a estimular atos da mais terrível violência. Elas não têm, porém, nenhuma força normativa intrínseca. A questão de saber qual princípio deve reger a divisão das pessoas em comunidades políticas não tem nenhuma resposta correta que não seja histórica. É impossível encontrar uma resposta no próprio ideal de democracia, pois esse ideal pressupõe a existência de uma comunidade política e não pode ser usado para defini-la. É igualmente impossível encontrá-la na ideia poderosa, mas inescapavelmente vaga, da autodeterminação dos povos – o suposto direito dos grupos etnoculturais de se autogovernar. Nenhum conceito não político de nacionalidade é preciso o suficiente para elucidar esse direito; e, mesmo que houvesse um conceito desse tipo, ainda assim não haveria resposta satisfatória à questão de saber por que qualquer membro individual de qualquer grupo assim definido teria o dever de associar-se politicamente com o restante do grupo.

Existem razões reais – às vezes, imperativas – para que certos modelos de soberania históricos ou estabelecidos sejam alterados. Os sistemas coloniais em que o povo de um Estado político governava outros povos em terras longínquas não poderiam ter sido reformados sem o rompimento dessa associação formal e a criação de novos Estados. Embora os patriotas que despejaram chá no mar do porto de Boston gritassem "Não há tributação sem representação", a Declaração de Independência de Jefferson não propôs que, se os colonos norte-americanos tivessem o direito de voto, os crimes do rei George estariam solucionados; e, um ou dois séculos depois, ninguém imaginou que a concessão do direito de voto poria um fim aos impérios coloniais na África ou no subcontinente indiano.

Mesmo quando não existe dominação colonial a ser desfeita, as fronteiras criadas pela geografia, pela história, pela guerra e pela política nem sempre são viáveis. Quando diferentes tribos, raças ou grupos religiosos se mostram incapazes de viver juntos sem violência, a separação e a formação de novas comunidades políticas pode ser a única alternativa. Do mesmo modo, quando um grupo minoritário se tornou vítima perene de injustiças, uma reformulação das fronteiras pode ajudar, desde que ela possa ser realizada sem que se cometam mais injustiças e sem provocar grandes sofrimentos. Quando uma conquista ilegítima – a incursão de Saddam no Kuwait, por exemplo – pode ser combatida, ela deve ser combatida. Mas uma teoria plausível da prescrição impõe um limite necessário até mesmo a esse princípio, de modo que, mesmo que o estabelecimento do Estado de Israel tenha sido errado há sessenta anos, as fronteiras originais desse Estado devem agora ser respeitadas.

Todos esses exemplos se referem a mudanças drásticas nas fronteiras políticas. Mudanças e reagrupamentos menos drásticos são, muitas vezes, oportunos e em regra podem ser efetuados com muito menos sofrimento. O federalismo e a descentralização, criando subdivisões de comunidades estabelecidas, muitas vezes permitem que se tomem decisões políticas mais racionais e proporcionam uma sensação maior de participação no autogoverno. As mudanças na outra direção podem ser ainda mais eficazes: os esforços prolongados (e, até agora, frustrados) para se criar uma nova estrutura constitucional para a União Europeia são exemplos tanto da sensatez quanto da dificuldade do estabelecimento de uma comunidade política maior e mais diversa a partir de comunidades menores e mais homogêneas. Tanto as nações europeias quanto o mundo em geral se beneficiarão, a meu ver, caso a UE seja capaz de estabelecer uma política externa comum e executá-la de tal modo que o poder econômico da comunidade dê força à sua união política.

Não obstante, as fronteiras criadas pelos acidentes da história continuam representando o estado normal das coisas. Nascemos dentro de comunidades políticas que têm legitimidade para nos governar, desde que também atendam às condições de legitimidade discutidas em capítulos anteriores e adiante neste mesmo capítulo, entre as quais se incluem a de não impor nenhuma barreira legal à emigração. Os que moram na Califórnia a um quilômetro da fronteira com Nevada, ou na França a um quilômetro da fronteira com a Alemanha, são governados de modo bem diferente do daqueles que moram um quilômetro para o outro lado, e nenhum princípio abstrato de filosofia política pode justificar essa diferença. A maioria das tentativas de desenhar linhas supostamente mais racionais acaba criando minorias novas e incômodas para substituir minorias antigas e confortáveis. Excluindo-se a ideia de uma única democracia global em que cada pessoa em cada continente tivesse direito a um voto (coisa impossível que, de qualquer modo, acabaria por suscitar as mesmas questões de hoje quando as necessárias subdivisões fossem criadas), é raro encontrarmos algum argumento persuasivo para corrigir o que a história realizou.

Dois modelos de autogoverno

Vamos supor, nesse caso, que determinada comunidade política seja a comunidade correta, ou pelo menos não seja errada. O governo está nas mãos das pessoas certas. Para governar, elas elegem autoridades de vários tipos e níveis, e essas autoridades exercem em seu nome o poder coercitivo. Mas as autoridades podem ser eleitas e as estruturas por meio das quais governam podem ser construídas de diversos modos: os sistemas que reconhecemos como democráticos pelo mundo afora variam muitíssimo. Alguns deixam as decisões mais importantes a cargo de referendos nos quais o povo em geral vota os programas políticos; outros rejeitam esses referendos. Alguns elegem suas autoridades com maior frequência; alguns usam a representação proporcional, e outros, esquemas eleitorais em que o vencedor leva tudo; alguns atribuem um poder considerável a autoridades não eleitas, como os juízes dos tribunais constitucionais. Quais são os princípios segundo os quais devemos julgar esses diferentes arranjos constitucionais? Acaso alguns deles são mais compatíveis do que os outros com a dignidade do povo? Acaso alguns dão mais espaço que os outros à liberdade positiva e ao verdadeiro autogoverno? Será que existe algum critério profundo que possa ser usado para verificar a superioridade ou a autenticidade democráticas dessas várias questões de democracia?

Repito: a democracia é um conceito interpretativo. Há discordância acerca do que ela significa. Para escolher entre as concepções rivais, devemos localizar aquele valor ou conjunto de valores que melhor seja capaz de explicar – se é que tal explicação é possível – o que ela tem de bom. Como sempre, alguns filósofos são tentados a adotar uma solução redutiva: sugerem que se deixe de lado a discussão sobre o que é a democracia e que se discuta simplesmente sobre qual é a melhor forma de governo. Como sempre, essa estratégia redutiva anula-se a si própria: nos obriga a ignorar importantes distinções entre os diferentes valores que permanecem em jogo nessa última questão geral. Um bom governo é democrático, justo e eficiente, mas essas qualidades não são idênticas umas às outras, e às vezes é importante perguntar, por exemplo, se algum arranjo constitucional que tende a tornar mais eficiente a economia da comunidade deve ser rejeitado por ser antidemocrático. Nesse caso, é importante considerar como problema independente a questão de saber como devemos compreender a finalidade e a essência da democracia. Podemos, se quisermos, evitar a palavra: podemos nos perguntar qual é o sentido da liberdade positiva ou do autogoverno. Mas a questão permanece a mesma.

É instrutivo contrastar duas respostas a essa questão: dois modelos de como se pode conceber que o povo governe a si mesmo. Em outra obra, denominei essas duas concepções de democracia majoritarista e democracia coparticipativa[2]. A concepção majoritarista sustenta que o povo governa a si mesmo quando o maior número de pessoas, e não um grupo menor, é o detentor do poder político fundamental. Insiste, portanto, em que as estruturas do governo representativo sejam montadas de modo a aumentar a probabilidade de que as leis e programas políticos da comunidade sejam aqueles preferidos pelo maior número de cidadãos, ao cabo das devidas discussões e reflexões. As eleições devem ser frequentes o suficiente para que as autoridades sejam encorajadas a fazer o que a maioria quer; as unidades federadas e os distritos parlamentares devem ser definidos, e o poder constitucional deve ser dividido entre determinados tipos e níveis de autoridade, unicamente com esse fim em vista. Questões ulteriores – referendos, representação proporcional – devem ser debatidas e decididas desse mesmo modo. Qual sistema tem a maior probabilidade de fazer valer a vontade refletida e deliberada da maioria dos cidadãos no longo prazo?

Devemos tomar cuidado para não confundir essa concepção majoritarista de democracia com alguma teoria agregativa da justiça, como o utilitarismo, que sustenta que as leis são justas quando produzem a maior somatória ou média possível de felicidade (ou de alguma outra concepção de bem-estar) dentro de determinada comunidade. (A expressão "vontade da maioria" é perigosamente ambígua porque é usada para descrever às vezes um processo majoritarista e às vezes um resultado utilitário ou algum outro resultado agregativo[3].) Na verdade, não há razão alguma para pensarmos que um processo eleitoral majoritarista produzirá, mesmo na maioria das vezes, um resultado que pudesse ser considerado justo de acordo com algum padrão agregativo em particular. Pelo contrário, é muito possível que o processo majoritarista produza – como tantas vezes já produziu – leis que ferem o bem-estar total ou médio, definido de acordo com qualquer concepção. É por isso que os defensores da concepção majoritarista creem ser importante distinguir a democracia da justiça. Um autocrata poderia decretar uma distribuição de recursos mais justa do que a aprovada pela maioria.

A concepção coparticipativa da democracia é diferente: segundo ela, o autogoverno não é o governo de uma maioria que exerce sua autoridade sobre todos, mas o governo de todas as pessoas atuando como parceiras. Essa parceria ou coparticipação estará inevitavelmente dividida quanto aos cursos de ação política, uma vez que a unanimidade é rara nas comunidades políticas de qualquer tamanho. Mas pode ser, mesmo assim, uma parceria, desde que os membros aceitem que, na política, devem agir com igual respeito e consideração por todos os outros parceiros. Ou seja, pode ser uma parceria caso cada um deles respeite as condições de legitimidade que discutimos nos Capítulos 14 e 15 – caso cada um deles aceite a obrigação permanente não só de obedecer às leis da comunidade, mas também de tentar tornar essas leis compatíveis com a sua compreensão, em boa-fé, daquilo que é exigido pela dignidade de cada cidadão[4].

Essa breve descrição revela a diferença mais importante entre as duas concepções de democracia. A concepção majoritarista define a democracia de modo puramente procedimental. A concepção coparticipativa liga a democracia às restrições substantivas das condições de legitimidade. Uma vez que a legitimidade é uma questão de grau, a democracia, segundo essa concepção, também o é. Ela é um ideal que algumas comunidades políticas se esforçam para alcançar, algumas com mais sucesso, outras com menos. Mas a concepção coparticipativa faz com que o autogoverno seja, pelo menos, um ideal inteligível. Isso não acontece, a meu ver, com a concepção majoritarista, porque ela não descreve nada que possa ser entendido como o autogoverno dos membros das minorias políticas – ou mesmo dos membros individuais da maioria.

Esse contraste profundo entre as duas concepções se reflete de modo notável no debate (travado principalmente nos Estados Unidos, mas agora cada vez mais em muitos outros países) sobre a compatibilidade entre a democracia e o controle judicial de constitucionalidade. A concepção majoritarista não exclui automaticamente um arranjo político que atribua aos juízes o poder de fazer valer a Constituição, declarando a nulidade de certas leis. Alguns juristas e filósofos hábeis declararam que o controle judicial de constitucionalidade, quando adequadamente concebido e limitado, pode promover a concepção majoritarista, aumentando a probabilidade de que a legislação reflita a visão ponderada da maioria das pessoas. John Hart Ely, por exemplo, afirmou que os juízes devem proteger o poder do povo, salvaguardando a liberdade de expressão e a liberdade imprensa contra políticos ansiosos para ocultar sua corrupção ou sua estupidez; e Janos Kis declarou, na mesma veia, que os juízes podem proteger o povo contra autoridades que perdem o entusiasmo pela vontade da maioria quando esta passa a ameaçar a sua permanência no poder[5].

Não obstante, a concepção majoritarista encara o controle judicial de constitucionalidade com desconfiança, e seus adeptos rejeitam o poder judicial de derrubar leis favorecidas por uma maioria estável e informada: a pena de morte, por exemplo, ou as orações nas escolas públicas, ou ainda, em alguns estados norte-americanos, as restrições ao aborto no início da gestação. Eles compreendem que a questão de saber se a maioria política deve ou não ter o poder de adotar essas leis é controversa. Mas insistem em que, exatamente pelo fato de essa questão *ser* controversa, deve-se permitir que a maioria a decida por si mesma. Quando se permite que um pequeno grupo de juristas que não podem ser demitidos por meio de uma eleição geral decida essa questão fundamental de teoria de governo, vai-se contra a própria essência da democracia majoritarista. Desse ponto de vista, o controle judicial de constitucionalidade nega a liberdade positiva necessária para a dignidade dos cidadãos comuns[6].

Segundo a concepção coparticipativa, no entanto, esse famoso argumento é nitidamente circular. Ele pressupõe que a maioria política tem autoridade moral para decidir questões controversas em nome de todos, mas, segundo a concepção coparticipativa, a maioria não tem autoridade moral para decidir coisa alguma a menos que as instituições por meio das quais governe sejam suficientemente legítimas. O controle judicial de constitucionalidade é uma estratégia possível (e, sublinho, apenas uma entre outras) para aperfeiçoar a legitimidade do governo – protegendo a independência ética de uma minoria, por exemplo – e, assim, assegurar o direito moral da maioria de impor sua vontade em outros assuntos.

Qual modelo é o melhor?

Equidade?

Como escolher entre essas duas concepções? Os cientistas políticos arrolam os muitos benefícios instrumentais da democracia. É extremamente disseminada a ideia de que as instituições democráticas, respaldadas por uma imprensa livre e vigorosa, protegem a comunidade contra a corrupção profunda e extensa, a tirania e outros males e tornam menos provável que as autoridades venham a governar exclusivamente em defesa de seus interesses ou dos de uma pequena classe de cidadãos, como é comum que façam as juntas militares e outros ditadores. A democracia também tem outras vantagens, mais positivas. Em comunidades políticas razoavelmente prósperas, sobretudo aquelas dotadas de tradição democrática e de um eleitorado culto, a democracia melhora a estabilidade política; com efeito, talvez seja essencial para a estabilidade nessas comunidades. Permite que cada um dos grupos de interesse importantes dentro da comunidade assegure, por meio de alianças e trocas de favores, os seus objetivos principais. As liberdades políticas que a democracia pressupõe também protegem a liberdade econômica e o estado de direito, essenciais para o desenvolvimento econômico. Infelizmente, não tem se evidenciado que essas vantagens práticas possam se realizar em todas as circunstâncias. Em algumas – em países de economia muito fraca e sem tradição democrática –, a introdução da democracia pode, na verdade, pôr em risco a estabilidade e o desenvolvimento econômico. Ou, pelo menos, é isso que dizem alguns teóricos da política. Não precisamos, porém, desenvolver essas questões aqui, pois, para escolher entre os dois modelos, não devemos nos perguntar qual deles produziria mais estabilidade ou prosperidade. Essa pergunta não tem uma resposta geral – depende completamente das circunstâncias – e, de qualquer modo, a questão fundamental diz respeito aos princípios, não às consequências.

Partimos do pressuposto de que a dignidade exige que as pessoas participem do próprio governo. De que modo a concepção majoritarista da democracia pretende fazer isso? Talvez a resposta pareça óbvia: o governo da maioria é o único método *equitativo* para se governar uma comunidade política coercitiva. Entre os teóricos da política contemporâneos, foi Jeremy Waldron quem apresentou com a maior clareza essa defesa da democracia majoritarista, que ele chama de "DM". Declarou ele: "É bem conhecida aquela defesa da soberania das decisões majoritárias que faz apelo à equidade e a igualdade. Mais que qualquer outra forma de governo, a DM é neutra no que se refere aos possíveis resultados, trata todos os participantes do mesmo modo e dá a cada opinião expressa o maior peso possível e compatível com a atribuição de um mesmo peso a todas as opiniões. Quando discordamos acerca do resultado desejado, quando não queremos introduzir de antemão nenhuma parcialidade no assunto e quando cada um dos participantes tem o direito moral de ser tratado como um igual, a DM – ou coisa semelhante – é o princípio a ser usado."[7]

Trata-se de uma proposição muito geral, não somente sobre as decisões políticas como também sobre todas as decisões coletivas. Ela expõe um princípio geral de equidade procedimental. Para quem aceita esse princípio geral, a concepção majoritarista da democracia é apenas a sua aplicação à política. No entanto, a popularidade desse argumento me surpreende, pois é evidente que o princípio majoritarista – de contagem de votos – não é um princípio fundamental de equidade. O primeiro problema é aquele que já discuti: a maioria não tem nenhum peso moral a menos que a comunidade dentro da qual aquele grupo é majoritário seja a comunidade correta. Uma maioria de cidadãos japoneses não tem nenhuma autoridade moral sobre o petróleo norueguês. Porém, mesmo quando a comunidade é a correta, a decisão da maioria nem sempre é equitativa. Já dei este exemplo: quando um bote salva-vidas está superlotado e um passageiro deve ser lançado ao mar para evitar que todos morram, não seria justo nem equitativo fazer uma votação que escolhesse o menos popular entre eles para se afogar. Seria muito mais justo fazer um sorteio.

Respondendo a essa objeção, Waldron disse que, se os passageiros discordassem acerca do que seria mais equitativo – votar ou fazer um sorteio –, a única maneira equitativa de decidir *essa* controvérsia seria votar para saber qual procedimento é o mais equitativo[8]. Essa sugestão recursiva parece igualmente errada: não podemos, sem fugir à sensatez, atribuir à maioria o poder de decidir a questão de saber se a maioria pode decidir. Se a maioria dos passageiros primeiro votasse para decidir fazer uma eleição e depois votasse para determinar que o camaroteiro deve ser lançado ao mar, isso não seria mais justo do que se eles votassem diretamente para lançá-lo ao mar. Quando há controvérsia sobre questões de justiça procedimental, a controvérsia vai até o fim: não há nenhum procedimento padronizado de decisão para se decidir sobre procedimentos de decisão. (Há pouco tempo, Waldron apresentou uma nova resposta a essa objeção[9].)

As razões evidentes pelas quais o voto da maioria seria injusto no caso do bote salva-vidas se aplicam também a algumas decisões políticas, pelo menos. Assim como as parcialidades e antagonismos pessoais da maioria não devem ser levados em conta para se decidir qual passageiro deve ser lançado ao mar, eles tampouco vêm ao caso quando a comunidade política toma decisões sobre os direitos de uma minoria específica e estigmatizada[10]. No caso do bote salva-vidas, existe uma alternativa óbvia: o acaso. Mas o acaso não seria um procedimento decisório adequado na política. Quando as decisões têm consequências importantes para a vida das pessoas, não convém deixar essas decisões a cargo do acaso ou de alguma outra forma de oráculo; isso talvez tenha funcionado por certo tempo para os atenienses, mas não funcionaria para nós. A opinião da maioria sobre a questão de fazer ou não fazer guerra talvez não seja melhor do que a opinião de uma minoria, mas provavelmente será melhor que uma decisão baseada num lance de dados.

Existem também razões decisivas para se rejeitar um procedimento autocrático ou baseado na riqueza: os cidadãos não devem ser tratados como membros de uma orquestra ou acionistas. Algumas dessas razões são práticas: como eu já disse, pelo menos em algumas circunstâncias a democracia proporciona estabilidade e protege contra a corrupção. Outras razões se baseiam em pressupostos acerca do resultado dos processos democráticos: é possível que estes tenham mais probabilidade que os procedimentos autocráticos de promover o bem comum, definido de modo adequado, mesmo que não o façam inevitavelmente. De qualquer modo, como já vimos, a dignidade dos cidadãos exige que eles desempenhem um papel importante no governo de si próprios. Mas nenhuma dessas razões para preferir a democracia popular ao acaso ou à aristocracia na política favorece a concepção majoritarista de democracia sobre a concepção coparticipativa. Pelo contrário: pelo fato de esta última dar mais proteção constitucional às minorias, é provável que ela proporcione mais estabilidade e seja capaz de identificar com mais precisão o bem-estar geral e assegurá-lo.

Igualdade política?

Podemos acaso afirmar que a concepção majoritarista oferece algo que a concepção coparticipativa não oferece – a igualdade política? Isso depende de qual é a nossa melhor compreensão deste outro conceito interpretativo. A igualdade política, como ideal abstrato, pode ser concebida de três maneiras muito diferentes. Podemos considerar que ela significa, em primeiro lugar, que o poder político se distribui de tal forma que todos os cidadãos adultos têm igual influência sobre as decisões políticas. A probabilidade de que as opiniões de cada um deles sobre o processo político se tornem, no fim, a lei ou programa político do Estado é igual para todos os cidadãos adultos. Ou, em segundo lugar, podemos considerar que a igualdade política significa que os cidadãos adultos têm todos o mesmo impacto nesse processo: que as opiniões que todos eles acabam por formar no processo têm o mesmo peso na decisão final da comunidade. A influência é diferente do impacto. A influência de uma pessoa inclui o seu poder de persuadir ou induzir os outros a adotar a sua opinião; seu impacto se limita ao que ela pode realizar simplesmente por meio da sua opinião, independentemente do que os outros creem.

Em terceiro lugar, podemos considerar que a igualdade política significa algo muito diferente: que nenhum cidadão adulto tenha um impacto político menor que o de qualquer outro cidadão por razões que comprometam sua dignidade – razões que tratem sua vida como se ela merecesse menos consideração ou tratem suas opiniões como se fossem menos dignas de respeito. As primeiras duas interpretações entendem a igualdade como um ideal matemático: pressupõem alguma métrica do poder político e exigem, pelo menos num plano ideal, que o poder de todos os cidadãos seja igual segundo essa métrica. A terceira entende a igualdade política como uma questão de atitude, não de matemática.

Exige que a comunidade distribua o poder político não necessariamente de modo igual, mas de maneira tal que as pessoas sejam tratadas como iguais.

Quando contrastamos as duas primeiras interpretações – a igualdade de influência e a igualdade de impacto –, é difícil pensar que a segunda seja melhor. Não faz sentido eu pensar que o meu poder político é igual ao de um bilionário, de um *pop star*, de um pregador carismático ou de um herói político venerado quando tantos milhões de cidadãos seguem essas pessoas e eu mesmo sou desconhecido e não tenho poder de persuasão. Por essa razão, devemos preferir a primeira interpretação à segunda, mas a primeira interpretação, além de não ser realista, tampouco é atraente: só poderia se realizar numa sociedade totalitária. Certas pessoas sempre terão muito mais influência que as outras sobre o voto de seus concidadãos. Em sua época, Martin Luther King tinha muito mais influência sobre as opiniões das pessoas que praticamente qualquer outro cidadão particular, e hoje Oprah Winfrey, Tom Cruise, vários heróis do esporte, o diretor executivo da Microsoft, o editor do *New York Times*, os editores da Fox News e centenas de outros norte-americanos são dotados de um poder especial. Lamentamos a influência especial de certas pessoas porque ela se baseia na riqueza, a qual, na nossa opinião, não deve fazer a menor diferença na política. Mas não lamentamos a influência especial de alguns – do reverendo King, por exemplo – nem a consideramos um defeito da nossa democracia. Pelo contrário, nós nos orgulhamos do poder que ele tinha.

Por isso, se insistirmos numa interpretação matemática da igualdade política, teremos de nos contentar com a segunda opção, apesar de tudo. Ela ignora a influência política e exige somente a igualdade de impacto: que todas as pessoas tenham o mesmo poder de controlar as leis de sua comunidade simplesmente em virtude das suas próprias preferências. É fácil alcançar esse tipo de igualdade numa assembleia municipal: basta atribuir um voto a cada um dos participantes. Uma estratégia muito mais ampla será necessária numa comunidade política imensa e complexa, dotada de governo representativo, distritos eleitorais e separação entre os poderes do Estado. Mas, mesmo num país de dimensões continentais com um governo composto por um número relativamente pequeno de pessoas, cada qual dotada de imenso poder, cada cidadão pode ter um voto em todas as eleições e os distritos eleitorais podem ser distribuídos de tal modo que todos os votos tenham o mesmo peso. Com isso, caminhamos bastante rumo à igualdade de impacto para todos.

Se assim for, os presidentes, primeiros-ministros, parlamentares e juízes ainda serão dotados de um impacto exponencialmente maior, sobre as leis e programas políticos, que qualquer cidadão comum; e, uma vez eleitos, poderão levar a cabo projetos próprios sem dar a menor atenção à opinião pública, sobretudo quando não se preocupam com a reeleição. Esses políticos talvez sejam idealistas, adotando a declaração de independência de Edmund Burke em relação aos seus eleitores[11]; e talvez sejam simples ladrões, como Spiro T. Agnew, vice-presidente de Richard Nixon, que recheou o próprio bolso. Mas a realização de eleições relativamente frequentes e uma imprensa livre e vigilante podem tornar menos provável que isso aconteça; de qualquer modo, isso é o melhor que podemos fazer nesse sentido. Se formos atraídos pela segunda interpretação da igualdade política, devemos pensar que a democracia majoritarista se encaixa nesse ideal como uma luva.

Mas a segunda interpretação continua sendo pouco persuasiva. Parece irracional promover a igualdade de impacto por si mesma, mesmo quando reconhecemos que a igualdade de influência é inatingível e indesejável. A igualdade de impacto, em si e por si, não tem nenhuma utilidade prática para os indivíduos que integram uma comunidade de qualquer tamanho. Digamos que você viva numa comunidade do tamanho da França. Ela elege suas autoridades em eleições frequentes, com sufrágio universal para os adultos; goza de uma estrutura constitucional que dá a todos os votos o mesmo impacto nessas eleições; proporciona uma versão a mais irrestrita possível da liberdade de expressão; e tem uma imprensa vigorosa, competitiva e politicamente diversificada. A medida de controle político positivo que esses fatos proporcionam a cada cidadão é tão pequena que pode, sem problema nenhum, ser arredondada para zero. A decisão do cidadão de votar nesse ou naquele candidato não incrementa em nenhum grau estatisticamente significativo a possibilidade de a sua preferência predominar. Numa comunidade grande, aquelas pessoas cujo impacto político é igual ou quase igual não têm, enquanto indivíduos, mais poder sobre o próprio governo do que teriam se as decisões fossem tomadas por sacerdotes que lessem as entranhas de animais sacrificados. Se o impacto político de um cidadão comum com igualdade de voto é infinitesimal, o que importa que o impacto infinitesimal de cada qual seja igualmente infinitesimal?

Talvez o meu argumento dê agora a impressão de ter ido longe demais. Ele parece culminar na ideia de que a igualdade política não tem importância nenhuma. Por que, nesse caso, não nos contentarmos com a autocracia esclarecida? Diz-se que a democracia tem as vantagens instrumentais que mencionei, mas elas poderiam ser alcançadas da mesma maneira por um governo totalitário. Com efeito, muitos cientistas políticos acham que, em economias subdesenvolvidas, um governo totalitário tem mais facilidade para alcançar essas vantagens. Um ditador poderia fazer as necessárias sondagens para descobrir o que as pessoas querem e proporcionar-lhes essas coisas sem a balbúrdia e os gastos de uma eleição; poderia, por exemplo, pôr em vigor um sistema justo de tributação e redistribuição, baseado no esquema hipotético de seguros que descrevi no Capítulo 16. Acaso preferimos a democracia somente porque nos preocupamos com a possibilidade de que os ditadores de verdade venham a tomar decisões muito diferentes? Acaso a democracia não tem outra defesa senão aquela que Judith Shklar chamou de liberalismo do medo?[12]

Ela tem, mas para encontrá-la temos de nos voltar para a terceira interpretação do nosso ideal. A igualdade política não depende do poder político, mas da posição política. A democracia confirma, do modo mais veemente possível, a igual consideração e respeito que a comunidade como um todo, enquanto guardiã do poder coercitivo, tem para com cada um dos seus membros. Descontado o governo por sorteio, a democracia é a única forma de governo que confirma essa igual consideração e respeito em sua constituição mais fundamental. Quando se atribui a qualquer cidadão um impacto eleitoral menor que o dos outros, quer por negar-se-lhe um voto, quer por dar votos a mais aos outros, quer ainda pelo fato de os arranjos eleitorais o situarem num distrito que tem mais habitantes e menos representantes, quer por qualquer outra razão, essa diferença é sinal de que ele tem uma posição política inferior, a menos que ela possa ser justificada de modo a negar essa interpretação. Se a lei concedesse o direito de voto somente aos aristocratas, ou aos sacerdotes, ou aos homens, ou aos cidadãos cristãos ou brancos, ou aos cidadãos que têm bens, ou aos cidadãos que têm diploma universitário, a implicação de menor consideração ou respeito seria inegável. Se uma mulher exigisse o direito de voto, de nada adiantaria responder-lhe que o voto de uma única pessoa, em si e por si, não teria valor nenhum para ela. Ela poderia responder que, se todas as mulheres tivessem direito de voto, aumentaria a probabilidade de se produzirem leis que melhorassem a situação dela – modificando as normas do matrimônio ou dos contratos, por exemplo. Mas ela exigiria o voto mesmo que não fosse a favor dessa mudança. Desejaria a dignidade, e não o simples poder, da igual participação.

É importantíssimo assinalar, porém, que alguns arranjos eleitorais que acarretam a desigualdade de impacto político não dão, de modo algum, sinais de desrespeito nem de negação da dignidade. Dada a injustiça racial que infelizmente marcou o passado dos Estados Unidos e dado o legado contemporâneo dessa injustiça, a adoção de medidas especiais para aumentar o número de representantes negros pode representar uma importante vantagem para toda a comunidade. Pode ajudar a demolir os estereótipos que sustentam a tensão racial e frustram as ambições dos negros[13]. Seria inaceitável, é claro, tirar o voto de alguns cidadãos brancos; o voto é um emblema tão claro da igualdade de cidadania que o ato de retirá-lo de qualquer grupo de cidadãos representaria para estes um insulto indesculpável. Mas suponhamos que o mesmo objetivo possa ser atingido por uma reformulação dos distritos eleitorais que torne mais provável a eleição de representantes negros. Suponhamos ainda que a forma mais eficiente de reformulação dos distritos deixasse um pouco desigual, no fim, o número de eleitores em cada distrito, de tal modo que num distrito fossem necessários menos eleitores para eleger um representante do que em outro distrito. Os eleitores cujo impacto político sofresse tal diminuição infinitesimal poderiam ser predominantemente brancos, predominantemente negros ou predominantemente nenhum dos dois. De qualquer modo, não haveria aí nenhuma implicação de restrição ou diminuição da cidadania para qualquer pessoa. Seria tolice, nessas circunstâncias, insistir na perfeita igualdade de impacto em si e por si[14].

Recapitulando. A igualdade política exige que o poder político seja redistribuído de modo a confirmar a igual consideração e respeito da comunidade para com todos os membros. É inaceitável que o poder seja atribuído com exclusividade a alguma pessoa ou grupo em razão de seu nascimento, da vitória na guerra ou de alguma aristocracia do talento; do mesmo modo, é inaceitável que os emblemas da cidadania sejam negados a qualquer adulto (exceto, talvez, em consequência de um crime ou de outro ato contra a comunidade). Mas a igualdade aritmética de influência não é nem possível nem desejável, e a igualdade aritmética de impacto só é essencial na medida em que um desvio em relação a ela possa ser interpretado como um insulto. Portanto, a igualdade aritmética da concepção majoritarista não tem valor nenhum em si mesma. O domínio da maioria não é um procedimento decisório intrinsecamente justo, e não há nada na política que o torne intrinsecamente justo no domínio político. Nem sempre ele tem mais valor instrumental que outros arranjos políticos. Se a legitimidade de um arranjo político pode ser promovida por um arranjo constitucional que crie alguma desigualdade de impacto mas não leve a mácula nem corra o risco da indignidade, seria uma perversidade excluir tais medidas. Essa é a fraqueza fatal da concepção majoritarista. Ela insiste, com razão, no valor da igualdade de impacto, mas não compreende nem a natureza nem, portanto, os limites desse valor; compromete o verdadeiro valor que está em jogo – a liberdade positiva –, na medida em que transforma a igualdade de impacto num perigoso fetiche.

Escolhemos a concepção coparticipativa da democracia. Repito que não se trata somente de uma estipulação verbal acerca de como pretendemos usar um nome popularmente consagrado. Escolhendo a concepção coparticipativa e rejeitando a concepção majoritarista, declaramos que, quando se adotam estruturas constitucionais que não tendam tanto a produzir decisões políticas compatíveis com as preferências da maioria, isso não acarreta, nem automática nem necessariamente, a negação ou o comprometimento de qualquer valor político verdadeiro. Entretanto, essa declaração deixa em aberto as difíceis questões que apenas começamos a identificar. A concepção coparticipativa não exige automaticamente a igualdade de impacto político do voto de cada cidadão. Mas a exige às vezes. Quando e por quê?

Governo representativo

Sugiro um caminho para nossa argumentação. A legitimidade exige uma distribuição de poder político que reflita a igual consideração e respeito que a comunidade deve ter por seus cidadãos. Essa exigência estabelece um padrão mínimo: toda diferença significativa no impacto político dos votos dos diferentes cidadãos será antidemocrática e injusta a menos que atenda a duas condições, uma negativa, e a outra, positiva. Em primeiro lugar, ela não deve pressupor nem dar a entender que certas pessoas nasceram para governar as outras. Não deve haver aristocracia de nascimento – ou seja, uma aristocracia de sexo, casta, raça ou etnia – e não deve haver aristocracia de riqueza ou talento. Em segundo lugar, o arranjo constitucional que cria a diferença de impacto deve, com toda plausibilidade, aperfeiçoar a legitimidade da comunidade.

A primeira condição exclui as discriminações eleitorais formais que hoje, espera-se, são coisa do passado, pelo menos nas democracias consolidadas. Nestas, o sufrágio é, em princípio, universal entre os cidadãos adultos de ambos os sexos e de todas as raças e religiões. Nos Estados Unidos e em outros países, porém, persistem alguns fósseis da discriminação. No passado, os estados norte-americanos criaram barreiras à inscrição eleitoral e ao voto que não passavam de tentativas mal disfarçadas de negar o sufrágio a uma raça desprezada e temida ou aos pobres – duas coisas que, na prática, muitas vezes se equivaliam. Alguns estados ainda fazem isso: há pouco tempo, o estado de Illinois decretou que os eleitores deveriam, na hora do voto, apresentar a carteira de motorista ou algum outro documento com foto. É desproporcionalmente grande o número de pobres que não possuem esse tipo de documento; e, embora a Suprema Corte tenha confirmado a validade desse decreto, sua decisão foi errônea[15]. Não podemos, em parte alguma, relaxar na vigilância quanto à primeira condição.

No entanto, essa condição é automaticamente atendida por qualquer arranjo constitucional que diminua o impacto político de todos os cidadãos sem distinção alguma; nenhuma pessoa ou grupo sofre suspeita de indignidade quando uma decisão importante é atribuída a um Parlamento eleito em vez de ser deixada a cargo do povo em geral num referendo. Se essa decisão é uma negação parcial do direito de sufrágio, ela o nega igualmente a todos os grupos e pessoas não eleitos. O que está em jogo então é a segunda condição, e devemos agora considerar, sob essa luz, a instituição do governo representativo como um todo.

A concepção majoritarista trata o governo representativo como um mal necessário. Que ele é necessário, é óbvio: numa comunidade enorme, o governo por assembleia geral, mesmo pela internet, é impossível. Mas o governo representativo impõe, potencialmente, uma grave ameaça à meta da igualdade de impacto, porque atribui a cada uma das muitas autoridades públicas um impacto muito maior que o de qualquer cidadão comum. Como eu já disse, a concepção majoritarista procura reduzir essa possibilidade estabelecendo procedimentos de indução e ameaça – uma imprensa livre e o obstáculo das eleições frequentes para os que já estão no poder – que aumentam a probabilidade de que os presidentes e parlamentos venham a tomar decisões que lhes pareçam ser do desejo da maioria. Se essa estratégia funciona, a igualdade de impacto é, na prática, restaurada: as autoridades se tornam meros condutos através dos quais a vontade da maioria se consubstancia em leis e programas políticos. Na realidade, porém, essa estratégia não funciona nem pode funcionar muito bem, por diversas razões – algumas boas e outras más. Não nos parece ruim que nossas autoridades sigam a própria consciência e as próprias crenças, no espírito de Burke, em vez de reproduzir mecanicamente aquela que lhes parece ser a vontade de seus eleitores. Prescrevemos um limite ao número de reeleições, por exemplo, mesmo sabendo que, no último mandato, a autoridade será mais independente. Infelizmente, as autoridades têm outras razões, menos dignas, para desconsiderar as vontades do público: precisam agradar aos grupos que deram grandes contribuições para suas campanhas à reeleição, e o que esses grupos querem é, não raro, muito diferente do que o público precisa.

A defesa que a concepção majoritarista faz do governo representativo é, portanto, muito fraca. Certamente não é forte o suficiente para resistir ao argumento de que as grandes questões de princípio devem ser decididas em referendos de grande escala em vez de serem submetidas ao processo político ordinário. Os países da União Europeia continuarão se confrontando com a questão de saber se seus cidadãos devem votar diretamente os novos dispositivos constitucionais da União ou se os diversos parlamentos têm competência para efetuar essas mudanças por meio de tratados. A concepção majoritarista é obrigatoriamente a favor dos referendos. Essas grandes questões não são levantadas todo dia, e a eficiência do governo não será comprometida caso se permita que elas sejam decididas pelo público como um todo.

A concepção coparticipativa oferece uma justificativa muito diferente – e mais bem-sucedida – para o governo representativo. Quando se atribui um poder enorme às autoridades eleitas, o que é comprometido é o impacto político dos cidadãos em geral, não de algum grupo particular entre eles; logo, essa instituição não compromete automaticamente a democracia. Partindo da suposição plausível de que as autoridades eleitas são mais capazes que as assembleias populares de proteger os direitos individuais contra as perigosas instabilidades da opinião pública, não pode haver, na democracia, a exigência geral de que todas as questões fundamentais sejam decididas por referendo. Assim, pelo menos em princípio, ambas as condições que nossa concepção de igualdade política estabelece para a aceitação de uma desigualdade de impacto político são atendidas. Será necessário então examinar os detalhes do calendário eleitoral, dos distritos eleitorais, da mecânica das eleições e da divisão de poder entre as autoridades para julgar se todas essas coisas são razoavelmente bem estruturadas para proteger a legitimidade democrática à qual supostamente servem. Esse teste não tem algoritmo, o que explica os eternos debates sobre o número de mandatos sucessivos, a representação proporcional e a adequação dos referendos. Pessoas e políticos normais e razoáveis vão discordar acerca de quais estruturas aumentam a probabilidade de que a comunidade demonstre igual consideração e respeito por todos e cada um. Mas esse teste é oferecido pela concepção coparticipativa, não pela matemática rudimentar do governo da maioria.

A aplicação desse teste revela realidades embaraçosas. O sistema constitucional de todo país maduro é uma complexa combinação de ideais, preconceitos e acomodações históricos: talvez eles não sirvam para nada agora, mas também não implicam desrespeito por ninguém. Os Estados Unidos são um excelente exemplo. A eleição do presidente por colégio eleitoral em vez do voto popular e a composição do Senado, em que tanto os estados despovoados quanto os populosos são igualmente representados por dois senadores, garantem que o impacto político de alguns cidadãos seja maior que o de outros. A melhor explicação dessas igualdades é que elas representam acomodações políticas que, há muito tempo, foram necessárias para constituir a nação. Além disso, numa época remota elas tinham uma justificação aceitável: pensava-se que eram úteis para proteger os interesses de diversas minorias contra o poder avassalador das partes mais ricas do novo país. Hoje, as mesmas desigualdades não podem ser justificadas dessa maneira – são, na verdade e sob vários aspectos, prejudiciais para a política –, mas sua preservação reflete antes o hábito e a inércia do que uma noção qualquer de direitos especiais ou de desrespeito por qualquer pessoa. Será que, mesmo assim, a concepção coparticipativa exige que essas desigualdades sejam eliminadas na medida do possível?

A eliminação não seria possível sem um novo arranjo constitucional em que alguns estados desaparecessem ou os pequenos que hoje gozam de enorme vantagem concordassem em renunciá-la[16]. Mas a simples possibilidade de isso acontecer suscita uma importante questão de princípio à qual a concepção coparticipativa responde: sim, precisamos de um novo arranjo. A questão não é acadêmica. Já deixei claro que, na prática, faz pouca diferença para cada cidadão que o seu impacto seja um pouquinho maior ou menor que o de qualquer outro. Esse fato explica por que a rigidez aritmética da concepção majoritarista é um fetiche. Mas, de um ponto de vista geral, estruturas institucionais como a composição do Senado ou a mecânica da eleição presidencial fazem, sim, muita diferença na prática.

A eleição do presidente pelo colégio eleitoral e não pelo voto direto distorce as eleições presidenciais: os candidatos elaboram os seus programas de forma a conquistar o apoio de certos estados-chave, que podem mudar o resultado da eleição, e esquecem os demais. A estrutura do Senado deixa em desvantagem os grandes centros urbanos: uma legislação mais favorável a estes seria mais provável se o número de senadores, como o de deputados, refletisse proporcionalmente as populações dos estados. Se o colégio eleitoral ou a atual desigualdade da representação no Senado servissem de algum modo para promover a igual consideração por todos, como outrora se pensou, a desvantagem seria mero efeito colateral de um arranjo justificado e, por esse motivo, seria aceitável. Porém, como a desigualdade não serve para nada disso, a desvantagem é arbitrária; se alguma instituição tivesse poder para corrigi-la e não o fizesse, estaria demonstrando uma insensibilidade ilegítima aos interesses ou às opiniões daqueles que sofrem a desvantagem.

Controle judicial de constitucionalidade

Voltamos, finalmente, à importante questão – já velha e cansada nos Estados Unidos, mas cada vez mais relevante em outros países – de saber se o controle judicial de constitucionalidade é antidemocrático. Será que juízes não eleitos devem ter poder de negar à maioria algo que ela realmente quer e que seus representantes legitimamente eleitos promulgaram? Estamos pensando, aqui, num controle judicial substantivo: o poder não somente de garantir que os cidadãos tenham as informações de que precisam para avaliar adequadamente as próprias convicções, preferências e programas políticos, ou de proteger os cidadãos contra um governante em último mandato que esteja ansioso para se perpetuar injustamente no poder, mas de derrubar leis cujo *pedigree* majoritário é inegável. A concepção majoritarista declara: não. A concepção coparticipativa responde: não necessariamente.

O controle judicial de constitucionalidade substantivo realmente cria uma disparidade de impacto político que, embora limitada, é bem vasta dentro de seus limites. Nos Estados Unidos, bastam cinco juízes da Suprema Corte para desfazer o que foi feito pelos representantes de milhões de cidadãos comuns, ou pelos próprios cidadãos comuns num referendo. Porém, a primeira condição estabelecida pela concepção coparticipativa é atendida mesmo assim. Essa diferença de impacto político vigora entre os juízes e todo o restante da população: não reflete nenhuma discriminação de nascimento ou riqueza. A segunda condição torna-se, portanto, crucial. Será plausível que o controle judicial de constitucionalidade aperfeiçoe, no geral, a legitimidade democrática?

Em regra, os juízes dos tribunais constitucionais são nomeados e não eleitos, e seus mandatos são maiores – às vezes, muito maiores – que os mandatos dos presidentes e parlamentos que os nomearam. O povo norte-americano pode despedir um senador que aprovou a nomeação de um juiz da Suprema Corte quando esse senador se candidata à reeleição, mas não pode despedir o juiz em quem ele votou. Esses fatos figuram com destaque no eterno debate sobre a possível antidemocraticidade do controle judicial de constitucionalidade: o fato de os juízes não serem eleitos parece ser uma das razões capitais pelas quais se considera que eles representam uma ameaça maior à democracia que os presidentes, primeiros-ministros, governadores ou parlamentares. No entanto, trata-se de uma simplificação grosseira – um argumento usado para nos tirar da pista correta.

Na era moderna, a nomeação de um juiz da Suprema Corte dos Estados Unidos é um evento altamente noticiado, que tem grandes consequências políticas tanto para o presidente que o indica quanto para os senadores que devem votar para nomeá-lo. A comoção criada pela existência de uma vaga, ou pela simples possibilidade de que uma vaga venha a se abrir, começa muito antes da indicação propriamente dita. As audiências no Senado são transmitidas pela televisão, os comentários da mídia são constantes e os senadores recebem diariamente um sem-número de conselhos e ameaças de seus eleitores e de grupos de interesse. O público norte-americano como um todo tem muito mais influência sobre a nomeação de um juiz da Suprema Corte do que sobre qual senador, mesmo eleito por um estado pequeno, virá a se tornar presidente de um comitê crucial do Congresso, ou, ainda, sobre qual autoridade não eleita virá a se tornar ministro da Defesa ou presidente da Reserva Federal – cargos cujos ocupantes têm imenso poder para fazer o bem ou fazer o mal.

É verdade que o público perde todo o controle sobre a atuação do juiz depois que este é nomeado. Mas também perde o controle sobre as autoridades eleitas; e, embora possa recusar-se a reelegê-las, algumas delas têm, até o dia da nova eleição, um poder muito maior que o dos juízes individuais ao longo de todo o seu mandato vitalício. Um presidente pode criar o caos e soltar os cães da guerra. Talvez tenha razão, talvez não; mas, de um jeito ou de outro, seu poder é incomparável. George W. Bush foi um dos presidentes menos populares da história, mas negou-se terminantemente a deixar de lado os cursos de ação que lhe fizeram perder a popularidade. A concepção majoritarista da democracia pode até, como eu disse, supor que os políticos sempre estarão ansiosos para fazer o que a maioria quer. Mas a história ensina o contrário.

Examinemos agora o poder dos juízes dos tribunais constitucionais – seu poder de fazer frente à vontade do povo. Ao contrário dos presidentes, primeiros-ministros e governadores, os juízes constitucionais não têm poder para agir independentemente. Organizam-se em turmas de vários membros, e as decisões das turmas podem, em geral, ser modificadas pelo tribunal pleno, que às vezes consiste num grande número de juízes. Na Suprema Corte dos Estados Unidos, todos os juízes participam de cada decisão (a menos que sejam impedidos por conflito de interesses ou por razões pessoais). Isso significa que o poder de cada juiz é limitado pela necessidade de convencer a maioria dos demais juízes da sua opinião.

Um pelotão de juízes que pensam da mesma maneira é capaz, sem dúvida, de derrubar leis populares, obstaculizar cursos de ação política aprovados pelo povo e alterar criticamente nossas instituições e processos eleitorais. No exercício desse poder, eles podem cometer erros graves. A Suprema Corte causou grande malefício quando declarou a inconstitucionalidade de boa parte das leis do New Deal, elaboradas pelo presidente Franklin Roosevelt na década de 1930; fez o mesmo quando, nos primeiros anos de mandato do juiz-presidente Roberts, derrubou programas que visavam aliviar a tensão e a discriminação racial[17]. A Corte prejudicou a própria democracia em sua decisão sobre as eleições presidenciais do ano 2000 e na recente decisão, por cinco votos contra quatro, de que as grandes empresas não podem ser impedidas de gastar quanto quiserem em propagandas negativas na televisão a fim de derrotar legisladores que se opõem a seus interesses[18]. Mesmo assim, os presidentes, os primeiros-ministros e os legisladores que presidem a importantes comitês podem, sozinhos, causar mais malefício do que os juízes causam coletivamente. O presidente Herbert Hoover foi mais responsável pela tragédia econômica do que a Suprema Corte que se opôs às reformas de Roosevelt, e até as consequências das piores decisões da Suprema Corte nos últimos anos não se comparam às das decisões de um presidente. Vários críticos consideram que Alan Greenspan, antigo presidente da Reserva Federal, foi, por suas falhas de supervisão, parcialmente responsável pela grande crise dos mercados mundiais de crédito em 2008. Se assim for, num prazo de poucos anos ele arruinou mais gente do que qualquer juiz da Suprema Corte foi capaz de arruinar, sozinho, mesmo ao longo de décadas de mandato. Um indicador de independência que levasse em conta que os juízes constitucionais não são eleitos, mas também computasse todos os demais fatores e dimensões pertinentes do poder e da responsabilidade, não seria capaz de demonstrar que o controle judicial de constitucionalidade é, no todo, mais prejudicial para a igualdade política do que várias características de um governo representativo complexo.

Não é essa, no entanto, a questão que agora nos ocupa. Devemos tratar de atender à nossa segunda condição. Acaso a instituição do controle judicial de constitucionalidade contribui, no conjunto, para a legitimidade do governo? Que o governo representativo é necessário, isso não se discute: alguma concentração temporária de poder nas mãos de poucas pessoas é indispensável para que uma grande comunidade política sobreviva e prospere. Isso não se aplica ao controle judicial de constitucionalidade; grandes países sobreviveram e prosperaram sem ele e alguns ainda o fazem. A defesa da democraticidade do controle judicial de constitucionalidade deve assumir uma outra forma: deve afirmar que esse tipo de controle aperfeiçoa a legitimidade geral na medida em que aumenta a probabilidade de que a comunidade aceite e imponha uma concepção adequada da liberdade negativa, de uma distribuição equitativa dos recursos e oportunidades e da liberdade positiva que é o tema deste capítulo.

Um sem-número de fatores, que variam de um lugar para outro, vão determinar se esse argumento será justificado para essa ou aquela comunidade política particular. Entre eles incluem-se a estabilidade do estado de direito, a independência do Judiciário e a qualidade da Constituição que os juízes são chamados a defender. O controle judicial de constitucionalidade talvez seja menos necessário em países onde uma maioria estável tem o costume histórico de proteger a legitimidade do governo, identificando e respeitando corretamente os direitos dos indivíduos e das minorias. Infelizmente, a história revela poucos países desse tipo, mesmo entre as democracias consolidadas. As recentes reações tanto dos Estados Unidos quanto do Reino Unido às ameaças terroristas mostram o quanto essas duas culturas políticas bastante diferentes foram capazes de perder sua coragem e sua honra nessa situação.

Nada pode nos garantir de antemão que o controle judicial de constitucionalidade vai ou não vai tornar mais legítima e democrática uma comunidade majoritária. Podem-se imaginar outras estratégias de supervisão e correção da política majoritária, estratégias que talvez sejam superiores. Talvez a Câmara Superior do Parlamento britânico pudesse ser reformada, por exemplo: seus membros seriam eleitos (sem títulos nem vestimentas cômicas) para um único mandato prolongado, sendo inelegíveis os ex-membros da Câmara dos Comuns. Esse órgão gozaria de muito mais apoio popular do que a instituição atual, mas ainda estaria suficientemente isolado da política partidária para poder receber o encargo de declarar nulas as leis que considerasse contrárias à Lei de Direitos Humanos. Podem-se imaginar mudanças muito menos radicais que talvez melhorem o desempenho dos órgãos e tribunais constitucionais já existentes: num outro livro, por exemplo, recomendei que os juízes da Suprema Corte dos Estados Unidos tenham um mandato prolongado, mas limitado[19].

A história não é capaz de decidir a grande questão de saber se o controle judicial de constitucionalidade poderá ou não aperfeiçoar a legitimidade democrática no futuro. Mesmo assim, a história é importante. Estou negando algo que é afirmado por muitos juristas e cientistas políticos: que o controle judicial de constitucionalidade é sempre e automaticamente um defeito da democracia.

Mas disso não decorre que essa instituição já tenha efetivamente beneficiado algum país democrático. A questão de saber se a Suprema Corte dos Estados Unidos de fato aperfeiçoou a democracia nesse país depende de um juízo que você talvez faça de um jeito e eu, de outro. Durante muitos anos, fui acusado de defender o controle judicial de constitucionalidade porque aprovava as decisões que a Suprema Corte tomara na prática. Essa acusação já não é cabível. Se eu tivesse de julgar a Suprema Corte dos Estados Unidos pelo seu histórico dos últimos anos, teria de declará-la um fiasco[20]. Mas acredito que o saldo geral do seu impacto histórico continua sendo positivo. Hoje, tudo depende do caráter das futuras indicações de juízes. Vamos bater na madeira.

DIREITO

O direito e a moral

A visão clássica

Escrevi mais sobre o direito do que sobre os outros departamentos da moral política. Meu objetivo neste capítulo não é o de resumir detalhadamente minhas opiniões jusfilosóficas, mas mostrar como elas se encaixam no esquema integrado de valores que este livro pretende apresentar[1]. Por isso posso ser breve – relativamente, ao menos. Posso me concentrar naquele que é, sem dúvida, o problema que mais atormenta os juristas há séculos: qual é a relação entre o direito e a moral? Para começar, vou descrever o modo como esse problema foi tradicionalmente concebido por quase todos os filósofos do direito, e inclusive por mim mesmo no passado; depois, vou propor uma reformulação radical da nossa compreensão das questões em jogo.

O quadro ortodoxo é o seguinte. As palavras "direito" e "moral" designam conjuntos de normas muito diferentes. Essas diferenças são profundas e importantes. O direito pertence a uma comunidade particular. A moral, não: consiste ela num conjunto de padrões ou normas que se impõem imperativamente a todos. O direito, pelo menos em sua maior parte, é feito pelos seres humanos por meio de diversos tipos de decisões e práticas contingentes. O fato de o direito de Rhode Island exigir que seus cidadãos paguem compensação àqueles a quem causaram dano por negligência é um fato contingente. A moral não é criada por ninguém (exceto, em algumas teorias, por um deus) e não depende de nenhuma decisão ou prática humana. O fato de aqueles que causam dano a outrem por negligência terem a obrigação moral de lhes pagarem compensação é um fato necessário, não contingente.

Estou descrevendo a moral como a maioria das pessoas a compreende: apresento aquilo que chamei, no Capítulo 2, de "noção comum". Alguns filósofos rejeitam essa descrição: são convencionalistas, relativistas ou esposam alguma outra forma de ceticismo. Pensam que a moral é mais semelhante ao direito sob todos os aspectos que distingui: pertence a comunidades específicas, é criada pelas pessoas e é contingente. Na Parte Um, procurei explicar por que considero insustentável essa opinião; por enquanto, tudo que me interessa é descrever a moral tal como eu e você a compreendemos. Porém, o quadro ortodoxo explica muito bem o modo como os relativistas e convencionalistas entendem a relação entre o direito e a moral. Apesar de pensarem que tanto o direito quanto a moral sejam criados pelo ser humano, eles admitem que se trata de dois sistemas normativos diferentes e que as ligações entre eles são problemáticas.

A pergunta clássica da filosofia do direito é a seguinte: como esses dois conjuntos normativos diferentes se relacionam ou se interligam? Uma das interligações é óbvia. Quando a comunidade decide quais normas jurídicas vai criar, deve ser orientada e balizada pela moral. A não ser em circunstâncias emergenciais muito excepcionais, ela não deve criar leis que lhe pareçam injustas. A pergunta clássica se refere a um outro tipo de relação. No estado atual das coisas, de que modo o conteúdo de cada sistema afeta o conteúdo do outro? As perguntas vão nas duas direções. Até que ponto nossas obrigações e responsabilidades morais dependem daquilo que o direito efetivamente prescreve? Acaso temos a obrigação moral de obedecer ao direito, seja ele qual for? Até que ponto, no estado atual das coisas, nossos direitos e obrigações jurídicos dependem das exigências da moral? Acaso uma norma imoral pode efetivamente fazer parte do direito?

Examinamos o primeiro conjunto de perguntas no Capítulo 14. Concentramo-nos agora no segundo conjunto. Até que ponto a moral deve ser levada em conta para determinar as exigências jurídicas sobre qualquer assunto em particular? Os juristas têm defendido uma imensa variedade de teorias, mas vou levar em conta somente duas: o chamado "positivismo jurídico" e aquilo que podemos chamar de "interpretacionismo" (*interpretivism*). Esses rótulos não são importantes, pois nenhum aspecto do argumento que vou apresentar – defendendo a ideia de que o modo tradicional de compreender essas teorias tende a nos induzir ao erro – depende da precisão histórica deles.

Façamos um resumo bem geral das duas teorias. O positivismo declara a independência absoluta entre os dois sistemas. O direito depende somente de questões factuais históricas: depende, em última análise, daquilo que a comunidade em questão aceita como direito em matéria de costume e de prática[2]. Se uma lei injusta atende aos critérios aceitos pela comunidade para determinar o que é direito – se foi promulgada por um órgão legislativo e todos os juízes concordam em que esse órgão legislativo tem o poder supremo de fazer as leis –, a lei injusta é lei e ponto-final. O interpretacionismo, por outro lado, nega que o direito e a moral sejam sistemas totalmente independentes. Afirma que o direito inclui não somente as regras específicas postas em vigor de acordo com as práticas aceitas pela comunidade, mas também os princípios que proporcionam a melhor justificativa moral para essas regras promulgadas. O direito, portanto, também inclui as regras que decorrem desses princípios justificadores, muito embora tais regras nunca tenham sido promulgadas. Em outras palavras, o interpretacionismo trata o raciocínio jurídico do modo pelo qual afirmo, neste livro, que devemos tratar todo o raciocínio interpretativo: trata o conceito de direito como um conceito interpretativo.

Na realidade, existem vários conceitos de direito, e agora é necessário fazer uma breve distinção entre eles[3]. Usamos a palavra "direito" num sentido sociológico, quando dizemos, por exemplo, que o direito tem sua origem nas sociedades primitivas; num sentido de aspiração, quando, por exemplo, exaltamos o estado de direito; e lançamos mão de um sentido doutrinário para relatar o que o direito tem a dizer sobre determinado assunto, quando declaramos, por exemplo, que sob o direito de Connecticut a fraude é um ilícito civil. Tanto o positivismo quanto o interpretacionismo são teorias acerca do uso correto do conceito doutrinário. Tradicionalmente, o positivismo considera que esse conceito é criterial: busca identificar os critérios de *pedigree* que os juristas ou, pelo menos, as autoridades do Judiciário partilham para identificar as proposições verdadeiras de direito doutrinário. O interpretacionismo considera que o mesmo conceito é interpretativo: para ele, as proposições dos juristas acerca daquilo que o direito diz ou prescreve sobre algum assunto são conclusões de um argumento interpretativo, embora a maior parte do trabalho de interpretação quase sempre permaneça oculta.

Perdoem-me um parágrafo autobiográfico. Há mais de quarenta anos, quando tentei defender o interpretacionismo pela primeira vez, defendi-o dentro desse quadro ortodoxo dos dois sistemas[4]. Parti do pressuposto de que o direito e a moral são sistemas normativos diferentes e de que a questão crucial diz respeito à interação entre eles. Assim, eu disse o que acabei de afirmar: que o direito inclui não somente as regras promulgadas, ou regras com pedigree, mas também os princípios que as justificam. Logo passei a pensar, no entanto, que a própria imagem de dois sistemas era falha, e comecei a abordar a questão dentro de um quadro muito diferente[5]. Por outro lado, foi só muito tempo depois, quando comecei a pensar nas grandes questões deste livro, que vim a compreender plenamente a natureza desse quadro e o quanto ele é diferente do modelo ortodoxo.

A falha fatal

Há uma falha na imagem de dois sistemas. Quando partimos do princípio de que o direito e a moral constituem sistemas normativos separados, já não há nenhum ponto de vista neutro a partir do qual os vínculos entre esses dois sistemas supostamente separados possam ser avaliados. Onde devemos buscar a resposta à questão de saber se é o positivismo ou o interpretacionismo a teoria mais precisa, ou a melhor, acerca da relação entre os dois sistemas? Essa questão é jurídica ou moral? Ambas as opções geram argumentos circulares de raio extremamente curto.

Suponhamos que a questão seja entendida como jurídica. Examinamos o material jurídico – a Constituição, as leis, as decisões judiciais, as práticas consuetudinárias e tudo o mais – e perguntamos: segundo uma leitura correta de todo esse material, qual é a relação entre o direito e a moral? Não podemos responder a essa pergunta sem adotar de antemão uma teoria acerca de como devemos ler o material jurídico, e não podemos adotar essa teoria sem antes decidirmos qual o papel que a moral desempenha na determinação do conteúdo do direito. Quando nos perguntamos se o material jurídico demonstra ou nega uma ligação entre o direito e a moral, estamos supondo que o material inclui não somente as regras com *pedigree* da prática convencional, mas também os princípios necessários para justificá-las? Se não fizermos essa suposição, teremos embutido o positivismo em nosso pensamento desde o começo, e não poderemos fingir surpresa quando o mesmo positivismo surgir no fim dele. Se, por outro lado, incluirmos os princípios justificadores, teremos embutido em nosso pensamento o interpretacionismo.

Se, porém, nos voltarmos para a moral em busca de uma resposta, incorreremos igualmente em petição de princípio, mas começando pelo outro lado. Podemos dizer: seria bom para a justiça se a moral desempenhasse, na análise jurídica, o papel que lhe é atribuído pelo interpretacionismo? Ou será melhor para o tônus moral da comunidade que o direito e a moral se mantenham separados, como insistem os positivistas? Essas perguntas têm sentido e são, de fato, perguntas essenciais na filosofia do direito. Porém, de acordo com a imagem dos dois sistemas, elas só produzem argumentos circulares. Se o direito e a moral são dois sistemas separados, incorremos em petição de princípio quando supomos que a melhor teoria acerca do que é o direito depende de questões morais como essas: já está embutida aí uma decisão prévia contra o positivismo.

Uma teoria analítica do direito?

A imagem de dois sistemas enfrenta, portanto, um problema aparentemente insolúvel: suscita uma questão que só pode ser respondida quando sua resposta é pressuposta desde o princípio. Essa dificuldade lógica explica um fato que, em sua ausência, seria notável: uma virada na teoria do direito anglo-americana, que, partindo do positivismo no começo do século XIX, chegou à surpreendente ideia de que a controvérsia entre o direito e a moral não é nem um problema jurídico nem um problema moral, mas um problema *conceitual*: só pode ser resolvido por meio de uma análise do próprio conceito de direito. (Para falar com mais rigor: só pode ser resolvido por meio de uma análise do que chamei de conceito "doutrinário" de direito[6].) Segundo os positivistas, podemos esmiuçar a natureza ou a essência desse conceito sem fazer nenhuma suposição jurídica ou moral anterior; então, veremos claramente que o conteúdo concreto do direito é uma coisa, e que aquilo que o direito deveria ser é outra coisa completamente diferente. Logo, o direito e a moral são conceitualmente distintos. E aconteceu algo ainda mais curioso. Outros juristas que rejeitavam o positivismo acabaram aceitando mesmo assim essa formulação do problema que enfrentavam. Tentaram demonstrar que a análise filosófica do conceito doutrinário de direito revela que, ao contrário do que diz o positivismo, a moral tem, sim, um papel a desempenhar no raciocínio jurídico.

Já assinalamos, no Capítulo 8, a falácia de todos esses pressupostos. Não podemos resolver o problema da circularidade da imagem de dois sistemas por meio de uma análise do conceito de direito, a menos que esse conceito possa, sem fugir à sensatez, ser tratado como um conceito criterial (ou, talvez, como um conceito de tipo natural). Mas isso é impossível. Não há acordo entre os advogados e os juízes das comunidades políticas complexas e maduras acerca de como determinar quais proposições de direito são verdadeiras. Não admira que os positivistas tenham tido tanta dificuldade para explicar qual é o tipo ou o modo de análise conceitual que têm em mente. John Austin, positivista do século XIX, disse que tudo dependia do uso correto da linguagem – um erro evidente. H. L. A. Hart, embora tenha dado ao seu livro mais influente o título de *The Concept of Law* [*O conceito de direito*]*, nunca ofereceu uma explicação satisfatória do que ele entendia ser

---

* Trad. bras.: São Paulo, Editora WMF Martins Fontes, 2009. (N. do E.)

a análise conceitual[7]. Quando escreveu esse livro, em Oxford, a teoria analítica que predominava entre os filósofos oxfordianos entendia a análise como o processo de evidenciar as práticas verbais convergentes (e ocultas) dos usuários comuns da língua. Mas não existem práticas convergentes a serem reveladas. O conceito doutrinário de direito só pode ser entendido como um conceito interpretativo, dotado do caráter e da estrutura que atribuímos a esses conceitos no Capítulo 8. Nesse sentido, a defesa de uma análise desse conceito interpretativo se identifica, e só pode se identificar, com a defesa de uma teoria controversa de moral política. Qualquer análise do conceito deve pressupor, desde o começo, uma conexão íntima entre o direito e a moral. A suposta fuga ao problema da circularidade não é uma fuga de modo algum.

Esta explicação incorpora não somente uma correção, mas também uma diretriz. Uma vez que o conceito doutrinário de direito é um conceito interpretativo, qualquer análise desse conceito deve partir da identificação das práticas políticas, comerciais e sociais em que o conceito figura. Essas práticas pressupõem que as pessoas têm, entre vários outros direitos políticos, alguns que são dotados de uma característica especial: os direitos jurídicos. Estes levam esse nome porque, a pedido de seus titulares, podem ser impostos por uma instituição política de caráter judicial, como um tribunal. Para construir uma concepção do direito – uma exposição das justificativas necessárias para apoiar, desse modo, uma pretensão de direito passível de imposição a pedido de seu titular –, temos de encontrar uma justificativa para essas práticas numa rede integrada maior de valores políticos. Ou seja, construímos uma teoria do direito da mesma maneira pela qual construímos uma teoria de qualquer outro valor político – da igualdade, da liberdade e da democracia. Toda teoria do direito entendida neste sentido interpretativo será inevitavelmente controversa, como são as teorias desses outros valores.

O direito como moral

Uma estrutura em forma de árvore

Já nos livramos da antiga imagem que entende o direito e a moral como dois sistemas separados e busca então afirmar ou negar, em vão, possíveis interligações entre eles. Substituímo-la pela imagem de um só sistema: agora tratamos o direito como uma parte da moral política. Isso parecerá absurdo para alguns leitores e paradoxal para outros. Parece dar a entender, estupidamente, que o direito de uma comunidade é sempre exatamente o que deve ser. Muitos leitores pensarão que finalmente levei longe demais minha ambição de unificar os valores: cheguei enfim à situação de Procusto, sacrificando a lógica no leito de uma teoria filosófica. A verdade é que o que tenho em mente é muito menos revolucionário e muito menos contraintuitivo.

Ao longo das últimas partes deste livro, uma estrutura em forma de árvore foi crescendo. Vimos de que modo se pode entender que a moral pessoal deflui da ética e a moral política, da moral pessoal. Nosso objetivo é o de integrar departamentos do valor que muitas vezes são considerados separados. É fácil situar o conceito doutrinário de direito nessa estrutura em forma de árvore: o direito é um ramo, uma subdivisão, da moral política. A questão mais difícil é a de saber como distinguir esse conceito do restante da moral política – como esses dois conceitos interpretativos devem ser distinguidos de modo que um deles se evidencie como parte distinta do outro. Toda resposta plausível terá de se centrar no fenômeno da institucionalização.

Os direitos políticos só podem ser distinguidos dos direitos morais pessoais numa comunidade que tenha desenvolvido alguma versão daquilo que Hart chamou de regras secundárias: regras que fundamentam a autoridade e a jurisdição legislativa, executiva e judiciária[8]. Só será sensato distinguir os direitos jurídicos de outros direitos políticos se essa comunidade tiver pelo menos uma versão embrionária da separação de poderes descrita por Montesquieu[9]. É preciso, portanto, distinguir duas classes de direitos e deveres políticos. Os direitos legislativos são aqueles que garantem que o poder legiferante da comunidade seja exercido de certa maneira: para criar e administrar uma sistema de educação pública, por exemplo, e não para censurar a expressão política. Os direitos jurídicos são aqueles que podem ser exigidos por seus titulares, sem nenhuma intervenção legislativa, em instituições judiciais que comandam o poder executivo de polícia. As leis que regem os contratos me dão o direito de exigir que você seja obrigado a pagar o que me deve. A obrigação política que discutimos no Capítulo 14 – de obedecer às leis promulgadas pela instituição legislativa, sejam elas quais forem – é uma obrigação jurídica porque pode ser imposta, a pedido das autoridades, nessas instituições e por meio delas. É claro que ambos os tipos de direitos podem ser controversos: pode haver controvérsia quanto ao fato de eu ter, ou não, o direito a que determinado esquema de educação seja adotado, ou o direito de exigir que você seja obrigado a pagar uma suposta dívida para comigo. A diferença não é de certeza, mas de oportunidade. Os direitos legislativos têm de esperar até que chegue a sua vez: numa democracia, são as vicissitudes da política que vão determinar quais direitos legislativos vão vigorar e quando vão vigorar. Os direitos jurídicos estão sujeitos a vicissitudes de um tipo diferente, mas em princípio garantem aos membros individuais da comunidade o direito de obter aquilo que exigem por meio de processos aos quais têm acesso direto. Os direitos legislativos, mesmo quando reconhecidos, não vigoram imediatamente; os direitos jurídicos, uma vez reconhecidos, são imediatamente exigíveis e podem ser impostos por instituições judiciais, não legislativas.

Essa distinção não tem nenhuma consequência sociológica necessária. As proposições acerca de direitos legislativos desempenham importante papel na política, mesmo quando é pouco provável que venham ser reconhecidas pela ação do Parlamento; os direitos jurídicos desempenham o seu papel mais importante na vida social e comercial, mesmo quando não há perspectiva de imposição judicial ou quando não há interesse em tal imposição. Mesmo assim, a distinção é esclarecedora do ponto de vista filosófico: nos ensina como devemos compreender as teorias políticas e as teorias do direito. A filosofia política geral trata da questão dos direitos legislativos, entre muitas outras. A teoria do direito trata dos direitos jurídicos, mas não deixa de ser uma teoria política, pois busca uma resposta normativa para uma pergunta política normativa: sob quais condições as pessoas adquirem direitos e deveres genuínos que sejam exigíveis e imponíveis do modo acima descrito?

Essa pergunta pode ser feita em diversos níveis de abstração: pode ser feita em referência a uma comunidade política particular, como a Bélgica ou a União Europeia; pode também, de modo mais abstrato, referir-se a qualquer lugar ou a lugar nenhum. Sublinho que é uma questão de moral política, mas – como está pressuposto nessa distinção entre diferentes níveis de abstração – é muito provável que fatos políticos comuns figurem na resposta. Qualquer resposta responsável, em qualquer nível de abstração, deve reconhecer o papel dos fatos legislativos históricos e, talvez, das convenções sociais. A importância ou mesmo a exclusividade desse papel é um assunto controverso. Para o positivismo jurídico, somente esses atos e costumes históricos são decisivos para se determinar quais são os direitos jurídicos que as pessoas possuem. O interpretacionismo oferece uma resposta diferente, onde os princípios da moral política também têm um papel a desempenhar. Quando vemos essas duas posições como teorias políticas normativas rivais e não como teses rivais acerca do entendimento de conceitos criteriais, conseguimos corrigir um erro histórico. Com demasiada frequência, a jusfilosofia e a teoria do direito partem de alguma declaração acerca da essência ou do próprio conceito de direito e chegam em teorias acerca dos direitos e deveres do povo e das autoridades. Devemos caminhar na direção oposta: é o vocabulário que deve seguir a discussão política, e não o contrário. Logo veremos que antigos enigmas da filosofia do direito, como o enigma das leis más, assumem um aspecto muito diferente quando levamos a sério essa ordem de argumentação.

Acabamos de situar os direitos jurídicos na nossa estrutura em forma de árvore e, assim, completamos a imagem unissistemática do direito e da política. Os direitos jurídicos são direitos políticos; constituem, porém, um ramo especial destes, porque são exigíveis e imponíveis por meio de instituições judiciais e coercitivas, sem que seja necessária nenhuma atividade legislativa ulterior. Não há nada de misterioso ou de metafísico nessa maneira de inserir o direito na nossa estrutura: ela não pressupõe nenhuma força emergente, nem tampouco – e isto é crucial – nega a tipicidade das questões acerca do que é o direito e do que ele deve ser.

Ser e dever ser: moral familiar

Sublinho essa última afirmação: que a imagem integrada, unissistemática, não nega a distinção óbvia e essencial entre o que o direito é e o que ele deve ser. Vamos tomar como exemplo uma historinha doméstica banal: o desenvolvimento de um código ou prática moral especial numa única família. Você tem dois filhos: a adolescente G e seu irmão mais novo B. G prometeu levar B para assistir a um show muito esperado cujos ingressos se esgotaram, mas para o qual ela teve a sorte de conseguir duas entradas.

Porém, ela recebe o telefonema de um colega de quem gosta e lhe oferece o segundo ingresso. B protesta e procura você; quer que você obrigue G a cumprir sua palavra. Inúmeras questões se levantam. Será que você, como pai, tem autoridade associativa legítima para dizer a G o que fazer ou mandar B se conformar? Será que eles, pelo simples fato de serem seus filhos, têm a obrigação associativa característica de fazer ou aceitar as suas ordens? Se você acha que tem essa autoridade e que eles têm essa obrigação, acaso existem medidas coercitivas adequadas que você possa tomar – ameaças que induzam G a cumprir o que prometeu apesar de ela não querer fazê-lo e de não achar que deve fazê-lo? Acaso o seu uso da autoridade coercitiva depende de outras condições que não sua simples convicção de que ela deve cumprir sua promessa?

Nesse caso, quais seriam essas condições? Até que ponto elas são dadas ou moldadas pela história da sua família? É importante – e, se for, de que modo o é – o modo pelo qual você exerceu sua autoridade em ocasiões semelhantes no passado? Ou, se você é casado, de que modo a sua cônjuge exerceu o mesmo tipo de autoridade? O que caracteriza a semelhança entre essa ocasião e uma ocasião passada? E se você tiver mudado de opinião acerca da importância das promessas? Antes, você pensava que as promessas devem ser cumpridas sempre ou quase sempre; agora, tende a adotar uma opinião mais flexível. Até que ponto você deve considerar que suas decisões passadas exigem que você trate os casos novos da mesma maneira? Acaso você tem de publicar sua mudança de opinião antes dos acontecimentos que deem ocasião a novas discussões? Ou pode decidir as novas controvérsias imediatamente, do modo que agora considera correto? Será que, enquanto reflete sobre essas questões, precisa tentar prever as outras controvérsias que inevitavelmente surgirão? Até que ponto deve adaptar ou simplificar os seus argumentos agora, de modo que suas decisões proporcionem à família uma orientação adequada que lhe permita prever o que você decidirá no futuro?

Essa historinha familiar é uma boa ilustração prática de como uma distinção entre o que o direito é e o que ele deve ser pode surgir como uma questão complexa dentro da própria moral. Ao decidir as questões domésticas, você constrói uma moral institucional característica: uma moral especial que rege o uso da autoridade coercitiva dentro da sua família. Trata-se de uma moral dinâmica; à medida que suas decisões são tomadas e impostas em ocasiões concretas, essa moral familiar especial vai mudando. A certa altura, surge uma diferença clara entre duas questões. Dada a história característica do uso da autoridade coercitiva dentro da família, quais são agora as condições que regem esse uso? Quais condições teriam sido produzidas por um histórico familiar melhor, em que questões como aquelas que listei tivessem recebido respostas melhores? É importantíssimo perceber que essas duas questões diferentes são *ambas* questões morais e devem inevitavelmente ser respondidas de maneiras diferentes. Seria um erro imaginar que essa história familiar especial criou um código não moral – como as tradições referentes ao modo de se vestir, que têm certa autoridade dentro da família mas cuja autoridade não é moral.

Seria um erro porque as razões que você e os outros membros da família têm para acatar essa história são elas próprias razões morais. Baseiam-se em princípios de equidade que condicionam a coerção – princípios de jogo limpo, aviso prévio e justa distribuição da autoridade, por exemplo, que tornam moralmente pertinente a história característica da sua família. Esses princípios podem ser chamados de princípios estruturadores, porque criam a moral característica da família. Se você tomar agora uma decisão que não respeite esses princípios estruturadores – impondo a G um critério que você se recusou a aplicar em favor dela numa ocasião anterior, por exemplo –, sua decisão não será simplesmente surpreendente, como se você fosse de gravata num piquenique; será injusta. Ou melhor, será injusta a menos que uma interpretação nova e melhor dos mesmos princípios mostre por que ela não é injusta. E é claro que qualquer interpretação nova dos princípios, como qualquer interpretação da história social, é ela própria um exercício moral: baseia-se em convicções morais. Resta claro que esses fatos não apagam a distinção entre o que a moral familiar é e o que ela deveria ter sido. É bem possível que a melhor interpretação dos princípios estruturadores exija que alguma decisão da qual você agora se arrepende seja encarada, mesmo assim, como precedente vinculante. A reinterpretação desses princípios pode até atenuar a diferença entre a moral familiar e uma moral mais geral, mas não pode eliminá-la. É possível que você se sinta obrigado a dar uma ordem que preferiria não ter de dar[10].

Que diferença faz?

Teoria

Se os juristas e os leigos assumirem essa teoria do direito integrada e unissistemática em lugar do estéril modelo de dois sistemas, a filosofia e a prática do direito vão mudar. A substância do antigo confronto entre o positivismo e o interpretacionismo continuaria existindo, mas assumiria, como eu disse, uma forma política, não conceitual. Um adepto do positivismo político global precisaria de argumentos para justificar por que a justiça em si não deve ser jamais levada em conta na hora de decidir como o direito constitucional ou substantivo de uma comunidade política deve ser interpretado, e é difícil imaginar onde ele poderia encontrar tais argumentos. Mas um positivismo mais estreito e mais seletivo, justificado por razões políticas, poderá parecer persuasivo a alguns. O positivista afirmaria, por exemplo, que as leis ambíguas ou vagas devem ser interpretadas do modo pelo qual os legisladores que as aprovaram provavelmente as interpretariam se tivessem de fazê-lo. Diria que a vinculação da interpretação a esse tipo de critério histórico promove a previsibilidade; e que, embora esse critério talvez não elimine a incerteza e a controvérsia, pode reduzi-las substancialmente[11]. Ou, senão, diria que permitir que as questões políticas sejam decididas pelos legisladores eleitos, mesmo aqueles mortos há muito tempo e mesmo que tais decisões sejam contrafactuais, é mais democrático que confiar essas questões à sensibilidade moral de juízes não eleitos da época atual. De qualquer modo, a jusfilosofia e a teoria do direito se tornariam mais interessantes e mais importantes. Se a teoria do direito fosse tratada como um ramo da filosofia política, a ser desenvolvido não só nas faculdades de direito, mas também nos departamentos de política e de filosofia, ambas as disciplinas se aprofundariam.

Leis más

Outras mudanças também poderiam ocorrer na teoria substantiva do direito. Tratando o direito como um ramo da moral política, precisamos distinguir entre os direitos jurídicos e os demais direitos políticos. Sugeri um critério: que os direitos jurídicos sejam classificados como aqueles que são exigíveis e imponíveis do modo que descrevi. Mas boa parte da academia rejeita essa sugestão. Os filósofos do direito discutem, por exemplo, acerca de um antigo enigma jusfilosófico que, embora não tenha quase nenhuma importância prática, tem ocupado lugar de destaque nos seminários sobre a teoria do direito: o enigma das leis más. A Lei dos Escravos Fugitivos, aprovada pelo Congresso norte-americano pouco antes da Guerra Civil, declarava que os escravos que fugissem para os estados não escravocratas continuariam sendo escravos e que as autoridades desses estados deveriam devolvê-los a seus donos. Os juízes obrigados a fazer valer a lei enfrentavam, como disseram alguns deles, um dilema moral. Acreditavam que, embora a lei fosse má, continuava sendo válida[12]. Pensavam, assim, que tinham de escolher entre três alternativas desagradáveis: impor algo que eles sabiam ser uma grave injustiça; declarar-se impedidos, o que só faria com que outras autoridades impusessem a mesma injustiça; ou mentir acerca de quais eles consideravam ser as consequências da lei.

Esta descrição do seu dilema parece pressupor a teoria dos dois sistemas do direito e da moral. Parece impor uma distinção rígida entre duas questões: uma, a de saber o que a lei diz; e outra, a de saber se os juízes devem ou não fazer valer essa lei. Já a teoria integrada praticamente elimina a diferença entre essas duas questões. Com efeito, para distinguir o direito do restante da moral política, ela define o direito legal como o direito a uma decisão judicial. Parece nos obrigar a dizer ou que a Lei dos Escravos Fugitivos não era, no fim das contas, uma lei válida – o que parece ir contra a opinião quase universal –, ou que os juízes tinham, sim, o dever de impor essa lei má.

Ao começar a rebater essa objeção, devemos nos lembrar das objeções decisivas à imagem dos dois sistemas, já notadas. A teoria bissistemática não é uma opção; temos de encontrar um modo de explicar o enigma das leis más dentro da concepção integrada. Deixemos de lado por um instante a questão da nomenclatura, de saber se podemos chamar de "lei" a Lei dos Escravos Fugitivos. Pensemos, antes de tudo, na questão moral subjacente. Acaso os juízes, em vista do seu papel e das circunstâncias em que se encontravam, tinham a obrigação política de dar ganho de causa aos senhores de escravos que reclamavam seus "bens" fugidos? A questão é mais complexa do que parece a princípio. Vamos partir do pressuposto de que o Congresso norte-americano era suficiente legítimo para que suas promulgações efetivamente criassem, em geral, obrigações políticas. Os princípios estruturadores de justiça que fazem do direito uma parte bem definida da moral política – os princípios da autoridade política, do precedente e da confiabilidade – davam às pretensões dos senhores de escravos uma força moral maior do que elas, de outro modo, teriam. Não obstante, não resta a menor dúvida de que suas pretensões morais caíam por terra diante do argumento moral mais forte dos direitos humanos. Logo, a lei não deveria ser imposta. Suponhamos ser essa a resposta correta à questão moral básica.

Voltemos agora à nomenclatura. Parece que temos uma escolha. Podemos dizer que os senhores de escravos tinham, em princípio, o direito político de exigir que seus escravos fossem devolvidos, mas que há uma emergência – neste caso, uma emergência moral – que atua como um trunfo contra esse direito (para usar a linguagem que empreguei no Capítulo 14). Para melhor expressar esse pensamento, podemos dizer o que a maioria dos juristas diria: que a lei era válida, mas era injusta demais para ser imposta. Ou, senão, podemos dizer que nem sequer em princípio os senhores de escravos tinham o direito ao que demandavam. Para expressar essa conclusão, diremos o que outros juristas diriam: que a lei era injusta demais para ser considerada válida.

Nessas circunstâncias, parece preferível a primeira explicação e, portanto, a primeira maneira de expressar a questão. Ela expressa nuances que a segunda abafa. Explica por que os juízes confrontados com a Lei viam-se, em suas próprias palavras, diante de um dilema moral, e não de mera questão de prudência. A segunda opção parece mais precisa, no entanto, num caso muito diferente que também costuma ser citado nos seminários acadêmicos. Os horrendos decretos dos nazistas não criaram direitos e deveres, nem sequer presumidos. O suposto governo nazista era totalmente ilegítimo, e nenhum outro princípio estruturador de justiça corroborava a imposição de tais decretos. Do ponto de vista moral, é mais exato negar que tais decretos fizessem parte do direito. Os juízes alemães a quem se pedia que os impusessem só enfrentavam dilemas de prudência, não dilemas morais.

A teoria integrada do direito nos permite fazer essa discriminação. A estéril imagem de dois sistemas, não. No entanto, a questão mais importante proposta por esses famosos exemplos acadêmicos é a questão moral que consideramos em primeiro lugar. Seria enganoso, a meu ver, declarar simplesmente que a Lei dos Escravos Fugitivos não era válida ou que os decretos nazistas eram leis válidas. Seria enganoso em ambos os casos, pois essas descrições nublam os aspectos moralmente importantes de cada caso e as diferenças entre eles. Por outro lado, a infelicidade da expressão não implica um erro conceitual. Infelizmente, o antigo problema jusfilosófico das leis más está muito próximo de ser mera disputa verbal.

Imposição parcial

Outros juízes e autores recorrem de outras maneiras à imagem dos dois sistemas. Alguns, por exemplo, defendem a tese de que a Constituição dos Estados Unidos cria direitos jurídicos que não são adequadamente impostos pelos tribunais: parece pressupor-se, assim, uma distinção entre a teoria do direito e a teoria da decisão judicial. Quando o Tribunal Recursal do Distrito de Colúmbia reformou a decisão de um juízo inferior que mandava ao governo admitir que havia detentos uigures injustamente aprisionados na Baía de Guantânamo, deu a seguinte explicação: "Nem toda violação de um direito gera um remédio jurídico, mesmo quando o direito é constitucional."[13]

Lawrence Sager, destacado defensor dessa tese, apresenta exemplos como o seguinte[14]. Uma Constituição declara que o povo tem direito à assistência médica financiada pelo Estado. Um tribunal constitucional acredita que não tem condições de decidir sobre as delicadas questões de orçamento e medicina que enfrentaria caso tivesse de determinar exatamente a qual plano de saúde os cidadãos têm direito. Por isso, se nega a impor diretamente esse direito constitucional. Admite que um governo que não institua sistema de saúde algum estará violando os direitos jurídicos de seus cidadãos. Mas, ao mesmo tempo, se recusa a exigir tal sistema. Por outro lado, se o governo de fato vier a criar um sistema de assistência médica, o tribunal se pronunciaria sobre as possíveis queixas dos cidadãos de que as regras do sistema fazem discriminação ilegítima ou negam arbitrariamente os cuidados médicos a alguns. Nessas circunstâncias, Sager e outros preferem dizer que os cidadãos têm o direito à assistência médica, garantido pela Constituição, mas que os tribunais só impõem uma parte daquilo que eles têm direito de receber. Para a parte mais importante – ter algum sistema de saúde em vez de não ter nenhum –, os cidadãos têm de recorrer à legislação.

É, de fato, possível descrever a situação desse jeito: todos entenderiam. Por outro lado, o vocabulário diferente que sugiro parece pelo menos igualmente natural. Podemos dizer que nem todos os direitos declarados pela Constituição são direitos jurídicos. Alguns, como os que se referem à política externa ou aqueles que podem ser supridos de modo muito mais eficiente por outros ramos do governo, devem ser considerados políticos, mas não jurídicos – ou seja, não são direitos exigíveis pelos cidadãos particulares. Outros, como o direito à igual proteção de qualquer esquema de saúde pública que venha a ser estabelecido pelo governo, são realmente direitos jurídicos. Qual dessas duas maneiras bem diferentes de descrever a situação é mais adequada do ponto de vista teórico?

A primeira descrição – segundo a qual alguns direitos jurídicos não são exigíveis – seria tentadora se pudéssemos adotar a tese dos dois sistemas e uma teoria positivista acerca de como determinar o que é lei e o que não é. Diríamos então que, embora certos direitos constitucionais atendam aos critérios que definem as leis válidas e sejam, portanto, direitos jurídicos, existem outras razões, razões independentes, pelas quais os tribunais não devem tentar impô-los. Porém, quando rejeitamos, por inútil, a tese dos dois sistemas, essa posição parece perder toda a sua base teórica. Não faria sentido afirmar o que afirmamos acerca da Lei dos Escravos Fugitivos: que os cidadãos têm, em princípio, o direito constitucional à assistência médica, direito esse que, porém, tem de ceder a alguma emergência que, atuando como um trunfo, impede os juízes de impô-lo na prática. No caso da Lei dos Escravos Fugitivos, os princípios estruturadores de justiça que distinguem os direitos jurídicos de outros direitos políticos favorecem sua imposição: apoiam a pretensão dos senhores de escravos. No caso da assistência médica, são esses mesmos princípios, entre os quais se incluem aqueles que determinam a melhor distribuição do poder político num Estado coercitivo, que servem de base para o argumento contra a imposição da lei.

A moral do procedimento

A imagem dos dois sistemas criou uma importante distinção entre o processo e a substância: entre os procedimentos pelos quais o direito é criado e o conteúdo do direito assim criado. O antigo debate sobre o direito e a moral concentrava-se na substância. Acaso uma lei imoral realmente é lei? Será que a justiça em si nos ajuda a determinar se as pessoas fraudadas por Bernie

Madoff podem mover um litígio contra a Comissão de Valores Mobiliários por negligência? O debate quase não falava sobre o processo: na opinião da maioria dos juristas acadêmicos, os métodos pelos quais o direito é criado dependem de convenções locais e têm suas propriedades determinadas unicamente por essas convenções[15]. Com efeito, esse pressuposto parece essencial para a imagem dos dois sistemas. Mesmo adotando-se essa imagem, seria difícil defender o positivismo se os juízes discordassem acerca de importantes questões de procedimento constitucional. Quando, porém, rejeitamos o modelo dos dois sistemas e entendemos o direito como um elemento bem definido da moral política, temos de tratar os próprios princípios estruturadores especiais que separam o direito do restante da moral política como princípios políticos que devem ser interpretados do ponto de vista moral.

Há mais de meio século, quando eu estudava direito na Inglaterra, me disseram que naquele país, ao contrário dos Estados Unidos, o Poder Legislativo – o Parlamento – é supremo. Esse era um exemplo básico daquelas coisas que, no direito, eram inatacáveis e simplesmente verdadeiras: era desnecessário mencionar o assunto. No passado, porém, não era desnecessário mencioná-lo: Lorde Coke discordava dessa doutrina no século XVII, por exemplo[16]. E tampouco é desnecessário mencioná-lo agora. Muitos juristas, e pelo menos alguns juízes, já creem que o poder do Parlamento é limitado. Quando o governo ventilou há pouco tempo a ideia de um projeto de lei que tiraria dos tribunais a jurisdição sobre os detentos suspeitos de terrorismo, esses juristas afirmaram que tal lei seria nula[17]. O que mudou e depois mudou de novo?

A resposta parece bastante clara. Na época de Coke, a ideia de que os indivíduos têm direitos que atuam como trunfos sobre o bem coletivo – direitos naturais – era amplamente aceita. No século XIX, a moral política dominante era diferente. Jeremy Bentham declarou que a ideia de direitos naturais era "um disparate sobre pernas de pau", e os juristas adeptos dessa opinião criaram a tese da soberania parlamentar absoluta. Agora a roda girou de novo: o utilitarismo está cedendo espaço mais uma vez ao reconhecimento dos direitos individuais, agora chamados direitos humanos, e a soberania parlamentar já não é evidentemente justa. O *status* do Parlamento enquanto legislador – uma das questões jurídicas mais fundamentais – tornou-se de novo uma profunda questão de moral política. Na prática, o direito está integrado à moral: os advogados e juízes são os filósofos políticos operantes do Estado democrático.

Os constitucionalistas norte-americanos têm discutido entre si para saber se as cláusulas constitucionais substantivas mais abstratas – aquelas, por exemplo, que garantem os direitos à liberdade de expressão e à liberdade religiosa, que proíbem as penas cruéis e incomuns, que impõem a igual proteção das leis e o devido processo legal – devem ser lidas como princípios morais[18]. Por outro lado, em geral se concluiu que a interpretação das cláusulas mais concretas do documento depende da história, não da moral. Duas causas recentemente apreciadas pela Suprema Corte exemplificam essa suposição. A primeira delas girava em torno da Segunda Emenda, que garante aos cidadãos algum direito constitucional a possuir armas de fogo. A Corte empreendeu uma extensa discussão do direito inglês do século XVIII e de séculos anteriores para corroborar sua decisão de que essa emenda concede aos cidadãos individuais o direito de não serem terminantemente proibidos de possuir e portar armas. Os argumentos divergentes apelavam ao mesmo período da história para contradizer essa conclusão[19]. O segundo caso foi motivado por uma cláusula constitucional que permite que o Congresso suspenda o direito de *habeas corpus* somente em circunstâncias excepcionais, mas não especifica quem, no mais, tem direito a exigir esse remédio jurídico. A Corte, por uma maioria de 5 a 4, decidiu que os estrangeiros detidos na Baía de Guantânamo tinham direito ao *habeas corpus*[20]. O voto divergente, redigido em termos raivosos, insistia que somente aquelas classes de pessoas que tinham direito a esse remédio jurídico no século XVIII tinham direito a ele agora[21]. O voto da maioria não negava essa alegação, mas afirmava que os dados históricos não eram conclusivos e que, portanto, os detentos estrangeiros podiam, sim, pedir *habeas corpus*.

Esses debates da Corte fariam algum sentido se adotássemos o modelo bissistemático do direito e da moral política. Nesse caso, a história talvez parecesse ser decisiva para determinar como devem ser lidas as cláusulas mais técnicas da Constituição. Por outro lado, a história parece muito menos pertinente quando admitimos que o objetivo da interpretação constitucional é entender, da melhor maneira possível, as palavras da Constituição como dispositivos que visam promover um governo justo. As circunstâncias do século XVIII eram completamente diferentes daquelas que todos os países confrontam agora, e a prática daquela época era regida em boa parte por padrões morais e políticos que rejeitamos há muito tempo. Devemos, portanto, nos esforçar ao máximo, dentro dos limites da interpretação, para que a lei fundamental do nosso país seja compatível com nosso senso de justiça – não porque o direito deva às vezes curvar-se perante a moral, mas porque é exatamente isso que o próprio direito exige, quando é bem compreendido.

EPÍLOGO: DIGNIDADE INDIVISÍVEL

De novo a verdade

O *Big Bang* da revolução galilaica fez com que a ciência pudesse passear tranquila pelo universo dos valores. Mas a nova república das ideias tornou-se ela própria um império. Os filósofos modernos inflaram os métodos da física, transformando-os numa metafísica totalitária. Invadiram e ocuparam todos os títulos honoríficos – realidade, verdade, fato, fundamento, sentido, conhecimento e ser – e passaram a ditar os termos segundo os quais os outros campos do pensamento poderiam aspirar a utilizá-los. A questão agora é outra: a de saber se e como o valor pode passear tranquilo pelo universo da ciência.

A grande variedade de "ismos" que estudamos no Capítulo 3 tentaram enfrentar esse desafio. Os filósofos se tornaram existencialistas, emotivistas, antirrealistas, expressivistas, construtivistas e tudo o mais que pudessem imaginar. À medida que cada um desses oásis secou, cada nova geração de filósofos sonhou um novo oásis e para ele se dirigiu. Essa peregrinação não tem data para acabar. Mas todos os "ismos" são insatisfatórios, pois a ideia que partilham – a de que os juízos de valor não podem ser *realmente* verdadeiros – perde todo o sentido quando esse inútil grifo é removido. Qualquer que seja a sua mecânica ou os seus adereços, todos eles se fundamentam num ceticismo supostamente externo que, de um jeito ou de outro, acaba por engolir a si mesmo.

Alguns filósofos – os "realistas" – protestaram contra esse pressuposto imperialista, ao qual deram o nome de "cientificismo". Mas como vimos, principalmente no Capítulo 4, eles não chegaram a romper totalmente com a metafísica estabelecida: ainda se preocupavam em saber como os juízos de valor poderiam atender pelo menos a alguns critérios mínimos criados pela metafísica da ciência – algum critério de convergência, de fundamentação, de capacidade de explicar os fatos da convicção ou do comportamento. No entanto, quando levamos suficientemente a sério a profunda independência da moral, da ética e de outras formas de valor, constatamos que nenhuma dessas acomodações é necessária e que nenhuma delas funciona. Precisamos de um rompimento mais decisivo, de uma nova revolução. É claro que temos de distinguir as opiniões responsáveis das irresponsáveis. Essa distinção é particularmente necessária na política, quando a justiça está em jogo, e não podemos operá-la sem levar em conta também as ideias de verdade e falsidade. Porém, nossas concepções de verdade e falsidade, responsabilidade e irresponsabilidade, fatos e realismo, devem ser encontradas dentro do domínio do próprio valor – numa tábula tão rasa quanto possível. Temos de abandonar a metafísica colonial.

Neste livro, tangenciamos várias vezes uma concepção pós-colonial da verdade: ao explicar por que a política precisa da verdade, ao desmascarar o ceticismo externo, ao definir a responsabilidade moral, ao procurar a verdade na interpretação, ao distinguir os conceitos interpretativos e, por fim, ao entender a própria verdade como um conceito interpretativo. Fomos caminhando constantemente rumo a uma libertação maior. A ética e a moral são independentes da física e de suas assecias: nesse sentido, o valor se sustenta por si mesmo. Não podemos apoiar a veracidade dos nossos juízos de valor em descobertas físicas, biológicas e metafísicas; e tampouco podemos refutá-la desse modo. Temos de apresentar argumentos, e não provas, em favor de nossas convicções, e essa distinção pressupõe uma espécie de integridade axiológica que, por sua vez, dá origem a uma outra teoria da responsabilidade.

A decepção não foi embora? Para nós, na nossa época, é difícil escapar completamente à atração do cientificismo e, portanto, é difícil compreender plenamente a independência do valor. Mas vamos nos lembrar da principal lição da Parte Um: a questão de saber qual é a melhor coisa a fazer tem necessariamente uma resposta correta, mesmo que essa resposta seja "nada". Isto não é um ardil: é um modo de nos lembrarmos de que o ceticismo não é uma posição padrão. A convicção de que nada importa deve ser alvo de suspeitas e dúvidas – e da falsa esperança de validação externa – tanto quanto qualquer convicção mais positiva. Se você pensa que nada importa, lembre-se de que essa conclusão não é aceita por outras pessoas que pensam tanto e tão bem quanto você. Não há como escapar do isolamento de crer no que os outros não creem. O ceticismo e o niilismo não são escapatórias.

Lembre-se também de que você *tem*, sim, muitas crenças acerca de como viver. Se você levar a cabo o projeto de responsabilidade delineado no Capítulo 6, provavelmente vai chegar pelo menos num pequeno conjunto integrado de opiniões que, para você, têm autenticidade visceral. Depois disso, por que a hesitação ou a dúvida fariam sentido? Por que você não pode simplesmente crer no que crê ao fim desse processo? *Crer* realmente? Pouco importa que o fato de você crer no que crê não seja explicado pela própria verdade, mas pela psicodinâmica, pela história cultural ou pela dissecção genética. Nenhuma espécie de explicação causal pode validar qualquer convicção, mesmo uma convicção cética. É verdade que você poderia, em outras circunstâncias, ter acreditado em outra coisa. Mas, na prática, é nisto que você crê. É possível, decerto, que você venha a descrer disso no futuro. A evolução de sua reflexão responsável pode produzir tal mudança. Mas, se você for responsável, não terá razão nenhuma para não crer – plenamente – naquilo que crê enquanto não fizer novas reflexões. Não se trata de quietismo: não se nos pede que fiquemos quietos a respeito de nada. Trata-se somente de encarar as coisas como elas são.

E se você não conseguisse ter confiança em nenhuma opinião, mesmo rudimentar, acerca da melhor maneira de viver – nem mesmo na opinião de que não existe uma melhor maneira de viver? Você está na incerteza. Mas também a incerteza, como vimos, pressupõe uma verdade a ser encontrada. É bem possível que, enquanto vai vivendo, você descubra que está, sim, seguindo alguma opinião. Talvez, como aventava Sartre, você esteja construindo um estilo mesmo sem perceber. Talvez, por outro lado, você confronte o seu problema de modo mais deliberado: talvez escale uma montanha, encontre um guru ou passe a integrar um movimento místico. Ou talvez não: talvez leve a vida como se ela fosse sempre "uma coisa ruim depois de outra", sem esposar um ceticismo desafiador, pois até isso lhe falta, mas vagando sem rumo. Nesse caso, pelo menos na minha opinião, você não estará vivendo bem. Mas não há nada a fazer exceto esperar – nem que seja por Godot.

As boas vidas e o bem viver

Não queríamos simplesmente identificar a independência do valor, mas também encontrar pelo menos um modelo rudimentar da unidade do valor. Queríamos justificar a busca dos porcos-espinhos pela justiça, inserindo-a numa teoria muito mais abrangente da ética e da moral. Para terminar, retomo a principal questão ética da nossa estrutura.

Uma pessoa vive bem quando pressente e procura uma boa vida para si e o faz com dignidade: com respeito pela importância da vida das outras pessoas e pela responsabilidade ética não só destas, mas também dela própria. Os dois ideais éticos – viver bem e ter uma vida boa – são diferentes. Podemos viver bem sem ter uma vida boa: podemos ser afligidos pelo azar, pela miséria, por graves injustiças, por uma doença terrível ou pela morte prematura. O valor do nosso esforço é adverbial; não reside na bondade ou no impacto da vida realizada. É por isso que pessoas que vivem e morrem em grande pobreza podem, mesmo assim, viver bem. Não obstante, cada um de nós deve dar o melhor de si para que sua vida seja tão boa quanto possível. Vive mal quem não se empenha para que sua vida seja boa.

O foco mais marcante da vida é a morte. É melhor estudar a vida em retrospecto, tal como ela aparece quando está perto do fim. Então, já não podemos escapar à questão de saber se as alegrias e tristezas, o *glamour*, os prêmios e os prazeres, deram ou não em algo capaz de aquietar o terror, ou se não se limitam a zombar da tolice de termos achado que algo valia a pena. É desse ponto de vista que nossos dois princípios de dignidade parecem mais austeros. O segundo nos manda assumir a responsabilidade pessoal pelas escolhas que fizemos. Na Parte Cinco, concentramo-nos na dimensão política dessa responsabilidade: embora seja impossível nos libertarmos dos vocabulários e das pressões da nossa cultura, temos, mesmo assim, de insistir em nos libertarmos da dominação. As exigências positivas são igualmente importantes. Uma vida constantemente examinada é narcisista; é uma vida pobre. Mas o bem viver deve incluir, de tempos em tempos, alguma consciência dos valores que a vida nega ou manifesta; o viver não deve ser somente o ato de se deixar conduzir por hábitos irrefletidos ao longo dos caminhos batidos das expectativas e recompensas.

Como nos alertaram os antigos filósofos, a vida não examinada também é má. Alguma convicção ética efetiva, posta em prática pelo menos de tempos em tempos, é essencial para a responsabilidade no viver.

A autenticidade tem dimensões. O ato de fazer as coisas do nosso jeito é um ato criativo, mesmo que essas "coisas" sejam familiares. O estilo é importante; a meu ver, é importantíssimo. Mas não é suficiente: a avaliação também é importante. Não vive tão bem quanto poderia a pessoa que nunca teve a ocasião de refletir sobre o que o bem viver significa para ela na situação em que se encontra. O preço dessa reflexão pode ser o ceticismo: ela talvez chegue à conclusão de que a maneira de viver não importa. Mas o ato de viver segundo esse pensamento, esteja ele certo ou errado, lhe dá mais dignidade do que se ela não tivesse sequer considerado essa possibilidade. Para muita gente, a boa vida é a vida de observância de determinada religião. Elas podem estar certas ou erradas quanto à cosmologia aí pressuposta, mas, tanto num caso como no outro, elas não viverão com dignidade plena se nunca pararem para refletir sobre essa cosmologia.

Nosso primeiro princípio tem uma qualidade diferente, mais substantiva. A boa vida não é trivial, e nenhuma vida alcança a importância necessária pelo simples fato de seu possuidor pensar que ela alcançou. Quem passa a vida se dedicando ao passatempo banal que mencionei – colecionar caixinhas de fósforo – não cria uma vida boa, mesmo que sua coleção não tenha igual no mundo e mesmo que ele sempre aja com grande dignidade, sempre tratando os outros com o devido respeito pela importância de suas vidas. Sua vida pode até ser boa por alguma outra razão; caso contrário, terá sido desperdiçada.

É difícil dizer o que pode dar peso a uma vida, além da dignidade: o que mais é necessário para torná-la boa. A vida de certas pessoas é boa em razão de suas realizações grandiosas e duradouras, mas, como já observamos, isso só pode acontecer com um número muito pequeno de pessoas[1]. A vida boa é, na maioria das vezes, em razão de efeitos muito mais transitórios: a habilidade num ofício difícil, o ato de cuidar de uma família ou de tornar melhores a vida de outras pessoas. Há mil maneiras pelas quais uma vida pode ser boa; mas há muitas outras mais, além da trivialidade, pelas quais ela pode ser má, ou menos boa do que talvez pudesse ter sido.

Ela pode ser má em razão da pobreza, mas a economia da vida boa e má é complexa. Vou resumir agora uma distinção e uma conclusão que apresentei em outras obras[2]. Quando paro para refletir sobre qual vida seria boa para mim, tenho de fazer uma distinção entre dois aspectos da minha situação: os parâmetros que afetam a resposta – minha cultura, meu passado, meus talentos, meus gostos e as causas que defendo – e as limitações que me tornam difícil ou impossível levar a vida – ou qualquer vida – que aqueles parâmetros definem como boa. As doenças e deficiências físicas são limitações, não parâmetros; não me ajudam a definir qual vida seria boa para mim, mas podem me condenar a uma vida má.

Já os meus recursos materiais e as minhas oportunidades econômicas, sociais e políticas podem ser parâmetros ou limitações. Aquelas variáveis que se devem integralmente ao estágio de desenvolvimento econômico alcançado pela minha comunidade devem ser entendidas como parâmetros: não posso supor que minha vida é má pelo simples fato de o meu período histórico ou a minha plataforma geográfica não terem alcançado a prosperidade que outras gerações ou continentes mais próximos conheceram ou conhecerão. Por outro lado, se meus recursos ou oportunidades forem menores porque eu ou a minha comunidade fomos tratados injustamente, essa injustiça não é um parâmetro, mas uma limitação. Ou seja, o fato de uma relativa pobreza definir ou arruinar uma vida depende de essa pobreza ser injusta ou não. Mesmo que as pessoas injustiçadas pela sociedade moderna tenham muito mais recursos do que seus antepassados tinham num passado justo e distante, é possível que esses antepassados tivessem mais condições de levar uma vida boa.

Platão e outros moralistas defenderam a tese de que a distribuição injusta das riquezas apresenta desvantagens éticas não somente para os que têm muito pouco, mas também para os que têm demais. Para conservar o respeito por si mesma, a pessoa injustamente rica deve se dedicar mais à política do que de outro modo se dedicaria ou do que gostaria de se dedicar. Ela tem deveres de associação política para com os outros membros da sua comunidade política, e entre esses deveres se inclui o de fazer o possível para garantir-lhes justiça. Numa época de política participativa, isso não se limita ao mero ato de votar pela justiça. Enquanto a política for financiada por contribuições privadas, essa pessoa deve doar aos políticos uma parte dos recursos que preferiria usar para sua própria vida e deve, ainda, dar quaisquer outras contribuições que sejam significativas. Seu tempo já não lhe pertence.

Uma injustiça grave – um país dividido entre abundância e a miséria – tem outras consequências ainda mais drásticas para os relativamente ricos: torna difícil, para a maioria deles, levar uma vida tão boa quanto levariam em circunstâncias de menor injustiça. Alguns deles, dotados de algum talento notável, podem usar sua maior riqueza de modo mais eficaz para levar uma vida de verdadeira realização. Para estes, a questão ética que se impõe é a de saber se podem fazê-lo com dignidade. Para os demais – os ricos sem talento –, os efeitos da injustiça sobre a vida deles são onipresentes, pois o valor de uma vida é diminuído quando ela é vivida com o dinheiro que pertence a outros, e nada que eles possam fazer com seu excedente de riqueza é capaz de compensar essa deficiência valorativa[3]. Os ricos sofrem tanto quanto os pobres, embora estes geralmente tenham mais consciência de sua infelicidade.

Muitas culturas tentaram pregar uma mentira maligna e aparentemente persuasiva: que a métrica mais importante de uma boa vida é a riqueza, o luxo e o poder. Os ricos pensam que vivem melhor quando são ainda mais ricos. Nos Estados Unidos e em muitos outros lugares, eles empregam sua riqueza na política a fim de convencer o público a eleger ou aceitar governantes que os ajudem a alcançar essa finalidade. Dizem que a justiça que imaginamos é um socialismo que põe em risco a nossa liberdade. Nem todos se deixam convencer: muitos levam uma vida de contentamento sem riqueza. Mas muitos outros engolem a mentira; votam em favor da redução de impostos a fim de manter cheio o pote de ouro que pensam poder encontrar no fim do arco-íris, embora praticamente não haja a possibilidade de que isso venha a acontecer. Não há exemplo melhor da tragédia de uma vida não examinada: nesta dança macabra da cobiça e da ilusão, não existem vencedores. Nenhuma teoria do valor que seja respeitável, ou mesmo inteligível, parte do pressuposto de que o ato de ganhar e de gastar dinheiro tem algum valor ou importância em si, e quase tudo o que as pessoas compram com esse dinheiro é igualmente destituído de importância. O sonho ridículo de uma vida principesca é acalentado pelos sonâmbulos da ética. E estes, por sua vez, mantêm viva a injustiça, pois o desprezo que têm por si mesmos gera uma política de desprezo pelos outros. A dignidade é indivisível.

Mas lembremo-nos, por fim, também da verdade, além de recordar sua corrupção. A justiça que imaginamos parte de uma proposição que parece inatacável: a de que o governo deve tratar as pessoas sujeitas ao seu domínio com igual consideração e respeito.

Essa justiça não põe em risco a nossa liberdade; ela a expande. Não faz uma troca entre liberdade e igualdade, nem o contrário. Não agride a livre-iniciativa para sustentar gente ociosa. Não favorece um governo que interfira na economia nem um governo que não interfira; favorece somente um governo justo. A dignidade é a sua origem e a sua meta. Ela torna mais fácil para cada um de nós a tarefa de viver bem uma boa vida. Lembremo-nos, além disso, que o que está em jogo vai além da nossa morte. Sem a dignidade, nossa vida não passa de lampejos de duração. Se, porém, conseguirmos viver bem uma boa vida, nós criamos algo mais. Escrevemos um adendo à nossa mortalidade. Nossa vida se torna um pequeno diamante em meio às areias cósmicas.

NOTAS

1. GUIA DE VIAGEM

1 Isaiah Berlin, *The Hedgehog and the Fox: An Essay on Tolstoy's View of History* (Londres: Weidenfeld and Nicholson, 1953), p. 3.

2 Boa parte da munição da raposa depende de um pluralismo moral substantivo: a tese de que os bons princípios morais e os ideais inevitavelmente conflitam entre si. Ver Berlin, *The Crooked Timber of Humanity: Chapters in the History of Ideas*, org. Henry Hardy (Londres: John Murray, 1991); Thomas Nagel, "The Fragmentation of Value", em *Mortal Questions* (Cambridge: Cambridge University Press, 1919).

3 Ver John Rawls, *Political Liberalism* (Nova York: Columbia University Press, 1996).

4 Descrevi e defendi essa tese pela primeira vez há muito tempo. Ver "Objectivity and Truth: You'd Better Believe It", *Philosophy & Public Affairs* 25 (primavera de 1996), pp. 87-139. Desde então, periodicamente dou palestras sobre esse e outros temas tratados neste livro, e sou infinitamente grato a muitos comentadores e críticos que encontrei ao longo desses anos.

5 Ver Crispin Wright, *Truth and Objectivity* (Cambridge, Mass.: Harvard University Press, 1992); e Kit Fine, "The Question of Realism", *Philosopher's Imprint* 1, n. 2 (junho de 2001), www.philosophersimprint.org/001001/.

6 No livro 3 de seu *Tratado*, Hume disse: "Em todo sistema de moral [...] o autor procede por algum tempo no modo comum de raciocínio, e prova que existe um Deus ou faz observações referentes aos assuntos humanos; mas de repente constato, surpreso, que, em vez da cópula habitual das proposições *é* e *não é*, não deparo mais com nenhuma proposição que não seja ligada a um *deve ser* ou um *não deve ser* [...] [não se apresenta nenhuma razão] para algo que parece totalmente inconcebível: de que modo essa nova relação pode ser deduzida de outras que são completamente diferentes dela" (edição L. A. Selby-Bigge, 469). A interpretação que expus no texto foi aceita por muitos filósofos, entre os quais Richard Hare (*The Language of Morals* [Oxford: Clarendon Press, 1952], pp. 29, 44), que a encapsulou

no que chamou de "Lei de Hume". Mas também foi contestada por, entre outros, Alistair MacIntyre, que argumentou que, ao excluir uma "dedução" que ligue o fato à norma, Hume não excluiu outros modos de inferência (MacIntyre, "Hume on Is and Ought", *Philosophical Review* 68 [1959]). MacIntyre notou ainda que o próprio Hume muitas vezes parecia transitar de uma constatação psicológica para uma proposição moral. Para meu argumento, pouco importa que minha descrição e uso do princípio de Hume sejam uma interpretação errônea do argumento dele ou que ele tenha, ou não, violado seu próprio princípio. Porém, como veremos no Capítulo 3, o princípio de Hume, pelo menos tal como o formulei, está longe de ser incontroverso.

2. A VERDADE NA MORAL

1 Sigo aqui a terminologia de Bernard Williams, *Ethics and the Limits of Philosophy* (Cambridge, Mass.: Harvard University Press, 1985), pp. 174-96.

2 Só para começar, os textos contemporâneos de filosofia moral discutem o intuicionismo, o realismo, o emotivismo, o expressivismo, o projetivismo, o naturalismo redutivo, a naturalismo não redutivo, o quase realismo, o minimalismo, o construtivismo kantiano e o construtivismo humiano. Vou dizer alguma coisa sobre cada uma dessas teorias na Parte Um, mas nem sempre vou identificá-las pelo nome.

3 Boa parte desse declínio está descrita em Paul Boghossian, *Fear of Knowledge: Against Relativism and Constructivism* (Oxford: Oxford University Press, 2006).

4 A. J. Ayer, *Language, Truth, and Logic* (Londres: Gollancz, 1936).

5 Richard Hare, *The Language of Morals* (Oxford: Clarendon Press, 1952); Hare, *Freedom and Reason* (Oxford: Clarendon Press, 1963).

6 Gibbard, *Thinking How to Live* (Cambridge, Mass.: Harvard University Press, 2003), p. 181.

7 Thomas Nagel cita a maravilhosa descrição que Conrad faz dessa forma de ceticismo interno: "Era uma dessas noites orvalhadas, límpidas e estreladas que oprimem nosso espírito e esmagam nosso orgulho pela prova fulgurante da dolorosa solidão, da obscura e desesperada insignificância do nosso globo perdido na esplêndida revelação de um universo cintilante e sem alma. Detesto esses céus." Ver Joseph Conrad, *Chance*, edição Oxford World Classics (Oxford: Oxford University Press, 2002), p. 41; Nagel, *Secular Philosophy and the Religious Temperament* (Oxford: Oxford University Press, 2010), p. 9.

8 Sublinho a independência dos projetos da filosofia moral e das ciências sociais porque alguns filósofos descrevem os primeiros de um jeito que não torna a diferença tão clara quanto poderia ser. Peter Railton, por exemplo, traça uma distinção entre as "teorias normativas" da moral, que em sua opinião consistem em juízos morais substantivos, de primeira ordem, organizados na forma de um sistema, e as teorias "subvencionais" (*"funding"* theories), de segunda ordem, que de acordo com ele oferecem "uma explicação relativamente geral e coerente daquilo que a moral é, do que ela pressupõe ou acarreta, de como ela se situa em relação ao

resto da atividade e da reflexão humanas e do que ela precisa para encontrar-se em bom estado". Ver Railton, "Made in the Shade: Moral Compatibilism and the Aims of Moral Theory", em Jocelyne Couture e Kai Nielsen, orgs., *On the Relevance of Metaethics* (Calgary: University of Calgary Press, 1995), p. 82. A lista de questões de Railton pode ser entendida como um convite a que se faça uma investigação social-científica para determinar as diferentes maneiras com que as pessoas usam os juízos morais e reagem a eles nas diversas comunidades; os diferentes fundamentos que citam para justificar a autoridade da moral; e se as opiniões morais das pessoas em determinada comunidade têm, ou não, estrutura e coerência suficientes para proporcionar estabilidade e eficiência a essa comunidade. Nenhuma teoria social-científica desse tipo poderia acarretar – nem refutar – qualquer espécie de ceticismo acerca do *status* dos juízos de valor como passíveis ou impassíveis de veracidade. Mas não parece ter sido essa a intenção de Railton. Ele não crê que uma "teoria subvencional" seria somente um produto das ciências sociais; diz que as "teorias subvencionais" não recorrem apenas à ciência, mas também, "em geral, à filosofia da linguagem e da mente, à teoria da ação, à metafísica e à epistemologia". A metafísica e a epistemologia em que ele está pensando tratam de questões não empíricas, como, por exemplo, a de saber se existe algo no mundo que possa tornar verdadeiros os juízos morais e se é possível dizer que as pessoas têm bons fundamentos para suas convicções morais. Railton imagina uma teoria "subvencional" que afirma que, segundo os critérios metafísicos ou epistemológicos por ela adotados, a moral não se encontra em bom estado porque pode não pode fornecer a verdade objetiva a que visa. Essa teoria subvencional seria uma teoria do ceticismo externo do erro, semelhante à de Mackie. Railton também imagina outra teoria segundo a qual a moral vai bem porque, bem entendida, ela não visa à verdade objetiva, mas somente à projeção útil de emoções ou atitudes – uma teoria do ceticismo externo de *status*. Temos de tomar o cuidado de distinguir entre as investigações científicas legítimas acerca da moral, que não podem dar apoio a nenhuma forma de ceticismo externo, e teorias filosóficas semelhantes a essas.

9 Richard Rorty, *Contingency, Irony, and Solidarity* (Cambridge: Cambridge University Press, 1989).

3. O CETICISMO EXTERNO

1 Ver Aaron Garret, "A Historian's Comment on the Metaethics Panel at Justice for Hedgehogs: A Conference on Ronald Dworkin's Forthcoming Book", em *Symposium: Justice for Hedgehogs: A Conference on Ronald Dworkin's Forthcoming Book* (número especial), *Boston University Law Review* 90, nº 2 (abril de 2010) (referenciada a partir de agora como *BU*), p. 521.

2 Russ Shafer-Landau, "The Possibility of Metaethics", *BU*, p. 479.

3 Ver, p. ex., Penelope Maddy, *Realism in Mathematics* (Oxford: Clarendon Press, 1990).

4 Michael Smith e Daniel Star apontam esse erro. Smith, "Dowrkin on External Skepticism", *BU*, p. 479; Satr, "Moral Skepticism for Foxes", *BU*, p. 497.

5 Ver Shafer-Landau, "The Possibility of Metaethics", e Star, "Moral Skepticism for Foxes". Em sua discussão sobre este ponto, Star parte do pressuposto de que a tese de que o dever implica o poder não é um princípio moral. Mas ela parece, sim, ser um princípio desse tipo. Contradiz algumas posições nitidamente morais, inclusive uma que alguns comentadores atribuem a Nietzsche – a de que é uma tragédia que, embora todo ser humano deva viver grandiosamente, só uns poucos podem fazê-lo. Star diz, entretanto, que do fato de certas pessoas poderem rejeitar esse princípio por motivos morais em algumas circunstâncias não se pode concluir que ele seja "sempre" um princípio moral. Mas se, quando negado, ele tem o mesmo sentido que quando é afirmado, como fugir a essa conclusão? De qualquer modo, o que poderia ser o princípio de que "o dever implica o poder" *senão* um princípio moral? Não se trata de uma generalização factual, nem de uma lei natural, nem de um princípio lógico ou semântico. Será que pertence a uma classe de ideias não normativas que ainda não foi nomeada?

6 (1) Um conjunto de questionamentos baseia-se na ideia de obrigações performativas, a ser discutida no Capítulo 14. As práticas sociais são questões de fato, e considera-se que certas práticas sociais geram obrigações. A instituição das promessas, por exemplo, declara que quem promete tem a obrigação de cumprir sua promessa. Certas instituições não dependem sequer de um ato voluntário como o de prometer. Os filhos têm deveres para com os pais apenas em virtude de sua relação biológica ou jurídica. Devemos dizer que, em casos como esses, os fatos sociais convencionais geram responsabilidades morais por si sós? Alguns filósofos argumentaram que sim e citaram esse fato como contraexemplo ao princípio de Hume. (Ver Searle, "How to Derive 'Ought' from 'Is'", *Philosophical Review* 73 [1964]). Para uma crítica vigorosa dessa posição, ver James Thomson e Judith Thomson, "How Not to Derive 'Ought' from 'Is'", *Philosophical Review* 73 (1964). Minha própria opinião está declarada no Capítulo 14. Essas instituições não criam obrigações a partir do nada: pressupõem princípios morais mais básicos que dão força moral às instituições.

(2) Alguns filósofos contemporâneos – "naturalistas morais" – sustentam que as propriedades morais são idênticas às propriedades naturais e contestam por esse motivo o princípio de Hume. Propõem a seguinte analogia: pela investigação científica, descobrimos que a propriedade de uma substância ser água e a propriedade de ter a estrutura química H_2O são a mesma propriedade: tudo o que tem essa estrutura química é água. Podemos descobrir no caso dos conceitos morais um tipo análogo de identidade. Podemos descobrir, por exemplo, que a propriedade de ser condenado pela tradução da Bíblia encomendada pelo rei James e a propriedade de estar moralmente errado são a mesma propriedade; ou que a propriedade de contribuir para com o bem-estar geral e a propriedade de estar moralmente certo são a mesma propriedade. Nesse caso, a demonstração de que um fato comum existe – de que essa ou aquela prática é condenada na tradução do rei James ou de que um ato conduz ao bem-estar geral – basta, por si só, para demonstrar a veracidade de uma proposição moral.

Porém, esse argumento não derruba o princípio de Hume. Isso porque, enquanto a proposição de que água e H_2O são a mesma coisa é uma descoberta científica, as afirmações de que ser condenado pela Bíblia e ser errado são a mesma coisa, ou de que conduzir ao bem comum e ser correto são a mesma coisa, são naturalmente compreendidas como proposições morais. (Ver Railton, "Facts and Values", em *Facts, Values, and Norms: Essays toward a Morality of Consequence* [Cambridge: Cambridge University Press, 2003], pp. 43-68.) Nesse caso, qualquer argumento que cite a condenação bíblica ou o favorecimento do bem comum para sustentar uma posição moral é um argumento que inclui uma premissa ou pressuposto moral, como devem fazer todos os argumentos morais segundo o princípio de Hume. Por outro lado, alguns naturalistas asseveram que essas afirmações de identidade *não são* proposições morais, mas descrições de um tipo especial de fato comum: fatos referentes a conceitos. (Ver Richard Boyd, "How to Be a Moral Realist", em Geoffrey Sayre-McCord, org., *Essays on Moral Realism* [Ithaca, N.Y.: Cornell University Press, 1988].) Eles adotam a teoria "causal" do significado, desenvolvida nos argumentos de Saul Kripke e Hilary Putnam (Kripke, "Naming and Necessity", em Donald Davidson e Gilbert Harman, orgs., *Semantics of Natural Language* [Dordrecht: Reidel, 1972]; e Putnam, "The Meaning of 'Meaning'", *Minnesota Studies in the Philosophy of Science* 7 [1975]).

Segundo essa teoria, a realidade que certo tipo de conceito designa é fixada por fatos históricos referentes a quais tipos naturais "atraíram" a designação do conceito. Assim, "água" se refere à substância – seja ela qual for – que fez com que as pessoas a chamassem de água. Se, pelo estudo científico, descobrirmos que a água necessariamente tem certa estrutura molecular, então uma substância de outro planeta que tenha todas as características aparentes da água não será água se não tiver essa estrutura molecular. O fato de terem essa estrutura, ou não, decide a questão de quais substâncias são água. Os naturalistas morais têm a esperança de aplicar essa teoria de referência aos conceitos morais. Suponhamos: descobrimos que certa propriedade natural de um ato – a propriedade, digamos, de favorecer o bem-estar geral – é a que determina o que as pessoas chamam de "bom" ou de "moralmente obrigatório", do mesmo jeito que uma composição molecular determina o que as pessoas chamam de "água". Podemos dizer, nesse caso, que a propriedade geral de favorecer o bem-estar geral é idêntica à propriedade moral de ser bom ou moralmente obrigatório – não porque aceitamos um princípio moral que ligue o bem-estar geral ao bem moral, mas em virtude de um fato linguístico comum. Se esse argumento é válido, o princípio de Hume é falso. (Ver Railton, "Facts and Values".)

Mas o argumento parece errôneo sob diversos aspectos. Faz suposições aparentemente insustentáveis acerca de questões técnicas de semântica. (Ver Terence Horgan e Mark Timmons, "Troubles for New Wave Moral Semantics: The Open Question Argument Revived", *Philosophical Papers* 21 [1992].) Há um outro erro mais importante. O argumento dos naturalistas morais pressupõe que os conceitos morais pertencem à família dos conceitos – frequentemente chamados "conceitos de tipos naturais" – cujo referente é passível de ser identificada causalmente. No Capítulo 8 explico por que esse pressuposto é errado. Não existe nenhuma propriedade descritiva, nem mesmo uma propriedade complexa, que tenha determinado o uso do termo "errado" do mesmo jeito que a substância água determinou o uso do termo "água". No Capítulo 8, defendo a ideia de que os conceitos morais pertencem a uma outra família de conceitos – chamei-os de conceitos interpretativos – cujo significado só pode ser declarado por meio de juízos de valor. Se eu estiver certo, nenhuma teoria do tipo da proposta pelos naturalistas morais, acerca do sentido dos conceitos morais, é capaz de derrubar o princípio de Hume, pois todas essas teorias têm princípios morais embutidos. Isso explica uma reação inevitável ao argumento dos naturalistas. Parece inconcebível que o fato de ser ou não ser correto torturar suspeitos de terrorismo, ou de ser ou não ser injusto não proporcionar assistência médica para todos, dependa do modo como as pessoas usaram os termos "errado" ou "injusto" no passado. Quando compreendemos que os conceitos morais são conceitos interpretativos, e não conceitos de tipos naturais, entendemos o porquê.

(3) Duas outras questões discutidas mais à frente no livro também poderiam, em tese, pôr em risco o princípio de Hume. (a) No Capítulo 4 consideramos a hipótese do impacto causal, que afirma que as pessoas podem interagir causalmente com a verdade moral por meio de alguma forma de percepção; e a hipótese da dependência causal, segundo a qual, se a hipótese do impacto causal for falsa, ninguém pode ter razão alguma para sustentar uma posição moral. Este último princípio é ele mesmo um princípio moral – um exemplo de epistemologia moral. O primeiro é factual e, se fosse verdadeiro, ameaçaria o princípio de Hume. Defendo no Capítulo 4 a ideia de que ambas essas hipóteses são falsas. (b) Adiante nesse capítulo, no contexto de um estudo geral do ceticismo de *status*, enfrentamos uma proposição filosófica diferente: uma vez que as convicções morais são intrinsecamente motivadoras, elas não podem ser interpretadas como crenças passíveis de ser verdadeiras ou falsas. Se essa tese for válida, e se o caráter intrinsecamente motivador das convicções morais for mera questão factual psicológica, essa proposição filosófica também põe em risco o princípio de Hume. Vou rejeitá-la, porém, nesse mesmo capítulo.

(4) Por fim, há quem diga que a própria distinção entre fatos e valores é ilusória porque as próprias afirmações factuais são impregnadas de valores (ver, p. ex., Hilary Putnam, *The Collapse of the Fact/Value Dichotomy and Other Essays* [Cambridge, Mass.: Harvard University Press, 2002]). Acredito que há certo exagero na tese de uma "absorção" do fato pelo valor. Distinções muito importantes entre os dois domínios permanecem válidas mesmo quando reconhecemos a importante verdade de que os pressupostos de valor epistêmico – simplicidade, coerência, elegância intelectual e beleza – às vezes ajudam a fixar o que consideramos ser a verdade científica e não podem ser sujeitos a nenhuma experimentação científica sem incorrermos em petição de princípio. Ver Capítulo 4. No Capítulo 7, descrevo aquelas que me parecem ser as mais importantes entre essas distinções profundas que sobrevivem. Mas mesmo que aceitássemos a tese da absorção em sua forma mais extravagante e concluíssemos que toda declaração de fato é na realidade um juízo de valor, o princípio de Hume não seria ameaçado. Pelo contrário, tornar-se-ia uma obviedade.

7 John Mackie, *Ethics: Inventing Right and Wrong* (Nova York: Penguin Books, 1977), pp. 36-8.

8 Ibid., pp. 38-42, 40.

9 Ver, p. ex., Bernard Williams, "Internal and External Reasons", em sua coletânea *Moral Luck* (Cambridge: Cambridge University Press, 1981), pp. 101-13; Richard Joyce, *The Myth of Morality* (Cambridge: Cambridge University Press, 2001).

10 Williams, "Internal and External Reasons", pp. 101-13.

11 Ao que parece, Richard Joyce tem a opinião contrária. Trata esse conceito como aqueles que no Capítulo 8 vou chamar de conceitos criteriais (ver Joyce, *The Myth of Morality*, p. 102). Esse erro – pois assim o considero – tem importantes implicações para o argumento dele.

12 Devo dizer, por uma questão de cautela, que essas traduções práticas e não metafísicas das minhas proposições ulteriores não visam endossar a teoria "deflacionária" da verdade nem, aliás, nenhuma outra teoria da verdade. Falarei sobre essas teorias no Capítulo 8.

13 Ver os artigos da *Stanford Encyclopedia of Philosophy* online (plato.stanford.edu) sobre "Cognitivism and Non-Cognitivism", "Judgement Internalism" e "Moral Motivation" para ter uma ideia da variedade de teorias sobre esse tema. Ver também Mark Van Roojen, "Moral Cognitivism vs. Non-Cognitivism", *Stanford Encyclopedia of Philosophy*, 7 de junho de 2009, plato.stanford.edu/entries/moral-cognitivism/; e Connie Rosati, "Moral Motivation", *Stanford Encyclopedia of Philosophy*, 19 de outubro de 2006, plato.stanford.edu/entries/moral-motivation/.

14 Shakespeare, *Ricardo III*, ato 1, cena 1.

15 Ver G. E. M. Anscombe, *Intention*, 2ª ed. (Oxford: Basil Blackwell, 1963), seção 32.

16 Milton, *Paraíso perdido*, livro 4.

17 A forma mais simples da tese é a da primeira pessoa: a tortura é errada se ela me repugna. Essa tese acarreta claramente um juízo substantivo: a tortura seria aceitável se não me repugnasse. Creio, porém, que a forma mais comum da tese é a seguinte: o que torna um ato moralmente mau é o fato de a contemplação desse ato produzir determinado tipo de reação na maioria das pessoas ou na maioria dos membros de determinada comunidade. Segue-se dessa formulação que se um dia acontecesse de as pessoas em geral, ou os membros de tal comunidade, deixarem de reagir desse modo, a tortura deixaria de ser má, do mesmo modo que os ovos podres deixariam de ser repugnantes se ninguém mais sentisse repugnância por eles. Está claríssimo que essa tese de que a tortura deixaria de ser má se não fosse mais vista como tal é uma posição moral de primeira ordem altamente controversa. Entretanto, a tese disposicional pode assumir diferentes formas. Pode sustentar, por exemplo, que o que torna a tortura errada não é a reação de quaisquer tipos de pessoas que por acaso existam nessa ou naquela época, mas a reação *nossa*, ou seja, das pessoas dotadas da estrutura psicológica, dos interesses básicos e das disposições mentais gerais que as pessoas efetivamente têm agora. (Ver Crispin Wright, *Truth and Objectivity* [Cambridge, Mass.: Harvard University Press, 1992], p. 114.) Disso já não decorreria que a tortura deixaria de ser má se os seres humanos passassem a ter interesses gerais muito diferentes ou desenvolvessem um outro tipo de sistema nervoso. Mas ainda decorreriam algumas proposições clara-

mente substantivas e controversas: por exemplo, a de que a tortura não seria má se as condições econômicas e de outros tipos tivessem sido diferentes quando as reações humanas estavam evoluindo, de tal modo que seres dotados dos nossos interesses e atitudes gerais não se escandalizassem com ela. A explicação disposicional pode assumir ainda outras formas além dessas duas; pode tentar determinar de outras maneiras a extensão das propriedades morais. Mas, assim como qualquer explicação filosófica esclarecedora acerca do caráter repugnante dos ovos podres gera proposições contrafactuais acerca das possíveis circunstâncias em que os ovos podres não seriam ou não teriam sido repugnantes, também qualquer explicação esclarecedora acerca do caráter secundário das propriedades morais acarreta proposições contrafactuais que declaram posições morais substantivas.

18 Lady Macbeth: "Já amamentei, e sei / como é doce amar a criança que meu leite mama" (I, vii, 54-5). Macbeth não tinha filhos.

19 Richard Rorty, "Does Academic Freedom Have Philosophical Presuppositions?", em Louis Menand, org., *The Future of Academic Freedom* (Chicago: University of Chicago Press, 10996), pp. 29-30.

20 Smith, "Dworkin on External Skepticism", concorda com a tese de que o ceticismo de *status* dos atos de fala foi "praticamente" abandonado. Chama a atenção, porém, para uma versão da estratégia dos dois jogos que, segundo ele crê, não é derrubada por meus argumentos. "Os céticos de *status* agora dizem que o que distingue as crenças sobre os fatos morais das crenças sobre os fatos não morais é que as crenças sobre os fatos morais são inteiramente constituídas de desejos que têm por objeto os fatos não morais, ao passo que as crenças sobre os fatos não morais não são assim" (p. 518).

A título de subsídio, considere o seguinte argumento. Quando aceitamos que uma proposição é verdadeira, resta-nos responder a uma questão filosófica distinta e importante: o que a torna verdadeira? Em que consiste sua veracidade ou, na palavra de Kit Fine, o que "fundamenta" sua veracidade? (Kit Fine, "The Question of Realism", *Philosopher's Imprint* 1, nº 2 [junho de 2001], www.philosophersimprint.org/001001/.) Por isso, embora um cético externo de *status* possa aceitar a veracidade da afirmação "trapacear é errado", ele também pode negar que a verdade dessa afirmação consiste no fato moral de trapacear ser errado. Pode insistir, ao contrário, em que sua verdade consiste num fato psicológico – o de que certas pessoas têm certas atitudes ou desejos. Entretanto, isso não o ajudaria a sair da situação difícil que descrevi. Ele quer ser capaz de concordar com qualquer declaração substantiva feita por um não cético; quer poder dizer, por exemplo, que o caráter errado da trapaça é um fato moral básico cuja verdade não depende em absoluto das atitudes das pessoas. Se negasse esse juízo muito disseminado, estaria claramente assumindo uma posição moral substantiva. Seu ceticismo seria interno. Por isso, quando joga o jogo da moral substantiva, ele quer ter a faculdade de negar que o caráter errado da trapaça consiste num estado psicológico; mas quando joga um jogo diferente, filosófico, de segundo grau, ele quer ter a faculdade de afirmar essa ideia, dizendo que as crenças morais verdadeiras são, sim, constituídas por atitudes. Porém, como afirmo no corpo do texto, ele não pode fazer isso a menos que seja capaz de reformular as proposições em um ou outro dos dois jogos, de modo a torná-las compatíveis entre si. Como isso é impossível, ele tem de escolher uma das duas. Tem de decidir, afinal, se a verdade de que trapacear é errado consiste somente em atitudes – nesse caso, seu ceticismo será interno – ou se é constituída pelo caráter errado do ato de trapacear – e nesse caso ele não será cético de modo algum. Smith admite que, por causa disso, esse argumento não serve para sustentar o ceticismo externo. Mas afirma que o argumento em favor dessa posição melhora quando nos perguntamos, não o que é um fato moral, mas o que é uma crença moral. Cita um artigo recente para ilustrar essa estratégia. James Drier reflete sobre o fenômeno descrito pela proposição "Julia acredita que o conhecimento é intrinsecamente bom". Afirma, a título de hipótese, que a diferença entre o naturalismo e o não naturalismo "deve, segundo me parece, consistir na ideia de que a propriedade de 'ser bom' entra nas explicações daqueles fenômenos que os expressivistas explicariam por outros meios" (Drier, "Meta-Ethics and the Problem of Creeping Minimalism", *Philosophical Perspectives* 18 (Ethics) [2004], p. 41). Não sei exatamente que tipo de "explicação" Drier tem em mente nem de que modo Smith pensa que a hipótese de Drier tem relação com meu argumento. Um "realista" não precisa ter opinião diferente da do "expressivista" acerca da fenomenologia de Julia ou de seus estados mentais – nem, tampouco, sobre a história causal da crença dela. Como afirmo no Capítulo 4, o "realista" pode, sem cair em contradição, adotar qualquer explicação causal (baseada na experiência pessoal) das convicções morais de qualquer pessoa dentre as explicações oferecidas pelos céticos. Nesse caso, que tipo de explicação Drier tem em mente?

Talvez ele pretenda perguntar se são os desejos de Julia ou os fatos morais que ela afirma que desempenham o papel mais básico ou fundamental em qualquer explicação metafísica da situação. Mas como quer que entendamos a questão (se é que a entendemos), a questão crucial permanece a mesma de quando enfocamos, como no último parágrafo, não as crenças, mas os fatos morais em si mesmos. Acaso a "explicação" que Drier tem em mente inclui, em qualquer estágio ou em qualquer modalidade ou nível de profundidade metafísica, a afirmação ou o pressuposto de que o conhecimento não é intrinsecamente bom? Ou é bom, mas não de modo real ou intrínseco? Ou qualquer coisa do tipo? Nesse caso, mais uma vez o "expressivista" em questão não é um cético externo, mas um cético interno. Considerando sua explicação como um todo, ele propõe uma opinião substantiva sobre o assunto. Essa opinião pode ser metafísica, mas ela também expressa uma convicção substantiva negativa sobre o "ser bom". Se isso não acontece – se nenhuma opinião desse tipo figura em sua explicação da crença de Julia nem é acarretada por ela –, ele não é cético de modo algum. Se é isso que "os céticos de *status* agora dizem", eles não melhoraram em nada a sua posição. (Não tenho dúvida de que existem importantes tópicos metafísicos relacionados à questão de saber se as teorias filosóficas realistas e antirrealistas sobre qualquer domínio podem ser distinguidas entre si e, caso possam, de que modo o podem. Ver, p. ex., Fine, "The Question of Realism". Estou dizendo somente que esses assuntos são transversais em relação à questão que estou debatendo, que é a possibilidade de um ceticismo externo genuíno.)

21 Gibbard afirma isto em seu recente livro, *Thinking How to Live* (Cambridge, Mass.: Harvard University Press, 2003), pp. 183-8. Blackburn disse a mesma coisa em conversas e por correspondência.

22 Gibbard descreveu várias vezes sua teoria moral como "expressivista". (Certa vez denominou-se também "não cognitivista", mas depois retratou-se dessa descrição [Allan Gibbard, *Thinking How to Live*, p. 183].) Explica da seguinte maneira seu projeto filosófico: pretende "perguntar quais estados mentais as proposições éticas expressam" (p. 183). Seu uso de "éticas" inclui "morais" e o sentido de "expressam" é mais semelhante ao de "significam" (como em "as vaias significam desaprovação") que ao de "são sinais de" (como em "as vaias são sinais de uma mente limitada"). Sua conclusão: os juízos morais expressam a aceitação de um plano para o viver. Essa posição parece, pelo menos à primeira vista, cética em relação à noção comum, pois as pessoas que adotam essa noção pensam que seus juízos morais expressam a crença de que determinados atos são certos ou errados, e não a aceitação de um plano qualquer. Mas Gibbard argumenta que um expressivista (segundo sua definição do termo) pode, sem fugir à sensatez, dizer tudo o que as pessoas comuns dizem a respeito da veracidade e da objetividade dos juízos morais. Pode explicar as alegações de veracidade moral descrevendo-as como elementos internos dos planos aceitos pelas pessoas que fazem juízos morais. "As proposições normativas podem ser verdadeiras ou falsas, independentemente de as aceitarmos ou não. Aceitar esse fato é, *grosso modo*, restringir nossos planos àqueles que não dependem dos planos que aceitaríamos caso as condições para as quais planejamos se concretizassem" (p. 6). Isso parece a estratégia dos dois jogos que acabei de descrever: o expressivista oferece um tipo de explicação, no nível das explicações, que lhe permite dizer tudo o que um realista diria no nível do engajamento moral. E, com efeito, Gibbard distingue dois jogos de maneira muito semelhante à exigida pela estratégia que descrevi: distingue a questão da "adequação interna" de sua teoria – que para ele significa o quanto ela realmente consegue imitar a noção comum – da questão de sua "adequação externa" – ou seja, seu sucesso como explicação dos fenômenos internos (pp. 184-8).

Nesse sentido, ele tem razão em contrapor-se à minha opinião (publicada num artigo anterior, "Objectivity and Truth: You'd Better Believe It", *Philosophy & Public Affairs* 25 [primavera de 1996], pp. 87-139, e repetida no texto) de que, quando um expressivista obtém êxito completo em seu projeto de imitação, apaga-se toda diferença entre ele e aqueles que ele entende como seus adversários "realistas". Gibbard vê aí "uma estranha preocupação" (p. 184). Insiste em que, mesmo que eu e ele concordemos em tudo no que se refere ao nível interno, engajado, ainda assim discordamos no nível filosófico, pois a teoria dele explica melhor o que acontece no nível engajado – explica melhor qual é o tipo de estado mental que os juízos morais expressam. Diz que a noção comum que defendo não pode responder à pergunta que, na opinião dele, é nodal para a teoria moral: por que a noção de o que devemos fazer é importante no que se refere ao que efetivamente fazemos? (p. 184) Sua resposta, supostamente mais bem-sucedida, é resumida por ele neste apotegma: "Digo que o conceito de 'o que deve ser feito' *é* o conceito de 'o que fazer'" (p. 84, grifo dele). Ter uma opinião sobre o certo e o errado é exatamente o mesmo que ter um plano, ou parte de um plano, sobre como viver.

Eu, entretanto, disse que a estratégia dos dois jogos cai por terra não porque propõe uma explicação diferente para os mesmos fenômenos – é isso que fazem a maioria das teorias –, mas porque converte sua explicação, supostamente de segunda ordem, em parte do fenômeno de primeira ordem a ser explicado. O apotegma de Gibbard é um bom exemplo. A pergunta que ele supostamente responde – por que fazer o que devemos fazer? – é uma questão ética substantiva, de primeira ordem, que os filósofos vêm tentando responder desde a noite dos tempos. (Este livro aventa uma resposta em suas últimas partes.) O apotegma de Gibbard pode ser compreendido de três maneiras como uma resposta a essa antiga pergunta. (1) Podemos entendê-lo como uma descrição do estado mental das pessoas quando elas expressam convicções morais. Nesse caso, ele se depara com dois problemas. Primeiro, parece falso. Certas pessoas planejam cuidadosamente fazer coisas que consideram moralmente erradas, e agem assim não por fraqueza de vontade, mas em razão de uma perversidade direta e consciente, simplesmente por serem coisas erradas. Citei dois exemplos: Gloucester e Satanás. Segundo, o apotegma de Gibbard, entendido como mera descrição, não responde à pergunta que alega responder. Qualquer descrição desse tipo, mesmo que seja precisa, deixaria inteiramente em aberto a questão substantiva: por que agir moralmente? (2) Podemos entender o apotegma como declaração de uma posição filosófica: a de que existe um vínculo conceitual entre pensar que devemos fazer algo e planejar fazer algo, de tal modo que seja impossível duvidar, sem fugir à sensatez, que o que fazemos é o que devemos fazer. Nesse caso, a conclusão é que Gloucester e Satanás estavam divagando – comprometendo-se com um plano e, nas mesmas palavras, rejeitando esse plano. Isso é implausível. (3) Ou, por fim, podemos entender que o apotegma afirma uma posição substantiva no antigo debate. Neste entendimento, Gibbard faz a proposição forte de que "a coisa a fazer" nunca é diferente daquilo que a moral permite. Trata-se de uma declaração ética de primeira ordem, não de uma explicação de segunda ordem.

As opiniões de Simon Blackburn parecem ter mudado no decorrer dos anos, mas também parece que pelo menos uma vez ele esposou uma teoria que exemplifica a estratégia dos dois jogos descrita no texto. Insistia em que a melhor maneira de compreender os juízos morais é entendê-los como projeções de atitudes e emoções. (Ver, p. ex., Simon Blackburn, "Reply: Rule-Following and Moral Realism", em Andrew Fisher e Simon Kirchin, orgs., *Arguing about Metaethics* [Nova York: Routledge, 2006], p. 471.) Classificava-se como "projetivista" e "quase realista" e explicava essas autodenominações em termos do ceticismo de *status*. Disse, por exemplo, que estava aperfeiçoando o emotivismo de Ayer. (Veja seus comentários autobiográficos em www.philosophynow.org/issue35/35blackburn.htm.) Disse: "Assumo o ponto de partida dos emotivistas: para nós, o sentido dos enunciados morais essencialmente se reduz ao seu papel de expressar as atitudes do falante" (*Essays in Quase-Realism* [Oxford: Oxford University Press, 1993, p. 19]). Disse sustentar que "nossa natureza de seres moralistas é bem explicada pela noção de que reagimos a uma realidade que nada contém em matéria de valores, deveres, direitos e por aí afora" (*Arguing about Metaethics*, p. 471). Mas também se esforçou, em muitos artigos e livros, para demonstrar que um projetivista como ele poderia "adotar as práticas intelectuais que supostamente definem o realismo [moral]". Insistiu, por exemplo, na tese de que o projetivista, que concorda com Hume em que os valores são uma "criação nova" produzida pela reação humana a um mundo moralmente inerte, pode mesmo assim dizer que o caráter errado da crueldade não depende em absoluto de qualquer reação humana a um mundo moralmente inerte. Parecia invocar a ideia dos dois jogos ou "negócios" para explicar esse aparente enigma. "Só existe uma maneira adequada de entender a pergunta 'De que depende o caráter errado da crueldade injustificada?': como uma questão moral em cuja resposta não consta, a rigor, nenhuma menção a nossas reações tais como são realmente [...]. Assim que uma pessoa usa uma frase cuja simples enunciação expressa uma atitude, ela entra no negócio de discutir ou dar voz a opiniões éticas." Mas: "Quando se pretendem discutir questões externas, é preciso usar uma abordagem diferente – no meu caso, um naturalismo que situa as atividades da ética na esfera de ajustar, aperfeiçoar, ponderar e rejeitar diferentes sentimentos ou atitudes." E: "O projetivista [...] tem o direito absoluto de confinar as questões externas de dependência a domínios onde estão em questão estados reais de coisas, com suas relações causais. As únicas coisas neste mundo são as atitudes das pessoas [...] as propriedades morais não existem em absoluto neste mundo, e é somente por causa disso que o naturalismo permanece verdadeiro" ("How to Be an Ethical Anti-Realist", em Blackburn, *Essays in Quase-Realism* [Oxford: Oxford University Press, 1993], pp. 173-4).

Estou supondo que Blackburn imaginou um "negócio" filosófico distinto do "negócio" moral para que os filósofos pudessem ser céticos acerca da noção comum no primeiro jogo, mas não no segundo. Há uma interpretação alternativa: que, quando ele fala do mundo "externo" do "naturalismo" e de "estados reais de coisas", o que tem em mente não é um mundo filosófico distinto onde possa negar a verdade objetiva dos juízos morais, mas antes o mundo dos cientistas sociais, dos sociólogos e dos psicólogos cujo "negócio" consiste em oferecer explicações causais baseadas nas histórias das pessoas para explicar como estas chegam a esposar suas convicções morais. De acordo com essa segunda interpretação, os comentários dele a respeito da ausência de propriedades morais "neste mundo" significam somente algo que é obviamente verdadeiro: que, quando tentamos explicar por que uma pessoa esposa suas convicções morais, a questão da veracidade dessas convicções não se apresenta.

Acredito, no entanto, que a primeira dessas duas interpretações do mundo "externo" se encaixa melhor que a segunda no conjunto da obra de Blackburn. Caso contrário, ele não diria que "no meu caso" (ou seja, no dele) o negócio da explicação acarreta o naturalismo: de acordo com a segunda interpretação, seria esse o caso de todas as pessoas. Além disso, o próprio projeto de criar uma "imitação" projetivista da noção comum pressupõe o ceticismo diante da noção comum tal como esta se apresenta. Considere, por exemplo, como ele argumenta que o projetivista poderia insistir em que o ato de chutar um cachorro é errado mesmo que ninguém o considere errado. Segundo Blackburn, o projetivista pode dizer isso porque "aprova uma disposição moral" que, dada a crença de que ninguém se importa de chutar um cachorro, "gera a reação de desaprovação como resultado; ele não aprova uma disposição que exija a crença nas atitudes como subsídio para gerar o mesmo resultado, e é só isso que recebe expressão no contrafactual" (Blackburn, "Rule-Following and Moral Realism", em S. Holtzmann e C. Leich, orgs., *Wittgenstein: To Follow a Rule* [Londres: Routledge, 1981], p. 179).

Essa é a linguagem do ceticismo de *status*. As pessoas comuns que adotam a noção comum pensam, pelo contrário, que o que recebe "expressão" no contrafactual é a crença de que o ato de chutar um cachorro seria errado mesmo que ninguém pensasse assim.

23 Ronald Dworkin, *Taking Rights Seriously* (Cambridge, Mass.: Harvard University Press, 1977), Capítulo 6.

24 Ver Rawls, "Justice as Fairness: Political not Metaphysical", em *Collected Papers*, org. Samuel Freeman (Cambridge, Mass.: Harvard University Press, 1999), pp. 386, 400n19.

25 Rawls, "Kantian Constructivism in Moral Theory", em *Collected Papers*, pp. 303, 346.

26 Ibid., p. 350.

27 Ver Onora O'Neill, "Constructivism in Rawls and Kant", em *The Cambridge Companion to Rawls*, org. Samuel Freeman (Cambridge: Cambridge University Press, 2002), p. 347.

28 Defendo e tento dar início a esse tipo de projeto em *Is Democracy Possible Here?* (Princeton: Princeton University Press, 2006).

29 Christine Korsgaard acredita que Rawls recebeu um "axioma" que definia o liberalismo, de tal modo que teve somente de encontrar um procedimento adequado para atender a esse axioma (Korsgaard, "Realism and Constructivism in Twentieth Century Moral Philosophy", em *Philosophy in America at the Turn of the Century* [Charlottesville, Va.: Philosophy Documentation Center, 2003], pp. 99, 112). "Uma vez que o liberalismo afirma que os programas políticos só são justificados quando são aceitáveis aos olhos dos cidadãos", diz ela, "temos de conseguir apresentar razões que apoiem essas políticas coercitivas e que sejam aceitáveis para todos os cidadãos." Se "sejam aceitáveis" significa "poderiam ser aceitas", a restrição é fraca demais: a conversão sempre é possível. Se, por outro lado, significa "serão aceitas", é forte demais: nenhum programa político será aceito por todas as pessoas consideradas racionais em qualquer Estado. Korsgaard diz que sua própria versão do construtivismo parte da ideia de que a formação de juízos morais tem um papel a desempenhar. É claro que a formação de juízos morais, como qualquer outra atividade, desempenha muitos papéis. O que ela quer dizer, segundo me parece, é que os juízos morais de alguma maneira se reduzem ao papel prático de resolver problemas. Se assim fosse, entretanto, eles desempenhariam muito mal esse papel. Não acontece de primeiro identificarmos um problema, como a necessidade de viver juntos em paz, depois encontrarmos uma solução prática para esse problema e só depois decorarmos essa solução com enfeites morais. Precisamos dos conceitos morais até para identificar os problemas que temos de resolver. Queremos viver uns com os outros não somente em paz, a qual poderia ser garantida pelas mais diversas tiranias, mas também numa sociedade justa cujas instituições tratem todos os cidadãos equitativamente, respeitando-os em igualdade de condições. Queremos uma sociedade que seja realmente justa, não que declaremos justa simplesmente por ser ela o resultado de um sistema de seleção por nós estipulado. Por isso, não podemos resolver o problema sem antes determinar quais são as exigências da

justiça. O que "dá certo" para nós é que depende da correta compreensão dos conceitos morais, e não o inverso; precisamos de um meio independente, não construtivista, para decidir em que consiste essa correta compreensão.

30 Nadeem Hussein e Nishi Shah, "Misunderstanding Metaethics", em *Oxford Studies in Metaethics*, vol. 1, org. Russ Shafer-Landau (Nova York: Oxford University Press, 2006), p. 268.

4. A MORAL E AS CAUSAS

1 Você não deve pensar assim. Ver meu livro *Sovereign Virtue* (Cambridge, Mass.: Harvard University Press, 2000), pp. 409-26.

2 Ver G. E. Moore, *Principia Ethica* (Cambridge: Cambridge University Press, 1903); Richard Price, *Review of the Principal Questions in Morals* (1757).

3 O naturalismo moral, discutido no Capítulo 3, apoia a hipótese do impacto causal. Se as propriedades morais são idênticas às propriedades naturais e se essas propriedades naturais interagem com a mente humana, as propriedades morais interagem com ela também. O argumento de Nicholas Sturgeon nessa linha é apresentado como uma resposta a um influente livro de Gilbert Harman. Ver Sturgeon, "Moral Explanations", em David Copp e David Zimmerman, orgs., *Morality, Reason, and Truth* (Totowa, N.J.: Rowman and Allanheld, 1985), pp. 49-79, reproduzido em *Arguing about Metaethics*, org. Andrew Fisher e Simon Kirchin (Nova York: Routledge, 2006), p. 117. Harman afirma que os fatos morais, se é que existem, não podem explicar nossas convicções morais, e conclui que os fatos morais não existem. Ver Harman, *The Nature of Morality: An Introduction to Ethics* (Nova York: Oxford University Press, 1977). Sturgeon questiona a premissa de Harman. Pensa que o fato de Hitler ter sido um monstro explica o que Hitler fez e que o que Hitler fez explica o fato de o considerarmos um monstro, sendo esse um caso em que uma verdade moral explica uma convicção moral. Harman, por sua vez, disse que temos de pôr essa espécie de tese causal à prova fazendo uma pergunta contrafactual: acaso ainda acreditaríamos que Hitler foi um monstro se ele não tivesse sido um monstro? Se a resposta a essa pergunta for "não", podemos concluir que o fato de Hitler ter sido um monstro causou em nós o pensamento de que ele o foi. Mas, segundo Harman, não temos razão nenhuma para pensar que a resposta é "não". Sturgeon observa, corretamente, que podemos entender de duas maneiras a pergunta contrafactual. Podemos entender que ela indaga se, caso o comportamento de Hitler tivesse sido diferente de um modo tal que ele não tivesse sido um monstro, nós acreditaríamos que ele foi um monstro. Pelo menos para a maioria das pessoas, a resposta a essa pergunta seria "não". Mas também podemos entender que ela indaga se, caso Hitler tivesse sido o que foi e feito o que fez mas nem por isso tivesse sido um monstro, nós ainda o acreditaríamos tal. Sturgeon diz, com razão, que a premissa da pergunta entendida desta maneira é ininteligível, pois nos pede para imaginar um mundo igualzinho ao nosso onde Hitler tivesse se comportado exatamente do modo como se comportou, mas onde o único fato diferente fosse o fato de Hitler não ter sido um monstro. Se os mórons existissem – partículas morais cuja configuração tornasse os juízos morais verdadeiros ou falsos –, isso talvez

fizesse sentido. O outro mundo poderia ser igualzinho ao nosso, exceto pelo fato de os mórons estarem dispostos de maneira diferente. Mas, dado que os juízos morais não são verdadeiros por causa dos mórons, mas sim por causa de razões, a premissa dessa pergunta contrafactual é, sim, inimaginável.

Sturgeon chega a duas conclusões e duas vezes as confunde. Primeiro, conclui que, uma vez que a única maneira inteligível de formular a pergunta contrafactual de Harman suscita, pelo menos na maioria das pessoas, uma resposta negativa, a monstruosidade de Hitler deve explicar por que a maioria das pessoas o considera um monstro. Mas isso é um erro, pois de acordo com esse entendimento a pergunta contrafactual não tem nenhuma relação com a questão da causação. O fantasma de Joseph Goebbels conhece todos os fatos históricos que fizeram de Hitler um monstro, mas esses fatos não fizeram com que o fantasma tivesse a mesma opinião que eu. Parece natural dizer que o fato de Hitler ter sido um monstro explica por que ele agiu como agiu e por que eu o considero um monstro. Mas essa declaração deve ser entendida como uma versão condensada da tese seguinte, mais completa: a personalidade de Hitler fez com que ele agisse como agiu; e, uma vez que penso que as pessoas que agem como ele agiu são monstros, sua personalidade, por esse meio, causou em mim a opinião de que ele é um monstro. Nessa descrição mais completa não há nada que atribua poder causal à verdade de que Hitler foi um monstro; ao mesmo tempo, a descrição mais completa engloba tudo o que há de pertinente quanto à causação. (Ver Crispin Wright, *Truth and Objectivity* [Cambridge, Mass.: Harvard University Press, 1992], p. 195.) Sturgeon chega a uma segunda conclusão: que Harman está errado em pensar que seu argumento autoriza a conclusão cética de que os fatos morais não existem. Concordo. Harman está errado em chegar a essa conclusão embora tenha razão em pensar que os fatos morais não causam as convicções morais, pois a hipótese da dependência causal, que vou discutir na próxima seção, é falsa.

4 Contra as teorias expressivista e disposicional das qualidades estéticas e morais, Mark Johnston apresenta persuasivos argumentos. Afirma que a beleza não está nos olhos de quem a vê ("The Authority of Affect", *Philosophy and Phenomenological Research* 63, nº 1 [2001], p. 181). Sua namorada realmente é bonita, embora você talvez tenha de se interessar por ela da maneira correta para poder perceber esse fato. A beleza dela não é captada nem por raciocínio nem por inferência. É vista da mesma maneira pela qual um mestre de xadrez vê um empate em três jogadas. Mas nem num caso nem no outro trata-se de um tipo causal de percepção. Você vê que os meninos que queimam um gato são pervertidos, mas o sentido em que você vê isso não proporciona nenhuma prova suplementar ou argumento ulterior que demonstre a perversidade deles – ao contrário da testemunha ocular que viu um crime de esfaqueamento, que pode proporcionar provas suplementares. Se alguém discordasse do seu juízo e você conseguisse apresentar algum argumento em favor dele, esse argumento não dependeria da sua honestidade, nem da sua capacidade de detectar a perversidade, nem do fato de você se encontrar no lugar correto para poder detectá-la. Dependeria das razões que você pudesse apresentar para provar que os meninos estavam cometendo um ato de perversidade. Suas reações morais e estéticas imediatas refletem a experiência e certos pressupostos pro-

fundamente arraigados, do mesmo modo que a reação do mestre de xadrez; qualquer argumento sobre a beleza ou sobre a perversidade que viesse em seguida a sua afirmação seria uma justificação, não um relato mais detalhado do que você viu.

5 Platão, *Fedro* 247e-249d; *Fédon* 65e-66a; G. E. Moore, *Principia Ethica* (Cambridge: Cambridge University Press, 1903). Ver também os teóricos do senso moral: p. ex., Shaftesbury, *An Inquiry Concerning Virtue, or Merit* (1699); Reid, *An Inquiry into de Human Mind on the Principles of Common Sense*, org. Derek R. Brookes (Edimburgo: Edinburgh University Press, 1997); Hutcheson, *An Essay on the Nature and Conduct of the Passions and Affections. With Illustrations on the Moral Sense* (Dublin: J. Smith and W. Bruce, 1728).

6 Descrevo aqui três dessas teorias.

Nagel. Ao ver de Thomas Nagel, a moral não depende de partículas ocultas, mas de razões. Os seres humanos são dotados da faculdade da razão; e essa faculdade, nas circunstâncias corretas, lhes permite chegar a conclusões críveis acerca de o que eles mais têm razão de fazer. Exercem essa faculdade mediante um processo de objetificação progressiva, ou seja, esforçando-se para prescindir de seus próprios desejos, interesses e ambições e para considerar somente as razões que as pessoas em geral, e ninguém em particular, têm para agir. Por meio desse processo, são capazes de deixar para trás suas perspectivas pessoais, dominadas por seus próprios interesses, e avançar a duras penas rumo a uma perspectiva impessoal a partir da qual o juízo moral é possível. (Nagel, *The View from Nowhere* [Oxford: Oxford University Press, 1986], Capítulos 8 e 9.)

Discuto em várias partes do livro a contraposição que Nagel estabelece entre essas duas perspectivas. Aqui, sua pertinência está no vínculo que ela postula entre duas questões: a melhor explicação de como as opiniões morais se formam e se as opiniões morais podem ser objetivamente verdadeiras. No debate sobre essa última questão, Nagel entende que a pergunta fundamental é a que indaga se o processo de objetificação que ele descreve é possível para os seres humanos, ou se estes se encontram inevitavelmente encerrados numa perspectiva pessoal, limitada por seus próprios interesses e tendências.

> O subjetivista teria de demonstrar que todos os juízos supostamente racionais sobre aquilo que as pessoas têm razão de fazer são, na realidade, expressões de desejos ou disposições da pessoa que faz o juízo – desejos e disposições sem motivação racional e aos quais não se aplica nenhuma avaliação normativa. O pressuposto motivacional teria de ter o efeito de *deslocar* o normativo – demonstrando que este último é superficial e enganoso [...] O subjetivismo envolve uma tese positiva de psicologia empírica. (*The Last Word* [Oxford: Oxford University Press, 1996], pp. 110-1.)

Nesse contexto, a ideia de "expressão" é causal e não semântica. O subjetivista argumenta que a melhor explicação das convicções morais das pessoas é aquela que as entende como efeitos de desejos ou disposições pessoais, e não como juízos que elas formam a partir de um ponto de vista impessoal que não faculta nenhum papel causal a tais desejos e disposições. Nagel acredita que o subjetivista é incapaz de demonstrar que esse "deslocamento" ocorre em todos os casos. Mas trata-se, como ele mesmo diz, de uma questão de psicologia empírica, e podemos assim, para pôr à prova a descrição que Nagel faz desse ponto essencial, imaginar que o subjetivista obtenha sucesso. Digamos que o subjetivista seja capaz de demonstrar que as tendências pessoais e outros aspectos da história pessoal sempre figuram como elementos indispensáveis de qualquer explicação completa de por que uma pessoa sustenta determinadas opiniões morais. Por que alguma forma de ceticismo decorreria inevitavelmente dessa demonstração empírica?

O princípio de Hume é um obstáculo a isso. O fato empírico de ninguém sustentar uma opinião moral que não seja mais bem explicada por seus desejos ocultos não é capaz, por si só, de tornar qualquer opinião moral falsa ou verdadeira. Você sente apaixonadamente que a ação afirmativa é profundamente afrontosa e injusta. Crê que sua opinião é expressão de uma verdade objetiva, ou seja, que ela continuaria sendo verdadeira mesmo que todos pensassem o contrário. No entanto, seu psicoterapeuta o convence de que uma experiência traumática há muito esquecida, que você teve na infância – quando alguém lhe negou um doce para poder oferecê-lo a uma criança mais pobre – proporciona a melhor explicação de por que você abraça essa convicção de modo tão apaixonado; na verdade, ele o convence de que, não fosse por esse antigo trauma, você não pensaria que a ação afirmativa é contrária à justiça. Disso não decorreria de modo algum que a ação afirmativa não é, afinal de contas, injusta. Essa conclusão depende dos argumentos morais que possam ser apresentados em favor dela, não de sua apreciação desses argumentos ter sido a única causa de você ter formado a convicção. Ou seja, o triunfo do subjetivista no campo empírico não adiantaria nada para provar sua posição filosófica. Mais tarde neste capítulo imagino uma situação em que todas as pessoas que foram submetidos a determinado tipo de tomografia pensam que a ação afirmativa é justa. Afirmo que as pessoas que mudam de opinião depois de fazer a tomografia não têm motivos, por esse fato somente, para voltar à sua opinião anterior. A demonstração empírica que Nagel imagina é simplesmente um exemplo mais facilmente concebível que o meu.

O modo como uma pessoa chega às suas convicções tem, sim, relação com a responsabilidade moral, mas não com a veracidade objetiva de tais convicções. No Capítulo 6, distingo a responsabilidade da veracidade e afirmo que ninguém será moralmente responsável a menos que derive suas opiniões de um sistema de convicções bem integrado e autêntico. Porém, nem mesmo a responsabilidade moral seria derrubada pelo sucesso do subjetivista em suas alegações empíricas. A responsabilidade exige a integração de que acabo de falar, mas não é destruída por nenhuma explicação mais profunda de por que um agente chegou a sustentar as convicções que conseguiu integrar bem. Portanto, nem a solidez nem a responsabilidade de nossas convicções podem ser postas em questão pela psicologia empírica do subjetivista.

Wiggins. David Wiggins tem atuado energicamente no projeto de resgatar algum elemento da hipótese do impacto causal. Diz ele que uma das "marcas" da verdade é que uma proposição *p*, em qualquer domínio, só pode ser verdadeira na presença de circunstâncias em que alguém possa acreditar em *p* "precisamente em razão de *p*". Pensa que essa condição se cumpre quando "não há mais nada a pensar" exceto *p*. Nesse sentido, a questão de saber se os juízos morais podem ser verdadeiros é a questão de saber se podem existir circunstâncias em que essa condição se aplica. Cito seu interessante argumento por extenso.

> Opino que alguém acredita em *p* precisamente em razão de *p* [...] quando existe uma boa explicação de por que essa pessoa chegou a acreditar em *p* que não dê ao próprio explicador a possibilidade de negar *p* [...]. O primeiro exemplo também pode ser o da percepção: "Olhe, o gato está no tapete. Dadas as capacidades de percepção de João e sua presença ao lado do gato, não é de admirar que ele acredite que o gato está no tapete. Não há mais nada que ele possa pensar sobre o gato e o tapete." Essa explicação, que veda a possibilidade de negar que o gato esteja no tapete, responde à pergunta: "Por que João acredita que o gato está no tapete?" Em seguida, e em segundo lugar, considere esta pergunta análoga mas completamente diferente: "Por que Pedro acredita que 7 + 5 = 12?" Considere também uma explicação no seguinte padrão: "Olhe, 7 + 5 = 12; nenhuma regra de cálculo que possibilite o uso dos números para contar as coisas possibilita qualquer outra resposta. [O explicador o prova.] Por isso, não admira que Pedro, que entende a regra de cálculo que não possibilita nenhuma outra resposta, acredite que 7 + 5 = 12." Chamemos essas explicações da existência de uma crença de explicações demonstrativas (*vindicatory explanations*) da crença [...].
> Do mesmo modo, o objetivismo ético estará comprometido (simplesmente em virtude de seu compromisso com a possibilidade da verdade na ética) com a declaração de que os temas éticos, não menos que os temas da percepção e a matemática, admitem explicações demonstrativas de (pelo menos algumas) crenças morais. Podemos apresentar como exemplo: "Olhe, a escravidão é errada. É errada porque [...] [aqui se apresentam muitas considerações, detalhadamente explicadas, fazendo apelo a algo que a pessoa já sabe e compreende caso saiba o que é a escravidão e o que significa "errada"; todas essas considerações não dão, à pessoa assim informada, outra alternativa senão a de pensar que a escravidão é errada]; por isso, não admira que os europeus do século XX, que aceitam que [...] e boa parte de cujas crenças são decorrências lógicas de [...] acreditem que a escravidão é errada. Acreditam que ela é errada pela razão de que não há mais nada a pensar, exceto que ela é errada." (Wiggins, *Ethics: Twelve Lectures on the Philosophy of Morality* [Cambridge, Mass.: Harvard University Press, 2006], pp. 366-7.)

Ao que parece, Wiggins aceita algo semelhante à hipótese da dependência causal que vou discutir adiante (repare na referência à "possibilidade da verdade na ética") e tenta atender às condições dessa hipótese sem supor nenhum mecanismo de interação causal entre a verdade moral e a mente humana. Considera importante proceder como faz aqui, apresentando exemplos de casos em que "não há mais nada a pensar" na percepção e na matemática antes de entrar no exemplo moral. Mas acredito que as frases citadas têm teores tão diferentes em cada um dos três contextos que o mais útil será nos voltarmos diretamente para o exemplo moral, aquele que nos diz respeito. A declaração de que o europeu moderno não tem mais nada a pensar exceto que a escravidão é errada pode ser naturalmente interpretada de duas maneiras muito diferentes. Pode ser entendida como declaração de um fato psicológico, cultural ou mesmo biológico: de que, por uma razão ou outra, um europeu moderno só tem e só pode ter esse único pensamento sobre esse tema. Sua educação e sua cultura simplesmente não lhe permitem duvidar de que a escravidão seja má. Mas também pode ser entendida como declaração de uma verdade moral: a verdade de que a escravidão é errada é tão patente que nenhuma outra opinião sobre o assunto é plausível, mesmo remotamente. É esta última interpretação que o "explicador" deve ter em mente caso sua declaração "não [lhe] dê [ou seja, ao próprio explicador] a possibilidade de negar" que a escravidão é errada. Na verdade, para atingir o objetivo de Wiggins, essa declaração de que não há mais nada a pensar deve ser entendida como uma combinação das duas proposições que acabo de distinguir: que um europeu contemporâneo não pode senão pensar que a escravidão é injusta e que a escravidão é evidentemente injusta. Porém, em matéria de demonstração, a combinação não pode ir mais longe que qualquer uma das duas proposições sozinha. A proposição cultural proporciona uma explicação, mas não uma justificação; a proposição moral pressupõe a demonstração, e portanto não fornece demonstração nenhuma. No fim das contas, o exemplo da escravidão não é um caso em que alguém "acredita em *p* precisamente em razão de *p*". (Ver os comentários de Crispin Wright sobre a opinião de Wiggins em *Truth and Objectivity*, pp. 194 ss.)

Como eu disse, Wiggins pensa que os casos da percepção e da matemática ajudam a explicar o caso moral. Mas o sentido de "não há mais nada a pensar" é diferente em cada um desses casos, e talvez seja útil assinalar as diferenças. O fato de o gato estar no tapete provavelmente causa no pensador o pensamento de que o gato está no tapete. Para explicá-lo, temos as teorias da ótica e da biologia, ou assim nos parece; elas explicam como a presença do gato no tapete causa nas pessoas dotadas de faculdades normais de percepção, cognição e linguística o pensamento de que o gato está no tapete. E essa explicação, se for válida, de fato demonstra a tese perceptual: efetivamente veda ao explicador a possibilidade de negar que o gato esteja no tapete. No caso matemático, efetivamente não há, para quem sabe somar, mais nada a pensar exceto que cinco mais sete são doze (apesar da tese de Descartes de que Deus poderia fazer com que isso não fosse assim). Mas embora a posição do gato cause uma crença sobre onde ele está, os números sete e cinco não causam nas pessoas o pensamento de que eles somam doze. Existe, por outro lado, uma popular explicação darwiniana de por que continua sendo verdade que não há nada mais a pensar. Segundo essa explicação, a evolução dos seres humanos não poderia ter chegado ao ponto em que chegou há muito tempo se as primitivas técnicas de contagem e manipulação dos números não tivessem sido – como gostam de dizer os estudiosos amadores da evolução – inscritas na estrutura do cérebro humano, e é claro que nenhuma dessas técnicas poderia ter tido sucesso evolutivo se não determinasse que cinco mais sete são doze. Desse modo, essa explicação implica as verdades da matemática em sua teoria de por que as pessoas creem em proposições matemáticas verdadeiras. Mas não chega a constituir uma versão matemática do IC, ou seja, da suposição de que as próprias verdades da matemática exercem uma influência causal qualquer sobre o cérebro humano. Toda a historinha neodarwiniana – se é que alguma de suas versões é efetivamente plausível – pode ser contada sem pressupor essa influência: não é a verdade matemática que interage com o cérebro humano, mas sim os primeiros humanos cujos cérebros não estavam estruturados para contar que não sobreviveram. Mais uma vez, a diferença entre essa história e a percepção comum dos fatos físicos é surpreendente e importante. A frase "Vejo que está chovendo", dita por alguém que olha pela janela, oferece uma justificação para a crença dessa pessoa de que está chovendo. A frase "Vejo que o teorema de Fermat pode ser provado", dita até por um matemático famoso, não oferece nem sequer o germe de uma justificação da crença dele. Só promete uma justificação a ser apresentada no futuro.

Alguns cientistas e filósofos acreditam que se pode contar uma historinha neodarwiniana parecida acerca do desenvolvimento de algumas das nossas convicções morais. Dizem que a evolução dos seres humanos foi facilitada pelo fato de eles serem membros de comunidades que inculcavam a ideia de que as formas mais drásticas de comportamento antissocial eram erradas. É muito menos claro que no caso matemático que o valor de sobrevivência das convicções assim inculcadas dependesse da veracidade delas. Pode ser, por exemplo, que a convicção de uma lealdade selvagem à tribo tenha sido indispensável para a evolução da nossa espécie até o estado atual, mas disso não decorre que essa convicção, a qual infelizmente ainda sobrevive, seja moralmente correta. Em todo caso, mesmo supondo-se que todas as convicções supostamente necessárias para a sobrevivência sejam verdadeiras, disso não decorre – como não decorre tampouco no caso matemático – que seja a verdade moral, e não os processos moralmente neutros da evolução, a responsável causal pela gênese e retenção dessas convicções.

McDowell. John McDowell rejeita firmemente o "intuicionismo". (Ver McDowell, "Projection and Truth in Ethics", em seu *Mind, Value, and Reality* [Cambridge, Mass.: Harvard University Press, 1998], p. 157.) Nega que as pessoas sejam capazes de perceber os valores, o certo e o errado nos objetos ou eventos do mesmo jeito que são capazes de perceber a forma e outras propriedades puramente físicas. Mas também rejeita o "projecionismo", uma forma de ceticismo para a qual os valores não são propriedades de nada que exista no mundo externo e que diz que os juízos de valor devem ser entendidos como expressões ou projeções de atitudes num universo normativamente vazio (p. 151). Espera desenvolver uma terceira posição por meio de uma analogia extensa, conquanto limitada, com a percepção das cores e de outras propriedades secundárias, cujo sentido e veracidade dependem tanto das propriedades dos objetos quanto das reações fenomenológicas dos seres humanos a essas propriedades.

Diz ele: "O fato de um objeto ser vermelho é entendido como algo que se verifica em virtude de o objeto ser tal que (em certas circunstâncias) parece, precisamente, vermelho" (McDowell, "Values and Secondary Qualities", em *Reason, Values, and Reality*, p. 133). Essa explicação das propriedades de cor não segue nem um modelo intuicionista nem um modelo projetivista: antes, combina observações sobre as propriedades de um tomate com observações das reações que as pessoas normalmente apresentam ao olhar um tomate. O tomate não possui intrinsecamente a propriedade da vermelhidão; não seria vermelho se não parecesse vermelho nas circunstâncias apropriadas. Mas seria, mesmo assim, um erro negar que o tomate tenha em si uma propriedade em virtude da qual é vermelho. Ele tem a propriedade de possuir a predisposição de produzir um certo tipo de reação – uma reação de vermelhidão – naquelas circunstâncias. Podemos reapresentar essa propriedade como uma propriedade de sua textura superficial, mas somente depois de determinar que é essa textura que explica tal predisposição.

Ao ver de McDowell, o modelo perceptual das cores tem, portanto, uma estrutura diferente das explicações intuicionistas ou projetivistas do valor. O intuicionismo dá prioridade explicativa a alguma propriedade de valor inerente ao objeto ou ao evento: supõe, nas palavras de McDowell, que o valor inerente é o pai da reação de admiração produzida nas pessoas dotadas da sensibilidade adequada. O modelo projetivista, por outro lado, diz que a reação é a mãe da propriedade. Supõe que os valores são pintados sobre o mundo por nossas reações. Já na percepção da cor, nem o objeto nem a reação são pais um do outro; McDowell os chama de irmãos (ibid., p. 166). A resposta característica das pessoas a um objeto vermelho é parte inalienável do fenômeno; mas as características objetivas que dão ao tomate a predisposição de evocar essa resposta também o são. McDowell sugere uma explicação análoga para os valores: tanto a propriedade de algum objeto de merecer admiração quanto a admiração que ele suscita são partes essenciais da explicação do valor; são "irmãs".

Ele toma o cuidado de observar que a analogia entre os juízos de valor e a percepção das cores é imperfeita sob dois aspectos. A textura do tomate causa uma cadeia bem compreendida de eventos físicos que termina na sensação de vermelhidão, mas não há uma série física análoga desencadeada por um valor positivo ou negativo. A atribuição de cores raramente dá margem a controvérsias – pensamos que somos capazes de explicar satisfatoriamente a outra pessoa que um tomate é vermelho ainda que ele não pareça vermelho para essa outra pessoa. Já a atribuição de valores é amiúde controversa. McDowell acha que essas diferenças não anulam a utilidade da comparação, a qual nos permitiria reconhecer o fato crucial de que não somos obrigados a escolher entre as teorias intuicionista e projetivista dos juízos de valor. Podemos explicar a gênese desses juízos por meio de uma teoria em que tanto o objeto quanto aquele que a ele reage são indispensáveis, uma teoria que nos habilite a dizer que de fato existem valores no mundo, embora eles só se apresentem ligados às convicções de valor nas pessoas.

Creio, porém, que as diferenças destroem, sim, a utilidade da comparação. A causação é elemento central da história dos irmãos. Não podemos supor que os objetos contenham uma propriedade cromática sem identificar essa propriedade causalmente: é a propriedade que explica a predisposição do objeto de causar reações cromáticas. Se a hipótese do impacto causal que descrevo no texto está errada, como supõe McDowell ao rejeitar o intuicionismo, não podemos identificar nenhuma propriedade dos valores semelhante às propriedades cromáticas. A historinha dos irmãos não se aplica, portanto, aos juízos de valor. Talvez pareça plausível, ou pelo menos desejável, inferir, a partir da reação quase unânime à elegância atlética, a tese de que existe nos movimentos graciosos uma propriedade em virtude da qual eles são predispostos a gerar admiração. Mas não teríamos essa tentação no caso dos juízos morais controversos: não podemos pensar que a pena de morte abriga alguma predisposição que a torna ou admirável ou detestável.

Também de outras maneiras, McDowell parece tomar emprestados os adereços da causação sem adotar sua mecânica. Diz que as pessoas podem, sem fugir à sensatez, declarar: "Se as razões para condenar a pena de morte não fossem boas, eu não a condenaria." Mas, como eu disse no texto, se essas razões realmente são boas, é absolutamente impossível sequer imaginar um mundo igualzinho ao nosso em que elas não o fossem. Isso significa que ninguém tem base para supor que não condenaria a pena de morte num tal mundo. McDoweel toma de David Wiggins outra ideia que é uma sombra da causação: a de que uma explicação de por que determinada pessoa sustenta determinada opinião pode ser "demonstrativa" (*vindicatory*) por não dar ao explicador a possibilidade de negar a opinião assim explicada. Há pouco, nesta mesma nota, discuti a tese de Wiggins de que às vezes podemos explicar a convicção de alguém assinalando que "não há mais nada a pensar". McDoweel afirma que a explicação dos irmãos também seria demonstrativa. Mas não seria, pois, como expliquei no texto, quem quer que apresentasse essa explicação já teria de ter demonstrado, de algum outro jeito, a opinião assim explicada.

Resumo. Os filósofos querem encontrar algum vínculo entre o modo como formamos nossas convicções morais e a veracidade dessas convicções. Nagel encontra o vínculo numa faculdade da razão que opera a partir de um ponto de vista impessoal; Wiggins, numa cartesiana ausência de algo mais a ser pensado; e McDowell, numa tênue analogia com a percepção sensorial. Eles gostariam de encontrar esse vínculo porque a alternativa que creio ser correta – a radical independência da verdade da convicção em relação ao modo pelo qual ela é produzida – lhes parece profundamente insatisfatória. Para eles, é difícil manter a fé em que o mundo das convicções é um mundo onde a existe a verdade e ao mesmo tempo aceitar que a melhor razão para nossas convicções são nossas outras convicções. Em outros momentos, entretanto, McDowell parece contentar-se com a radical independência da verdade moral. Aceita o familiar desafio de que devemos "merecer o direito" de falar sobre a verdade no contexto moral e crê que os filósofos que apelam às intuições não vencem esse desafio. Mas afirma claramente que o desafio só pode ser enfrentado de dentro da substância da moral ("Projection and Truth in Ethics"). Eu diria isso de maneira um pouco diferente. Não precisamos "merecer" a proposição bruta de que as opiniões morais podem ser verdadeiras, pois as alegações dos céticos globais sobre a moral são, elas mesmas, opiniões morais. Mas precisamos merecer o direito a opiniões morais particulares, inclusive a opiniões céticas, quando as consideramos verdadeiras. De qualquer modo, concordo com McDowell em que o direito de que ele fala só pode ser adquirido de um único jeito: por meio de argumentos morais substantivos que sejam demonstrados unicamente por outros argumentos morais.

7 É claro que nossas estranhas descobertas suscitariam novos enigmas. Se concluíssemos que as crenças causadas pela força peculiar são invariavelmente verdadeiras, teríamos ainda de explicar a correlação. A correlação que pensássemos ter de explicar dependeria de nossas convicções morais independentes. Poderíamos ter de demonstrar, por exemplo, uma correlação entre a força e o sofrimento.

8 Harman, *The Nature of Morality*; Sturgeon, "Moral Explanations".

9 Sharon Street insiste nessa objeção (Street, "Objectivity and Truth: You'd Better Rethink It", homepages.nyu.edu/~jrs477/Sharon%20Street%20-%20Objectivity%20and%20Truth.pdf). Ela aceita as principais teses teóricas da Parte Um deste livro, mas discorda do meu suposto "realismo", referindo-se à minha opinião de que as convicções morais podem ser verdadeiras independentemente das atitudes

das pessoas. "Minha estratégia", diz ela, "... é a de adotar por atacado quase todos os pontos principais que Dworkin defende – com uma grande exceção, porém [...] sua aprovação do realismo – entendido exatamente como ele próprio gostaria de entendê-lo, a saber, como uma proposição normativa 'interna'." Ela prefere uma versão do antirrealismo "interno" segundo a qual as pessoas só dispõem daquelas razões que lhes são dadas por suas próprias atitudes avaliativas. Calígula tem razão de torturar prisioneiros por causa do prazer que sente ao ouvi-los gritar, e não tem nenhuma razão moral contrária para não fazer isso. Afirma ela que, sendo falsa a hipótese do impacto causal, seria pouquíssimo provável que nossas convicções morais fossem verdadeiras se não as entendêssemos como dependentes da mente no sentido acima especificado. Sugere a seguinte distinção entre a moral e pelo menos uma parte da nossa ciência: nossas crenças acerca do que ela chama de "arredores manifestos", como as árvores e pedras ao nosso lado, têm grande probabilidade de ser verdadeiras porque dispomos de uma explicação de por que chegamos a essas crenças – uma explicação darwiniana – que dá a entender que elas são verdadeiras. Ela admite que essa explicação é, em certo sentido, circular: a teoria darwiniana faz parte da nossa ciência e, portanto, faz parte daquilo que essa teoria pretende explicar. Mas essa teoria, mesmo assim, fornece "razões que não são circulares por motivos triviais" (*non-trivially question-begging reasons*) para acreditarmos no que acreditamos.

Entretanto, nós também dispomos de razões que não são circulares por motivos triviais para justificar nossas convicções morais. Adiante no livro, defendo uma teoria geral da legitimidade do governo e me baseio nessa teoria para defender várias opiniões sobre a redistribuição da riqueza nacional. A teoria geral faz parte do meu conjunto global de convicções, assim como a teoria darwiniana faz parte da ciência global em que Street acredita; e se eu puder levar em conta a veracidade daquela teoria geral da igualdade, como ela leva em conta a das explicações darwinianas, a probabilidade de que minhas observações sobre a redistribuição sejam verdadeiras não é pequena, mas enorme – maior, na minha concepção de leigo ignorante, que a probabilidade de que a teoria das supercordas seja capaz de resistir às ulteriores imaginações e descobertas dos cientistas. No Capítulo 6, apresento uma teoria da responsabilidade moral: uma teoria sobre o jeito responsável de testarmos nossas convicções morais e éticas. Creio que a probabilidade de uma convicção moral que sobrevive a esses testes ser verdadeira é muito maior que a probabilidade de isso se dar com convicções não submetidas ao teste ou nele reprovadas. O apelo a uma teoria da responsabilidade moral para aferir a plausibilidade de uma convicção sobre a redistribuição não é mais trivial nem mais circular que o apelo que Street faz a Darwin. "Qual é a diferença, então", pergunta ela, "entre o caso dos arredores manifestos e o caso normativo?"

A resposta está na distinção entre as respostas ao desafio cético que fornecem *razões internas* para pensarmos que as causas podem ter nos conduzido à verdade independente proposta como hipótese, por um lado, e, por outro, aquelas respostas que não fornecem *razão alguma* para pensarmos que as causas podem ter nos conduzido à verdade independente proposta como hipótese. Tanto no caso dos arredores manifestos quanto no caso normativo, a pergunta geral que estamos fazendo é a seguinte: "Por que pensar que as causas descritas por nossas melhores explicações científicas nos teriam conduzido à verdade neste domínio?" Respondendo a essa pergunta, é insatisfatório retrucar que "meus juízos nesse domínio são verdadeiros e são também aqueles aos quais fui conduzido pelas causas descritas por nossas melhores explicações científicas". Essa resposta não oferece nenhuma *razão* para pensarmos que as causas nos conduziram à verdade; simplesmente reafirma que isso aconteceu. (Street, "Objectivity and Truth", p. 26)

Esse parágrafo revela uma premissa oculta no argumento de Street: a hipótese da dependência causal. Segundo ela, se não existe razão causal interna para pensarmos que nossas convicções são verdadeiras, segue-se que não existe nenhuma razão sólida. Uma coisa, porém, não decorre da outra: a hipótese da dependência causal é falsa pelas razões que apresento neste capítulo. Além disso, a própria Street, em outra parte, diz que ela é falsa. Ela afirma não estar insistindo numa "epistemologia causal" para a moral. Diz aceitar o princípio de Hume tal como o entendo; se o princípio de Hume é verdadeiro, a tese da dependência causal *tem* de ser falsa. Street diz que só está pedindo que se apresente *alguma* epistemologia para os domínios normativos da moral e da ética. Ora, é exatamente isso que a teoria da responsabilidade moral pretende fornecer: tem o objetivo de expor uma teoria adequada dos tipos de razões que devemos ter para supor que uma convicção é verdadeira. É claro que qualquer teoria desse tipo pode estar errada. Mas é preciso uma teoria normativa rival para provar isso. Se uma teoria da boa argumentação moral faz parte da teoria moral geral por ela subsidiada, acaso esse raciocínio é circular por motivos triviais? Voltamos ao mesmo ponto: o raciocínio científico encontra-se exatamente na mesma posição. Por isso, a tese da dependência causal está viva nos argumentos de Street: embora negada, permanece potente.

10 Pelo fato de sua identidade pessoal ser definida por sua composição genética, muitas das histórias imaginárias em cujo contexto "você" acaba esposando crenças radicalmente diferentes são, na verdade, histórias em que você mesmo não existe. Tive de imaginar-me adotado por pais fundamentalistas, e não nascido numa família fundamentalista; se eu tivesse nascido de pais fundamentalistas, teria sido outra pessoa. Muitas das influências mais importantes que os genes e a cultura exerceram sobre suas crenças não são acidentais, mas influências constitutivas da sua identidade. Mas mesmo que todas as pessoas em todas as épocas e lugares partilhassem as mesmas opiniões sobre todos os assuntos morais, mesmo que esse consenso fosse inevitável por profundas razões biológicas e mesmo que, nesse sentido, fosse impossível que suas opiniões fossem diferentes, nenhum desses fatos forneceria a menor prova de que as convicções partilhadas por todos seriam verdadeiras. Para saber se são verdadeiras ou não, é preciso recorrer a argumentos morais, não à história dos indivíduos ou da espécie. Em suma, temos que decidir o que é melhor fazer, pensar e admirar sem dispor de nenhum atestado histórico ou cósmico de que estamos certos.

11 O Capítulo 8 qualifica essa afirmação, mas não posso antecipar detalhadamente as ressalvas ali feitas. Talvez seja possível elaborar uma declaração muito abstrata – quase um lugar-comum – das exigências que valem para se obter conhecimento em todos os domínios intelectuais. Por hipótese, porém, essa declaração abstrata permitiria, e não restringiria, teorias do conhecimento diferentes e menos abstratas aplicáveis aos diferentes domínios.

12 Para conhecê-la, ver Michael Behe, *Darwin's Black Box: The Biochemical Challenge in Evolution* (Nova York: Free Press, 1996); William Dembski, *Intelligent Design: The Bridge Between Science and Theology* (Downers Grove, Ill.: InterVarsity Press, 1999); Dembski, *The Design Inference* (Nova York: Cambridge University Press, 1998).

13 Ver, p. ex., Elliot Sober, "What is Wrong with Intelligent Design?", *Quarterly Review of Biology* 82, nº 1 (março de 2007), pp. 3-8.

14 *Tammy Kitzmiller, et al. vs. Dover Area School District, et al.* (400 F. Supp. 2d 707 Docket no. 4cv688).

15 Ver, p. ex., Alvin Plantinga, *Warranted Christian Belief* (Nova York: Oxford University Press, 2000).

16 Ver o modelo "Tomás de Aquino/Calvino", de Plantinga, em ibid., pp. 167 ss.

17 Wright, *Truth and Objectivity*, p. 200.

18 Ver Peter Railton, "Moral Realism", *Philosophical Review* 95, nº 2 (abril de 1986), pp. 163-207.

5. O CETICISMO INTERNO

1 No geral, não faço distinção entre a indeterminação e a incomensurabilidade.

2 Essa útil expressão foi proposta por Ruth Chang. Ver sua introdução à coletânea de ensaios *Incommensurability, Incomparability, and Practical Reason*, org. Ruth Chang (Cambridge, Mass.: Harvard University Press, 1997).

3 *District of Columbia, et al. vs. Dick Anthony Heller*, 128 S. Ct. 2783 (2008).

4 Ver a discussão sobre o conflito moral em Thomas Nagel, "War and Massacre", *Philosophy & Public Affairs* 1, nº 2 (1972), pp. 123-44.

5 Leo Katz, por exemplo, acredita, como eu, que a maioria das afirmações de indeterminação é na verdade, exemplos de ignorância. Mas, ao contrário de mim, ele inclui nesse juízo todas as afirmações de que dois artistas de diferentes gêneros artísticos "se equivalem". Ver Katz, "Incommensurable Choices and the Problem of Moral Ignorance", *University of Pennsylvania Law Review* 146, nº 5 (junho de 1998), pp. 1465-85.

6 Joseph Raz, "Incommensurability", em *The Morality of Freedom* (Nova York: Oxford University Press, 1986), pp. 321-66.

7 Ver Martha Minow e Joseph William Singer, "In Favor of Foxes: Pluralism as Fact and Aid to the Pursuit of Justice", em *Symposium: Justice for Hedgehogs: A Conference on Ronald Dworkin's Forthcoming Book* (número especial), *Boston University Law Review* 90, nº 2 (abril de 2010), p. 903; Ronald Dworkin, *Law's Empire* (Cambridge, Mass.: Harvard University Press, 1986), p. 10.

8 Para conhecer uma exposição mais ampla do argumento apresentado neste parágrafo, ver "No Right Answer?" em meu livro *A Matter of Principle* (Cambridge, Mass.: Harvard University Press, 1985).

6. RESPONSABILIDADE MORAL

1 Jean Piaget, *The Moral Judgement of the Child* (Londres: Kegan Paul, Trench, Trubner, and Co., 1932); Lawrence Kohlberg, *Essays on Moral Development*, vol. 1: *The Philosophy of Moral Development* (São Francisco: Harper and Row, 1981); James Rest, *Development in Judging Moral Issues* (Minneapolis: University of Minnesota Press, 1979); Carol Gilligan, "In a Different Voice: Women's Conceptions of Self and Morality", *Harvard Educational Review* 47, nº 4 (1977), pp. 481-517.

2 Nem todos os filósofos morais concordam. Ver Jonathan Dancy, "Ethical Particularism and Morally Relevant Properties", *Mind* 92 (1983), pp. 530-47.

3 John Rawls, *Lectures in the History of Moral Philosophy* (Cambridge, Mass.: Harvard University Press, 2000), p. 148.

4 Ver Richard H. Fallon Jr., "Is Moral Reasoning Conceptual Interpretation?", em *Symposium: Justice for Hedgehogs: A Conference on Ronald Dworkin's Forthcoming Book* (número especial), *Boston University Law Review* 90, nº 2 (abril de 2010) (referenciada a partir de agora como *BU*), p. 535; Amartya Sen, "Dworkin on Ethics and Freewill: Comments and Questions", *BU*, p. 657.

5 Ver, p. ex., Martha Minow e Joseph William Singer, "In Favor of Foxes: Pluralism as Fact and Aid to the Pursuit of Justice", *BU*, p. 903. "Talvez seja verdade que nossos valores conflitem entre si" (p. 906).

6 Feynman, *QED: The Strange Theory of Light and Matter* (Princeton, NJ: Princeton University Press, 1985), pp. 10, 12.

7 Ver T. M. Scanlon, *What We Owe to Each Other* (Cambridge, Mass.: Belknap Press da Harvard University Press, 2000).

8 Ver Nagel, *Secular Philosophy and the Religious Temperament* (Oxford: Oxford University Press, 2010). Ver a discussão sobre os pontos de vista de Nagel no Capítulo 7.

9 Fallon, "Is Moral Reasoning Conceptual Interpretation?"

7. INTERPRETAÇÃO EM GERAL

1 Ludwig Wittgenstein, *Philosophical Investigations* (Oxford: Blackwell, 1953).

2 Neste capítulo, por exemplo, não afirmo que minha teoria da interpretação seja compatível com o que se costuma chamar de "interpretação dos dados" pelos cientistas. Mas talvez seja. Podemos tratar a interpretação científica como um tipo daquilo que daqui a pouco vou chamar de interpretação explicativa.

3 Ver *San Antonio Independent Sch. Dist. vs. Rodriguez*, 411 U.S. 1. (1973).

4 F. R. Leavis, *Valuation in Criticism and Other Essays*, org. G. Singh (Cambridge: Cambridge University Press, 1986).

5 Cleanth Brooks, "The Formalist Critics", em Julie Rivkin e Muchael Ryan, orgs., *Literary Theory: An Anthology*, 2ª ed. (Oxford: Blackwell, 2004), p. 24.

6 Esse tipo de opinião não é exclusiva dos juristas acadêmicos: alguns juízes, quando não estão de serviço, gostam de usar as mesmas expressões. Ver o relato de

Stephen Guest sobre um debate no rádio que contou com a participação do eminente juiz Lorde Bingham (Guest, "Objectivity and Value: Legal Arguments and the Fallibility of Judges", em Michael Freeman e Ross Harrison, orgs., *Law and Philosophy* [Oxford: Oxford University Press, 2007], pp. 76-103).

7 Ronald Dworkin, *Law's Empire* (Cambridge, Mass.: Harvard University Press, 1986), pp. 313-27; mas ver Antonin Scalia, *A Matter of Interpretation: Federal Courts and the Law* (Princeton: Princeton University Press, 1998), pp. 16-8.

8 William Wimsatt e Monroe Beardsley, "The Intentional Fallacy", em Wimsatt, *The Verbal Icon: Studies in the Meaning of Poetry* (Lexington: University of Kentucky Press, 1954), pp. 3-18.

9 "Por acaso o autor aparece em outro papel que não o de primeiro leitor? O distanciamento entre o texto e seu autor já é um fenômeno da primeira leitura que, num único movimento, evidencia toda a série de problemas que agora vamos confrontar, referentes às relações entre explicação e interpretação. Essas relações surgem na hora da leitura" (Paul Ricoeur, "What Is a Text? Explanation and Understanding", em *Hermeneutics and the Human Sciences: Essays on Language, Action and Interpretation*, trad. ingl. John Thompson [Cambridge: Cambridge University Press, 1981], p. 149).

10 Ver Dworkin, *Law's Empire*, sobretudo o capítulo 9.

11 Julian Bell, "The Pleasure of Watteau", *New York Review*, 12 de fevereiro de 2009, resenha de Jed Perl, *Antoine's Alphabet: Watteau and His World* (Nova York: Knopf, 2008).

12 *New York Review of Books*, 12 de fevereiro de 2009, p. 13.

13 Ver *Claudius and Gertrude*, de John Updike (Nova York: Knopf, 1993).

14 *The Norton Anthology of Theory and Criticism*, org. Vincent Leitch, William Cain, Laurie Finke, Barbara Johnson, John McGowan e Jeffrey Williams (Nova York: W. W. Norton, 2001), pp. 6-7.

15 Jean-Paul Sartre, "Why Write?, em *Twentieth Century Literary Criticism*, org. David Lodge (Londres: Longman, 1972), pp. 371, 375. Ele acrescenta que, para que a literatura "entre no campo de visão, é preciso um ato concreto chamado leitura; e a literatura só dura o quanto este ato pode durar. Afora isso, só existem marcas pretas sobre o papel" (p. 371).

16 F. R. Leavis, *The Great Tradition* (Harmondsworth: Penguin, 1972), pp. 176, 173.

17 Leavis, *Valuation in Criticism*, p. 100.

18 Cleanth Brooks, *The Hidden God: Studies in Hemingway, Faulkner, Yeats, Eliot, and Warren* (New Haven: Yale University Press, 1963), Capítulo 4, p. 57; Brooks, *The Well Wrought Urn: Studies in the Structure of Poetry* (Nova York: Harcourt, Brace, 1947), capítulo 10.

19 Roy Foster, *W. B. Yeats: A Life*, vol. 2: *The Arch-Poet 1915-1939* (Nova York: Oxford University Press, 2003), pp. 322-4.

20 Brooks, *The Well-Wrought Urn*, p. 185.

21 *Norton Anthology of Theory and Criticism*, p. 1450.

22 Foster, *W. B. Yeats*, p. 328; Northrop Frye, "The Archetypes of Literature", em *Norton Anthology of Theory and Criticism*, pp. 1445-57.

23 É claro que nem toda a história pode ser considerada interpretativa. Boa parte é mero resgate de informações do passado: quem venceu tal batalha e quais armas tinha à disposição, por exemplo. Entretanto, a opinião radical de que a história é interpretativa até nesse nível já foi defendida (Hayden White, *Metahistory: The Historical Imagination in Nineteenth-Century Europe* [Baltimore: Johns Hopkins University Press, 1973]).

24 Butterfield está pensando particularmente em Thomas Macaulay, o mais célebre e mais influente dos historiadores *whigs*. Macaulay via a história da Inglaterra como uma progressão contínua rumo a uma sociedade mais perfeita. "A história do nosso pais" – escreveu no primeiro parágrafo de sua obra mais famosa – "ao longo dos últimos 160 anos é eminentemente uma história de aperfeiçoamento físico, moral e intelectual" (*The History of England from the Accession of James I* [Londres: Penguin Classics, 1979]). Butterfield desprezava esse otimismo e esses juízos morais, mas também chegou ele próprio pelo menos a flertar com "ideias gerais", entre as quais a importante proposição de que foi a necessidade política, e não a inspiração moral, que produziu o aumento da liberdade na Inglaterra, que Macaulay comemorava.

25 Herbert Butterfield, *The Whig Interpretation of History* (Nova York: Norton, 1965), p. 13.

26 Ibid., p. 71

27 Jung, "On the Relation of Analytical Psychology to Poetry", em *The Spirit in Man, Art and Literature*, 4ª ed. (Princeton: Princeton University Press, 1978).

28 John Dover Wilson, "The Political Background of Shakespeare's Richard II and Henry IV", *Shakespeare-Jahrbuch* (1939), p. 47.

29 Greenblatt, *The Power of Forms in the English Renaissance* (Norman, Okla.: Pilgrim Books, 1982), p. 6.

30 E. D. Hirsch, *Validity in Interpretation* (New Haven: Yale University Press, 1967), pp. 6-10.

31 T. S. Eliot, "Tradition and the Individual Talent", em *The Sacred Wood: Essays on Poetry and Criticism* (Londres: Methuen, 1920).

32 Frederic Jameson, *The Political Unconscious: Narrative as a Socially Symbolic Act* (Londres, Methuen, 1981), pp. 73, 85.

33 Terry Eagleton, *The Function of Criticism: From the Spectator to Post-Structuralism*. Londres: Verso.

34 Ver Lyn Mikel Brown, *Girlfighting: Rejection and Betrayal among Girls* (Nova York: New York University Press, 2003).

35 Ver Dworkin, *Law's Empire*, pp. 266-75.

36 Stanley Fish, *Is There a Text in This Class?* (Cambridge, Mass.: Harvard University Press, 1980), p. 147.

37 Ibid., pp. 167, 180, 174.

38 Leavis, *Valuation in Criticism*, p. 93.

39 Resumo nestes parágrafos uma questão complexa e extensamente debatida na filosofia da linguagem. Ver W. V. O. Quine, *Word and Object* (Cambridge, Mass.: MIT Press, 1960); e D. Davidson, "A Coherence Theory of Truth and Knowledge," em D. Henrich, org., *Kant oder Hegel?* (Stuttgart: Klett-Cotta, 1983).

40 Quine, *Ontological Relativity: And Other Essays* (Nova York: Columbia University Press, 1969), p. 27.

41 Donald Davidson, "Radical Interpretation", *Dialectica* 27 (1973), pp. 314-28.

42 Ver, p. ex., John Wallace, "Translation Theories and the Decipherment of Linear B", em E. Lepore, org., *Truth and Interpretation: Perspectives on the Philosophy of Donald Davidson* (Oxford: Basil Blackwell, 1986), p. 211.

43 "Three Varieties of Knowledge," em Donald Davidson, *Subjective, Intersubjective, Objective* (Nova York: Oxford University Press, 2001), p. 214.

44 Coleridge, "Biographia Literaria", em *Norton Anthology of Theory and Criticism*, p. 681.

45 Annette Barnes diz que Stoppard fez essa descrição numa palestra proferida na Universidade Johns Hopkins. Veja o seu *On Interpretation* (Oxford: Blackwell, 1988), p. 166.

46 Edwin Baker afirma que as pessoas preferem "mais razoável" a "verdadeiro" porque o primeiro permite a expressão de juízos comparativos, e o segundo, não. (Baker, "In Hedgehog Solidarity", em *Symposium: Justice for Hedgehogs: A Conference on Ronald Dworkin's Forthcoming Book* [número especial], *Boston University Law Review* 90, n. 2 [abril de 2010], p. 759.) Mas "verdadeiro" também admite comparações: não nos incomodamos de dizer que uma opinião está mais próxima da verdade do que outra, e podemos dizer isso mesmo quando não podemos afirmar a veracidade plena de nenhuma das opiniões em jogo. Em seu interessante livro *On Interpretation*, Annette Barnes distingue o "verdadeiro" do "aceitável". Ela limita a verdade na interpretação aos juízos corretos de "intenção artística". Diz: "Embora somente uma de duas interpretações incompatíveis possa ser verdadeira, a outra pode entender melhor a obra, ou fazer com que esta se torne mais significativa ou bem-sucedida" (pp. 78-9). Nesse caso, diz ela, a segunda interpretação "poderia rivalizar com a exigência de que a interpretação seja verdadeira" (p. 60). A teoria do valor na interpretação, que defendo no texto, nega a competição: temos aí somente duas maneiras de descrever a melhor interpretação geral.

47 Ver Georg Henrik von Wright, *Explanation and Understanding* (Ithaca, N.Y.: Cornell University Press, 1971), p. 5.

48 Os filósofos da ciência chamam a atenção para a importância daqueles valores que Hilary Putnam e outros denominaram "valores epistêmicos". Ver Hilary Putnam, *The Collapse of the Fact/Value Dichotomy and Other Essays* (Cambridge, Mass.: Harvard University Press, 2002). Os cientistas preferem as teorias mais simples às mais complexas e as teorias elegantes às deselegantes (Judith Wechsler, org.,

On Aesthetics in Science [Cambridge, Mass.: MIT Press, 1981]; Brian Greene, *The Elegant Universe: Superstrings, Hidden Dimensions, and the Quest for the Ultimate Theory* [Nova York: Vintage, 2000]; Greene, "The Elegant Universe", *NOVA*, minissérie da PBS TV, WGBH Educational Foundation, 2003 (entrevistas com físicos teóricos a respeito do papel da elegância e de outras considerações correlatas na teoria das cordas). Temos de tomar cuidado para distinguir esses valores epistêmicos dos objetivos de justificação. A simplicidade e a elegância são levadas em conta no ato de decidir quais teorias ou hipóteses são preferíveis. São hipóteses sobre a verdade que não podem ser testadas diretamente, pois qualquer teste as empregaria. Não são, contudo, pressupostos acerca dos objetivos dos estudos ou teorias científicos. Preferimos as teorias elegantes às teorias deselegantes sobre o universo, mas não estudamos o universo para encontrar exemplos de elegância. Afinal de contas, poderíamos até encontrar uma explicação elegante para o número de pedras que existem na África.

49 Willard V. O. Quine, "Two Dogmas of Empiricism", em *From a Logical Point of View: Nine Logico-Philosophical Essays*, 2ª ed. (Cambridge, Mass.: Harvard University Press, 2006), pp. 37-46.

50 David Whitehouse, "Black Holes Turned "Inside Out"", *BBC News*, 22 de julho de 2004, news.bbc.uk/I/hi/schi/tech/3913145.stm.

8. INTERPRETAÇÃO CONCEITUAL

1 Um argumento em favor da ideia de que não devemos concordar quanto a isso é dado por Timothy Williamson, *Vagueness* (Nova York: Routledge, 1994).

2 Saul Kripke, *Naming and Necessity* (Oxford: Blackwell, 1972); Hilary Putnam, "The Meaning of 'Meaning'", *Minnesota Studies in the Philosophy of Science* 7 (1975), pp. 131-93.

3 Ver o meu *Justice in Robes* (Cambridge, Mass.: selo Belknap Press da Harvard University Press, 2006), pp. 218-9, 223-7.

4 Não tenho a intenção de excluir outros tipos de conceitos: talvez tenhamos de reconhecer espécies matemáticas, por exemplo. Em minha discussão, considero como interpretativos os conceitos passíveis de interpretação segundo a teoria do valor defendida no Capítulo 7.

5 No meu entendimento, Crispin Wright supõe que nenhum discurso é assertórico sem paradigmas em comum. Ver Wright, *Truth and Objectivity* (Cambridge, Mass.: Harvard University Press, 1992), p. 48.

6 Alguns leitores achariam melhor tratar todos os conceitos como interpretativos, inclusive os que designei como criteriais ou de tipos naturais. Não concordo com isso, mas meus argumentos não dependem de que essa opinião seja refutada. Dependem unicamente de que se aceite que os conceitos éticos, morais e políticos discutidos adiante são interpretativos.

7 Essa migração não depende somente do fato de a questão ter consequências importantes. Se eu e você apostássemos uma grande soma na possibilidade de o

próximo homem a entrar pela porta do teatro ser calvo, teríamos de cancelar a aposta, e não encetar um complexo processo de interpretação, se o próximo homem fosse um caso controverso.

8 Thomas Nagel, "The Psychophysical Nexus", em Paul Boghossian e Christopher Peacocke, orgs., *New Essays on the A Priori* (Nova York: Oxford University Press, 2000).

9 Ver "Pluto not a Planet, Astronomers Rule", agosto de 2006, news.nationalgeographic.com/news/2006/08/060824-pluto-planet.html. Ver também, por outro lado, "Pluto IS a Planet!", www.plutoisaplanet.org: "Bem-vindo à página da Sociedade para a Preservação de Plutão como Planeta! Nós, da SP3, cremos firmemente que o *status* planetário de Plutão não deve ser posto em questão [...]. Junte-se a nós na missão de impedir que Plutão deixe de ser um planeta e descubra o que você pode fazer para apoiar nossa nobre causa."

10 John Rawls, *A Theory of Justice* (Cambridge, Mass.: Harvard University Press, 1971), p. 5.

11 Essa dificuldade não afeta os céticos de *status* sobre os quais falei no Capítulo 3, os quais insistem em que as proposições sobre o bem ou sobre o que deve ser feito devem ser entendidas como comandos ou recomendações disfarçados ou, ainda, como projeções de uma atitude ou emoção. Se aceitássemos os conselhos deles, não diríamos que os conceitos morais gerais são criteriais, mas que os desacordos morais são genuínos porque refletem diferenças de recomendações, atitudes ou emoções. Porém, essa ideia não pode ser levada a sério como interpretação da nossa experiência moral real. Todos nós conhecemos a diferença entre mandar alguém fechar a porta e declarar que essa pessoa tem o dever moral de fechar a porta. Tratar as proposições morais como comandos, recomendações ou projeções não é uma conclusão interpretativa. É, antes, uma tentativa heroica de proteger a experiência moral contra o ceticismo externo, propondo que essa experiência seja uma outra coisa. Na Parte Um, constatamos que o ceticismo externo não é passível sequer de uma formulação coerente; não precisamos de proteção.

12 Essa explicação enfrenta algumas dificuldades: talvez haja algum outro mamífero grande que se pareça com o leão a ponto de ter sido chamado de "leão" por muitas pessoas. Porém, a ideia do conceito de tipo natural parte do pressuposto de que, quando as pessoas tomam ciência da existência de diferenças biológicas fundamentais entre o animal ao qual a palavra se ligou e o outro animal que também vem sendo chamado de leão, elas corrigem seu erro. Se isso não fosse verdade – se insistissem que o outro animal também é um leão – seria necessária uma hipótese diferente. Poderíamos, nesse caso, concluir que o conceito de leão em uso não é, no fim das contas, um conceito de tipo natural, mas um conceito criterial: descreve algo que tem certa aparência. Poderíamos concluir, alternativamente, que existem dois conceitos em jogo, e não apenas um; e que esses conceitos são objetos de frequente confusão, produzindo casos de concordância ou discordância irreais.

13 Donald Davidson, "The Structure and Content of Truth" (The Dewey Lectures, 1989), *Journal of Philosophy* 87 (1990), pp. 279-328; Davidson, *Truth and Predication* (Cambridge, Mass.: selo Belknap Press da Harvard University Press, 2005).

14 Wright, *truth and Objectivity.*

15 Ela já foi chamada por outros nomes, e há controvérsias não só a respeito da teoria, mas também de seu nome. Uma excelente discussão das diferentes versões da teoria e das objeções a ela foi publicada sob o título "The Deflactionary Theory of Truth" na *Stanford Encyclopedia of Philosophy,* plato.stanford.edu.

16 Bernard Williams, *Truth and Truthfulness: An Essay in Genealogy* (Princeton: Princeton University Press, 2004).

17 Diante da leitura de Benjamin Zipursky, talvez valha a pena observar que, embora eu tenha invocado o lugar-comum da repetição ao discutir o ceticismo externo de *status* na Parte Um, não me comprometi com a teoria deflacionária, segundo a qual a repetição esgota a verdade, nem com nenhuma outra teoria filosófica da verdade. Ver Benjamin C. Zipursky, "Two Takes on Truth in Normative Discourse", em *Symposium: Justice for Hedgehogs: A Conference on Ronald Dworkin's Forthcoming Book* (número especial), *Boston University Law Review* 90, n. 2 (abril de 2010), p. 525. Defendi a ideia de que as proposições céticas não podem ser entendidas senão como proposições morais. Tampouco pretendo aceitar, como ele teme, uma teoria que identifique a verdade com a correspondência no domínio da ciência. Só a menciono como candidata a esse papel para tomá-la como exemplo que forme um contraste com a interpretação.

18 Essa ideia lembra, em alguns aspectos, as de Crispin Wright (ver o seu *Truth and Objectivity*). Ele descreve um conceito "minimalista" de verdade definido por "lugares-comuns" (*platitudes*) que podem ser aplicados em diversos domínios. Alguns desses domínios, segundo ele, proporcionam mais "realismo" que os outros. Um domínio será mais "realista", por exemplo, se suas proposições tiverem um "papel cosmológico amplo", ou seja, se puderem figurar na explicação de uma ampla variedade de proposições em outros domínios. Ele expõe (em suas próprias palavras) "as feições de uma tese aparentemente sólida" segundo a qual a moral não atende a esse quesito, e acrescenta que, se assim for, isso é "ruim", mas não "catastrófico" para o realismo moral (p. 198). Ele apresenta ainda outro padrão de "comando cognitivo": será mais realista um domínio em que, *a priori*, a inexistência de convergência de opiniões reflita um fracasso cognitivo independente. A moral tampouco atende a esse quesito: ao avaliar a justiça de determinado curso de política externa, podemos discordar de pessoas que se apoiam nas mesmas informações de que dispomos e não estão mais sujeitas do que nós a influências que possam causar distorção. O conceito abstrato que contemplo no texto, ao contrário, nem é minimalista nem é um lugar-comum: pressupõe uma concepção substantiva de investigação que nos permita compreender as afirmações de veracidade nos diferentes domínios como afirmações de máximo sucesso. Além disso, a meu ver, nenhum dos domínios passíveis de máximo sucesso é mais "realista" que os demais: todos eles são reais. Não é "ruim" que a moral não atenda àqueles quesitos cosmológicos e cognitivos amplos. A injustiça de uma política externa não será menos real pelo fato de não explicar nenhum fenômeno físico ou mental, nem pelo fato de aqueles que sobre ela discordam não sofrerem de um defeito cognitivo independente. Muitos filósofos creem que nada nos autoriza a afirmar a verdade ex-

clusiva em tais circunstâncias, e que qualquer teoria da verdade que não negue essa autorização seria vazia ou demasiado tolerante. Mas – embora a esta altura eu já me arrisque a irritar o leitor pela repetição – essa opinião é ela própria uma opinião moral, a ser apoiada não somente pela epistemologia arquimediana, mas sim por algum argumento que demonstre a importância moral dos comandos cognitivos.

19 Agradeço a David Wiggins por me chamar a atenção para este ponto. Para conhecer o esclarecedor estudo de Wiggins sobre as teorias de Peirce, ver o seu "Reflections on Inquiry and Truth", em Cheryl Misak, org., *The Cambridge Companion to Peirce* (Cambridge: Cambridge University Press, 2004).

20 Peirce, "The Fixation of Belief" (1877), in *Collected Papers of Charles Sanders Peirce*, vol. 5, org. Charles Hartshorne, Paul Weiss, and Arthur Burks (Cambridge, Mass.: Harvard University Press, 1931-58), p. 375.

21 Essa conclusão talvez não seja inevitável. Poderíamos supor uma teoria interpretativa mais complexa que tomasse como paradigmas somente exemplos risíveis, mas que mesmo assim propusesse uma análise desses paradigmas segundo a qual acontecimentos que não tendessem a provocar o riso pudessem, mesmo assim, ser engraçados. No entanto, é duvidoso que uma interpretação desse tipo possa ser convincente.

22 Kit Fine me chamou a atenção para o vínculo entre os conceitos interpretativos e o paradoxo da análise.

23 R. M. Hare, *The Language of Morals* (Oxford: Oxford University Press, 1952), p. 121; Hare, *Freedom and Reason* (Oxford: Oxford University Press, 1963), pp. 21-9.

24 "Reason, Value and Reality", em *Mind, Value, and Reality* (Cambridge, Mass.: Harvard University Press, 1998).

25 Bernard Williams, *Ethics and the Limits of Philosophy* (Londres: Fontana, 1985).

26 T. M. Scanlon, "*Wrongness and Reasons*: A Reexamination", em *Oxford Studies in Metaethics*, vol. 2, org. Russ Shafer-Landau (Oxford: Oxford University Press, 2007).

27 Não pretendo afirmar que Platão ou Aristóteles aceitassem a distinção entre valores morais e éticos que empreguei neste livro.

28 Terence Irwin, *Plato's Ethics* (Oxford: Oxford University Press, 1995).

29 Plato, *Laches*, em *Plato: Laches. Protagoras. Meno. Euthydemus*, trad. ingl. W. R. M. Lamb (Cambridge, Mass.: Harvard University Press, 1924).

30 *Plato: Statesman. Philebus. Ion*, trad. ingl. Harold North Fowler e W. R. M. Lamb (Cambrigde, Mass.: Harvard University Press, 1925).

31 Irwin, *Plato's Ethics*, p. 75.

32 Aristotle, *Nicomachean Ethics*, trad. ingl. Roger Crisp (Cambridge: Cambridge University Press, 2000), VII.II-14 e X.I-5.

33 A *Stanford Encyclopedia of Philosophy*, no verbete sobre a Ética de Aristóteles, observa: "Uma das queixas comuns a respeito da tentativa de Aristóteles de

defender sua concepção de felicidade é que seu argumento é geral demais e, assim, não consegue demonstrar que a posse de qualquer das virtudes particulares tais como são tradicionalmente concebidas é do interesse do indivíduo. Suponhamos, para fins de argumentação, que o ato de fazer bem qualquer coisa, o que inclui o viver bem, consiste no exercício de certas habilidades; e chamemos essas habilidades, sejam elas quais forem, de virtudes. Esse argumento por si só não nos permite inferir que qualidades como a temperança, a justiça e a coragem, tais como são normalmente compreendidas, são virtudes. Elas só devem ser consideradas virtudes caso se possa demonstrar que a felicidade consiste exatamente na atualização dessas habilidades. O que Aristóteles ficou devendo, portanto, é uma teoria dessas qualidades tradicionais que explique por que elas devem desempenhar papel central em qualquer vida bem vivida." O autor do ensaio, diante disso, propõe a hipótese de que Aristóteles só estivesse se dirigindo àqueles já educados para amar as virtudes. Na minha opinião, o entendimento da teoria de Aristóteles como uma teoria interpretativa, que entretece as concepções das virtudes particulares com uma concepção global de felicidade, proporciona uma resposta mais satisfatória.

9. DIGNIDADE

1 Ver Michael Smith, "The Human Theory of Motivation", e Philip Pettit, "Humeans, Anti-Humeans, and Motivation", ambos em Andrew Fisher and Simon Kirchin, orgs., *Arguing about Metaethics* (Londres: Routledge, 2006), pp. 575, 602.

2 Ver, p. ex., John Stuart Mill, *Utilitarism*, org. J. M. Robson (1861; Toronto: University of Toronto Press, 1963); Henry Sidgwick, *The Methods of Ethics* (Londres: Macmillan, 1874); Thomas Nagel, *Equality and Partiality* (Nova York: Oxford University Press, 1991), Capítulo 7.

3 Ver meu *Sovereign Virtue: The Theory and Practice of Equality* (Cambridge, Mass.: Harvard University Press, 2000), pp. 242-54; e meu "Foundations of Liberal Equality", em Stephen Darwall, org., *Equal Freedom: Selected Tanner Lectures on Human Values* (Ann Arbor: University of Michigan Press, 1995), pp. 190, 229-34.

4 Ver, por exemplo, o debate que Philip Roth imaginou entre Leon Tolstói e Nathan Zuckerman sobre esse assunto (Roth, *American Pastoral* [Nova York: Vintage, 1998]).

5 No passado, porém, senti essa tentação. Ver Dworkin, *Sovereign Virtue*, pp. 263-7; e Dworkin, "Foundations of Liberal Equality", pp. 190, 195, 258-62.

6 Christine Jolls fez uma útil comparação desta distinção com a que os cientistas sociais traçam ao estudar a satisfação das pessoas com sua vida (Jolls, "Dworkin's Living Well and the Well-Being Revolution", em *Symposium: Justice for Hedgehogs: A Conference on Ronald Dworkin's Forthcoming Book* [número especial], *Boston University Law Review* 90, n. 2 [abril de 2010], p. 641). Segundo ela, o valor de execução pode ser comparado à classificação que as pessoas fazem de suas experiências tomadas isoladamente, ao passo que o valor de produto é comparável à sua classificação da sua vida como um todo. No entanto, ela observa corretamente que meus comentários sobre a importância da qualidade narrativa da vida como um

todo introduzem ressalvas nessas associações. No meu entendimento, as pesquisas que ela descreve indicam que as pessoas atribuem um valor diferente às suas experiências quando estas são situadas no contexto global de sua vida. O trajeto de casa para o trabalho tem classificação muito baixa enquanto evento isolado, mas o tédio desaparece na avaliação de uma vida dedicada à ocupação que esse trajeto permite. O oncologista não pode dizer que gosta das suas conversas com vítimas de câncer de pulmão, mas isso não o impede de apreciar sua carreira. A meu ver, é o caráter isolado dos eventos avaliados no estudo de Princeton por ela mencionado que torna esse estudo – indubitavelmente importante sob vários aspectos – menos significativo para a ética do que as avaliações narrativas com que Jolls o compara.

7 Ver Thomas Nagel, *Mortal Questions* (Cambridge: Cambridge University Press, 1991); e Bernard Williams, "Moral Luck", em *Moral Luck* (Cambridge: Cambridge University Press, 1981), pp. 20-40.

8 See Dworkin, *Life's Dominion* (Nova York: Knopf, 1993), Capítulo 7.

9 John Rawls, A *Theory of Justice* (Cambridge, Mass.: Harvard University Press, 1971), pp. 214-21.

10 Ver a seção "Ciência e interpretação" no Capítulo 7.

11 Dworkin, *Sovereign Virtue*; Dworkin, *Is Democracy Possible Here? Principles for a New Political Debate* (Princeton: Princeton University Press, 2006).

12 Leon Kass, *Life, Liberty and the Defense of Dignity: The Challenge for Bioethics* (São Francisco: Encounter Books, 2004).

13 T. M. Scanlon, *What We Owe to Each Other* (Cambridge, Mass.: Belknap Press da Harvard University Press, 200); Scanlon, *Moral Dimensions: Permissibility, Meaning, Blame* (Cambridge, Mass.: Belknap Press da Harvard University Press, 2008).

14 Stephen L. Darwall, "Two Kinds of Respect", *Ethics* 88, n. 1 (outubro de 1977), pp. 36-49.

15 Ver James Griffin, *Well Being: Its Meaning, Measure, and Moral Importance* (Nova York: Oxford University Press, 1986), Capítulo 1.

16 Existem casos puros de dor, não somente a dor provocada por um ferimento ou por uma doença, mas também, imagino, a dor da fome extrema. Mesmo esses casos, no entanto, são limitados: boa parte das dores, como dos prazeres, depende de um juízo. A inveja, a decepção e a vergonha podem ser intensamente, visceralmente dolorosas, mas dependem de um juízo.

17 Ver, p. ex., Robert Nozick, *Anarchy, State, and Utopia* (Nova York: Basic Books, 1974), pp. 42, 45. Para um exemplo literário dessa questão, ver Ray Bradbury, *Dandelion Wine* (Nova York: Doubleday, 1957), Capítulo 13.

18 Lionel Trilling, *Sincerity and Authenticity* (Cambridge, Mass.: Harvard University Press, 2006).

19 Friedrich Nietzsche, *The Gay Science*, trad. ingl. Walter Kaufman (Nova York: Vintage Books, 1974).

20 Jean-Paul Sartre, *Existential Psycoanalysis* (Chicago: Regnery, 1962).

21 Ver Thomas Scanlon, "Preference and Urgency", em *The Difficulty of Tolerance: Essays in Political Philosophy* (Cambridge: Cambridge University Press, 2003), pp. 70, 74.

22 Friedrich Nietzsche, *Ecce Homo: How One Becomes What One Is* (Oxford: Oxford University Press, 2007).

23 Ver Nagel, "Secular Philosophy and the Religious Temperament", no livro de mesmo título (Oxford: Oxford University Press, 2010), Capítulo 1.

10. LIVRE-ARBÍTRIO E RESPONSABILIDADE

1 Creio que esse entendimento das decisões é bem parecido com o entendimento de Thomas Nagel acerca das ações, embora eu não saiba se as aranhas tomam decisões. Ver Nagel, *The View from Nowhere* (Nova York: Oxford University Press, 1986), p. 111.

2 Certos experimentos concebidos pelo psicólogo experimental Benjamin Libet, agora famosos, exemplificam essa hipótese, embora estejam longe de demonstrar que ela é verdadeira. Pede-se a uma cobaia humana que levante espontaneamente uma das mãos, a que ele quiser; um eletroencefalograma indica que a atividade cerebral que culmina na elevação de uma das mãos começa uma fração de segundo antes de outra atividade cerebral que constitui a consciência de qual mão será levantada. Libet conclui que a decisão da cobaia de levantar a mão direita não é a causa de essa mão ter se levantado, mas somente outro efeito de o que quer que o tenha levado a levantar a mão direita. Ele toma o cuidado de observar que seus resultados não eliminam a possibilidade de que a cobaia possa interromper, por meio de uma nova decisão, qualquer comportamento que tenha começado antes de uma decisão: posso começar a furtar um objeto de uma loja sem ter consciência disso, mas cancelar meu ato quando tomo consciência de que estou a ponto de cometer furto. Na opinião de Libet, essa possibilidade basta para salvaguardar a responsabilidade moral: quando não intervenho para cancelar uma decisão que deveria ter cancelado, sou responsável. Já os epifenomenalistas supõem que *todas* as decisões, entre elas as decisões de cancelar um processo que se iniciou inconscientemente, não são causas, mas efeitos colaterais. (Patrick Haggard, "Conscious Intention and Motor Control", *Trends in Cognitive Neuroscience* 9, n. 6 [junho de 2005], pp. 290-96; Alfred Mele, *Free Will and Luck* [Oxford: Oxford University Press, 2006], Capítulo 2.)

3 Ver, por exemplo, Gary Watson, org., *Free Will* (Oxford: Oxford University Press, 2003); Robert Kane, org., *The Oxford Handbook of Free Will* (Oxford: Oxford University Press, 2005).

4 Ao longo de toda a sua carreira, Thomas Nagel insistiu na distinção entre duas fontes da verdade acerca de nós mesmos e do nosso lugar no mundo: uma perspectiva subjetiva e pessoal e outra objetiva e impessoal, a partir das quais tentamos compreender a nós mesmos como partes do mundo natural. Acredita ele que o problema do livre-arbítrio surge, e é insolúvel, porque, quando passamos de uma perspectiva à outra, não podemos senão admitir a veracidade de ideias incompatí-

veis. Temos, da perspectiva pessoal, uma inescapável convicção de liberdade que, da perspectiva impessoal, não existe.

A visão objetiva parece eliminar essa autonomia porque só comporta um tipo de explicação sobre o porquê de as coisas acontecem – a explicação causal – e equipara a ausência dessa explicação à inexistência de qualquer explicação [...]. [A] ideia básica com a qual ela tem afinidade é que a explicação de um evento deve demonstrar como esse evento, ou a gama de possibilidades dentro da qual ele se inclui, foi determinado por condições e eventos anteriores. (*The View from Nowhere*, p. 115)

Pelas razões que apresento neste capítulo, considero que a perspectiva impessoal que Nagel tem em mente não é adequada para o exame de questões éticas e morais sobre a responsabilidade (na medida em que estas se distinguem de questões científicas ou metafísicas sobre a liberdade), a menos que a pertinência dessa perspectiva seja garantida por algum princípio moral ou ético independente, tal como o princípio do "controle causal" que examino e rejeito mais adiante neste capítulo. Admito, naturalmente, que essa perspectiva é obrigatória no que se refere a certas questões: quando consideramos a natureza do mundo externo independentemente do modo pelo qual este é percebido por qualquer criatura em particular. Nagel, entretanto, postula uma razão geral pela qual a perspectiva impessoal seria sempre pertinente a qualquer questão sobre nós mesmos, entre elas a questão da responsabilidade. O ato de assumir essa perspectiva, segundo ele, "reflete nossa disposição de ver a nós mesmos, e nossa necessidade de *aceitar* a nós mesmos, desde fora. Sem essa aceitação, estaremos, de modo significativo, alienados da nossa vida" (*The View from Nowhere*, p. 198). A meu ver, as questões estão apresentadas aí na ordem inversa. O fato de nos alienarmos – ou não – da nossa vida quando supomos que nossa responsabilidade por determinada ação não está vinculada a alguma explicação causal dessa ação depende da plausibilidade dessa concepção dos fundamentos da responsabilidade.

Num estudo igualmente influente, Peter Strawson nega que o ponto de vista objetivo seja correto para a consideração das questões de responsabilidade autorreflexiva (Strawson, "Freedom and Resentment", em *Freedom and Resentment and Other Essays* [Londres: Methuen, 1974]). Segundo Strawson, as atribuições de responsabilidade são elementos centrais de uma rede de emoções humanas e reações de censura, ressentimento e culpa que não podemos abandonar sem deixar de ser o que somos. Numa passagem que Nagel examina em sua própria discussão do assunto, Strawson declara:

> Dentro da estrutura ou teia geral de atitudes e sentimentos humanos de que venho falando, há infinitas possibilidades de modificação, redirecionamento, crítica e justificação. Mas as questões de justificação existem dentro dela. A existência da própria estrutura geral de atitudes é algo que nos é dado conjuntamente com o fato da sociedade humana. Em seu conjunto, ela não exige nem permite uma "justificação racional" externa. ("Freedom and Resentment", p. 23)

Para Strawson, o problema da responsabilidade surge dentro de uma narrativa de motivações e reações; segundo ele, não temos nenhum motivo para pôr esse sistema à prova perguntando-nos se os seus pressupostos são confirmados por explicações causais situadas no mundo natural. Já Nagel pensa que isso é um erro, pois é impossível impedir a passagem da crítica *interna* para a crítica *externa* quando somos capazes de um ponto de vista externo. O problema do livre-arbítrio [...] surge por haver uma continuidade entre a familiar crítica "interna" das atitudes reativas baseada em fatos específicos, por um lado, e a crítica filosófica baseada em fatos supostamente gerais. (*The View from Nowhere*, p. 125)

Neste ponto, Nagel está declarando um argumento importante (e, a meu ver, popular) em favor do princípio do controle causal que vou discutir daqui a pouco, e em favor de assumirmos a perspectiva impessoal que esse princípio pressupõe. Nossos juízos comuns fazem exceções ao princípio geral de que somos responsáveis pelos nossos atos; ao ver de Nagel, essas exceções só podem ser justificadas quando pressupomos algo que se assemelhe a esse princípio. Eu, porém, penso que esse argumento popular está errado. Com efeito, afirmo no texto que o princípio do controle causal é insuficiente para justificar as exceções que Nagel tem em mente, e que na verdade essas exceções só podem ser justificadas por um princípio diferente, que não faça da responsabilidade uma questão causal impessoal. Por isso, a meu ver, o argumento em que Nagel se baseia para rejeitar a perspectiva interna de Strawson se posiciona, na prática, em favor deste último. Devo acrescentar, no entanto, que não considero o argumento do próprio Strawson – o de que não nos é possível ignorar nosso senso de responsabilidade autorreflexiva – um fundamento adequado para declararmos a respeitabilidade filosófica dos nossos juízos comuns de responsabilidade. O que precisamos é de uma defesa dos nossos juízos comuns, não de uma confissão da nossa incapacidade de duvidar deles. Precisamos demonstrar que não temos nenhuma razão para duvidar deles. Este é um dos objetivos deste capítulo.

5 Nagel, *The View from Nowhere*, pp. 114-5.

6 Ver Galen Strawson, "The Impossibility of Mental Responsibility", *Philosophical Studies* 75 (1994), pp. 5-24.

7 É verdade que comumente distinguimos a culpa do erro. Dizemos que o assassino cometeu um ato errado mesmo que, no momento do crime, não estivesse no pleno uso de suas faculdades mentais e, por isso, não tenha culpa. Os incompatibilistas supõem que essa distinção continuaria válida se o determinismo fosse verdadeiro: nesse caso, embora ninguém jamais pudesse ser considerado culpado, certos atos continuariam sendo errados. Mas isso depende de por que motivo consideramos que esses atos são errados. Em qualquer teoria plausível, o conceito de responsabilidade é tão importante para identificar os atos errados quanto para determinar quem tem culpa por esses atos. É fato que alguns filósofos, entre os quais certos utilitaristas, acreditam que um ato é errado quando tem consequências más, seja qual for o estado mental do agente. Uma pessoa que contribui com uma instituição de caridade age erroneamente quando, embora ela não o saiba nem o possa saber, a felicidade geral teria aumentado mais caso ela tivesse usado o dinheiro para o seu próprio prazer. Isso não é plausível. Alguém age mal quando causa dano a outra pessoa por dolo ou negligência, sem nenhuma justificativa, mas não quando os seus atos causam o mesmo sofrimento sem nenhuma intenção de sua parte e sem que isso pudesse ser previsto. Nesse caso, ele não somente não tem culpa como também

não fez nada de errado. Essa discriminação é uma parte inalienável da definição das regras morais particulares: ninguém pode cometer homicídio, roubar, fraudar, mentir ou trair seus amigos inadvertidamente. Se você não sabe que estou passando necessidade, é impossível que você descumpra a sua promessa de ajudar-me em caso de necessidade. Essas discriminações são justificadas pelas nossas suposições sobre a responsabilidade autorreflexiva: o conhecimento e a negligência devem ser levados em conta nas avaliações de erro porque devem ser levados em conta nas avaliações de responsabilidade. Não seria errôneo, portanto, dizer que um deficiente mental incapaz de compreender o perigo de uma arma de fogo não age mal quando dá um tiro. Geralmente, formulamos a questão de modo diferente: dizemos que ele age mal, mas que tem uma desculpa. Fica mais fácil, assim, explicar por que ele é perigoso e deve ter sua liberdade restringida. Resguarda-se também a clareza da proibição social do homicídio. A tentativa de introduzir ressalvas nessa proibição, fazendo apelo a juízos sutis de responsabilidade, poderia corroer seu valor. Mas esse modo diferente de descrever sua situação só se faz disponível porque, nas circunstâncias de sua ação, qualquer pessoa normal seria responsável pelo homicídio. Um deficiente mental não agiria mal se disparasse um tiro de festim numa peça de teatro, mesmo que, nesse caso, nem uma pessoa normal tivesse algum motivo para pensar que a arma estava carregada. Isso significa que nossa identificação do certo e do errado é parasitária de nossos juízos de responsabilidade e culpa. Se realmente pensássemos que não há diferença entre a responsabilidade de quem carregou em segredo a arma usada na peça e a daquele que a dispara sem disso ter ciência, não teríamos motivo algum para pensar que o primeiro desses dois atos é moralmente errado, e o segundo, não.

E o caráter? Ter mau caráter é diferente de ser uma ameaça; a pessoa com sarampo representa uma ameaça, mas não necessariamente tem mau caráter. Segundo opiniões que me parecem plausíveis, também essa distinção faz uso de conceitos de responsabilidade. Tem mau caráter a pessoa que tende a agir mal – a fazer o que é errado. Se não existem ações erradas, ninguém tem mau caráter. Certas pessoas – não só as que têm sarampo, mas também as que têm tendência homicida – são perigosas porque têm grande probabilidade de causar dano a outras. Mas isso é o máximo que podemos afirmar. E o que dizer da responsabilidade objetiva? Se não tenho culpa de um ato que causou dano a um terceiro, se nada fiz de errado ao agir desse modo, por que devo arcar com o custo?

E a prudência? Eu seria imprudente se fosse atingido por um raio ao sair para navegar em meu barquinho em meio a uma tempestade prevista, mas não se fosse pego por uma tempestade completamente inesperada e imprevisível. Porém, se o determinismo elimina todos os motivos que tenho para culpar a mim mesmo no primeiro caso, uma vez que meu modo de agir estaria predeterminado, que motivo me resta para me declarar imprudente? Só posso pensar que tenho razão para agir deste modo e não daquele quando entendo que essa suposta razão deve afetar minha conduta. Se o determinismo significa que não existe para mim um modo preferível de agir, uma vez que a natureza ou o destino já determinaram todas as minhas ações, seu poder aniquilador atinge todas as razões sem exceção. Se o determinismo exclui a possibilidade de eu ter razões de determinado tipo –

razões para me criticar caso eu aja de certo jeito –, ele exclui a própria ideia de que existem razões para agirmos de um jeito e não de outro. Um furacão não tem culpa quando causa mortes, nem tampouco viola normas morais ou manifesta maldade de caráter. Não é imprudente quando se encaminha para uma massa de ar frio e se dissipa. Se o determinismo é verdadeiro e significa que não temos responsabilidade autorreflexiva, todos nós – os furacões e os seres humanos – somos apenas ondulações grandes e pequenas que se elevam no mar da natureza.

Será que podemos pelo menos salvar os juízos sobre estados de coisas bons e maus? Acaso não podemos dizer que é bom que as pessoas estejam felizes, mesmo que ninguém tenha responsabilidade autorreflexiva pela produção desse estado de coisas? Mais uma vez, isso depende da nossa teoria de por que os estados de coisas são bons ou ruins. É bom quando grandes catedrais são construídas ou quando as pessoas levam vidas de prazer e realização, aos seus olhos ou aos de outrem. No entanto, se fosse possível dar felicidade a um robô, eu não veria valor nenhum na felicidade dele, embora visse muito valor na ciência que lhe deu felicidade. Se as pessoas não têm responsabilidade autorreflexiva, talvez a sua felicidade não tenha mais valor que a felicidade de um robô.

8 O grande advogado de defesa Clarence Darrow era um adepto do incompatibilismo pessimista. Pensava, assim, que toda punição era errada. Ao juiz que presidia o julgamento de Richard Loeb e Nathan Leopold, estudiosos de Nietzsche, pelo homicídio gratuito do jovem Bobby Franks, ele disse: "A natureza é forte e impiedosa. Trabalha de modo misterioso, e somos suas vítimas. Nós próprios não temos muito o que fazer com ela. A natureza se encarrega da tarefa e nós desempenhamos nossos papéis. Nas palavras do velho Omar Khayyam, somos apenas 'peças impotentes no jogo que Ele joga / neste tabuleiro de noites e dias. / Avança e recua, põe em xeque, elimina, / e, uma a uma, as reconduz à sua caixa'. O que esse menino tinha a ver com isso? Ele não era seu pai; não era sua mãe; não era seus avós. Tudo isso lhe foi dado de graça. Não foi ele próprio que se rodeou de governantas e riquezas. Não foi ele que se fez a si próprio. No entanto, foi obrigado a pagar." Ver Douglas O. Linder, "Who Is Clarence Darrow?", www.law.umkc.edu/faculty/projects/ftrials/DARESY.htm (1997).

9 Este exemplo foi sugerido por David Dolinko.

10 Robert Kane, que escreve sobre o livre-arbítrio há muitos anos e organizou diversas coletâneas de ensaios sobre essa questão, diz que concorda com 90 por cento das minhas opiniões sobre o assunto e que rejeita, como eu, o princípio causal (Kane, "Responsibility and Free Will in Dworkin's Justice for Hedgehogs", em *Symposium: Justice for Hedgehogs: A Conference on Ronald Dworkin's Forthcoming Book* [número especial], *Boston University Law Review* 90, n. 2 [abril de 2010] [referenciada a partir de agora como *BU*], p. 611). Ao ver dele, deixei passar em branco a opinião de Aristóteles de que, embora as pessoas muitas vezes não tenham o controle de seus atos – quando bêbadas, por exemplo –, elas são responsáveis por sua conduta nessas ocasiões porque tinham o controle de seus atos num momento anterior, quando decidiram se embriagar. Porém, prossegue Kane, se o determinismo for verdadeiro, ninguém jamais teve controle sobre os próprios atos e, desse modo, Aristóteles não tem razão para afirmar que elas têm responsabilidade. No

entanto, essa conclusão só decorre do determinismo quando aceitamos o princípio causal que Kane diz rejeitar. A meu ver, esse contraste demonstra que muitos dos autores que melhor escreveram sobre o assunto pressupõem de modo quase intuitivo que o princípio causal, ou algo muito semelhante a ele, é correto, e que os que o rejeitam, como Hume, cometeram um erro elementar.

11 Bernard Williams, *Shame and Necessity* (Berkeley: University of California Press, 1973).

12 Ver W. F. R. Hardie, "Aristotle and the Freewill Problem", *Philosophy* 43, n. 165 (julho de 1968), pp. 274-8; Thomas Hobbes, *Leviathan*, org. R. E. Flatman e D. Johnston (Nova York: W. W. Norton, 1997), p. 108; David Hume, *An Enquiry Concerning Human Understanding*, org. P. H. Nidditch (Oxford: Clarendon Press, 1978), p. 73; T. M. Scanlon, *Moral Dimensions: Permissibility, Meaning, Blame* (Cambridge, Mass.: Belknap Press da Harvard University Press, 2008).

13 Hume, *Enquiry Concerning Human Understanding*, p. 73.

14 Roderick Chisholm, "Human Freedom and the Self", em Watson, org., *Free Will* (Oxford: Oxford University Press, 1982); Peter Van Inwagen, *An Essay on Free Will* (Oxford: Clarendon Press, 1983).

15 "Peço ao incompatibilista que explique com exatidão que tipo de liberdade, a seu ver, a escolha moralmente significativa pressupõe; e que explique de que modo as escolhas livres, nesse sentido, podem ter um poder especial de licença. Eu mesmo não vejo de que modo se poderiam dar respostas satisfatórias a essas perguntas" (Scanlon, *Moral Dimensions*, p. 206). Ver também os comentários de Scanlon a uma versão anterior deste capítulo. Scanlon, "Varieties of Responsibility", *BU*, p. 603.

16 Ver, p. ex., J. J. C. Smart, "Free Will, Praise and Blame", *Mind* 70, n. 278 (1961), pp. 291-306. Ver também Nagel, *The View from Nowhere*; Nagel, "Moral Luck" (1979), publicado novamente em seu *Mortal Questions* (Cambridge: Cambridge University Press, 1991).

17 Jean-Paul Sartre, *Existentialism Is an Humanism* (palestra dada em 1945) (New Haven: Yale University Press, 2007).

18 Talvez não seja tecnicamente culpada, perante a lei, de tentativa de homicídio, pois, supondo-se que o epifenomenalismo seja verdadeiro, tudo o que realizou foi um ato mental. Mas, do ponto de vista ético e moral, ela se encontra na mesma situação da pessoa que tentou cometer homicídio e falhou.

19 Ver Galen Strawson, "Impossibility of Mental Responsibility", p. 13.

20 Susan Wolf afirma, na realidade, que Madre Teresa é livre e responsável porque agiu de maneira correta pelos motivos corretos, mas Stalin não é livre nem responsável porque não fez isso (Susan Wolf, "Self-Interest and Interest in Selves", *Ethics* 96 [1986]; Wolf, *Freedom within Reason* [Nova York: Oxford University Press, 1990]). A meu ver, essa distinção é pouco persuasiva, mas pelo menos o argumento de Wolf não se baseia em nada que se assemelhe ao princípio de controle causal.

21 Peter Strawson, *Freedom and Resentment*.

22 Mas suponha que o guru, em vez de prever e depois reproduzir a pintura, a tenha efetivamente pintado. Ele transmitiu sinais de rádio que manipularam o cerebelo do artista, cujo braço se moveu segundo os ditames do guru. É claro que, nesse caso, não atribuiríamos nenhum crédito ao artista. Suponhamos, por outro lado, que os sinais de rádio também tenham feito o artista pensar que as milhares de decisões por ele tomadas eram decisões dele próprio. À medida que pintava, pensava que estava pintando um quadro seu, não de outra pessoa. Mas estava enganado. Tomar as próprias decisões artísticas significa manifestar numa obra concreta a sua própria noção dos vários valores estéticos em jogo e a sua própria habilidade de expressá-los. É por isso que, segundo o princípio da capacidade, certo nível da segunda capacidade, a capacidade reguladora, é essencial para a responsabilidade. E é por isso que o ato de outra pessoa pintar através de você é diferente do seu ato de pintar por si mesmo, mesmo que os seus valores estéticos e as suas habilidades estivessem predestinados a assumir exatamente a forma que assumiram. Ou seja, estamos supondo agora que nosso artista sofreu uma lavagem cerebral que o fez pensar que é o seu próprio gênio artístico que agora se manifesta na tela à sua frente. Imagino que um homem hipnotizado talvez se encontrasse na mesma situação. Porém, quando o artista ficar sabendo que a tela na verdade pressupõe as habilidades artísticas de outra pessoa, e só exibe as suas próprias por acidente, se é que as exibe, deixará de lado todo o orgulho – ou toda a vergonha – pelo que fez. Podemos apertar mais um pouco o parafuso da fantasia. Imaginemos que o guru não controlou, por rádio, os gestos isolados da mão do artista, mas, antes, implantou nele os gostos mais gerais – uma noção das possibilidades artísticas do expressionismo abstrato, por exemplo – aos quais o artista reagiu. Ou – caso mais difícil ainda – que o guru implantou nele a ideia mais concreta de que esse gênero poderia ser magnificamente explorado caso se derramasse a tinta diretamente da lata sobre uma tela posta na horizontal. Podemos, desse modo, fabricar casos difíceis para qualquer juízo acerca da responsabilidade do artista. No entanto, esses casos fantásticos só são difíceis porque imaginamos duas pessoas que tomam decisões em vez de uma, e os fatos não deixam claro de quem devemos entender que são os valores e habilidades manifestados em determinada decisão. Essa complicação não existe quando quem molda as habilidades, o gosto e o discernimento do artista não é um guru no Ártico, mas a natureza.

23 É claro que, se cada um de nós descobrisse técnicas (semelhantes à do guru) que nos permitissem prever a conduta alheia com certo grau de precisão, mesmo muito menor que esse, nossas vidas mudariam de maneira tal que nos é impossível imaginar. Certamente não conseguimos imaginar a possibilidade de prever desse modo o nosso próprio comportamento, e isto significa que não poderíamos prever totalmente o comportamento daqueles cujas vidas afetamos. Mas a dificuldade de imaginar esse mundo não anula a suposição de que, nele, a responsabilidade autorreflexiva ainda existiria.

24 Williams, *Shame and Necessity*, p. 55.

25 Ibid., pp. 72-72.

26 Temos de distinguir a oportunidade da capacidade naqueles casos em que a visão errônea que alguém tem do mundo leva a resultados ruins. Uma pessoa dotada da capacidade normal de formar crenças a respeito do mundo não percebe que a substância branca no açucareiro é arsênico. Tem responsabilidade autorreflexiva por despejá-lo, às colheradas, no café de uma visita: é apropriado que seu ato seja avaliado segundo os padrões da reta conduta. O fato de ele ter culpa ou não depende de quanto o seu erro foi razoável naquelas circunstâncias; isso, por sua vez, depende de quanto ele teve a oportunidade razoável de descobrir a verdade e de quanto foi negligente por não aproveitar essa oportunidade. O caso do deficiente mental é diferente, e seria errôneo abordar desse modo a questão da sua responsabilidade. Devemos dizer, ao contrário, que ele não tem responsabilidade autorreflexiva por seus atos: é um erro sujeitar a sua conduta a uma avaliação ética ou moral. Agradeço a um dos leitores da Harvard University Press por sugerir que eu particularizasse o caso do erro desculpável cometido por uma pessoa em pleno uso de suas faculdades mentais.

27 Ver as citações de Elbert Hubbard e Edna St. Vincent Millay em ThinkExist.com.

28 Anitta Allen acredita, com razão, que as discussões sobre os casos de doença ou deficiência mental neste e em outros capítulos são rudimentares (Allen, "Mental Disorders and the 'System of Judgmental Responsibility'", *BU*, p. 621). Na opinião dela, ainda não se escreveu uma teoria filosófica competente dessas patologias. Não tive a intenção de fornecer uma tal teoria, mas somente a de apresentar uma caracterização da doença ou deficiência mental que fosse suficiente para refutar a suposição de que nossas atitudes a respeito da responsabilidade autorreflexiva das vítimas desse tipo de patologia demonstram que aceitamos o princípio do controle causal.

29 Ver Hugo Adam Bedau, "Rough Justice: The Limits of Novel Defenses", *Report* (The Hastings Center) 8, n. 6 (dezembro de 1978), pp. 8-11.

30 American Law Institute, "Model Penal Code" (texto oficial proposto) (Filadélfia: Executive Office, American Law Institute, 1962).

31 Não necessariamente. Discutindo comigo, Seana Shiffrin assinalou que a coação, gerando um medo intenso, pode às vezes destruir essas capacidades.

32 Cf. minha discussão da justiça como parâmetro da boa vida em *Sovereign Virtue: The Theory and Practice of Equality* (Cambrigde, Mass.: Harvard University Press, 2000), Capítulo 6.

11. DA DIGNIDADE À MORAL

1 Defendo essa ideia em *Life's Dominion* (Nova York: Knopf, 1993).

2 Ronald Dworkin, *Sovereign Virtue: The Theory and Practice of Equality* (Cambridge, Mass.: Harvard University Press, 2000), Capítulo 6. Discuto os parâmetros éticos no Capítulo 9.

3 R. M. Hare, *Freedom and Reason* (Oxford: Oxford University Press, 1965), p. 130.

4 Ver Tamsin Shaw, *Nietzsche's Political Skepticism* (Princeton: Princeton University Press, 2007), particularmente o Capítulo 5. Shaw assinala que Nietzsche

costuma ser entendido como um "antirrealista" que nega a existência de valores objetivos e universais. Ela nega essa interpretação. Afirma que Nietzsche é cético a respeito da legitimidade de qualquer Estado político coercitivo, não por duvidar do caráter objetivo dos valores, mas por duvidar de que aqueles que têm a maior probabilidade de se tornar líderes políticos tenham a capacidade de descobrir valores objetivos. Ver também Simon May, *Nietzsche's Ethics and His Wars on "Morality"* (Nova York: Oxford University Press, 1999).

5 *Nietzsche, Ecce Homo,* trad. ingl. W. Kaufmann (Nova York: Vintage, 1967), II, p. 9.

6 *Thus Spoke Zarathustra,* em *The Portable Nietzsche,* org. Walter Kaufmann (Nova York: Viking, 1954).

7 Ibid., I., p. 15.

8 Nietzsche, *Beyond Good and Evil,* trad. ingl. W. Kaufmann (Nova York: Vintage, 1966), §228.

9 Nietzsche, *The Will to Power,* trad. ingl. Walter Kaufman e R. J. Hollingdale (Nova York: Random House, 1967), p. 944.

10 *The Antichrist,* em Kaufmann, *The Portable Nietzsche,* p. 11.

11 Ver Thomas Hurka, *Perfectionism* (Oxford: Oxford University Press, 1993), p. 75.

12 May, *Nietzsche's Ethics,* pp. 13, 12.

13 Aristóteles, *The Nichomachean Ethics,* pp. 572-3.

14 Bernard Williams ilustra esse dilema psicológico com um exemplo declaradamente extravagante: um turista num país governado por uma ditadura é informado de que dez prisioneiros inocentes serão mortos a menos que ele próprio mate um dos dez. Williams, "A Critique of Utilitarianism", em J. J. C. Smart e Bernard Williams, orgs., *Utilitarianism For and Against* (Cambridge: Cambridge University Press, 1973), pp. 76, 98.

15 Ver Peter Singer, *The Life You Can Save: Acting Now to End World Poverty* (Nova York: Random House, 2010). Ver também Thomas Nagel, "What Peter Singer Wants of You", *New York Review of Books,* 25 de março de 2010.

16 Essa distinção está presente em boa parte de sua obra. Ver, no Capítulo 10, a discussão das suas opiniões sobre o livre-arbítrio e a responsabilidade autorreflexiva. Nessa discussão, tenho em mente sobretudo o livro *Equality and Partiality* (Nova York: Oxford University Press, 1991), p. ex., p. 14.

17 Ibid., p. 31.

18 T. M. Scanlon, *What We Owe to Each Other* (Cambridge, Mass.: Belknap Press da Harvard University Press, 2000).

19 Immanuel Kant, *Groundwork of the Metaphysic of Morals,* trad. ingl. H. J. Paton (Nova York: Harper and Row, 1964), p. 58.

20 Ibid., p. 35.

21 Um exemplo recente é Robert N. Johnson, "Value and Autonomy in Kantian Ethics", em *Oxford Studies in Metaethics*, vol. 2, org. Russ Shafter-Landau (Oxford: Oxford University Press, 2007).

22 Ver as muitas discussões sobre as ambições de Kant em John Rawls, *Lectures on the History of Moral Philosophy* (Cambridge, Mass.: Harvard University Press, 2000).

23 John Rawls, *Collected Papers*, org. Samuel Freeman (Cambridge, Mass.: Harvard University Press, 1999), p. 346.

24 Ibid., p. 315.

25 Ibid., p. 312.

26 Ver a discussão sobre o construtivismo de Rawls no Capítulo 3.

27 Ronald Dworkin, *Justice in Robes* (Cambridge, Mass.: Belknap Press of Harvard University Press, 2006), Capítulo 9.

28 Scanlon, *What We Owe to Each Other*.

29 Colin McGinn, "Reasons and Unreasons", *New Republic*, 24 de maio de 1999.

12. AJUDA

1 Ver Ronald Dworkin, *Sovereign Virtue: The Theory and Practice of Equality* (Cambridge, Mass.: Harvard University Press, 2000), Capítulo 1.

2 Em seu recente livro *Moral Dimensions: Permissibility, Meaning, Blame* (Cambridge, Mass.: Belknap Press of Harvard University Press, 2008), Thomas Scanlon explora os diferentes modos pelos quais as intenções de um agente podem afetar ou não a permissibilidade de seus atos. O argumento deste capítulo, segundo creio, é um caso particular da sua ideia de que o "significado" (*meaning*) de um ato pode torná-lo permissível ou não. "Se alguém age sem levar absolutamente em consideração os interesses de outra pessoa, isto tem certo significado – indica algo significativo acerca da sua atitude para com essa pessoa e para com a relação mútua entre eles – quer ele tenha tido a intenção de transmiti-lo, quer não." Não se trata aí do significado que os outros veem no ato, mas do significado que ele "tem razão para atribuir-lhe, dadas as razões pelas quais foi executado" (pp. 53-4).

3 Thomas Scanlon, "Preference and Urgency", *Journal of Philosophy* 72 (1975), pp. 665-69.

4 Ver a discussão sobre os "gostos caros" no meu *Sovereign Virtue*, Capítulo 2.

5 As críticas apresentadas na conferência organizada pela Boston University Law Review (mencionada no prefácio) me ajudaram a corrigir uma impressão deixada pela leitura do meu manuscrito inicial: a de que um exemplo por mim apresentado tinha a intenção de mostrar que um nível muito alto de necessidade era não somente suficiente, mas necessário, para configurar o dever de salvamento. Ver Kenneth W. Simons, "Dworkin's Two Principles of Dignity: An Unsatisfactory Nonconsequentialist Account of Interpersonal Moral Duties", em *Symposium: Justice for Hedgehogs: A Conference on Ronald Dworkin's Forthcoming Book* (número

especial), *Boston University Law Review* 90, n. 2 (abril de 2010) (referenciada a partir de agora como *BU*), p. 715.

6 As críticas apresentadas na conferência da *Boston University Law Review* também me fizeram perceber a importância desse aspecto da questão. Ver Kwame Anthony Appiah, "Dignity and Global Duty", *BU*, p. 661; e F. M. Kamm, "What Ethical Responsibility Cannot Justify: A Discussion of Ronald Dworkin's *Justice for Hedgehogs*", *BU*, p. 691. Jeremy Waldron e Liam Murphy levantaram questões semelhantes ao discutir o manuscrito no colóquio da NYU sobre filosofia jurídica, moral e política.

7 Para conhecer um argumento em favor da ideia de que o igual respeito exige que levemos em conta a dimensão da confrontação em casos de salvamento, ver Richard W. Miller, "Beneficence, Duty and Distance", *Philosophy & Public Affairs* 32, n. 4 (2004), pp. 357-83.

8 Janos Kis fez essa sugestão num artigo apresentado num simpósio do Prêmio Holberg realizado na NYU em 2008.

9 Kenneth Simons cita provas empíricas de o quanto a confrontação faz diferença. Ver Simons, "Dworkin's Two Principles".

10 Ver Dworkin, *Sovereign Virtue*, Capítulos 8 e 9.

11 Ver Peter Singer, *The Life You Can Save: Acting Now to End World Poverty* (Nova York: Random House, 2009).

12 Sobre um sorteio em que cada pessoa tem um terço de chance, ver John Broome, "Selecting People Randomly", *Ethics* 95 (1984), pp. 38-55. Sobre um sorteio em que cada grupo tem 50 por cento de chance, ver John Taurek, "Should the Numbers Count?", *Philosophy & Public Affairs* 6 (1977), pp. 293-316.

13 Bernard Williams, a esse respeito, fez uma observação filosófica que deve ter sido uma das mais citadas do século passado: a de que, se você parou para pensar se deveria salvar a sua esposa ou vários desconhecidos, pensou demais ou teve "um pensamento a mais" do que devia (*had "one thought too many"*) (Williams, "Persons, Character, and Morality" [1976], publicado novamente em *Moral Luck* [Cambridge: Cambridge University Press, 1981], pp. 1-19).

14 Sobre o papel dos exemplos estranhos nos argumentos filosóficos, ver Kamm, "What Ethical Responsibility Cannot Justify". Creio que ela não compreendeu corretamente minhas opiniões sobre esse assunto. Ver meu "Response", *BU*, p. 1073.

13. DANO

1 Já a nossa responsabilidade atribuída pressupõe mais que esse núcleo mínimo. É preciso que tenhamos também um controle substancial sobre o que o nosso corpo faz – sobre onde podemos levá-lo e os usos que lhe podemos dar. Essa responsabilidade suplementar de controle deve ser limitada, no entanto, para proteger a responsabilidade de controle que os outros têm sobre a vida deles: você não pode, por exemplo, ter uma responsabilidade de controle que lhe permita causar dano a

mim ou à minha propriedade. Assim, o direito penal e as normas de responsabilidade civil de qualquer comunidade moralmente sensível exigem juízos sutis. Porém, o nível mais básico de responsabilidade de controle, sobre o que acontece com o nosso corpo, não precisa ser limitado. Por isso, tem sido considerado uma condição necessária para a dignidade.

2 Ver Ronald Dworkin et al., "Assisted Suicide: The Philosopher's Brief", *New York Review of Books*, 27 de março de 1997, pp. 41-7.

3 *Washington vs. Glucksberg*, 521 U.S 702 (1997).

4 *The T. J. Hooper*, 60 F. 2d 737 (2d Cir. 1932).

5 Minha primeira formulação dessa frase dava a entender, erroneamente, que o padrão do devido cuidado é dependente das ambições do agente, e não de suas oportunidades e recursos. Um padrão tão relativo teria consequências ridículas. O que eu quis dizer – e revisei o parágrafo para torná-lo mais inteligível – é o que já dissera em *Law's Empire* (Cambridge, Mass.: Harvard University Press, 1986), pp. 301 ss. Agradeço a John Goldberg e Kenneth W. Simons por chamarem minha atenção para este ponto. Ver Goldberg, "Liberal Responsibility: A Comment on *Justice for Hedgehogs*", p. 677, e Simons, "Dworkin's Two Principles of Dignity: An Unsatisfactory Nonconsequencialist Account of Interpersonal Moral Duties", p. 715, ambos em *Symposium: Justice for Hedgehogs: A Conference on Ronald Dworkin's Forthcoming Book* (número especial), *Boston University Law Review* 90, n. 2 (abril de 2010).

6 Veja um desenvolvimento esclarecedor dessa ideia em Mark Geistner, "The Field of Torts in *Law's Empire*", Aula Inaugural da Cátedra Sheila Lubetsky Birnbaum de Direito Civil, site de notícias de direito da NYU, www.law.nyu.edu/news/GEISTFELD_BIRNBAUM_LECTURE.

7 Faço aqui uma apresentação simplificada de um conjunto de teorias muito complexo. Ver, p. ex., Kamm, "The Doctrine of Triple Effect and Why a Rational Agent Need Not Intend the Means to His End", em *Intricate Ethics: Rights, Responsibilities, and Permissible Harm* (Oxford: Oxford University Press, 2006), pp. 91-129.

8 Judith Thompson, "The Trolley Problem", *Yale Law Journal* 94 (1985), pp. 1395-415; Frances Kamm, "The Trolley Problem", em *Morality, Mortality*, vol. 2: *Rights, Duties, and Status* (Nova York: Oxford University Press, 2001), pp. 143-72.

9 John Harris, "The Survival Lottery", *Philosophy* 49 (1974), pp. 81-7.

10 Ver a discussão desse princípio e dessa consequência no Capítulo 9.

11 Scanlon defende uma distinção entre a questão deliberativa de o que o agente deve fazer, por um lado, e a questão crítica de saber se ele refletiu corretamente sobre a questão deliberativa. Ver T. M. Scanlon, *Moral Dimensions: Permissibility, Meaning, Blame* (Cambridge, Mass.: Belknap Press of Harvard University Press, 2008), Capítulo 1, "The Illusory Appeal of Double Effect". Segundo Scanlon, o fato de um líder militar ter o objetivo de matar civis num bombardeio ou, ao contrário, simplesmente saber que eles morrerão é pertinente na análise da questão crítica, mas não na análise da questão deliberativa da permissibilidade, a menos que essa diferença afete o número de civis efetivamente mortos. Porém, se o bombardeio vai fazer com que a guerra acabe mais cedo, salvando assim a vida de milhares de

civis em ambos os lados, por que motivo ele só seria justificado se também apresentasse uma vantagem militar imediata? Scanlon propõe um princípio para distinguir os dois casos (p. 28), mas ele parece somente reafirmar a exigência, sem explicá-la. No texto, procuro apresentar uma justificação. Esta não se baseia na motivação, hipótese à qual Scanlon objeta. Não pede que o general procure identificar qual é o objetivo principal que pretende alcançar com o bombardeio. Indaga, isto sim, se a sua decisão pode ser justificada sem que tenhamos de pressupor que esse é o melhor uso a ser dado às vidas dos civis que ele matará. Em alguns casos de tipo muito diferente, no entanto, a motivação parece pertinente não somente na análise crítica, mas também na análise de permissibilidade. Um locador só poderia negar um apartamento a um pianista negro se objetasse, não à sua raça, mas ao fato de ele ficar estudando piano a noite inteira.

12 *Rochin vs. California*, 342 U.S 165 (1952).

13 Sobre essa importante questão ética, ver meu livro *Life's Dominion* (Nova York: Knopf, 1993).

14 Thompson, "The Trolley Problem".

15 A distinção entre o azar e a usurpação também é pertinente em outros contextos. Ver meu *Sovereign Virtue: The Theory and Practice of Equality* (Cambridge, Mass.: Harvard University Press, 2000), Capítulo 13: "Playing God: Genes, Clones and Luck".

14. OBRIGAÇÕES

1 A discussão clássica é a de Wesley Hohfeld, *Fundamental Legal Conceptions as Applied in Judicial Reasoning*, org. W. W. Cooke (New Haven: Yale University Press, 1919).

2 Ver David Lewis, *Convention* (Cambridge Mass.: Harvard University Press, 1969).

3 John Rawls afirma que o dever de justiça, que nos manda apoiar as instituições justas e obedecê-las, é um dever natural. (Rawls, *A Theory of Justice* [Cambridge, Mass.: Harvard University Press, 1971], pp. 115, 334.)

4 Ibid., pp. 342-3. Rawls se refere a H. L. A. Hart, "Are There Any Natural Rights?", *Philosophical Review* 64 (1955), pp. 185-6.

5 Robert Nozick, *Anarchy, State, and Utopia* (Nova York: Basic Books, 1974), pp. 93-5.

6 David Hume, *A Treatise of Human Nature*, 3.2.5-14/15-524.

7 G. E. M. Anscombe, "Rules, Rights and Promises", em seu *Ethics, Religion, and Politics: Collected Philosophical Papers* (Minneapolis: University of Minnesota Press, 1981), pp. 97-103.

8 Scanlon afirma que a promessa deve ser entendida como um meio convencional de reconhecimento de que as exigências do seu Princípio F devem ser atendidas em dadas circunstâncias. Creio que esse entendimento não faz jus à função e à importância da instituição das promessas. As várias cláusulas do Princípio F podem

ser atendidas em diferentes graus, de modo que pode ser difícil saber se as suas condições são atendidas em grau suficiente para determinar a responsabilidade moral de alguém num caso particular. Isso se aplica particularmente à exigência de que A "leve" B a formar determinadas crenças. Se você tivesse me ligado várias vezes tentando me convencer a ir à conferência para que pudéssemos conversar, a certeza que eu pensaria ter recebido seria maior do que se você tivesse mencionado a questão de passagem; nesse caso, a diferença teria de ser levada em conta não só para saber se você assumiu, aparentemente, alguma responsabilidade moral diante de mim, mas também para determinar o grau dessa responsabilidade – para sabermos se um convite conflitante e mais importante recebido depois por você lhe proporcionaria uma desculpa adequada para faltar à conferência. Uma promessa cumpre sua função na medida em que declara que o estímulo oferecido foi dado no nível mais alto de intensidade, sendo assim suficientemente intenso para diminuir muito as exigências para as outras condições.

Além disso, algumas das cláusulas do Princípio F não precisam necessariamente ser atendidas em grau nenhum a fim de criar-se uma obrigação. Como afirmo abaixo nesta mesma nota, A pode adquirir uma obrigação mesmo que B não tenha realmente a expectativa de que A vá fazer o que diz. Talvez tampouco seja necessário atender a outras cláusulas; pode-se discutir, por exemplo, se é necessário que A saiba que B quer uma certeza – talvez seja suficiente que A queira lhe dar certeza e que B saiba disso, mesmo que B não queira especificamente que A lhe dê uma certeza. Devemos, portanto, afirmar que, na ausência de uma promessa explícita ou da negação explícita de uma promessa, as situações gerais contempladas pelo Princípio F são moralmente fluidas. Muitas coisas dependem das circunstâncias, e estas podem dar origem a muitos desacordos entre pessoas razoáveis. Pelas razões descritas no texto e do modo ali descrito, uma promessa explícita ou a negação explícita de uma promessa torna a situação nitidamente menos fluida.

Scanlon encontra uma dificuldade na sua própria formulação do Princípio F. Suponhamos que A prometa ajudar B a arar o campo deste amanhã. De acordo com o primeiro passo do Princípio F, A só incorre numa obrigação caso consiga convencer B de que o ajudará a arar seu campo. Entretanto, A não poderá convencer B desse fato a menos que B pense que A terá uma razão para ajudá-lo. Em certas circunstâncias, a única razão que B, sem fugir à sensatez, pode supor que A tenha (depois de B ter terminado de ajudar A a arar o campo deste) é obrigação em que ele supõe que A incorreu em virtude de sua promessa. Assim, o argumento em favor da existência da obrigação não decola: seu primeiro passo pressupõe sua conclusão. (Essa é uma versão do problema de circularidade que mencionei no início da discussão no corpo do texto.) Scanlon pretende resolver esse problema fazendo apelo a um outro princípio segundo o qual A está proibido de prometer a menos que tenha a crença razoável de que cumprirá a promessa. B tem o direito de acreditar que A também respeita esse princípio, e tem, portanto, o direito de pensar que A cumprirá a promessa, sem que para tanto tenha de apoiar-se na suposição de que A incorreu numa obrigação. Uma vez que B tenha formado essa crença, as condições do Princípio F são atendidas e A adquire a obrigação (Scanlon, *What We Owe to Each Other* [Cambridge, Mass.: Belknap Press of Harvard University Press, 2000], p. 308). Os críticos, com razão, comentam que o fato de A, no ato de fazer a promessa, ter uma crença razoável de que vai cumpri-la, não deve levar B a concluir que A terá uma razão para cumpri-la num momento posterior. Ver, p. ex., Niko Kolodny e R. Jay Wallace, "Promises and Practices Revisited", *Philosophy & Public Affairs* 31, n. 2 (2003), p. 119. A primeira etapa do Princípio F de Scanlon é forte demais. Não é necessário que A convença B de que vai cumprir sua promessa ou respeitar alguma outra forma de garantia a fim de que A incorra numa obrigação. A tem a obrigação quando promete e outras condições se verificam, mesmo que B considere possível, ou até provável, que A venha a descumpri-la. É preciso que B tenha alguma razão para fazer o acordo nesse caso, mas, não sem algum esforço, podemos imaginar uma possibilidade. Talvez B quisesse ter a ocasião de mostrar ao mundo o quanto A é mau-caráter, por exemplo. Ou talvez queira, generosamente, ajudar A a arar seu campo sem demonstrar que não confia na palavra de A. Ou talvez ele mesmo duvide de que A tem uma obrigação – talvez B pense que A não tem ciência do fato de que o campo de B é muito mais difícil de arar. Talvez B pense que A, por esse motivo, não tem nenhuma obrigação, mas espere que A pense ter. Em todos esses casos, é possível que A ainda tenha a obrigação de arar o campo de B amanhã, quer B tenha a expectativa de que ele o are, quer não, e quer ele pense que A tem essa obrigação, quer não.

9 Scanlon, *What We Owe to Each Other*, p. 304.

10 Charles Fried, *Contract as Promise: A Theory of Contractual Obligation* (Cambridge, Mass.: Harvard University Press, 1982), Capítulo 2, p. 9.

11 Meus colegas Kevin Davis e Liam Murphy generosamente me chamaram a atenção para essa questão.

12 Thomas Scanlon me lembrou desse argumento prático que prova a existência de algumas obrigações decorrentes de papéis sociais.

13 Ronald Dworkin, *Law's Empire* (Cambridge, Mass.: Harvard University Press, 1986), pp. 68-73.

14 Richard Fallon levanta algumas questões sobre essa discussão. Ver Richard H. Fallon Jr., "Is moral Reasoning Conceptual Interpretation?", em *Symposium: Justice for Hedgehogs: A Conference on Ronald Dworkin's Forthcoming Book* (número especial), *Boston University Law Review* 90, n. 2 (abril de 2010) (referenciada a partir de agora como *BU*), p. 535.

15 Robert Paul Wolff, *In Defense of Anarchism* (Nova York: Harper and Row, 1970).

16 Agradeço a Susanne Sreedhar e Candice Delmas por me convencer da importância da questão de saber se a legitimidade é uma questão de grau (Sreedhar and Delmas, "State Legitimacy and Political Obligation in *Justice for Hedgehogs*: The Radical Potential of Dworkinian Dignity", *BU*, p. 737). Boa parte deste parágrafo é uma resposta a elas.

15. DIREITOS E CONCEITOS POLÍTICOS

1 James Griffin entende erroneamente essa ideia. Ver James Griffin, *On Human Rights* (Oxford: Oxford University Press, 2008), p. 20, reiterado em Griffin, "Hu-

man Rights and the Autonomy of International Law", em Samantha Besson e John Tasioulas, orgs., *The Philosophy of International Law* (Oxford: Oxford University Press, 2010). É claro que os direitos políticos não se exercem somente contra um governo que visa melhorar a situação de todos. O critério do trunfo estabelece um padrão que todos os supostos direitos devem atender – os interesses por eles protegidos devem ser importantes o suficiente para sobrepujar até mesmo uma justificativa política adequada. O critério não implica que o povo não tenha direitos contra tiranos cujos objetivos não são adequados. Além disso, um direito pode ser entendido como um trunfo mesmo que não venha a atuar como trunfo contra o bem geral em casos de emergência, ou seja, quando os interesses rivais são graves e urgentes – o que ocorreria, por exemplo, se um grande número de vidas estivesse ameaçado ou se a sobrevivência do Estado estivesse em questão. Nesse caso, podemos dizer que o trunfo não é derrotado por uma justificativa comum, mas por um trunfo superior. Ver meu texto "Rights as Trumps", em Jeremy Waldron, org., *Theories of Rights* (Oxford: Oxford University Press, 1985). Há controvérsia entre os filósofos políticos quanto à questão de saber se os grupos de indivíduos são dotados de direitos políticos – se é adequado postular que uma minoria ética dentro de uma comunidade política maior tem certos direitos, por exemplo. Ver, p. ex., Will Kymlicka, *Liberalism, Community, and Culture* (Oxford: Oxford University Press, 1989). Minha opinião é que somente os indivíduos têm direitos políticos, embora entre eles se incluam o direito de não sofrer discriminação por ser membro de determinado grupo, e possa também incluir-se o direito de receber benefícios em comum com os demais membros do grupo – por exemplo, o direito de que todos os autos processuais sejam disponibilizados em sua própria língua. No entanto, não vou desenvolver esta questão aqui. Meu argumento vale igualmente para os direitos políticos grupais, caso estes existam.

2 Nem todos admiram essa metáfora. Ver Robin West, "Rights, Harms, and Duties: A Response to *Justice for Hedgehogs*", em *Symposium: Justice for Hedgehogs: A Conference on Ronald Dworkin's Forthcoming Book* (número especial), *Boston University Law Review* 90, n. 2 (abril de 2010) (referenciada a partir de agora como *BU*), p. 819, e minha "Response" [Resposta], publicada no mesmo número.

3 Charles Beitz, *The Idea of Human Rights* (Oxford: Oxford University Press, 2009), pp. 96 ss.

4 Ver, p. ex., John Rawls, *The Law of Peoples*, 2. ed. (Cambridge, Mass.: Harvard University Press, 1999); Joseph Raz, "Human Rights without Foundations", em Samantha Besson e John Tasioulas, orgs., *The Philosophy of International Law* (Oxford: Oxford University Press, 2010), pp. 321 ss.; John Skorupski, "Human Rights", em Besson e Tasioulas, *Philosophy of International Law*, p. 357.

5 Em *On Human Rights*, Griffin postula que aquilo que ele denomina "personalidade" é a pedra de toque dos direitos humanos; afirma que o respeito pela personalidade exige a garantia do bem-estar, da liberdade e da autonomia, e que estes, portanto, são direitos humanos (p. 149). Ele aceita o desafio descrito no texto: explicar em que os direitos humanos diferem dos demais direitos políticos. Mas acredita que o desafio pode ser vencido mediante uma descrição mais sutil das exigências

próprias da personalidade. "Segundo a teoria da personalidade [...] o limite está naquele ponto em que se cumprem as condições proximais necessárias para a atividade normativa [...] haverá um difícil trabalho de interpretação a ser feito sobre a ideia de 'condições proximais necessárias para a atividade normativa' a fim de torná-la mais nítida" (p. 183). Porém, como notou Joseph Raz, essa explicação não adianta muito. Por um lado, se as condições que Griffin tem em mente são aquelas necessárias para uma autonomia muito limitada, é extremamente fácil atendê-las. Até os escravos tomam algumas decisões. Por outro lado, se as condições são entendidas como aquelas necessárias para um grau substancial de bem-estar, liberdade e autonomia, resta o problema de distinguir entre os direitos humanos e outros direitos políticos. Onde situar a fronteira entre eles? Ver Raz, "Human Rights without Foundations". A resposta de Griffin parece apenas confirmar a queixa de Raz. Ele pretende que "detalhes práticos" possam nos ajudar a determinar o "limiar" da autonomia protegida pelos direitos humanos, mas acrescenta que será necessário um "trabalho considerável" para encontrar o limiar correto (pp. 347-9).

Charles Beitz acredita que os direitos humanos não devem ser identificados por meio de um princípio que opere "de cima para baixo", como é o caso do respeito pela personalidade, mas sim por meio de uma interpretação das práticas concretas relacionadas aos próprios direitos humanos – uma interpretação orientada, como deve ser, por uma noção da finalidade dessa instituição (Beitz, *The Idea of Human Rights*). No entanto, como observamos ao longo de toda a Parte Dois deste livro, esse tipo de interpretação pressupõe princípios gerais capazes de determinar a melhor justificativa para os dados brutos dessas práticas, e esses princípios são exatamente daquele tipo que Beitz gostaria de evitar: princípios que funcionam "de cima para baixo". Beitz reconhece a necessidade de distinguir os direitos humanos dos outros direitos políticos e afirma que os direitos humanos são menos amplos que os direitos políticos que definem uma sociedade justa (p. 142). Porém, os critérios de distinção que ele propõe não parecem muito promissores. Diz ele que certas exigências da justiça são menos urgentes que as demais; que certos supostos direitos seriam mais difíceis do que outros de ser impostos em nível internacional; e que se pode considerar, sem fugir à sensatez, que determinadas exigências da justiça variam de acordo com os contextos econômicos, sociais e culturais das sociedades (p. 143). O segundo critério mistura duas questões muito diferentes: por um lado, a de saber se a comunidade internacional teria o direito de interferir caso pudesse fazê-lo de modo eficaz; e, por outro, a de determinar se ela realmente é capaz de fazê-lo de modo eficaz. Essas duas questões se relacionam com duas condições gerais das intervenções internacionais que não devem ser misturadas e que, de qualquer modo, somente se aplicam aos casos de barbárie pura e simples, pois somente nesses casos é que uma intervenção internacional se justifica. O primeiro critério pressupõe uma métrica da urgência que, dado que seja possível elaborá-la, talvez não produza os resultados corretos. Como hierarquizar, por exemplo, os graus de urgência do direito de exprimir opiniões racistas, do direito ao aborto, do direito a receber um transplante renal em caso de risco de vida, do direito das pessoas do mesmo sexo ao casamento e do direito a não sofrer privação de liberdade sem um julgamento justo? Por fim, o terceiro critério não faz distinção entre a justiça em geral e os direitos humanos em particular; tanto a primeira quanto os segundos variam um pouco de acordo com o contexto nacional, e o critério de Beitz não nos diz por que os direitos humanos variam mais que a justiça.

6 Ronald Dworkin, *Is Democracy Possible Here? Principles for a New Political Debate* (Princeton: Princeton University Press, 2006).

7 Robert D. Sloane, "Human Rights for Hedgehogs? Global Value Pluralism, International Law, and Some Reservations of the Fox", *BU*, p. 975.

8 O enigma já aparece no *Eutífron* de Platão (Plato, *The Last Days of Socrates*, trad. ingl. Hugh Tredennick e Harold Tarrant [Harmondsworth: Penguin Books, 1993]). Com relação a discussões mais modernas, ver, p. ex., Ralph Cudworth, *A Treatise Concerning Eternal and Immutable Morality* (1731; Nova York: Cambridge University Press, 1996); Mark Schroeder, "Cudworth and Normative Explanations", *Journal of Ethics and Social Philosophy* 1 (2005), pp. 1-27.

9 O bispo R. C. Mortimer sentia-se atraído por essa ideia. "O primeiro fundamento é a doutrina de Deus Criador. Deus fez a nós e ao mundo inteiro. Por isso, Ele tem o direito absoluto à nossa obediência. Não existimos por nós mesmos, mas somente na qualidade de criaturas d'Ele, que devem, portanto, fazer e ser o que Ele deseja" (Robert C. Mortimer, *Christian Ethics* [Londres: Hutchinson's University Library, 1950], p. 7).

10 Harry Frankfurt entende a igualdade dessa maneira. Ver seu "Equality as a Moral Ideal", em William Letwin, org., *Against Equality: Readings in Economic and Social Policy* (Londres: Macmillan, 1983), p. 21. Frankfurt ataca "a doutrina de que é desejável que todos tenham a mesma quantidade de renda e riqueza (em suma, de 'dinheiro')".

11 John Rawls, *A Theory of Justice* (Cambridge, Mass.: Harvard University Press, 1971).

12 Ver, p. ex., R. George White, "The High Cost of Rawls' Inegalitarianism", www.jstor.org/stable/448214.

13 Ver Derek Parfit, *Equality of Priority* (Lawrence: University of Kansas, 1995).

14 O termo "escorrer" (*trickle down*) é usado principalmente num sentido pejorativo. A teoria em si, comumente chamada de *Reaganomics*, é vigorosa, mas desacreditada. Ver "Live Free or Move", editorial, *Wall Street Journal*, 16 de maio de 2006.

15 Isaiah Berlin, "Two Concepts of Liberty" (1958), em *Four Essays on Liberty* (Oxford: Oxford University Press, 1969); Bernard Williams, "From Freedom to Liberty: The Construction of a Political Value", *Philosophy & Public Affairs* 30, n. 1 (2001), pp. 3-26.

16. IGUALDADE

1 Ver Eduardo Porter, "Race and the Social Contract", *New York Times*, 31 de maio de 2008.

2 Ver meu *Sovereign Virtue: The Theory and Practice of Equality* (Cambridge, Mass.: Harvard University Press, 2000), Capítulo 3.

3 Sen afirma que seu recente livro *The Idea of Justice* (Cambridge, Mass.: Harvard University Press, 2009) assinala um importante "afastamento" em relação às teorias de justiça mais divulgadas – cita a obra de John Rawls e a minha, entre outras –, que tratariam unicamente da descrição de instituições idealmente justas e não teriam, portanto, utilidade alguma para orientar os juízos comparativos que devemos fazer neste mundo real e muito imperfeito. Mas os dois princípios de justiça de Rawls são feitos sob medida para os juízos comparativos reais que Sen tem em mente. Com efeito, existe um número astronômico de textos escritos por filósofos, cientistas políticos, economistas, juristas e até políticos que aplicam as teorias de Rawls a controvérsias políticas concretas. (Para colher uma amostra, basta digitar "Rawls" e o nome de qualquer controvérsia particular no Google.) No meu caso, é possível que Sen não tenha levado em conta minha discussão "Back to the Real World" ["De volta ao mundo real"], no Capítulo 3 de *Sovereign Virtue*, que descreve detalhadamente como a teoria abstrata da justiça que defendo naquele livro pode ser usada para justificar juízos comparativos acerca de aperfeiçoamentos na justiça. Tampouco levou em conta toda a segunda parte – a segunda metade – de *Sovereign Virtue*, dedicada, como promete o próprio subtítulo do livro, à "prática" e não à "teoria" da igualdade. Também ali discuto detalhadamente a aplicação da teoria geral da primeira parte do livro ao aperfeiçoamento prático dos atuais cursos de ação política nos campos da tributação, da assistência médica, da justiça racial, da política genética, do aborto, da eutanásia, da liberdade de expressão e da regulamentação das eleições. Procurei, ainda, explicar as consequências práticas do meu ponto de vista em revistas de circulação geral, particularmente na *New York Review of Books*.

A obra de Sen em matéria de economia do desenvolvimento tem uma importância e uma utilidade enormes. Suas teses sobre as causas da fome endêmica são particularmente influentes. Ele facultou aos leitores ocidentais o acesso ao conhecimento da história, da literatura e da filosofia orientais, particularmente indianas; seu último livro é especialmente rico em informações desse tipo. Entretanto, *The Idea of Justice* não corrobora a pretensão de Sen de estar se afastando das tendências atuais da filosofia política normativa: na verdade, ele colabora muito menos para a formação de juízos reais do que as teorias das quais pretende se afastar. Seus comentários sobre questões políticas particulares são ou incontroversos – ele condena a escravidão – ou evasivos. Ele apresenta diversos critérios para que se faça um juízo comparativo sobre as estruturas existentes, mas esses critérios se situam num nível demasiado abstrato para ser úteis em tais juízos. Reafirma o espírito do critério do "observador imparcial" de Adam Smith, que recomenda as decisões que seriam tomadas por um juiz imparcial e ideal. Mas esse critério, a menos que seja interpretado num sentido utilitarista, não tem aplicabilidade prática: não nos diz qual teoria esse espectador bondoso adotaria para decidir questões ora controversas. Sen afirma que a ação política deve concentrar-se (não exclusivamente) na promoção da igualdade daquilo que ele chama de "capacidades" (ver a discussão sobre as "capacidades" na nota 6, abaixo), mas admite uma ampla variação do modo pelo qual as pessoas classificam a importância dessas capacidades e não recomenda nenhum esquema para escolhermos entre essas classificações em casos de grave desacordo. Acredita que a livre discussão democrática entre cidadãos idealmente dotados de espírito público seria útil para formação de juízos comparativos. Não diz, porém, como essa ideia poderia ser útil em comunidades reais que incluem um grande número de seguidores de – digamos – Sarah Palin. No mundo real da política, de nada adianta recomendar a devida consideração de uma grande variedade de fatores que todos consideram pertinentes; é preciso também propor um esquema geral que indique qual peso esses diversos fatores devem ter numa decisão prática sobre uma questão controversa.

4 O artigo de Baker, ambicioso e forte, foi terminado pouco antes de sua morte trágica (C. Edwin Baker, "In Hedgehog Solidarity", *Symposium: Justice for Hedgehogs: A Conference on Ronald Dworkin's Forthcoming Book* [número especial], *Boston University Law Review* 90, n. 2 [Abril de 2010] [referenciada a partir de agora como *BU*], p. 759). Ele acreditava, ao contrário de mim, que os cidadãos não precisam demonstrar mais consideração por seus concidadãos quando agem juntos na política do que quando agem como indivíduos. A política, em sua opinião, deve ser entendida como uma atividade competitiva em que cada cidadão trabalha para promover seus próprios valores e objetivos, com vistas a obter uma decisão política coletiva que crie um ambiente ético que ele aprove. Nessa competição há vencedores e perdedores. A maioria política deve tolerar as minorias; não deve coagi-las para que adotem os valores da maioria nem deve violar por outros meios sua liberdade ou seus demais direitos. Mas a maioria não deve deixar de usar política a fim de moldar a comunidade segundo suas próprias convicções acerca da boa vida. Não precisa tentar ser neutra em consideração aos que discordam dela.

Baker também discordava de mim, de um jeito parecido, a respeito da democracia. Concordava com a necessidade daquilo que, no Capítulo 18, denomino de concepção coparticipativa desse ideal. Mas pensava que adoto uma interpretação "epistêmica" da coparticipação, em que o papel da comunidade é simplesmente o de identificar e fazer valer uma teoria correta da justiça distributiva e política, ao passo que ele favorecia uma interpretação baseada na "escolha", segundo a qual é a maioria que escolhe os valores que definem a comunidade como um todo. "De acordo com essa alternativa, os coparticipantes procuram convencer uns aos outros de seus ideais éticos e agem em parceria para alcançá-los. Para ela, a virtude soberana não é a igual consideração, mas o igual respeito." Pensava ele que, se os cidadãos forem concebidos não só como competidores, mas também como coparticipantes de uma "ação comunicativa" em que "dão razões" uns aos outros, o fundamento dos princípios de justiça seria mais sólido do que aquele proporcionado por uma teoria semelhante à minha. Ele adotava a tese de Jürgen Habermas de que as pessoas envolvidas em uma conversa se comprometem com certos princípios, e que são esses compromissos que identificam a justiça para elas.

Ao considerarmos as teorias dele, vale a pena distinguir duas questões. Em primeiro lugar, acaso os membros de uma comunidade política coercitiva têm, ao criar uma estrutura econômica, a obrigação de tratar como igualmente importantes os destinos de cada um dos cidadãos? Em segundo lugar, acaso são obrigados a não adotar leis que só possam ser justificadas caso se pressuponha a veracidade de ideias éticas controversas dentro da comunidade? Este capítulo responde "sim" à primeira pergunta. Embora Baker tenha negado a necessidade da igual consideração, não tenho certeza de que ele realmente discordasse. Penso, antes, que ele associava a igual consideração a uma resposta afirmativa à segunda pergunta. Não há nada em sua imagem de uma democracia de escolha que dê a entender que a maioria não deva ter igual consideração pelo destino – não estamos falando aqui de valores – de todos os concidadãos. Examinemos a segunda pergunta. Baker acreditava que, numa democracia de escolha, a maioria deve ter o poder de escolher, para a educação pública, textos que reflitam seus valores, bem como de dar caráter oficial a determinada religião. Creio que ele subestimou o poder coercitivo desse tipo de controle. (Ver meu *Is Democracy Possible Here? Principles for a New Political Debate* [Princeton: Princeton University Press, 2006].) A tolerância imaginada por Baker não encorajaria na prática que os cidadãos "dessem razões" uns aos outros como ele esperava. Pelo contrário: uma maioria segura do seu poder de escolher os livros das escolas públicas não teria motivo algum para tentar se explicar para os excluídos. Pode-se encontrar um assustador exemplo contemporâneo em Russell Shorto, "How Christian Were the Founders?", *New York Times*, 11 de fevereiro de 2010. A concepção de liberdade que descrevo no Capítulo 17, a qual permite que o ambiente ético se forme organicamente, na medida do possível, por meio das escolhas individuais uma a uma, e não pela ação coletiva, incentiva muito mais as conversas que visam à persuasão.

5 Richard Arneson, "Equality and Equal Opportunity for Welfare", *Philosophical Studies* 56 (1989), pp. 77-93; e G. A. Cohen, "On the Currency of Egalitarian Justice", *Ethics* 99 (1989), pp. 906-44.

6 Ver meu *Sovereign Virtue*, pp. 301-3. Em seu *Inequality Reexamined* (Cambridge, Mass.: Harvard University Press, 1992), Amartya Sen descreve as "capacidades" (*capabilities*) que devem figurar nesse cálculo e inclui entre elas aquelas que possam fazer com que seu titular "seja feliz, tenha respeito por si mesmo, participe da vida da comunidade e assim por diante". Talvez estas noções pareçam centradas na ideia de bem-estar, mas naquelas páginas eu apresentei uma caracterização alternativa. Em *The Idea of Justice*, Sen acrescenta que "a felicidade, ao contrário da capacidade, não gera obrigações" (p. 271), mas não fica claro se devemos entender que este juízo tem o objetivo de mudar sua opinião anterior.

7 Sen, *The Idea of Justice*, p. 265.

8 Ver "Ronald Dworkin Replies", em Justine Burley, org., *Dworkin and His Critics* (Malden, Mass.: Blackwell, 2004), pp. 340 ss.

9 Em *Sovereign Virtue*, Capítulo 2, descrevo de modo muito mais detalhado a história aqui resumida e examino suas implicações no que se refere à tributação e a outros aspectos da política.

10 No decurso de um ensaio muito instrutivo, Freeman afirma que a ambição de cobrar das pessoas o verdadeiro custo de oportunidade de suas escolhas de trabalho e consumo não pode nos ajudar a construir uma teoria da justiça na distribuição, porque nosso entendimento dos verdadeiros custos de oportunidade depende de tal teoria, que, portanto, já deveria ter sido pressuposta (Samuel Freeman, "Equality of Resources, Market Luck, and the Justification of Adjusted Market Dis-

tribuitions", *BU*, p. 921). Se postularmos que um esquema utilitarista é o mais justo, por exemplo, concluiremos que os verdadeiros custos de oportunidade impostos pelas escolhas de uma pessoa serão aqueles fixados pelo sistema de preços que melhor promove a utilidade. Se postularmos a superioridade de alguma outra teoria da justiça, entenderemos os verdadeiros custos de oportunidade como aqueles fixados pelos preços dentro de um sistema econômico que ponha em prática essa outra teoria. Por isso, mesmo partindo do pressuposto de que a exigência de que a pessoa pague pelos verdadeiros custos de oportunidade impostos por suas escolhas é um ato de respeito pela responsabilidade que ela tem pela própria vida, não podemos tirar daí nenhuma conclusão acerca de qual é a melhor teoria da justiça.

No entanto, a concepção de igualdade de recursos descrita no texto usa a ideia de custos de oportunidade num nível mais básico. Qualquer interpretação plausível da igual consideração vai postular que, numa comunidade política, ninguém tem, a princípio, direito a mais recursos que qualquer outra pessoa; procura-se determinar se alguma razão compatível com esse pressuposto justifica um sistema econômico em que alguns prosperam mais que os outros. Os utilitaristas, os rawlsianos e outros teóricos arrolam razões desse tipo: afirmam que, para que as pessoas sejam tratadas com igual consideração, é preciso maximizar seu bem-estar médio, proteger a situação do grupo mais pobre ou coisa que o valha. Em seguida, expõem modelos de sistemas econômicos que seriam justificados por esses diversos pressupostos; e, como diz Freeman, todos esses modelos levam em si um cálculo característico dos verdadeiros custos de oportunidade que as escolhas de uma pessoa impõem às outras. A igualdade de recursos, por outro lado, postula que a ideia de uma justa distribuição dos custos de oportunidade não deriva de outras razões que permitiriam um desvio em relação à igualdade absoluta, mas é ela própria uma razão que justifica esses desvios, e, ao mesmo tempo, limita a amplitude deles. Define os verdadeiros custos de oportunidade recursivamente, caracterizando-os como aqueles que são medidos pelos preços num mercado onde todos dispõem de recursos iguais e onde os seguros contra diversos tipos de risco são comprados e vendidos em termos de igualdade. Então, mediante a tributação e a redistribuição, os frutos desse mercado estruturam mercados futuros nos quais os preços definem os verdadeiros custos de oportunidade. Sendo assim, a ambição de tornar cada qual responsável por suas escolhas está em operação desde o começo nessa concepção da justiça distributiva.

11 Ver a discussão em *Sovereign Virtue*, Capítulos 8 e 9.

12 Recomendo o modo como Ripstein expõe minhas teses acerca da justiça distributiva. Ver seu ensaio "Liberty and Equality", em Arthur Ripstein, org., *Ronald Dworkin* (Cambridge: Cambridge University Press, 2007), p. 82. Ele cita como objeção o caráter compulsório do esquema de seguros (p. 103). Comenta, ainda, que, embora o esquema de seguros seja projetado para distinguir os gostos das deficiências, na prática ele pressupõe essa distinção, pois não leva em conta o fato de as pessoas poderem se assegurar contra a possibilidade de terem gostos caros. Eu não pretendia que o esquema ajudasse a fazer essa distinção, que, a meu ver, poderia ser feita independentemente por meio daquilo que descrevi como um teste de identificação. Um gosto não é uma deficiência para o agente que não quer não tê-lo. Ver meu texto "Ronald Dworkin Replies", em Burley, *Dworkin and His Critics*, pp. 347 ss.

Ver também o meu "Sovereign Virtue Revisited", *Ethics* 113 (outubro de 2002), pp. 106, 118 ss. Vale a pena notar, no entanto, que o esquema de seguros de fato impõe essa distinção por meio do fenômeno do risco moral. Nenhuma seguradora vai oferecer seguro contra um risco cujo cultivo é controlado pelo segurado e acerca do qual não se possa supor que seja indesejável para este. Do mesmo modo, não vai oferecer seguro – exceto a um preço extravagante – contra um risco acerca do qual seria dispendioso e especialmente difícil provar que seu cultivo não é desejado e não está sob o controle do segurado. Não se trata apenas de um conveniente efeito colateral do esquema de seguros. Esse fato reflete o vínculo entre esse esquema e a concepção da responsabilidade autorreflexiva defendida no Capítulo 10. Também recomendo outra discussão ponderada da objeção ao seguro compulsório, apresentada no decurso de um estudo cuidadoso e detalhado da igualdade de recursos: Alexander Brown, *Ronald Dworkin's Theory of Equality: Domestic and Global Perspectives* (Basingstoke: Palgrave Macmillan, 2009). O estudo de Brown tem a grande virtude de discutir o papel dessa concepção da igualdade no contexto da justiça global, papel sobre o qual, como ele assinala, eu ainda não havia falado.

13 Sen discute detalhadamente a hipotética estratégia de seguros em *The Idea of Justice*, pp. 264-8. Para responder, é melhor que eu use um veículo deselegante: uma lista. (1) Ele discute os comentários que fiz num livro anterior acerca de sua teoria das "capacidades". Ver *Sovereign Virtue*, pp. 299-303. Nega que essa teoria gire em torno da ideia de bem-estar. Apresentei algumas razões pelas quais é fácil interpretá-la sob essa ótica: Ver a discussão das "capacidades" na nota 6, acima. (2) Acerca da interpretação alternativa que ofereci – que a teoria das capacidades "é apenas a igualdade de recursos com um vocabulário diferente" (*Sovereign Virtue*, p. 303) –, ele afirma que, mesmo que assim fosse, a teoria das capacidades seria superior, porque ela identifica as finalidades em vez de enfocar os recursos, os quais, como eu próprio admiti, são simples meios. Mas o primeiro ponto é que, embora alguns possam até considerar as capacidades importantes em si mesmas (e isso também vale para os recursos: certas pessoas os valorizam como fontes de liberdade, mesmo que não os usem), outros vão valorizá-las somente na medida em que podem usá-las para levar a vida que consideram desejável. Para maioria das pessoas, a maioria das capacidades, como os recursos, são meros instrumentos. Em segundo lugar, como eu já disse várias vezes em vários lugares, do fato de as pessoas sensatas valorizarem os recursos como meios para uma vida melhor não se deve tirar a conclusão de que cabe ao governo igualar as pessoas não no que se refere aos recursos, mas no que diz respeito ao bem da sua vida. A tese deste capítulo é a de que qualquer programa desse tipo feriria a responsabilidade pessoal. (3) Os comentários restantes de Sen versam especificamente sobre a estratégia dos seguros. Ele afirma que o mercado de seguros não é capaz de refletir as desvantagens relativas. Pelas razões evidenciadas por Adam Smith, isso parece incorreto. Ao decidir o quanto de cobertura devem adquirir contra o desemprego, os baixos salários ou a incapacidade física ou mental, as pessoas naturalmente levam em conta não somente a sua necessidade absoluta, mas também uma comparação entre a sua situação e a dos outros em diferentes circunstâncias. (4) Em seguida, Sen afirma que o esquema de seguros supõe que os indivíduos agem como "operadores atomísticos",

e não como participantes de um processo de "razão pública". Mas os seguradores que estou imaginando vão, sim, poder contar com o benefício de todas as discussões públicas e privadas passíveis de ser geradas numa comunidade próspera, além de serem beneficiados por uma cultura comum que reflete diferentes correntes de opinião. No fim, vão ter de decidir por si mesmos, mas isso não significa que sua decisão será tomada numa câmara de isolamento. (5) Ele declara que meu objetivo, "em comum com o de outras abordagens institucionalistas transcendentais, é o de chegar (de uma vez só) a instituições perfeitamente justas". Isso não é verdade; veja a discussão dessa alegação de Sen na nota 3, acima. (6) Ele afirma que pressuponho, sem mais, "a existência, a singularidade e a eficiência de equilíbrios de mercado perfeitamente competitivos, dos quais ele necessita para que sua narrativa institucional não incorra em nenhum problema" (p. 267). Ele não diz por que necessito desse pressuposto irreal, e eu mesmo nego que ele seja necessário. Ver, p. ex., *Sovereign Virtue*, p. 79; "Sovereign Virtue Revisited"; *Is Democracy Possible Here?*, p. 115; e também este parágrafo e o parágrafo anterior. (7) Conclui, com relutância, que eu dou mostras de "fundamentalismo institucional" e de "inocência" ao pressupor que a construção de instituições justas resolverá todos os problemas humanos e ao pretender que o hipotético esquema de seguros tenha, nas palavras dele, "poderes imperiais" (pp. 267-8). Mas nego esse pressuposto e essa pretensão. O esquema de seguros se encaixa na teoria da justiça mais complexa e integrada descrita neste livro. Não realiza nada "de uma vez só". Oferece orientação quanto a possíveis ganhos marginais de justiça distributiva em comunidades imperfeitas e leva em conta a sabedoria de políticas de seguro flexíveis que possam ser adaptadas para refletir mudanças nas circunstâncias e nas ambições bem como a necessidade de, às vezes, moderar a justiça pela compaixão. Ver o meu texto "Sovereign Virtue Revisited".

14 *Sovereign Virtue*, parte II.

17. LIBERDADE

1 Benjamin Constant, "The Liberty of the Ancients Compared with That of the Moderns" (1819), em Biancamaria Fontana, trad., *Political Writings* (Cambridge: Cambridge University Press, 1988), pp. 309-28; Isaiah Berlin, "Two Concepts of Liberty" (1958), reimpresso em *Four Essays on Liberty* (Oxford: Oxford University Press, 1969), pp. 118-72.

2 Charles Fried, *Modern Liberty and the Limits of Government* (Nova York: W. W. Norton, 2006); Stephen Breyer, *Active Liberty: Interpreting Our Democratic Constitution* (Nova York: Knopf, 2005).

3 Berlin, *Four Essays on Liberty*, p. xlix.

4 H. L. A. Hart, "Are There Any Natural Rights?", *Philosophical Review* 64 (1955).

5 Ver Nicholas Clee, "And Another Thing... Morality in Book Publishing", *Logos* 10 (1999), pp. 118, 119.

6 Ver, no Capítulo 16, minha discussão sobre este argumento tal como foi apresentado por Edwin Baker.

7 James Fleming levanta, entre outras questões importantes, a questão de saber até que ponto o governo pode tentar influenciar as opiniões e decisões éticas dos cidadãos mediante meios que não cheguem ao grau da coerção. Como se vê no texto, procurei distinguir entre o ambiente moral e o ambiente ético da comunidade. Não creio que o governo demonstre o devido respeito pela responsabilidade ética individual quando endossa oficialmente uma opinião, controversa entre os cidadãos, acerca do que é a boa vida. Por outro lado, como deixei bem claro em *Life's Dominion* (Nova York: Knopf, 1993), o governo não nega o respeito pela responsabilidade ética quando age para aperfeiçoar a noção que as pessoas têm do quanto essa responsabilidade é importante, nem tampouco quando estrutura a educação pública compulsória de modo a evidenciar essa importância e apresentar imaginativamente um leque de respostas possíveis, relevantes e profundas. Como Fleming assinala, a implementação dessas distinções exige que se façam difíceis juízos-limite que distingam os programas do governo destinados a promover a responsabilidade ética, por um lado, daqueles que endossem ou imponham escolhas particulares, por outro. Mas, se essa distinção reflete um princípio importante – e penso que reflete –, devemos nos esforçar ao máximo para fazer esses juízos. Fleming chama a atenção para a distinção que, em *Life's Dominion*, faço entre os argumentos "de dentro para fora" e "de fora para dentro". Embora a estrutura deste livro aponte para o segundo tipo, procurei demonstrar, no resumo com que inicio o Capítulo 1, que sua estrutura profunda caminha de dentro para fora.

8 Ver "Principle, Policy, Procedure", em meu livro *A Matter of Principle* (Cambridge, Mass.: Harvard University Press, 1985), Capítulo 3. Esse artigo é discutido por Robert Bone em "Procedure, Participation, Rights", em *Symposium: Justice for Hedgehogs: A Conference on Ronald Dworkin's Forthcoming Book* (número especial), *Boston University Law Review* 90, n. 2 (abril 2010), p. 1011.

9 Encompridei um pouco essa discussão da liberdade de expressão em relação a uma versão anterior do manuscrito levando em conta a opinião, expressa por Edwin Baker no artigo discutido no Capítulo 16, de que minha defesa não era veemente e não atribuía lugar de honra à liberdade. Nenhum valor ocupa lugar de honra numa teoria que integra todos eles, uma vez que cada um depende de todos os demais. Mas quero, sim, que minha defesa seja veemente.

10 *Brandenburg vs. Ohio*, 395 U.S 444 (1969).

11 Ver o meu *Sovereign Virtue*, Capítulo 3, "The Place of Liberty".

12 *Life's Dominion*. Incorporo aqui o argumento desse livro, do qual só pretendo resumir as conclusões principais.

13 *Roe vs. Wade*, 410 U.S 113 (1973); *Planned Parenthood of Southeastern Pa. vs. Casey*, 505 U.S. 833 (1992).

14 Quero deixar claro que esta questão deve ser tratada como uma questão ética, e não como algo que diga a respeito à proteção de valores impessoais, como pinturas famosas ou tesouros nacionais. O governo pode cobrar tributos de seus cidadãos para financiar museus, mas não pode convocá-los para montar guarda junto às obras de arte. O argumento em favor da proibição do aborto deve contem-

plar o juízo caracteristicamente ético de que até mesmo um aborto no início da gestação reflete uma compreensão errônea do caráter da importância da vida.

18. DEMOCRACIA

1 John Locke, *Two Treatises of Government*, org. Peter Laslett (Cambridge: Cambridge University Press, 1960). Janos Kis chamou minha atenção para o valor da afirmação de Locke.

2 Ronald Dworkin, *Sovereign Virtue: The Theory and Practice of Equality* (Cambridge, Mass.: Harvard University Press, 2000), Capítulo 10; Dworkin, *Freedom's Law* (Cambridge, Mass.: Harvard University Press, 1996), Introdução, p. 1; Dworkin, *Is Democracy Possible Here? Principles for a New Political Debate* (Princeton University Press, 2006).

3 Na opinião de Stephen Macedo, o termo "majoritarista" (ou "majoritária") é tão difícil de definir e tão confuso em seus usos que deve ser excluído das discussões sobre a democracia (Macedo, "Against Majoritarianism: Democratic Values and Institutional Design", em *Symposium: Justice for Hedgehogs: A Conference on Ronald Dworkin's Forthcoming Book* [número especial], *Boston University Law Review* 90, no. 2 [abril de 2010] [referenciada a partir de agora como *BU*], p. 1029). Não segui essa sugestão aqui porque já usei o termo em ocasiões anteriores e me parece que o ato de evitá-lo poderia induzir a erro e seria, no mínimo, complicado. Mas concordo com o espírito de sua sugestão.

4 Isso é muito menos do que aquilo que John Rawls exige de uma sociedade "bem-ordenada" (Rawls, *A Theory of Justice* [Cambridge, Mass.: Harvard University Press, 1971], pp. 453-62), pois não inclui a exigência – dificílima de ser atendida – de que os cidadãos partilhem a mesma concepção de justiça.

5 John Ely, *Democracy and Distrust: A Theory of Judicial Review* (Cambridge, Mass.: Harvard University Press, 1980), Capítulo 5, "Clearing the Channels of Political Change", pp. 105-34; Janos Kis, "Constitutional Precommitment Revisited", NYU Colloquium Paper, 3 de setembro de 2009, www.law.nyu.edu/ecm_dlv2/groups/public/@nyu_law_website_academics_colloquia_legal_political_and_social_philosophy/documents/documents/ecm_pro_062725.pdf.

6 Ver Jeremy Waldron, "The Core of the Case Against Judicial Review", *Yale Law Journal* 115 (2006), p. 1346.

7 Ibid., p. 1387.

8 Ibid., p. 1387, n112.

9 Waldron não sabe ao certo qual é a ideia que pretendo provar com o exemplo do bote salva-vidas (Waldron, "A Majority in the Lifeboat", *BU*, p. 1043). Pretendo provar somente um ponto muito limitado e altamente circunscrito: o de que o princípio majoritarista, ao contrário do que afirma a frase de Waldron por mim citada, não é um princípio geral de justiça independente do contexto – ou seja, um processo "intrinsecamente" justo. A nova discussão que ele apresenta nesse ensaio dá a entender que ele concorda. Afirma ele que os passageiros devem ser convidados a escolher, por maioria, um procedimento dentre um menu de procedimentos de seleção sobre qual

deles deve ser lançado ao mar – mas agora acrescenta que a decisão por maioria não deve estar no menu. Porém, se existem razões para que a decisão por maioria não esteja nesse menu, elas também justificam que a escolha de um procedimento não se dê pelo voto da maioria, a menos que o menu não inclua nenhuma opção que, declaradamente e de antemão, favoreça mais alguns passageiros do que outros. A sugestão do próprio Waldron – matar os passageiros mais velhos ou menos saudáveis – seria excluída por esse critério. Queremos um procedimento que não torne o processo parcial desde o começo, e a contagem de votos muito dificilmente atenderia a essa condição. Este não é, de modo algum, uma defesa da ideia de que o voto da maioria nunca é um método justo de decisão. Pelo contrário, insisto em que ele é adequado na política quando certas condições de legitimidade são atendidas. Waldron acredita que tem outros argumentos, além da justiça intrínseca do princípio da decisão pela maioria, contrários ao controle judicial de constitucionalidade. Concordo que a história do bote salva-vidas não tem poder nenhum para refutar esses outros argumentos que ele oferece; ao contrário do que ele pensa, não vejo esse exemplo como um argumento "decisivo" contra a concepção majoritária de democracia. Ele se refere à extensa defesa que fiz, ao longo de vários anos, de uma outra concepção, um exemplo da qual é resumido e desenvolvido neste capítulo. Declara que o exemplo do bote salva-vidas não tem nada a acrescentar a essa defesa. Ele está coberto de razão. Esse exemplo só visa uma suposição filosófica que me parece equivocada e que não deve constar no argumento. Ele não tem a intenção de substituir ou mesmo de corroborar a defesa positiva que faço aqui.

Outra questão. Em seu ensaio, Waldron diz que nunca recebeu uma resposta honesta a uma pergunta que vem fazendo há vinte anos. Se a decisão por maioria não é intrinsecamente justa, por que é adequado que ela seja usada em supremos tribunais recursais como a Suprema Corte dos Estados Unidos, que decide muitas causas importantíssimas por 5 votos a 4? Evidentemente, a escolha entre os diversos freios que podem impor limites aos procedimentos majoritários depende de quais são as opções disponíveis. O controle judicial de constitucionalidade é uma opção disponível para refrear as decisões do Legislativo e do Executivo. Também é uma opção disponível para controlar o próprio controle judicial, por meio de um sistema hierárquico de tribunais recursais; aliás, a maioria dos sistemas de controle judicial empregam várias instâncias judiciais que controlam as instâncias inferiores. Mas é claro que não existe um órgão judicial que possa controlar as decisões do supremo tribunal recursal; se houvesse, este não seria supremo. Disso não decorre que, quando os juízes nessa série de tribunais de controle discordam entre si, a discordância deva ser resolvida pelo voto de todos eles. Uma decisão por 5 a 4 na Suprema Corte pode reformar as decisões unânimes de um número muito maior de juízes das instâncias inferiores. Mas o sistema de contagem de votos é usado na própria Suprema Corte, e é perfeitamente cabível nos perguntarmos quais outras alternativas estariam disponíveis nesse caso, com exceção, é claro, do controle judicial. É fácil imaginar algumas. Os tribunais constitucionais poderiam atribuir mais peso ao voto dos juízes mais antigos, por terem mais experiência; ou maior peso ao voto dos mais novos, por refletirem melhor a opinião popular. A Suprema Corte atribui a cada juiz um voto, mas também dá a alguns juízes um poder muito maior que aos outros para determinar o direito constitucional. Quando o juiz-presidente faz parte da maioria, é ele quem decide uma questão crucial: quem relatará o voto da Corte. Quando ele faz parte da minoria, quem toma essa decisão é o juiz mais antigo na maioria. Essa questão não é decidida pelo voto. É admissível que se questione a prática da Corte de adotar a decisão por maioria para o veredito propriamente dito. Porém, uma vez que o controle judicial não é logicamente possível nesse estágio, a escolha de um procedimento de decisão pela maioria não dá a entender de modo algum que a decisão pela maioria seja intrinsecamente mais justa que um processo diferente que inclua o controle judicial.

10 Em geral, os procedimentos políticos que visam o bem coletivo devem fazer questão de separar, na medida do possível, as preferências "pessoais" das preferências "externas" da população, levando em conta somente as primeiras. Ver Ronald Dworkin, *Taking Rights Seriously* (Cambridge, Mass.: Harvard University Press, 1977), Capítulo 9. O simples voto da maioria na política é incapaz de operar essa separação. Ver Waldron, "A Majority in the Lifeboat", p. 1043.

11 Edmund Burke, "Speech to the Electors of Bristol", em *The Works of the Right Honourable Edmund Burke*, vol. 1 (Londres: Henry G. Bohn, 1855), pp. 178-80.

12 Judith N. Shklar, "The Liberalism of Fear", em Nancy L. Rosenblum, org., *Liberalism and the Moral Life* (Cambridge, Mass.: Harvard University Press, 1989), pp. 21-38.

13 Dworkin, *Sovereign Virtue*, Capítulos 11 e 12.

14 Em *Hunt vs. Cromartie*, 532 U.S. 234 (2001), a Suprema Corte confirmou uma decisão que criava um distrito predominantemente negro, pois foi impossível provar que essa manobra tinha a intenção de beneficiar uma raça e não um partido político. Pressupunha-se, portanto, que este último objetivo seria constitucionalmente admissível, ao passo que o primeiro, não.

15 *Crawford vs. Marion County Election Board*, 533 U.S. 181 (2008).

16 Já se propôs que, nas eleições presidenciais, os estados concordassem, um por um, em votar em favor do candidato que levou a melhor no voto popular. Se um número suficiente de estados aceitasse essa proposta, de tal modo que a soma de seus votos fosse suficiente para eleger um presidente, nunca mais um candidato perdedor no voto popular seria eleito. Entretanto, os estados teriam, a qualquer tempo, o direito de sair do sistema. O problema mais grave da distorção da representação no Senado não pode ser resolvido nem mesmo por emenda constitucional. Pelo menos é isso que a Constituição diz em seu Artigo V.

17 *Parents Involved in Community Schools vs. Seattle School District No. 1*, 551 U.S 701 (2007). Veja também uma crítica dessa decisão em Ronald Dworkin, *The Supreme Court Phalanx: The Court's New Right-Wing Bloc* (Nova York: New York Review of Books, 2008).

18 *George W. Bush vs. Al Gore*, 531 U.S. 98 (2000); *Citizens United vs. Federal Elections Commission*, decidido em 21 de janeiro de 2010. Ver meus artigos na *New York Review of Books*: "A Badly Flawed Election", 11 de janeiro de 2001, e "The Decision That Threatens Democracy", 13 de maio de 2010.

19 Dworkin, *Is Democracy Possible Here?*, pp. 158-9.

20 Dworkin, "The Supreme Court Phalanx".

19. DIREITO

1 Este capítulo tem a intenção de suplementar meus livros *Law's Empire* (Cambridge, Mass.: Harvard University Press, 1986) e *Justice in Robes* (Cambridge, Mass.: Belknap Press of Harvard University Press, 2006), não de substituí-los.

2 De acordo com o chamado positivismo "*soft*" ou "suave", a moral pode ser um dos critérios do direito caso algum documento jurídico dotado de *pedigree* histórico, como uma Constituição, por exemplo, o estipule. Ver H. L. A. Hart, *The Concept of Law*, 2ª ed. (Oxford: Oxford University Press, 1994), pós-escrito, pp. 250, 265.

3 Essas distinções entre os conceitos de direito são explicadas de modo mais detalhado em meu livro *Justice in Robes*, Introdução.

4 Ronald Dworkin, *Taking Rights Seriously* (Cambridge, Mass.: Harvard University Press, 1977), Capítulo 2.

5 Ibid., Capítulo 3.

6 Stephen Guest e Philip Schofield, no entanto, me chamaram a atenção para o fato de que, em *A Fragment of Government*, Jeremy Bentham baseia explicitamente o seu "arranjo" fundamental do material jurídico no princípio moral da utilidade. O texto está disponível em www.efm.bris.ac.uk/het/bentham/government.htm. Isso significa que Bentham, visto por muitos como mais importante dos primeiros positivistas, chegou a basear sua análise do direito numa teoria moral, não na análise conceitual. Bentham era um interpretacionista disfarçado.

7 Hart, *The Concept of Law*.

8 Ibid.

9 Charles de Montesquieu, *The Spirit of the Laws* (Cambridge: Cambridge University Press, 1989).

10 Fiz uma distinção pertinente entre a justiça e a integridade dos sistemas jurídicos. Ver o meu *Law's Empire*, particularmente o Capítulo 2.

11 Um argumento político em favor do originalismo pode ser encontrado em Antonin Scalia, *A Matter of Interpretation* (Princeton: Princeton University Press, 1999). Minha resposta a Scalia encontra-se nesse mesmo livro, pp. 115-27. Tara Smith, em "Originalism's Misplaced Fidelity: 'Original' Meaning Is not Objective", *Constitutional Commentary* 26, n. 1 (2009), p. 1, apresenta uma discussão recente contra a tese de que o significado histórico é objetivo. Ver também o meu *Law's Empire*, Capítulo 9.

12 A questão jurídica de saber se a Lei dos Escravos Fugitivos era uma lei válida inclui a questão de saber se ela era constitucionalmente válida. Na minha opinião, não era – ver "The Law of the Slave-Catchers", *Times Literary Supplement*, 5 de dezembro de 1975 (uma resenha de *Justice Accused*, de Robert Cover). Mas não vou entrar nesse assunto agora.

13 *Jamal Kiyemba vs. Barack Obama*, decidida em 18 de fevereiro de 2009, voto do juiz sênior Randolph, do Tribunal Recursal. O tribunal estava apenas considerando uma hipótese. Não admitiu a possibilidade de que os detentos tivessem o direito constitucional de entrar nos Estados Unidos.

14 Sager, "Material Rights, Undereforcement, and the Adjudication Thesis", em *Symposium: Justice for Hedgehogs: A Conference on Ronald Dworkin's Forthcoming Book* (número especial), *Boston University Law Review* 90, n. 2 (abril de 2010) (referenciada a partir de agora como *BU*), p. 579.

15 Robert G. Bone é uma exceção. Ele faz uma descrição muito elucidativa da dimensão moral das questões processuais (Bone, "Procedure, Participation, Rights", *BU*, p. 1011). Discute, entre outras coisas, meu artigo "Principle, Policy, Procedure", publicado no livro *A Matter of Principle* (Cambridge, Mass.: Harvard University Press, 1985).

16 "Edward Coke's Reports", em *The Selected Writings of Sir Edward Coke*, vol. 1 (Indianápolis: Liberty Fund, 2003), pp. 1-520.

17 Ver Jeffrey Jowell, "Imigration Wars", *The Guardian*, 2 de março de 2004. Ver também um comentário sobre a ideia do juiz recursal Sir Stephen Sedley, "On the Move", *London Review of Books*, 8 de outubro de 2009.

18 Ver Ronald Dworkin, *Freedom's Law: The Moral Reading of the American Constitution* (Cambridge, Mass.: Harvard University Press, 1996).

19 *District of Columbia, et al., vs. Dick Anthony Heller*, 554 U.S 570 (2008).

20 *Rasul vs. Bush*, 542 U.S. 466 (2004).

21 Ibid. (Scalia, voto divergente).

EPÍLOGO

1 Uma discussão esclarecedora sobre os tipos de vida que são considerados bons encontra-se em Keith Thomas, *The Ends of Life: Roads to Fulfillment in Early Modern England* (Oxford: Oxford University Press, 2009), resenhado por Hilary Mantel, "Dreams and Duels of England", *New York Review of Books*, 22 de outubro de 2009.

2 "Foundations of Liberal Equality", *The Tanner Lectures on Human Values*, vol. 11 (Salt Lake City: University of Utah Press, 1990); Ronald Dworkin, *Sovereign Virtue: The Theory and Practice of Equality* (Cambridge, Mass.: Harvard University Press, 2000), Capítulo 6, "Equality and the Good Life".

3 Explico este problema de modo mais detalhado em *Sovereign Virtue*, Capítulo 6.

ÍNDICE REMISSIVO

Abnegação, moral da, 30-2, 437
Aborto, 63-6, 80-3, 138,143, 564, 576-8, 706n14
Abstração, 58, 270-2, 275-7, 280
Absurdo, 332-3
Ação afirmativa, 106-7, 110-11, 597-8
Ação militar, 509, 510
Acaso, determinismo e, 356-8
Acidente, 116-17, 120-2, 122-4. *Ver também* Contingência
Ações, decisões sobre as: e os juízos de valor, 36-8; e as posições morais, 72-4; e o raciocínio moral, 74-76; e a indeterminação, 140-3; e a convicção moral, 157-71, 183; e o valor da responsabilidade, 167-72; e a teoria interpretativa do valor, 230-1; conceitos densos e rarefeitos, 277; e a moral política, 288. *Ver também* Decisão, procedimentos de
Adequação dos argumentos morais, 56-9
Adoração e o temperamento religioso, 332
Ágape (amor altruísta), 397

Ajuda: e a moral, 24-5; e o princípio de Hume, 67-8; e o dever, 295; e a dignidade, 414-21; e a métrica do dano, 418-22; e a métrica do custo, 422-24; e o número de vítimas, 423-28; e o valor dos casos hipotéticos, 433-4; e a responsabilidade pessoal, 458; e a liberdade, 568-9, 575-7; e o raciocínio moral, 691n2
Allen, Anita, 689n28
Ambivalência, interpretação e, 190-5
Amizade, 276-7, 478-9, 483-5, 488
Amoralistas, 86, 88
Anarquismo, 486-7
Antígona, 136
"Antirrealista", filosofia, 16-18
Antropologia, ceticismo externo e, 53-4
Argumentos morais: e verdade moral, 39, 40-1, 56-7,59; hipótese da dependência causal e (DC), 177, 118; indeterminação e, 95; conceitos interpretativos e, 250; conceitos densos e rarefeitos e, 281
Aristóteles, 285-8, 302, 350, 397, 679-80n33, 686-7n10

Armas de fogo, direitos relacionados às, 634
Arquimediana, epistemologia, 38, 124, 129
Arte, crítica de, 198, 203-4
Arte, o bem viver e a, 299-301, 310
Artes cênicas, 223-4, 272-4
Assembleias municipais, 595
Assistência médica, políticas de, 7, 506, 631
Astrologia, 60-1, 125
Ateísmo, 61, 330-1, 519
Austin, John, 618
Autenticidade: e moral, 292-5; e dignidade, 320-8, 390-1, 398; equilíbrio e integridade, 399-402; e ajuda, 423; segundo Rawls, 408-10, 411-12
Autodeterminação, 495, 581
Autogoverno: e liberdade, 558, 559; e o direito à liberdade de expressão, 570; e democracia, 579-80, 581-4, 586-7; e a meta de viver bem, 646
Autonomia (*freedom*): liberdade e, 7-8, 527-8, 555-63; segundo Kant, 32; e o desafio do livre-arbítrio, 337-9; e o princípio de Kant, 405-7
Autoridade moral, 522-3, 524-7
Ayer, A. J., 49

Baker, Edwin, 539, 675-n46, 700-1n4
Barnes, Annette, 675n46
Beitz, Charles, 508, 698-9n5
Bem-estar geral: e dignidade, 415-6, 541-4; e moral política, 502-4; e democracia, 592-3
Bem-estar, 415-8
Bentham, Jeremy, 29, 30, 634, 708-9n6

Berlin, Isaiah, 1, 535, 558-63
Blackburn, Simon, 50, 95, 657-8n22
Blackwell, Basil, 566
Boa vida, a: Platão e Aristóteles, 291, 306-9, 640-6; e a dignidade, 297-305; e a meta de viver bem, 297-305; segundo Nietzsche, 395; e a ajuda, 417, 423; e as obrigações associativas, 477; e a igualdade, 543. Ver também Viver bem, meta de
Bondade, 256-9, 279, 284, 521-2, 524
Bonde, caso do, 447-8, 450, 454-5, 456
Boone, Robert G., 709n15
Brooks, Cleanth, 191, 208-9, 210
Bush, George W., 519, 607
Butterfield, Herbert, 211-2, 674n24

Capacidade cognitiva, 373-5, 378, 379, 380, 381
Capacidade de veracidade, 268-70
Capacidade reguladora, 372-3, 374-7, 379-82
Capacidade, controle por, 348-9, 381, 688n22, 689n26
Capitalismo, 545-8
Caráter absoluto da verdade moral, 81-4
Caráter, 370-1, 685n7
Casamento entre pessoas do mesmo sexo, 565
Casamento *gay*, 105
Casos hipotéticos, valor dos, 433-4, 453-6
Causalidade, verdade e, 265-7
Causas das convicções morais: e o ceticismo de *status*, 83; e a verdade moral, 104-6; e a hipótese do impacto causal (IC), 105-14; e a

hipótese da dependência causal (DC), 114-21; e acidentes, 121-4; epistemologia integrada, 124-30; e o progresso moral, 130-2; e valor da responsabilidade, 167-9
Censura, 565, 566, 569-72
Certeza, argumentos morais e, 143-5, 149-51
Ceticismo de *status*, 655-9n22; verdade moral e, 48-50, 53-6; ceticismo interno e, 51-2; como posição moral, 60; ceticismo dos atos de fala e, 78-85, 654-5n20; ceticismo externo e, 78-90; motivações morais e, 85-8; qualidades primárias e secundárias e, 88-90; juízos morais e, 653-4n17
Ceticismo do erro: e verdade moral, 48-50, 53-5; e ceticismo interno, 50-2; e raciocínio moral, 60, 74-8; e juízos morais, 69-70; e ceticismo externo, 69-78; e a diversidade das proposições morais, 70-2; e motivações morais, 72-4
Ceticismo dos atos de fala: ceticismo de *status* e, 78-84; motivações morais e, 84-5; jogos de linguagem e, 136-40, 654-5n20
Ceticismo externo: e a verdade moral, 39, 47-9; e o ceticismo do erro, 48-9, 69-78; e o ceticismo de *status*, 48-50, 78-90; como posição moral, 60-9; e o princípio de Hume, 66-9; e os jogos de linguagem, 90-5; e o construtivismo, 96-101; e as questões morais metaéticas, 101-3; e a hipótese do impacto causal (IC), 105-8; e o ceticismo interno

global, 133; e a concepção comum da moral, 151; e ambivalência, 191-4; e verdade, 262-3; e o respeito por si mesmo, 320; segundo Nagel, 682-4n4
Ceticismo interno global, 52, 70, 133-4, 193
Ceticismo interno: e a verdade moral, 40, 46-9, 50-3, 56, 272-3; tipologia, 133-6; indeterminação e juízo-padrão, 136-45; convicção moral e, 149; crítica literária e, 222-3; interpretação e, 326-7; respeito por si mesmo e, 320; segundo Nagel, 648n7, 682-4n4
Ceticismo interpretativo, 219-24
Ceticismo: filosofia moral e, 29; verdade moral e, 38, 40, 45, 46, 272-4; interno, 46-8, 50-3; externo, 46-8, 60-103; do erro, 48-50; de *status*, 53-6; independência do valor e, 149-50; interpretação e, 200; interpretativo, 220-24; traduções radicais e, 224-7; interpretação conceitual e, 267-9; meta de viver bem e, 319
ciência: e a formação de opiniões científicas, 104, 109-10, 124-6, 185; princípios científicos, 173; e interpretação, 187, 231, 231-8, 672n2; e conceitos interpretativos, 251-2; e verdade, 271-2, 310, 650-1n6; e livre-arbítrio, 337-8; valores epistêmicos, 675-6n48
Coação, 384
Coerção: e autenticidade, 325, 326; e responsabilidade autorreflexiva, 346; e controle por capacidade, 374-5; e obrigações políticas, 488-90, 491; e liberdade, 558-9; e

direitos legais, 622-3; moral familiar, 624
Coisas desejáveis, 178
Coke, Edward, 633
Colégio eleitoral, 708n16
Coleridge, Samuel Taylor, 228-9
Colonialismo, democracia e, 582
Comandos, juízos morais e, 48-9, 677n11
Compartimentalização moral, 158-62, 162-3
Compatibilismo, 21-2, 340, 350-1
Compensação: e dano involuntário, 442-3; e igualdade, 547-8, 549, 550
Conceito de direito, O (Hart), 618
Conceitos criteriais, 241-3; e conceitos interpretativos, 248-9, 250-4; e conceitos morais, 254-7; e verdade, 264-5; e conceitos densos e rarefeitos, 277-80; e igualdade, 529-30; e moral política, 533-6; e liberdade, 561-2; e direito, 614-5, 617-9
Conceitos densos e rarefeitos, 276-82
Conceitos interpretativos: moral política e, 10-3, 25, 527-33; raciocínio moral e, 21, 57-9, 76; filosofia moral e, 31; justiça e, 100, 258-60; responsabilidade moral e, 149-70; verdade moral e, 181-8; interpretação conceitual e, 224-60; paradigmas e, 244-8; uso e, 248-50; migração dos conceitos e, 250-3; conceitos morais e, 254-60; a boa vida e o bem viver, 297-8; dignidade e, 311-2; controle por capacidade e, 349; controle causal e, 367-8; direitos e conceitos políticos, 533-6; liberdade, 557-63; democracia e, 579-81, 583-5; direito e, 618-9

Conceitos morais: conceitos interpretativos, 253-60; conceitos densos e rarefeitos, 276-82; Platão e Aristóteles, 282-287; em Sócrates, 283; e a meta de viver bem, 295-6
Concepção austera da moral, 292-4
Concepção de si, 284, 317-8, 359
Concepção especial do valor humano, 389-90
Conduta pessoal: e convicção moral, 72-4, 87-8; motivações morais e, 86-7; boa vida e bem viver, 305-9; respeito por si mesmo e, 314-5; autenticidade e, 324-5; livre-arbítrio e, 334-5, 338-40; e o ato de prometer, 471-3
Conexão, dignidade e, 328-30, 332-3
Conflitos morais, 178-82
Conflitos: e indeterminação, 136; e responsabilidade moral, 171; de valores, 178-82
Consentimento, obrigações políticas e, 486-9
Consequência de uma vida, 302-5. *Ver também* Viver bem, meta de
Consequencialismo, 30; segundo Nietzsche, 396; e ajuda, 417, 430; e dano, 435-6, 438; e o princípio do duplo efeito, 447-9, 449-52; e obrigações associativas, 479-80
Conservadorismo, 538-41, 555
Constant, Benjamin, 558, 559-61
Constituições, 98-100
Construtivismo, 96-101
Contexto social: e ceticismo moral, 48-9, e neodarwinismo, 53; e a moral, 68-9, 71-2 e a verdade moral, 81-2; e a convicção moral, 106, 152; e interpretação, 198-204;

e interpretação conceitual, 207,
260-2; e a teoria interpretativa do
valor, 229-30; e autenticidade,
322-5; e obrigações, 459-62,
487-90, 491-3, 624-5; e obrigações
associativas, 475-7, 479-2; e
direitos humanos, 516-8; e o
direito, 613-6, 621-3; e a meta de
viver bem, 643-4. *Ver também*
Relatividade cultural
Contingência, 238, 613. *Ver também*
Acidente
Contradições morais. *Ver*
Convicções contraditórias
Controle causal, 348-50, 352-368, 381
Controle: e responsabilidade
autorreflexiva, 347-52; causal,
348-50, 352-68, 380-1; e dano,
439-40; e dano involuntário, 442-5
Controle judicial de
constitucionalidade, 532, 580,
587-9, 707-8n9
Convenção Europeia dos Direitos do
Homem, 506-7, 510, 573
Convenção, 39-43, 458-63, 471-4,
480-5
Convencionalismo, 613
Convicção moral: direito e, 9-10;
verdade moral e, 70-3, 103, 104-6,
182-4, 358-9; motivações para a
ação e, 72-4; ceticismo de *status* e,
78-9, 83-4; amoralistas e, 86;
conduta pessoal e, 87-8; moral
política e, 97-9; hipótese do
impacto causal (IC) e, 105-14;
hipótese da dependência causal
(DC) e, 114-21; acidentes e, 121-4;
integração e, 124-30, 293;
progresso moral e, 130-2;
ceticismo interno e, 149-50;
responsabilidade e, 151-3, 167-71;

irresponsabilidade moral e,
157-62; como filtro, 162-4;
liberdade e, 563-5; segundo
Gibbard, 656-7n22; e história
pessoal, 658n22; e o
neodarwinismo, 665-6n6
Convicção religiosa: epistemologia
integrada e, 125-9;
responsabilidade moral e, 296-7,
309-10; autenticidade e, 325, 326,
327; responsabilidade
autorreflexiva e, 351; dignidade e,
391, 392-3; direitos humanos e,
518-27; liberdade e, 567
Convicções contraditórias, 160, 163
Convicções, 202, 233-6. *Ver também*
Convicção moral
Coragem, 160, 277-8, 283, 286
Corpos, controle pessoal dos, 440-2
Crença: e motivações morais, 85,
86-8; e a formação das opiniões
científicas, 104; e o mundo físico,
107; e convicção religiosa, 125-9; e
história pessoal, 357-8; e o
controle por capacidade, 372-3; e
provas, 379; e verdade moral,
639-40. *Ver também* Convicção
moral
Crenças pessoais, construtivismo e,
100-1
Crianças: e o controle causal, 363; e
o controle por capacidade, 375-6;
e as obrigações associativas, 475,
478, 483, 488; e a moral familiar,
623-6
Crime e punição: e controle por
capacidade, 376-8; pena de morte,
449-52, 457, 502, 510; e o
princípio do duplo efeito, 448-52;
e dano, 299, 457; e direitos

humanos, 513-6; e liberdade, 561-2; e direitos processuais, 568-9; e incompatibilismo, 686n8
Critérios e padrões: juízos de valor e, 139-41, 160-1, 208-11, 220-3; direito e, 202-3, 625-8; métrica do dano e, 419-22; métrica do custo e, 422-4; escala de confrontação e, 424-8; definição de direitos humanos e, 508-12; direitos humanos e, 516-7; teste da inveja e, 544-7; liberdade e, 563-4; governo representativo e, 602-5
Crítica feminista, 218
Crítica literária: e interpretação, 187-9, 199-200, 205-6, 211-7; e ambivalência, 190-5; e a teoria interpretativa dos estados psicológicos, 198; e interpretação colaborativa, 206-8, 208-11; e ceticismo interpretativo, 220-3; e teoria interpretativa do valor, 228-9
Culpa, 307
Custo, métrica do, 422-4
Custos de oportunidade, 545, 546, 554, 574, 702n10

Dano causado pela competição, 436-442, 451, 453, 457, 530, 547-8
Dano deliberado, 439, 440, 444-7, 453
Dano involuntário, 442-5, 451-3
Dano: moral e, 24-5; responsabilidade relacional e, 154-5; ajuda e, 414-5; métrica do, 418-9; competição e, 435-42; involuntário, 442-5; princípio do duplo efeito e, 445-57; responsabilidade pessoal e, 458; e promessas, 463-5, 466-7, 473-5; e obrigações associativas, 495; e

direitos humanos, 515; e liberdade, 527-30, 568, 575-7
Darrow, Clarence, 686n8
Darwall, Stephen, 314
Davidson, Donald, 226
De la liberté des anciens comparée à celle des modernes (Constant), 558-9, 560-1
Decisão, procedimentos de: e interpretação conceitual, 244; e conceitos interpretativos, 244-5, 255-7; e verdade, 262-5; e livre-arbítrio, 335-7; e responsabilidade autorreflexiva, 340-2, 343-4, 348; e controle causal, 352-3, 354-5, 363-7; e determinismo, 356-8; e controle por capacidade, 368-70, 371-6; e alegação de doença mental, 380-3; equilíbrio e integridade, 399-403; segundo Scanlon, 412-3; e ajuda, 414-34; e promessas, 466-8; e as leis más, 627-30
Declaração do Cairo sobre os Direitos Humanos no Islã, 507, 519
Declaração Universal dos Direitos Humanos (1948), 506, 509, 515-6, 516
Deficiência mental: e responsabilidade autorreflexiva, 345-6; e determinismo, 357; e controle causal, 361-2, 363-6; e controle por capacidade, 372-3, 374-6, 689n28; e alegação de doença mental, 382-3
"Deixar que a natureza siga seu curso", 456-7
Democracia coparticipativa, 585, 586-7, 588-600, 603-2, 701-2n4
Democracia: e justiça, 7-9; e

interpretação conceitual, 248-9; e obrigações políticas, 489-91, 493-5; e moral política, 526-8, 533-6; direitos e conceitos políticos, 530-3; e liberdade, 559-60, 561-2; e liberdade positiva, 579-89; modelos de, 589-600; e governo representativo, 600-5; e controle judicial de constitucionalidade, 605-11

Democracia majoritarista, 585-7, 588-600; e democracia em geral, 531-3, 580-1, 589-92, 707n9; e liberdade, 566-7; e governo representativo, 601-2; e controle judicial de constitucionalidade, 605-7, 608-10, 707-8n9; e os políticos eleitos, 607; e os grupos minoritários, 700n4

Demonstração empírica, 40-1, 42-4

Dependência (vício), 364-7

Dependência causal (DC), hipótese da, 105-6, 114-20, 664n6, 670n9

Desacordo: e interpretação, 200-1, 202-4; e a teoria interpretativa do valor, 228-31; e interpretação conceitual, 239-41, 241-44; e paradigmas, 244-8; e conceitos interpretativos, 253-6, 257-9; sobre a verdade, 262-72; e conceitos morais, 275-8

Desconhecidos, 414-34, 435-57

Desejo: e o raciocínio moral, 74, 75-6; e as motivações morais, 85, 86-8; e o conflito, 178-9; e a responsabilidade moral, 294-5; e a responsabilidade autorreflexiva, 345; e a convicção moral, 358-9; e o bem-estar, 416-7

Desespero, 133

Design inteligente, teoria do, 126

Desobediência civil, 486, 491, 499

Desprezo, 472, 513

Determinismo: e o livre-arbítrio, 335-6, 338-9; e a responsabilidade autorreflexiva, 341-3, 346-9, 684-5n7; segundo Hume, 350-1; e o acaso, 356-8; e a racionalidade, 358-61; e o controle causal, 363-4; e o controle por capacidade, 378, 379-80; e o princípio de Kant, 408

Deus: e a verdade moral, 43; e o ceticismo interno, 61, 62; e o ceticismo do erro, 69-72; e a hipótese do impacto causal (IC), 108-9; e a convicção religiosa, 125-7; e o progresso moral, 130-1; e os direitos humanos, 519-20, 521-5

Dever. *Ver* Obrigações

Devido cuidado, padrões de, 444

Devido processo legal, direito ao, 8, 502, 568-9

Dignidade: respeito e respeito por si mesmo, 23, 24, 32, 313-20, 389-7; e moral, 291-8; e a meta de viver bem, 297-305, 640, 641-44, 645; maldade e sorte moral, 306-9; e princípios éticos, 308-13; e autenticidade, 320-8; e o temperamento religioso, 328-33; nos filósofos morais, 393-7, 407-13; equilíbrio e integridade, 397-403; e dano, 439, 440-1, 457; e o princípio do duplo efeito, 450-1, 452-5; e as promessas, 464-5, 466; e as obrigações associativas, 477, 481-2; e as obrigações políticas, 489-92, 503-4; e os direitos humanos, 511-4, 515-8; e a

liberdade, 557, 561-3, 574-7; e o aborto, 377-8; e a democracia, 579-81, 597-9
Direito internacional, 515
Direito natural, 519, 633
Direito: e justiça, 9-10; obediência ao, 461, 485-7; direito internacional, 515; direito natural, 519, 633-4; e igualdade, 539-41; e moral, 612-26; objetivo do, 626-35; leis más, 627-30. *Ver também* Juízos jurídicos
Direitos de propriedade, 8, 523, 573-8
Direitos e conceitos políticos: direitos, 499-508; direitos humanos, 506-27, 696-7n1; liberdade, 527-9, 563-78; conceitos interpretativos e, 533-6; direito e, 620-2
Direitos humanos, 506-27, 633-5, 697-8n5
Direitos legais, 505-6, 621-2, 627-8, 631-2
Direitos legislativos, 621
Direitos: e liberdade, 7-8; e ajuda, 429; e obrigações, 460, 461-3; direitos e conceitos políticos, 499-06; moral política e, 501-3; direitos humanos, 506-27, 633-4, 697-6n5; controle judicial de constitucionalidade, 609; direito e, 620-1, 633-4; imposição parcial e, 630-1
Discriminação positiva. *Ver* Ação afirmativa
Discriminação, 258, 601
Distinções semânticas: ceticismo de *status* e, 78-84; conflitos morais e, 182; verdade moral e, 184-5; interpretação e, 188-9; traduções radicais e, 224-7; interpretação conceitual e, 240-1, 248-50;

conceitos densos e rarefeitos e, 280-1; leis más e, 627-30
Ditaduras benevolentes, 596-7
Diversidade: das proposições morais, 71-3, 83, 89-90, 171; das convicções religiosas, 126, 9
Doação de órgãos, 448-9
Doença mental, alegação de, 376, 380-3
Doença mental, responsabilidade autorreflexiva e, 371-3
Dolo, a meta de viver bem e o, 307
Dor, 681n16
Drier, James, 655n20

Eagleton, Terry, 216
Economia de comando, 545
Eliot, T. S., 215
Ely, John Hart, 588
Emoções, extravasamento das, 49, 55, 80, 94, 103, 657-8n22
Encorajamento, responsabilidade e, 465-71
"Entidades esquisitas", 70, 72, 74
Entre escolares (Yeats), 137-8, 209
Epifenomenalismo, 335, 354-6, 367, 377, 378, 379, 682n2
Epistemologia integrada, 124-30, 150-1, 152
Epistemologia, 27, 124-30
Equidade: e a hipótese do impacto causal (IC), 109-10; e as obrigações, 461-3; e a democracia, 532-3, 588-94, 600-1; e a moral familiar, 624-5
Equilíbrio e integridade, 397-403
Equilíbrio reflexivo, 402-3
Erro, convicção moral e, 185-6, 237
Escala de confrontação, 424-8
Escolhas. *Ver* Decisão, procedimentos de

"Escorrimento" da riqueza dos mais ricos para os mais pobres, 530
Escravidão, 131-2, 455-6
Esquizofrenia moral, 158
Estabilidade política, 588-90
Estados psicológicos, teoria interpretativa dos, 195-8, 208, 214, 228, 267
Estoque do Universo, 257
Estudos jurídicos críticos, 218-20
Ética a Nicômaco (Aristóteles), 285
Ética: e filosofia moral, 22-5; e moral, 31-2, 291; e verdade moral, 39; e raciocínio moral, 75-6; e racionalidade, 75-8; e ceticismo interno global, 133; e indeterminação, 140-3; e responsabilidade moral, 169-71; Platão e Aristóteles, 282; e dignidade, 291-333; a boa vida e o bem viver, 307-9; livre-arbítrio e responsabilidade, 334-85
"Eudemonia" (felicidade), 283, 287
Existencialismo, 30, 44-5, 321, 352
Expectativas, criação de, 464-71
Expressão comercial, 571
Expressivismo semântico, 84-5
Expressivismo, 50, 95, 656n22, 661-2n4

Fala comum, 79, 81, 92-3, 94
Fala filosófica, 79, 80-1
Fallon, Richard, 179
"Fatos" morais, 16; e verdade moral, 44; ceticismo de *status* e, 49, 655n20; ceticismo dos atos de fala e, 83; construtivismo e, 99; causas das convicções morais e, 105; obrigações e, 461; Deus e, 542
Federalismo, 583
Felicidade, 284-6, 287-8, 396, 542-3,

679-80n33. *Ver também* Viver bem, meta de
Feynman, Richard, 173-4
Ficção, 91, 92
Filosofia colonial, 16, 638
Filosofia moral: verdade e, 13-20, 35-9, 262-5; escolas de pensamento e, 25-32; ceticismo como posição moral e, 60-7; responsabilidade e, 164-8; interpretação conceitual e, 239; conceitos densos e rarefeitos e, 277-80; controle por capacidade e, 350; verdade moral e, 637-8
Filosofia política, 167, 202-3, 247
Filósofos cristãos, 26-8
Filósofos gregos, 26, 276, 282-8, 302, 644
Filósofos morais, 29-30, 31-2; filósofos gregos, 26, 282-8; filósofos cristãos e, 26-7; filósofos do Iluminismo, 27-9; hipótese do impacto causal (IC) e, 108-9; hipótese da dependência causal (DC) e, 114-5; sistemas de valores e, 165-7; interpretação, e 204-6; verdade moral e, 661-9n6
Filtros da convicção, 162-4, 169, 177
Fine, Kit, 654-5n20, 679n22
Fish, Stanley, 220-2
Fleming, James, 706n7
Formalismo, 208
Foster, Roy, 209-10
Frankfurt, Harry, 699n10
Frankfurter, Felix, 451
Franqueza, 179-81, 182-3
Freeman, Samuel, 702n10
Freud, Sigmund, 29
Fried, Charles, 469, 470
Fronteiras nacionais, democracia e, 580-2

Frye, Northrop, 210

Genocídio, 513
Gentileza, 179-80, 181-2
Gibbard, Allan, 50, 95, 655n21, 656-7n22
Goldberg, John, 693n5
Governo representativo, 600-5. *Ver também* Democracia
Governo: e construtivismo, 96-9; e obrigações políticas, 485-87; e direitos humanos, 511-2; e liberdade, 527-9, 558-9; e a economia *laissez-faire*, 539-42; e a regulamentação governamental, 546, 562-3, 565-7, 571-2; e o governo representativo, 600-5; e a responsabilidade ética, 706n7. *Ver também* Democracia; Moral política
Grandeza, juízos de valor e, 134, 138-41, 208-11, 272-3
Greenblatt, Stephen, 213-5
Greespan, Alan, 608-9
Griffin, James, 696-7n1, 697-8n5
Grupos, direitos políticos de, 696-7n1
Guantânamo, campo de detenção da Baía de, 160
"Guerra preventiva", 157-8
Guest, Stephen, 710n6

Habeas corpus, direito de, 634-5
Hand, Learned, 444
Haneke, Michael, 223
Hare, Richard, 49-50, 392-3, 647-8n6
Harman, Gilbert, 660-1n3
Harris, John, 294
Hart, H. L. A., 561, 618
Hawking, Stephen, 154-5

Hedonismo, 316-7
Hirsch, E. D., 214-5
História pessoal: e a hipótese do impacto causal (IC), 111; e a hipótese da dependência causal (DC), 116, 120; e a convicção moral, 121-2, 152, 162, 169, 658-9n22, 670n10; e o progresso moral, 131-2; e a verdade moral, 171, 185; e o desafio do livre--arbítrio, 337; e o determinismo, 356-8; e a crença, 358-9; e a impossibilidade psicológica, 361-2; e a responsabilidade autorreflexiva, 384; e a moral familiar, 623-6; e a meta de viver bem, 642-3
Hobbes, Thomas, 29, 31, 296, 350
Holismo, 235, 236-7
Holmes, Oliver Wendell, 571
Homo economicus, 29
Humanismo, 330, 331
Hume, David, 28-9, 32, 86, 296, 350-1, 463, 657-8n22
Hume, princípio de, 28, 338; e ceticismo externo, 67-9; e a hipótese do impacto causal (IC), 107, 652n6, 663n6; e as causas das convicções morais, 113; e a hipótese da dependência causal (DC), 115-6; e a responsabilidade moral, 149; e juízos de valor, 176; e moral, 294; e obrigações, 461; e direitos humanos, 521-2; e naturalistas morais, 650-1n6

Idealismo, 100-1, 164
Igualdade de oportunidades, 555
Igualdade de recursos, 544-56; e justiça distributiva, 4-7, 555-6; e democracia, 9, 702n10; e ajuda,

417-18; e bem-estar, 542-4; e
  liberdade, 573-5
Igualdade *ex ante*, 547-51, 555
Igualdade *ex post*, 547-51
Igualdade política, 593-600
Igualdade: e justiça, 4-7, 537-9; e
  igualdade de recursos, 4-8, 9, 417,
  541-4, 544-56, 573-5, 702-3n10; e
  construtivismo 97; e
  responsabilidade moral, 169-71; e
  dignidade, 397-9; e ajuda, 417-9; e
  moral política, 503-6, 533-4;
  direitos e conceitos políticos,
  529-31; falsas concepções de,
  539-44; e democracia, 589-91,
  593-600, 700-1n4
Igualitarismo, 411, 507. *Ver também*
  Igualdade
Iluminismo, 27-9, 351, 543
Impacto causal (IC), hipótese do: e
  as causas das convicções morais,
  106-14; e a responsabilidade
  moral, 170-2; e os conceitos
  interpretativos, 256-7; e a verdade
  moral, 358; e o princípio de
  Hume, 652n6; naturalismo moral,
  660-1n3; segundo Nagel, 662n6;
  segundo Wiggins, 663-6n6;
  segundo McDowell, 666-8n6
Impacto político: democracia e,
  593-5, 596-9; governo
  representativo e, 601-2, 603-5;
  controle judicial de
  constitucionalidade e, 605-6
Imperativo Categórico de Kant, 96,
  166
Implicações materiais, o controle por
  capacidade e as, 378
Imposição legal, 627-30, 630-2
Imposição parcial, direito e, 630-2
Impossibilidade psicológica, 361-2

Incerteza: e ceticismo, 51-2, 66-7; e
  indeterminação, 137-8, 143-5; e
  conflitos morais, 179-81; e
  interpretação, 238; e obrigações
  associativas, 483
Incompatibilismo pessimista, 340-2,
  362, 367
Incompatibilismo, 340, 347, 350-1,
  684-5n7, 686n8, 687n15
Independência do valor, 15-20;
  filosofia moral e, 31; verdade
  moral e, 35-60, 638; prova da
  verdade moral e, 57-9; ceticismo
  externo e, 60-103; questões morais
  metaéticas e, 101-3; causas das
  convicções morais e, 104-32;
  ceticismo interno e, 133-45;
  ceticismo e, 149-51
Independência ética, 323-6, 564-8,
  589, 638
Independência semântica, 83
Independência: autenticidade e,
  323-6; responsabilidade
  autorreflexiva e, 349-50; dano e,
  439-10; independência ética,
  564-8, 588-9, 638-9
Indeterminação: ceticismo externo e,
  66-5; ceticismo interno e, 134-6,
  136-145; incerteza e, 137-41;
  conflitos morais e, 178-81;
  traduções radicais e, 225-27;
  verdade e, 272-3
Influência política, 593, 594, 595,
  598-9
Insinceridade, 42, 157, 163, 168
Institucionalização, 620
Integração, moral e, 180-2
Integridade, 370-1, 395, 397-04,
  434
Intenções dos autores e criadores,
  195-7, 204, 205-8, 227-9, 673n9

Interesse próprio: e filosofia moral, 29-31; e raciocínio moral, 75; e irresponsabilidade moral, 157, 161-2; e responsabilidade moral, 292, 296; e ajuda, 415; e dano, 435-6; e as promessas, 472; e as obrigações associativas, 579; e o direito à liberdade de expressão, 572-3

Interpretação colaborativa, 205-10, 218; e os estudos jurídicos críticos, 219; e as traduções radicais, 224; e o raciocínio moral, 239; e os conceitos interpretativos, 246-7; e a teoria interpretativa dos estados psicológicos, 267

Interpretação conceitual, 207; e desacordo, 239-41; tipos de conceitos, 240-4; e conceitos interpretativos, 244-60; e relativismo, 260-2; e verdade, 262-76; conceitos densos e rarefeitos, 276-82; Platão e Aristóteles, 282-8; e a teoria analítica do direito, 617-9

Interpretação constitucional: e indeterminação, 136; e a teoria interpretativa dos estados psicológicos, 195, 196-7; e o princípio de Kant, 406-7; e o princípio do duplo efeito, 450-1; e a liberdade, 564; e o aborto, 577-8; e a imposição parcial, 630-1; e o processo legal, 534-5

Interpretação explicativa, 207, 210-2, 218, 219, 239, 246

Interpretação histórica: e interpretação em geral, 187-9, 674n23; e interpretação explicativa, 207, 210-2; e moral política, 535-6; e a Suprema Corte dos Estados Unidos, 610-1; e positivismo jurídico, 626-7; e o direito, 633-5, 709n11

Interpretação independente, 212-20

Interpretação marxista, 212, 216

Interpretação: e verdade, 187-204; tipos de, 204-220; ceticismo interpretativo, 220-4; tradução radical, 224-7; teoria interpretativa do valor, 227-31; e ciência, 231-8; conceitual, 239-88; promessas e, 473-75; obrigações associativas e, 482-5

Interpretacionismo, o direito e o, 614-5, 615-7, 622-3

Interpretações concorrentes, 212-20, 222-4

Intuição: as causas das convicções morais e, 113, 175; convicção religiosa e, 128; controle causal e, 368; ajuda e, 433; segundo McDowell, 666-8n6

Inveja, teste da, 544-8

Investimentos, sorte nos, 548-9

Iraque, Guerra do, 41, 54, 175

Ironia, 55

Irresponsabilidade, 157-62. *Ver também* Responsabilidade; Responsabilidade moral

Irwin, Terence, 283

Is Democracy Possible Here? [*A democracia é possível aqui?*] (Dworkin), 500

Isenções de responsabilidade, justificativa das, 371-6

Islã, 519

Ivan Illyitch (personagem de Tolstói), 318

Jameson, Frederic, 216
Jefferson, Thomas, 519

ÍNDICE REMISSIVO · 725

Jogo da filosofia, 94-5
Jogo da geologia, 91, 92
Jogo da realidade, 91-3
Jogos de linguagem: e ceticismo de *status*, 79; e ceticismo externo, 90-5; e projetivismo, 94-5; e verdade moral, 103; e interpretação conceitual, 267-70; e ceticismo dos atos de fala, 654n20; e expressivismo, 656n22
Jogos morais, 94-5
Jogos, teoria dos, 31
Johsnton, Mark, 661-2n4
Jolls, Christine, 680-1n6
Joyce, Richard, 653n11
Juízo crítico, ambivalência e, 190, 191-4
Juízo padrão, 136-45
Juízos "independentemente verdadeiros", 172, 176-8, 182-3, 233-6
Juízos de valor: verdade e, 13-15, 16-7, 19-20; raciocínio moral e, 20-1; verdade moral e, 36-9, 638-9; ceticismo do erro e, 48-9; princípio de Hume e, 67-9, 176; indeterminação e, 134-5; juízos "independentemente verdadeiros" e, 172; ambivalência e, 193-5; interpretação colaborativa e, 207-11; ceticismo interpretativo e, 220-3; conceitos densos e rarefeitos e, 277-80; em McDowell, 666-8n6
Juízos jurídicos: ceticismo do erro e, 69-70; indeterminação e, 136-8, 141-4; prova e, 175-6; interpretação e, 187-9, 199-200, 202-3, 216-20; ambivalência e, 190-2; teoria interpretativa dos estados psicológicos e, 196-8; interpretação colaborativa e, 206; teoria interpretativa do valor e, 227-9; conceitos interpretativos e, 250-2; relativismo e, 260-2; responsabilidade autorreflexiva e, 341-3; controle causal e, 354-5; alegação de doença mental e, 380-3; princípio de Kant e, 406-7; dano involuntário e, 444; democracia e, 532-3. *Ver também* Direito
Juízos morais negativos, 70, 233-5
Juízos morais positivos, 70-8, 137-8, 141-3
Juízos morais: ceticismo de *status* e, 50-1, 89, 653-4n17; ceticismo externo e, 53-5; verdade moral e, 56-7; ceticismo como posição moral e, 61-2; princípio de Hume e, 69; ceticismo do erro e, 69-70; motivações morais e, 85; crença e, 87-8; questões metaéticas e, 102; hipótese da dependência causal (DC) e, 114-6; indeterminação e, 136; verdade e, 269; segundo Scanlon, 412-3; construtivismo e, 659-60n29. *Ver também* Juízos de valor
Juízos sobre terceiros, 342-3
Julgamento, e os direitos humanos, 515
Justiça distributiva: e a igualdade, 4-7, 529-30, 537-9, 542-5; e a moral política, 534; e o paternalismo, 552-4; e a igualdade de recursos, 555-6; e a liberdade, 572-5. *Ver também* Justiça
Justiça procedimental, 632-5
Justiça: e igualdade, 4-7, 538; e liberdade, 7-8; e democracia, 8-9, 585-7; e direito, 9-10,617; e

obrigações políticas, 25, 491, 492-5; e construtivismo, 96-7, 101; e conceitos interpretativos, 100, 244-6, 247, 253-6; e relativismo, 259-60; segundo Platão, 284; e responsabilidade atenuada, 383-5; segundo Rawls, 408-10, 411-2; e direitos de propriedade, 574; e meta de viver bem, 644-5, 646
Justificação da convicção, 72, 119-21, 130, 176-8, 194-5, 261

Kamm, Frances, 693n7
Kane, Robert, 686-7n10
Kant, Immanuel: e moral, 24, 31-2, 295; e construtivismo, 96; e filosofia moral, 164, 166; e respeito por si mesmo, 389; e Nietzsche, 956; e dignidade, 403-8; e ajuda, 415-6
Kant, princípio de, 32, 397, 404, 418, 438
Katz, Leo, 671n5
King, Martin Luther, Jr., 594
Kis, Janos, 588
Korsgaard, Christine, 659-60n29

Lady Macbeth (personagem de Shakespeare), 91
Laissez-faire, economia, 5-7, 539-41, 555-6
Language, Truth, and Logic (Ayer), 49
Lealdade pessoal, 160
Leavis, F. R., 191, 208-9, 210, 223
Legalismo liberal, 219
Legislação, intenções da, 196-7, 202-3
Legitimidade do governo: obrigações políticas e, 485-7, 491-4; moral política e, 503-4; autoridade moral e, 525-6; democracia e, 586-9, 599-600; governo representativo e, 602-3; controle judicial de constitucionalidade e, 605-6, 609-11; leis más e, 628-30
Lei dos Escravos Fugitivos (1850), 627-8, 632
Leis más, 627-30
Lesão. *Ver* Dano
Liberdade de expressão, direito à, 7-8, 502, 568, 568-73
Liberdade negativa, 9, 558-60, 561
Liberdade positiva, 9, 558-60, 569-70, 579-89, 599
Liberdade religiosa, 568-9, 575-7
Liberdade: e justiça, 7-8; e construtivismo, 96-8; e contradições morais, 159-60; e segurança, 179; e moral política, 503-5, 526-7, 700-1n4; direitos e conceitos políticos, 527-9, 563-78; e dimensões da autonomia, 555-63; e igualdade, 644-6
Libertarismo, 504
Libet, Benjamin, 682n2
Life's Dominion [*Domínio da vida*] (Dworkin), 500
Limitações ao financiamento de campanhas eleitorais, 572, 608
Linguagem. *Ver* Distinções semânticas
Livre-arbítrio: e responsabilidade, 20-2, 334-85; e responsabilidade moral, 155-7; e controle causal, 352-68; e controle por capacidade, 369-80; e incompatibilismo, 687n15
Lugares-comuns sobre a verdade, 236-5, 678-9n18

M'Naghten, Regra, 382
Má conduta, dignidade e, 414-6

ÍNDICE REMISSIVO · 727

Macaulay, Thomas, 211, 674n24
Macedo, Stephen, 703n3
MacIntyre, Alistair, 647-8n6
Mackie, John, 70-1, 72-3
Madre Teresa, 361, 362, 370
Mal, problema do, 27
Maldade e sorte moral, 305-8
Mandato dos juízes da Suprema Corte dos Estados Unidos, limite para o, 610
McDowell, John, 666-8n6
Mentira, 392, 466-8
Mérito artístico, 139-40, 187-91, 272-3, 304, 688n22
Método científico, 125, 274-5
Metodologia, verdade e, 274-6
Migração dos conceitos, 164-6
Mill, John Stuart, 30, 527-8, 533, 561, 571
Minimalismo, verdade e, 678-9n18
Modelos de responsabilidade moral, 164-7
Montanhas, os jogos de linguagem e as, 92-3
Morais, argumentos. *Ver* Argumentos morais
Morais, conceitos. *Ver* Conceitos morais
Morais, conflitos. *Ver* Conflitos morais
Morais, contradições. *Ver* Convicções contraditórias
Morais, fatos. *Ver* "Fatos" morais
Morais, filósofos. *Ver* Filósofos morais
Morais, jogos. *Ver* Jogos morais
Morais, juízos. *Ver* Juízos morais
Morais, motivações. *Ver* Motivações morais
Morais, proposições. *Ver* Proposições morais

Moral familiar, 623-6
Moral política: igualdade e, 4-7, 537-56; liberdade e, 7-8, 557-78; democracia e, 8-9, 579-611; direito e, 9-10, 612-35; conceitos interpretativos e, 10-13, 239; verdade moral e, 13-5, 638-9; ética e, 22-3; justiça e, 25; construtivismo e, 96-9; compartimentalização moral e, 160-2; responsabilidade moral e, 169-71; conceitos densos e rarefeitos e, 278-80; segundo os filósofos morais, 288, 403-4, 409-12; autenticidade e, 324-5; ajuda e, 420-1; obrigações associativas e, 477; direitos e conceitos políticos, 499-536; meta de viver bem e, 643-5; governo da maioria e, 700n4
Moral, autoridade. *Ver* Autoridade moral
Moral, compartimentalização. *Ver* Compartimentalização moral
Moral, convicção. *Ver* Convicção moral
Moral, esquizofrenia. *Ver* Esquizofrenia moral
Moral, filosofia. *Ver* Filosofia moral
Moral, naturalismo. *Ver* Naturalismo moral
Moral, objetividade. *Ver* Verdade
Moral, pluralismo. *Ver* Pluralismo moral
Moral, raciocínio. *Ver* Raciocínio moral
Moral, responsabilidade. *Ver* Responsabilidade moral
Moral, sorte. *Ver* Sorte moral
Moral, verdade. *Ver* Verdade moral
Moral: e responsabilidade, 20-3; e dignidade, 24-5, 291-7, 389-413; e

filosofia moral, 26-32; origens da, 26-9; e verdade moral, 38-9; tipos de, 177; e ética, 291; e ajuda, 414-34; e dano, 435-57; obrigações, 458-96; e direito, 612-27
"Mórons". *Ver* Partículas morais (mórons)
Morte, acontecimentos após a, 306-7, 318-19, 641-2
Morte, causar a, 435-7
Mortimer, R. C., 699n9
Motivações morais, 72-4, 84-8
Motivações para a ação, 72-4, 84-8, 295-6
Mundo físico: e demonstração empírica, 42-4; e as causas da crença, 107; e as leis fundamentais, 172-4

Nagel, Thomas: temperamento religioso e, 329-30, 332; desafio do livre-arbítrio e, 336, 337, 682-4n4; meta de viver bem e, 398-400; e o ceticismo interno, 648n7; hipótese do impacto causal (IC) e, 622-3n6
Não cognitivismo, 50
Naturalismo moral, 650-2n6, 660-1n3
Nazismo, 50, 392-3, 492, 629-30, 660-1n3
Negação, as posições morais e a, 63
Neodarwinismo, 53, 69, 129, 665-6n6
New Deal, 608
Nietzsche, Friedrich, 30; autenticidade e, 320-1, 327; segundo Nagel, 331; dignidade e, 394-7, 681n19; moral política e, 689-90n4
Niilismo, 319; autenticidade e, 327

Noção comum da moral, 40-3; ceticismo interno e, 51-2; raciocínio moral e, 73-4, 167-8; ceticismo de *status* e, 84; ceticismo externo e, 151; interpretação conceitual e, 248-50; responsabilidade autorreflexiva e, 344; controle causal e, 363; dano e, 436-7; valor dos casos hipotéticos e, 454; direito e, 612-4; expressivismo e, 656n22
Nova Crítica, 216

Objetividade moral. *Ver* Verdade
Obrigações associativas, 459-60, 475
Obrigações decorrentes do papel social. *Ver* Obrigações associativas
Obrigações performativas, 459-60, 650n6
Obrigações políticas, 485-93
Obrigações tribais, 494
Obrigações: e a responsabilidade moral, 25, 296; e os conceitos densos e rarefeitos, 278-9; e as convenções, 58-63; e as promessas, 463-75; associativas, 475-85; políticas, 485-94, 503; tribais, 494-6; e a convicção religiosa, 522-4; e o direito, 614; moral familiar, 623-6; Princípio F, 694-6n8
Ódio, expressões de, 570-1
Organizações criminosas, 482, 491
Originalismo, direito e, 710n11

Padrões pessoais, compartimentalização moral e, 159-1
Pais e filhos, 478, 479, 483, 623-6
Paradigmas, conceitos interpretativos e, 244-8, 270

Paradoxo da análise, 276
Parâmetros éticos, 329-31, 494-5
Particularização, ajuda e, 424
Partículas morais (mórons), 48, 62-5, 115, 177, 182
Peirce, Charles Sanders, 271-2
Pena de morte, 449-50, 457, 502, 510
Pensamento bom ou mau. Ver Raciocínio moral
Personalidade, direitos humanos e, 697-8n5
Pertinência cética, 83
Pertinência, ajuda e, 425
Pesar, 307, 318
Pirandello, Luigi, 347
Planetas, definição dos, 252-3
Platão, 276, 282-8, 302, 644
Pluralismo moral, 647n2
Pluralismo. Ver Contexto social
Plutão, 253
Pobreza: responsabilidade autorreflexiva e, 384; igualdade e, 529-30, 537-8; democracia e, 601; meta de viver bem e, 641, 643-4
Poesia, 12-3, 215-6, 223, 232, 328, 547
Política externa, 51, 147-9
Política, estabilidade. Ver Estabilidade política
Política, filosofia. Ver Filosofia política
Política, igualdade. Ver Igualdade política
Política, influência. Ver Influência política
Política, posição. Ver Posição política
Políticas, obrigações. Ver Obrigações políticas
Político, impacto. Ver Impacto político
Políticos eleitos, 601, 602-3, 607-8

Políticos, direitos e conceitos. Ver Direitos e conceitos políticos
Pós-modernismo, 45
Posição política, 597-8
Positivismo jurídico, 141-4, 613-9, 622, 626-7, 632-3
Povo, democracia e, 580-4
Prazer, 285, 315-7, 417. Ver também Viver bem, meta de
Precedentes, juízos jurídicos e, 176
Preconceito, 431-2, 513, 537
Pressupostos, 67-8, 201, 226, 484
Princípio da diferença, 529
Princípio da igualdade de valor, 313-4
Princípio do caroneiro, 462-3
Princípio do duplo efeito, 445-57, 693-4n11
Princípio F, 469, 470, 694-6n8
Procedimento legal, 632-5, 709n11
Processos eleitorais, 584, 595, 596-7
Programas sociais, 552, 555
Projetivismo, 50, 94-5, 657-8n22, 666-7n6
Promessas, 24-5, 463-75
Proposições morais, 80-2, 114-6, 263, 264-5
Prova das verdades morais, 40-2, 42-5, 56-9; e a diversidade das proposições morais, 70-3; e a teoria do *design* inteligente, 126-8; e os conceitos interpretativos, 152-4; e a responsabilidade moral, 174-6; e crença, 379-80
Provas experimentais, 108-10, 111-4
Proximidade, ajuda e, 425-6
Prudência, responsabilidade autorreflexiva e, 685-6n7
Psicologia, 106, 207
Psicopatologia, 365, 378

Qualidades primárias e secundárias, ceticismo de *status* e, 88-90
Qualidades secundárias, 88-90
Quase realismo, 50, 94-5, 657n22
Questões metafísicas: e a moral, 36-40; e o ceticismo do erro, 49; e os jogos de linguagem, 91-3; e a verdade moral, 637-8
Questões morais de primeira ordem. *Ver* Questões morais substantivas
Questões morais de segunda ordem. *Ver* Questões morais metaéticas
Questões morais metaéticas, 17-9; verdade moral e, 36-7,185-6; ceticismo e, 47; ceticismo de *status* e, 78, 91-2; ceticismo externo e, 101-3; conceitos interpretativos e, 253; segundo Star, 650n5
Questões morais substantivas, 17; verdade moral e, 36; e o ceticismo, 47; o ceticismo externo como questão substantiva, 60-7; ceticismo de *status* e, 79, 85, 89-91; indeterminação e, 134; ceticismo interpretativo e, 272-4; segundo Gibbard, 656-8n22
Quietismo, 38, 102, 640
Quine, Willard, 225, 227

Raça e etnia, 494-6, 696-7n1
Raciocínio circular, 57-8, 127-9, 151, 247-8, 288
Raciocínio moral: conceitos interpretativos e, 21, 57-9; verdade moral e, 40-2, 57-9, 274-5; ceticismo externo e, 60-7; hipótese da dependência causal (DC) e, 118-20; causas das convicções morais e, 123-4; concepção comum da moral e, 150-1; interpretação e, 234-6, 238;

interpretação conceitual e, 239-40; conceitos densos e rarefeitos e, 280-2; determinismo e, 356-8; segundo Scanlon, 412-3
Racionalidade, 75-8, 358-61
Racionalização, 157, 162
Railton, Peter, 648-9n8
Rawls, John: construtivismo e, 96-8, 99, 659-60n29; e Kant, 166-7; justiça e, 254-5; equilíbrio e integridade, 402-3; dignidade e, 408-12; igualdade e, 529, 538-9; moral política e, 533, 700n3
Raz, Joseph, 698-9n5
"Razão", conceito interpretativo de, 75-8
Razões categóricas, 63-7, 74, 77
Realismo: verdade moral e, 16-7, 638; ceticismo externo e, 56; construtivismo e, 99; questões morais metaéticas e, 101; hipótese do impacto causal (IC) e, 105, 106-7; segundo Street, 668-9n9
Recursos, igualdade de. *Ver* Igualdade de recursos
Redundância, teoria da, 268
Referendos, 584, 602
Reino Unido, governo representativo no, 610
Relacionamentos pessoais, obrigações e, 459-63, 475-85
Relatividade cultural, 51-2, 68-9, 81-2. *Ver também* Relativismo; Contexto social
Relativismo, 220, 221, 260-2, 613. *Ver também* Relatividade cultural
Religião, direitos humanos e, 511-2
Respeito de apreciação, 314
Respeito de reconhecimento, 313-5
Respeito pelos outros, 389-97, 407, 642. *Ver também* Respeito por si mesmo

Respeito por si mesmo:
responsabilidade moral e, 169-70,
295-6, 376; princípios éticos e,
310-1; dignidade e, 313-20,
389-91; em Kant, 389-90;
equilíbrio e integridade, 401; ajuda
e, 423; obrigações políticas e,
489-90; aborto e, 578
Responsabilidade atenuada, 379-83,
384-5
Responsabilidade atribuída, 155,
439-40, 692-3n1
Responsabilidade autorreflexiva,
155, 156; e livre-arbítrio, 336-7,
340-1, 684-5n7; procedimentos de
decisão e, 340-2; juízos sobre
terceiros e, 342-3; sistema de
responsabilidade, 343-6; meta de
viver bem e, 352-3; controle causal
e, 352-68; controle por
capacidade e, 369-80, 689n26;
alegação de doença mental e,
380-3; seguros e, 703n12
Responsabilidade causal, 154
Responsabilidade ética, 309-10, 351,
705n7. *Ver também*
Responsabilidade moral
Responsabilidade moral: e conceitos
interpretativos, 149-57, 248-9; e
ações morais, 157-71, 296; e
verdade moral, 171-86, 663n6; e a
teoria interpretativa do valor, 271;
e a interpretação conceitual, 275; e
desejo, 294-5; e a meta de viver
bem, 298-9, 640-6; e o controle
por capacidade, 376-7; e o
princípio de Kant, 406-8; e
integridade, 434; e as promessas,
464-5, 467-70, 471-3; e as
obrigações associativas, 481-2; e as
obrigações políticas, 485-6; e o

aborto, 576-8. *Ver também*
Responsabilidade;
Responsabilidade ética
Responsabilidade objetiva, 155, 322,
442-4
Responsabilidade pessoal: e a justiça
distributiva, 4-7; liberdade e, 7-8,
558-9; ética e, 22; ceticismo
interno e, 46-8; convicção moral e,
120; responsabilidade relacional e,
154, 155; desafio do livre-arbítrio
e, 339-41; controle por capacidade
e, 376-7; dano e, 438-40, 440-2;
princípio do duplo efeito e, 452-3;
obrigações associativas e, 475-85;
direitos humanos e, 513-5;
igualdade e, 540-1, 544-8,
549-551, 552-6; bem-estar e,
541-44; seguros e, 551-2; verdade
moral e, 638-40
Responsabilidade relacional, 154,
322-3, 499-01
Responsabilidade, sistema de. *Ver*
Sistema de responsabilidade
Responsabilidade: moral e, 20-2;
verdade moral e, 58, 171-86,
638-40; ceticismo e, 61;
pressupostos morais e, 68; causas
das convicções morais e, 120-1;
conceitos interpretativos e,
149-56; tipos de, 154-6; ação
moralmente responsável e, 157-71;
interpretação e, 199, 215-6, 219;
autenticidade e, 322-3; livre-
-arbítrio e, 334-85; direitos e
conceitos políticos, 500. *Ver
também* Responsabilidade moral
Revolução Americana, objetivos da,
195, 196
Revolução, obrigações políticas e,
494

Ricardo de Gloucester (personagem de Shakespeare), 86
Ricoeur, Paul, 198
Ripstein, Arthur, 553, 703n12
Riqueza, 529-31, 644-5
Risco, 304, 467, 551-2
Roberts, John, 608
Rorty, Richard, 55, 90-3, 94-5

Sacrifício, 298, 449-50
Sager, Lawrence, 631
Salvamento, casos de, 418-9, 424-6, 428-33, 445-8
Sanções, direitos humanos e, 509-11
Sartre, Jean-Paul, 30, 207, 321, 352
Scalia, Antonin, 710n11
Scanlon, Thomas: dignidade e, 312-3, 412-3; controle por capacidade e, 350-1; e Nagel, 399-400; ajuda e, 421-2, 691n2; princípio do duplo efeito e, 451, 693-4n11; Princípio F, 469, 470, 694-6n8
Schofield, Philip, 710n6
Segurança, 160, 179
Seguro, 548, 551-2, 703-4n12, 704-5n13
Seis personagens à procura de um autor (Pirandello), 347
Sen, Amartya, 358, 700n3, 702n6, 704-5n13
Senado dos Estados Unidos, 603-5
Senhora Jellyby (personagem de Dickens), 478
Seriedade moral, crítica literária e, 209
Seurat, Georges, 304
Sexualidade, 50-51, 477, 576
Shafer-Landau, Russ, 62-3
Shakespeare, William, 195, 196, 320
Shaw, Tamsin, 689-90n4

Shiffrin, Seana, 689n31
Shklar, Judith, 597
Sidgwick, Henry, 30
Simons, Kenneth W., 693-n5
Sinceridade, 168-9, 191, 320, 466
Sistema de responsabilidade, 343-6, 343-52, 362-7
Sistemas econômicos: economia *laissez-faire*, 5-7, 539-41, 555-6; e construtivismo, 96-8; e direitos humanos, 506-8, 509-13; e igualdade, 529-31, 544-7; e moral política, 534; e democracia, 589-91; e a meta de viver bem, 642-3
Sistemas parlamentares, 580, 601, 610-11, 633-4
Smith, Adam, 700n3, 704-5n13
Smith, Michael, 95, 654-5n20
Soberania, direitos humanos e, 508-10
Sócrates, 166, 283
Sorte moral, 305-8
Sorte, 547-8, 349-51
Sorteio de peças de reposição, 448, 455
Sorteio, escolha por, 429-30, 432, 448-9, 455, 533, 692n12
Sovereign Virtue [*A virtude soberana*] (Dworkin), 500, 699n2
Stálin, Josef: raciocínio moral e, 74, 75; ética e, 77; impossibilidade psicológica e, 361, 362; controle por capacidade e, 370; obrigações políticas e, 492
Star, Daniel, 649n4, 650n5
Stoppard, Tom, 229
Strawson, Galen, 342, 360
Strawson, Peter, 336, 683-4n4
Street, Sharon, 668-70n9
Sturgeon, Nicholas, 660-1n3
Subjetividade, 81-3, 389-94, 395

Subjetivismo: verdade e, 13-15, 16; unidade do valor e, 19; verdade moral e, 35-7, 40-3; ceticismo interno e, 51-2; convicção moral e, 183-4; hipótese do impacto causal (IC) e, 662-3n6
Subordinação, obrigações associativas e, 476-8
Suicídio assistido, 442
Suprema Corte dos Estados Unidos: controle judicial de constitucionalidade e, 606-7, 608-10; limites de tempo para os mandatos dos juízes, 610-11; interpretação histórica e, 634-5; governo da maioria e, 708n9; grupos minoritários e, 709n14
Sydney Carton (personagem de Charles Dickens), 314-15, 319

Telepatia, 109
Temperamento religioso, dignidade e, 328-33
Tentação e controle causal, 366
Tentativa de agir, 354-5
Teologia, 26-7, 519-25
Teoria analítica do direito, 617-9
Teoria da coerência na verdade, 163-5, 171, 181-2, 268, 327
Teoria da correspondência na verdade, 266-8, 273-5
Teoria da justiça, Uma (Rawls), 96
Teoria deflacionária da verdade, 264, 678n15, 678n17
Teoria pragmatista, 268, 271-2
Teoria subvencional, 647-9n8
Tipologia, ceticismo interno e, 133-6
Tipos naturais, conceitos de, 242-3, 251-2, 257-8, 650-2n6, 677n12
Tolerância e responsabilidade moral, 170

Tomografia cerebral escalotópica, 117-9
Tortura, 384, 513-5, 653-4n17
Totalitarismo, 559-60, 596-7
Traduções radicais, interpretação e, 224-7
Traduções, 224-7, 260-1
Transferência de risco, 443
Trapaça, 42, 49, 72
Tributação: e justiça distributiva, 7; progressiva, 254; e igualdade, 540, 555; e liberdade, 565; e os direitos de propriedade, 572-3, 574-5
Trilling, Lionel, 320
Two Concepts of Liberty [*Dois conceitos de liberdade*] (Berlin), 558-9, 560-1

"Um pensamento a mais", 479, 692n13
União Europeia, 583
Unidade do valor, 3, 12-3, 19, 180, 640-6
Universalidade das proposições morais, 82, 389-94, 406-7, 414-5
Universo, concepção de, 328-33
Utilitarismo: conceitos interpretativos e, 101; progresso moral e, 131; responsabilidade moral e, 174, 296; justiça e, 247; segundo Nietzsche, 396; moral política e, 502, 503, 534; direitos humanos e, 507; liberdade e, 528; igualdade e, 541-2; democracia e, 586; procedimentos legais e, 634; livre-arbítrio e, 684-5n7

Valor adverbial, 133, 141
Valor de execução, 300-1, 370, 646, 680-1n6, 688n22
Valor de produto, 300-2, 333

Valor objetivo: a meta de viver bem e o, 299; autenticidade e, 326-8; dignidade e, 389-94, 395-6; ajuda e, 420-1, 421-4, 430
Valor social da filosofia moral, 165-6
Valor, teoria do, e a interpretação, 205-8, 227-31, 267-8
Valor, teoria do, na interpretação, 198-204, 215, 270-1
Valores epistêmicos, 675n48
Valores: unidade do valor, 3; e os conceitos interpretativos, 12, 244-6; independência moral dos, 15-6; e verdade moral, 35-40; e filosofia moral, 164-7; de responsabilidade, 167-71; conflitos de, 178-82; e verdade, 264-5; e meta de viver bem, 300-1; e dignidade, 311-2, 332-3, 389-94; e autenticidade, 326-8; e o princípio de Kant, 405; e ajuda, 417-9; e Deus, 524-5
Velejando para Bizâncio (Yeats), 210, 223
Verdade moral: filosofia moral e, 35-40, 637-8; concepção comum da, 40-3; prova e, 43-5, 57-9; ceticismo interno e externo, 46-53; ceticismo do erro e de *status*, 48-50; ceticismo de *status* e, 53-6, 78-9, 89-90; princípio de Hume e, 69; diversidade das proposições morais e, 70-2; motivações para a ação e, 73-4; raciocínio categórico e, 77-8; ceticismo dos atos de fala e, 81-2; construtivismo e, 98-9; convicção moral e, 103, 104-6, 121-3, 358-9; hipótese da dependência causal (DC) e, 118; conceitos interpretativos e, 152-4, 182-6; história pessoal e, 171; responsabilidade moral e, 171-86; ambivalência e, 190-2; raciocínio moral e, 274-5; segundo Rawls, 408-10; ajuda e, 433; direitos humanos e, 516-8; convicção religiosa e, 520-2, 523-5

Verdade: juízos de valor e, 13-5; filosofia moral e, 13-20; conceitos interpretativos e, 187-204; interpretação e, 208-7, 230-3, 262-76; ceticismo interpretativo e, 220-1; ciência e, 231-4, 235-7; controle por capacidade e, 372-3. *Ver também* Verdade moral

Vestefália, concepção de soberania de, 508-9

Vida, julgar o valor de uma, 77. *Ver também* Viver bem, meta de

Virtude: a responsabilidade como, 154-6, 322; e verdade, 269; teóricos da, 278; Platão e Aristóteles, 282-8

"Visão" da verdade moral, 41, 108, 110-2, 112-4, 175-8

Vítimas, número de, 428-33

Viver bem, meta de: e os princípios éticos, 291-3; e os conceitos morais, 293-6; e a convicção religiosa, 194-7; e a dignidade, 297-305; e a responsabilidade moral, 305-9, 500-1, 640-6; e o respeito por si mesmo, 313-20; e a autenticidade, 320-8; e o temperamento religioso, 328-33; e a responsabilidade autorreflexiva, 337, 344-6, 351-2; e o controle por capacidade, 369-2, 372-5, 378; e a filosofia moral, 394-7, 407-8, 412-3; equilíbrio e integridade, 397-03; e ajuda, 415-8, 421; e promessas, 471; e igualdade,

542-3; e liberdade, 564-5. *Ver também* Boa vida, a
Voto, direito de, 600-2

Waldron, Jeremy, 590, 591, 707n9
Watteau, Antoine, 203-4
What We Owe to Each Other (Scanlon), 412-3
Whigs, interpretação da história segundo os, 211-2, 674n24
Wiggins, David, 663-6n6, 679n19
Williams, Bernard: raciocínio moral e, 74-5, 75-6, 77, 690n14, 692n13; verdade e, 265, 266; conceitos densos e rarefeitos e, 277, 278; controle por capacidade e, 372; moral política e, 535
Wilson, J. Dover, 213-4
Wittgenstein, Ludwig, 91, 188, 243
Wolf, Susan, 687n20
Wright, Crispin, 130, 264, 678-9n18

Yeats, William Butler, 209-10, 223

Zaratustra, 395
Zipursky, Benjamin, 678n17